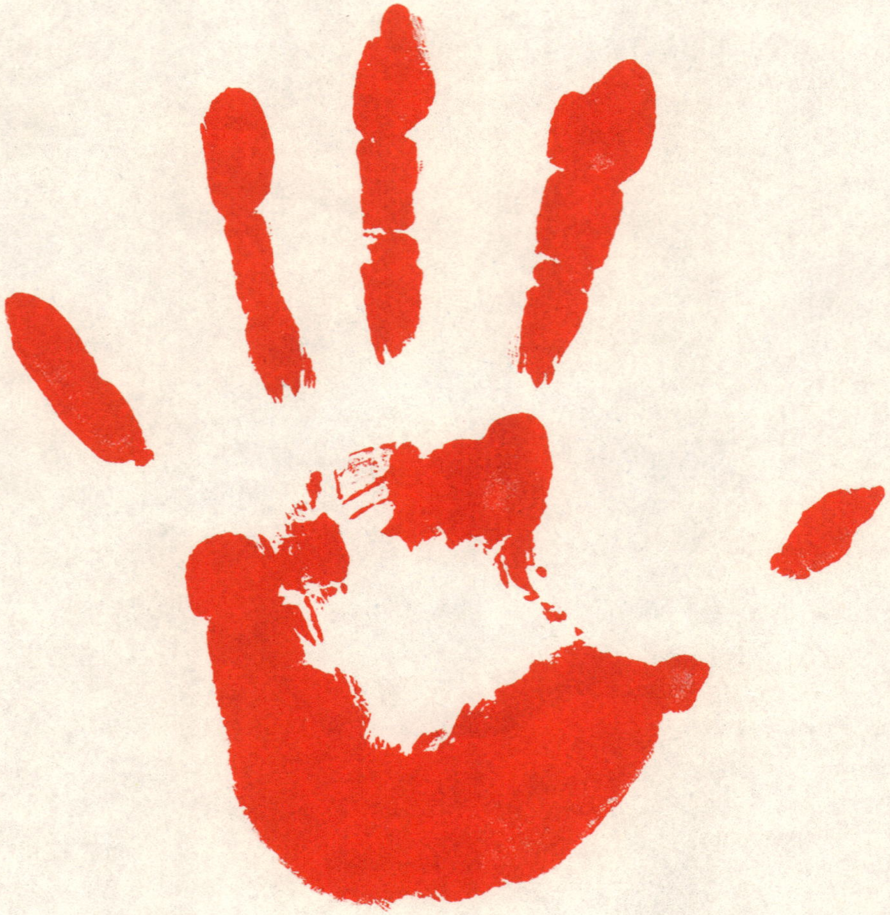

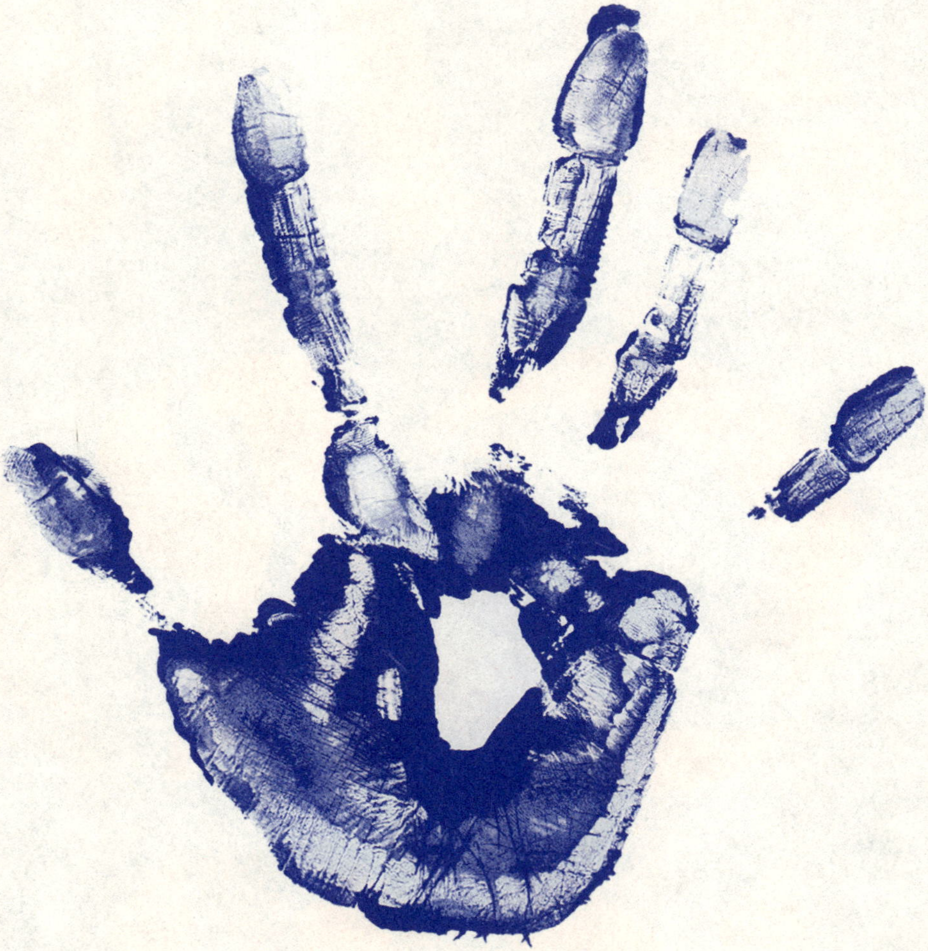

ANA
CRU
KILL

LOSERS

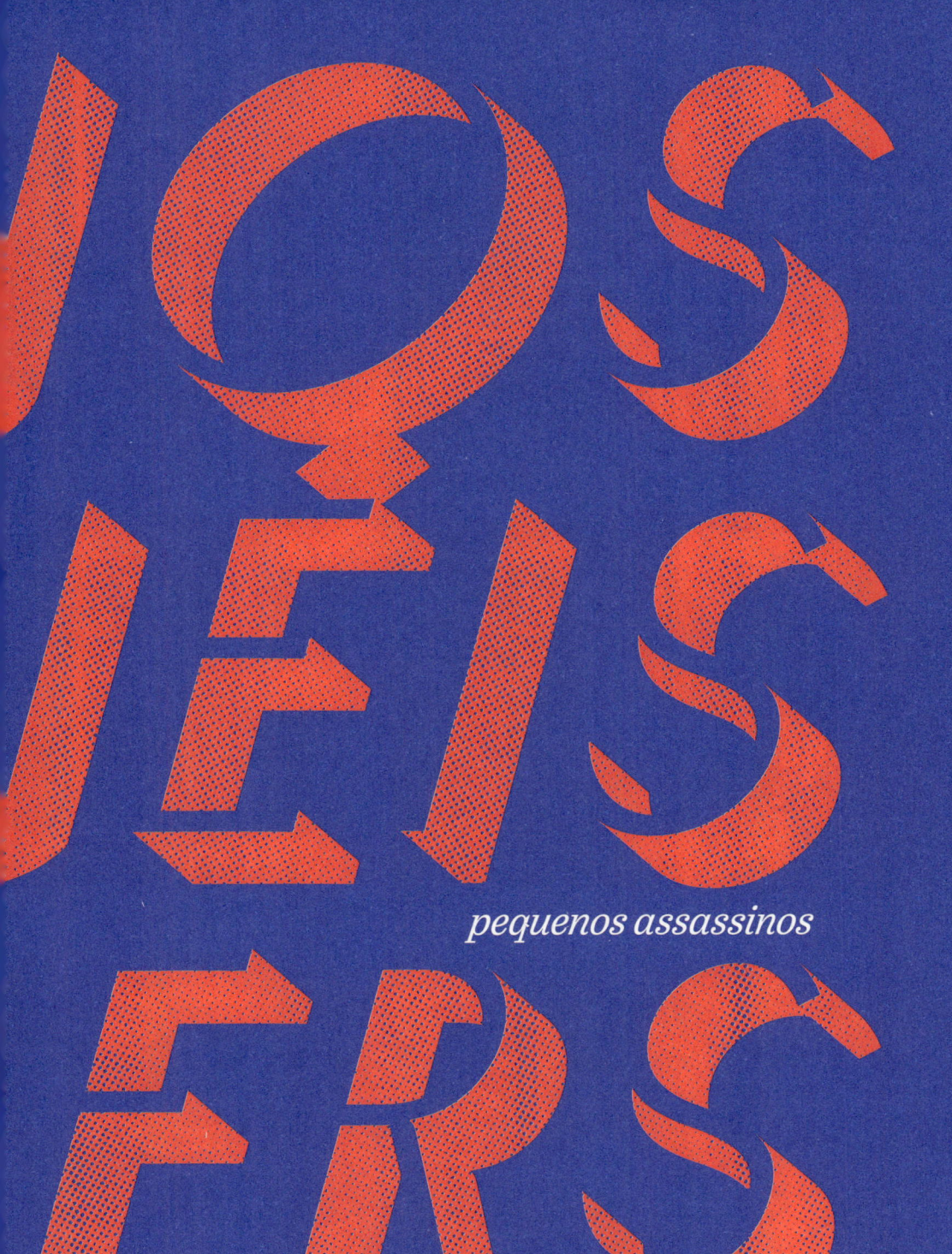

pequenos assassinos

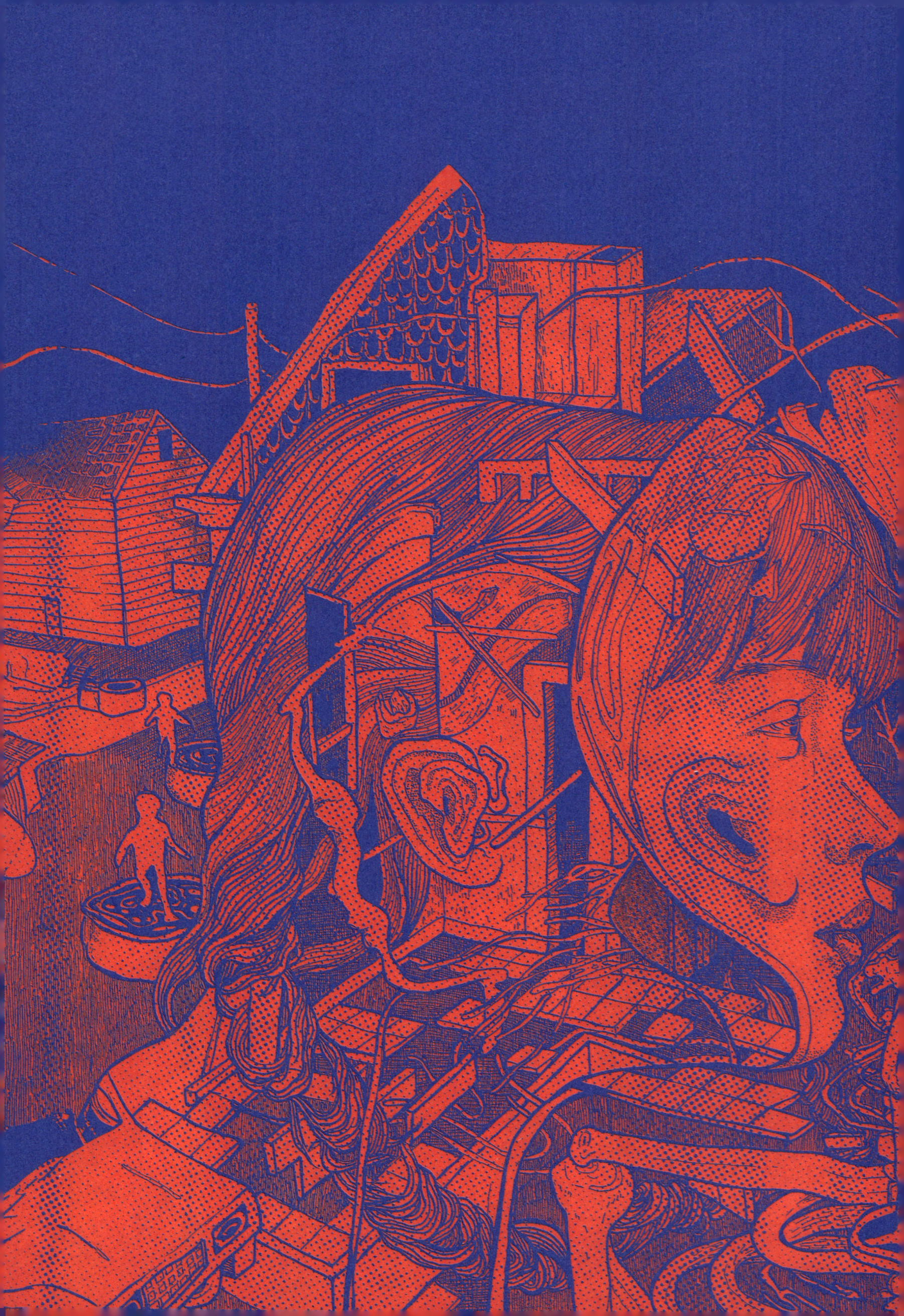

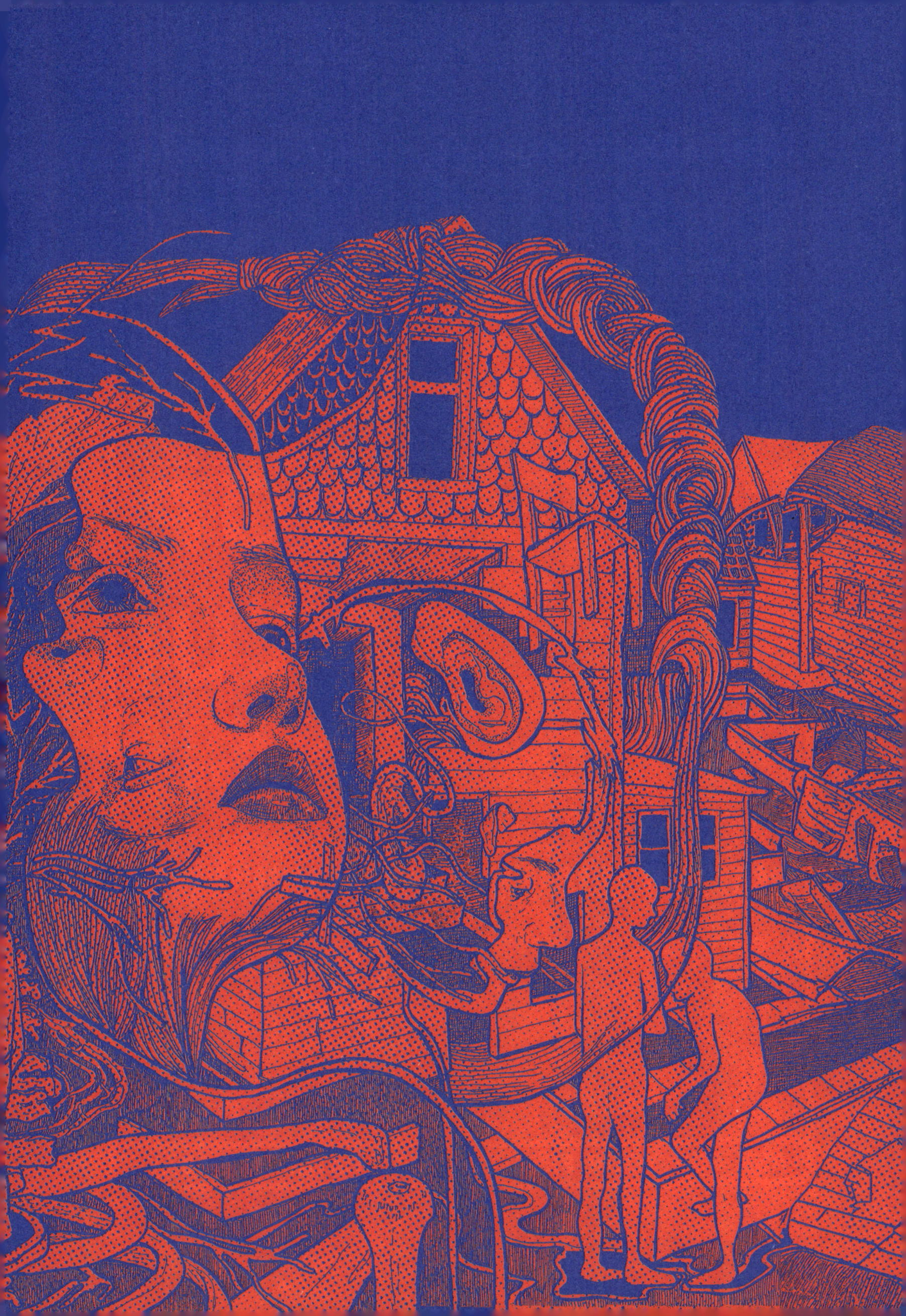

FORMATT   SAMPLE S-1   HEAT-RESISTANT

Printed in Brazil

CDE
FGHIL
MNOP
RSTU!

CRIME SCENE
DARKSIDE

ANJOS CRUÉIS © DarkSide Books e Daniel Cruz, 2024
Todos os direitos reservados

Ilustrações das páginas 6, 7, 84, 88, 502, 542 © Eva Redamonti

Texto "When your child is a psycopath" publicado no The Atlantic em junho de 2017 e reproduzido aqui com permissão da autora, Barbara Bradley Hagerty, e do site The Atlantic.

Diretor Editorial
Christiano Menezes

Diretor Comercial
Chico de Assis

Diretor de Novos Negócios
Marcel Souto Maior

Diretora de Estrat. Editorial
Raquel Moritz

Gerente Comercial
Fernando Madeira

Gerente de Marca
Arthur Moraes

Editora Assistente
Jessica Reinaldo

Capa e Proj. Gráfico
Retina 78

Coord. de Diagramação
Sergio Chaves

Preparação
Cesar Bravo
Talita Grass
Retina Conteúdo

Revisão
Yonghui Qio
Retina Conteúdo

Finalização
Roberto Geronimo

Marketing Estratégico
Ag. Mandíbula

Impressão
Gráfica Geográfica

⑱ ㉕ 50 75 ➤

DADOS INTERNACIONAIS DE CATALOGAÇÃO NA PUBLICAÇÃO (CIP)
Jéssica de Oliveira Molinari CRB-8/9852

Cruz, Daniel Alves
 Anjos cruéis / Daniel Alves Cruz. — Rio de Janeiro : DarkSide Books, 2024.
 544 p. : il. Color.

 Bibliografia
 ISBN: 978-65-5598-393-7

 1. Homicídios 2. Crianças assassinas I. Título

23-4997   CDD 364

Índice para catálogo sistemático:
 1. Homicídios

©® ☠ ✱ T.M. 🫆

(2024)
Todos os direitos desta edição reservados
à **DarkSide**® Entretenimento LTDA.
Rua General Roca, 935/504 • Tijuca
20521-071 • Rio de Janeiro • RJ • Brasil
www.darksidebooks.com

★★★★★   DLI

ASK FOR YOUR FREE FORMATT CATALOG TODAY

INTRODUÇÃO DE **BARBARA BRADLEY HAGERTY**

DANIEL CRUZ

ANJOS CRUÉIS
pequenos assassinos

DARKSIDE

AABC**
DEEFG
GHKILL
MNO;;;
PQRST
UVWXY
Z&!?¢%;

0317

knot
cross
doll
hand
fly
eye
head
hammer
book

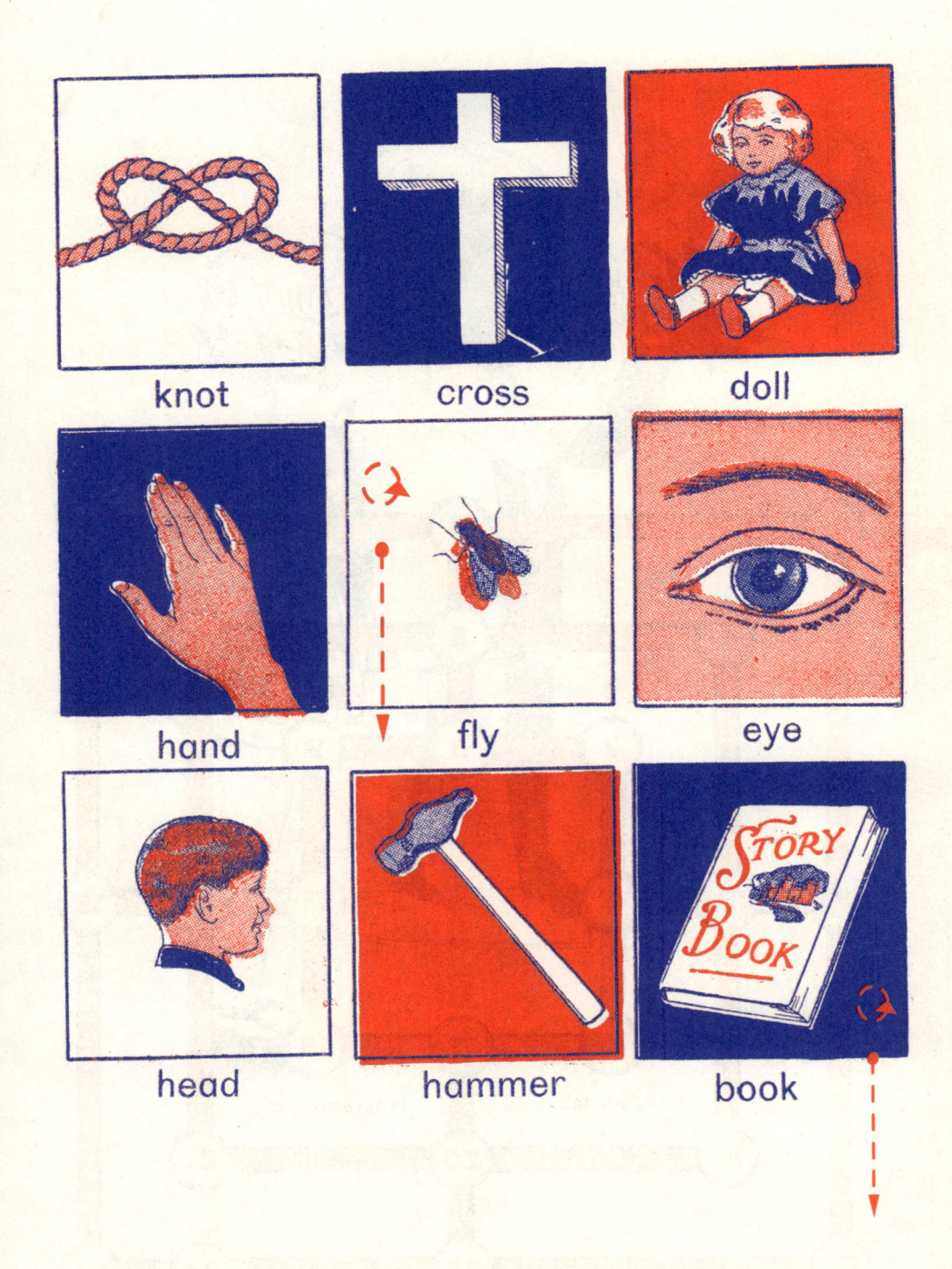

Em memória de
Neuzeli José dos Santos

maldade labirinto sem regresso

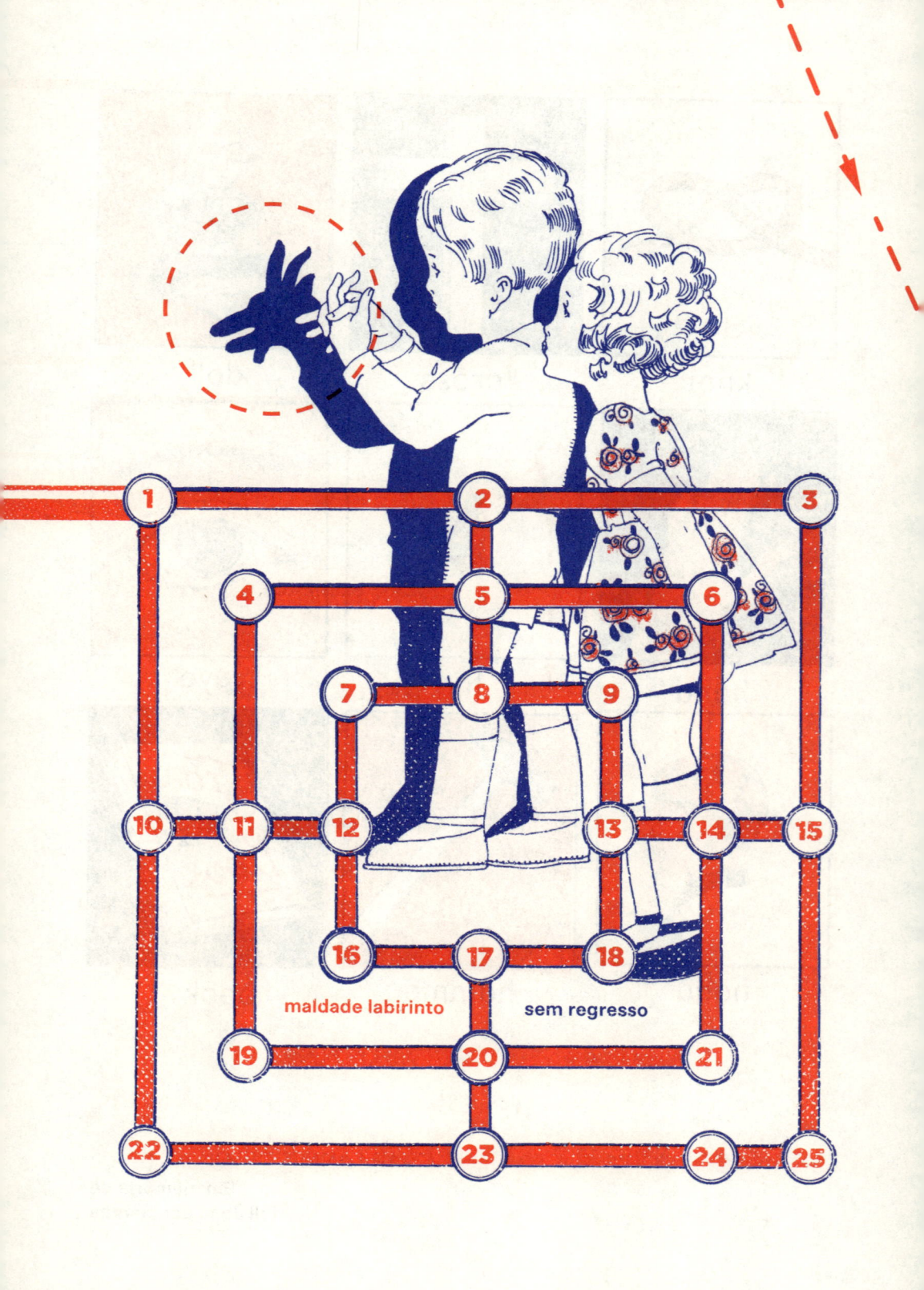

SUMÁRIO

CRIME SCENE DARKSIDE

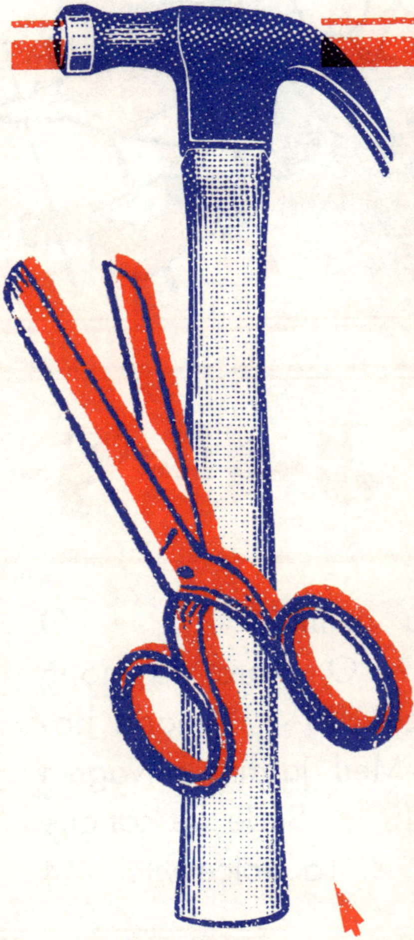

INTRODUÇÃO		23
APRESENTAÇÃO		43
CRIANÇAS MATAM		55

- **01** MARY BELL — 94
- **02** JON & ROBERT — 110
- **03** JESSE POMEROY — 130
- **04** ERIC SMITH — 152
- **05** SHINICHIRO AZUMA — 182
- **06** SHARON CARR — 200
- **07** SANDY & WILLIAM — 214
- **08** WESLEY ELKINS — 228
- **09** ALBERT JONES — 246
- **10** ANDREW & MITCHELL — 264
- **11** WILLIAM ALLNUTT — 278
- **12** WILLIAM SOPP — 292
- **13** AUGUSTINE-MARIE — 304
- **14** BLANCHE DESCHAMPS — 314
- **15** MENINAS DE CORBY — 324
- **16** RICHARD THOMPSON — 334
- **17** MARY MAHER — 344
- **18** HONORINE PELLOIS — 352
- **19** ALEXANDER STEWART — 360
- **20** PATRICK KNOWLES — 368
- **21** WILLIE JAMES — 376
- **22** THOMAS E. HARRINGTON — 384
- **23** PATRICIA CORCORAN — 392
- **24** NATHAN FARIS — 400
- **25** MARY ANN JOHNSON — 406

outros 36 CASOS cruéis

Sumário

A-N J-O-S

Alerta: crueldade contra animais 417 • O preço do estresse 432 • O choro da morte 433 • Brincadeira de faca 435 • Amada bolinha de gude 437 • Meu jardim selvagem 439 • Valores suínos 440 • Sede de sangue 442 • Impaciência 443 • La dolce vita 444

esquecidos no tempo

C-R-U | É-I-S

50 centavos 445 • Forno aceso 446 • Pão quente nunca mais 447 • Ovo mortal 448 • Soda cáustica 450 • Cansada de ser babá 451 • Corrosivo 453 • Duplo assassinato 454 • Jovem demais para ser presa 456 • Conflito de gerações 457 • Pássaros não voam em pequenas gaiolas 459

A-N J-O-S

Dormindo de olho aberto 461 • Pequeno Jack 462 • Maus instintos 464 • Morte em uma poça 465 • Curiosidade mata 466 • Pedra, batata, sem tesoura 468 • Temperamento ingovernável 469 • Golpes de machado 471 • Adágio mortal 472 • Pequena lareira 473

C-R-U É-I-S

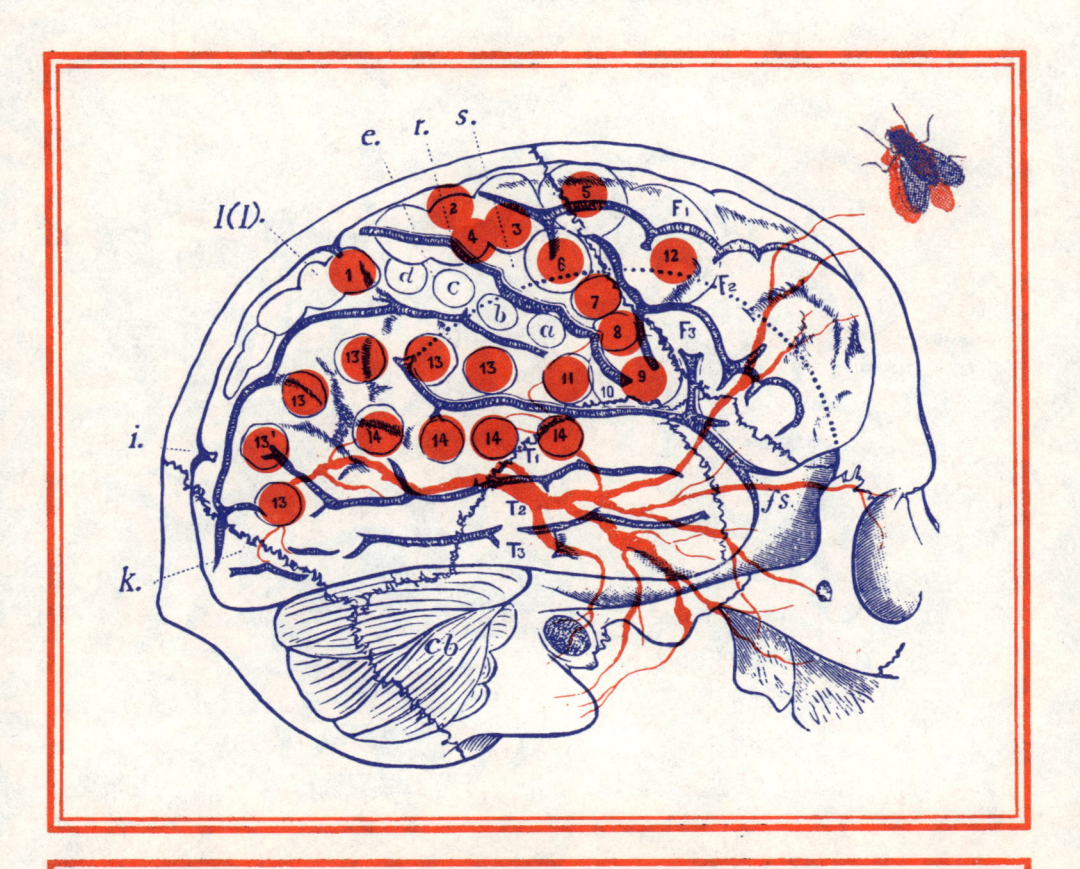

Stilo Voorhess 475 • Sem acordar 476 • Quando a vida passa voando 477 • Xenofobia 478 • Contando carneirinhos 480 • O que sobrou pra contar 481 • Bibliografia e Fontes Consultadas 483 • Biblioteca DarkSide 503 • Índice Remissivo 505 • Filmes Cruéis 511 • Agradecimentos 536

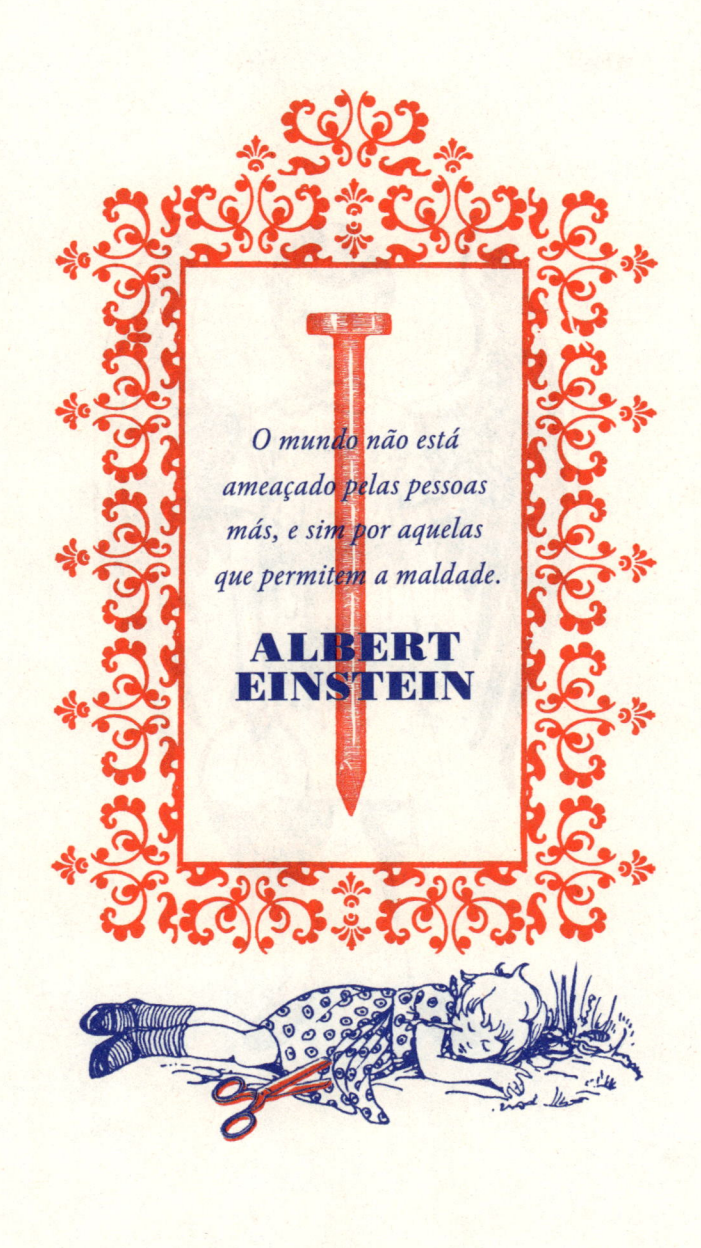

> O mundo não está
> ameaçado pelas pessoas
> más, e sim por aquelas
> que permitem a maldade.
>
> **ALBERT EINSTEIN**

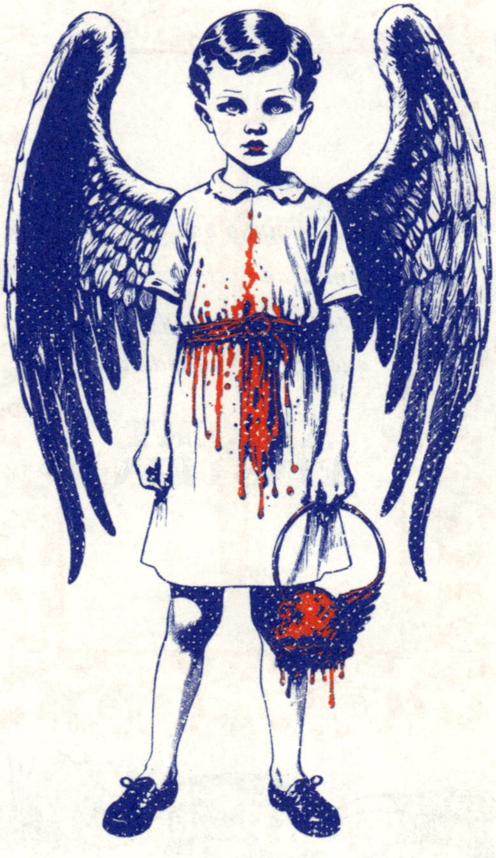

ATENÇÃO!

Este livro possui conteúdo extremamente sensível e apresenta característica documental onde os fatos são relatados como ocorridos.

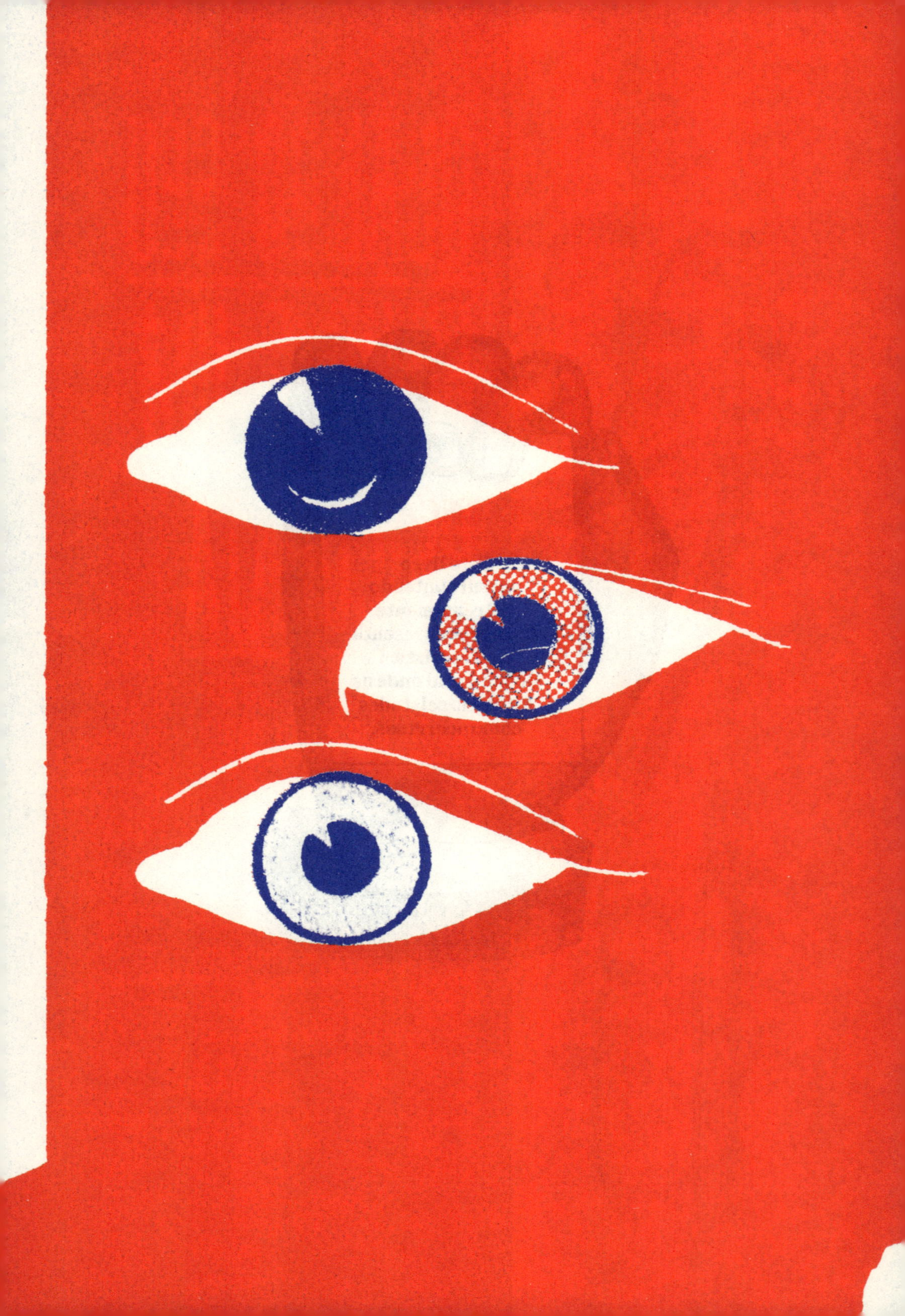

QUANDO SEU FILHO É UM PSICOPATA

INTRODUÇÃO POR BARBARA BRADLEY HAGERTY

"Este é um bom dia", Samantha me diz: 10 em uma escala de 10. Estamos sentados em uma sala de conferências no Centro de Tratamento San Marcos, ao sul de Austin, Texas, um espaço que testemunhou inúmeras conversas difíceis entre crianças enfrentando problemas, seus pais preocupados e terapeutas clínicos. Mas hoje promete alegria pura. A mãe de Samantha vem de Idaho de visita, como faz a cada seis semanas, o que significa almoço fora do campus e uma excursão à Target. A menina precisa de suprimentos: jeans novos, calças de ioga, esmalte de unha.

Aos 11 anos, Samantha tem pouco mais de um metro e meio de altura, cabelos pretos ondulados e um olhar firme. Ela abre um sorriso quando pergunto sobre sua matéria favorita (História) e faz uma careta quando pergunto sobre sua matéria menos favorita (Matemática). Ela parece equilibrada e alegre, uma pré-adolescente normal. Mas quando entramos num território desconfortável – os acontecimentos que a levaram a esta unidade de tratamento juvenil a quase 3.200 quilômetros de sua família – Samantha hesita e olha para as próprias mãos. "Eu queria o mundo inteiro só para mim", diz ela. "Então fiz um livro inteiro sobre como machucar as pessoas."

A partir dos 6 anos, Samantha começou a fazer desenhos de armas do crime: uma faca, um arco e flecha, produtos químicos para envenenamento, um saco plástico para sufocar. Ela me conta que fingiu matar seus bichinhos de pelúcia.

"Você estava praticando com seus bichinhos de pelúcia?", pergunto a ela.

Ela assente.

"Como você se sentiu quando fez isso com seus bichinhos de pelúcia?"

"Feliz."

"Por que isso fez você se sentir feliz?"

"Porque pensei que algum dia acabaria fazendo isso com alguém."

"Você já tentou?"

Silêncio.

"Eu sufoquei meu irmão mais novo."

Os pais de Samantha, Jen e Danny, adotaram Samantha quando ela tinha 2 anos. Eles já tinham três filhos biológicos, mas se sentiram chamados a adicionar Samantha (nome fictício) e sua meia-irmã, dois anos mais velha, à família. Mais tarde, eles tiveram mais dois filhos.

Desde o início, Samantha parecia uma criança obstinada, com uma necessidade tirânica de atenção. Mas que criança não tem? A sua mãe biológica foi forçada a abandoná-la porque ela perdeu o emprego e a casa e não conseguia sustentar os quatro filhos, mas não havia provas de abuso. De acordo com a documentação do estado do Texas, Samantha atingiu todos os seus marcos cognitivos, emocionais e físicos. Ela não tinha dificuldades de aprendizagem, nem cicatrizes emocionais, nem sinais de TDAH ou autismo.

Mas mesmo em uma idade muito jovem, Samantha já demonstrava uma tendência cruel. Quando ela tinha cerca de 20 meses e morava com pais adotivos no Texas, ela brigou com um menino na creche. O zelador acalmou os dois;

problema resolvido. Mais tarde naquele dia, Samantha, que já estava treinada para usar o penico, foi até onde o menino estava brincando, baixou as calças e fez xixi nele. "Ela sabia exatamente o que estava fazendo", diz Jen. "Tinha a habilidade de esperar o momento oportuno para se vingar de alguém."

Quando Samantha ficou um pouco mais velha, ela beliscava, tropeçava ou empurrava os irmãos e sorria se eles chorassem. Ela quebrava o cofrinho da irmã e rasgava todas as notas. Certa vez, quando Samantha tinha 5 anos, Jen a repreendeu por ser má com um de seus irmãos. Samantha subiu as escadas até o banheiro dos pais e jogou as lentes de contato da mãe no ralo. "O comportamento dela não era impulsivo", diz Jen. "Era bem pensado, premeditado."

Jen, uma ex-professora de escola primária, e Danny, um médico, perceberam que aquilo estavam além de suas capacidades. Consultaram médicos, psiquiatras e terapeutas, mas Samantha apenas se tornava mais perigosa. Eles a internaram em um hospital psiquiátrico três vezes antes de enviá-la para um programa de tratamento residencial em Montana, aos 6 anos de idade. Um psicólogo assegurou aos pais que Samantha superaria isso; o problema era apenas uma empatia atrasada. Outro disse que ela era impulsiva, algo que a medicação resolveria. Ainda outro sugeriu que Samantha tinha transtorno de apego reativo, que poderia ser amenizado com terapia intensiva. Mais sombriamente – e tipicamente, nesses casos – outro psicólogo culpou Jen e Danny, insinuando que Samantha estava reagindo a uma educação severa e sem amor.

Em um amargo dia de dezembro de 2011, Jen estava dirigindo com as crianças por uma estrada sinuosa perto de sua casa. Samantha tinha acabado de completar 6 anos. De repente, Jen ouviu gritos do banco de trás e, quando olhou no espelho, viu Samantha com as mãos em volta do pescoço de sua irmã de 2 anos, que estava presa na cadeirinha do carro. Jen as separou e, uma vez em casa, chamou Samantha para conversar.

"O que você estava fazendo?", Jen perguntou.

"Eu estava tentando sufocá-la", disse Samantha.

"Você percebe que isso a teria matado? Ela não teria sido capaz de respirar. Ela teria morrido."

"Eu sei."

"E quanto ao resto de nós?"

"Eu quero matar todos vocês."

Mais tarde, Samantha mostrou a Jen seus desenhos, e ela ficou horrorizada enquanto a filha demonstrava como estrangular ou sufocar seus bichinhos de pelúcia. "Fiquei com tanto medo", diz Jen. "Senti como se tivesse perdido o controle."

Quatro meses depois, Samantha tentou estrangular o irmãozinho, de apenas 2 meses de idade.

Jen e Danny tiveram que admitir que nada parecia fazer diferença – nem afeto, nem disciplina, nem terapia. "Eu estava lendo, lendo e lendo, tentando descobrir qual diagnóstico fazia sentido", Jen me conta. "O que se encaixa com os comportamentos que estou observando?" Ela então encontrou uma condição que parecia adequada – mas era um diagnóstico que todos os profissionais de saúde mental haviam descartado, porque é considerado raro e intratável. Em julho de 2013, Jen levou Samantha para consultar um psiquiatra na cidade de Nova York, que confirmou sua suspeita.

"No mundo da saúde mental infantil, é praticamente um diagnóstico terminal, exceto que seu filho não vai morrer", diz Jen. "É que não há ajuda." Ela se lembra de ter saído do consultório do psiquiatra naquela tarde quente e ficar parada em uma esquina de Manhattan enquanto os pedestres passavam por ela em um borrão. Um sentimento a invadiu, singular, inesperado. Esperança. Alguém finalmente reconheceu a situação de sua família. Talvez ela e Danny pudessem, contra todas as probabilidades, encontrar uma maneira de ajudar sua filha.

Samantha foi diagnosticada com transtorno de conduta com traços insensíveis e sem emoção. Ela tinha todas as características de uma psicopata em desenvolvimento.

Os psicopatas sempre existiram entre nós. Certos traços sobreviveram porque são úteis em pequenas doses: a frieza de um cirurgião, a concentração de um atleta olímpico, o narcisismo ambicioso de muitos políticos. Mas quando essas características existem na combinação errada ou em formas extremas, podem produzir um indivíduo perigosamente antissocial, ou até mesmo um assassino a sangue-frio. Só no último quarto de século os pesquisadores começaram a identificar os primeiros sinais que indicam que uma criança poderia se tornar o próximo Ted Bundy.

Os pesquisadores não chamam crianças de psicopatas; o termo carrega muito estigma e determinismo. Eles descrevem crianças como Samantha com "traços insensíveis e sem emoção", um termo que resume um conjunto de características e comportamentos, incluindo falta de empatia, remorso ou culpa; emoções superficiais; agressão e até crueldade; e uma aparente indiferença à punição. Crianças insensíveis e sem emoção não têm problemas em machucar os outros para conseguir o que querem. Se parecem carinhosas ou empáticas, provavelmente estão tentando manipular você.

Os pesquisadores acreditam que quase 1% das crianças exibem esses traços. Até pouco tempo atrás, a condição raramente era mencionada. Somente em 2013 a Associação Psiquiátrica Americana incluiu traços insensíveis e sem emoção em seu manual diagnóstico, o DSM-5. A condição pode passar despercebida porque muitas crianças com esses traços — que podem ser charmosas e inteligentes o suficiente para imitar sinais sociais — são capazes de mascará-los.

Mais de 50 estudos descobriram que crianças com traços insensíveis e sem emoção têm mais probabilidade do que outras crianças (três vezes mais probabilidade, em um estudo) de se tornarem criminosas ou exibirem traços agressivos e psicopáticos na vida adulta. E embora os psicopatas adultos constituam apenas uma pequena fração da população geral, estudos sugerem que cometem metade de todos os crimes violentos. "Ignore o problema", diz Adrian Raine, psicólogo da Universidade da Pensilvânia, "e pode-se argumentar que temos sangue nas mãos."

Os pesquisadores acreditam que dois caminhos podem levar à psicopatia: um dominado pela natureza, o outro pelo ambiente. Para algumas crianças, o ambiente — crescer na pobreza, viver com pais abusivos, se defender em bairros perigosos — pode torná-las violentas e frias. Essas crianças não nascem insensíveis e sem emoção; muitos especialistas sugerem que se elas tiverem uma trégua do ambiente, podem ser resgatadas desse caminho.

Mas outras crianças apresentam características insensíveis e sem emoção, embora sejam criadas por pais amorosos em bairros seguros. Grandes estudos no Reino Unido e em outros locais descobriram que esta doença de início precoce é altamente hereditária, está ligada ao cérebro — e é especialmente difícil de tratar. "Gostaríamos de pensar que o amor de uma mãe e de um pai pode mudar tudo", diz Raine. "Mas há momentos em que os pais fazem o melhor que podem, mas a criança, mesmo desde o início, é apenas uma criança má."

Ainda assim, os investigadores sublinham que uma criança insensível — mesmo uma que nasceu assim — não está automaticamente destinada à psicopatia. Segundo algumas estimativas, quatro em cada cinco crianças com essas características não se tornam psicopatas quando crescem. O mistério, aquele que todos estão tentando resolver, é por que algumas dessas crianças se transformam em adultos normais, enquanto outras acabam no corredor da morte.

• • •

Uma investigação atenta pode identificar uma criança insensível e sem emoções aos 3 ou 4 anos de idade. Enquanto as crianças que se desenvolvem normalmente nessa idade ficam agitadas quando veem outras crianças chorarem – e tentam consolá-las ou fogem da cena –, essas crianças mostram um distanciamento frio. Na verdade, psicólogos podem até ser capazes de rastrear esses traços desde a infância. Pesquisadores do King's College London testaram mais de 200 bebês de cinco semanas, observando se eles preferiam olhar para o rosto de uma pessoa ou para uma bola vermelha. Aqueles que preferiram a bola mostraram mais traços insensíveis dois anos e meio depois.

À medida que a criança cresce, sinais de alerta mais óbvios aparecem. Kent Kiehl, psicólogo da Universidade do Novo México e autor de *The Psychopath Whisperer*, diz que um presságio assustador ocorre quando uma criança de 8, 9 ou 10 anos comete uma transgressão ou um crime sozinha, sem a pressão dos colegas. Isso reflete um impulso interior para o mal. A versatilidade criminal – cometer diferentes tipos de crimes em diferentes contextos – também pode sugerir futura psicopatia.

"EU QUERO MATAR TODOS VOCÊS."

Mas o maior sinal de alerta é a violência precoce. "A maioria dos psicopatas que conheço na prisão esteve envolvida em brigas com professores na escola primária ou no ensino fundamental", diz Kiehl. "Quando eu os entrevistava, perguntava: 'Qual foi a pior coisa que você fez na escola?'. E eles respondiam: 'Eu bati no professor até ele ficar inconsciente'. Você fica tipo: 'Isso realmente aconteceu?'. Na realidade, é muito comum."

Temos uma ideia bastante clara de como é o cérebro psicopático adulto, graças, em parte, ao trabalho de Kiehl. Ele escaneou os cérebros de centenas de detentos em prisões de segurança máxima e registrou as diferenças neurais entre criminosos violentos comuns e psicopatas. De modo geral, Kiehl e outros acreditam que o cérebro psicopático possui pelo menos duas anormalidades neurais — e que essas mesmas diferenças provavelmente também ocorrem nos cérebros de crianças insensíveis.

A primeira anormalidade aparece no sistema límbico, o conjunto de estruturas cerebrais envolvidas, entre outras coisas, no processamento das emoções. No cérebro de um psicopata, essa área contém menos massa cinzenta. "É como um músculo mais fraco", diz Kiehl. Um psicopata pode entender, intelectualmente, que o que está fazendo é errado, mas ele não sente isso. "Os psicopatas conhecem as palavras, mas não a música", é como Kiehl descreve. "Eles simplesmente não têm a mesma circuitaria."

Em particular, os especialistas apontam a amígdala — parte do sistema límbico — como a culpada fisiológica pelo comportamento frio ou violento. Alguém com uma amígdala subdesenvolvida ou pouco ativa pode não ser capaz de sentir empatia ou abster-se de violência. Por exemplo, muitos adultos psicopatas e crianças insensíveis não reconhecem medo ou angústia nos rostos de outras pessoas. Essi Viding, professora de psicopatologia do desenvolvimento no University College London, lembra de mostrar a um prisioneiro psicopata uma série de rostos com diferentes expressões. Quando o prisioneiro viu um rosto assustado, ele disse: "Não sei que emoção é essa, mas é assim que as pessoas parecem antes de serem esfaqueadas".

Por que essa peculiaridade neural é importante? Abigail Marsh, pesquisadora da Universidade de Georgetown que estudou os cérebros de crianças insensíveis e sem emoções, diz que sinais de angústia, como expressões assustadas ou tristes, indicam submissão e conciliação. "Eles são projetados para prevenir ataques, levantando a bandeira branca. E, portanto, se você não é sensível a esses sinais, é muito mais provável que ataque alguém que outras pessoas evitariam atacar."

Os psicopatas não só não reconhecem a angústia nos outros, como podem não senti-la eles mesmos. O melhor indicador fisiológico de quais jovens se tornarão criminosos violentos na idade adulta é uma baixa frequência cardíaca em repouso, diz Adrian Raine, da Universidade da Pensilvânia. Estudos longitudinais que seguiram milhares de homens na Suécia, no Reino Unido e no Brasil apontam para essa anomalia biológica. "Acreditamos que a baixa frequência cardíaca reflete a falta de medo, e a falta de medo pode predispor alguém a cometer atos de violência criminal sem medo", diz Raine. Ou talvez exista um "nível ótimo de excitação fisiológica", e pessoas psicopáticas busquem estimulação para aumentar sua frequência cardíaca ao normal. "Para algumas crianças, uma maneira de obter essa excitação na vida é furtar, juntar-se a uma gangue, roubar uma loja ou entrar em uma briga." De fato, quando Daniel Waschbusch, psicólogo clínico do Penn State Hershey Medical Center, deu medicação estimulante para as crianças mais severamente insensíveis e sem emoções com quem ele trabalhava, o comportamento delas melhorou.

A segunda característica de um cérebro psicopático é um sistema de recompensa hiperativo, especialmente predisposto para drogas, sexo ou qualquer outra coisa que ofereça uma pitada de excitação. Em um estudo, crianças jogaram um jogo de apostas no computador programado para permitir que ganhassem no início e depois começassem a perder lentamente. A maioria das pessoas corta suas perdas em algum momento, observa Kent Kiehl, "enquanto as crianças psicopáticas e insensíveis continuam até perderem tudo". Seus freios não funcionam, ele diz.

Freios defeituosos podem ajudar a explicar por que psicopatas cometem crimes brutais: seus cérebros ignoram sinais de perigo ou punição. "Existem todas essas decisões que tomamos com base na ameaça, ou no medo de que algo ruim possa acontecer", diz Dustin Pardini, psicólogo clínico e professor associado de criminologia na Universidade Estadual do Arizona. "Se você se preocupa menos com as consequências negativas de suas ações, então é mais provável que continue a se envolver nesses comportamentos. E quando for pego, você será menos propenso a aprender com seus erros."

Os pesquisadores veem essa insensibilidade à punição até mesmo em alguns bebês. "Estas são as crianças que ficam completamente imperturbáveis pelo fato de terem sido colocadas de castigo", diz Eva Kimonis, que trabalha com crianças insensíveis e suas famílias na Universidade de Nova Gales do Sul, na Austrália. "Então, não é surpreendente que continuem indo para o castigo, porque não é eficaz para elas. Já no que diz respeito a recompensa, elas são muito motivadas por isso."

Esse insight está impulsionando uma nova onda de tratamento. O que um clínico deve fazer se a parte emocional e empática do cérebro de uma criança está quebrada, mas a parte de recompensa do cérebro está funcionando bem? "Você coopta o sistema", diz Kiehl. "Você trabalha com o que resta."

A cada ano que passa, tanto a natureza quanto o ambiente conspiram para direcionar uma criança insensível para a psicopatia e bloquear suas saídas para uma vida normal. Seu cérebro se torna um pouco menos maleável; seu ambiente se torna menos tolerante à medida que seus pais exaustos atingem seus limites, e professores, assistentes sociais e juízes começam a se afastar. Durante a adolescência, ele pode não ser uma causa perdida, já que a parte racional de seu cérebro ainda está em construção. Mas ele pode ser um sujeito assustador.

Como o rapaz que está a 6 metros de mim no North Hall do Mendota Juvenile Treatment Center, em Madison, Wisconsin. O adolescente alto e magro acabou de sair de sua cela. Dois funcionários algemam seus pulsos, acorrentam seus pés e começam a levá-lo embora. De repente, ele se vira para mim e ri — uma risada ameaçadora que me dá arrepios. Enquanto jovens homens gritam palavrões, batendo nas portas de metal de suas celas, e outros olham silenciosamente através de suas estreitas janelas de plexiglass, penso: "Isso é o mais próximo que chego de *O Senhor das Moscas*".

Os psicólogos Michael Caldwell e Greg Van Rybroek pensaram a mesma coisa quando abriram a instalação de Mendota em 1995, em resposta a uma epidemia nacional de violência juvenil no início dos anos 1990. Em vez de colocar jovens infratores em uma prisão juvenil até serem soltos para cometer mais crimes — e crimes mais violentos — como adultos, a legislatura de Wisconsin criou um novo centro de tratamento para tentar quebrar o ciclo de patologia. Mendota operaria dentro do Departamento de Serviços de Saúde, não do Departamento de Correções. Seria administrado por psicólogos e técnicos de cuidados psiquiátricos, não por guardas prisionais. Empregaria um funcionário para cada três crianças — quatro vezes a proporção em outras instalações correcionais juvenis.

Caldwell e Van Rybroek me dizem que a instalação de correções juvenis de alta segurança do estado deveria enviar seus meninos mais mentalmente doentes, entre 12 e 17 anos. Enviou, mas o que Caldwell e Van Rybroek não anteciparam foi que os meninos transferidos também eram os mais ameaçadores e recalcitrantes. Eles se lembram de suas primeiras avaliações. "O garoto saía e nós nos virávamos um para o outro e dizíamos: 'Essa é a pessoa mais perigosa que já vi na vida'", diz Caldwell. Cada um parecia mais ameaçador do que o anterior. "Estamos nos olhando e dizendo: 'Oh, não. O que fizemos?'", acrescenta Van Rybroek.

O que eles fizeram, por tentativa e erro, foi conseguir algo que a maioria das pessoas achava impossível: se não curaram a psicopatia, pelo menos a domesticaram.

Muitos dos adolescentes em Mendota cresceram nas ruas, sem pais, e foram espancados ou abusados sexualmente. A violência tornou-se um mecanismo de defesa. Caldwell e Van Rybroek lembram-se de uma sessão de terapia em grupo há alguns anos, na qual um garoto descreveu ter sido pendurado pelos pulsos e suspenso no teto enquanto seu pai o cortava com uma faca e esfregava pimenta nas feridas. "Ei", disseram várias outras crianças, "aconteceu o mesmo comigo." Eles se autodenominavam o "clube da piñata".

Mas nem todos em Mendota foram "nascidos no inferno", como diz Van Rybroek. Alguns dos meninos foram criados em lares de classe média com pais cujo maior pecado não era o abuso, mas a paralisia diante de seu filho aterrorizante. Independentemente da história, um segredo para desviá-los da psicopatia adulta é travar uma guerra incessante de presença. Em Mendota, os funcionários chamam isso de "descompressão". A ideia é permitir que um jovem que viveu em um estado de caos suba lentamente à superfície e se aclimate ao mundo sem recorrer à violência.

Caldwell menciona que, há algumas poucas semanas, um paciente ficou furioso por alguma ofensa ou injustiça percebida; toda vez que os técnicos verificavam, ele esguichava urina ou fezes pela porta (este é um passatempo popular em Mendota). Os técnicos se esquivavam e voltavam 20 minutos depois, e ele fazia isso novamente. "Isso continuou por vários dias", diz Caldwell. "Mas parte do conceito de descompressão é que o garoto vai se cansar em algum momento. E uma dessas vezes você vai chegar lá e ele vai estar cansado, ou simplesmente não vai ter mais urina para jogar em você. E você terá um pequeno momento em que terá uma conexão positiva lá."

Cindy Ebsen, a diretora de operações, que também é enfermeira registrada, me faz uma visita guiada pelo North Hall de Mendota. À medida que passamos pelas portas de metal com suas janelas estreitas, os meninos espiam e os gritos se transformam em súplicas. "Cindy, Cindy, você pode me dar um doce?" "Eu sou seu favorito, não sou, Cindy?" "Cindy, por que você não me visita mais?"

Ela faz uma pausa para brincar com cada um deles. Os jovens que passam por estes corredores assassinaram e mutilaram, furtaram e assaltaram à mão armada. "Mas eles ainda são crianças. Adoro trabalhar com eles, porque vejo o maior sucesso nesta população", em oposição aos infratores mais velhos, diz Ebsen. Para muitos, a amizade com ela ou outro membro da equipe é a primeira conexão segura que conhecem.

Formar vínculos com crianças insensíveis é importante, mas não é a visão singular de Mendota. O verdadeiro avanço do centro envolve a utilização das anomalias do cérebro psicopata em benefício próprio — especificamente, minimizando a punição e as recompensas pendentes. Esses meninos foram expulsos da escola, colocados em lares coletivos, detidos e encarcerados. Se a punição fosse controlá-los, já o teria feito. Mas seus cérebros respondem com entusiasmo às recompensas. No Mendota, os meninos podem acumular pontos para ingressar em "clubes" cada vez mais prestigiados (Clube 19, Clube 23, Clube VIP). À medida que ascendem em status, eles ganham privilégios e guloseimas — barras de chocolate, cards de beisebol, pizza aos sábados, a oportunidade de jogar Xbox ou ficar acordado até tarde. Bater em alguém, jogar urina ou xingar a equipe custa pontos ao menino — mas não por muito tempo, já que crianças insensíveis e sem emoção geralmente não são dissuadidas pela punição.

Sinceramente, sou cética — será que uma criança que derrubou uma senhora idosa e roubou seu cheque da pensão será realmente motivada pela promessa de cards Pokémon? Mas então desço o South Hall com Ebsen. Ela para e se vira em direção a uma porta à nossa esquerda. "Ei", ela chama, "estou ouvindo rádio na internet?"

"Sim, sim, estou no Clube VIP", diz uma voz. "Posso mostrar meus cards de basquete?"

Ebsen destranca a porta e revela um garoto magro de 17 anos com um bigode nascente. Ele espalha sua coleção. "São cerca de 50 cards de basquete", diz ele, e quase posso ver seus centros de recompensa brilhando. "Tenho os melhores cards de basquete e os mais completos aqui." Mais tarde, ele me conta sua história: sua madrasta batia nele rotineiramente e seu meio-irmão o usava para fazer sexo. Quando ele ainda era pré-adolescente, ele começou a molestar a menina e o menino mais novos da casa ao lado. O abuso continuou por alguns anos, até que o menino contou à mãe. "Eu sabia que era errado, mas não me importei", diz ele. "Eu só queria o prazer."

Em Mendota, ele começou a perceber que o prazer imediato poderia levá-lo à prisão como um criminoso sexual, enquanto a gratificação adiada poderia conferir dividendos mais duradouros: uma família, um emprego e, acima de tudo, liberdade. Por mais improvável que pareça, essa revelação surgiu de sua busca ardente por cards de basquete.

Depois de detalhar o sistema de pontos do centro (uma matemática avançada que não consigo acompanhar), o garoto me diz que uma abordagem semelhante deveria se traduzir em sucesso no mundo exterior — como se o mundo também operasse em um sistema de pontos. Assim como o comportamento consistente e bom confere cards de basquete e rádio pela internet dentro dessas paredes, ele acredita que isso trará promoções no trabalho. "Digamos que você seja um cozinheiro; você pode [se tornar] uma garçonete se estiver se saindo muito bem", ele diz. "É assim que vejo as coisas."

Ele me observa, como se procurando confirmação. Eu aceno com a cabeça, esperando que o mundo funcione dessa maneira para ele. Ainda mais, espero que sua percepção perdure.

● ● ●

Na verdade, o programa em Mendota mudou a trajetória de muitos jovens, pelo menos a curto prazo. Caldwell e Van Rybroek acompanharam os registros públicos de 248 delinquentes juvenis após sua libertação: 147 deles estiveram em uma instalação correcional juvenil, e 101 – os casos mais difíceis e psicopáticos – receberam tratamento em Mendota. Nos quatro anos e meio desde sua libertação, os meninos de Mendota têm sido muito menos propensos a reincidir (64% contra 97%) e muito menos propensos a cometer um crime violento (36% contra 60%). O mais impressionante é que os delinquentes comuns mataram 16 pessoas desde sua libertação. Os meninos de Mendota? Nenhum.

"Pensamos que assim que saíssem pela porta, durariam talvez uma semana ou duas e teriam outro crime grave em seu histórico", diz Caldwell. "E quando os primeiros dados mostraram que isso não estava acontecendo, achamos que havia algo errado com os dados." Por dois anos, tentaram encontrar erros ou explicações alternativas, mas eventualmente concluíram que os resultados eram reais.

A pergunta que estão tentando responder agora é esta: o programa de tratamento de Mendota pode não apenas mudar o comportamento desses adolescentes, mas também remodelar seus cérebros de maneira mensurável? Os pesquisadores estão otimistas, em parte porque a seção do cérebro responsável pela tomada de decisões continua a evoluir até os vinte e poucos anos. O programa é como um levantamento de peso neural, diz Kent Kiehl, da Universidade do Novo México. "Se você exercitar essa circuitaria relacionada ao sistema límbico, ela vai melhorar."

Para testar essa hipótese, Kiehl e a equipe de Mendota estão agora pedindo a cerca de 300 jovens que se desloquem para um scanner cerebral móvel. O scanner registra a forma e o tamanho das áreas-chave dos cérebros dos meninos, bem como de que maneira seus cérebros reagem a testes de capacidade de tomada de decisão, impulsividade e outras qualidades que estão no cerne da psicopatia. O cérebro de cada menino será escaneado antes, durante e ao final de seu tempo no programa, oferecendo aos pesquisadores insights sobre se o comportamento melhorado reflete um melhor funcionamento dentro de seu cérebro.

Ninguém acredita que os graduados de Mendota desenvolverão verdadeira empatia ou uma consciência moral sincera. "Eles podem não passar por uma transformação completa, mas podem desenvolver uma consciência moral cognitiva, uma consciência intelectual de que a vida será mais gratificante se eles seguirem as regras", Caldwell me diz. "Estamos felizes se eles ficarem *deste* lado da lei", diz Van Rybroek. "Em nosso mundo, isso é significativo."

• • •

Quantos podem manter o curso por toda a vida? Caldwell e Van Rybroek não têm ideia. Eles são proibidos de contatar ex-pacientes – uma política destinada a garantir que a equipe e os ex-pacientes mantenham limites apropriados. Mas às vezes os graduados escrevem ou ligam para compartilhar seu progresso, e entre esses correspondentes, Carl, agora com 37 anos, se destaca.

Carl [nome fictício para preservar a identidade] enviou um cartão de agradecimento a Van Rybroek em 2013. Exceto por uma condenação por agressão depois que deixou Mendota, ele permaneceu longe de problemas por uma década e abriu seu próprio negócio – uma funerária perto de Los Angeles. Seu sucesso foi especialmente significativo porque ele era um dos casos mais difíceis, um garoto de uma boa família que parecia programado para a violência.

Carl nasceu em uma pequena cidade em Wisconsin. Filho do meio de um programador de computador e de uma professora de educação especial, "ele saiu furioso", lembra seu pai durante uma conversa por telefone. Seus atos de violência começaram pequenos – bater em um colega de classe no jardim de infância –, mas rapidamente aumentaram: arrancando a cabeça de seu ursinho de pelúcia favorito, cortando os pneus do carro da família, provocando incêndios, matando o hamster de sua irmã. Ela se lembra de Carl, quando ele tinha cerca de 8 anos, balançando o gato em círculos pelo rabo, cada vez mais rápido, e depois o soltando. "E aí você ouvia ele bater na parede." Carl apenas riu.

Olhando para trás, até Carl fica intrigado com a raiva que o invadiu quando criança. "Eu me lembro de quando mordi minha mãe com muita força e ela estava sangrando e chorando. Eu me senti tão feliz, tão radiante – completamente realizado e satisfeito", ele me conta ao telefone. E a raiva que surgiu não era "como se alguém tivesse me dado um chute na cara e eu estivesse tentando me vingar. Era mais como um sentimento de ódio estranho e difícil de explicar".

Seu comportamento confundiu e acabou aterrorizando seus pais. "Só foi piorando à medida que ele crescia", seu pai me diz. "Mais tarde, quando ele era adolescente e foi encarcerado, eu fiquei feliz. Sabíamos onde ele estava e que estaria seguro, e isso tirava um peso da mente."

Quando Carl chegou ao Centro de Tratamento Juvenil Mendota em novembro de 1995, aos 15 anos, ele já havia sido colocado em um hospital psiquiátrico, um lar coletivo, cuidado adotivo ou centro correcional juvenil cerca de uma dúzia de vezes. Seu registro policial listava 18 acusações, incluindo assalto à mão armada e três "crimes contra pessoas", um dos quais enviou a vítima para o hospital. Lincoln Hills, uma instalação correcional juvenil de alta segurança, o enviou para Mendota depois que ele acumulou mais de 100 infrações graves em menos de quatro meses. Em uma avaliação chamada Lista de Verificação da Psicopatia Juvenil, ele marcou 38 de um possível 40 – cinco pontos a mais que a média dos meninos de Mendota, que estavam entre os jovens mais perigosos de Wisconsin.

Carl teve um início difícil em Mendota: semanas abusando da equipe, espalhando fezes pela cela, gritando a noite toda, recusando-se a tomar banho e passando grande parte do tempo trancado em seu quarto, sem permissão para se misturar com os outros garotos. Lentamente, porém, sua psicologia começou a mudar. A constância imperturbável da equipe foi desgastando suas defesas. "Essas pessoas eram como zumbis", Carl lembra, rindo. "Você podia socá-los na cara e eles não faziam nada."

Ele começou a se abrir na terapia e na aula. Parou de falar coisas ofensivas e se acalmou. Desenvolveu os primeiros vínculos reais de sua jovem vida. "Os professores, as enfermeiras, a equipe, todos pareciam ter essa ideia de que podiam fazer a diferença em nós", ele diz. "Tipo, *uau*! Algo bom pode sair de nós. Acreditavam que tínhamos potencial."

Carl não estava exatamente livre de problemas. Após duas passagens por Mendota, ele foi liberado pouco antes de seu 18º aniversário, se casou e, aos 20 anos, foi preso por espancar um policial. Na prisão, escreveu uma nota de suicídio, improvisou um laço e foi colocado sob vigilância de suicídio em confinamento solitário. Enquanto estava lá, começou a ler a Bíblia e a jejuar, e um dia, ele diz, "algo muito poderoso mudou". Ele começou a acreditar em Deus. Carl reconhece que seu estilo de vida está longe do ideal cristão. Mas ainda frequenta a igreja toda semana e credita a Mendota por pavimentar o caminho para sua conversão. Quando foi libertado, em 2003, seu casamento havia se dissolvido e ele se mudou de Wisconsin, eventualmente se estabelecendo na Califórnia, onde abriu sua funerária.

Carl admite alegremente que o negócio da morte o atrai. Quando criança, ele diz, "eu tinha uma profunda fascinação por facas, cortes e matança, então é uma maneira inofensiva de expressar algum nível do que você pode chamar de curiosidade mórbida. E eu acho que essa curiosidade mórbida levada ao extremo – esse é o lar dos assassinos em série, certo? Então é a mesma energia. Mas tudo com moderação".

Claro, sua profissão também exige empatia. Carl diz que teve que treinar a si mesmo para mostrar empatia por seus clientes enlutados, mas que agora isso vem naturalmente. Sua irmã concorda que ele foi capaz de dar esse salto emocional. "Eu o vi interagir com as famílias, e ele é fenomenal", ela me diz. "Ele é incrível em fornecer empatia e ser aquele ombro para eles. E isso não combina em nada com a minha visão dele. Eu fico confusa. Isso é verdade? Ele realmente sente por eles? Ele está fingindo tudo? Ele sequer sabe se está fingindo, a essa altura?"

Depois de conversar com Carl, comecei a vê-lo como uma notável história de sucesso. "Sem [Mendota] e Jesus, eu teria sido um criminoso do tipo Manson, Bundy, Dahmer ou Berkowitz", ele me diz. Claro, seu fascínio pelo mórbido é um pouco assustador. Mas aqui está ele, agora casado novamente, pai de um filho de 1 ano que ele adora, com um negócio próspero. Após nossa entrevista por telefone, decido conhecê-lo pessoalmente. Quero testemunhar sua redenção por mim mesma.

Na noite anterior ao meu voo para Los Angeles, recebo um e-mail frenético da esposa de Carl. Carl está sob custódia policial. Sua esposa me conta que Carl se considera poliamoroso e havia convidado uma de suas namoradas para o apartamento deles. (Essa mulher nega ter tido qualquer envolvimento romântico com Carl.) Eles estavam brincando com o bebê quando sua esposa voltou; ela ficou furiosa e pegou o filho. Carl respondeu puxando o cabelo da esposa, tirando o bebê dos braços dela e pegando seu telefone para impedi-la de chamar a polícia. Ela chamou a polícia da casa de um vizinho. (Carl diz que pegou o bebê para protegê-lo.) Três acusações de contravenção – violência doméstica, abandono e negligência de uma criança, e intimidação de testemunha – e o psicopata que se redimiu agora está na prisão.

Vou para Los Angeles mesmo assim, na ingênua esperança de que Carl seja liberado sob fiança na audiência no dia seguinte. Poucos minutos antes das 8h30, encontro sua esposa no tribunal e começamos a longa espera. Ela é 12 anos mais jovem que Carl, uma mulher pequena com longos cabelos pretos e um cansaço que só se dissipa quando ela olha para o filho. Ela conheceu Carl no *OkCupid* há dois anos, enquanto visitava Los Angeles, e – após um romance de apenas alguns meses – mudou-se para a Califórnia para se casar com ele. Agora ela se senta do lado de fora da sala do tribunal, um olho no filho, atendendo ligações de clientes da funerária e se perguntando se poderá pagar a fiança.

"Estou tão cansada do drama", ela diz, enquanto o telefone toca novamente.

É difícil ser casada com um homem como Carl. Sua esposa diz que ele é engraçado e charmoso e um bom ouvinte, mas às vezes perde o interesse no negócio da funerária, deixando a maior parte do trabalho para ela. Ele traz outras mulheres para casa para fazer sexo, mesmo quando ela está lá. E embora ele nunca a tenha espancado seriamente, ele já a esbofeteou.

"Ele pedia desculpas, mas eu não sei se ele estava realmente arrependido", ela me conta.

"Então você se perguntava se ele sentia remorso genuíno?"

"Honestamente, estou em um ponto em que não me importo mais. Só quero que meu filho e eu estejamos seguros."

Finalmente, às 15h15, Carl entra na sala do tribunal, algemado, vestindo um macacão laranja do Condado de Los Angeles. Ele nos dá um aceno com as duas mãos e exibe um sorriso despreocupado, que desaparece quando descobre que não será liberado sob fiança hoje, apesar de se declarar culpado de agressão e lesão corporal. Ele permanecerá na prisão por mais três semanas.

Carl me liga no dia seguinte à sua libertação. "Eu não deveria ter uma namorada e uma esposa", ele diz, em uma demonstração de remorso pouco característica. Ele insiste que quer manter sua família unida e diz que acredita que as aulas de violência doméstica que o tribunal determinou vão ajudá-lo. Ele parece sincero.

Quando descrevo a última reviravolta na história de Carl para Michael Caldwell e Greg Van Rybroek, eles riem com conhecimento de causa. "Isso conta como um bom resultado para um cara de Mendota", Caldwell diz. "Ele não vai ter um ajuste totalmente saudável à vida, mas conseguiu ficar em grande parte dentro da lei. Mesmo essa contravenção – ele não está cometendo assaltos à mão armada ou atirando nas pessoas."

Sua irmã vê o resultado de Carl de forma semelhante. "Ele recebeu a pior mão de cartas do que qualquer outra pessoa que eu já conheci", ela me diz. "Quem merece ter começado a vida dessa maneira? E o fato de ele não ser um lunático delirante, trancado pelo resto da vida ou morto, é insano."

Pergunto a Carl se é difícil seguir as regras, simplesmente ser normal. "Em uma escala de 1 a 10, quão difícil é?", ele diz, enquanto pensa. "Eu diria um 8. Porque 8 é difícil, muito difícil."

Passei a gostar de Carl: ele tem uma inteligência vivaz, uma disposição para admitir suas falhas e um desejo de ser bom. Ele está sendo sincero ou me manipulando? Carl é a prova de que a psicopatia pode ser domada – ou a prova de que os traços são tão profundamente enraizados que nunca podem ser desfeitos? Honestamente, eu não sei.

• • •

No Centro de Tratamento San Marcos, Samantha está usando suas novas calças de ioga, mas elas não lhe trazem muita alegria. Em algumas horas, sua mãe partirá para o aeroporto e voará de volta para Idaho. Samantha mastiga uma fatia de pizza e sugere filmes para assistir no notebook de Jen. Ela parece triste, mas menos pela partida de Jen do que pela retomada da rotina tediosa do centro. Samantha, essa menina de 11 anos que pode esfaquear a mão de um professor com um lápis ao menor sinal de provocação, se aconchega com sua mãe enquanto assistem *O Bom Gigante Amigo*.

Observando-as na sala escurecida, eu contemplo pela centésima vez a natureza arbitrária do bem e do mal. Se o cérebro de Samantha está configurado para a insensibilidade, se ela não consegue sentir empatia ou remorso porque lhe falta o equipamento neural, podemos dizer que ela é má? "Essas crianças não conseguem evitar", diz Adrian Raine. "As crianças não crescem querendo ser psicopatas ou assassinas em série. Elas crescem querendo se tornar jogadores de beisebol ou grandes estrelas do futebol. Não é uma escolha."

No entanto, Raine diz que, mesmo que não os rotulemos como maus, devemos tentar prevenir seus atos malignos. É uma luta diária, plantando as sementes de emoções que normalmente surgem naturalmente – empatia, carinho, remorso – no solo rochoso de um cérebro insensível. Samantha vive no San Marcos há mais de dois anos, onde a equipe tentou moldar seu comportamento com terapia regular e um programa que, como o de Mendota, dispensa punições rápidas, mas limitadas, para comportamentos inadequados e oferece prêmios e privilégios – doces, cards Pokémon, noites livres nos fins de semana – para bons comportamentos.

Jen e Danny notaram sinais de empatia. Samantha fez uma amiga e recentemente confortou a garota depois que sua assistente social se demitiu. Eles detectaram traços de autoconsciência e até remorso: Samantha sabe que seus pensamentos sobre machucar pessoas estão errados e tenta reprimi-los. Mas o treinamento cognitivo nem sempre consegue competir com o impulso de estrangular um colega de classe irritante, o que ela tentou fazer outro dia. "Isso se acumula, e então eu tenho que fazer", explica Samantha. "Eu não consigo afastar."

Tudo isso é exaustivo, para Samantha e para todos ao seu redor. Mais tarde, pergunto a Jen se Samantha tem qualidades adoráveis que tornam tudo isso válido. "Não pode ser sempre um pesadelo, não é?", pergunto. Ela hesita. "Ou pode?"

"Não é sempre um pesadelo", responde Jen depois de um tempo. "Ela é fofa, pode ser divertida e agradável." Ela é ótima em jogos de tabuleiro, tem uma imaginação maravilhosa e agora, depois de dois anos separada, seus irmãos dizem que sentem falta dela. Mas o humor e o comportamento de Samantha podem mudar rapidamente. "O desafio com ela é que o extremo dela é *muito* extremo. Você está sempre esperando que algo aconteça."

Danny diz que eles estão rezando para que o interesse próprio triunfe sobre o impulso: "Nossa esperança é que ela seja capaz de ter um entendimento cognitivo de que 'Mesmo que meu pensamento seja diferente, meu comportamento precisa seguir por este caminho para que eu possa desfrutar das coisas boas que eu quero'". Porque ela foi diagnosticada relativamente cedo, eles esperam que o cérebro jovem e ainda em desenvolvimento de Samantha possa ser reprogramado para algum nível de moralidade cognitiva. E ter pais como Jen e Danny pode fazer a diferença; pesquisas sugerem que uma criação calorosa e responsiva pode ajudar as crianças a se tornarem menos insensíveis à medida que envelhecem.

Por outro lado, o psiquiatra de Nova York lhes disse que o fato de seus sintomas terem aparecido tão cedo e de forma tão dramática pode indicar que sua insensibilidade está tão profundamente enraizada que pouco pode ser feito para melhorá-la.

Os pais de Samantha tentam não se questionar muito sobre a decisão de adotá-la. Mas até mesmo Samantha se perguntou se eles se arrependem. "Ela nos disse: 'Por que vocês me quiseram?'", relembra Jen. "A resposta real para isso é: Nós não conhecíamos a profundidade de seus desafios. Não fazíamos ideia. Não sei se esta seria uma história diferente se estivéssemos avaliando isso agora. Mas o que dizemos a ela é: 'Você é nossa'."

Jen e Danny estão planejando trazer Samantha para casa neste verão, uma perspectiva que a família encara com certa apreensão. Eles estão tomando precauções, como usar alarmes na porta do quarto de Samantha. As crianças mais velhas são maiores e mais fortes do que Samantha, mas a família terá que vigiar o menino e a menina, com 5 e 7 anos respectivamente. Ainda assim, eles acreditam que ela está pronta, ou, mais precisamente, que progrediu o máximo que podia no San Marcos. Eles querem trazê-la para casa, para dar mais uma chance.

Claro, mesmo que Samantha consiga se readaptar facilmente à vida em casa aos 11 anos, e o futuro? "Eu quero que essa criança tenha carteira de motorista?", pergunta Jen. "Que saia para encontros? Ela é inteligente o suficiente para a faculdade, mas será que conseguirá lidar com essa sociedade complexa sem se tornar uma ameaça? Ela pode ter um relacionamento romântico estável, se apaixonar e se casar?" Jen e Danny tiveram que redefinir o sucesso para Samantha: simplesmente mantê-la fora da prisão.

E ainda assim, eles amam Samantha. "Ela é nossa, e queremos criar nossos filhos juntos", diz Jen. Samantha esteve em programas de tratamento residencial na maior parte dos últimos cinco anos, quase metade de sua vida. Eles não podem institucionalizá-la para sempre. Ela precisa aprender a funcionar no mundo, mais cedo ou mais tarde. "Eu realmente sinto que há esperança", diz Jen. "A parte difícil é que isso nunca vai desaparecer. É uma paternidade de alto risco. Se falhar, vai falhar feio."

Barbara Bradley Hagerty é jornalista norte-americana cuja curiosidade e paixão por contar histórias a levaram a esta profissão desde cedo. Seu trabalho sobre os ataques de 11 de setembro de 2001 lhe rendeu prêmios prestigiados e, em 2003, passou a cobrir conteúdos sobre política, direito, ciência e cultura, recebendo diversos prêmios por suas reportagens. É autora de vários livros e colabora com o *The Atlantic*, onde este texto foi originalmente publicado em junho de 2017.

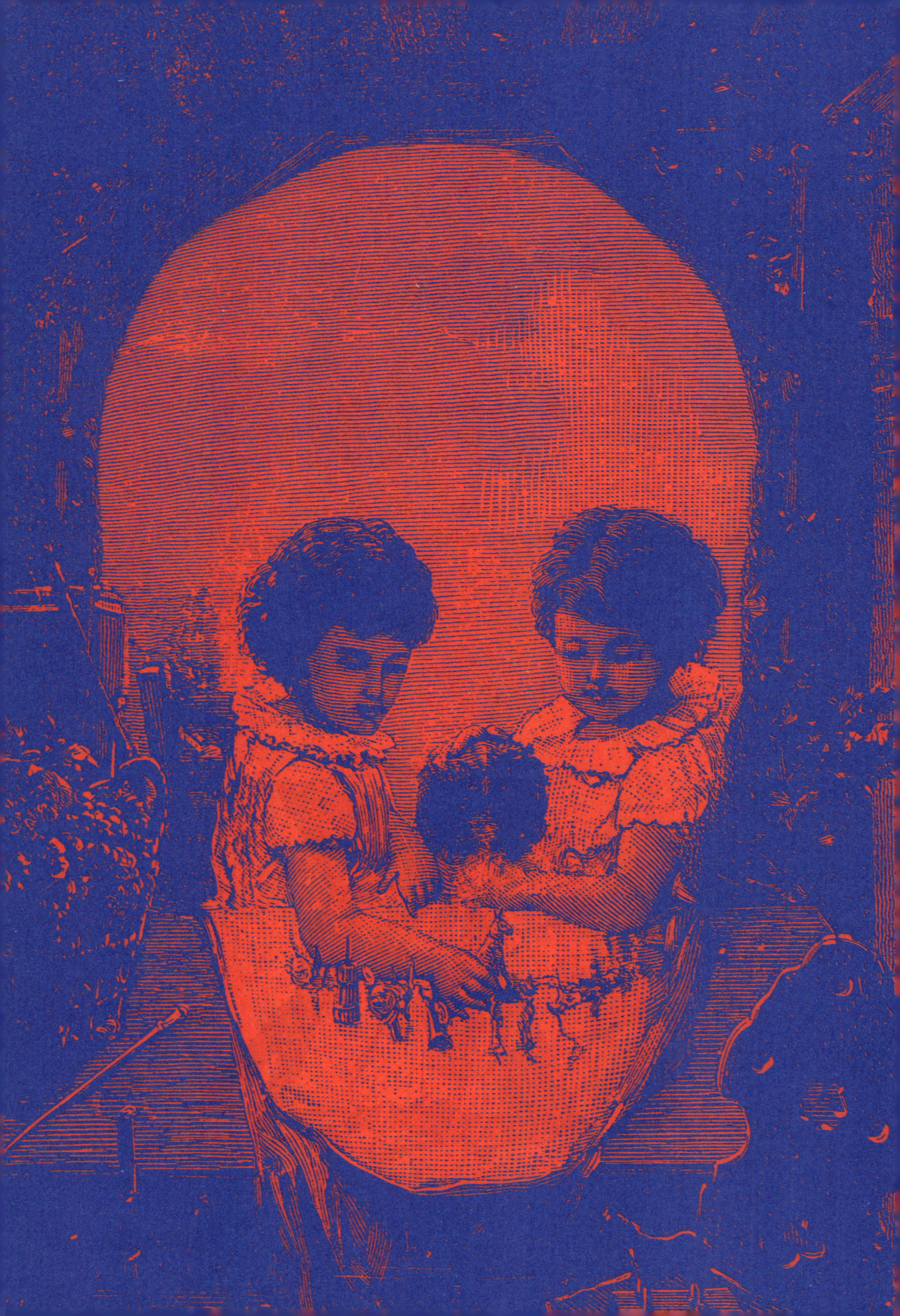

PERVERSIDADE ORIGINAL

APRESENTAÇÃO

Quando eu era criança, algo por volta dos 8 anos, cometi uma atrocidade que ainda hoje me assombra: tirei a vida de um ser vivo. Foi um ato bastante intencional, e o cometi de maneira fria, calculista e com total indiferença e desprezo pela vida que agonizou em minhas mãos. Sim, essa vida que se foi sofreu. Lembro de encurralá-lo e dominá-lo. Claro que a minha vítima era menor e mais fraca do que eu. "Vamos abrir", disse a uma amiguinha. Sim, tive um cúmplice, outra criança. Essa minha amiga, cuja mãe era enfermeira, correu até sua casa no terceiro andar do nosso bloco de apartamentos e, minutos depois, apareceu com um bisturi e luvas de látex. Hoje é aterrador pensar nisso, mas naquele momento não senti absolutamente nada ao abrir a barriga da criatura indefesa; eu apenas queria ver o que tinha dentro.

Na verdade, não sei direito o que se passou pela minha cabeça, mas sei o que não senti: empatia. Dentro de mim, habitava um completo vazio emocional enquanto eu cortava músculos e tecidos. Ao final, como em uma brincadeira de criança na qual você enjoa após a excitação inicial, larguei o pobre coitado com a barriga aberta e fui fazer outra coisa.

A vítima era um lagarto, popularmente conhecido em minha região como calango. Podemos aqui adentrar no mundo filosófico da alteridade, mas o importante nessa história é entender que crianças são capazes *sim* de cometer atos, digamos, antinaturais. No meu caso, eu não tinha a compreensão completa do que estava fazendo com o calango. Mas por que uma criança brincaria de abrir um animal? Por que somos tão primitivos a esse ponto? Com cerca de 300 mil anos de existência, por que não estamos evoluídos o suficiente para nascermos e vivermos em harmonia com os demais reinos terrestres? Seria do instinto humano destruir o outro?

Por outro lado, se eu tivesse plena consciência do meu ato, o problema poderia ser bem mais assustador. Nesse livro, nós teremos a oportunidade de conversar a respeito de crianças que maltratam, torturam e matam animais (e apenas para deixar claro, antes de conclusões precipitadas, aquele infeliz calango foi o único bichinho que eu fiz sofrer na vida – certo, não estou contando os pernilongos e mosquitos aqui, mas vocês me entenderam). O assassinato de pequenos animais é um ato grave e preocupante, mas não é o único no repertório infantil de maldades.

Quem de nós nunca ouviu os mais velhos se referindo a alguém com tendências voltadas para o mal como sendo "ruim de natureza"? No caso das crianças, esse "ruim de natureza" não se refere apenas a uma criança falsa, birrenta ou que comete malcriações. Agora mesmo, enquanto escrevo estas linhas, tomei conhecimento de um caso que me entristeceu bastante. Algumas crianças de uma escola do Rio de Janeiro criaram um grupo em um aplicativo de mensagens instantâneas com um propósito perverso: atormentar uma colega de classe de 11 anos de idade. Chamado de "(Nome da Vítima) do Kapiroto", o grupo possuía um conteúdo tão grave e bárbaro que foi difícil acreditar que aqueles sentimentos desumanos vinham de corações tão jovens. Algumas das mensagens, divulgadas em reportagens na imprensa, incitavam a garotinha a se mutilar e a cometer suicídio: "Morre garota", "Se mata", "MORREEEEEEE", "MORRE VADIA", "Desgraçada", "Ninguém vai sentir tua falta", "Ainda fica visualizando e não se defende kakakaka coitada fracassada. FALIDA". A razão pela qual essas crianças se voltaram contra uma colega de classe não foi revelada, mas será que existe alguma coisa que justifique esse tipo de tortura? Pelo que sabemos, atormentar o semelhante não requer motivos; apenas o fato de uma criança ser "diferente" pode ser o suficiente para desenfrear a maleficência infantil.

Em 2017, na cidade de Cuiabá, Mato Grosso, um menino de 11 anos com deficiência auditiva foi encontrado machucado e amarrado dentro do banheiro da escola. Três anos antes, na cidade de Gilbués, Piauí, outro menino de 10 anos foi brutalmente espancado por uma horda de crianças apenas porque usava óculos. Ele já apanhava e era vítima de humilhação psicológica há mais de um ano; além disso, ficou três dias internado após sofrer desmaios e convulsões devido às agressões. Injustificáveis, mas ao mesmo tempo comuns, esses três pingos fazem parte de uma tempestade que cai todos os dias, e com certeza alguns se lembrarão de um ou outro caso, às vezes muito pior, envolvendo bullying.

Crianças podem ser bastante cruéis, e há muito tempo os cientistas que estudam *violência* e *agressividade* humana concluíram que esse comportamento está longe de ser algo exclusivo do repertório de condutas de um adulto. Em algum ponto, alguém olhou para esses temas através da perspectiva do desenvolvimento e, imediatamente, as crianças entraram no radar. Pioneiras nesse campo, o trio de psicólogas Katharine Bridges, Florence Goodenough e Helen Dawe, publicaram estudos na década de 1930 que ainda hoje são relevantes para estudantes e pesquisadores do mundo inteiro. Na prática, há quase cem anos a ciência moderna sabe que crianças são agressivas e perversas.

O filósofo suíço Jean-Jacques Rousseau, em sua obra *Emílio, ou Da Educação*, de 1762, afirmou que "não há perversidade original no coração humano." De acordo com a perspectiva desse autor, o ser humano nasce bom e pode se tornar mau ao longo da vida, sendo a maldade o resultado direto do corrompimento do indivíduo pela sociedade. Embora com uma argumentação mais complicada, seu contemporâneo, o filósofo alemão Immanuel Kant, chegou a uma conclusão parecida quando afirmou que o homem tem a disposição originária para o bem.

"NÃO HÁ PERVERSIDADE ORIGINAL NO CORAÇÃO HUMANO."
Jean-Jacques Rousseau

Durante algum tempo, vários estudos científicos pareceram confirmar os escritos de pensadores como Rousseau e Kant. Em 1973, o psicólogo canadense Albert Bandura lançou um marco nesse campo. Em seu livro chamado *Aggression: A Social Learning Analysis*, Bandura afirma que "as pessoas não nascem com repertórios pré-formados de comportamentos agressivos; elas devem aprendê-los de uma forma ou de outra". O autor concluiu que a origem da agressão no homem era um aprendizado social e, apesar de o canadense não ter sido o pioneiro nos estudos de agressividade infantil, a partir dele, cientistas passaram a investigar o momento em que o ser humano teria a capacidade de causar danos ao semelhante. A busca por esse "despertar da violência" originou uma série de estudos cujos resultados levariam à reflexão de que a agressividade e a maldade não seriam resultadas do livre-arbítrio em um mundo instigador, mas, sim, características intrínsecas do ser humano, podendo ter origem genética.

Quanto menor a idade do indivíduo, mais as teorias de Rousseau e Bandura ficam na corda bamba. Isso porque quanto mais nova é uma pessoa, menos contato ela teve com o meio social e menor é sua capacidade cognitiva. Se o despertar da violência pudesse ser traçado em crianças de 1 ano, isso mostraria que agressividade e maldade estariam mais ligadas ao *instinto* do homem do que qualquer outra coisa. Em 1974, o psicólogo norte-americano Jerome Kagan provocou seus pares ao argumentar que "uma jovem criança não pode ser agressiva até possuir uma intenção psíquica de machucar outra". Para Kagan, a agressividade poderia se iniciar *dois anos* após o nascimento, idade com a qual uma criança pode "colocar a si mesma no estado psíquico da outra". Estudos subsequentes confirmaram que existiria uma tendência de progressão da violência com o avançar do crescimento, sugerindo que a visão de Rousseau, de que crianças nascem boas e se tornam ruins devido a influência do ambiente, estava correta. Tal entendimento foi novamente ameaçado quando cientistas passaram a incluir bebês e crianças de até 2 anos em suas pesquisas.

Em uma delas, psicólogos da Universidade de New Jersey mostraram que bebês de 4 meses claramente expressavam raiva em seus rostos em reação a experiências de frustração. Em um artigo publicado em 1990, eles revelam que "nossos resultados indicam a presença da raiva em bebês de 8 semanas em circunstâncias específicas [...] A partir dessa idade [4 meses], os bebês demonstram raiva em resposta à perda de controle e, também, quando um estímulo agradável é retirado deles". Dez anos depois, o psicólogo Richard Tremblay[*] acrescentou que "essas mesmas reações são expressas mais claramente através dos braços e pernas das crianças alguns meses depois, quando a maturação motora permite a criança bater e chutar". O próprio Tremblay conduziu estudos com bebês em busca do despertar da violência. Em 1999, ele e outros pesquisadores canadenses selecionaram 511 bebês, de 17 meses de idade. Para a surpresa de todos, quase 80% demonstraram agressividade física, e isso incluía importunar, iniciar brigas, realizar ataques físicos, fazer ameaças, dar chutes, mordidas, socos, empurrar para conseguir algo, dentre outros comportamentos. Talvez o mais assustador de tudo tenha sido a taxa de 3,9% de bebês que apresentaram comportamento "cruel", alguns de forma recorrente. O despertar para a violência, então, poderia aparecer antes do primeiro aniversário de vida e aumentar de maneira substancial dos 12 aos 17 meses de idade. Entretanto, isso não seria de todo assustador ou preocupante, mas apenas o indicativo de que nasceríamos predispostos à agressão física.

---

[*] Richard Ernest Tremblay é um psicólogo canadense e professor de pediatria, psicologia e psiquiatria na Universidade de Montreal, Canadá. Desde a década de 1970, pesquisa o desenvolvimento de comportamento agressivo em crianças. [As notas são do Autor]

"Embora a maioria das crianças tenha aprendido a inibir a agressão física ao entrar no jardim de infância, uma minoria não o fez, e algumas dessas crianças podem se tornar casos crônicos por toda vida. Esses casos crônicos são extremamente resistentes a intervenções terapêuticas e podem muito bem ser aqueles que apresentaram níveis mais elevados de agressão física durante os primeiros 24 meses após o nascimento. Assim, pode haver duas trajetórias principais de desenvolvimento da agressão física, a limitada na infância e a persistente no curso da vida." (Tremblay et al.)

Oitenta por cento dos bebês demonstrando agressividade física não é assustador, e muitos podem não ter se impressionado com esse dado devido ao próprio conhecimento empírico. Quem nunca conheceu ou ouviu falar de uma criança agressiva? Tomando nós mesmos como exemplos, quem não se lembra de pelo menos um episódio na infância em que batemos, empurramos ou ameaçamos um amiguinho? Quem nunca quis meter um tapa na orelha daquele coleguinha que considerávamos chato? Beliscar, bater ou armar uma arapuca para o menino que tinha brinquedos melhores que os nossos?

A violência, portanto, seria inata e aprenderíamos a classificá-la, da mesma forma que em algum ponto do nosso desenvolvimento enquanto seres humanos fica claro o quanto é errado e inaceitável agredir, psicológica ou fisicamente, o nosso semelhante. O homem seria um "agressor por natureza"* e fadado a cometer violência caso as forças sociais não viessem entravar o seu instinto de agressão e seu impulso de morte. O instinto ou a tendência, porém, estão lá, e como diz Tremblay, a maioria de nós o inibe. Uma minoria, entretanto, não o faz. Não é que essas pessoas estão condenadas desde o nascimento a serem agressores ou assassinos incorrigíveis e sem remorso, mas,

---

* Genes envolvidos na metabolização de neurotransmissores foram ligados à extrema violência. Dois desses genes são o catechol-O-methyltransferase (COMT) e o monoamina oxidase A (MAOA). Pesquisas mostram de maneira consistente que esses dois genes estão relacionados a comportamentos antissociais. O MAOA, por exemplo, poderia ser "ativado" caso o indivíduo sofresse maus-tratos na infância. (Volavka, Bilder, & Nolan, 2004)

sim, indivíduos cuja possibilidade de resolver o menor dos problemas usando a brutalidade é maior, como os irmãos Coombes.**

Em um período de três anos e meio, cinco casos de crianças assassinas abalaram o Condado de Cuyahoga, cuja maior cidade, Cleveland, é capital do estado de Ohio. As vítimas eram bebês de 7 a 8 meses de idade, e os pequenos assassinos eram crianças de 2 a 8 anos: uma jovem tia; o filho de uma babá; um primo; filhos de um vizinho; e um irmão. Essas crianças mataram os bebês com golpes na cabeça, usando um instrumento contundente, jogando-os ao chão, ou ambos. Duas das vítimas também foram mordidas por seus algozes.

Tentando encontrar uma explicação para a fúria homicida dos "pequenos que matam", em 9 de outubro de 1972, um médico chamado dr. Lester Abelson escreveu sobre os casos na edição do *Journal of the American Medical Association* e citou sentimentos como "ciúmes" e "inveja" como combustíveis para os homicídios. Nesses cinco casos estudados, Abelson concluiu que "um sentimento de rejeição e rivalidade com um irmão, ou ressentimento por parte do agressor pela presença de uma criança mais nova que ameaça sua sensação de segurança ou lugar, ou prioridade na casa, fornece a provocação para o ataque letal".

** Os irmãos Coombes tinham 12 e 13 anos quando assassinaram a mãe a facadas e deixaram o corpo apodrecendo no quarto. O caso aconteceu na Inglaterra em 1895.

"CRIANÇAS SÃO O ELO DA FAMÍLIA."

Crianças matam por vários motivos e, com certeza, eles ficarão claros ao longo deste livro. Em alguns casos apresentados, é bastante nítido que a criança apenas agiu *como criança*, sem ter consciência alguma do ato; já outras são tão perturbadas que necessitam de tratamentos em centros especializados para impedi-las de continuar machucando ou matando pessoas. Uma porcentagem mínima foi enviada para centros de detenção juvenil ou hospitais psiquiátricos para nunca mais sair.

Não é intenção deste livro demonizar crianças ou criar a falsa ilusão de que todas são perigosas. Crianças continuam (e continuarão) sendo o elo da família, seres que devem ser amados e orientados, e uma de nossas razões para viver. Mas previno que muitos leitores podem chegar ao final da leitura tendo um pé atrás com esses pequeninos humanos. O sentimento fará sentido, considerando que o leitor passará horas ou dias consumindo de forma minuciosa as histórias aqui descritas, e algumas delas são tão chocantes que muitos acreditariam ser apenas o roteiro de um filme de terror.

Agora, se a intenção fosse classificá-las entre algozes e vítimas, crianças são, sobretudo em nossa sociedade, vítimas em potencial. Como citado anteriormente, os pequenos homicidas não chegam nem perto, em número, das milhares e milhares de crianças que morrem todos os anos vítimas de negligência ou abuso. Sem contar centenas de milhares de outras que sobrevivem a terríveis agressões físicas e psicológicas que os acompanham por toda vida. No Brasil, de acordo com o *Atlas da Violência 2019*, citando a base de dados do Disque 100, crianças e adolescentes são as maiores vítimas de violência em comparação com idosos e pessoas em situação de rua.

Para citar mais exemplos do nosso tempo, no ano de 2016, somente a diarreia matou mais de 250 mil crianças no mundo. Na região de Tigré, Etiópia, mais de 2 milhões de crianças vivem em situação deplorável devido ao conflito armado que opõe o governo e o maior partido político do país, a Frente de Libertação do Povo Tigré. Atualmente no Iêmen, mais de 12 milhões de crianças estão em situação similar de calamidade humanitária devido, por sua vez, à oposição do governo a um grupo rebelde. No período de um ano, em 2019, 562 crianças foram assassinadas naquele país. Isso é muito mais do que os casos citados neste livro, e para chegar a eles foi necessário uma extensa e difícil pesquisa que cobriu quase dois séculos de história. Dados oficiais mostram que quase mil crianças são assassinadas todos os anos apenas na África do Sul, mais ou menos três por dia. E, embora seja horrível, essa estatística ainda deve ser baixa em comparação com o número real.

Crianças são seres vulneráveis, por isso podem ser vítimas de várias formas de violência. Somente o braço da Interpol que investiga crimes sexuais contra crianças já ajudou a investigar 23.500 vítimas no mundo inteiro. Esse é um número lamentável e que pode representar apenas a ponta do iceberg. Quantas crianças morrem todos os dias vítimas direta ou indiretamente de mãos adultas? Conflitos, pedofilia, tráfico humano, fome, exploração trabalhista, sequestros, negligência etc.

Ainda assim, crianças assassinas existem. E este livro é sobre elas. Espero que, com todos os casos apresentados (os estudos, os resumos, as citações), a obra forneça uma melhor compreensão desse fenômeno desconhecido, raro, preocupante e destruidor. Cada uma das histórias a seguir é um universo que pode ser estudado. Quem são essas crianças? Em que situações elas matam? Quando? Como? Por quê? Aspectos culturais e temporais podem influenciar? A sociedade e seus costumes podem fabricar pequenos assassinos?

Cartas serão colocadas sobre a mesa, e eu convido o leitor a embarcar comigo em uma jornada dolorosa e incisiva, mas necessária a quem almeja conhecer o mal em suas diversas formas. É uma viagem na qual poucos estariam dispostos a embarcar. E se você está aqui, é porque comprou o bilhete e, assim como eu, faz parte de um seleto grupo interessado em investigar aquilo que todos preferem não ver. Que ao fim desta jornada, o conhecimento adquirido ajude o leitor a tomar suas próprias conclusões acerca dos homicídios cometidos por esses anjos cruéis.

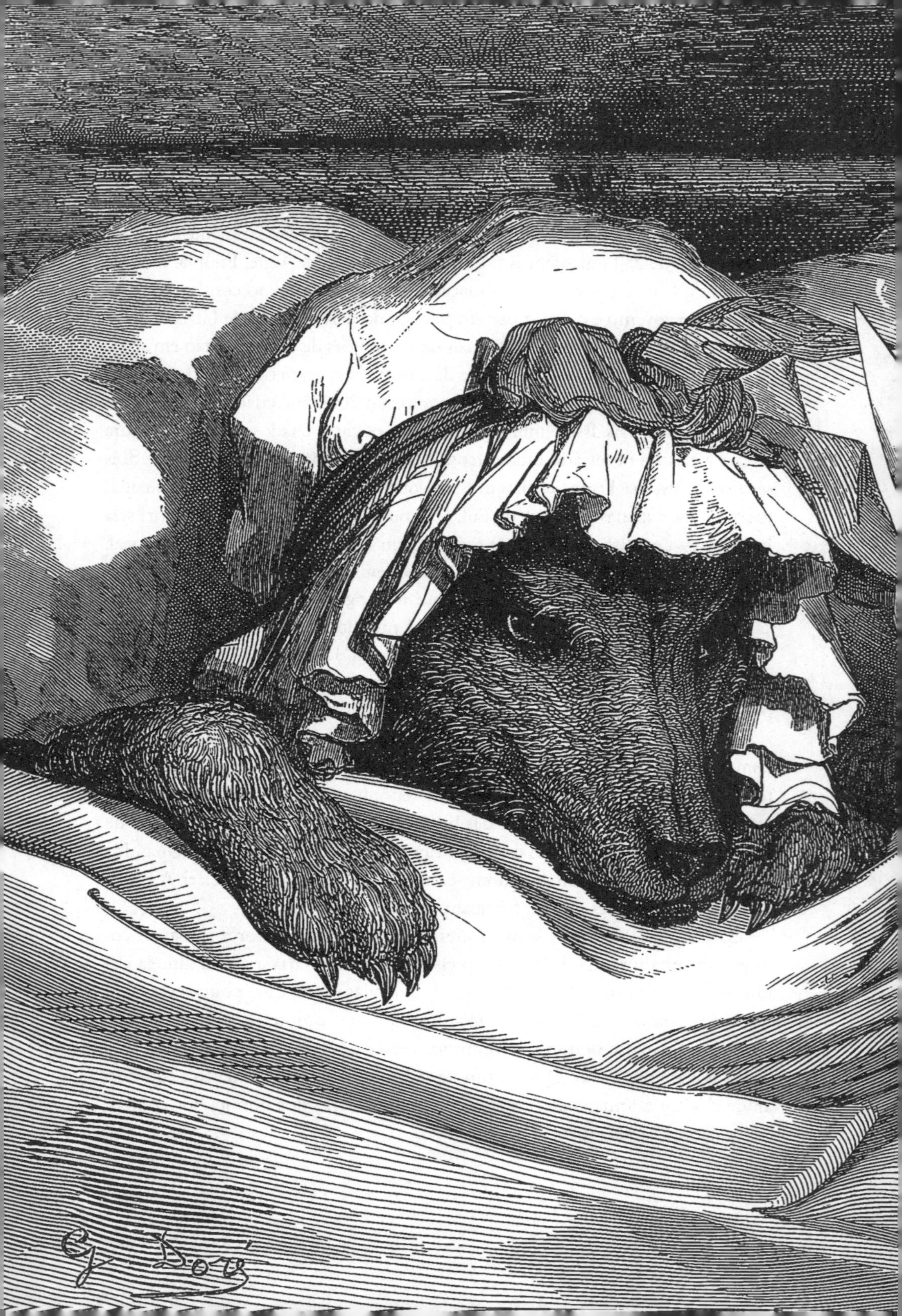
G. Doré

"Cerca de metade dos jovens assassinos conseguem esconder sua turbulência interior até o momento terrível do crime. 'Menino modelo', 'tipo escolar', 'sonhador', 'bom aluno', foram os termos usados para descrever um jovem assassino que eu conheci... [A outra metade] mostrou seus problemas desde o início. Normalmente são expulsos de várias escolas. Eles brigaram com professores, pais, policiais, outras crianças. Eles carecem de consciência. O capricho do momento é mais importante do que tudo para eles. 'Personalidades psicopáticas', é como os psicólogos os chamam. Você quase pode dizer que é apenas uma questão de tempo até eles cometerem assassinato. Quando matam, não mostram remorso. Eles são incapazes de sentir remorso."
Richmond Barbour, 1953

"SOMOS O QUE SOMOS"

O lobo disse-lhe: — Menina, que faca grande você tem.

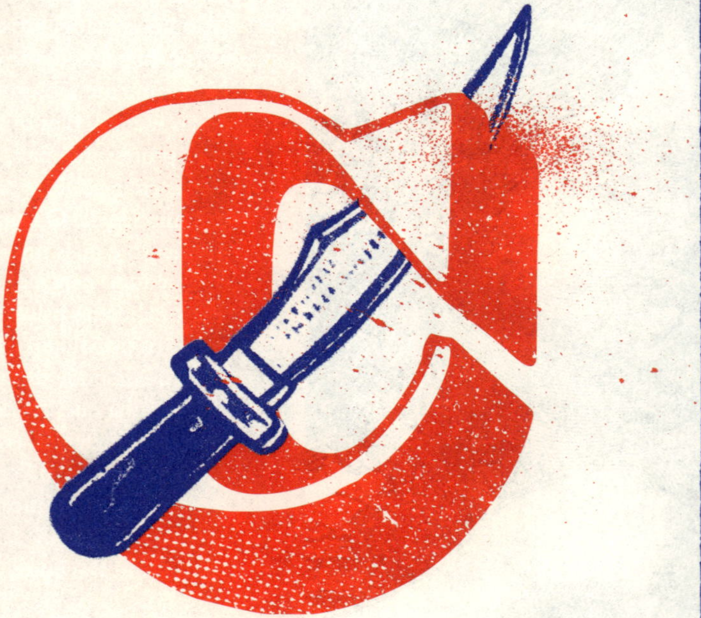

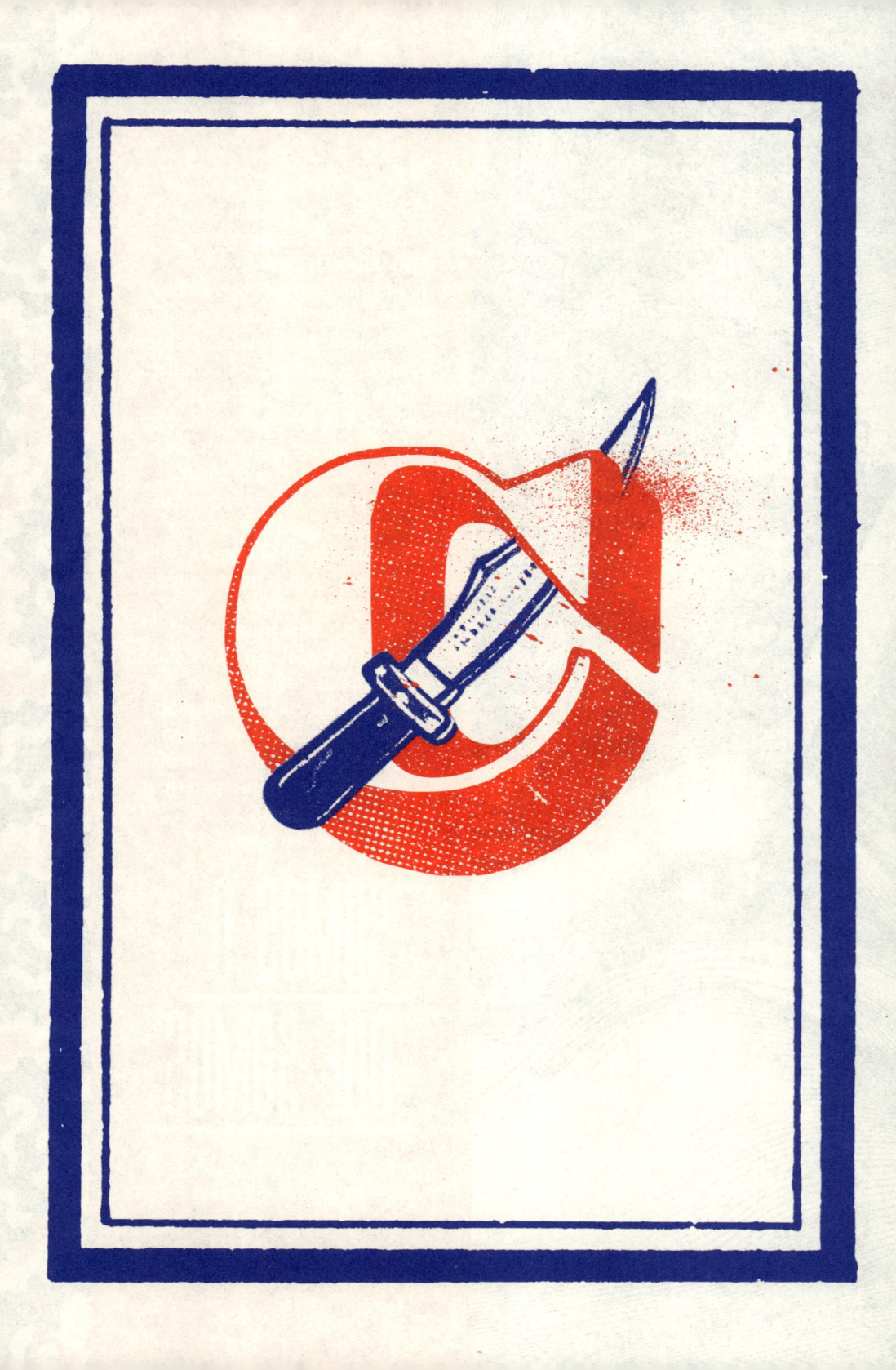

CRIANÇAS MATAM

"Recentemente participei de um encontro internacional de investigadores em comportamento antissocial de crianças, onde foi argumentado que, por medo da reação pública, não devemos dizer que crianças menores de 7 anos de idade se comportem de maneiras que legalmente seriam consideradas uma ofensa se fossem mais velhas."
Richard Tremblay, 2000

Aos 30 anos, a neurocientista norte-americana Abigail Marsh conheceu uma pessoa que a deixou bastante intrigada. Ela e sua colega de pós-doutorado, Liz Finger, realizavam pesquisas sobre altruísmo quando um indivíduo de cabelos loiros e sardas no nariz apareceu diante de seus olhos, indicado por um outro grupo de cientistas. Segundo o grupo, Marsh e Finger deveriam dar uma olhada nele. Bastante educado, o sujeito cumprimentou as duas mulheres com tanta simpatia que Marsh gostou dele imediatamente. A idade da criatura? Apenas 12 anos.

A pesquisadora continuou intrigada. Mas não era esse menino angelical que disseram ter apontado uma faca para a mãe? Que espalhou seu próprio excremento pelas paredes após ser trancado no quarto depois de ameaçar os pais? Cuja irmã mais nova vivia dormindo na casa de parentes porque os pais tinham medo de que ele a machucasse?

O "currículo" do menino, que Marsh chamou de Dylan [nome fictício adotado para proteger a identidade da criança], citava que ele tinha problemas de humor e ataques de raiva. Poderia não ser nada de mais, tendo em vista que muitas crianças exibem esses comportamentos, mas ameaçar matar a mãe com uma faca e espalhar excremento pela parede indicava que havia algo diferente em Dylan.

De modo geral, o menino era bastante amável, tinha uma conversa fluida e respeitosa, comportamento que permaneceu inalterado em todos os encontros seguintes entre ele e Marsh. As enfermeiras do hospital também só tinham elogios: "Oh, ele é tão gentil com as outras crianças mais novas da ala, ele até lê e as ajuda nas tarefas escolares". A respeito do motivo de sua presença ali, Dylan dizia que às vezes tinha um dia ruim. Estava cansado, frustrado, ou eram suas irmãs que o aborreciam. Mas nunca teve intenção de machucar ninguém. No fim das contas, Dylan não sabia por que agia daquela forma e não entendia por que a família acreditava que o seu comportamento fosse um problema tão sério que justificasse sua presença ali. Nas palavras de Marsh, Dylan era "uma criança tão legal" que ela e Finger não sabiam como agir. De fato, o "currículo" não batia com o "candidato". Para resolver esse quebra-cabeça de forma mais rápida, as duas pesquisadoras poderiam ter pedido ajuda a um homem chamado Harvey Cleckley, mas não seria possível – quando as cientistas conheceram

Dylan, Cleckley já havia falecido há 21 anos. Por incrível que pareça, 64 anos antes de Dylan nascer, Cleckley descreveu o menino com uma precisão de gelar os ossos. Dylan era uma criança que atendia aos sinais de psicopatia.

A psicopatia é conhecida desde a antiguidade. Um dos estudantes de Aristóteles, Teofrasto, deve ter sido o primeiro a escrever sobre os psicopatas, descrevendo-os, de acordo com algumas traduções, como "homens sem escrúpulos". Já Maria de Fátima Sousa e Silva, pesquisadora da Universidade de Coimbra, na tradução para o português da obra de Teofrasto, *Os Caracteres*, traduziu a expressão "sem escrúpulos" como "descarados". Diz Teofrasto, segundo a tradução de Maria de Fátima: "O descaramento é, se quisermos defini-lo, o desprezo pela opinião pública, com vista a benefícios mesquinhos. Eis o perfil do descarado. Para começar, se ele pregou um calote a alguém, volta lá e é a esse tipo mesmo que vai pedir dinheiro emprestado...". Teofrasto continua citando outros seis exemplos de ações costumeiras, todas envolvendo golpes ou atos em que o descarado leva vantagem.

Dando um salto de mais de 2 mil anos adiante, a definição contemporânea de psicopatia é baseada no trabalho do psiquiatra norte-americano Harvey Milton Cleckley, que detalhou suas descobertas no livro *The Mask of Sanity*. Lançado em 1941, a obra trazia nove estudos de caso – aumentado para quinze em edições posteriores – que mostravam como a psicopatia era diferente de outros transtornos psiquiátricos. Cleckley listou dezesseis características essenciais aos psicopatas, que incluíam, dentre outras, carisma superficial e boa "inteligência", ausência de delírios e outros sinais de pensamento irracional, mentira e insinceridade, juízo pobre, dificuldade em aprender com a experiência e pobreza generalizada em reações afetivas maiores.

Esse perfil clínico do psicopata se encaixava perfeitamente naquele pequeno indivíduo que Marsh e Finger conheceram. Levando-se em consideração apenas o primeiro encontro entre eles, era óbvio que as cientistas nunca poderiam chegar a tal conclusão. Entretanto, lá estava o "carisma superficial e boa inteligência".

> "Na maioria das vezes, o psicopata típico parecerá particularmente agradável e causará uma impressão claramente positiva quando for encontrado pela primeira vez. Alerta e amigável em sua atitude, é fácil conversar com ele e [ele] parece ter muitos interesses genuínos. Não há nada de estranho ou esquisito nele, e em todos os aspectos ele tende a incorporar o conceito de uma pessoa bem ajustada, feliz. Ele, por outro lado, também não parece se esforçar artificialmente como quem encobre ou quer lhe vender uma lista de produtos. Ele raramente seria confundido com um trapaceiro profissional ou alguém que está tentando se insinuar para um propósito oculto. Sinais de afetação ou afabilidade excessiva não são características. Ele se parece com o melhor negócio." (Hervey Cleckley, *The Mask of Sanity*, pág. 338)

Vários encontros depois e um teste usando o PCL:YV[*] não deixaram dúvidas sobre Dylan. O menino tinha pouco controle da raiva, não sentia remorso, sempre culpava um fator externo por suas ações e constantemente se descrevia de maneira positiva.

E ele não era o único. Outras crianças se juntaram à pesquisa das cientistas: Michael, Jamie, Amber, Heather, Derek, Brianna... Todos exibiam quase a mesma história: na escola eram intratáveis e violentos, roubavam e agrediam os pais, destruíam coisas, matavam os animais de estimação, provocavam incêndios e mentiam, mentiam e mentiam. Uma mãe foi internada após sofrer um colapso nervoso. Um pai ficou com um olho fechado após levar um chute no rosto. O que ele fez para merecer isso? Nada. Apenas estava sentado no chão assistindo TV quando sua filha o agrediu. Uma professora levou sete pontos no rosto após ser atingida por uma garrafa de vidro atirada por uma aluna. O motivo? A menina não gostava dela.

Jamie, de 12 anos, recebeu notas máximas em quase todos os itens do PCL:YV. Ele era charmoso e manipulador, mas atrás daquela máscara havia uma criança mentirosa que roubava, incendiava coisas e tinha histórico de crimes graves, incluindo sexuais. E ainda havia Amber, de 14 anos, uma menina bastante perversa. Manipulação e falsidade eram duas palavras que a regiam, mas Amber não teve problemas em falar a respeito da ocasião em que ameaçou queimar a casa onde morava com os pais enquanto eles dormiam ou de quando matou o porquinho da índia da família. Ela também explicou como manipulava os adultos a sua volta e, enquanto falava, sempre mantinha um olhar sutil nos rostos das cientistas, como se estivesse analisando suas expressões durante a conversa, um tipo de observação que a ajudaria a descobrir até onde poderia ir. Em certa ocasião, a mãe de Amber encontrou na bolsa da filha um artigo da internet, impresso com o título "Um Guia Para Furto de Lojas", assim como vários cosméticos e uma bolsa de mão de marca bastante cara. Colocada contra a parede, a menina esperneou, chorou e, feito uma criança ingênua que cometeu um erro impulsivo, se desculpou e prometeu nunca mais fazer aquilo. Essa era uma de suas muitas formas de manipular os adultos. No entanto, a mãe de Amber a

---

[*] *Escala de Psicopatia de Hare: Versão Jovens* (Hare Psychopathy Checklist: Youth Version) é um teste psicológico especificamente construído para avaliar traços interpessoais, comportamentais e afetivos que se encontram associados à construção da psicopatia em adolescentes, entre os 12 e os 18 anos. É uma adaptação da PCL-R (Hare Psychopathy Checklist-Revised), usada para o diagnóstico em adultos. (Pechorro, Pedro & Barroso, Ricardo & Maroco, João & Vieira, Rui & Gonçalves, Rui. 2017)

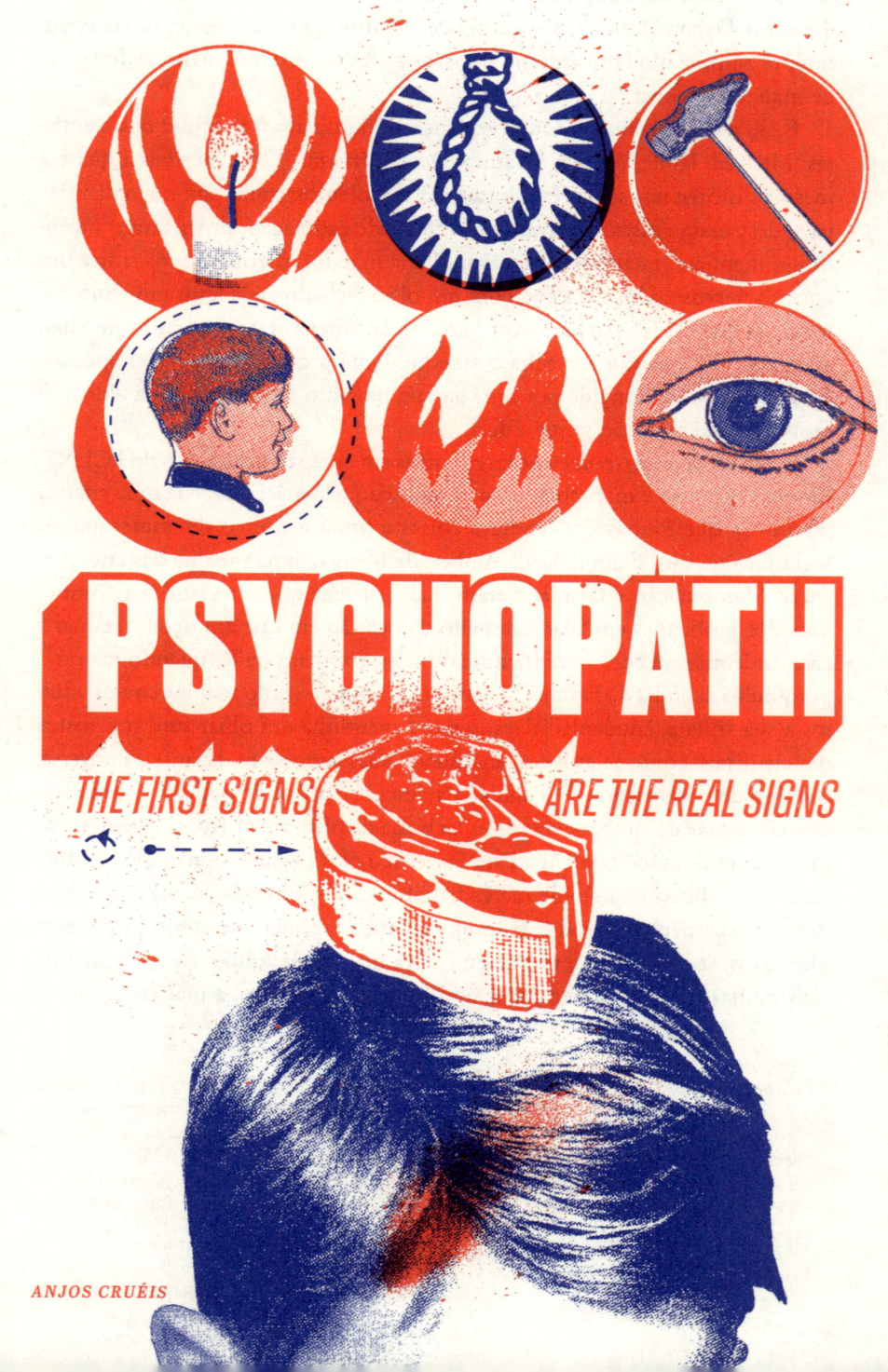

PSYCHOPATH

THE FIRST SIGNS ARE THE REAL SIGNS

60 ANJOS CRUÉIS

conhecia muito bem e logo lhe disse: "Ora, dê um tempo!". E, como em um passe de mágica, as lágrimas de Amber sumiram, sendo substituídas de imediato pelo seu costumeiro olhar fixo.

Quando essas crianças chegaram até Marsh e Finger, seus comportamentos predatórios já se consolidavam há anos. Os pais não sabiam mais o que fazer, estavam desesperados e temiam pela segurança de seus outros filhos e de si próprios. Trabalhar com um grupo assim foi difícil; alguns foram encarcerados em instituições juvenis após cometerem crimes graves, meninas engravidaram e outros foram enviados pelos pais para morar o mais longe possível, de forma que as cientistas estavam sempre em busca de novos participantes para o estudo.

Todas as histórias revelavam um padrão alarmante, e as cientistas enfrentaram um desafio monumental ao tentar entender e tratar essas crianças da forma adequada. Apesar das dificuldades, o trabalho de Marsh e Finger – e tantos outros especialistas da área que trabalham incessantemente para avançar os estudos – trouxe à tona a necessidade urgente de intervenções precoces e eficazes para tentar modificar esses comportamentos antes que se cristalizassem na vida adulta, oferecendo esperança para essas crianças e suas famílias.

Ao passarem os olhos por estas linhas, muitos leitores podem ficar chocados com a terrível pergunta que martela em suas mentes: como pode uma *criança* ser psicopata?

Essa ideia pode fazer muitas pessoas franzirem a testa. É o tipo de coisa que ninguém acredita ser real ou que possa mesmo existir. Estas duas palavras, *criança* e *psicopata*, parecem ser o oposto uma da outra – a sociedade é regida por estereótipos e, quase sempre, crianças são vistas como anjos que darão continuidade à nossa existência. E com os psicopatas não há meio termo: são considerados cruéis devassos. Claro que nenhum desses estereótipos é totalmente verdadeiro, e talvez a resistência em aceitar que uma criança possa ser cruel e má resida em nossa alienada visão de mundo. Certos conceitos se enraízam em nós desde cedo e não é nada fácil quebrá-los.

Já a realidade é implacável e não deixa margem para dúvidas. A psicopatia não é um transtorno que *aparece* em um indivíduo aos 35 anos e em outro aos 19, apanhando o indivíduo de assalto. É um transtorno de conduta que, segundo estudos, tem de 50% a 70% de origem genética, e se desenvolve ao longo do tempo. Sem exceção, os primeiros sinais de psicopatia surgiram na adolescência ou infância. O que isso quer dizer? Que para cada adulto psicopata que está andando nas ruas neste momento, um dia existiu uma criança com transtorno de conduta a caminho de lá.

Ao longo das décadas, o número de pesquisas sobre o tema só cresceu e, hoje em dia, já é consenso entre especialistas que o transtorno pode, sim, se manifestar na infância. O próprio Hervey Cleckley notou essa questão e, na obra *The Mask of Sanity*, revelou o caso de Roberta, uma jovem de 20 anos que desde criança intrigava os pais. "Não é que ela pareça ruim ou que ela pretenda fazer algo errado. Ela pode mentir com a cara mais séria e, depois das mentiras mais bizarras [serem desmascaradas], ela ainda parece muito tranquila em sua mente", escreve Cleckley, citando as palavras do pai de Roberta. Aos 10 anos, a menina começou a roubar objetos em lojas, casas de parentes e até dentro da própria casa. Na adolescência fugia da escola e de casa, chegando a passar dias desaparecida. Outro caso citado por Cleckley é o de Tom, cujas "evidências de seu desajuste tornaram-se notáveis em sua infância", e isso incluía mentir, matar aulas, roubar as galinhas do pai, jogar pedras em esquilos e praticar pequenos furtos. Ele tinha 21 anos quando se encontrou com Cleckley, e já possuía um vasto histórico de prisões, vida sexual promíscua e muita, mas muita manipulação alheia.

Em um artigo publicado em 1990, o psicólogo canadense Robert Hare, um dos mais respeitados pesquisadores de psicopatas do século XX e criador da PCL-R, junto de seus colegas Adelle Forth e Stephen Hart, revelou pela primeira vez, através de um estudo científico, que o arcabouço de características que definem um psicopata podia ser encontrado em crianças e adolescentes. A conclusão de Hare e seus colegas foi sustentada quatro anos depois por outro estudo e, em 1997, o psicólogo norte-americano Donald Lynan cimentou de vez a posição da ciência em relação a essa questão. Analisando 430 meninos para sua pesquisa chamada "Perseguindo um psicopata", Lynan concluiu de forma categórica que "esses resultados sugerem que a psicopatia tem um nível de manifestação na infância que pode ser medido com segurança". Nos anos seguintes, novas pesquisas reforçaram os estudos anteriores, com alguns cientistas classificando crianças e adolescentes que apresentavam uma combinação de hiperatividade, impulsividade, dificuldades de atenção e problemas de conduta, como "psicopatas novatos".

Já no século XXI, a comunidade científica popularizou o uso da PCL:YV, adaptada da PCL-R, e que pode ser usada em crianças próximas aos 10 anos de idade. Na prática, uma criança de 8 ou 9 anos pode possuir todos os traços de comportamento e personalidade que levariam um especialista a diagnosticar um adulto como psicopata, e essa criança, muitas vezes, cresce para se tornar um adulto psicopata. Outra ferramenta, a APSD,* foi construída para detectar traços psicopáticos ou antissociais em crianças e adolescentes, e é comumente usada em indivíduos a partir dos 4 anos. Com o avanço das pesquisas, os cientistas estão próximos de conseguirem rastrear o que eles chamam de "atipicidades"

* *Antisocial Process Screening Device* foi desenvolvida pelos psicólogos Robert Hare e Paul Frick para medir os primeiros sinais de psicopatia em crianças e adolescentes.

CRIANÇAS MATAM 63

em bebês, estimulando-os através de testes, na tentativa de encontrarem características de insensibilidade e afetividade restrita, o que poderia predizer um comportamento psicopata futuro.

Entretanto, existe um problema a respeito desse tema quando o encaramos através de uma perspectiva moral e cultural. Desse ponto de vista, se você fizer a pergunta "existe criança psicopata?", a resposta é simples e curta: Não! Ninguém nunca verá um cientista ou profissional da saúde, seja um médico psiquiatra ou psicólogo, rotular uma criança dessa forma. Se uma mãe levar o filho a um consultório e, após várias entrevistas, a criança ser submetida ao PCL:YV e tirar nota máxima em todos os itens, ela não sairá de lá com o diagnóstico de psicopata.

"EXISTE CRIANÇA PSICOPATA? NÃO."

O terrível estigma que a criança carregaria acabaria de vez com qualquer chance de melhora ou reversão. E apesar de termos certeza de que todo adulto psicopata um dia foi uma criança "psicopata", o contrário não é válido – e ainda não se sabe a razão disso. Existe um universo a ser descoberto a respeito dos mecanismos de funcionamento do cérebro humano e há muito mais perguntas do que respostas sobre o seu desenvolvimento. Sabe-se que o cérebro apenas completa o seu amadurecimento total por volta dos 20 a 24 anos. A última área a amadurecer é o lobo frontal, responsável, dentre outras coisas, pelo controle dos impulsos – por isso crianças e adolescentes tendem a ser mais impulsivos. Se o cérebro só finaliza o seu desenvolvimento por volta dessa idade, como então fazer um diagnóstico oficial de psicopatia em uma criança? Sabendo que a psicopatia não tem cura, ou seja, se um indivíduo é clinicamente psicopata, ele irá morrer um psicopata, então é imprudente uma criança sair de um consultório médico com essa palavra escrita na testa.

O que acontece com crianças com traços de psicopatia – muitas, inclusive, com pontuações altíssimas no PCL:YV – que crescem e se tornam adultos com os sintomas bem mais suaves (ou até mesmo sem o transtorno) ainda é um mistério. Mudança positiva no ambiente familiar é uma possibilidade – de fato, uma família ou escola acolhedoras pode prevenir que uma criança que apresente sintomas de psicopatia desenvolva comportamentos antissociais. Quem sabe intervenções terapêuticas surtiram efeito. Quem sabe algum processo mental desconhecido foi desencadeado no cérebro durante a puberdade ou adolescência. E quem sabe o profissional médico errou em seu diagnóstico, confundindo o quadro clínico com outros transtornos. Sendo assim, pesquisadores e profissionais da saúde mental se referem a essas crianças usando expressões diferentes – "tendências" ou "traços psicopáticos", "insensível e afetividade restrita" e "transtorno de conduta com traços insensíveis e sem emoção". Mas o que seria esse transtorno de conduta? Quais as características comportamentais que uma criança pode apresentar de forma a descrevê-la como alguém que apresenta "tendências psicopáticas"?

Segundo Pisano et al. (2017), "transtorno de conduta é um diagnóstico psiquiátrico caracterizado por um padrão repetitivo e persistente de comportamento, no qual os direitos básicos de outras pessoas e as normas ou regras sociais apropriadas para a idade são violadas". É uma das condições clínicas mais frequentes

"OS PADRÕES SÃO REPETITIVOS E PERSISTENTES."

em crianças e adolescentes, e engloba uma série de problemas sociais, emocionais e comportamentais com altos custos para a sociedade. Comportamentos agressivos em relação a outras pessoas, animais ou propriedades, bem como fraude, roubo e outras violações graves são as características centrais desse transtorno.

Como citado anteriormente, o DSM-5 definiu um especificador do diagnóstico do transtorno de conduta com traços insensíveis e sem emoção. Dado que o transtorno de conduta (CID-10: F91 no CID)* é uma categoria de diagnóstico complexa e heterogênea, esse especificador está disponível para ajudar pesquisadores e médicos da saúde mental a afunilarem ainda mais o diagnóstico de forma a melhorá-lo, diminuindo a margem para erros. Para ser diagnosticada com transtorno de conduta, a criança deve apresentar pelo menos três dos quinze comportamentos a seguir durante o último ano, com pelo menos um deles nos últimos seis meses:

---

* Classificação Estatística Internacional de Doenças e Problemas Relacionados com a Saúde (CID), é uma publicação da Organização Mundial de Saúde (OMS) e usada mundialmente por instituições e profissionais da saúde.

CRITÉRIO A. Agressão a Pessoas e Animais
1. Frequentemente provoca, ameaça ou intimida outros.
2. Frequentemente inicia brigas físicas.
3. Usou alguma arma que pode causar danos físicos graves a outros (por exemplo: porrete, tijolo, garrafa quebrada, faca, arma de fogo).
4. Foi fisicamente cruel com pessoas.
5. Foi fisicamente cruel com animais.
6. Roubou durante o confronto com uma vítima (por exemplo: assalto, roubo de bolsa, extorsão, roubo à mão armada).
7. Forçou alguém à atividade sexual.

CRITÉRIO B. Destruição de Propriedade
8. Envolveu-se deliberadamente em provocar incêndios com a intenção de causar danos graves.
9. Destruiu deliberadamente propriedade de outras pessoas (outra que não o ato incendiário).

CRITÉRIO C. Falsidade ou Furto
10. Invadiu a casa, o edifício ou o carro de outra pessoa.
11. Frequentemente usa mentiras para obter bens materiais ou favores ou ainda para evitar obrigações (por exemplo: "trapaceia" outros).
12. Furtou itens de valores consideráveis sem confrontar a vítima (por exemplo: furto em lojas, mas sem invadir ou forçar a entrada; falsificação).

CRITÉRIO D. Violações Graves de Regras
13. Frequentemente fica fora de casa à noite, apesar da proibição dos pais, com início desse comportamento antes dos 13 anos de idade.
14. Fugiu de casa, passando a noite fora, pelo menos duas vezes enquanto morando com os pais ou em lar substituto, ou uma vez sem retornar por longo período.
15. Frequentemente falta às aulas, com início desse comportamento antes dos 13 anos de idade.

É claro que se uma criança apresenta três ou mais desses comportamentos, isso é um ponto de muita atenção. Entretanto, estudos indicam que se pegarmos um grupo de crianças que apresentam pelo menos três dos comportamentos acima, cerca de metade delas são vítimas de abusos, experimentaram algum tipo de trauma ou vêm de um ambiente de estresse. Essas são crianças reativas, que explodem de forma violenta, movidas por medo, ansiedade ou frustração. Elas não têm o hábito de ser deliberadamente cruéis e costumam demonstrar remorso após suas ações. Em grande parte dos casos, são crianças vítimas de abuso sexual, psicológico e físico, que foram abandonadas ou negligenciadas, cujos pais são usuários de drogas, ou seja, elas têm um histórico familiar bastante complicado. Mas ainda sobra uma outra metade. O que dizer, em específico, daquelas com transtorno de conduta que apresentam tendências psicopáticas?

Para ser diagnosticada com transtorno de conduta com traços insensíveis e sem emoção, a criança ou adolescente, além de apresentar pelo menos três dos quinze comportamentos listados para transtorno de conduta, deverá apresentar *duas* ou *mais* das quatro características seguintes, nos últimos doze meses e em mais de um relacionamento ou ambiente:

1. Falta de remorso ou culpa;
2. Falta de preocupação com os sentimentos dos outros;
3. Falta de preocupação com o mau desempenho escolar, trabalho ou outra atividade importante;
4. Emoções superficiais ou deficientes.

Em busca dessas crianças, o psicólogo cipriota Fanti Kostas realizou um dos maiores estudos deste século ao analisar 1.674 indivíduos em idade escolar – de 12 a 14 anos –, no Chipre. Diferentemente de outros estudos, esse não foi feito com uma população carente, carcerária ou já diagnosticada com transtorno de conduta. As crianças e adolescentes eram estudantes comuns, de treze escolas escolhidas de maneira aleatória, e que estavam espalhadas pelo país em três distritos: Lefkosia, Larnaca e Lemeso. O psicólogo e sua equipe não sabiam se elas tinham ou não problemas de comportamento. O objetivo principal era investigar a inter-relação dos sintomas de crianças que apresentavam tanto características de *problemas de conduta* quanto de *tendências psicopáticas*. Ao final da pesquisa, Kostas identificou um grupo que se encaixava no que ele procurava. Esse grupo representava pouco mais de 5% do total de indivíduos analisados e obteve altíssima pontuação em ambas as categorias. Eram 68 meninos e 22 meninas, crianças e adolescentes candidatos a se tornarem os psicopatas do futuro.

Kostas identificou que esses sujeitos se engajavam mais em comportamentos de bullying, tinham altos níveis de desatenção e impulsividade, eram mais propensos a fazerem uso de substâncias ilícitas, possuíam um alto narcisismo e uma baixa autoestima. Esses dois últimos fatores levam a um risco particularmente alto de se desenvolver comportamento antissocial. A péssima combinação de um autoconceito baixo ou frágil com uma visão grandiosa, ou a necessidade de ser visto de maneira grandiosa pelos outros, pode ser uma das sementes para comportamentos graves e violentos.

E aqui eu destaco um ponto. A mistura de um narcisismo extremo com uma pobre autoestima funcionou como um combustível bastante volátil para o delírio doentio que o norte-americano Elliot Rodger nutria do mundo. Em suas crises de raiva, inveja e autopiedade, o retrato que ficou foi de um jovem muito desconectado dos valores humanos de compaixão, empatia e consideração. "Ciúmes e inveja: esses são dois sentimentos que dominam toda a minha vida e me trazem imensa dor", escreveu ele em um manifesto publicado na internet. Esses sentimentos, aliados às suas inadequações — entre elas, a insatisfação por ser baixinho — já o afetavam aos 9 anos de idade, mas foi bem antes, aos 6, que ele começou a notar suas "deficiências".

Isso piorou tanto ao longo do tempo que, aos 17 anos, ele começou a pensar em um plano de vingança contra todos aqueles "meninos populares e jovens casais". O crime deles? "Ter uma vida melhor que a minha." No

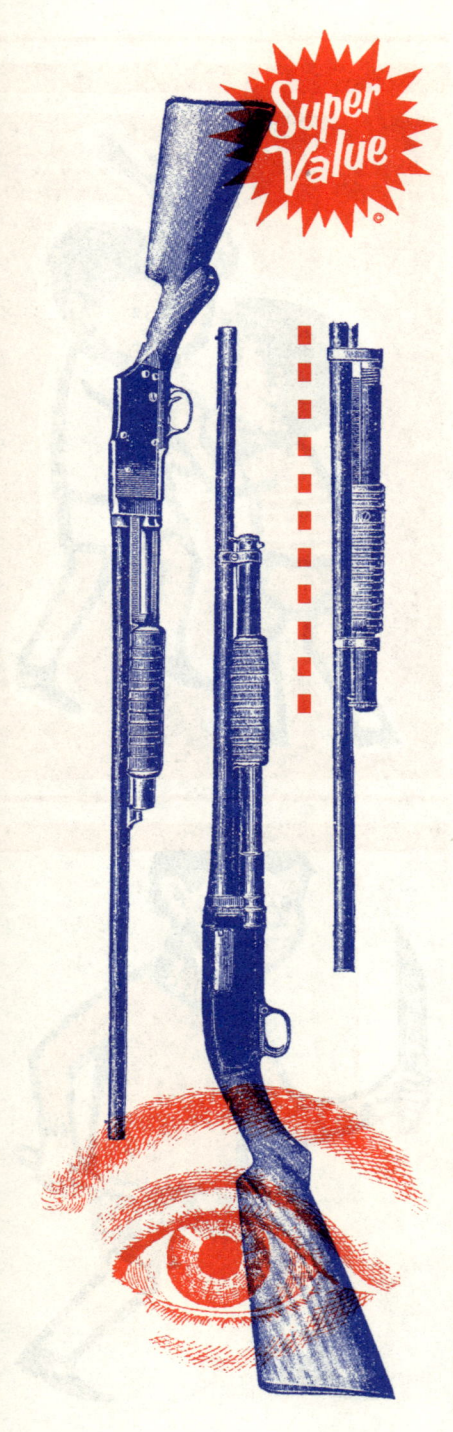

YouTube, Rodger passou a postar vídeos dizendo o quanto era um garoto superior, fino e elegante. Ele dirigia uma BMW, usava óculos escuros Armani e vestia roupas caras. Nas redes sociais, suas fotos ostentavam uma vida "rica": eram selfies dele voando na primeira classe de aviões; segurando uma taça de champanhe ou mostrando o cartão para pessoas vips do show da Katy Perry. Ele também postava fotos com os pais em estreias de filmes, já que seu pai era produtor em Hollywood; Rodger tinha, inclusive, uma foto ao lado de Sylvester Stallone. Rodger se descrevia como o "cavalheiro supremo".

Então, por que as garotas loiras e deslumbrantes da escola e, posteriormente, da faculdade, não o notavam? Não o pediam em namoro? Não o chamavam para uma noite de sexo? Em sua mente distorcida, o fato de ser um "cavalheiro supremo" deveria fazer com que as meninas o abordassem. Quando isso não aconteceu, as mulheres e os seus namorados, ou aqueles jovens que tinham uma amiga ou namorada bonita, passaram a ser os alvos de seu ódio.

Dentro daquilo que define o transtorno de personalidade narcisista, Elliot Rodger se encaixa em todos os critérios sintomáticos. A vulnerabilidade da autoestima torna os indivíduos com essa perturbação muito sensíveis à ofensa e derrota, o que pode torná-los obcecados por sentimentos de humilhação e vazio, levando assim a reações de raiva ou contra-ataques ao "provocador". Tais experiências podem promover um evitamento social, com as interações sociais sendo potencialmente diminuídas em decorrência dos problemas resultantes da necessidade de admiração. Quando combinados, os sentimentos de direito a reverência com a ausência de empatia e sensibilidade, o resultado pode ser a exploração dos outros. Narcisistas esperam que lhes sejam atribuídos aquilo que desejam ou o que acreditam necessitar, não importando o que isso signifique para os demais. Eles os utilizam para atingir os próprios fins.

Era exatamente essa a postura que Elliot esperava das mulheres: elas deviam lhe servir, afinal, ele considerava-se digno disso.

> "Eu nomeei de Dia da Retribuição. Será um dia em que eu exigirei minha retribuição e vingança final de toda escória hedonista que viveu uma vida de prazer e que não merecem ela. Se eu não posso ter, eu irei destruir. Eu irei destruir todas as mulheres porque eu nunca poderei tê-las. Eu vou fazer todos sofrerem por me rejeitarem. Vou me preparar com armas mortais e travar uma guerra contra todas as mulheres e os homens por quem elas se sentem atraídas. E vou abatê-los como animais que são. Se eles não me aceitam entre eles, então eles são meus inimigos. Eles não me mostraram misericórdia e, por sua vez, eu não vou ter misericórdia deles." (Elliot Rodger)

Se você sente que não faz mais parte da raça humana ou se você se sente injustiçado, provavelmente sentirá menos remorso ao matar e tenderá a culpar a sociedade por todos os seus males. "A sociedade teve a sua chance", disse James Huberty[*] à sua esposa, em 1984, antes de cometer um dos piores assassinatos em massa da história norte-americana. Rodger fez o mesmo em 23 de maio de 2014, aos 22 anos, ao matar seis pessoas — três esfaqueadas e três a tiros — em Isla Vista, Califórnia.

Fechando o parêntesis e voltando ao estudo de Kostas, o psicólogo também concluiu que as crianças com traços psicopáticos acreditam que a agressão é uma forma de resolver os seus problemas, ignorando os potenciais efeitos danosos aos outros. Elas também sentiam que experimentavam baixo suporte da família ou de amigos. Outra descoberta interessante de Kostas foi que os meninos desse grupo tinham uma tendência maior em praticar *ciberbullying*, e que meninos e meninas desse grupo consumiam mais violência midiática do que o restante.

O psicólogo cipriota não foi o primeiro a estudar a correlação de sintomas relacionados a problemas de conduta e tendências psicopáticas. Dezesseis anos antes, um grupo de pesquisadores da Universidade do Alabama, nos Estados Unidos, analisando uma amostra de 120 crianças, com idades entre 6 e 13 anos, concluiu que "a presença de traços psicopáticos com significativos problemas de conduta parece designar um subgrupo único de crianças antissociais, que mostram um padrão severo de comportamento antissocial e que corresponde às conceituações adultas da psicopatia".

---

[*] Huberty cometeu o chamado Massacre do McDonald's em San Ysidro, no qual 21 pessoas morreram. Após mais de 60 minutos desafiando a polícia, Huberty foi morto com um tiro por um atirador de elite.

ANJOS CRUÉIS: MUNDO (A)(C)(M)

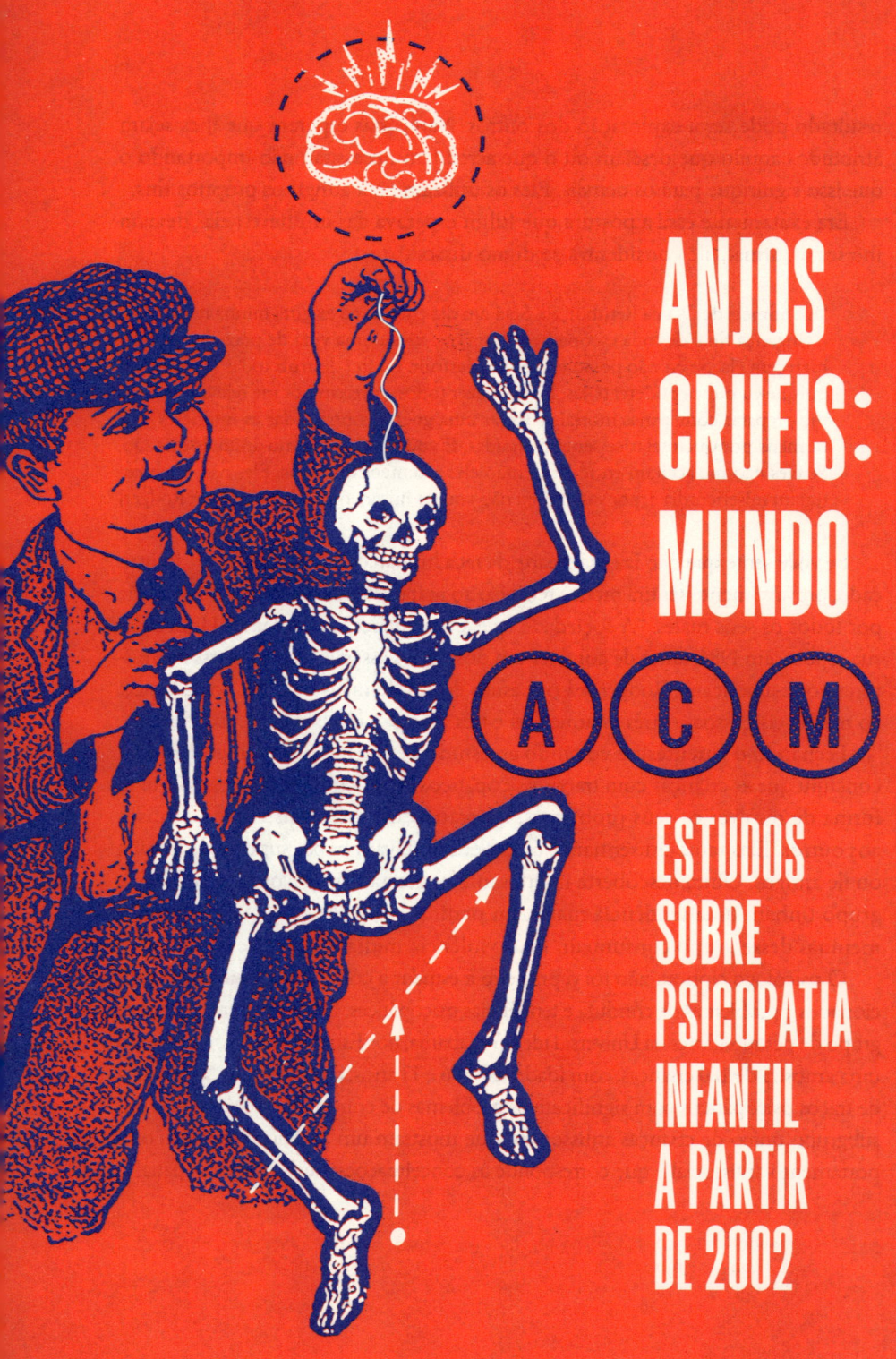

ESTUDOS SOBRE PSICOPATIA INFANTIL A PARTIR DE 2002

	①	②	③	④
País	ALEMANHA	AUSTRÁLIA	CHINA	CHIPRE
Publicação	2006	2005	2010	2013
Idade	13|18	4|9	11|16	12|14
Amostra	1.443	1.359	3.675	1.674
Resultado	Assim como inúmeros outros estudos, este confirmou mais uma vez que meninos pontuam mais alto do que as meninas em todas as dimensões da psicopatia. Traços de insensibilidade e afetividade restrita são fortes indicativos de comportamento problemático futuro. Uma associação positiva dessas características com problemas de internalização foi identificada, mas apenas nas meninas.	Usando a APSD, os pesquisadores previram comportamento antissocial. Essa previsão foi levemente melhorada quando a criança demonstrava traços de insensibilidade e afetividade restrita. Segundo os autores, os sintomas – desrespeito, falta de empatia e afeto deficiente – "têm validade preditiva única na infância".	Primeiro estudo na China a analisar estudantes em busca de sinais de psicopatia, nele constatou-se que cerca de 5% da amostra se encaixava em um diagnóstico clínico. Esse grupo de estudantes foi positivamente associado com agressão, delinquência, ansiedade e depressão. Os meninos tiveram pontuação mais alta em narcisismo e em traços de insensibilidade e afetividade restrita.	Estudantes com alta pontuação em problemas de conduta e traços psicopáticos, em comparação com aqueles que apresentaram apenas problemas de conduta, se engajam mais em bullying e uso de substâncias ilegais, e têm maior desatenção, impulsividade e narcisismo.

⑤ CHIPRE

País
Publicação 2015
Idade 3|6
Amostra 214
Resultado Crianças indiferentes e insensíveis foram relacionadas com comportamento agressivo e antissocial. "Especificamente, elas foram positivamente associadas a problemas de conduta, narcisismo relacionado à psicopatia, impulsividade e relatórios de professores sobre agressão relacional [...] Este é o primeiro estudo a demonstrar que crianças menores de 6 anos que pontuam alto nos itens 12 e 24,* e em problemas de conduta, apresentam menor reconhecimento das expressões faciais de angústia", citam os autores.

* Item 12: "Eu pareço muito frio(a) e indiferente com os outros"; Item 24: "Eu faço coisas para fazer com o que os outros se sintam bem." [Tradução de Roberta Rigatti (2016)]

⑥ COREIA DO SUL

Publicação 2020
Idade 10|12
Amostra 218
Resultado Analisando a relação de crianças com traços psicopáticos e o ambiente escolar, concluiu-se que elas têm insensibilidade tanto às punições dos pais por problemas na escola quanto às aplicadas pelos professores. Além disso, recompensas dos professores não melhoraram o desempenho escolar, o que contraria estudos anteriores. Os autores citam que uma possível razão para isso seja o contexto cultural muito diferente da Coreia do Sul em relação a países do ocidente. Entretanto, como qualquer outra criança, elas associam a recompensa do professor com mecanismos de disciplina. Os autores sugerem que os professores podem precisar de suporte adicional para implementar estratégias de disciplina e recompensas para lidar com tais crianças.

	⑦	⑧	⑨	⑩
País	GRÉCIA-HOLANDA	JAPÃO	POLÔNIA	SUÉCIA
Publicação	2009	2019	2016	2002
Idade	4 | 12	6 | 15	13 | 16	8º ANO
Amostra	384 / 1.748	6.100	9.415	1.279
Resultado	Crianças narcisistas/egocêntricas e com traços de insensibilidade e afetividade restrita foram associadas a comportamentos agressivos. Já as crianças que apresentaram apenas narcisismo e egocentrismo foram associadas com comportamento antissocial. "Isso sugere que é válido considerar essas duas dimensões da psicopatia tanto separadamente quanto juntas", concluíram os pesquisadores.	Crianças com traços de insensibilidade e afetividade restrita têm mais chances de desenvolverem problemas de conduta e emocionais, hiperatividade, desatenção e baixo comportamento para o social. O estudo mostrou também que o melhor modelo do ICU** é o 2FBF, desenvolvido por Hawes et al. (2013).	Apenas 2,68% da amostra apresentava traços psicopáticos. Crianças e adolescentes que vivem nas cidades têm maiores chances de desenvolver psicopatia do que as que vivem nas zonas rurais. Em comparação, os estudantes poloneses eram "menos" psicopatas que os estudantes chineses e norte-americanos.	Estudantes com alto nível de traços psicopáticos pontuaram mais do que outros jovens em crimes violentos, uso de drogas ilegais e versatilidade na delinquência. Meninos pontuaram mais alto nas três dimensões da YPI***: (1) Grandiosidade-Manipulação; (2) Insensibilidade-Afetividade Restrita; e (3) Impulsividade-Irresponsabilidade.

** Inventory of Callous–Unemotional Traits (ICU) é um questionário protegido por direitos autorais de 24 itens, desenvolvido para fornecer uma avaliação abrangente de crianças e adolescentes para os sintomas de callous-unemotional. É mais uma dentre as inúmeras ferramentas disponíveis para detecção de características callous-unemotional em crianças.
*** Youth Psychopathic Traits Inventory (YPI) é uma ferramenta criada por pesquisadores suecos para medir traços psicopáticos em crianças e adolescentes.

Guardadas as limitações de qualquer estudo, 90 crianças caminhando em direção à psicopatia na vida adulta pode não parecer um número alto quando comparamos com a totalidade de 1.674 estudantes analisados por Kostas. Entretanto, temos que pensar que essa foi uma amostra com estudantes de apenas treze escolas cipriotas. Estendendo isso a um nível nacional, teríamos um número maior. Indo além, se expandirmos ainda mais e considerarmos países continentais e superpopulosos como Brasil, Estados Unidos, China ou Rússia, podemos imaginar o tamanho do problema. Ademais, esse pensamento é amplificado quando lembramos dos estragos já feitos. Se olharmos para trás, para nossa história, em muitos momentos distintos de nossa existência bastou apenas *um* psicopata para destruir uma comunidade ou gerações inteiras, ou até mesmo o futuro de todo um país (e não raro foram os casos em que suas ações extrapolaram fronteiras). No mínimo, psicopatas destroçam famílias e deixam corações arrasados e carteiras vazias. No extremo, eles podem matar, como fizeram Philip Chism e Marcel Hesse.

Parece um daqueles filmes de terror para adolescentes. O local é a escola. A aula acabou e todos os alunos já foram embora. Uma jovem professora de matemática caminha pelo corredor deserto em direção ao banheiro. As câmeras de segurança registram sua entrada, mas não filmam sua saída. A polícia é chamada e, analisando as filmagens, descobre algo bizarro: um homem andando pelo corredor e nas imediações da escola vestindo um capuz e uma máscara. Enquanto caminha em direção ao banheiro em que a professora de matemática entrou, o homem coloca luvas de látex nas mãos. Dez minutos depois, ele sai de dentro do banheiro, vai em direção ao estacionamento e retorna ao prédio vestindo outra camiseta. Ele passa cerca de uma hora ali, entrando e saindo do banheiro, mudando de roupas e puxando uma grande lixeira. Era óbvio que havia algo de estranho, mas o mais esquisito na história é que a professora nunca saiu de dentro do banheiro. Quando a própria polícia entrou lá, não havia nada. Ela havia simplesmente desaparecido.

No dia seguinte, o estudante Philip Chism foi preso enquanto andava próximo a uma rodovia. Era ele o suspeito visto nas imagens. Em sua posse foram encontrados um estilete e uma faca manchados de sangue. Ao ser questionado de onde vinha o sangue, ele apenas respondeu: "da garota". Em sua mochila, a polícia encontrou cartões de crédito, uma carteira de motorista e uma lingerie.

Todos os itens pertenciam a Colleen Ritzer, de 24 anos, a professora de matemática desaparecida. Parecia que haviam prendido um assassino, mas faltava encontrar a vítima.

Horas depois, um corpo seminu foi encontrado debaixo de folhas de árvores, na floresta atrás da escola Danvers High School, em Danvers, Massachusetts. Colleen Ritzer foi estuprada, estrangulada, degolada e esfaqueada. Sua calcinha estava nos joelhos e seu sutiã no pescoço; um galho de quase 1 metro estava inserido em sua vagina. Ao lado do corpo havia um bilhete: "Eu odeio todos vocês". Tão assustador quanto a barbárie do crime é pensar na idade do assassino. Philip Chism tinha apenas 14 anos quando destruiu para sempre duas famílias: a da vítima e a dele próprio.

O menino premeditou o crime. Após estuprar, estrangular, degolar e esfaquear 16 vezes Colleen com o estilete e a faca, ele colocou o corpo da vítima dentro da lixeira, saiu e arrastou-o até a floresta atrás da escola, o acobertando com folhas e inserindo um galho no cadáver, como uma espécie de demarcação de território de um predador sexual. Ele usou luvas, trocou de roupas e, no início, colocou máscara e capuz na cabeça para não ser reconhecido pelas câmeras de segurança. Psicopatas como Chism acreditam que suas capacidades mentais são maiores e mais afiadas do que as do resto da humanidade. Eles se colocam vários degraus acima na escala da inteligência. Esse é o primeiro grande erro dos psicopatas: a soberba.

O assassino de mulheres e moradores de rua de Goiânia, Tiago da Rocha, também conhecido como "Maníaco de Goiânia", acreditava que usando um capacete de motoqueiro nunca seria reconhecido. Acabou sendo identificado por outros atributos físicos: altura, estrutura corporal, movimento dos braços, maneira de andar, ângulo dos pés. Ted Bundy, notório assassino em série norte-americano, era a arrogância em pessoa e, assim como Tiago, zombou das autoridades, menosprezando as habilidades dos oficiais da lei. Mas, quando ele foi levado para fazer um molde de sua arcada dentária no dentista, sua feição e seu comportamento mudaram imediatamente, como se pensasse: *me pegaram!* Seu orgulho, em segundos, foi pulverizado. Ted acabou sendo condenado a sentar na cadeira elétrica por uma mordida que deu nas nádegas de uma de suas vítimas, a qual combinava perfeitamente com seus dentes.

Voltando a Chism, enquanto aguardava julgamento ele tentou estrangular uma mulher no hospital psiquiátrico em que estava detido; a mulher reagiu e gritou, e foi salva por membros da instituição. Durante o seu julgamento, a professora de psicologia de Harvard, dra. Nancy Hebben, testemunhou que vários testes psicológicos, incluindo o Rorschach e o MMPI-2 (Inventário Multifásico Minnesota de Personalidade), indicaram que Chism estava fingindo uma doença mental. Ele era tão são quanto qualquer um de nós. No final de 2015, o júri entendeu que ele agiu de maneira intencional, com crueldade, e o sentenciou à prisão perpétua pelo assassinato de Colleen Ritzer. "Nenhuma pena de prisão seria compatível o suficiente com este crime brutal e sem sentido, e nenhuma matemática será capaz de apagar a realidade de que este crime foi cometido por um menino de 14 anos... As ondas dessa tragédia nunca irão diminuir", disse o juiz David Lowy após a pronúncia da sentença.

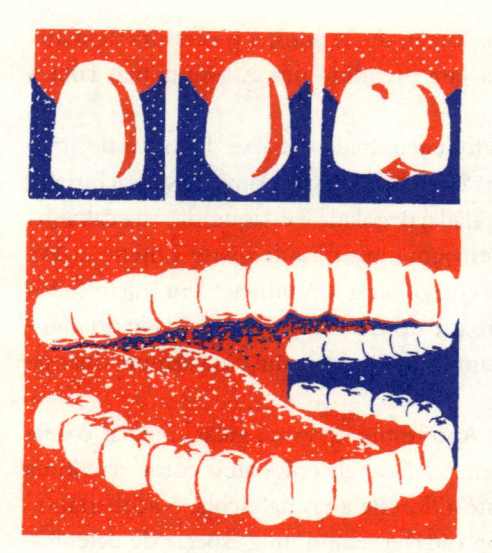

Entre inúmeras declarações, a melhor definição a respeito de Chism veio da mãe da vítima, Peggie Ritzer: "Ele é o mal puro, e o mal nunca pode ser reabilitado". Nenhuma pessoa no planeta comete o tipo de crime que Chism cometeu do nada, a não ser que o indivíduo sofra de psicose ou outro transtorno mental que comprometa o seu senso de realidade, o que foi descartado neste caso. Para Chism ter cometido tamanha atrocidade aos 14 anos de idade, o mal que existia dentro dele se desenvolveu ao longo dos anos e é possível que, em algum ponto de sua infância, ele tenha demonstrado externamente esse lado maligno. Sua família não indicou problemas ou comportamentos desviantes, mas investigadores suspeitaram que ele torturava e ateava fogo em gatos. Crueldade contra animais é, talvez, o mais perigoso indício de uma criança insensível e com afetividade restrita, e um comportamento repetitivo nesse sentido é um sinal para a psicopatia e um precursor para violência direcionada a seres vivos. Em outros casos, entretanto, comportamentos transgressores são mais visíveis e palpáveis.

Novo na idade e um maníaco em formação, Cai Moumou, de 13 anos, não era bem visto pelas meninas do bairro em que morava, na cidade de Dalian, província de Liaoning, na China. Pelo menos três delas relataram aos pais que não gostavam do menino pois ele as seguia na rua e fazia comentários estranhos, além de tocá-las de forma não muito apropriada. Os pais foram até a polícia e prestaram queixa. Na escola, Cai se envolvia em brigas e era visto como esquisito por seus colegas, e várias vezes os professores contataram seus pais, para saber por que o garoto não estava frequentando as aulas. Os pais trabalhavam o dia inteiro e não tinham tempo para o menino, então, sem supervisão, ele vagava pelas ruas em vez de ir à escola.

Em 20 de outubro de 2019, uma criança de 10 anos desapareceu. A menina voltava da aula de pintura quando cruzou com Cai. O menino aproveitou a situação, atraindo-a até sua casa, onde a estuprou. Como a menina reagiu às investidas de Cai, ele a esfaqueou mais de 7 vezes, matando-a na hora e, em seguida, descartou seu corpo em um fosso. Enquanto os pais e a vizinhança procuravam a menina, Cai filmou a movimentação da janela de sua casa e postou na internet.

"ELE É O MAL PURO, E O MAL NUNCA PODE SER REABILITADO."

Peggie Ritzer sobre Philip Chism

A internet também era algo de que o alemão Marcel Hesse gostava muito. Rebelde e excluído da família, os Hesse simplesmente não sabiam de onde vinha tamanho ódio e agressividade do filho – desde muito pequeno ele gritava e aterrorizava a família. Certa vez, na primeira série do ensino fundamental, ele agrediu a professora com uma tesoura. A violência continuou em casa: ele corria atrás do irmão mais velho com uma faca, arrancava asas de moscas apenas para vê-las sofrer e, algumas vezes, esfaqueava pedaços de carne para descarregar a raiva.

Devido à sua imprevisibilidade e agressividade, a irmã de Marcel, Sandy, costumava alertar as amigas a respeito do irmão. Ela própria sentiu a sua fúria quando ficou com um olho roxo apenas porque não o respondeu quando ele fez uma pergunta – a menina estava conversando com a mãe e não prestou atenção no irmão, que a agrediu. Em outra ocasião, a mãe o mandou limpar a louça, mas, raivoso, Marcel preferiu jogar os pratos pela janela. Na visão de Sandy, que cresceu com esse irmão destruidor e amedrontador, não havia dúvidas de que ele era um psicopata.

Com a repetição de maus comportamentos, os pais o encaminharam ao consultório de um psiquiatra, mas o menino cresceu cada vez pior. Aos 18 anos, Marcel enviou uma pergunta a uma amiga no celular: "Você acha que eu tenho os traços de um assassino em série?". A amiga pensou que ele estava brincando e não deu muita importância. Um ano depois, o adolescente atraiu para sua casa o vizinho de apenas 9 anos, Jaden, e o matou com muita crueldade: a criança recebeu 56 facadas.

Assim como muitas outras pessoas que, na era da internet, têm a necessidade de mostrar o que estão fazendo, com Marcel não foi diferente. Na Deep Web, ele postou algumas selfies sorrindo e com a mão toda ensanguentada. "Acabei de matar o filho do vizinho e, para ser sincero, não me sinto mal por isso, minhas mãos ensanguentadas são a única coisa que me aborrecem agora", escreveu ele. O adolescente também gravou o assassinato e postou em um fórum de pedofilia, pornografia e vídeos *snuff*. As imagens foram parar em uma rede social e a polícia foi alertada.

O corpo de Jaden foi encontrado no porão da casa dos Hesse. A caçada da polícia alemã se iniciou em seguida, e o adolescente, longe de ficar apavorado, gostou da emoção de estar no fio da navalha. Ele se escondeu em uma floresta e posteriormente apareceu na casa do amigo Christopher, de 22 anos. O conteúdo exposto na Deep Web dá uma amostra do que aconteceu depois: "Cortei a minha mão ao lutar com uma besta de 120 quilos [...] Eu sei que as pessoas morrem devagar quando você as abate [...] Também quero uma garota para que eu possa estuprá-la". Marcel assassinou o amigo com 68 facadas, postou selfies na Deep Web e, após isso, entregou-se à polícia.

"Eu achei que ele era apenas um psicopata", disse uma enfermeira que o conhecia do hospital psiquiátrico, local que Marcel frequentava para suas sessões de terapia. Ela estava errada ao acreditar que ele pudesse ser "apenas" um psicopata, ou seja, apenas alguém que viveria entre nós, roubando, cometendo crimes e agredindo pessoas, física e/ou psicologicamente. Tempos antes de trucidar Jaden, Marcel Hesse já havia matado muito ao fantasiar cometer cada um dos homicídios.

Não se sabe com que idade ele começou a fantasiar sobre matar pessoas, mas é certo que isso aconteceu quando ainda era criança. Dez, onze, doze anos? Essa ainda é uma questão em aberto. Sobre o adolescente, o psicólogo criminal alemão dr. Christian Lüdke disse: "Ele seria classificado com uma personalidade antissocial que, na verdade, é o tipo de criminoso mais perigoso que existe... Esses são criminosos que não têm sentimentos. Eles são máquinas frias que sabem bem o que estão fazendo e realmente levam adiante todas as ameaças [que fazem]... Para ele, a transição entre suas fantasias violentas e a realidade é bastante fluida. Em última análise, [ele] não pode ser interrompido ou tratado". Sandy ainda tentou manter o laço familiar com seu irmão, mas a tentativa foi frustrada já na primeira visita que fez na prisão. Quando ela perguntou se Marcel se arrependia do que havia feito, o jovem respondeu com frieza: "Não". Então, orgulhoso e com um sorriso tenebroso, disse: "Eu sou *4Chan*!".

Há inúmeros outros exemplos de crianças com traços psicopáticos que se tornam adultos capazes de cometer atos hediondos contra seres humanos. Nos últimos anos, vários casos se tornaram conhecidos, muitos devido à selvageria dos crimes e à assustadora falta de remorso. Dois deles são o do inglês Will Cornick e o do brasileiro François Patrick Nogueira Gouveia.

Em 2015, Will Cornick, de 15 anos, assassinou com 7 facadas sua professora de espanhol, na cidade de Halton Moor, Inglaterra. Na delegacia, as palavras de Cornick causaram arrepios nos investigadores: "Eu não estava em estado de choque, eu estava feliz. Sei que é errado, mas sei que é incrivelmente instintivo e humano. Para as gerações passadas, matar foi um meio de sobreviver. É matar ou ser morto. Eu não tive escolha. Era matar ou suicídio [...] Foda-se [a família]. Eu sei que a família dela vai ficar chateada, mas não me importo. Aos meus olhos, tudo o que eu fiz foi fino e elegante". Um psiquiatra o diagnosticou com "tendências psicopáticas" e, ainda, escreveu em seu relatório que Cornick sentia "uma grande falta de empatia pela vítima e um grau de insensibilidade raramente visto na prática clínica". O menino começou a pensar em matar aos 12 anos e nos três anos seguintes fantasiou sobre realizar o ato, mas, como citado em seu julgamento, "nem os pais ou professores previram isso".

O jovem François Patrick Nogueira Gouveia, de 19 anos, começou a ter pensamentos homicidas aos 12 anos de idade. Aos 16, ele foi detido em Altamira, Pará, após esfaquear um professor dentro da sala de aula. Três anos depois, morando na Espanha, cometeu uma atrocidade que chocou o país a ponto das autoridades o sentenciarem à pena máxima, sendo ele apenas a quinta pessoa na história a receber tal sentença. Para os psicólogos que o examinaram, apenas um tipo de pessoa poderia cometer o crime que ele cometeu — um ser humano desprovido de alma: "[ele tem] *total* ausência de emocionalidade, empatia, sensibilidade, remorso...".

Em 2016, morando na casa do tio, em Pioz, Espanha, François matou e esquartejou toda a sua família, incluindo a esposa, os dois filhos pequenos e o próprio tio. Enquanto cometia a monstruosidade, narrou cada detalhe a um amigo pelo WhatsApp: "...as crianças ficaram gritando. Massa que os pirralhos nem correm, só ficam travadão. O pirralho de 1 ano falava algumas coisas, mas na hora falava nada, não... Boy. Pra abrir alguém no meio. Dá trabalho demais. Mermão [...] A mulher e as duas crianças foram para o saco. Estão guardados e a casa está limpa, me limpei. Estou só esperando o quarto integrante [tio]... De roxa. Eu vou comer depois que derrubar ele. Deixo ele lá sangrando. E eu faço um atum. Com pão. Porque eu mereço". Sobre o motivo de ter cometido tal barbárie, François disse não ter, ele apenas queria sentir o gosto daquilo que fantasiava desde os 12 anos.

É bom reforçar que casos extremos como os de Chism, Cai, Hesse, Cornick e Gouveia são muito raros. Crianças insensíveis e com afetividade restrita que crescem para, ainda jovens, matar pessoas representam uma porcentagem muito, mas muito baixa. Ainda assim, não devemos fechar os olhos para essa possibilidade. E se aqueles que matam são raros, aqueles que não o fazem estão longe de serem poucos.

O filho de Liza Long, Eric, desde bebê demonstrou agressividade. O menino cresceu tão violento que a mãe criou uma estratégia de proteção para ela e os outros filhos. Se ela gritasse "Plano de Segurança!", os filhos deveriam sair correndo até o carro, trancar as portas e ligar para o pai ou para polícia. Na escola, acontecia a mesma coisa. A professora de Eric também desenvolveu um protocolo de evacuação para ser usado pelas crianças sempre que o menino se descontrolasse. Certa vez, na aula de inglês, Eric parou no meio da sala e, com uma voz intimidadora, invocou a morte e a destruição para os seus colegas.

Aos 9 anos, Eric pegou uma faca e ameaçou se esfaquear no peito após a mãe pedir que ele limpasse o quarto. Aos 11, foi preso pela primeira vez quando o pai chamou a polícia após o menino ter um acesso de fúria e bater em todo mundo. Aos 13, Eric já havia sido expulso da escola e enviado para instituições de detenção juvenil quatro vezes.

Para ajudar a lidar com o estresse e a angústia, Liza criou um blog na internet e passou a escrever sobre os problemas do seu filho. Em dezembro de 2012, uma situação que para qualquer família seria corriqueira e mundana, para Liza provou-se quase fatal. Ela pediu ao filho que devolvesse os livros atrasados da biblioteca e, em menos de 60 segundos, estava com uma faca apontada para sua garganta.

Dias depois desse incidente, o jovem Adam Lanza, de 20 anos, atirou quatro vezes no rosto da mãe, então dirigiu até uma escola infantil e lá matou mais 20 crianças e 6 adultos. Aterrorizada com o fato de que Eric possuía muitas

ANJOS CRUÉIS • DANIEL CRUZ

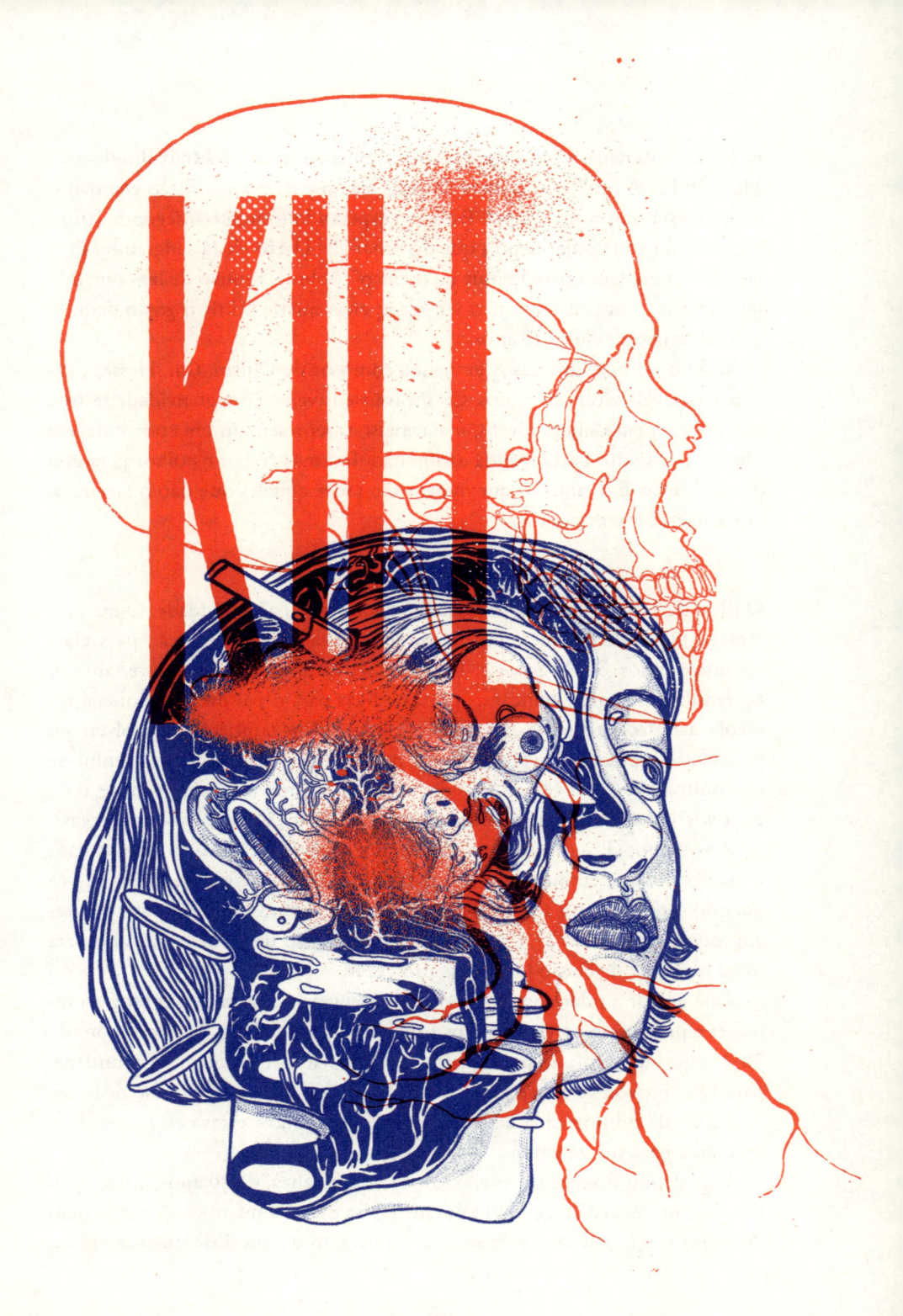

características de atiradores de escola como Lanza, Liza fez um desabafo[*] nas redes sociais. Para sua surpresa, o post foi compartilhado milhares de vezes e ela recebeu uma centena de comentários em seu blog pessoal, muitos vindos de mães que sofriam do mesmo problema. Foi aí que ela percebeu o quão "normal" poderia ser a existência dessas crianças.

Assustadoramente, existem outros casos em que as crianças não demonstraram nenhum tipo de comportamento errante. Esqueçam as ações ou sintomas relacionados ao transtorno de conduta ou aos traços psicopáticos. Muitas vezes, simplesmente não há nada para se prevenir. Em alguns casos, essa afirmação acaba sendo questionável, porque muitas vezes os pais são incapazes de interpretar a existência de algo errado com um filho. Já que geralmente só sabemos

"AMO MEU FILHO, MAS ELE ME ATERRORIZA."
Liza Long em seu blog

do histórico da criança através dos pais ou de pessoas próximas, é sempre possível que a informação "ele nunca fez nada de errado" ou "eu nunca percebi nada de errado com ele" seja falsa. Não no sentido da mentira, mas, devido ao afeto, uma barreira invisível é construída em torno da criança e os pais acabam sendo incapazes de enxergar qualquer tipo de mal no seu descendente. Outro detalhe é que, para muitos pais, se nunca existiu um comportamento grave — como, por exemplo, assassinar um animal ou agredir alguém —, então está tudo bem. Entretanto, a ausência de agressividade desse nível não indica que a criança esteja em paz consigo mesma e o mundo. Crianças e adolescentes insensíveis e com afetividade restrita podem internalizar seus sentimentos, canalizando-os dentro de si mesmas.

---

[*] O desabafo de Liza Long gerou um indispensável livro sobre esse tema chamado *The Price of Silence, A Mom's Perspective on Mental Illness*, lançado em 2015.

Em 2017, em um caso de repercussão ocorrido na cidade de Goiânia, Goiás, um menino de 13 anos e morador de um bairro nobre, sem qualquer motivo – a não ser ter acordado com "vontade de matar" –, assassinou de forma brutal uma vizinha de 14 anos. A mãe do menino passou dias sob efeito de calmantes e, em 25 de agosto, foi entrevistada por uma emissora de TV local: "Ele não tem nenhum histórico de violência, de rebeldia. Ele é obediente, ele é carinhoso com os irmãos, com a família, ele tem uma família estruturada, pai e mãe, um casamento de vinte anos. Na escola, ele não tem um histórico de brigas. Ele tem notas boas, ele nunca foi de matar aula, nunca gostou de matar aula".

O promotor do caso, entretanto, notou um lado sombrio no menino: "Ele não demonstra remorso. O que nos assusta é esse comportamento mecânico". Já o pai do assassino disse: "É muito dolorido. A gente educa, dá carinho... eu converso muito com eles, com meus filhos, sempre converso com eles para saber se está acontecendo alguma coisa na vida deles, e eles sempre respondem: 'Não pai, está tudo bem'. E aí, de repente, a gente recebe uma notícia dessas, do meu filho. Nunca imaginei passar por uma coisa dessas, [é] uma criança...".

Uma criança...

Nas páginas seguintes vocês lerão histórias perturbadoras de crianças que mataram. Existem casos conhecidíssimos na criminologia, que foram cobertos de forma intensa pela imprensa da época, e vieram a se tornar livros e filmes. É o caso de Jesse Pomeroy, o "Menino Demônio de Boston", que poderia muito bem ser o filho do lobo mau; Jon Venables e Robert Thompson, cujo caso chocou a Inglaterra e até os dias de hoje sangra como uma ferida que se recusa a cicatrizar; e Mary Bell, a "Estranguladora de Tyneside", uma menininha tão distorcida que o promotor a descreveu como "assustadora", um pequeno ser que, segundo as palavras de uma carcereira, causava "arrepios". Por outro lado, vocês também lerão histórias que o tempo enterrou e, por isso, são bastante desconhecidas, embora não percam em angústia ou horror para os casos mais famosos. Um exemplo é Honorine Pellois, uma das mais jovens assassinas em série de que se tem notícia, que foi rotulada como uma criança que tinha "prazer instintivo no mal".

No meio desse espectro, onde em um extremo reside as histórias famosas e no outro as completamente desconhecidas, há aqueles casos que, assim como Pomeroy, Venables, Thompson e Bell, tiveram extensa cobertura da mídia, mas que, por algum motivo, se dissolveram por completo na passagem do tempo.

Nem mesmo as cinzas sobreviveram para sujar as penas dos contadores de história que vieram depois.

Wesley Elkins é a contraparte masculina de Suzane Von Richthofen do final do século XIX para os norte-americanos. Mais novo na idade, mas equivalente em presença midiática, durante treze anos ele nunca saiu das páginas dos jornais. Entretanto, quando sua história teve o primeiro capítulo feliz, a mídia decidiu que ele não servia mais. O primeiro pesadelo britânico do século XX, Patrick Knowles era um assassino em série ainda em formação, e acabou não o sendo por um detalhe apenas — você descobrirá qual é ao longo desse livro. Sua história cruzou o planeta, sendo notícia em jornais tão longínquos quanto os da Austrália, mas morreu tão logo a imprensa concluiu não ter mais o que explorar. Problemático desde sempre, Albert Jones foi um dos nomes mais comentados da Califórnia no final da década de 1940. Seu rosto perdido e sofrível estampado em páginas e mais páginas de jornais é a imagem fiel de sua alma perturbada. Passado o frenesi e a excitação midiática com seu caso, ele foi enterrado com cal virgem e desapareceu na história.

Há também os casos considerados diferentes de todos os outros, que se destacam como pontos fora da curva. A belizense Sharon Carr é talvez a menina mais assustadora do século XX. Comparada a Jack, o Estripador, Carr é pouco lembrada e não chegou nem perto da exposição de seus contemporâneos Jon Venables e Robert Thompson. Trancafiada pelo resto da vida devido a um brutal homicídio que cometeu aos 12 anos, é como se a tivessem

88　ANJOS CRUÉIS · **DANIEL CRUZ**

jogado na solitária, trancado a porta e jogado a chave fora. No bairro onde ela cresceu, mesmo hoje, quase trinta anos depois do crime, ninguém pronuncia o seu nome. Sharon Carr é um assunto proibido, e assim também parece ser tratada pelo resto do mundo.

O abismo do anonimato também foi o destino de William Allnutt. Um dos mais tristes casos deste livro, Allnutt permanece como um raro momento no qual uma criança não teve a misericórdia ou real justiça dos homens: ele foi jogado na masmorra e deixado lá para apodrecer. Em um último ato de insensibilidade, mesmo doente, Allnutt foi encaixotado em um navio junto da escória criminosa inglesa e enviado para uma colônia britânica do outro lado do mundo, na Austrália.

Na maioria das vezes, crianças assassinas são absolvidas ou, quando condenadas, enviadas para instituições de detenção juvenil onde passam alguns anos antes de obterem a liberdade. Muitas, por serem pequenas demais, sequer são processadas. Nos casos demonstrados aqui, uma minoria permaneceu presa por décadas ou pelo resto da vida, migrando de detenções juvenis para penitenciárias de adultos. Em casos esdrúxulos, como o de Wesley Elkins, a criança foi diretamente do tribunal para a penitenciária.

Não busco examinar os sistemas judiciais ou as decisões tomadas à luz dos casos destas crianças. Essa questão poderia ser parte de outro livro, e essa possibilidade eu deixo para os estudantes ou profissionais do Direito que, porventura, se interessarem. Os casos citados aqui têm o objetivo maior de desmistificar o assunto das crianças assassinas. Em primeiro lugar, crianças matam; em segundo lugar, elas podem matar sadicamente. Estão descritos neste livro casos de crianças assassinas muito pequenas, que mataram por espancamento, tijolada, com o uso de armas de fogo, machados, venenos. Mataram amigos, familiares e desconhecidos. Em casos extremos, as crianças cometeram homicídios que se enquadram na definição de assassinato em série e assassinato em massa.

Como um último aviso, as páginas seguintes serão uma viagem intranquila, com descobertas terríveis, perturbadoras e necessárias.

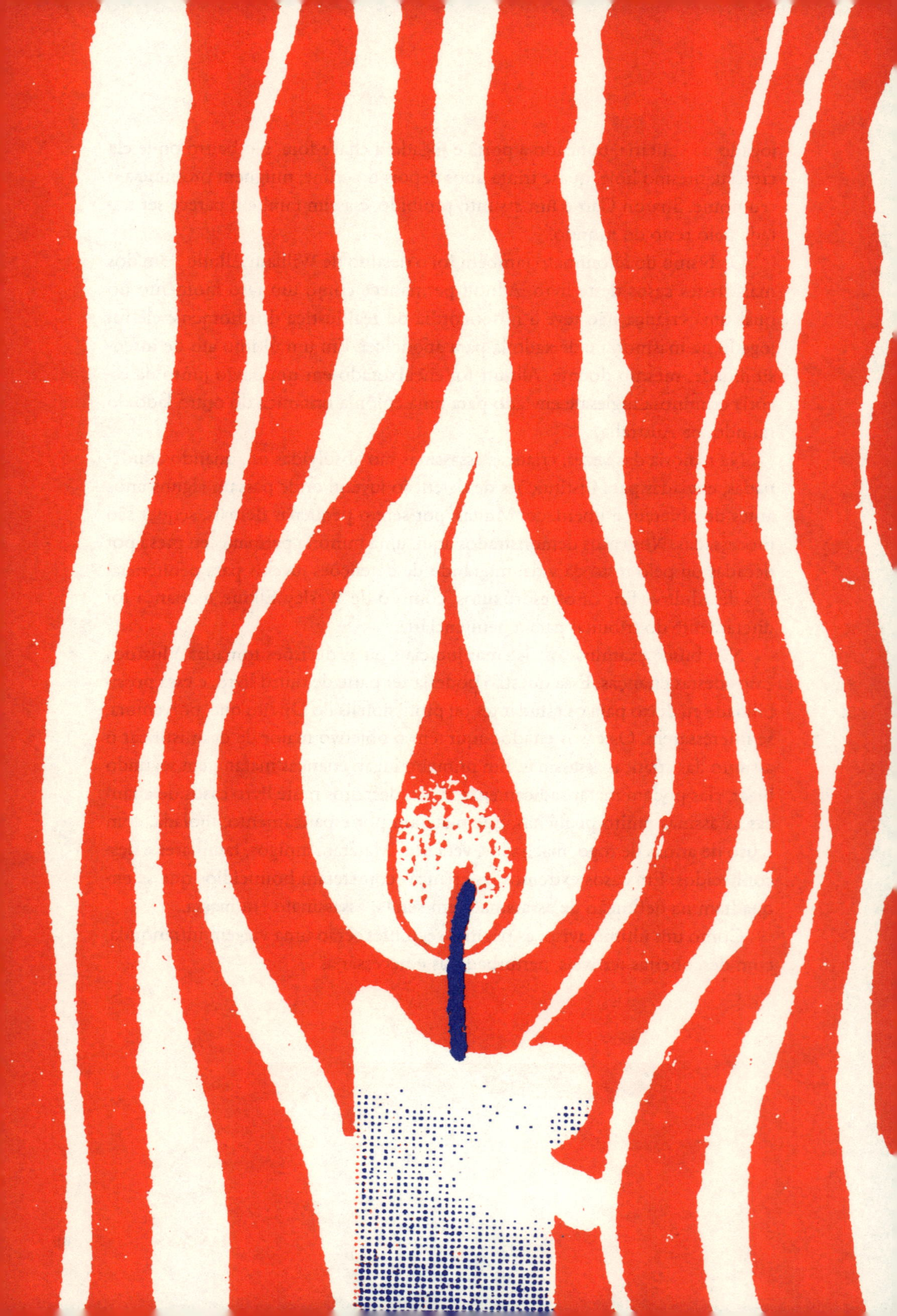

**CONTEÚDO SENSÍVEL
NÃO RECOMENDADO
PARA MENORES DE
— 18 ANOS —**

Pode parecer um caminho de luz, salvação e controle absoluto.
Você segue o túnel e faz o que acredita precisar ser feito.
Quando abre os olhos está na beira do abismo, com o corpo em chamas.
Não tem volta. Não tem recomeço. Não tem remorso ou libertação.

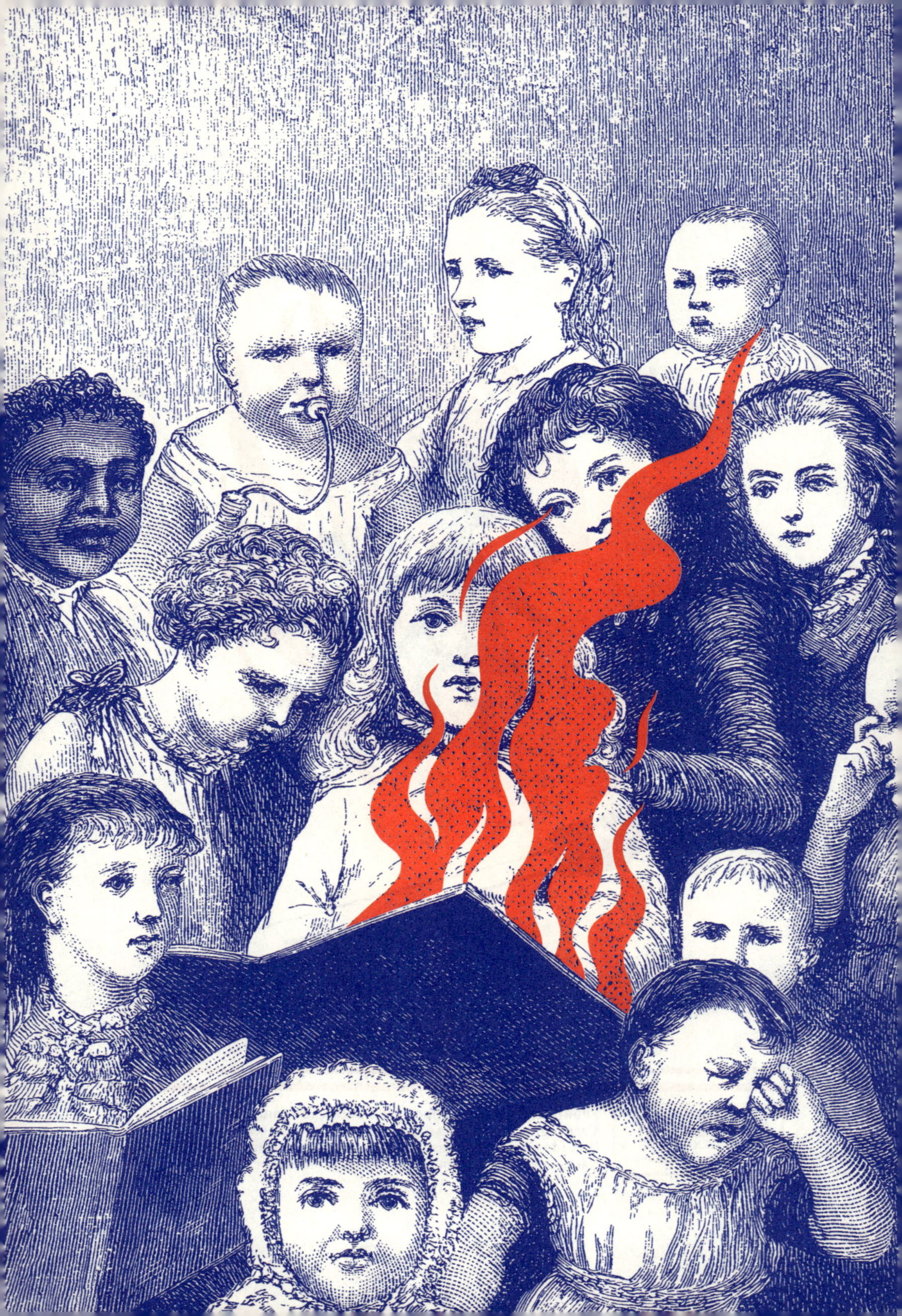

ANJOS CRUÉIS

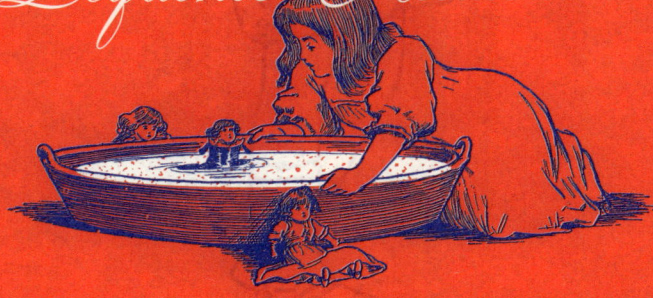

Pequenos Assassinos

Mary Flora Bell

MARY
BELL

01 INFÂNCIA ROUBADA

INGLATERRA | 10 ANOS

Crianças são o espelho da pureza e inocência. Os adultos ficam bobos com cada pequeno ato destes seres lindos e imaculados. Por isso mesmo, qualquer ação que fuja aos padrões pré-estabelecidos nos assusta, choca e impressiona. No início de minha adolescência fiquei perplexo quando assisti ao filme *Maus Companheiros** e descobri que um macabro assassino em série poderia ser aquele vizinho que mora ao lado, aquela pessoa tão cordial que possui uma família maravilhosa. O mesmo se aplica às histórias infantis de monstros, cujos roteiros sempre nos mostram uma criança aterrorizada por um ser não humano salivando, faminto, em sua direção. Estamos acostumados e aceitamos isso, mas não o contrário — tudo o que inverte o senso comum do normal causa pesadelos e medo.

* *Maus Companheiros* (*The Nature of the Beast*, 1995), filme estrelado por Eric Roberts e Lance Henriksen, mostra um homem que dá carona a um desconhecido na estrada. Ao mesmo tempo, a polícia caça um assassino em série que faz picadinho de suas vítimas deixando os pedaços em estradas.

> "Uma criança agressiva, maliciosa, cruel, incapaz de remorso [...] e um grau de esperteza diabólica que é quase aterrorizante."
>
> Rudolph Lyons

Os britânicos sofrem com pesadelos infantis desde o início do século XX. O deles se iniciou na tarde de 25 de maio de 1968, quando Martin Brown, de 4 anos, foi encontrado morto em Scotswood, região próxima às margens do Rio Tyne, na cidade de Newcastle upon Tyne. A maioria dos moradores se conhecia e era comum crianças passarem o dia brincando nas ruas, sem qualquer supervisão dos pais. E foram três dessas crianças que encontraram Martin. Elas queriam construir uma gaiola de pombos e começaram a procurar lenhas em casas abandonadas quando adentraram no número 85 da St Margaret's Rd, um caminho esquálido e abandonado que, ainda hoje, mais de cinquenta anos depois, é uma via morta, sem saída.

No quarto dos fundos, cercado de sujeira, as três crianças encontraram Martin deitado de barriga para cima, com os braços estendidos, sangue e saliva sendo vertidos por sua boca. Enquanto todos da família da vítima sofriam em luto a perda precoce, duas crianças do bairro começaram a incomodá-los com perguntas estranhas. Uma delas, uma menina de apenas 10 anos, passava o dia batendo na porta da família Brown, perguntando se eles estavam sentindo falta do menino ou se estavam chorando.

De início June Brown, a mãe da vítima, não se importou, mas no quarto dia após o assassinato de Martin, lá estava mais uma vez a menininha. June atendeu a porta, a menininha sorriu e pediu para ver Martin. "Martin está morto", respondia June. Então a menininha virou de costas como se fosse embora, deu meia-volta e, com um sorriso estranho, dirigiu-se de novo a June. Ela sabia que Martin estava morto e disse que desejava apenas vê-lo no caixão. Nesse momento, June perdeu as estribeiras e gritou, dizendo que isso não era coisa para uma criança querer, e então bateu a porta. A menina nunca mais apareceu. A investigação policial do caso Martin Brown provou-se infrutífera. O caso permaneceu aberto, embora não houvesse qualquer pista. O pesadelo, no entanto, se repetiria dois meses depois.

Já era final de tarde quando, em 31 de julho de 1968, a adolescente Pat Howe, de 14 anos, deu falta do seu irmão caçula, Brian Howe, de apenas 3 anos. Ela já havia procurado ele mais cedo, mas deixou a preocupação de lado quando vizinhos disseram ter visto Brian brincando por aí com as outras crianças. Não havia motivo para se preocupar. Mas as horas se passaram e, irritada com o irmão por não aparecer para lanchar, Pat saiu na rua aos berros gritando o nome de Brian.

A poucos metros de distância, ela viu duas crianças sentadas na porta de uma casa e perguntou se tinham visto Brian. Uma delas respondeu que não, e se ofereceu também para ajudar Pat a encontrar o irmão. O nome dessa solícita criança era Mary Bell, que tinha completado 11 anos um dia após o assassinato de Martin Brown, dois meses antes. Pat, Mary e Norma Bell, de 13 anos — melhor amiga de Mary, mas com quem, apesar do sobrenome, não tinha qualquer parentesco — saíram juntas procurando por Brian. Elas andaram por muito tempo e não encontraram nada.

Em certo momento, Mary Bell sugeriu que elas o procurassem lá nos "blocos". Ela se referia a enormes placas de concreto que repousavam em uma área de terra conhecida como Tin Lizzie. Era um dos playgrounds preferidos das crianças de Scotswood, principalmente das crianças maiores — para chegar até lá elas deviam atravessar as linhas ferroviárias passando por uma ponte de madeira ou pela Igreja de Santa Margarida, e depois descer em direção à estrada Scotswood Road. Pat logo disse que Martin não teria ido até lá. Norma concordou, e ela o conhecia muito bem, pois já tinha ganhado uns trocados dos pais dele para trabalhar como babá.

Pat continuou em busca do irmão por horas e, logo, centenas de pessoas de Scotswood se juntaram a ela. A polícia veio em seguida, e pouco depois das 23h gritos de desespero ecoaram pela noite quente: Brian havia sido encontrado pela polícia, estava morto entre duas placas de concreto em Tin Lizzie. Ao lado do corpo havia uma tesoura com uma lâmina quebrada e a

"ONDE ESTÁ O BRIAN?"

outra entortada para trás. A primeira suposição foi de que um maníaco fizera aquilo, mas, após a análise do médico legista, os investigadores tiveram que mudar o vilão de rosto.

Havia seis ferimentos nas pernas de Brian e uma pequena área sem pele no meio de seu saco escrotal, mas era tudo muito superficial. Tão superficial que um ferimento muito importante, a letra M talhada na barriga da vítima, só foi descoberta em uma segunda análise. Mesmo as marcas em seu pescoço não pareciam visíveis como deveriam ser. O estrangulamento e a tentativa de mutilação poderiam ser descritos como leves, e era bastante improvável que um adulto maníaco tivesse feito aquilo. Por mais difícil que fosse, os investigadores tiveram que abrir a mente para a possibilidade de que uma criança pudesse estar por trás daquela atrocidade – e crianças era o que não faltava naquela vizinhança.

A investigação policial foi implacável, e das cerca de 1.200 crianças de Scotswood, 12 delas foram visitadas por policiais, entre elas Mary Bell e sua amiga Norma Bell. A inconsistência do depoimento das duas chamou a atenção dos investigadores. Elas mudaram de versão algumas vezes, mas veio de Mary Bell a principal pista para desvendar o caso.

Segundo a menina, ela havia visto um amigo de Brian brincando com uma tesoura que tinha uma lâmina quebrada e a outra entortada. Também vira o mesmo menino cortando o rabo de um gato com essa tesoura. Ele era o demônio, segundo o relato de Bell, pois batia em Brian e não era flor que se cheirasse. A citação da tesoura acendeu uma luzinha na cabeça dos policiais, porque essa era uma informação que não havia sido divulgada, ninguém sabia da existência da tesoura a não ser os investigadores do caso. O garoto citado por Bell foi investigado e logo descartado por completo como suspeito. Então, Mary Bell e sua amiga Norma Bell se tornaram as principais suspeitas. Pressionada em um novo interrogatório, Norma Bell caiu no choro e revelou o que sabia.

Na tarde de 31 de julho de 1968, Norma disse que Mary a chamou para ir até os blocos e acabou "tropeçando na cabeça dele". Disse que Brian estava morto, e Mary confessou que havia apertado o pescoço dele. Além disso, ela também revelou a Norma que cortara a barriga do menino com uma lâmina e a escondera embaixo de um bloco. Policiais encontraram a lâmina no local exato que Norma descreveu. Ela não contara nada antes porque havia prometido que ficaria de bico fechado. Tinha medo de Mary.

Quando Mary Bell foi levada mais uma vez até a delegacia para dar um novo depoimento, o que se viu foi um comportamento oposto ao de Norma. Foram 3 horas de uma atuação extraordinariamente sofisticada para uma criança de

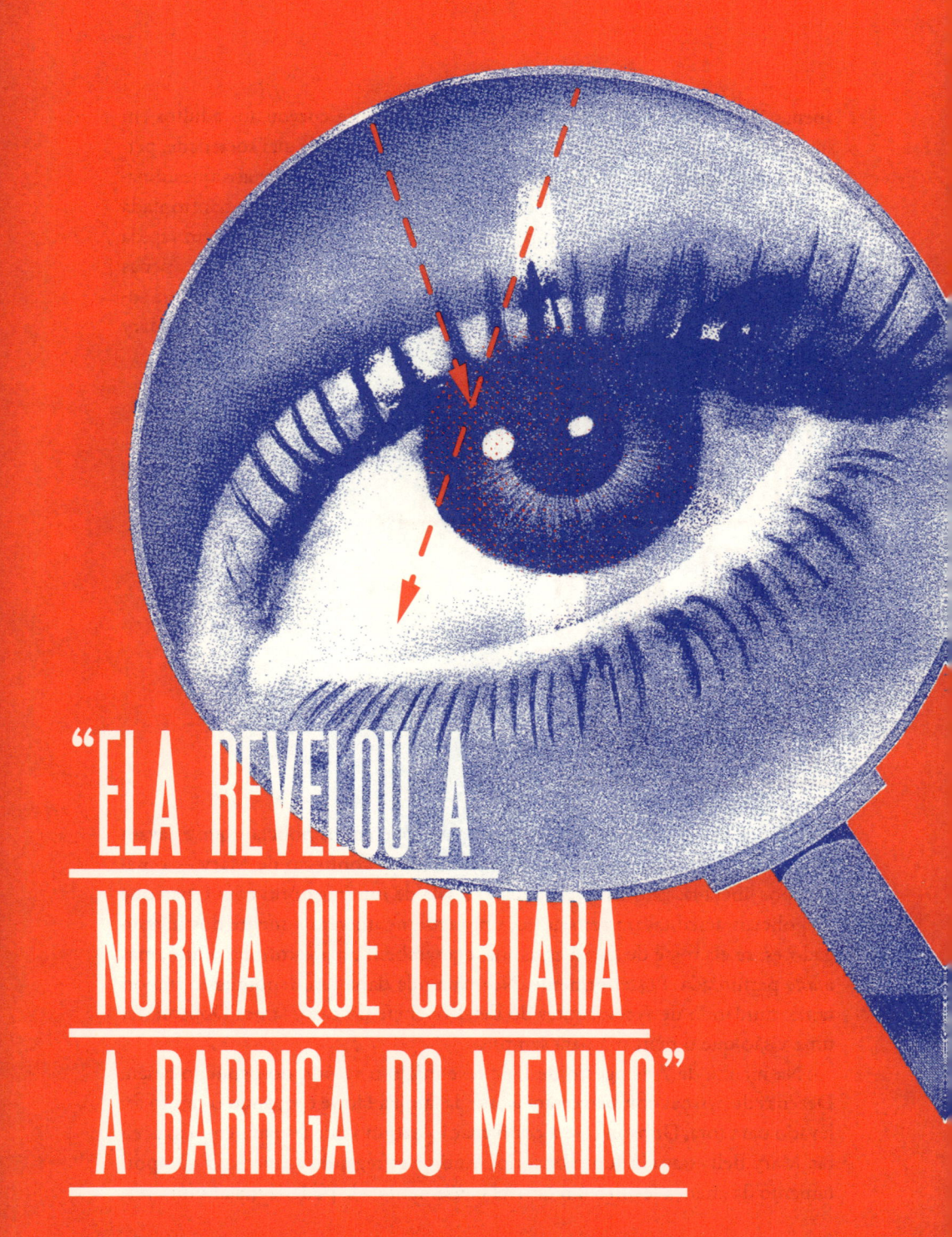

"ELA REVELOU A NORMA QUE CORTARA A BARRIGA DO MENINO."

apenas 11 anos de idade. Em nenhum momento ela se curvou aos adultos em sinal de submissão, pelo contrário. Como uma madame da alta sociedade, permaneceu sempre de nariz empinado, retrucando com rispidez aos questionamentos e tentando manter a pose mesmo sendo constantemente confrontada por evidências que a colocavam no centro da investigação. Ela era bem rápida para sair das armadilhas criadas a fim de desmascarar suas mentiras e apenas perdeu a compostura quando o interrogador revelou que Norma confessara sobre a lâmina usada para cortar a barriga da vítima – logo que ouviu isso, Mary ameaçou matar Norma.

"ERA UMA GAROTINHA MUITO, MUITO PERTURBADA."

Ao fim de mais de 3 horas de interrogatório, eram os policiais que estavam cansados. Sem chegar ao ponto que queriam – a confissão de Mary –, optaram por liberá-la. Enquanto ela deixava a sala de interrogatório com o pai, que os policiais acreditavam ser seu tio, um pensamento veio à mente dos investigadores: se ela fosse de fato a assassina, era também uma garotinha muito, mas *muito* perturbada. Posteriormente, Norma ainda daria um depoimento importante, mudando de versão, antes do detetive chefe do caso, James Dobson, ter uma visão que o marcaria para sempre.

Na manhã de 7 de agosto de 1968 teve início o velório do pequeno Brian. Dezenas de pessoas compareceram à casa da família Howe e, quando o caixão foi levado para fora, Dobson teve a confirmação daquilo que teimava em não aceitar. Mary Bell estava lá, junto de todos, rindo e esfregando as mãos. O comportamento da criança levou a um terrível pensamento: ela poderia matar outra vez.

Naquela mesma tarde, Mary Bell foi levada de novo até a delegacia, e dessa vez parecia saber que não escaparia. Pálida e tensa, imediatamente contou como o pequeno Brian havia morrido. Mas, novamente, Mary mentiu do início ao fim, inventando uma história mirabolante de como Norma atraiu Brian até os blocos e de como ela tentou de forma desesperada salvar o garoto das mãos diabólicas da amiga mais velha. Mary Bell relatou pequenos detalhes e costurou tudo de forma sofisticada, coesa e adulta. De fato, aqueles que presenciaram seu depoimento naquela tarde ficaram perplexos com sua inteligência e capacidade de raciocínio, muito além do normal para uma criança de 11 anos. Era como se existisse um adulto no corpo daquela criança. Mas, ao mesmo tempo, qualquer que fosse o demônio que aquela garotinha carregava, ele não foi capaz de livrá-la da justiça dos homens. Mary Bell, 11 anos, foi indiciada pelo homicídio de Brian Howe naquele mesmo dia.

Isso não foi uma completa ruína, já que Mary Bell havia conseguido arrastar para seu abismo maligno a amiga Norma. James Dobson não foi capaz de descobrir qual delas assassinara Brian, e, na dúvida, indiciou ambas. Mary Bell disse que por ela tudo bem, sem demonstrar qualquer sentimento aparente. Por sugestão de James Dobson, a promotoria incluiu um segundo indiciamento de homicídio, o de Martin Brown.

Durante o julgamento de Mary e Norma, ocorrido em dezembro de 1968, o promotor Rudolph Lyons apontou que ambas estiveram no local do crime antes de qualquer pessoa e, um dia depois, as duas falsificaram bilhetes que foram encontrados na escola onde estudavam: "Nós assassinamos...", "Eu mato PARA Que eu possa voltar", "Vai se foder nós matamos tome cuidado Pererequinha e VAgabundinha", "NÓS matamos Martain Brown mesmo, foda-se seu CAnAlha".

O comportamento de Mary Bell perante a família Brown nos dias seguintes ao crime também era um indício, segundo o promotor, de que ela era a responsável pelo estrangulamento de Martin. Mais do que isso, ela esteve envolvida, sobretudo nos dias anteriores ao assassinato de Martin, em confusões que demonstravam sua propensão à violência e, pior, ao assassinato:

- John Best, 3 anos, primo de Mary, foi empurrado do alto de um aterro em 11 de maio de 1968 e machucou a cabeça. Terrivelmente assustado, ele se negou a dizer quem o empurrou. Mary e Norma chegaram a ser interrogadas pela polícia.

- Um dia depois, Mary Bell apertou o pescoço de três crianças mais novas após uma desavença infantil em um parquinho da escola. A polícia mais uma vez foi chamada.

- Duas semanas após a morte de Martin, Mary Bell teve uma briga física com Norma, jogando-a no chão, batendo e arranhando a menina. Na frente de outras crianças, Mary Bell gritou: "Eu sou uma assassina. Aquela casa ali foi onde eu matei Brown".

As inúmeras mentiras contadas por Mary Bell e, ainda, a sua tentativa de incriminar outra criança pelo assassinato de Brian Howe também foram decisivos para a argumentação do promotor de que ela era a semente do mal, um pequeno ser maligno que influenciou de maneira negativa sua amiga Norma. Descrita como imatura e intelectualmente inferior a Mary, Norma, na visão do promotor Lyons, se encontrava naquela situação por estar no lugar errado – ser vizinha de Mary, neste caso. Nesse sentido, o relacionamento das duas se assemelharia à síndrome conhecida como *folie à deux* [loucura a dois], onde um indivíduo – em geral sofrendo de algum sintoma psicótico – influencia outro, de inteligência inferior e sugestionável, em suas atividades criminosas, levando o segundo indivíduo a cometer atos que nunca cometeria se não tivesse conhecido o primeiro.

Não ajudou também o fato de Mary sempre se manter controlada, como se tudo aquilo não lhe afetasse de maneira alguma, enquanto Norma chorava copiosamente. Aos olhos do júri, aquela garotinha de cabelos curtos e olhos verdes era um monstrinho diabólico e manipulador, capaz de estrangular duas crianças, mutilando uma delas, e não demonstrar qualquer tipo de arrependimento, puxando para a escuridão das trevas sua amiga mais velha, cuja infantilidade tornou-a um mero fantoche nas mãozinhas delicadas de Mary.

"Uma criança extremamente anormal: agressiva, maliciosa, cruel, incapaz de remorso [...] Uma personalidade dominante com uma inteligência um tanto quanto incomum e um grau de esperteza diabólica que é quase aterrorizante." (Rudolph Lyons)

Dois psiquiatras que examinaram Mary Bell concordaram que ela precisava de tratamento. Um deles afirmou que a garotinha tinha uma personalidade psicopática, ou seja, ela agia por impulso, tinha a tendência e o desejo de agredir pessoas e não sentia qualquer remorso ou empatia. Já o outro psiquiatra testemunhou que ela necessitava de tratamento médico por apresentar uma grave desordem de personalidade.

Em 17 de dezembro de 1968, Mary Flora Bell, 11 anos, foi considerada culpada de dois homicídios e sentenciada à prisão perpétua — essa pena, no entanto, do ponto de vista legal, significava que Mary seria avaliada de tempos em tempos e poderia ser solta caso estivesse apta a viver em sociedade. Sua amiga Norma foi absolvida. Ao ouvir o veredito, Mary olhou para a sua família e começou a chorar — a única vez em que pareceu ter demonstrado um sentimento genuíno.

A personalidade de Mary Bell — insensível, mentirosa e cruel — provoca reações intensas. Estrangular duas crianças, mentir constantemente, tentar culpar outros e agir com arrogância e indiferença pode nos levar a querer bani-la da sociedade, talvez colocando-a em uma prisão isolada. O sentimento de repulsa por Mary Bell pode ser atenuado quando nos perguntamos: por quê? Mary Bell é uma das assassinas em série mais jovens já registradas, e a criminologia ensina que esse tipo de homicida não começa a matar sem motivo. Existe um longo e doloroso caminho que eles percorrem até chegar à sua monstruosidade.

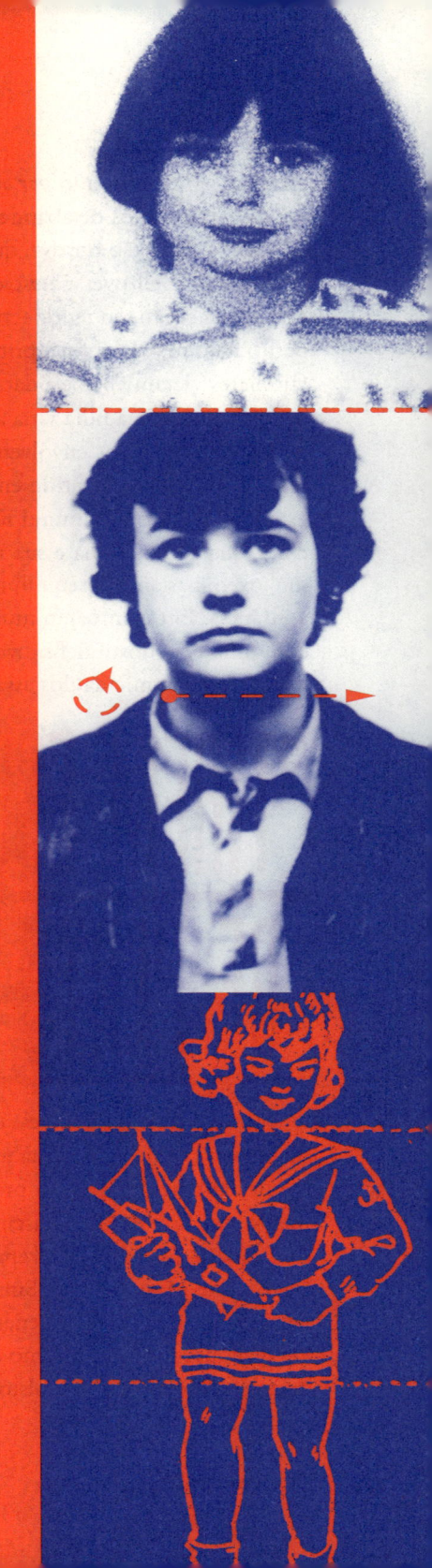

É bem verdade que o caso Bell é sem precedentes, parecendo bem mais com a temática de filmes de terror de baixo orçamento do que algo que pode de fato acontecer com a filha da vizinha ao lado. Ela tentou matar o primo, estrangulou outras crianças e assassinou outras duas, mas esses episódios cobrem apenas três meses de sua vida; há muito mais a se descobrir sobre Mary Bell. Saindo da superfície de sua história criminal e perguntando *por que* essa menininha era o que era, acabamos por mergulhar em anos de abandono, abusos e drogas. O que emerge é uma história que, se não é tão horrível quanto os seus assassinatos, ao menos chega perto.

Se Mary Bell tivesse nascido com a capacidade de processar e entender o que acontecia ao seu redor, teria ficado chocada ao escutar: "Tirem essa coisa de perto de mim!". Essa foi a primeira frase que sua mãe, Betty Bell, disse quando familiares vieram após ela dar à luz a pequena Mary. Betty teria um papel fundamental no que a filha viria a se tornar.

Em muitos casos envolvendo homens assassinos em série, o ódio relacionado à mãe pareceu ter desempenhado um papel-chave em seus crimes. Um exemplo clássico é Edmund Kemper, que cresceu odiando a forma autoritária como sua avó materna e sua mãe o tratavam. Ele matou as duas. Kemper era um jovem bastante desequilibrado, cuja bizarra patologia podemos traçar desde a infância. Entretanto, em muitos casos, a combinação de uma mente doentia com uma mãe hostil definitivamente fornece o combustível necessário para ligar o motor homicida dos assassinos em série.

"TIREM ESSA COISA DE PERTO DE MIM!"

Betty sobre sua filha, Mary Bell

No caso de Mary Bell, ela era nova demais para ter um sentimento de ódio ou repulsa contra a mãe. Sua mente, apesar de brilhante para a idade, não tinha maturidade nenhuma para processar suas ações como uma resposta ao tratamento que teve desde o nascimento. Muitos podem argumentar que milhares de crianças no mundo sofrem abusos terríveis e nem assim chegam perto de fazer o que Mary Bell fez. Sim, é verdade. Portanto, poderia haver algo a mais nela? Algum componente genético psicopata citado pelo psiquiatra? Quem sabe. De qualquer forma, o inferno que ela viveu pode de fato ter representado uma grande influência em sua história.

• • •

Jovem problemática, Betty Bell engravidou de Mary e foi enviada para um convento, local onde mulheres solteiras grávidas como ela eram deixadas para se esconderem da sociedade até o parto. Lá, passou meses sob a tutela de freiras rigorosas e começou a culpar a criança que gerava por estar naquela situação.

Durante os primeiros anos de vida de Mary, a preocupação da família materna com seu bem-estar foi quase paranoica. Isso porque Betty era completamente negligente e desinteressada, ao ponto de um membro da família, Isa (irmã mais nova de Betty), ter sido designada para vigiar a sobrinha. Certo dia, Isa seguiu Betty e Mary até uma agência de adoção e viu com os próprios olhos quando uma mulher saiu chorando de uma sala dizendo que não a autorizaram a adotar uma criança. Betty, de imediato, jogou Mary nos braços da mulher e disse: "Eu trouxe essa para ser adotada. Fique com ela", e foi embora logo em seguida. Horas depois, alertados por Isa, a família de Betty interveio e Mary foi devolvida.

Os ânimos na família Bell afloraram tempos depois quando, pela quarta vez, Mary Bell foi internada por intoxicação após ingerir vários comprimidos. Eles suspeitaram que isso teria sido uma tentativa de Betty de matar a filha com uma overdose de remédios. Após esse episódio, todos cortaram relações com Betty. Uma vez sozinha com a mãe e longe dos olhares de seus tios, tias e avó, a criança iria experimentar o pior do ser humano.

Os abusos sexuais começaram quando Mary tinha cerca de 5 anos. Ao se prostituir, Betty passou a vender a própria filha pequena aos seus clientes. Na única entrevista que concedeu em toda sua vida, para a jornalista austríaca Gitta Sereny, em 1996, Mary Bell revelou detalhes horrorosos a respeito do que sofreu. O trecho foi reproduzido em seu livro, *Por que crianças matam: a história de Mary Bell:*

"Pelo que lembro, o pênis desse homem era todo branco, isso é o que lembro, branco mesmo, e quando ele... É... Você sabe, a coisa sai, eu apenas não conseguia entender de onde aquilo saía, sabe, ou o que era. Tinha aquele cheiro horrível, terrível, nojento... Era terrível, e aí eu estava na cama e aí... Eles vieram pra cima de mim. Eu estava usando umas meiazinhas brancas e só uma blusa e... hum... uma fralda, uma coisa parecendo fralda... E minha mãe... Minha mãe me segurava, com uma das mãos puxando minha cabeça para trás, pelo cabelo, e a outra segurando meus braços atrás do meu corpo, meu pescoço para trás, e... E... Eles colocavam o pênis na minha boca e quando... Quando, sabe, eles... ejaculavam, eu vomitava. Às vezes, ela vendava meus olhos – ela chamava isso de "brincar de cabra-cega"... me seguravam de barriga para baixo. Doía para diabos, doía... Doía mesmo, mesmo. Eu estava amordaçada, mas gritava "está doendo, está doendo". E ela [mãe] dizia para mim com calma: "não vai demorar, não vai doer por muito mais tempo". Mas demorava. Eu ficava machucada. Quando eu ia no banheiro, estava machucada e tinha marcas, marcas de arranhão nas pernas e marcas onde eles enfiavam coisas em mim... Eram... Pareciam balas, tipo bala de espingarda, com uma coisa de metal, uma coisa que parecia supositório... Eles costumavam enfiar essas coisas em mim torcendo... No meu bumbum, em cima das pernas."

Mary Bell ainda revelou que, após os abusos, sua mãe agia de forma completamente diferente do normal: alegre, simpática e solícita. A criança até ganhava doces e batatas fritas. Mas tudo isso durava pouco tempo. Logo Mary Bell estava sendo xingada pela mãe, apanhando ou sendo chicoteada na frente de homens com "pênis eretos".

Os abusos se tornaram tão comuns e frequentes que passaram a fazer parte da rotina diária de Mary Bell. Assim como uma criança que sabe que sairá para brincar após terminar o dever de casa, Bell incorporou a violência que sofria como algo banal e ordinário, não demorando para que parasse de se importar com os homens que se masturbavam na frente dela. Pior ainda, a faceta infantil aos poucos foi desaparecendo e dando lugar a algo obscuro e feio, que no espelho refletia o retrato sombrio de sua própria existência.

Aos 8 anos, Mary já parecia ter vivido pelo menos 20, o suficiente para uma criança da idade dela perceber que podia ganhar dinheiro com aquele bando de pedófilos. Ela passou a exigir moedas dos homens para que eles pudessem se masturbar na sua presença, e a entrar em carros de pervertidos que passavam em sua rua e conheciam a reputação de Betty.

"Eles me mandavam sair do carro. Mas eu ficava lá até eles ficarem assustados pra valer. Eles faziam eu me sentir suja, porém eu continuava fazendo aquilo. Depois me ofereciam doces, e eu dizia: 'Você deve estar brincando'; eles me davam uma moeda, e eu ria, e lembro das marcas roxas nas minhas pernas, da sujeira e do esperma [...]"

Dos 8 anos até o assassinato de Martin Brown, Mary continuou sendo maltratada e espancada por sua mãe, que muitas vezes a deixava sozinha por dias para que pudesse se prostituir em Glasgow, na Escócia. Sem supervisão e orientação, Mary Bell aprendeu a viver sozinha.

Nas ruas, fez amizade com a vizinha Norma e a levou para junto de seu mundo distorcido. Unidas, elas planejaram fugir de casa, o que aconteceu duas vezes, mas acabaram de volta aos seus lares. As tentativas de fuga, antes de serem brincadeiras de crianças inconsequentes ou malcriadas, pareciam ser investidas desesperadas de Mary Bell para sair daquele mundo sujo e hostil em que vivia. Mas existe algo ainda mais sintomático: a menina tentou castrar Brian Howe, porém não conseguiu. Esse detalhe, desconhecido dos investigadores na época, foi atribuído ao caso por Gitta Sereny.

Em retrospectiva, a confissão de Mary Bell parece revelar uma menina que durante anos sofreu abusos de homens e que, pelo visto, projetou em suas pequenas vítimas masculinas a figura do agressor adulto. A castração seria algo simbólico. Ao remover o órgão sexual masculino ela estaria neutralizando todo o seu poder, roubando a principal arma de abusadores. Sem ele, o indivíduo não seria ninguém, não poderia abusar de ninguém.

O que a literatura criminal nos ensina é que muitos assassinos em série que sofreram abusos quando criança crescem com o reflexo aterrorizante desses acontecimentos em suas mentes, tornando-se adultos assombrados por um trauma com o qual não conseguem lidar. O abuso infantil é apenas uma variável na equação da formação do indivíduo, mas tem um peso considerável, sendo um fator importante na tentativa de entender a patologia do assassino.

Sabemos que o assassino em série se forma ao longo dos anos, às vezes das décadas. Antes de começarem a matar, eles experimentam traumas e frustrações que os levam ao precipício. Presos em suas próprias cabeças, em um mundo muitas vezes fantasioso e bizarro, a bomba-relógio interna vai diminuindo as horas, minutos e segundos até zerar. Em alguns casos, isso acontece ainda na adolescência, como Jürgen Bartsch (15 anos), Vladimir Vinnichevsky (15 anos), Dyonathan Celestrino (16 anos) e Jeffrey Dahmer (18 anos). Já em outros, leva décadas para os zeros se alinharem, e conheceremos figuras como Dorothea Puente (53 anos), Bruce McArthur (59 anos), Victor Fokin (61 anos) e Ray Copeland (71 anos).

Mary Bell é um raríssimo caso em que o cronômetro zerou aos 10 anos. A razão disso acontecer em tão tenra idade é difícil de explicar. Parece não existir uma resposta. É possível que a horrenda infância movida a ódio, espancamentos e abusos sexuais tenha tido uma grande contribuição na composição da sua personalidade. O diagnóstico de psicopata provavelmente foi um exagero e ela pode merecer o benefício da dúvida: se Mary Bell tivesse sido criada com amor e carinho, teria feito o que fez?

"Eu estou prendendo você por uma acusação de assassinato contra Brian Edward Howe em 31 de julho de 1968." – **Detetive James Dobso**

Mary Flora Bell ficou encarcerada entre 1968 e 1980, ou seja, passou toda a sua adolescência em reformatórios e prisões. A vida dentro de lugares assim é selvagem e, por isso, o confinado muitas vezes cria estratégias antiéticas para sobreviver. A menina experimentou tudo o que esses lugares podem oferecer: brigas, sexo, tortura, manipulação e, principalmente, dúvidas sobre si mesma.

Durante todo o tempo ela viveu em estado de negação pelo que havia feito, tendo inclusive inventado para uma das professoras do reformatório que tinha uma irmã gêmea chamada Paula. Isso foi, na verdade, uma estratégia interna que Mary criou para transferir as ações assassinas à sua irmã gêmea e, assim, se livrar da culpa. Durante os doze anos em que permaneceu presa, ela foi de um extremo ao outro.

As dúvidas sobre a própria orientação sexual e identificação de gênero a fizeram se vestir com roupas menos femininas e ter dezenas de encontros sexuais com outras mulheres. Mary até mesmo se apaixonou perdidamente por uma detenta que era alguns anos mais velha. Ela também se envolveu com garotos, foi molestada por um diretor e, pouco antes de ser libertada, em 1980, engravidou e decidiu abortar.

Após tratamentos e avaliações constantes durante os anos em que passou presa, Mary Bell foi considerada recuperada e apta a conviver em sociedade, saindo da prisão aos 23 anos, em maio de 1980. Casou-se, teve uma filha, e desde então vive no anonimato e com um novo nome, protegida pela Ordem Mary Bell, uma lei britânica criada em 2003 que protege a identidade de qualquer criança envolvida em procedimentos legais.

"POR MIM, TUDO BEM."
MARY BELL

Venables & Thompson

JON & ROBERT

02
AMIZADE MATADORA
INGLATERRA | 10 ANOS

No segundo episódio do podcast *OAV Perfil* (um dos podcasts de *O Aprendiz Verde*), eu e a psicóloga Kátia De Bastiani discutimos sobre o caso do assassino em série e canibal Albert Fish, um homem que passou a vida como um predador sexual de crianças.

Ao comentar sobre o seu *modus operandi*, eu destaco o depoimento de uma mulher chamada Mary Little. Mary testemunhou dizendo que, quando tinha 5 anos, ela estava brincando em uma loja de doces quando de repente alguém pegou em sua mão. Era Albert Fish. Apesar de ele ser um velhinho bastante gentil, ela ficou assustada porque, claro, era um estranho. Então ele perguntou se ela estava sozinha, e Mary respondeu que não, a mãe dela estava do outro lado da loja — o que era verdade. Fish olhou ao redor e a menina aproveitou o momento para puxar a mão e sair correndo.

Apesar de não ser musculoso, de não possuir pelos gigantes e olhos vermelhos esbugalhados para fora, Albert Fish é o que nossas mães chamariam de bicho-papão: um ser que devora

> "A morte da inocência."
> The Guardian,
> 16 de fevereiro de 1993

criancinhas e que sempre está à espreita, aguardando o momento certo para atacar. O caso Mary Little mostra como Albert Fish atuava, e situações assim não são raras. Imaginemos agora: Quantas vezes Albert Fish pode ter feito isso?

Por mais que nos recusemos a acreditar, o mal não é um ser mitológico metade homem e metade monstro — ele pode ser um velhinho franzino e aparentemente inofensivo (como o senhor Fish), mas também alguém bem menor, uma criança com rostinho delicado. Criancinhas bicho-papão. Elas são más, ardilosas e rápidas, assim como o monstro das fábulas. E basta alguns segundos de descuido para roubarem a vida de alguém.

"A possibilidade de envolvimento de crianças em um crime contra outra criança adiciona uma dimensão extra de desespero", escreveram os jornalistas Melanie Phillips e Martin Kettle para uma matéria no jornal *The Guardian*, em 16 de fevereiro de 1993. Os britânicos estavam chocados, mas definitivamente não queriam acreditar no que os próprios olhos mostravam: que o horrendo assassinato de uma criança, cometido quatro dias antes, poderia ter como autores outras crianças. "Nós não sabemos se eles estão envolvidos em sua morte; talvez alguma outra pessoa tenha aparecido e cometido o ato."

James Patrick Bulger, um menininho de 2 anos e 11 meses de idade, estava com o corpo partido ao meio quando foi encontrado por quatro adolescentes em 14 de março de 1993, na linha de trem Edge Hill-Bootle, no bairro de Walton, na cidade de Liverpool, Inglaterra. Ao ver o corpo, os adolescentes saíram correndo em direção à delegacia de polícia local e não demorou para que o cadáver fosse identificado como sendo de James. Nesse ponto, a Inglaterra e parte do mundo havia parado para acompanhar o desenrolar do misterioso desaparecimento de James Bulger, ocorrido dois dias antes, em 12 de março. Mas não era apenas o desaparecimento de uma criança que chamou a atenção de todos. O país estava em alerta porque havia dois suspeitos pelo sumiço do menino, e tudo indicava que eram duas crianças.

Bulger acompanhava sua mãe, Denise, no New Strand Shopping Centre, um shopping center em Bootle, cidade conurbada a Liverpool, quando desapareceu. Alguns segundos de descuido foram o suficiente para um bicho-papão do mundo real pegar James e desaparecer com ele sem ninguém ver, assim como nas fábulas infantis. As imagens das câmeras de segurança do shopping mostraram mãe e filho entrando em um açougue às 15h37. Logo depois, enquanto a mãe estava pagando a conta no caixa, James saiu do local. Ao olhar para o lado e não ver o filho, Denise se assustou, e procurou também no açougue e nas imediações. Entrou em desespero. Câmeras de segurança a filmaram andando por todos os lados em busca de James. Quando Denise não o encontrou, a guarda do shopping foi acionada.

A melhor pista desse caso veio da imagem de uma dessas mesmas câmeras de segurança, uma imagem que chocaria os britânicos e assombraria o mundo. Às 15h42, James aparecia de mãos dadas com o que parecia ser um adolescente com idade entre 12 e 14 anos. Ambos caminhavam em direção à saída do shopping. Em frente a eles, outro menino seguia caminhando. Policiais que investigaram o caso analisaram todas as imagens disponíveis e viram algo aterrador: os dois jovens agiram de modo estranho durante todo o tempo em que permaneceram no shopping, se aproximando de outras crianças, como se quisessem tomá-las de seus pais. Em certo momento, eles até atraíram uma criança, mas a mãe percebeu e gritou, então eles saíram correndo.

Mais de cem detetives foram designados para investigar o desaparecimento de Bulger. As imagens de James saindo do shopping acompanhado de dois meninos foram transmitidas na TV. A esperança dos investigadores era que alguém reconhecesse aqueles jovens.

Quando o corpo de James foi encontrado, a esperança deu lugar ao horror, e os britânicos começaram a se perguntar se duas *crianças* poderiam de fato estar envolvidas. Alguns se recusavam a acreditar, a maioria entrou em um estado de negação – impressionante como a memória é curta e se dilui com o passar dos anos, nem parecia que aquele era o mesmo país de Mary Bell.

> "A morte de James Bulger é um tanto apavorante, porque expõe mais uma vez a crescente indiferença da nossa sociedade e nosso crescente isolamento. Ele confiou em um estranho e agora está morto. É uma morte para os nossos tempos." (*The Guardian*, 16 de fevereiro de 1993)

Era setembro de 1991 e ambos tinham 9 anos de idade. No parquinho da escola, Jon Venables e Robert Thompson iniciaram uma briga tão feroz que fez de ambos figuras a serem temidas. A pancadaria terminou em empate e, impressionados com a performance um do outro, se tornaram amigos. Dezessete meses depois, eles elevariam a amizade a um nível maligno poucas vezes visto na história do crime.

Não era apenas a agressividade que Venables e Thompson compartilhavam. Ambos eram crianças problemáticas que estavam quase um ano atrasadas na escola e tinham os pais separados, o que lhes dava uma enorme necessidade de chamar atenção. Aos 10 anos, Robert tinha a pior reputação possível em Walton, bairro onde morava em Liverpool. Quase não frequentava a escola e ficava perambulando pelas ruas. De tanto ser flagrado andando pela região, a polícia o apelidou de "cabulador profissional". Quando estava na escola, porém, ninguém tinha sossego. Ele era um especialista em atormentar e perseguir os outros estudantes.

Thompson vinha de um lar completamente desfigurado. A família morava em um bairro pobre infestado de traficantes e pequenos criminosos. Sua mãe, Anne Marie Thompson, foi abandonada pelo marido em 1988. O homem simplesmente fugiu com outra mulher, deixando Anne Marie e os seis filhos do casal para trás. Uma semana depois de terem sido abandonados, a casa onde moravam pegou fogo e eles passaram por um período de extrema dificuldade até conseguirem uma casa em Walton, fornecida por uma associação mediante um aluguel barato.

Sozinha e trabalhando como doméstica, foi bem difícil para Anne Marie criar os filhos e lidar com a violência do bairro ao mesmo tempo. Em 1991, ela engravidou de um outro homem, que também a deixou. Com a vida muito dura, sem expectativas e se sentindo pressionada, Anne Marie encontrou na bebida uma válvula de escape. Não foram poucas as vezes em que policiais foram chamados até a casa dos Thompson por vizinhos que se incomodavam com os sumiços da mulher, que deixava as crianças sem supervisão. Ela trabalhava e passava as horas de folga bebendo. A vida da família Thompson continuava em uma espiral descendente, um verdadeiro caos com terríveis resultados para todos os lados.

As crianças tiveram que se virar sozinhas. Uma delas, Ian, um pouco mais velho que Robert, era um dos mais inteligentes do grupo, tão esperto que com apenas 10 anos percebeu que, para sobreviver àquele inferno, deveria dar o fora dali. Em 1990, após apanhar de Anne Marie, Ian correu até um centro de apoio para crianças vulneráveis e implorou para que eles o aceitassem. Os assistentes sociais já conheciam o menino pois certa vez seu irmão mais velho, Phillip, de 14 anos, tentou esfaqueá-lo. Ian foi acolhido, mas um ano depois, por um motivo desconhecido, foi enviado de volta para sua casa. Desesperado, Ian tentou se suicidar tomando mais de uma dezena de comprimidos de paracetamol. Ele não morreu, mas a estratégia funcionou e Ian voltou para o centro de apoio.

Enquanto seu irmão mais velho tentava desesperadamente dar um novo rumo para a própria vida, Robert não pensava em nada além de viver um dia após o outro, incomodando os irmãos mais novos da mesma forma que os mais velhos faziam com ele e procurando o que a rua tinha a lhe oferecer. Ele desenvolveu uma estranha combinação de obsessão com desdém por qualquer objeto, característica de crianças que nunca tiveram nada. Ele roubava coisas que precisava ou queria apenas para, minutos depois, jogá-las fora.

A vida familiar de Jon Venables estava longe da catástrofe que era a de seu futuro amigo Thompson. Neil e Susan Venables tiveram três filhos e Jon era o do meio. Apesar de separados, o pai morava a menos de 2 quilômetros de distância e ficava com a guarda do filho de quarta a sábado. Descrita como uma criança bastante hiperativa, Venables era o oposto de Thompson em relação à frequência escolar. Era considerado inteligente apesar de ter dificuldades em se concentrar, ficando sempre depois das aulas para ser orientado nas lições pelos professores.

Entretanto, o que mais preocupava a direção escolar eram suas explosões de raiva e violência. A diretora da escola, após receber reclamações de vários pais sobre Venables, contratou uma psicóloga para examinar o menino que batia a própria cabeça contra a parede da sala de aula para chamar atenção, jogava coisas nas outras crianças, se cortava com uma tesoura e colava papéis no rosto.

Mas o pior ainda estava por vir. Certo dia, Venables se desentendeu com outro colega de classe e quase o matou. O menino havia começado a estrangular o colega com uma régua, usando o objeto para pressionar o pescoço dele contra a parede. O rosto da vítima estava vermelho feito um pimentão quando uma professora interveio, salvando a vida do menino. A mulher relatou à direção que, em todos os seus anos de carreira, nunca havia testemunhado tamanha violência. Como resultado, Venables foi suspenso e sua mãe decidiu mudá-lo de escola.

Na nova escola, Venables passou um ano longe de problemas, mas as coisas mudaram mais uma vez quando ele foi transferido para outra sala. Era setembro de 1991, e nessa sala de aula havia um menino de cara rechonchuda conhecido por ser o terror de Walton. Seu nome era Robert Thompson.

Desde o início, Jon Venables ficou intrigado com Robert Thompson. Ambos tinham 9 anos e a figura de Thompson lhe instigou sentimentos conflitantes. "Eu sentava longe dele, ele causava problemas", diria Venables mais tarde. Tudo em Thompson lhe desagradava, e algumas coisas, como o desdém dele por figuras de autoridade, lhe causava arrepios.

Quanto a Robert, ele ficou instigado pelo novo peixe fresco da sala de aula. Era melhor mostrar logo quem mandava naquele território. Ele sabia, no entanto que Venables não levava desaforo para casa. Tinha acreditado que iria atormentar o garoto e que Venables apenas abaixaria a cabeça, em submissão ao chefe do lugar. Um grande engano. A pancadaria entre os dois terminou sem vencedores e os sopapos que levou na cara fizeram Thompson pensar duas vezes antes de mexer com Venables novamente. E o que se faz se você não pode vencer o seu inimigo?

Exato: junte-se a ele, ficando ainda mais forte.

Robert passou a presentear Jon Venables com coisas roubadas: brinquedos, doces e o que mais lhe causasse interesse. Uma das coisas que Venables mais gostou foi de uma lata de chocolates que o candidato a amigo surrupiou de uma loja. Para agradecer as gentilezas, Venables deixava Robert Thompson andar em sua bicicleta. Com o passar do tempo, Venables começou a finalmente encontrar o seu lugar no mundo. O menino que sempre buscava por atenção agora ganhava apreço do garoto mais temido da escola. Thompson era seu parceiro, chegava inclusive a fazer coisas que ele pedia, razão de grande orgulho para Venables. Isso o levaria para o abismo.

Viver nas ruas e descobrir o que elas podiam oferecer era o estilo de vida de Thompson. Com a amizade, Venables se aventurou ao ar livre. A parceria começou com brincadeiras de crianças arteiras, invadindo jardins e saindo correndo quando os donos apareciam, ou pulando na frente de mulheres idosas a fim de assustá-las. Um dos lugares preferidos da dupla era a região da linha férrea em Walton, onde Thompson construiu uma toca perto da ponte.

De início, Venables se negou a matar aulas, mas a curiosidade e a influência do amigo acabaram vencendo. "Eu queria ver como era. Era bom", diria ele depois. Certa vez, Susan estava passando de carro quando viu seu filho e Thompson juntos. Ela ficou indignada, pois naquele horário eles deveriam estar na escola. Com o pavio curto aceso, Susan parou o carro no meio da rua e correu em direção ao filho, o pegou pelo pescoço e o arrastou para o carro. Assustado, Robert saiu correndo e, quando já estava em uma distância segura, começou a gargalhar e gritar: "Você não me pega!".

Em pouco tempo, Venables se acostumou tanto com a liberdade que até levou uma surra da mãe quando chegou perto das 23h em casa. Vizinhos chegaram a advertir Susan de que o amigo de seu filho não era boa companhia, mas ela não deu muita atenção. Até onde sabia, Venables frequentava a escola e nos fins de semana só queria ver desenhos animados na TV.

O castigo de Susan não adiantou em nada. Venables provara o gosto da liberdade, da adrenalina e do errado, uma combinação que funcionou feito uma droga viciante em seu cérebro. Ele continuou a fugir da escola com Thompson, e os dois passavam horas à toa por shoppings, onde jogavam videogame e roubavam coisas.

Certo dia, um acontecimento inesperado plantou uma semente ruim na imaginação dos meninos, semente esta que seria regada até se transformar em uma espinhenta flor venenosa. Aconteceu quando eles levaram o irmão mais novo de Thompson para uma tarde de aventuras no New Strand Shopping Centre, o mesmo local onde, tempos depois, James Bulger desapareceria de forma misteriosa. Entretidos nos corredores, os dois não perceberam quando o irmão de Thompson sumiu. Como Denise Bulger faria mais tarde, os meninos correram até os seguranças e, minutos depois, a criança foi encontrada.

Esse foi o prelúdio de um dos mais horrendos crimes da história britânica, "a trágica prova de que a sociedade perdeu a sua alma".

Não se tratava apenas da morte de uma criança, mas da forma como ela fora morta. O corpo de James fora partido ao meio. Seu crânio possuía múltiplas fraturas. O cadáver, diversas lacerações. A bochecha esquerda tinha um hematoma compatível com um chute. Na cena do crime, tijolos sujos de sangue indicavam que o assassino os usou para golpeá-lo. O menino tinha apenas 2 anos de idade; que tipo de animal faria tal atrocidade com uma criança?

Enquanto peritos em computação trabalhavam na melhoria das imagens captadas pelo circuito interno de TV do New Strand Shopping Centre, investigadores descobriram 38 testemunhas que viram James em companhia dos dois outros misteriosos meninos. Foi uma longa caminhada: 4 quilômetros entre o shopping e o local onde James foi encontrado morto, na linha férrea atrás da delegacia de polícia de Walton. A maioria das testemunhas revelou que James chorava e soluçava, às vezes sendo puxado com força pelos meninos maiores. Algumas outras se incomodaram com a cena e chegaram a intervir, perguntando o que se passava e por que o menino chorava copiosamente e tinha um grande galo na testa. "É o nosso irmão, estamos levando ele pra casa" e "Ele está perdido e estamos levando ele para a delegacia de polícia de Walton", foram algumas das respostas. Quando um homem os viu perto da ponte que passa sob a ferrovia e pensou em se aproximar para averiguar a situação, um dos meninos, notando a aproximação, disse em alto e bom som: "Estou farto de cuidar do meu irmãozinho, é sempre a mesma coisa, eu não vou trazer ele aqui de novo!". Ao escutar as palavras, o homem concluiu que devia ser apenas o choro de um menino birrento e que ele estava em boas mãos, afinal, era o irmão mais velho que estava ali com ele.

Seis dias depois do assassinato, vinte crianças e adolescentes com idades entre 10 e 16 anos já haviam sido interrogadas e liberadas. Dois adolescentes e uma criança de 12 anos chegaram a ser mantidas na delegacia, mas foram liberados logo depois. Com o caso tomando uma dimensão nunca antes vista, o investigador-chefe Albert Kirby precisou montar uma sala para coletivas de imprensa, que eram executadas todos os dias às 11h. Duzentos repórteres se espremiam dentro da sala para obter as notícias mais recentes do caso. Do lado de fora, unidades móveis de vários canais de TV – incluindo a norte-americana CNN, canais alemães, dinamarqueses, franceses e australianos – subiam o sinal para o satélite.

A polícia, porém, já tinha os suspeitos sob custódia. Com a ajuda da TV e dos peritos em fotografia, além das dicas de moradores de Walton que viram as imagens das crianças na televisão – um deles muito parecido com um dos filhos de Anne Marie, aquele mesmo que alguns vizinhos costumavam chamar de Robert "Damien", em alusão ao personagem Damien Thorne, do filme de terror *A Profecia* –, eles conseguiram chegar até os dois meninos que guiaram James Bulger para fora do shopping em direção à morte. Mas a história estava longe de terminar, e o que se seguiu depois não foi nada menos do que estarrecedor.

Jon Venables descreveu o que aconteceu quando eles chegaram no local do crime. Ele disse que James se sentou no chão, e que ele e Thompson começaram a jogar tijolos e pedras no menino. Os investigadores ficaram incrédulos quando Venables, em tom animado, revelou que "o idiota continuou se levantando. Ele devia ter ficado no chão".

Em outro episódio, algo que assombrou os investigadores foi o terrível sorriso de Robert Thompson. O sargento Phil Roberts acompanhava os meninos após saírem de uma audiência em Bottle, na qual a polícia pediu a prorrogação da prisão preventiva da dupla. Jon Venables estava sentado em um carro quando Thompson passou ao lado. "Thompson olhou para Venables e sorriu. Foi um sorriso terrível, assustador. Foi um sorriso frio, um sorriso maquiavélico. Eu acredito que o sorriso dizia que eles sabiam que eram os responsáveis... e que ainda assim eles sairiam livres disso", comentou Roberts.

Venables e Thompson foram presos em 18 de fevereiro de 1993 e interrogados durante quatro dias. Mas os investigadores não conseguiram extrair deles tudo o que queriam. De quem foi a ideia de sequestrar a criança? Por que o mataram? Os meninos eram mentirosos, mesquinhos e trapaceiros. Eles jogavam a culpa um no outro e choravam quando se sentiam acuados. De início, negaram qualquer envolvimento no crime, mas aos poucos foram se abrindo. Thompson era o mais dissimulado e jogou toda a culpa em Venables, insistindo na versão de que nunca sequer tocou em Bulger.

Após sequestrarem Bulger no shopping, Venables e Thompson o levaram para fora e tentaram afogá-lo em um canal. Eles empurraram a cabeça da criança na água, tirando-a logo em seguida apenas para submergi-la de novo, como se estivessem em um jogo de videogame. Desistindo de afogá-lo, a dupla levou Bulger por 4 quilômetros em uma caminhada infernal – durante o martírio, o menino era suspendido no ar de forma violenta, depois jogado no chão, recebendo mais chutes e socos. Pessoas que passavam em carros e ônibus notaram as agressões, mas não interviram. Um homem viu do espelho retrovisor de seu carro um dos meninos chutando o braço de James, uma mulher chegou a gritar com eles de dentro de um ônibus.

Quando chegaram à linha de trem em Walton, a tortura se tornou muito pior. Os meninos o despiram da cintura para baixo, jogaram tinta em seu olho esquerdo, colocaram pilhas em sua boca – houve a suspeita de que eles também as inseriram em seu ânus, mas isso nunca foi comprovado – e o apedrejaram com pedaços de tijolos. Por fim, Venables e Thompson pegaram uma barra de ferro de 10 quilos e partiram a cabeça de James em pedaços. Seu crânio foi fraturado em 10 partes, com o lado direito ficando destruído.

No total, o médico legista contou 42 ferimentos (20 na cabeça e no rosto e, ainda, 22 no resto do corpo), a maioria tão brutais que nenhum pôde ser descartando como sendo o fatal. Um hematoma na bochecha era tão violento que o legista concluiu se tratar de um potente chute ou pisão. Nos sapatos de Jon Venables foram encontrados vestígios de sangue que uma análise de DNA comprovou pertencer a James Bulger. Também foram encontrados vestígios de sangue nos sapatos de Thompson, mas a perícia falhou em ligá-los a James porque as amostras colhidas eram insuficientes (um dos peritos, Philip Rydeard, concluiu que o sapato que Thompson usava no dia do crime era compatível com o padrão do hematoma na bochecha de Bulger). Para tentar fazer parecer um acidente, os meninos colocaram o corpo da vítima nos trilhos e foram embora antes do trem cortá-lo ao meio. O médico legista também notou uma "grotesca indecência": o prepúcio do pênis de James foi puxado para trás.

"Não há dúvida de que aqueles dois meninos eram maus além das expectativas [...] eles tinham um alto grau de astúcia e maldade. Eram até mesmo capazes de prever perguntas feitas a eles [...] estar apto a fazer isso indica o nível de maldade da parte deles", disse Albert Kirkby. Particularmente, os investigadores ficaram impressionados e irritados com a rapidez maligna com que a mente de Thompson funcionava. "Com os interrogatórios seguindo, ele se tornou mais e mais confiante, percebendo as minhas minúsculas contradições. Seu cérebro funcionava mais rápido do que aqueles de muitos adultos que eu interroguei", disse o detetive Phil Roberts. No final, o sentimento era de que Thompson foi o cérebro por trás do crime. Venables participou ativamente, é verdade, e, no fim, ambos eram muito diferentes entre si. Mas quando estavam juntos se tornavam uma coisa só. Um dos detetives, George Scott, comentou na época que acreditava que Venables e Thompson queriam causar uma tragédia que só eles saberiam a respeito. As pessoas pensariam que foi apenas um lamentável atropelamento, que Bulger atravessou a ferrovia e foi pego, apenas um acidente.

Em outubro de 1993, uma equipe de psiquiatras fez uma série de entrevistas com Venables e Thompson para descobrir se os meninos tinham um entendimento moral sobre o ato que cometeram. A conclusão foi a de que eles tinham consciência da diferença entre o certo e o errado, e sabiam que sequestrar, espancar e matar James eram comportamentos condenáveis. Ambos eram capazes de fazer julgamentos morais básicos. A dra. Eileen Vizard examinou Thompson em 16 de outubro e escreveu que ele estava sofrendo de sintomas de estresse pós-traumático. "Ele estava muito preocupado com pensamentos, memórias, pesadelos, flashbacks da cena do crime." Já quando cometeu o crime, Thompson estava sofrendo de transtorno de conduta e o que ela chamou de "transtorno acadêmico", no qual crianças têm péssima leitura e mostram comportamentos desviantes como matar aulas e atormentar colegas.

Jon Venables também sofria de pesadelos e de uma severa angústia, além de ser incapaz de falar sobre a sua participação no crime. A psiquiatra que o examinou, dra. Susan Bailey, revelou que em qualquer momento que o assassinato de James era mencionado, Venables "chorava de maneira inconsolável". As avaliações médicas faziam parte dos trabalhos para o julgamento de ambos, marcado para começar em novembro. Acusados de sequestro e assassinato, os réus seriam julgados como adultos.

Na lei britânica, a idade mínima para uma pessoa ser responsabilizada criminalmente é 10 anos; os réus, no dia em que cometeram o assassinato, tinham 10 anos e 6 meses. Ainda assim, quando o julgamento teve início em 1 de novembro, o promotor Richard Henriques precisou refutar a presunção do *doli incapax*.[*] No caso de Venables e Bulger, não existia relação com eles saberem a diferença entre o certo e errado, era apenas uma questão técnica; significava que o julgamento poderia começar.

Uma questão interessante, porém, foi levantada pelo psiquiatra dr. Arnon Bentovim, um dos médicos que examinou Venables. Ele disse que apesar de o menino ter mais de 10 anos no dia do assassinato, ele era psicologicamente e emocionalmente imaturo para a idade. Levando o raciocínio adiante, Bentovim questionou como a idade poderia ser medida de forma a responsabilizar uma criança. São apenas datas de calendário ou se trata de maturidade emocional e moral? As indagações deixaram o tribunal em silêncio. De fato, questões técnicas e morais relacionadas ao julgamento das duas crianças causaram uma enxurrada de opiniões e textos gigantescos – e, muitas vezes, passionais – nos jornais ingleses. Especialistas debatiam na TV, no rádio e nas páginas dos jornais; houve muita desinformação e informação ao mesmo tempo. Venables e Thompson dividiram a sociedade britânica.

---

[*] A presunção do *doli incapax* foi abolida no Reino Unido em 1998. Antes dessa data, crianças entre 10 e 14 anos eram presumidas incapazes de cometer crimes a menos que fosse provado que elas sabiam que o que estavam fazendo era seriamente errado. A abolição ocorreu como parte das reformas introduzidas pelo Crime and Disorder Act de 1998. Esta era uma salvaguarda da era vitoriana para prevenir a acusação e execução das chamadas crianças selvagens, aquelas que viveram em completo isolamento da humanidade, não socializadas.

O julgamento durou 24 dias e teve o testemunho de familiares dos acusados, médicos legistas, peritos, investigadores de polícia, testemunhas que viram James em companhia dos réus etc. As várias horas de gravações do interrogatório policial com Venables e Thompson foram reproduzidas. Em um dos momentos da gravação, Thompson perguntou ao policial: "Por que eu não posso ir para casa com minha mãe? [...] Eu não quero dormir aqui de novo". Venables não demorou muito para admitir sua culpa. Consolado todo o tempo por sua mãe, que pedia para ele dizer a verdade, Venables confessou: "Eu matei ele. E a mãe dele? Você vai dizer para ela que eu sinto muito?".

O promotor mostrou que em apenas dois dias de interrogatório, Thompson mudou de versão cinco vezes. No início, ele negou qualquer envolvimento no sequestro de James Bulger. Quando policiais mostraram imagens das câmeras de segurança e afirmaram que a jaqueta usada pelo menino da imagem era semelhante à dele, Thompson disse: "Muitas jaquetas vendidas são parecidas com a minha. Pode ter sido outra pessoa, porque todo mundo na nossa escola tem vários casacos iguais. Até mesmo as meninas vestem roupas parecidas com as de Jon". O policial, então, o advertiu que peritos estavam trabalhando no melhoramento das imagens e que, em breve, saberiam se eram eles ou não. Ao escutar isso, Thompson ficou mudo por alguns minutos e então desatou a chorar: "Eu não sei, ele... ele pegou o bebê, então ele apenas começou a andar pelo Strand, então nós andamos até a igreja e o deixamos ir. Eu vou receber toda a culpa pelo assassinato dele, mas nós o deixamos na igreja. Eu disse a Jon para levá-lo de volta e ele disse não".

Em outra parte da gravação, foi perguntado a Thompson se James podia falar, e ele respondeu que sim. "O que ele disse a Bulger?", perguntou o policial. "Jon perguntou 'qual o seu nome e onde você vive?'", respondeu Thompson. "O que ele respondeu?", questionou o policial de novo. "Ele chamou a mãe e começou a chorar", confessou Thompson. Nesse momento, ele começou a imitar o choro de Bulger, fazendo gemidos com a boca, o que impressionou os policiais. Nas duas primeiras horas de gravação, Thompson gargalhou apenas uma vez, que foi quando o policial perguntou qual era o seu hobby: "Fugir da escola!", respondeu o menino. Ele revelou ainda que tentou ver se James continuava respirando e, claro, queria protegê-lo de ser "partido ao meio" por um trem, já que seu demoníaco amigo Venables havia jogado Bulger nos trilhos. "Ele não é tão pesado, é?", perguntou Phil Roberts. "Não, mas eu não queria ficar cheio de sangue. Eu não gosto de sangue", respondeu Thompson. "Por que você o deixou na linha do trem?", perguntou Phil. "Por causa das manchas de sangue, né? E aí minha mãe teria que gastar dinheiro... para a lavanderia... e então eu o deixei lá."

Thompson também descreveu como colocou o ouvido na barriga de James. Como não respirava, Thompson afirmou que Venables colocou pedras em cima do rosto da vítima para "parar o escorrimento". Ao final do oitavo interrogatório, Thompson continuava com a história de que Venables havia feito tudo de ruim contra Bulger, incluindo todas as torturas e espancamentos. Ao ser perguntado sobre a razão de Venables fazer tudo isso, Thompson respondeu: "Isso é o que eu não sei".

"Está me dizendo que tudo o que foi feito com esse garotinho foi Venables quem fez?", perguntou um policial. "Jon fez. Você até pode perguntar pra ele. Por que eu iria querer machucar um garotinho?", respondeu Thompson. O acusado continuou afirmando que Venables tinha um "sorriso" em seu rosto quando os dois foram embora e até desafiou o policial a investigar qual dos dois era o mais terrível: "Você pode perguntar para nossa professora quem é o pior, eu ou Jon, e ela vai te dizer que é o Jon". A última gravação do interrogatório com Robert Thompson continuou com ele imitando os barulhos dos golpes que Venables supostamente aplicou com a barra de ferro na cabeça de Bulger. O promotor Richard Henriques revelou, nesse momento, como Thompson havia imitado a vítima caindo após receber a primeira tijolada, enquanto James tentava se levantar. Nas palavras de Thompson, ele "escorria sangue. Jon apenas ia e pow!". Após a sinistra encenação, os policiais o informaram que o sangue de Bulger foi encontrado em seu sapato e ele respondeu que até poderia ter dado um chutezinho no menino enquanto caminhava.

Mas a marca no rosto de Bulger indica que não havia sido apenas um chutezinho, retrucaram os policiais, e cientistas estavam fazendo testes no sangue dele para ver se combinava com o sangue encontrado no sapato de Robert. "Como você sabe como é o sangue do James?", indagou Thompson. "Nós temos o corpo dele", respondeu um policial. "Onde? Eu fiquei sabendo que ele foi partido ao meio", disse Thompson. Nos momentos finais da gravação, o menino se mostra frustrado que a história de Venables estava sendo mais aceita do que a dele. "É isto o que você está tentando dizer, que eu sou mentiroso? E que Jon blasfemando sobre a Bíblia Sagrada está dizendo a verdade?"

No momento em que as fitas das entrevistas com Jon Venables foram reproduzidas, o júri escutou choros histéricos e gritos de desespero: o menino enfim percebeu que poderia ser preso. As gravações mostraram que, no início, Venables negou sequer ter visto Bulger no shopping, mas depois admitiu que andou pelo local com ele após encontrá-lo perdido. O encontro com o pequeno Bulger não teria passado disso, pois logo Venables o devolveu a sua mãe. O interrogador, Mark Dale, então disse a ele que Thompson havia confessado que ambos saíram do shopping com o menino. Nesse momento, Venables caiu no choro. "Oh! Você vai me colocar na cadeia. Por *nada*, mãe. Eu não machucaria um bebê", ele disse aos berros. O interrogatório foi então suspenso devido ao estado de Venables.

Ao ser reiniciado, o interrogatório revelou que Thompson havia admitido que eles sequestraram James. Irado, Venables vociferou: "Mentiroso!". Enquanto sua mãe tentava confortá-lo, Venables continuou: "Eu nunca peguei ele pela mão. Eu nunca toquei naquele bebê... Robert está me colocando em problemas!". Mas, claro, não era isso que as câmeras de segurança mostravam. Enquanto Robert caminhava na frente, era Jon Venables quem segurava a mãozinha de Bulger, o guiando para fora do shopping. Venables continuou mentindo, e toda vez que era informado sobre Thompson ter confessado alguma coisa, caía no choro e entrava em desespero.

No dia 20 de fevereiro, ao final da quinta fita de gravação, a mãe de Venables perdeu a paciência e disse duras palavras para o filho. Ela já estava cansada das suas mentiras, então pediu que ele falasse logo a verdade, senão a coisa iria ficar feia. Acuado, Venables caiu em uma nova crise de choro histérico e a sessão precisou ser suspensa outra vez. Quando ele se recompôs e todos se acalmaram, Susan e Neil abraçaram o filho, dizendo o quanto lhe amavam, e que não importava se tinha feito algo, ele continuaria sendo amado e seria sempre o filho deles. Em lágrimas, Venables confessou: "Eu matei ele. E a mãe dele? Vocês vão dizer a ela que eu sinto muito?".

Nas entrevistas posteriores, Venables revelou que Thompson foi o cérebro por trás do assassinato. Ele afirmou que Thompson jogou tinta no rosto de Bulger, o apedrejou com pedaços de tijolos e o matou com pancadas, utilizando uma barra de ferro. O único envolvimento de Venables teria sido algumas pedras pequenas, e ele apenas fez isso por influência de Thompson.

"Todas essas coisas que foram feitas a James foram feitas por Thompson?", perguntou um policial. Ao que Venables respondeu: "Eu fiz algumas". O policial perguntou então o que ele fez, e ele continuou: "Só joguei dois tijolos nele, foi tudo o que fiz. Apenas pedrinhas pequenas, foi tudo".

Posteriormente, ele admitiu ter chutado James no rosto e, também, que a criança implorou para Venables não a machucar. "Ele não tinha medo de mim porque eu não bati nele tanto quanto Robert." Em certo momento, Thompson teria perguntado a James se sua cabeça estava doendo. A criança respondeu que sim, então Thompson teria dito: "Nós vamos meter um gesso nisso", então "ele pegou esse tijolo e deixou cair no rosto dele". Como James continuava a se levantar, Venables pensou que "ele devia ter ficado no chão [...] Eu realmente não queria matar ele. Eu não queria machucá-lo. Eu pensei que Robert estava brincando ou algo assim, porque ele estava gargalhando. Ele ria alto".

Após dias e mais dias de puro horror, o promotor Richard Henriques finalizou a sua parte alegando que tudo não passou de um "empreendimento conjunto". A angústia e o desespero dos meninos mostradas nas fitas era uma prova de que eles entendiam moralmente o ato que haviam cometido. Antes de James, eles tentaram sequestrar outras duas crianças, ou seja: naquele dia, era a missão deles raptar alguém inofensivo para matar. A vítima foi levada até um lugar onde a dupla costumava brincar e onde Thompson construiu uma toca.

Thompson, alegou o promotor, mentiu do início ao fim, muitas vezes de forma sofisticada. Quando percebeu que não tinha saída, colocou toda a culpa em Venables, mas a evidência científica que combinava o hematoma no rosto de James com o seu sapato era uma prova de que ele teve participação ativa. Já Venables era o mais verdadeiro dos dois, apesar de ter mentido com frequência. Seu testemunho inicial no interrogatório foi totalmente fabricado, mas no final acabou admitindo a culpa. Entretanto, ele minimizou o seu envolvimento e maximizou o de Thompson. "Eles mentiram porque tinham medo da verdade. Essas mentiras são as evidências da culpa de ambos", disse Henriques. Sobre as 38 pessoas que viram os meninos em sua jornada, o promotor comentou que "cada uma dessas testemunhas irá se perguntar centenas de vezes por que não interveio. Eu desejo que elas encontrem algum conforto. Elas fizeram a suposição razoável de que aquilo era uma família. Ninguém associa assassinato com crianças de 10 anos".

Em um espelho do que foi o interrogatório dos acusados, as falas finais dos advogados de defesa dos réus foi, em resumo, um tentando jogar a culpa no cliente do outro. David Turner, advogado de Thompson, não mediu palavras para descrever que o seu cliente foi apenas um coadjuvante no assassinato. "Thompson não causou a morte de Bulger", disse o advogado Turner. Ele alegou que foi Venables quem iniciou o ataque e que até confessara sua culpa para a polícia. Para o advogado de Thompson, estava mais do que claro que Venables foi o mestre por trás do crime, já que foi ele quem sequestrou e guiou James Bulger para fora do shopping. "Não pode haver dúvidas de que quem estava no controle era Venables", disse ele.

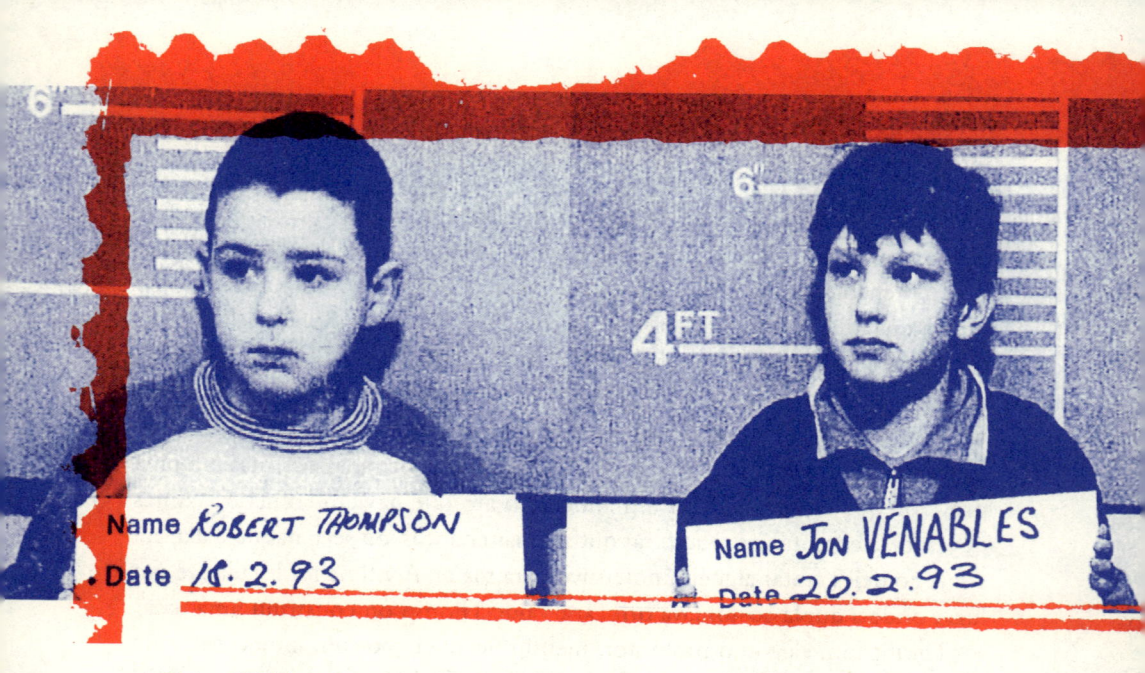

Brian Walsh, advogado de Venables, admitiu que seu cliente teve parte no ataque, mas que sua intenção era apenas machucar James um pouco, jogando pequenas pedras. "A evidência mostra que alguém que não foi Jon infligiu os maiores ferimentos", afirmou ele. Walsh criticou o advogado de Thompson dizendo que, assim como seu cliente, ele fazia um grande "esforço para jogar a culpa de todos os acontecimentos em Venables". O advogado classificou Robert como uma criança sem princípios e indiferente. Seu cliente, por outro lado, mostrou um remorso genuíno pela morte de James Bulger, enquanto Thompson não mostrou absolutamente nada. Venables mentiu, é verdade, mas acabou contando a verdade, enquanto Thompson apenas construiu uma "campanha consistente" de mentiras, "o tipo de pessoa que apenas iria admitir alguma coisa se o pegasse no ato".

Walsh continuou dizendo que seu cliente era um menino assustado em meio a tubarões, atormentado pelo que havia presenciado. Segundo o advogado, as fitas mostravam um menino triste e infeliz, e não o líder de um homicídio tão brutal. Após ser consolado pela mãe, Venables por fim confessou e, desde então, é incapaz de falar do incidente. "Os eventos daquela tarde irão viver com ele e assombrá-lo pelo resto da vida." No final, a verdade era que Venables estava envolvido no ataque, mas sua única intenção era machucar James. Se fosse condenado, não poderia ser por homicídio doloso, mas, sim, homicídio culposo. A única coisa em que os advogados concordavam era no ponto em que os dois garotos não foram até o shopping com objetivo de sequestrar uma criança para matar, argumento que era defendido pela promotoria.

Em 24 de novembro de 1993, Jon Venables e Robert Thompson se tornaram dois dos mais jovens réus da história britânica a serem condenados por homicídio, sendo sentenciados a encarceramento – no início, em centros de detenção infantil – por tempo indeterminado. Em sua fala, o juiz chamou o crime de um ato maligno e de "maldade e barbaridade sem precedentes [...] Não cabe a mim fazer julgamentos de suas criações, mas eu suspeito que a exposição a vídeos de filmes violentos pode ser, em parte, uma explicação".

O juiz se referia ao filme *Brinquedo Assassino 3*, cuja fita VHS foi encontrada na casa dos Venables. O pai de Jon Venables gostava de terror e era seu costume alugar filmes em locadoras de vídeo. Entretanto, nunca ficou provado que o filho sequer passou perto da fita de vídeo, menos ainda ter assistido ao filme – mesmo que, em uma das cenas, o boneco Chucky jogue tinta azul em uma de suas vítimas e, na cena final, ele morra ao cair em um ventilador gigante, tendo o seu corpo partido em pedaços. A fala do juiz foi criticada pelo investigador-chefe Albert Kirby, que em entrevistas disse não ter encontrado qualquer tipo de evidência que ligasse a violência praticada pelos meninos a influência de algum filme.

Enquanto eram retirados do tribunal, um parente de James Bulger gritou: "Como vocês se sentem agora, seus pequenos desgraçados?". Venables chorou inconsolavelmente e, entre lágrimas e soluços, disse a um de seus advogados: "Você poderia dizer a eles que eu sinto muito?". Por outro lado, Thompson era o retrato da frieza. Anos mais tarde, Laurence Lee, um dos advogados de Thompson, diria que ele era como o "Flautista de Hamelin [...] Thompson foi a criança mais assustadora que eu já vi, com esses olhos frios e duros. Era absolutamente aterrador quando ele te encarava". Thompson mexeu tanto com seus advogados que, durante um intervalo em seu julgamento, um membro da sua própria equipe jurídica perdeu o controle, o empurrou contra parede e gritou: "Por que você nunca chora, seu filho da puta?".

Por anos, Robert Thompson se negou a aceitar qualquer responsabilidade pela morte de Bulger. Em 1999, porém, jornais ingleses divulgaram que ele reconheceu ter participado ativamente do crime e que, por isso, carregava um extremo sentimento de culpa.

Ele evoluiu muito bem na Barton Moss Secure Care Centre, em Manchester. Antes um aluno medíocre na escola primária Barton Moss, Thompson completou os estudos com direito a notas máximas em design e tecnologia.

Ele mostrou aptidão para artes, em especial design têxtil. Desenhou e fez um vestido de noiva e, ainda, uma de suas tapeçarias enfeitava o corredor da Barton Moss.

Emocionalmente imaturo, Jon Venables teve mais dificuldades na Red Bank Secure Unit, em Newton-le-Willows — a mesma instituição de detenção para qual Mary Bell foi inicialmente enviada em 1968. Venables desenvolveu compulsão alimentar e engordou bastante, mas seu progresso escolar foi bom, e, assim como Thompson, progrediu no entendimento do que havia feito. Relatórios psicológicos publicados em 1995 diziam que Venables havia passado por uma sucessão de estados mentais que iriam permanecer com ele para sempre: negação, tristeza, confissão e remorso.

Após uma série de apelos de seus advogados, em junho de 2001, as autoridades britânicas, citando que ambos não eram mais uma ameaça à sociedade, autorizaram a soltura dos dois sob uma série de condições, que incluía não ter contato um com o outro ou com a família de Bulger, não frequentar a região do crime, dentre outras medidas. A liberdade de Thompson e Venables, então com quase 18 anos, colocou à prova o sistema de reabilitação juvenil britânico: se os dois não causassem problemas e evoluíssem na vida, significaria que a sociedade poderia confiar nas autoridades e no sistema. Do contrário, eles estariam em sérios apuros.

Com novas identidades, Robert Thompson e Jon Venables tomaram caminhos diferentes. Thompson apenas sumiu, indicando que vive uma vida dentro da lei. Jon Venables não encontrou o próprio caminho; ele se tornou viciado em álcool, drogas, videogames e internet. Em março de 2010, aos 27 anos, Venables voltou para a prisão acusado de "crimes de pornografia infantil". Três meses depois, foi acusado de possuir e distribuir 57 imagens indecentes de crianças através de uma rede ponto a ponto.* As imagens mostravam crianças de até 2 anos de idade sendo estupradas. Venables se declarou culpado das acusações e foi sentenciado a dois anos de prisão. Foi solto em setembro de 2013, mas quatro anos depois voltou a ser preso. Dessa vez, autoridades encontraram mais de mil imagens de pornografia infantil em seu computador. Venables assumiu a culpa mais uma vez e recebeu uma sentença de três anos e quatro meses.

---

* Arquitetura de rede de computadores que se tornou muita famosa na década de 2000 através de softwares como Kazaa, eMule e Morpheus. Ainda hoje é muito utilizada para download de *torrents*.

Security camera shows youth taking hand of James Bulger, 2, at Strand shopping center near Liverpool.

Embora o tempo seja implacável no sepultamento de histórias, acredito que esta irá ressoar, sendo revisitada por especialistas, escritores ou cineastas do futuro. A dupla inglesa irá permanecer no consciente e inconsciente popular, porque eles nos forçam a tentar entender as razões que motivaram um crime tão horrendo. Infelizmente, mesmo 30 anos depois do assassinato de James Bulger, ainda não há resposta para esse questionamento. E, provavelmente, nunca existirá.

Jesse Pomeroy

JESSE
POMEROY

03 MENINO DEMÔNIO

ESTADOS UNIDOS | 14 ANOS

Podemos dizer que o conhecimento moderno sobre assassinos em série teve início com uma sequência de crimes horrendos que até hoje povoam o imaginário popular: o estripamento de prostitutas no final do século XIX por Jack, o Estripador. Sabemos que essa não foi a primeira vez que primitivas técnicas da ciência forense foram usadas na tentativa de pegar um assassino, mas com a mídia sensacionalista já estabelecida e um novo século chegando, os crimes de Jack com certeza foram um divisor de águas entre o antigo e o novo.

Mas, catorze anos antes de Jack, do outro lado do oceano, havia um assassino muito semelhante a ele. Ambos eram incorrigíveis, gostavam de cortar pessoas com uma faca e tiveram suas histórias amplamente divulgadas, sobretudo pela selvageria dos crimes. Podemos dizer que os dois foram os primeiros assassinos em série do mundo a ganhar destaque na imprensa de massa do século XIX, o que contribuiu para que suas crônicas de vida chegassem aos séculos XX e XXI como atrações de filmes e séries.

> "Realmente acredita que eu matei aquelas crianças porque minha mãe nunca beijou minha cara feia? Você precisa saber por que cortei elas?"
>
> *Jesse Pomeroy em* O Alienista *(Netflix, 2018)*

Antes de Jack, o mundo conheceu "O Menino Demônio de Boston", "O Menino Torturador", "O Demônio", "O Diabo Vermelho". Uma criança com apelidos desse porte não deve ter sido muito obediente. E o mais curioso é que alguns desses apelidos foram usados antes mesmo de ele começar a matar.

"Onde está Katie Curran?", perguntaram jornais de Boston, em abril de 1874. Um mês antes, uma menina chamada Katie Marie Curran, de 10 anos, desaparecera de sua casa, na 377 Second Street, por volta das 8h. As autoridades se mobilizaram para tentar encontrá-la, e, além disso, uma recompensa de 5 mil dólares foi oferecida pelo prefeito da cidade por qualquer informação que pudesse ajudar desvendar o mistério — mas a melhor pista sobre o que poderia ter acontecido com Katie viria no final do mês, sem o pagamento da recompensa.

Em 22 de abril, Horace Millen, de 4 anos, desapareceu em algum ponto da avenida Dorchester. Seu corpo foi encontrado horas depois em um pântano na Baía de Dorchester. A criança havia sido brutalmente assassinada, várias facadas mutilaram seu corpo inteiro. Como é padrão nesse tipo de caso, a polícia inicialmente procurou por algum marginal ou delinquente conhecido na região e, nesse sentido, quase que de imediato eles lembraram do "Menino Torturador", Jesse Pomeroy, de 14 anos.

Pomeroy já era uma figura famosa em Boston por ter, anos antes, aterrorizado crianças com ataques sádicos e violentos. Nascido no bairro de Charlestown, ele era muito robusto e aparentava ser bem mais velho. Segundo descrições da época, sua cabeça "era larga o suficiente para dois meninos da sua idade". Outro detalhe que chamava atenção era seu olho direito, que era quase branco devido a uma catarata desenvolvida por um abscesso durante sua infância.

Quanto tinha cerca de 12 anos, Pomeroy atacou várias crianças em Charlestown e Chelsea, cidade conurbada a Boston, usando de extrema crueldade para feri-las com golpes de facas e outros objetos cortantes. Ele gostava de torturar as crianças e, apesar de em alguns casos mutilar suas vítimas de maneira horrível, nenhuma chegou a vir a óbito. Pomeroy as cortava de todas as maneiras possíveis e muitas vítimas ficaram com cicatrizes no rosto.

Quando uma criança chamada John Balch foi encontrada amarrada em uma viga dentro de um galpão, despida e sangrando, cidadãos se organizaram em um grupo de vigilantes a fim de tentar capturar o menino que estava atacando as crianças da região. Eles contaram pelo menos 30 vítimas e a Câmara Municipal de Chelsea se juntou à caçada, oferecendo uma recompensa de 500 dólares por informações que levassem ao pequeno maníaco. A busca provou-se infrutífera, já que a família de Pomeroy havia se mudado para a parte sul de Boston. Mas não demorou para que mais crianças fossem atacadas nessa parte da cidade também. Com o cerco se fechando, Pomeroy se entregou à polícia e foi enviado para um reformatório.

> "Alguns meses atrás, um menino grande atraiu um bem menor até uma velha casa nos fundos da Colina do Chifre de Pólvora, onde o despiu, o amarrou e o espancou de maneira cruel, sem qualquer provocação ou motivo aparente. Esse bruto diabólico reapareceu, pois dificilmente seria possível que o vilão tivesse um imitador." *(Chelsea Pioneer and Talegraph*, 22 de fevereiro de 1872)

Agora a polícia tinha uma criança desaparecida e outra morta com o corpo mutilado, e o menino Pomeroy estava de volta às ruas após ser libertado do reformatório meses antes. Ele era mais do que suspeito.

Assim, sem qualquer evidência que o ligasse ao assassinato que não fosse seu péssimo histórico, Pomeroy foi levado até a 6ª Delegacia de Polícia para averiguação. O menino hesitou ao entrar no local e perguntou a razão de ser levado para aquele lugar. O detetive que o acompanhava, chamado Wood, respondeu: "Eu quero que você olhe para Horace Millen no caixão e veja se o conhece". Pomeroy respondeu: "Mas eu não quero olhar para ele e não vou". "Ah, mas você vai sim", disse o detetive, gentilmente segurando o braço do rapaz e puxando-o até o caixão.

Ao chegarem lá, Wood perguntou: "Você o conhece?".

"Sim, sim, eu sei quem ele é", respondeu Pomeroy.

"Agora, Pomeroy, eu quero que seja bem sincero: você matou Horace?"

Após cerca de um minuto em silêncio, Pomeroy disse: "Sim, eu acho que matei".

"Por que você o matou?"

"Ah, eu não sei. Mas eu sinto muito."

Pomeroy confessou que, na manhã de 22 de abril, acordou cedo para ir até a loja de costuras da mãe, localizada na 319 E Street, e depois saiu para a rua, retornando para casa por volta das 9h. Às 11h30, Pomeroy disse para a mãe que ia até a cidade, entretanto, ele caminhou até a avenida Dorchester com a 8th Street, onde viu o pequeno Horace Millen. Ao ver o menino, Pomeroy foi possuído por um louco desejo de torturá-lo e o atraiu, perguntando se ele queria ver um navio a vapor passar na baía. Millen disse que sim e ambos caminharam em direção aos arbustos pantanosos da Baía de Dorchester. Quando chegaram até um local longe da vista de todos, Pomeroy pediu para Millen se deitar no chão, e o menino, completamente alheio às intenções horrorosas do outro, obedeceu.

"POR QUE VOCÊ O MATOU?" "AH, EU NÃO SEI."

Tão logo a vítima se colocou na posição de abate, Pomeroy pulou sobre a sua barriga, tapando a sua boca com a mão esquerda e empunhando um canivete com a direita. Ele tentou cortar a garganta de Millen, mas como o menino lutava desesperadamente, Pomeroy começou a esfaqueá-lo no abdômen e peito, tal qual um açougueiro ensandecido. Quando o frenesi assassino parou, Millen estava completamente mutilado. Pomeroy não deu um motivo para o crime, apenas disse: "Eu não sei. Eu não podia evitar. Está aqui", e apontou para a própria cabeça. Pomeroy afirmou que não tinha a intenção de matar o menino, mas o pensamento surgiu na sua cabeça no instante em que subjugou a vítima.

Quando Pomeroy foi desmascarado como o assassino de Horace Millen, foi quase que automático o pensamento de que ele poderia estar envolvido no desaparecimento de Katie Curran. Ele negou qualquer envolvimento com o caso, mas a polícia não acreditou e empreendeu um grande esforço para conectá-lo ao desaparecimento. Alguns poços e fossos nas regiões em que Pomeroy morava foram cuidadosamente examinados, sem que nada fosse encontrado. Os investigadores também passaram muito tempo realizando buscas na casa da família Pomeroy, assim como nos dois endereços em que a mãe do garoto, Ruth Pomeroy, possuía lojas de costura. Uma dessas lojas, na 327 Broadway, se tivesse sido melhor periciada, teria fornecido aos investigadores o que procuravam.

Em 18 de julho, três meses depois do desaparecimento de Katie, o novo dono do estabelecimento, James Nash, começou a reformar o porão para transformá-lo em um depósito para a mercearia que planejava abrir em breve. Como parte inicial do projeto, o porão precisava de uma limpeza para retirar entulho, lixo e sujeira pesada. Enquanto o trabalho estava sendo feito, um dos trabalhadores, chamado McGuinnes, removeu uma grande pedra que estava sob uma pilha de cinzas, atrás de uma privada. Naquele momento, McGuinnes arregalou os olhos ao notar o que parecia ser uma forma humana sem carne — apenas ossos sujos vestidos com roupas esfarrapadas e apodrecidas. Ao remover uma boa quantidade de cinzas, um crânio humano rolou até os pés do homem. Ele não precisava ver mais nada. Simplesmente saiu daquele lugar gritando em desespero.

As cinzas, que na primeira visita ao local a polícia acreditou pertencerem a qualquer outra coisa, provaram ser o que restou de Katie Curran. O corpo foi quase inteiramente decomposto, restando apenas os ossos e, também, um pouco de pele e carne no abdômen inferior e na parte superior da coxa. Já o vestido, as roupas íntimas e um cachecol que não foram totalmente queimados puderam ser recuperados, e um policial convocou os Curran para o reconhecimento das peças. "Foi mostrado o vestido e o cachecol à sra. Curran, [ela] no mesmo instante reconheceu-os como sendo os que sua filha usava. Ela estava desesperada de tristeza e desejou levar os restos para casa, o que, claro, não foi permitido a ela fazer." Se antes a polícia suspeitava de Jesse Pomeroy, agora era só questão de tempo para ligá-lo ao assassinato de Katie.

Se existe uma coisa que afeta a maioria das pessoas, criminosas ou não, é envolver ou prejudicar seus familiares; é sempre um golpe baixo. Pode não ter sido uma estratégia da polícia de Boston, mas o fato é que Ruth, a mãe, e Charles, o irmão mais velho de Pomeroy, foram presos. Jesse, claro, era o principal suspeito e todos sabiam que havia sido ele, mas é no mínimo estranho que um corpo permaneça três meses dentro de um estabelecimento sem que ninguém perceba. Ruth, Jesse e Charles trabalhavam na loja de costura. Os meninos costumavam abri-la de manhã e, apesar de Charles passar o dia vendendo jornais, ele sempre a frequentava para ajudar a mãe. A polícia tinha que fazer o seu trabalho e passar a história a limpo. E se algum deles tivesse acobertado Jesse?

> "No presente, claro, não existe prova conclusiva que mostre que Jesse tenha alguma coisa a ver com este assassinato, mas sem dúvida as circunstâncias apontam fortemente para ele como o perpetuador desse terrível crime. A seguir, os principais fatos que sustentam a suspeita: a personalidade de Pomeroy e seus atos prévios de crueldade; a aparente ausência de motivo, como os que acompanham grandes crimes, e a ausência de estímulos em todos os crimes que o menino cometeu; suas repetidas perguntas sobre quem irá receber a recompensa pela descoberta da menina Curran, e o fato de que os restos mortais foram encontrados na casa em que sua mãe e ele ocupavam. Existem várias histórias também, mais ou menos confiáveis, que parecem indicar que Pomeroy cometeu o crime ele mesmo ou conhecia quem o fez, e estava ciente do lugar onde o corpo estava escondido." (*The Boston Globe*, 20 de julho de 1874)

O assassinato de Horace Millen, a prisão de Jesse Pomeroy e, ainda, a descoberta macabra do que restou da criancinha que todos em Boston procuravam há quatro meses despertou furor na cidade. Era o início da "lenda do crime" que viria a se tornar Jesse Harding Pomeroy. Como não poderia deixar de ser, começaram a surgir inúmeras histórias sórdidas a respeito do agora chamado "Menino Demônio" – "Menino Torturador" antes de Jesse receber uma promoção em sua alcunha – e sua família. Muitas histórias eram fantasiosas e mentirosas. O sentimento de repulsa que o público nutria pela família Pomeroy, entretanto, era bem real. E não foi apenas a família do menino assassino que ficou na mira.

Até mesmo o delegado da 6ª Delegacia de Polícia, responsável pelo caso, capitão Dyer, sentiu a ira da população. Ele foi acusado de uma certa *complacência*, digamos assim, com Pomeroy – isso porque ele supostamente estava muito envolvido com a mãe do menino. Além disso, sua relação com a família Pomeroy não era recente, e Dyer teria sido um dos principais agentes responsáveis pelo pedido de libertação de Jesse do reformatório. A terceira acusação imputada era sobre sua ausência em um momento de grande perigo para a cidade, durante uma agitação popular. Sua posição ficou insustentável.

Durante uma reunião convocada pelo prefeito Samuel C. Cobb, Dyer negou as acusações sobre sua proximidade com a família Pomeroy. Ele sustentou que só manteve os olhos atentos ao garoto após ele ser libertado para acompanhar sua conduta. Como Pomeroy mostrou bom comportamento, a vigília foi retirada. Quanto à falha da polícia em ter encontrado o corpo de Curran, Dyer afirmou que escolheu seus melhores homens para examinar a residência e as lojas da família e, também, confiou nos relatórios dos policiais, que afirmavam que nenhuma prova havia sido encontrada no local. Sobre atuar em prol da libertação do menino, Dyer disse que, sendo um membro do Conselho de Misericórdia do Estado, acreditou que Jesse estava mesmo recuperado e que, por isso, podia voltar a viver em sociedade. Durante os dois anos em que esteve preso, Pomeroy manteve uma ficha limpa e, portanto, merecia uma nova chance. Mas Dyer admitiu sua ausência do dever durante os protestos e acabou sendo retirado do cargo de delegado, substituído pelo tenente Graves, da 8ª Delegacia de Polícia.

Enquanto Dyer era destituído de seu cargo, Jesse Pomeroy, por medo da polícia acabar acusando sua mãe ou irmão, confessava ter assassinado e mutilado Katie Curran com um canivete. Em 29 de julho de 1874, ele foi acusado formalmente do assassinato da menina. Mais de quatro meses depois, durante o julgamento, muitos em Boston descobririam os horrores perpetuados pelo menino Jesse Pomeroy, atrocidades que fariam seu nome permanecer nos jornais durante os sessenta anos seguintes.

O julgamento de Jesse Pomeroy pelo assassinato de Horace Millen começou em 8 de dezembro. Testemunhas oculares afirmaram ter visto Pomeroy levando o menino em direção aos arbustos da Baía de Dorchester. Uma delas, um adolescente de 15 anos chamado Robert C. Benson, reconheceu-o devido ao olho branco.

A defesa não questionou a culpa de Jesse e afirmou que ele não podia ser responsabilizado pelo crime por conta de sua idade. Até os 7 anos, disse o advogado, a lei considerava a criança incapaz de cometer qualquer crime. Como não havia uma conclusão definitiva dos 7 aos 14 anos, Pomeroy estaria resguardado.

Após abordar questões técnicas da lei, a defesa elaborou como Pomeroy, desde muito cedo, mostrou tendências sanguinárias e cruéis. Aos 5 anos, ele foi pego em flagrante torturando um gato, esfaqueando-o e cortando-o até a morte. Na escola, apesar de às vezes ser muito estudioso, era "intratável" e viciado em cometer atos que não podia explicar. Ele atormentava colegas de sala e, quando repreendido pelo professor, apenas respondia que "não podia evitar". Em dezembro de 1871, aos 12 anos, Pomeroy começou a atormentar crianças pequenas que encontrava pelas ruas. Ele as torturava com pregos, alfinetes e facas. Por não receber qualquer punição por isso, Pomeroy começou a ficar cada vez mais violento, como um assassino em série que descobre o gosto do sangue e não consegue parar, evoluindo em seus métodos e formas de tortura a cada vítima. Mesmo com a família se mudando para outra parte da cidade, em fevereiro de 1872, Jesse continuou com as agressões até enfim se entregar. Ele passou dois anos em um reformatório e foi liberado em fevereiro de 1874. Um mês depois, atraiu Katie Curran até a loja de costura de sua mãe e a matou de forma sádica. A saciedade durou um mês e, ansiando mais uma vez aliviar sua mente doentia, Pomeroy atacou de novo, dessa vez ceifando a vida de um menino de apenas 4 anos.

Segundo o advogado, tendo em vista esse horrendo histórico, a explicação para os atos de Jesse Pomeroy não tinha segredo: ele era uma pessoa insana. O advogado, em seguida, forneceu uma definição sobre insanidade, alertando o júri de que uma pessoa nessa condição é incapaz de "governar suas próprias propensões".

Chamada para testemunhar a favor do filho, Ruth Ann Pomeroy revelou que, quando era bem pequeno, ele ficou tão doente que quase foi reduzido a um esqueleto. Em abril de 1871, quando tinha 11 anos, Pomeroy teria ficado doente de novo, permanecendo por dois ou três dias "louco da cabeça". A mãe ainda revelou que o filho sofria de fortes dores de cabeça, dores nos olhos, tonturas e tinha sonhos estranhos que o assombravam no dia seguinte. Sobre a escola, disse que às vezes ele tinha mesmo alguns problemas. Um dia, o professor o mandou de volta para a casa após Pomeroy passar a manhã atormentando crianças menores, espreitando-as e fazendo caretas assustadoras. Em outro episódio, Ruth foi chamada até a escola após o filho soltar um fogo de artifício na direção de um grupo de meninos. Havia ainda outras acusações contra ele, mas Ruth afirmou que eram mentirosas. Ela disse que, devido à sua aparência, o filho sempre foi um alvo fácil. De qualquer forma, a mulher reconheceu também que Jesse a roubava e, além disso tudo, havia aquela questão com os animais.

Outra testemunha, Harriet Brown, ex-vizinha da família Pomeroy em Charlestown, disse que quase sempre Pomeroy parava de brincar com seus amiguinhos reclamando de fortes dores de cabeça. Quando isso acontecia, ele sentava-se sozinho na calçada e ficava lá resmungando. Em outra ocasião, ela o pegou dentro de um porão com uma vara na mão, mas Jesse saiu correndo assim que percebeu que ela estava lá. Outras testemunhas também confirmaram as dores de cabeça, o gosto do menino por ficar sozinho, além de suas explosões de raiva a crueldade contra animais – alguém até mesmo afirmou que, quando Pomeroy tinha uns 3 anos de idade, flagrou-o com um filhote de gato morto nas mãos, esfaqueado e degolado.

Para a promotoria, Jesse Pomeroy só poderia ser um dos filhos do demônio encarnado na Terra, uma semente do mal que não tinha nada de bom, mas com inteligência o bastante para obter uma ficha limpa no reformatório, a fim de conseguir uma chance de escapar e, assim, continuar com o que gostava de fazer: torturar e matar.

O menino sempre demonstrou seu grotesco paladar por tudo que envolvia sangue. Certa vez, uma professora no reformatório viu uma cobra nas instalações e pediu a ajuda dos internos para encontrá-la. Pomeroy tomou a dianteira, já que faria o serviço com muito bom gosto. Ao avistar a cobra, Jesse se esgueirou no chão e matou o animal "de uma maneira assustadora, demonstrando um estranho desejo de derramar sangue".

Várias das vítimas de Pomeroy testemunharam a favor da promotoria. A primeira delas, Tracy B. Hayden, um menino de 10 anos, revelou que em fevereiro de 1872 foi atraído por Pomeroy até um galpão e lá foi despido e açoitado. O menino teve o nariz quebrado, o lábio superior partido ao meio e dois dentes da frente arrancados. "Ele me despiu e colocou um lenço na minha boca. Então, amarrou meus pés e mãos e me prendeu em uma viga. Ele me bateu com um bastão muito duro e disse: 'Eu vou cortar fora o seu pinto'", disse Hayden. Após aliviar seu desejo, e como se nada tivesse acontecido, Pomeroy vestiu o menino e o levou de volta até sua casa.

John Balch, também de 10 anos, teve quase a mesma experiência. O menino disse que Pomeroy o abordou na rua oferecendo 25 centavos para ir com ele até um galpão. Quando chegaram lá, Pomeroy o trancou em um armário, tirou sua roupa, puxou um pedaço de corda do bolso da calça, amarrou os pulsos de Balch, jogou a extremidade oposta da corda sobre uma viga do telhado e puxou o menino no ar. "Agora vou açoitar você!", dissera Pomeroy, extasiado. Tirando o cinto, ele passou a bater no menino em todo o corpo, começando pelas costas, depois no peito, na barriga, nas coxas e nádegas e, por último, nos genitais. De repente, Pomeroy soltou um gemido longo e trêmulo. Ele ficou parado em um canto, ofegante e cansado, como se tivesse corrido vários quilômetros. Ao se recuperar, fugiu e deixou Balch lá amarrado. "Ele é um menino mau", afirmou Balch.

Robert Maier, de 8 anos, foi atraído com a promessa de ir até o circo Barnum. Entretanto, o menino foi arrastado para uma casa bastante isolada, local onde Pomeroy o despiu e enfiou uma rolha de garrafa de leite em sua boca, amarrando-o em um poste. Rindo e pulando, ele chicoteou Maier com uma vara. Então, tirou a rolha da boca do menino e o obrigou a praguejar: "caralho", "merda", "vá pro inferno". Pomeroy pareceu ainda mais animado após ouvir os xingamentos e entrou em um estado catatônico – o corpo parecia imóvel e a respiração estava ofegante. Depois de alguns minutos, ele deu um grande gemido e se encostou na parede com os olhos bem fechados e a boca aberta. Foi o seu alívio. Bastante calmo após isso, Pomeroy libertou Robert, pediu para ele se vestir e o deixou ir embora.

"ELE É UM MENINO MAU."

Balch sobre Pomeroy

Com George E. Pratt, de 7 anos, Pomeroy introduziu uma inovação em seu repertório: agulhas. Mas antes de aplicar o seu novo método, Pomeroy disse algo que Pratt nunca entendeu: "Você contou três mentiras. E eu vou lamber você três vezes". George não dissera absolutamente nada. Ao contrário, estava mudo e tremendo de medo. Com a vítima nua e amarrada, Jesse logo tirou o cinto e passou a açoitá-la com a extremidade da fivela. Depois de um tempo, ele começou a chutar o menino com muita violência, acertando a cabeça, o estômago e as pernas. Pomeroy cravou as unhas cheias de sujeira no corpo de George, inclinou a cabeça próxima ao rosto do menino e mordeu um pedaço da carne de sua bochecha. Quando George começou a perder a consciência, Jesse o acordou com um tapa no rosto. Nesse momento, ele tinha uma agulha em sua mão. "Seu pequeno desgraçado!", dissera, antes de começar a espetar Pratt com o objeto. Ele picou o rosto, o pescoço, o braço e o peito de Pratt antes de tentar espetar o olho, mas a vítima logo fechou as pálpebras, se virando de bruços. Por alguns segundos, George Pratt acreditou que estava a salvo. Mas esse pensamento foi interrompido por uma insuportável dor vinda de sua nádega direita. Pomeroy não conseguira resistir e dera uma mordida nas nádegas da vítima.

Joseph W. Kennedy testemunhou durante quase uma hora, revelando como Pomeroy o obrigou a recitar uma paródia profana do Pai-nosso, onde as escrituras eram substituídas por obscenidades. Quando o menino se negou, teve o nariz e os dentes quebrados e, após a sessão de tortura habitual, foi arrastado até o porto, onde teve as feridas lavadas com água salgada. Enquanto o fazia, Pomeroy gargalhava com os gritos e sofrimento de Kennedy.

Já Charles A. Gould, de 7 anos, era pequeno demais e seu testemunho não estava sob juramento, mas ele contou sobre como foi esfaqueado e cortado em vários lugares diferentes acima do pescoço. Tinha 5 anos na época e seu rosto e couro cabeludo com várias cicatrizes eram o reflexo de seu encontro com o diabo. Por pouco ele não foi degolado, já que Pomeroy desistiu da ideia no último momento.

O dr. John C. Tyler iniciou os testemunhos dos médicos psiquiatras. Com mais de vinte anos de experiência no tratamento de pessoas insanas, Tyler afirmou que as violentas dores de cabeça, o desejo por sangue e outras inclinações estranhas, além da falta clara de motivos para os crimes, indicavam que eles estavam lidando com um caso de insanidade. O dr. Tyler revelou que em todas as suas conversas com Pomeroy, quando perguntado sobre seu comportamento criminoso, obtinha como resposta do menino apenas: "Eu tive que fazer". Outro fato que apontava para um transtorno era a total insensibilidade do acusado. Sua única demonstração de preocupação foi com a possibilidade de sua mãe ou seu irmão serem acusados do crime. Pomeroy contou ao médico que sentia uma pressão na cabeça, que começava na região do peito e passava para o cérebro; isso, segundo Tyler, era um forte sintoma de epilepsia.

O dr. Clement A. Walker, que há 23 anos era superintendente do Boston Lunatic Hospital [fechado desde 1987], foi o próximo a ser chamado e concordou que, quando Pomeroy matou Horace Millen, ele sofria de algum transtorno mental, e as razões para crer nisso eram o extraordinário número de crimes cometidos pelo réu, bem como a falta de um motivo. Pomeroy não demonstrou qualquer tipo de remorso. Ele não tinha sinais visíveis de "responsabilidade moral" e parecia "morto" para toda e qualquer emoção presente em pessoas sãs. O dr. Walker também acreditava que Jesse sofria de epilepsia, mas contou que um homem pode ser perfeitamente insano e, mesmo assim, saber a diferença do certo e errado, sendo compelido pela violência de sua doença mental a seguir por um mau caminho. Sua opinião final era que, no momento do assassinato, Jesse Pomeroy estava completamente fora de si devido à sua "aberração mental".

Em seguida, o dr. George T. Choate, de Nova York, acreditava que a mente de Jesse não tinha qualquer problema, embora fosse diferente de outras pessoas, com uma certa tendência para o mal e uma falta de "energia para resistir ao impulso". Sua fraqueza era mais moral do que mental e, com o passar dos anos, seria muito improvável que suas propensões assassinas diminuíssem, de forma que o menino deveria ser trancafiado por muitos e muitos anos.

Durante cerca de 2 horas, o advogado de Pomeroy, Charles Robinson, forneceu seus argumentos finais, começando por discursar sobre os principais pontos da vida do réu: sua doença, sua idiossincrasia mental, sua natureza perversa e seu amor por sangue e crueldade. Um menino normal, disse Robinson, não faria o que seu cliente fez sem motivo. Jesse deveria ser absolvido devido à sua insanidade. Não podia ser responsabilizado pelo ato homicida porque sua mente era doente. O menino não nascera um monstro, ele era como qualquer outra criança de Massachusetts – com a diferença de que possuía uma infeliz doença que o impedia de ser responsabilizado perante a lei.

Quando chegou sua vez, o promotor Charles Train afirmou que Pomeroy sempre esteve no controle da situação, sempre fora livre para decidir. Ele não era louco, pelo contrário, Pomeroy era um menino devasso que se mostrou bastante capaz de cometer atrocidades além da imaginação. Se fosse louco, daria uma desculpa mirabolante para o crime, como um louco de verdade; entretanto, quando questionado sobre o motivo de ter assassinado Horace Millen, Jesse sempre repetia: "Eu não pude evitar". Para reforçar a todos o quanto Pomeroy era mau, Charles Train "reconstituiu uma imagem explícita das tentativas de defesa dos pequenos inocentes enquanto o demônio estava dilacerando seus corpos e cortando-os com uma faca da maneira mais demoníaca possível, uma imagem muito vívida que afetou todas as pessoas no tribunal e provocou lágrimas e soluços nas damas".

Às 10h15 de 10 de dezembro de 1874, após 4 horas e 20 minutos de deliberação, o júri pronunciou o veredito: culpado de homicídio doloso, com recomendação de clemência devido a sua idade. Jesse Pomeroy foi sentenciado à pena de morte por enforcamento, sentença que foi comutada para prisão perpétua em agosto de 1876. Um mês depois, o menino foi transferido da cadeia do Condado de Suffolk para cumprir pena na prisão estadual de Charlestown.

Durante o tempo em que ficou preso, ao que parece, Jesse Pomeroy interpretou dois personagens: um que ele gostaria que a sociedade conhecesse; e o outro que parecia ser ele mesmo. Ou seja, era um homem que usava uma máscara. Pomeroy poderia ter enlouquecido, já que passou quatro décadas na solitária, mas, de forma até impressionante, se tornou obcecado por livros, lendo vorazmente tudo o que estava ao seu alcance. Por mais estranho que possa parecer, Jesse Pomeroy se tornou um homem intelectual e com capacidade de escrever sobre qualquer tipo de assunto: poesia, política, história antiga e contemporânea, e até sobre a incipiente indústria dos automóveis. Com a ajuda de simpatizantes, em 1920, ele publicou um livro de poesias e textos gerais (*Selections from the Writings of Jesse Harding Pomeroy, Life Prisoner since 1874*), e uma biografia (*Autobiography of Jesse Pomeroy*):

> Ao apresentar estas linhas da minha vida literária, meu objetivo foi informar às pessoas que tipo de homem eu posso ser. Há um grande mal-entendido a esse respeito, desde 1874, com apenas 14 anos de idade, estou em uma cela, exceto nos últimos dois anos e meio. Minha mente é minha própria criação, e eu sou grato por uma boa educação – meu próprio esforço. A experiência é única; o resultado também é único – corpo e mente saudáveis; [...]. (Jesse Pomeroy)

Ele discursa com muita propriedade sobre uma variedade de assuntos. Algumas de suas frases poderiam até mesmo ser usadas nos dias de hoje:

JESSE HARDING POMEROY
*Aqui, aos 67 anos, Pomeroy foi preso aos 17 e conhecido,
na época, como "o perpétuo mais famoso da América".*

144   *ANJOS CRUÉIS* • DANIEL CRUZ

> Nenhuma mente pode assimilar a imprensa atual sem uma seleção de acordo com o próprio gosto e inclinação mental; caso contrário, dissipar-se na leitura é tão prejudicial quanto nos dissiparmos em nossas linhas de vida. Uma leitura mal digerida, logo será esquecida; a leitura apressada desperdiça e enfraquece nossas faculdades. A variedade apimentará nossa vida mental. (Jesse Pomeroy)

Esse era o Jesse Pomeroy intelectual, um homem regenerado que se recusava a aceitar o que a falsa justiça norte-americana lhe destinara. Estudou direito e línguas, história e artes. Apesar de ter tido um julgamento "parcial", virou do avesso o que o mundo dos homens preparou para ele e colheu os frutos do sucesso, que em sua mente significava a transformação do monstrinho ensandecido infantil para o adulto curado e letrado.

Para muitos, entretanto, tudo não passava de uma capa costurada com habilidade por um indivíduo que nunca perdeu a essência de sua natureza e nunca reconheceu os próprios crimes. Ele era esperto o suficiente para entender que, se um dia quisesse ser libertado, precisaria trocar de pele.

Em um artigo publicado em 1932 no *Boston Globe*, o jornalista Louis Lyons escreveu sobre Jesse Pomeroy:

> "Não se pode confiar nele por um minuto. Ele rouba de outros presos. Um degenerado moral, um pervertido, um sadista, seus traços persistem ao longo dos anos. Até na State Farm, jovens damas precisam se manter longe dele [...] Ele nunca responde com gentileza, está sempre suspeitando de qualquer um, e nunca demonstrou qualquer interesse até mesmo em sua mãe, que se martirizou a procura de sua liberdade por quarenta anos. Ele nunca conversava com ela sobre nada, exceto a respeito de seu caso e os esforços para sua soltura. Obcecado com sua importância, ele estava sempre desejando audiências, perdões, comutações, sempre reclamando, sempre procurando publicidade a qualquer preço, nunca deixando de insistir em seu martírio."

Entre 1877 e 1912, Pomeroy recebeu punição 24 vezes, todas relacionadas com tentativas de fuga. Em 20 de novembro de 1887, causou uma explosão dentro de sua cela ao tentar derrubar a parede. Ele permaneceu inconsciente por uma hora, até que o médico da prisão conseguiu reanimá-lo. Sua obsessão em sair da prisão o acompanhou pelo resto da vida e ele sairia "de um jeito ou de outro". Após 35 anos tentando escapar, aos 52 anos de idade Pomeroy ponderou que talvez fosse melhor usar o cérebro e uma caneta. Ele pode ainda ter sido influenciado na época pela saída da prisão de outra criança assassina, Wesley Elkins – cujo caso também é apresentado neste livro.

EXTRA
DAILY NEWS
NEW YORK'S PICTURE NEWSPAPER
Vol. 14. No. 35
Sunday, October 9, 1932
YANKS CHAMPS
W

Apresentando uma nova postura de homem intelectual e armado com os livros que leu, Pomeroy escreveu centenas de cartas para diversas autoridades dos Estados Unidos. Além disso, seu caso chegou a ser revisitado por jornalistas, médicos, advogados e intelectuais que questionavam seu confinamento "eterno" em uma solitária. A opinião pública comprou a causa e, em abril de 1914, o governador de Massachusetts, Eugene Noble Foss, nomeou uma comissão de médicos psiquiatras para examinar Pomeroy. O relatório dos especialistas, entretanto, foi um balde de água fria nas pretensões dele. Os médicos afirmaram que Pomeroy tinha o "conhecimento do certo e do errado em abstrato" e sua capacidade de raciocínio e seu intelecto eram perfeitamente normais, alcançando um grande avanço no "conhecimento do direito penal". Mas era "inquestionavelmente defeituoso do lado moral". Pomeroy também achava que todos estavam contra ele e, além de tudo isso, tinha fixação por objetos cortantes. O último prego no seu caixão veio com a conclusão de que Pomeroy não cometia atrocidades desde 1874 por um único motivo: "falta de oportunidade".

> "Fico feliz com esta oportunidade de mostrar ao mundo que posso me comportar, pois isso pode levar a mais considerações e talvez a um perdão. Sei que as pessoas pensam que eu sou algum tipo de animal com sede de sangue. Sei que eles acham que eu vou atacar o primeiro ser vivo que encontrar, humano ou animal, e tentar matá-lo. Eu tenho uma mente normal. Não sou louco. Vou provar a todos vocês." (Jesse Pomeroy, 24 de janeiro de 1917)

Ao todo, Jesse Harding Pomeroy permaneceu 53 longos anos atrás das grades, sendo 41 apenas na solitária. Durante esse tempo, quase não teve contato com outro ser humano, sendo permitido que sua mãe, Ruth, o visitasse a cada três meses, o que ela fez religiosamente até morrer em 1915, aos 74 anos. Com o avançar da idade, foi permitido a Pomeroy permanecer em uma cela comum. Ficou conhecido entre os presos como "vovô" e era seu costume recepcionar os recém-chegados. Vaidoso, tinha prazer ao notar a surpresa dos novatos quando ele se apresentava. Pomeroy era uma lenda viva do crime.

Em 1929, beirando os 70 anos, ele foi transferido para um hospital psiquiátrico, onde passaria seus últimos dias. Na viagem de uma hora e meia até o hospital, ficou deslumbrado ao ver como o mundo tinha mudado. Observando, com surpresa, todos aqueles carros, bondes, trens e até um avião, questionou sobre onde estariam todos os cavalos.

EXTRA DAILY NEWS

NEW YORK'S PICTURE NEWSPAPER

Vol. 14. No. 85 | 39 Pages | New York, Sunday, October 9, 1932

Betrayed His
Was ...
Black
Had T...
That ...
Pomer...
Ner...

Leaving the only auto he ever rode in after his first automobile ride—Jesse Pomeroy alighting at Bridgewater after his transfer there from the State prison. His belongings are in a paper bag.

His first automobile. Carrying his little bundle of personal effects, Pomeroy leaves the first... he had ever seen. It carried him to Bridge...

Pomeroy again at age of 60. This picture was taken 10 years ...re he died. Note the useless right ... and the fierce bristling moustache ... of crimes. Little Katie Curran, of ... Boston, walked away from her

JESSE H. POMEROY,
Taken at the Time of His Trial.

a character photo of Jesse Hard-
meroy, the incurable torturer and
ed of children, as he looked more
0 years ago, after he had been
prisoned for life for killing Horace

Already beyond her three score and ten, Mrs. Pomeroy sat in her rocker and posed for this photo just before she died. Note her resemblance to her son

From the tin of loned a saw, set pert precision.
With the awl of the granite bl removed a seg which formed t

with water   In this house, Mrs. Ruth A. Pomeroy
to drink. He   lived nearly forty years while she tried
together, form   to free her son, Jesse.

Um ano depois, um guarda descobriu escondido em seu quarto o que pareciam ser ferramentas de fuga: uma furadeira manual, uma serra, vários pedaços de arame, uma chave de fenda e outros objetos. A direção do hospital não acreditou que o homem de 70 anos quisesse fugir, parecia mais certo que ele apenas quisesse ver o próprio nome de novo nos jornais. "Sabe, Jesse não teve muita publicidade desde que foi obrigado a deixar a prisão estadual, e não gosta de um ambiente que o mantém fora dos jornais", disse na época o diretor do hospital, Henry G. Strann.

Jesse Pomeroy faleceu de ataque cardíaco em 29 de setembro de 1932. Seu corpo foi cremado e as cinzas foram enterradas no cemitério de North Weymouth, Massachusetts, pelos promotores T. F. Fitzpatrick e William M. Finn. Quase 150 anos depois, seu caso continua sendo um dos mais impressionantes e assustadores envolvendo crianças assassinas, influenciando a literatura e a indústria do entretenimento até os dias de hoje.

His "home" for almost 60 years, at left, the famous Charlestown Prison which housed Pomeroy for so long. At right, above, Pomeroy's ashes are interred in Forest Hills Cemetery, Weymouth, Mass., by Attorney T. F. Fitzpatrick and William M. Finn (right). One of the famous lifer's last requests was that his remains be cremated and the ashes buried in Forest Hills.

"ESSAS REPETIDAS CRUELDADES NESTAS VÍTIMAS CRIANÇAS CRIARAM UMA TREMENDA EXCITAÇÃO POR TODA CHELSEA E SUL DE BOSTON... CLARO, OS PAIS ESTÃO MEIO LOUCOS, E OS MELHORES DETETIVES FIZERAM BUSCAS PELO MONSTRO TIPO CARNIÇAL QUE PARECE ESTAR CAÇANDO SANGUE HUMANO. AS PEQUENAS VÍTIMAS ESTÃO ATERRORIZADAS E ELAS MAL PODEM DAR UMA DESCRIÇÃO INTELIGÍVEL DO VAMPIRO QUE AS TORTUROU; E, POR ESSA RAZÃO, A POLÍCIA TEM POUCAS PISTAS PARA TRABALHAR."

FIEND THE SHOCKING TRUE STORY OF AMERICAS YOUNGEST SERIAL, 1875

Eric Smith

ERIC SMITH

04 MORTO AO AMANHECER

ESTADOS UNIDOS | 13 ANOS

> "Nossas premissas sobre crianças são destruídas por Eric Smith."
>
> Steuben, Tunney (promotor)

Portas fechadas e poucas crianças nas ruas; as que se aventuravam em sair o faziam em grupos, e a maioria continuava trancada em casa pelos pais. Essa foi a reação dos moradores de Savona, uma pacata cidade de pouco menos de 900 habitantes, no estado de Nova York, ao assassinato de Derrick J. Robie, um singelo menino de apenas 4 anos de idade, em 2 de agosto de 1993.

O alarme tocou às 11h do dia 2 de agosto, quando a mãe do menino comunicou a polícia a respeito de seu desaparecimento. Savona é quase uma vila, incrustada nas reservas florestais do nordeste dos EUA; um lugar sossegado, remoto e pacífico onde todos se conhecem. Não existe sequer delegacia na cidade, que é tão pequena que pode ser atravessada em poucos minutos de carro; é um lugar onde crianças andam sozinhas nas ruas enquanto brincam com os cães dos vizinhos. Derrick, por exemplo, gostava do dálmata do seu amigo Joe Tongue. Naquela manhã de agosto, o menino saiu feliz em direção à colônia de férias da vila, a pouco menos de 400 metros da sua casa, uma caminhada curta, mas que provou ser bastante perigosa.

A polícia de Bath, cidade vizinha localizada no Condado de Steuben, e os moradores da região começaram a procurar por Derrick logo após a mãe do menino ir buscá-lo e descobrir que ele nunca chegara ao destino. A mãe, Doreen Robie, chamou alguns amigos do filho e eles saíram pelas ruas para tentar localizá-lo, acreditando que o menino estava perdido ou brincando em algum lugar. Ninguém o encontrou, então a polícia foi acionada.

O corpo de Derrick foi encontrado às 15h45 em uma área de floresta na McCoy Street, apenas a duas quadras de distância da sua casa. Ele havia sido espancado e estrangulado. O crime chocou a pitoresca Savona e rapidamente todos concluíram que apenas alguém de fora da comunidade poderia ter cometido o crime – possivelmente um maníaco ou pedófilo.

"Fico assustada ao saber que alguém ainda está solto por aí, que algo assim pudesse acontecer em Savona. Eu costumava andar naqueles campos [onde o corpo de Robie foi encontrado] quando era criança. Nós nunca pensávamos que nada de errado pudesse acontecer", disse a moradora Melissa Aungst, da Maple Street. Dois dias depois, mais de cem moradores de Savona, incluindo os pais de Robie, se encontraram nas instalações do corpo de bombeiros para tentar entender a tragédia.

"Eu não pensei que deixá-lo andar 400 metros pela calçada, sem mesmo precisar atravessar a rua, fosse um problema", disse Doreen emocionada, na época com 27 anos. "Por favor, se vocês me encontrarem, conversem comigo. Eu preciso de amigos agora." Michael Sweet, o jovem prefeito de Savona, também discursou no encontro e, ainda, revelou que embora a colônia de férias estivesse suspensa, ela seria reaberta na semana seguinte com a presença de psicólogos que pudessem auxiliar a comunidade. Porém, com um assassino solto pela região, podendo ele ser o vizinho que mora ao lado, nenhum pai estava disposto a deixar o filho sair de debaixo das próprias asas. "Todos nós estamos apontando os dedos uns para os outros aqui, mas isso poderia ter acontecido a qualquer hora, com uma criança indo para uma vizinhança ou para uma loja", disse o morador Ron Wilson, quando os ânimos começaram a aflorar.

> "Doreen Robie foi uma das muitas pessoas que mostraram uma coragem especial em Savona semana passada. Outro foi o prefeito da vila, Mike Sweet, de 23 anos. Confrontado pelo medo da comunidade, Sweet trabalhou com calma e de forma competente a fim de ajudar Savona a ter uma vida normal de novo. O prefeito suspendeu a colônia de férias de verão após a morte de Derrick Robie e, então, recebeu conselhos de especialistas antes de decidir reabrir. O que os especialistas disseram a ele é que as crianças da comunidade precisam deixar o confinamento de suas casas, onde muitos deles estão desde o assassinato, e começar o processo de cura com o acompanhamento de psicólogos e amigos." (*Star-Gazette*, 8 de agosto de 1993)

Dale Robie, o pai da vítima, nasceu e cresceu em Savona. Em 1986, aos 26 anos, casou-se com Doreen, nascida em Towanda, Pensilvânia. Eles viveram por um curto período de tempo em Hammondsport e Kanona, cidades próximas, antes de se mudaram para Savona em 1990.

Derrick Robie veio ao mundo em 1989 e, aos 4 anos, era o mascote da região onde a família morava. Todos o conheciam e o achavam uma graça. Doreen havia passado os últimos dois anos em casa cuidando de Derrick e do filho caçula, Dalton, de 18 meses de idade. Ela deveria voltar ao trabalho exatamente no dia 2 de agosto de 1993, mas isso não aconteceu.

"Este foi o seu grande passo, caminhar até a colônia de férias sozinho. Isso foi um pequeno pedaço de independência que eu entreguei a ele no verão antes que fosse para a escola. Aconteceu de ele estar no lugar e hora errados." Segundo Doreen, essa independência foi dada a Derrick quatro semanas antes. Ela sempre o acompanhava pela janela de casa, com os olhos atentos, todos os dias de manhã, enquanto ele caminhava em direção aos amiguinhos da colônia de férias. Certa vez, decidiu ir com o filho e o menino não gostou, pois já sabia ir sozinho, e ela ainda achou graça.

Em entrevista ao jornal *Star-Gazette*, em edição de 6 de agosto de 1993, Dale reafirmou que os pais deveriam criar os filhos para o mundo. "Você não pode segurar seus filhos na mão em todo lugar que vai. Eu sei que isso é difícil, mas em algum momento você precisará dar a eles alguma independência." O que aconteceu com Derrick foi apenas uma fatalidade, disse Dale.

É claro que o fato de crescer em um ambiente pacato, sem criminalidade e civilizado, como a região de Savona, traz uma falsa sensação de segurança. Por outro lado, crescer em cidades violentas escutando e, às vezes, até presenciando várias formas de violência, nos transforma em pessoas muito mais alertas e cuidadosas.

Cerca de quarenta detetives foram designados para o caso e, em poucos dias, eliminaram dezenas de suspeitos, já que a maioria possuía álibis. A equipe de investigação continuava confiante que identificaria o assassino de forma rápida. Eles trabalharam sem descanso e com agilidade. Em 5 de agosto, munidos de equipamentos militares, os agentes encontraram uma evidência na cena do crime, mas não revelaram o que era. "Nós estamos afunilando as opções para quem tem mais probabilidade de ser o perpetrador [...] alguém da área", disse Walter Delap, o capitão da polícia. Outras evidências encontradas na cena do crime foram enviadas para análise em laboratórios nas cidades de Olean, Rochester e Albany. "Não queremos que o assassino saiba o que sabemos e não queremos prejudicar um indiciamento", afirmou o capitão sobre não revelar quais eram as provas que a polícia tinha até o momento.

Praticamente todos os moradores de Savona foram interrogados. A polícia tinha que entender como funcionava a comunidade na qual uma criança foi assassinada. E por falar em crianças, as 68 matriculadas na colônia de férias também foram interrogadas, duas vezes cada uma. Ninguém tinha nada a dizer a não ser o quão pacato e familiar era aquela região. Nenhuma criança, adolescente ou adulto viu nada, nem mesmo alguém estranho que pudesse estar de passagem por ali.

As suspeitas cresciam e cada vez mais apontavam para alguém que estivesse familiarizado com a área. Se ninguém chamava atenção, então o assassino deveria ser um morador local, que poderia estar andando na mesma calçada de Derrick, alguém que pode até ter sido visto, mas que, como era um morador conhecido, passou desapercebido. Ainda assim, a polícia não podia descartar a ação de um predador com ficha criminal. Os oficiais realizaram pesquisas investigando possíveis ex-presidiários em liberdade condicional que pudessem estar na região, mas não encontraram nada.

Seis dias depois do crime, entretanto, a polícia receberia a sua melhor pista, e ela veio de onde menos se esperava.

> "Quase toda Savona apareceu no velório de Derrick Robie. Em uma cidade de menos de 900 habitantes, mais de 700 pessoas esperavam em fila para passar pelo pequeno caixão branco com a criança de cabelo esbranquiçado [de tão loiro] dentro, sua luva de beisebol dobrada ao seu lado. Em 2 de agosto, o menino curioso de 4 anos de idade foi encontrado em uma área de mata, a meio quarteirão do seu quintal, espancado e sufocado até a morte. Fora da casa funerária, todos os habitantes da cidade pensavam a mesma coisa. Disse o morador Tom Spart: 'Nós vamos encontrar o cara que fez isso e enforcá-lo'." (*Miami Herald*, 23 de agosto de 1993)

Todos nós, em algum ponto de nossas vidas, esperamos aquele telefonema salvador que resolverá todos os nossos problemas. Para o capitão da polícia Walter DeLap, ele chegou no domingo, 8 de agosto de 1993.

Um morador de Savona ligou para DeLap pedindo que ele lhe fizesse uma visita, para que pudesse, então, conversar com o seu enteado-neto de 13 anos. A família do menino notou que ele parecia omitir a verdade sobre o caso que chocou a cidade. O menino já havia sido interrogado pela polícia antes e afirmou não ter visto Derrick na manhã do crime, mas, seja lá o que aconteceu depois, ele mudou sua versão e confessou que tinha visto a vítima — apenas uma olhadinha de nada. Os policiais chegaram a pensar que pequenos enganos assim poderiam acontecer, mas o marido da avó do menino ficou desconfiado.

CYCLES THERIC

MODÈLES DE ROUTE

Marque déposée — CYCLES H SAINT-ETIENNE

GARANTIE UN AN

POUR HOMMES

NOUS ENVOYONS FRANCO de port, d'emballage et d'assurance les commandes de 50 francs et au-dessus.

N° 114 — Cadre brasé de 55 %. Jantes acier émaillées. Pneus " Hiron " 700 × 35 B. Roue libre. Frein arrière. Garde-boue métal. Émail noir, filets or. Livrée avec selle 6-18, sacoche 6-295, pompe de cadre 6-1225 avec porte-pompe, clé 6-415, burette 6-2380, nécessaire de réparation ....

Prix 350 Fr. FRANCO

Dadas as inconsistências no depoimento dele, a família decidiu comunicar o policial DeLap, que pediu para que eles levassem o menino até o escritório do promotor. Lá, durante 5 horas, DeLap interrogou Eric Smith, um menininho sardento, de corpo frágil e com enormes óculos de grau no rosto, que aparentava ser mais novo do que seus documentos mostravam. Os adultos o conheciam como um motorzinho incansável, um menino que vivia para lá e para cá na sua bicicleta BMX. O ruivo sardento era uma figurinha curiosa em Savona e já havia chamado a atenção dos investigadores.

Em 5 de agosto de 1993, Smith foi interrogado em casa pelo detetive Alan L. Morse sobre o seu passeio de bicicleta na manhã de 2 de agosto. Posteriormente, o detetive lembraria de ter achado Smith muito estranho. Horas depois de ir embora, Morse e mais dois detetives voltaram à residência de Smith para interrogá-lo mais uma vez, e três coisas chamaram a atenção deles: em duas ocasiões Smith ficou bastante emocionado e lágrimas escorreram de seus olhos; ele mencionou detalhes do vestuário de Derrick que a polícia desconhecia; perto do fim do interrogatório, perguntou se os detetives pensavam que ele tinha matado Robie.

Um dos detetives, John Hibsch, quase chegou a ter uma briga com o marido da avó de Smith, Carl Peters, um investigador de polícia aposentado que não gostou da forma como o detetive abordou o menino. Os detetives, então, foram

Pour les **VENTES A CRÉDIT** *voir page 9.*

embora, mas às 19h do mesmo dia uma verdadeira tropa apareceu querendo conversar com o garoto. Eram os investigadores sêniores William F. Driscoll e Charles Wood, o tenente da polícia do estado de Nova York George Brown e, ainda, o promotor do Condado de Steuben, John Tunney.

Eles conversaram com Peters e pediram permissão para continuar falando com Eric Smith, pois acreditavam que ele podia ter alguma informação pertinente sobre o crime, já que o menino foi a única pessoa a ver Robie na manhã em que foi morto. Carl Peters concordou e os homens pediram a Smith que descrevesse minuto a minuto, se possível, o que aconteceu naquela manhã de 2 de agosto. Mais tarde, Driscoll diria que Eric Smith era "articulado", "gostava de ser o centro das atenções" e "parecia confortável em seu papel de importante testemunha". Sem mais perguntas, os homens foram embora.

"VAMOS ENCONTRAR O CARA QUE FEZ ISSO E ENFORCÁ-LO."
Tom Spart

Toda a intensidade policial em torno de Eric Smith, dias depois do crime, era natural e compreensível. Afinal, o menino era espoleta, passava o dia em sua bicicleta por todos os lados e podia, de fato, ter visto alguma coisa. Policiais experientes percebem quando estão diante de uma boa testemunha e, em qualquer investigação, eles extraem até a última gota de informação, muitas vezes pressionando e fazendo perguntas complicadas. Com Smith, perceberam que poderiam ir além. Talvez tenham suspeitado do garoto, e o que sabemos é que algo realmente ficou no ar e foi pescado por um velho e experiente detetive aposentado da Flórida.

> "Eric Smith é um pequenino de 13 anos de idade com cabelos ruivos e sardas em todos os lugares. Seu rosto ainda não perdeu a suavidade da fofura de um bebê. Os óculos de armação dourada que pousam em seu nariz parecem grandes demais para ele. O mesmo acontece com as algemas que prendem seus pulsos. A polícia diz que esse menino simpático e prestativo, que adorava andar de bicicleta e tocar bateria na escola primária, espancou Derrick Robie, de 4 anos, até a morte." (*Daily Press*, 15 de agosto de 1993)

Para Carl Peters, alguma coisa estava errada. Tendo passado a vida inteira investigando assassinatos, estupros e outros tipos de crimes, interrogando e participando de audiências de criminosos, ele percebia que algo não se encaixava. Nos três dias seguintes à visita dos policiais e do promotor, Peters conversou com Smith, e a cada conversa notava mais buracos na trama do menino. Então, na tarde de 8 de agosto, um domingo, Peters organizou uma reunião familiar com todos os adultos da vida do garoto: seu avô materno Gary Wilson, sua mãe, Tammy Smith, e o padrasto, Ted Smith. O menino foi colocado diante de todos e Peters pediu para que ele contasse a verdade. Estavam ali para ajudá-lo, ninguém lhe faria mal, eram todos a sua família. Ele poderia ser sincero.

Smith, portanto, olhou para a mãe e disse: "Então, eu espanquei. Fui eu".

A família ficou impressionada com a confissão. A mãe quase desmaiou. Então, quando todos se recuperaram do choque inicial, os homens começaram a questioná-lo: "Por quê?".

Eric Smith não deu um motivo, mas contou animado sobre as duas meninas de Savona atropeladas por um motorista bêbado tempos antes e, também, sobre ele conhecer as crianças de uma mulher assassinada pelo namorado, em janeiro de 1992. A morte era um tema que parecia fasciná-lo. Enquanto todos escutavam e se chocavam com o menino, os homens também se preocuparam com Tammy, que entrou em desespero – o fato de a mulher ser epilética os deixou ainda mais aflitos.

Depois de escutarem o que não queriam, os familiares não tiveram alternativa a não ser ligar para o capitão DeLap, que os orientou a levar Smith até o escritório do promotor, em Bath. A notícia de que Derrick havia sido assassinado por outra criança caiu como uma bomba em Savona. Jornalistas invadiram a cidade e logo entrevistas com os moradores acabaram por pintar dois retratos do jovem assassino.

• • •

Eric Smith nasceu e cresceu em Savona. Ele morava com a família na 68 W. Lamoka Avenue: a mãe, Tammy Smith; o padrasto, Ted Smith; uma irmã de 12 anos e outra meia-irmã de 16 anos. Ted trabalhava em Bath, em uma companhia de energia, e Tammy era presidente da Cinderella Softball League, um grupo de mulheres que se reunia para jogar e ensinar crianças e adolescentes a jogar softball. Smith tocava trombone na banda da escola e estava aprendendo a tocar bateria. Ele adorava o country de Garth Brooks e dizia querer tocar em alguma banda country do Meio-Oeste quando crescesse. Como a maioria das crianças de Savona, Smith adorava esportes, sobretudo beisebol, mas gostava mesmo era de pedalar em sua BMX, à procura do que fazer.

Para muitos, era um menino charmoso com um olhar travesso e um grande sorriso. "Eu amava ele. Acho que ninguém pode dizer ter visto alguma coisa nele que o levou a fazer isso", disse a ex-professora e ex-prefeita de Savona, Janet Farnsworth. "Ele era apenas um menino normal [...] Mesmo eles dizendo que Eric confessou ou não, pessoalmente eu não acredito que ele fez isso", disse Clay Hall, um adolescente de 16 anos que costumava jogar beisebol com Smith. O menino também costumava varrer calçadas e jogar o lixo dos vizinhos fora. "Ele era amigável, até carinhoso."

Mas nem todos o consideravam um bom menino. Muito pelo contrário, a maioria citou que o menino importunava os menores e era meio delinquente. "Ele era realmente um doce [...] mas havia alguma coisa errada nele", disse Sarah Farnsworth, uma das funcionárias da colônia de férias, que conhecia Smith desde o jardim de infância. Muitos amigos e vizinhos disseram que ele era hiperativo, impaciente e sempre estava pronto para uma boa briga.

Smith foi reprovado na quarta série, ficava pelas ruas com outros meninos e implicava com as crianças menores. "Nunca gostei do Eric. Ele era um menino bom e tudo, mas sempre suspeitei dele. Não sei por qual razão. Só não confiava nele", disse Roy Elliot, cujo filho, Bradley, era amigo de Smith. "Eu lembro de ele vindo até mim um dia e perguntando: 'Você acha que sou feio?'. Eu respondi: 'Não, você não é feio. Por quê?'. Ele completou: 'Então, como as meninas não gostam de mim?'. Ele estava sempre preocupado sobre as meninas não gostarem dele", disse Bradley.

Crianças hiperativas, briguentas e que atormentam os menores existem aos milhares e isso está longe de representar qualquer base para a formação de um criminoso perverso. Então, o que levou Eric Smith a matar Derrick Robie? O assassinato brutal de uma criança é sempre chocante e difícil de lidar, mas no fim das contas o que mais intrigou e impressionou os investigadores é que *não existia um motivo* para o crime. "O que é aparente para todos os envolvidos é que o assassinato foi sem motivo", disse DeLap. Já Tunney completou que a vítima poderia ter sido qualquer criança: "Não parece existir um motivo para Derrick ter sido escolhido, a não ser o fato de que ele estava andando naquela rua, naquele dia e naquela hora".

Eric Smith foi acusado de assassinato na noite de 8 de agosto de 1993. Seu corpo franzino, com rosto e olhar de criança, contrastava com as algemas em seus pulsos durante as audiências, o que foi retratado em várias imagens publicadas nos jornais que percorrem o mundo. Seu advogado, Kevin Bradley, argumentou que a confissão de Smith para a polícia era inválida e pediu que fosse anulada. Para ele, os investigadores cometeram um erro básico: não avisaram Smith sobre os seus direitos antes de ele começar a falar.

Na verdade, os policiais leram, sim, os direitos de Smith, mas só o fizeram minutos antes de sua confissão escrita na noite de 8 de agosto. Para o advogado Bradley, isso devia ter sido feito já nos primeiros interrogatórios com o menino, dias depois do assassinato de Derrick. Em uma moção preenchida em outubro, o advogado afirmou que os policiais levaram Smith a acreditar que o seu testemunho era necessário apenas para terminar a investigação, como se fosse uma simples formalidade.

Em 28 e 29 de dezembro, seguiram-se duas audiências para definir a validade da confissão de Smith. Durante os dois dias, nove testemunhas foram usadas pela promotoria e três pela defesa, que mencionaram o papel de Carl Peters na obtenção da confissão do acusado. Adoentado, Peters não pôde estar presente na audiência, o que acabou prejudicando a defesa, que contava com seu testemunho a fim de confirmar que a polícia não leu os direitos de Smith antes da confissão final.

A defesa de Smith estava, agora, tentando construir o caso na inadmissibilidade da confissão do garoto. Na audiência do dia 29, Bradley tentou ilustrar o seu ponto de vista chamando para testemunhar Ted e Tammy e perguntando a eles sobre o contato policial antes de Smith ser preso. Em seu testemunho, Tammy revelou que Peters convocou uma reunião familiar porque pensava que Smith tinha presenciado o assassinato. Falou também o quão chateado Peters ficou com os investigadores, não permitindo que continuassem a conversar com Smith. E mencionou que, após o filho ser interrogado pela polícia, ele entrou na casa com lágrimas nos olhos e dizendo a Peters que a polícia achava que ele tinha assassinado Derrick Robie.

Em seu testemunho, Ted Smith afirmou que por duas vezes os investigadores pediram que os deixassem sozinhos com Eric. Ted queria acompanhar o interrogatório, mas pelo visto o próprio menino pediu para ficar sozinho com os policiais. Ted testemunhou que isso aconteceu porque Eric contou aos policiais que estava fumando enquanto andava de bicicleta naquele dia. Com medo de ser punido, o menino não quis que o padrasto participasse do interrogatório.

Chamado pela promotoria, o capitão Walter DeLap explicou como ele leu, por completo, todos os direitos de Eric antes de obter a confissão escrita do menino. Disse que não apenas perguntou ao menino se ele havia entendido cada ponto, como também perguntou a Peters e a Ted, que estavam presentes durante a confissão, se eles também haviam entendido. O advogado Bradley, ao questionar os familiares de Smith, repetidamente perguntou se a polícia havia mencionado, antes da confissão, que o menino podia ser processado perante a lei. Nenhum deles se lembrava de tal menção, mas ambos afirmaram que os policiais disseram que Smith sem dúvida precisava de ajuda psiquiátrica. Essa era uma questão importante, porque o argumento de insanidade estava em cima da mesa de Bradley, apesar de um relatório realizado pelo dr. Nicholas Jospe, um endocrinologista pediatra da Universidade de Rochester, ter concluído que Smith aparentava ser "um jovem normal, com um exame físico normal e puberdade normal".

Em 14 de janeiro de 1994, o juiz Donald G. Purple Jr. recebeu o depoimento de Carl Peters – ele era a última testemunha necessária para o juiz decidir sobre a admissibilidade da confissão escrita de Smith. Durante a audiência, Bradley questionou se Carl teria conversado com Smith como um membro da família ou como ex-investigador de polícia, e insistiu na questão de que as autoridades policiais não agiram conforme o protocolo.

"Houve alguma discussão sobre o que ia acontecer com Eric?", perguntou o advogado Bradley.

"Acho que não", respondeu Peters.

"Alguém disse que eles poderiam acusar um menino de 13 anos de assassinato?"

"Não."

"Você sabia que alguém de 13 anos poderia ser julgado em um tribunal criminal?"

"Com certeza eu não sabia."

O promotor Tunney ainda questionou se Peters havia conduzido o encontro familiar a pedido das autoridades. Peters negou. Bradley tinha como objetivo estabelecer que Smith não entendia as consequências de se conversar com a polícia sobre o assassinato. Além disso, também desejava mostrar que, ao interrogar o próprio enteado-neto, Peters agira de maneira inapropriada na função de investigador. Ao final da audiência, o juiz Donald Purple concedeu uma semana para Bradley apresentar seu argumento por escrito. Após a apresentação, o promotor Tunney teria cinco dias para respondê-lo.

> "A polícia devia ter avisado Eric Smith, no início de sua investigação, de que qualquer coisa que dissesse poderia ser usada contra ele, declarou quarta-feira o advogado de Smith. Kevin Bradley disse que Smith, que conversou com a polícia diversas vezes durante a semana após o assassinato de Derrick Robie, não sabia até a noite de 8 de agosto que seria acusado de homicídio culposo em um tribunal criminal. Esta semana, Bradley preencheu seus argumentos do porquê ele acredita que a confissão de Smith não deve ser usada em seu julgamento, que pode começar em março. Espera-se que o promotor do Condado de Steuben responda na próxima semana. Em uma entrevista, Bradley expôs seus argumentos: a polícia suspeitou de Smith vários dias antes de ele confessar o assassinato e deveria ter deixado isso claro a Smith e sua família; no início da semana, um investigador disse a Smith que havia discrepâncias em sua fala sobre suas atividades na manhã da morte de Derrick, 'Era um interrogatório, e não uma entrevista', disse Bradley; membros da família não entendiam que Smith poderia ser processado como um adulto; Peters agiu como um agente investigador no questionamento do seu enteado-neto. Bradley disse que a polícia estava 'implicitamente' pedindo pela ajuda do ex-investigador." (*Star-Gazette*, 3 de fevereiro de 1994)

Em 18 de fevereiro, o juiz Donald Purple deu o primeiro ponto pré-julgamento à promotoria ao negar a alegação da defesa sobre a inadmissibilidade da confissão escrita de Smith. Ela poderia, sim, ser usada no julgamento, agora previsto para começar em 15 de março de 1994.

Purple rejeitou todas as alegações que Kevin Bradley fez, afirmando que nas três entrevistas que a polícia conduziu com Smith, uma em 5 de agosto e duas em 6 de agosto, eles seguiram os padrões legais e, além disso, Smith não estava sob custódia policial durante as conversas. "Todas as declarações feitas pela defesa durante as entrevistas e procedimentos de reencenação foram não custodiais em natureza, voluntárias e feitas de acordo com padrões constitucionais, e cumpriram com os requerimentos de entrevistas com menores", escreveu o juiz. "O questionamento feito por Carl em sua residência foi não custodial em natureza [...] O réu foi apropriadamente advertido sobre seus direitos [...]". O revés obrigou Kevin Bradley a mudar a linha da defesa, retirando da gaveta os papéis do argumento de insanidade.

Desde o assassinato, Smith foi mantido no Monroe County Children's Center, uma instituição psiquiátrica na cidade de Rochester, sem qualquer contato com o mundo exterior. A equipe médica da instituição, no entanto, não compartilhava nenhuma informação sobre o menino e, por isso, Bradley solicitou ao juiz Donald Purple uma intimação para que informações a respeito do comportamento de Smith fossem liberadas.

O advogado citou ainda "um problema" causado por Smith, que originou um pedido de ajuda dos psiquiatras da Monroe County Children's Center ao psiquiatra contratado pela defesa. "Observações do comportamento de Smith são importantes para as avaliações psicológicas e psiquiátricas. A equipe tem expressado relutância em divulgar seus registros [...] por medo ou responsabilidade em violar os direitos de privacidade de Smith." Os dois especialistas contratados pela defesa, o dr. Stephen P. Herman e o dr. Peter Cormack, precisavam de informações da instituição para completar suas avaliações, citou Bradley. Em um relatório preliminar, Herman concluiu que Smith não tinha responsabilidade criminal pela morte de Derrick; o menino sofria de explosões periódicas de fúria, dificuldades de aprendizagem e vício em nicotina. Ele caracterizou Smith como "violento".

Tentando construir o caso em torno da insanidade de Smith, o advogado Bradley automaticamente colocou psiquiatras e psicólogos como os atores principais do julgamento, um espelho do que foi, por exemplo, os julgamentos dos assassinos em série canibais Jeffrey Dahmer, dois anos antes, e Albert Fish, na década de 1930. Tanto os psiquiatras contratados pela defesa quanto os da acusação teriam um papel fundamental no destino de Smith e, por isso, o julgamento foi adiado devido à demora no término das avaliações. Ambos os lados deveriam compartilhar seus resultados para que defesa e acusação estivessem preparadas para refutar a argumentação de cada um. No final das contas, ambas tiveram muito mais tempo para conseguir preparar seus casos, já que o juiz Donald Purple precisou realizar uma cirurgia de emergência no coração, e sua recuperação só aconteceu meses depois.

Nesse meio tempo, Bradley vazava de forma intencional algumas conclusões dos psiquiatras contratados pela defesa como uma forma de mostrar ao público que o seu cliente tinha um "defeito". Em maio de 1994, um relatório do psiquiatra Stephen Herman revelou que Smith estava "completamente dominado por fúria patológica" e não tinha intenção alguma de matar Derrick Robie. O médico desenhava um menino nascido com problemas que levaram ao desenvolvimento de um "lado sádico que ele não podia controlar [...] Este não foi um assassinato premeditado, mas o resultado trágico da fúria patológica de Eric". Herman, que entrevistou Smith duas vezes e conversou com vários parentes, também escreveu que Smith nasceu com "vulnerabilidades". Alguns membros da família, de ambos os lados, sofriam de alcoolismo ou depressão.

Smith, segundo o psiquiatra, nasceu com anormalidades provenientes de sua mãe Tammy, que durante a gravidez utilizou medicamentos para controlar ataques epiléticos. O menino sofreria da síndrome trimetadiona fetal, uma condição que leva a problemas na fala e baixo desempenho escolar. O psiquiatra não podia confirmar que a síndrome teve uma influência direta em seu comportamento, mas afirmou que o menino estava sofrendo "de ataques de fúria patológicos como evidenciado pelas birras temperamentais anormais, prendimento da respiração e balanços de cabeça. Enquanto ele crescia, não era capaz de modular sua raiva".

"[...] UM LADO SÁDICO QUE ELE NÃO PODIA CONTROLAR."

Exames do cérebro de Smith revelaram um lobo frontal anormal. Ambos os psiquiatras da defesa disseram que essa era uma evidência física de que ele era defeituoso, pois o lobo frontal "ajuda a controlar os impulsos". Eric Smith tinha baixa autoestima e era incapaz de ignorar brincadeiras provocativas. Amigos dele em Savona disseram que ele sempre foi alvo de chacotas por sua altura, corpo franzino, cabelos ruivos e orelhas caídas. "Problemas escolares e dificuldades com seus pares contribuíram para a sua baixa autoestima. Ele teve uma infância solitária e era facilmente machucado. Chorava com frequência."

Bradley, claro, planejava usar as conclusões do médico em sua defesa, e não apenas isso: queria colocar o caso em um tribunal familiar, assim, caso Smith fosse condenado, o julgamento seria fechado ao público, sem o circo midiático que se desenhava, e a punição seria muito menos severa. Do outro lado, o promotor Tunney criticou Bradley por não compartilhar os documentos de como Herman chegara a tais conclusões e se recusou a comentar sobre os pareceres dos psiquiatras contratados pela promotoria.

Em 13 de maio de 1994, em resposta ao pedido do advogado Bradley, trechos da confissão de Smith para a polícia em 8 de agosto de 1993 se tornaram públicos. O trecho do relatório foi inserido pelo próprio advogado em sua petição, a fim de exemplificar que Smith assassinou Derrick devido a uma doença mental que resultava em incontroláveis ataques de fúria.

> "Smith relata que em 2 de agosto de 1993, [eu] 'vi um menininho loiro, de camiseta esbranquiçada, carregando um saco azulado/marrom com desenhos [...] andando pela Rec' e 'o menino se virou quando eu o alcancei. Naquele ponto, eu já sabia que queria levá-lo para algum lugar e machucá-lo'. Smith dirigiu-se a um lote vazio e então 'deixei a criança ir na minha frente'. Smith colocou o braço em volta do pescoço de Robie, soltando 'depois de 30 segundos ou por aí'. Enquanto Robie estava no chão, Smith jogou fora o lanche de Robie, colocou um guardanapo de papel na boca dele e ainda tentou enfiar junto um saquinho de sanduíche. Ele, então, bateu na cabeça de Robie três vezes com uma 'pequena pedra', pegou uma pedra maior e jogou na cabeça dele outras três vezes, pegou outra pedra maior e jogou no peito de Robie duas vezes e no meio [do corpo] uma vez. Smith, então, jogou no rosto e peito de Robie o seu Kool-Aid, e colocou um pequeno galho 'no seu rabo'. Smith arrastou Robie até uma pilha de pedras e o deixou, retornando minutos depois, 'com medo de que se ele não estivesse lá, poderia dizer alguma coisa'."

Pela primeira vez, ficou bastante óbvio que o assassinato de Derrick Robie tinha muito mais do que um simples ataque de fúria envolvido. Inserir um galho no ânus da vítima indicava claramente a ação de um predador sexual em início de carreira.

No início de junho, o juiz Purple decidiu que o caso não seria passado para um tribunal familiar e Smith seria julgado como adulto em um tribunal comum, marcando o início do julgamento para 26 de julho de 1994.

"Mais de 400 jurados em potencial, medidas extras de segurança, cadeiras insuficientes e jornalistas demais irão complicar o que se apresenta como um dos maiores julgamentos de assassinato da história do Condado de Steuben. [...] Uma equipe da CBS News irá cobrir o julgamento para um episódio do programa semanal *48 Hours*. A cobertura diária da CBS do julgamento será transmitida apenas em monitor de vídeo em uma sala para a imprensa. Sob as regras estabelecidas pelo juiz do condado, Donald Purple Jr., estações de televisão não podem usar mais do que 5 minutos do julgamento todos os dias até que ele esteja terminado. Um dos problemas mais difíceis será encontrar cadeiras para os repórteres e espectadores durante a seleção do júri. Isso é devido ao tribunal estar preenchido com jurados em potencial sendo selecionados para servir no painel de doze membros e três suplentes." (*Star-Gazette*, 24 de julho de 1994)

Em 26 de julho de 1994, teve início o julgamento de um dos mais "sensacionais casos da história do Condado de Steuben" com a seleção dos jurados. Durante 5 horas, os 44 possíveis jurados foram questionados e instruídos pelo juiz Donald Purple. "A primeira coisa que eu quero é que vocês se sentem e fiquem tranquilos", disse o juiz para a primeira leva de 20 jurados. "Eu não quero constrangê-los." Purple, em seguida, os questionou sobre possíveis animosidades que eles pudessem ter contra a polícia, qualquer problema pessoal, obrigações de trabalho que pudessem distraí-los ou até preconceitos contra alguém acusado de assassinato.

Alguns confessaram, envergonhados, episódios de prisões por embriaguez. Já outros se mostraram inquietos por revelarem problemas pessoais: uma mãe com um filho problemático em casa; o pai morrendo de câncer; uma filha em tratamento por uso de álcool e drogas. Uma mulher que se apressou em sair da sala antes da hora disse a um dos oficiais: "Isso é muito mais repugnante do que eu aguento". No fim, 3 pessoas foram escolhidas, 2 homens e 1 mulher. No dia seguinte, mais 45 jurados se apresentaram no tribunal; 8 foram escolhidos, 5 mulheres e 3 homens. Os 11 jurados mais 4 suplentes compartilhavam características em comum: pessoas de meia-idade com pouca educação e, se tinham filhos, eles já eram adultos. O perfil dos jurados parecia estar a favor do promotor John Tunney.

Na literatura do Direito, muitos estudos indicam que aqueles com maiores níveis de educação tendem a assumir papéis de liderança, prestam mais atenção nos detalhes dos procedimentos e são mais ativos enquanto jurados. Dois dos possíveis jurados do caso Smith, por exemplo, um executivo e um cientista, mal foram questionados pela defesa, e no final acabaram sendo descartados. "Você irá procurar por um jurado com uma educação maior [...] quando você está falando em questões envolvendo defesa de insanidade e estado da mente. A defesa irá procurar por alguém com sofisticação e ensino superior", disse na época o advogado Robert A. Napier, que acompanhava o caso, em uma reportagem do *Democrat and Chronicle*. "Em uma reação contrária, você não vai querer pessoas altamente educadas em um caso onde a defesa técnica está sendo oferecida. A sabedoria convencional é que quanto mais instruído o jurado, maior a propensão dele inocentar."

Em 1 de agosto, o julgamento teve o seu início oficial com os testemunhos de quatro investigadores de polícia, o médico patologista do Condado de Steuben e um morador de Savona que encontrou o corpo de Derrick. "Eu estava andando pelo mato e, pelo canto do olho, vi alguma coisa branca", disse Roger Palmer. "Eu recuei e vi Derrick." Palmer então gritou para policiais que estavam nas proximidades.

Os investigadores testemunharam sobre o isolamento da cena do crime e a coleta de evidências, incluindo uma pedra de 11 quilos. "O plano dele era segurar [Derrick] contra uma árvore e o estrangular. Ele começou a parar, mas Derrick lutou por sua vida procurando ar. Eric disse a si mesmo: 'Nem pense nisso!', e apertou mais forte por uns 30 segundos", disse o promotor em sua fala de abertura, que durou 65 minutos. Tunney descreveu a forma como Smith acertou Derrick na cabeça 11 vezes, usando uma pedra pequena, antes da vítima colapsar. Smith, então, esmagou a cabeça de Robie com a pedra de 11 quilos e ainda jogou uma pedra menor no seu peito. No final, Smith quebrou um pedaço de galho de uma árvore e sodomizou o corpo sem vida de Robie. "Em algum ponto, Eric simplesmente decidiu que aquela criança ia morrer."

Em sua fala inicial de 30 minutos, Bradley afirmou que "os médicos que o examinaram explicaram sobre as explosões de raiva. Elas restringiam o foco de Smith, então a única coisa em sua mente era machucar Derrick Robie. Ele cometeu esse assassinato brutal sem a intenção de matar. Não é um caso de empatia por Eric Smith [...] É um caso de evidência. Nós estamos pedindo a vocês para decidir pela não responsabilidade criminal de Eric Smith por razões de doença mental".

> "Uma vez, enquanto eu o estava questionando, [Eric] abaixou a cabeça e parecia estar de um jeito muito sombrio. Eu não sei a razão. Mas, pouco tempo depois, ele estava agindo normal [...] Ele nunca disse nada que pudesse indicar remorso pela vítima." (Charles Wood, detetive)

O investigador John Hibsch reafirmou o quanto Smith estava animado em ser o centro das atenções. Mas quando o policial começou a pressioná-lo com mais e mais perguntas, Smith questionou: "Você acha que eu matei ele, não acha?". Hibsch ficou surpreso com a pergunta e notou como Smith "fechou os punhos, colocando-os sobre a cabeça, e sua voz [ficou] estranha". Hibsch, que entrevistou o menino na mesa da casa da família Smith, na frente dos familiares do réu, disse que quando tranquilizou o menino, dizendo que ele não era um suspeito, Smith deixou escapar: "Eu não sou o tipo de pessoa que mata, machuca ou molesta sexualmente alguém".

O policial ainda testemunhou que Smith às vezes era falante e cooperativo, descrevendo sua admiração pelo escritor de horror Stephen King e concordando com entusiasmo em reencenar suas andanças pela McCoy Street na manhã do crime. Em outros momentos, era simplesmente antissocial, introvertido e nervoso. Em um momento durante a primeira entrevista na casa de Smith, o detetive revelou como o menino atirou ao chão, com raiva, um copo de suco vermelho da marca Kool-Aid, que Ted Smith ofereceu a ele, vociferando o quanto odiava a bebida.

A outra testemunha policial, o investigador William Driscoll, discorreu sobre a forma como Smith explicou, antes de ser desmascarado, que era uma importante testemunha por ter sido a última pessoa a ver Derrick vivo. Driscoll afirmou que Smith lhe perguntou se ele poderia ir com o policial em um julgamento para aprender como prestar depoimento. Em uma entrevista posterior, após a confissão de Smith, Driscoll afirmou: "Eu perguntei se ele sabia que aquilo que estava fazendo era errado. Ele respondeu: 'Sim. Eu sei que era errado. Sinto muito por ter feito isso'".

Já o capitão de polícia Walter DeLap chorou ao descrever como Eric Smith lhe contou como Derrick Robie cerrou os punhos e deixou sua lancheira cair ao levar uma gravata por trás do réu. O policial interrompeu o testemunho nesse momento e precisou de vários minutos para se recompor. O juiz Purple perguntou se ele necessitava de um recesso para se recuperar e DeLap balançou a cabeça positivamente.

Após 15 minutos de pausa, DeLap voltou a descrever as várias horas que passou com Smith no escritório de John Tunney, em 8 de agosto de 1993. Enquanto ele discorria sobre o encontro, em vários momentos os jurados, em um claro sinal de desaprovação e choque, cobriam as bocas com as mãos. DeLap afirmou que Smith parecia "quase que entediado" no início, mas depois ficou animado quando começou a contar sobre sua ida até a colônia de férias. Assassino e vítima se encontraram por volta das 9h15 quando Smith deixou o local. Em certo momento, Smith ficou tão entusiasmado durante a sua confissão que DeLap precisou avisá-lo de que eles estavam discutindo um crime muito sério. "Ele estava sendo quase irreverente", testemunhou DeLap. "Eu disse: 'Senta aí por um minuto. Não estamos fazendo uma coisa engraçada'."

DeLap afirmou que Smith assistiu alguns desenhos naquela manhã, então pedalou em sua BMX com um amigo até a colônia de férias na McCoy Street. Smith disse que viu alguns agentes de seguros no pavilhão do parque e perguntou a eles se era ali que as crianças se reuniam. Então ele foi embora com seu amigo, Casey Monahan. Quando os dois se aproximaram da esquina da McCoy Street, encontraram um grupo de amigos; Monahan se juntou a eles enquanto Smith decidiu andar por aí sozinho.

Ele pedalou pelas ruas de Savona por alguns minutos e voltou até a colônia de férias, então decidiu ir embora de novo. Enquanto Smith seguia pela McCoy Street pela terceira vez naquela manhã, ele viu Derrick andando em direção à colônia de férias. Smith abordou a vítima e pediu que ela o seguisse até um terreno baldio, dizendo ao menino que era um atalho para chegar até o seu destino. Derrick hesitou por um momento, pois o lugar era um vazio completo, preenchido apenas por mato, mas Smith o tranquilizou: "Está tudo bem, eu estou bem aqui". Uma vez longe das vistas de todos, Smith o atacou.

Em seu testemunho, DeLap revelou ter perguntado ao menino qual das pedras ele usou para esmagar a cabeça da vítima, e ele respondeu: "A que tem mais sangue. Você conhece essa pedra?". Smith lembrava de vários detalhes do crime, mas não se lembrava de como a criança ficara nua. Ele apenas viu o menino com as calças e cueca abaixadas e decidiu colocar um galho em seu ânus. "Smith lembrava do posicionamento dos braços, a forma como a cabeça estava virada, que os olhos estavam fechados e a língua para fora." Ele confessou a DeLap que ficou observando o corpo de Robie por cerca de um minuto e meio, então foi embora. Depois retornou em alguns minutos, preocupado de que Derrick pudesse ter escapado. "Ele queria [...] verificar duas, três vezes, para ter certeza de que ele estava morto." Quando DeLap perguntou se Eric imaginava que Robie pudesse estar vivo, o menino logo respondeu: "Então, eu sabia que ele estava morto. Eu queria checar uma terceira vez".

Após o crime, Smith voltou para casa, comeu pedaços de pão e foi para o quarto escutar música. Mas uma das coisas mais surreais, testemunhou DeLap, foi quando o menino confessou que, enquanto estava voltando para casa após matar Robie, ele viu um toco de cigarro em um cinzeiro de rua. Então, ele pegou o cigarro e o fumou. Nesse momento da entrevista, Smith teria virado para o padrasto e dito: "Não conte isso para minha mãe!".

"Após um tempo em sua cama, ele começou a ficar preocupado de que eles [polícia] poderiam vir e levá-lo de sua mãe e padrasto." (Walter DeLap)

Após o testemunho dos investigadores, o promotor Tunney leu a longa confissão escrita que Eric Smith forneceu na noite de 8 de agosto de 1993. Os detalhes, por mais conhecidos que fossem, continuaram a chocar os presentes. Escutar a narração em primeira pessoa foi assustadora, ainda mais vinda de um menino de apenas 13 anos.

"[...] Voltei e fui atrás dele, e quando eu estava a menos de um metro dele, eu disse: 'Ei, garoto'. O menino se voltou para mim enquanto eu me aproximava. Em certo momento, eu sabia que queria levá-lo para algum lugar e machucá-lo. Enquanto eu pedalava ao lado do menino, coloquei o meu tênis esquerdo na roda da frente para manter a bicicleta devagar. Perguntei ao menino se ele queria ir até a colônia por um atalho pelo mato [...] O menino disse: 'Não, eu não deveria ir'. Eu respondi: 'Está tudo bem, eu estou bem aqui'. Então [ele] foi até o meio do terreno baldio entre a casa amarela com o cão branco e a casa acinzentada da Farnsworth. Eu virei para ir ao matagal. O menino continuou andando. Eu repeti para: 'Está tudo bem, eu estou bem aqui'. O menino então me seguiu pelo terreno baldio. Enquanto nós estávamos andando até a esquina do lote baldio, perto da propriedade na Farnsworth, o cão branco da casa amarela estava correndo para frente e para trás na corrente, latindo alto. Enquanto nos aproximávamos da área, eu deixei o menino ir na minha frente. Quando nós chegamos por dentro das árvores do tipo videira, coloquei meu braço direito em volta do pescoço dele. Eu estava em pé atrás dele. O menino então deixou cair o seu lanche. Continuei apertando forte enquanto o menino cerrou os punhos e balançou os braços, tentando escapar. Ele me bateu nos braços, mas não muito forte. Ele também chutou minhas canelas. Eu ia segurá-lo contra a árvore e estrangulá-lo com minhas mãos. Quando comecei a soltá-lo, ele fez um barulho como se estivesse tentando tomar algum ar, um barulho esquisito. Então eu disse: 'Nem pense nisso!'. E apertei mais forte. Eu apertei por 30 segundos ou por aí.

Ele não fez nenhum barulho, então deixei ele cair no chão. Ele estava deitado com o rosto pra cima, com a perna esquerda dobrada em uma árvore, braço esquerdo em uma posição curvada, braço direito na posição oposta. Seus olhos estavam fechados e eu não sei se ele estava respirando.

Tinha uma pequena pedra ao lado dele e eu o acertei na cabeça três vezes. Eu bati nele no lado direito da cabeça. Peguei uma pedra maior, que antes estava localizada a cerca de 40 centímetros da sua cabeça e um pouco enterrada. Eu tirei a pedra do chão [...] Também descrevi ela ao Capitão DeLap como sendo 'a pedra com mais sangue nela'. Eu joguei a pedra com as duas mãos na cabeça dele. Nesse momento, começou a descer sangue do seu nariz e a pedra caiu do lado. Outras duas vezes eu peguei a pedra e joguei na cabeça dele, em um total de três vezes. Então, peguei outra pedra grande, mas pouco menor que a primeira, que estava localizada a um metro e meio da sua perna/joelho esquerdo. Eu joguei a pedra no meio do peito dele.

Agora eu lembro que enquanto ele estava deitado no chão, antes de bater nele com a pedra, ele estava agonizando, buscando ar. Eu joguei o lanche dele fora, era um sanduíche, bolacha, Kool-Aid, pacote de sacos reutilizáveis e outra coisa que eu não me lembro. Também vi um guardanapo de papel e o coloquei em sua boca. Puxei seu queixo pra baixo, coloquei o guardanapo dentro da boca dele. Não lembro se foi em cima ou embaixo da língua. Então, eu também decidi colocar o saquinho do sanduíche na boca dele. Enquanto eu tentava enfiar o saquinho na sua boca, ele mordeu perto da minha segunda junta, do primeiro dedo da mão direita. Doeu, mas não deixou marcas. Eu tirei o dedo e o saquinho e joguei o saquinho fora. Então, eu comecei a bater na cabeça dele com as pedras.

Depois da primeira vez que bati no peito dele com a segunda pedra grande, eu peguei ela e joguei no peito dele de novo, em torno da mesma área. Então ergui a pedra de novo e joguei no meio dele. Em um momento, eu peguei o Kool-Aid e joguei no rosto dele, no lado direito da cabeça, onde eu bati com a pedra pequena, e no peito também.

Nessa hora, não sei se eu tinha puxado as roupas dele pra baixo ou não. Provavelmente devo ter puxado. Eu olhei em volta, procurando um pedaço de pau, e peguei um galho de árvore. [...] Acho que o graveto era mais fino do que a caneta usada pelo capitão DeLap e com cerca de 60 centímetros de comprimento. Então eu virei ele e coloquei o graveto no seu rabo. Ficou cerca de 15 a 22 centímetros para fora. Eu acho que eu coloquei 45 centímetros nele. [...] Então eu o arrastei até a pilha de pedras [...] O guardanapo estava vermelho de sangue quando terminei com ele.

Então fui embora da mesma maneira que cheguei. Tinha deixado a minha bicicleta no mato do terreno. Eu pedalei até a McCoy Street e depois até a colônia. Depois de 5 minutos lá, voltei até onde estava o corpo. [...] Estava preocupado que ele não estivesse lá e poderia dizer alguma coisa. Entretanto, percebi que ele estava morto e acreditei que estava, então eu não teria que me preocupar com nada. [...] Quando voltei para a colônia, começou a trovejar e essas coisas, e o Bill Horn, o diretor, pediu para todo mundo voltar para casa. Casey e eu saímos de Lamoka de bicicleta e fomos até a casa da minha tia Clare Wilson, na East Lamoka Avenue. Eram 11h ou 10h, não tenho certeza, chamei minha mãe e fomos para casa.

Em nenhum momento eu molestei sexualmente o menino, e não disse a ninguém que matei ele até hoje. Os únicos para quem eu disse hoje foram o marido de minha vó Carl Peters, meu avô Gary Wilson e minha mãe Tammy Smith. Eu sei que fiz algo errado e estou muito arrependido."

Thomas Van Osdol, um agente de seguros de Elmira, cidade distante cerca de 50 quilômetros de Savona, testemunhou que ele e outros agentes tiveram um encontro de negócios em um pavilhão no parque, no local onde funcionava a colônia de férias, por volta das 8h50 do dia 2 de agosto de 1993. Enquanto os três homens conversavam, Smith entrou de súbito com sua bicicleta no pavilhão e, sem rodeios, perguntou: "É aqui onde as crianças se encontram?". Van Osdol disse que, na hora, tinha achado a pergunta estúpida, principalmente vinda de um menino que morava na região. Eles não deram muita atenção até que ele começou a provocá-los: "Eu aposto que posso correr mais rápido do que você!". Van Osdol não gostou do menino petulante e passou a provocá-lo também.

Então, um dos colegas de Van Osdol, não gostando das atitudes e palavras daquele garoto intrometido, entrou na confusão e elevou o tom: "Aposto que eu posso meter a porrada em você! Aposto que eu posso meter a mão na sua cara. Aposto que eu tenho uma arma no meu porta-malas e posso meter uma bala em você!". Smith ficou mudo, e Van Osdol, surpreendido pelas palavras do colega, logo se levantou e retirou Smith do local, dizendo a ele para não ficar assustado, que aquilo era apenas uma brincadeira do seu amigo. Mas Smith não parecera assustado ou chateado, de acordo com Van Osdol.

As duas únicas testemunhas da defesa depuseram em 4 de agosto e pintaram o retrato de um menino angustiado, vítima de bullying e que continuamente se chocava contra coisas porque estava sempre correndo — uma vez, tinha quase apagado após bater a cabeça. Era um menino que vivia doente, sofria de cólicas e infecções de bronquite e ouvidos. Ted Smith relembrou um episódio, poucos meses antes do crime, em que Eric, desesperado, veio lhe pedir ajuda após brigar com a irmã mais velha. Irado e com os punhos cerrados, o menino dissera: "Pai, eu preciso de ajuda. Eu sinto vontade de machucar alguém. Qualquer hora dessas eu vou machucar mesmo". Ted, então, orientou o menino a descarregar a raiva em um saco de pancadas. "Eu me virei e escutei a porta batendo, e ele tinha ido embora. Depois voltou e disse: 'Resolvido'." Suas mãos estavam sangrando. Para descarregar a raiva, Eric saíra e socara repetidas vezes uma árvore.

Em testemunho, o senhor e a senhora Smith falaram sobre episódios marcantes da infância do filho, por exemplo, quando, aos 9 anos, ele descobriu através de piadas dos colegas de escola que Ted Smith era seu pai adotivo, e não biológico. O menino tinha poucos amigos, e os dois mais próximos eram sua avó e uma amiga mais velha do colégio, mas ambas morreram e Eric passou a duvidar da existência de Deus. "Ele disse que não acreditava em Deus. Ele falou: 'Por que ele levou minha avó? Ela era uma pessoa boa. Por que ele fez isso?'", disse Ted.

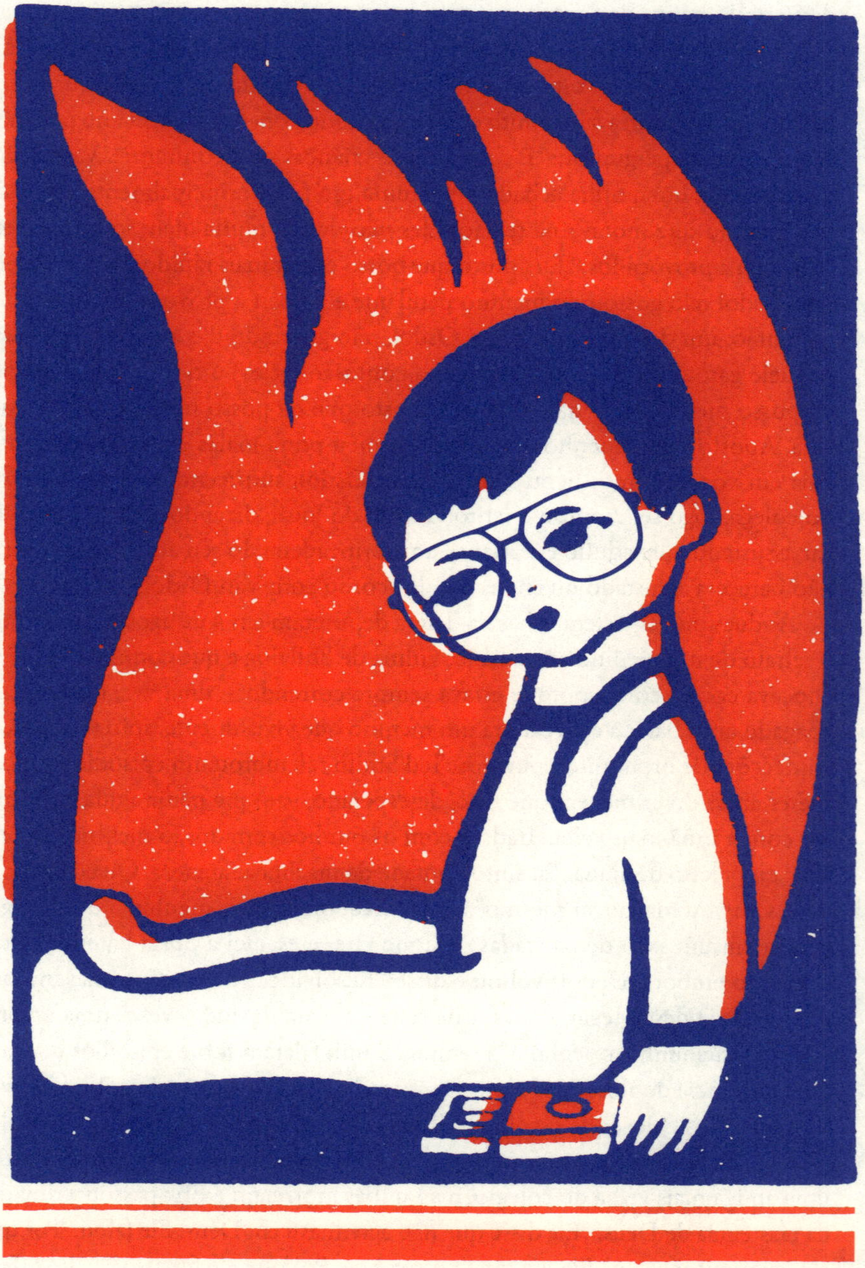

Ainda segundo o pai, Eric várias vezes chegava aos prantos da escola após ser atormentado devido ao seu cabelo ruivo, óculos grandes e suas dificuldades de aprendizagem, que incluíam problemas de leitura e compreensão textual. Obcecado por fogo, aos 3 anos ele acordou no meio da noite e ateou fogo em uma pilha de papéis que colocou em cima do fogão e, em outro episódio, foi a vez de uma maleta ser derretida pelas chamas.

Smith fez xixi na cama até os 11 anos – o que o coloca dentro da Tríade Macdonald – e ainda apresentou problemas na fala que o faziam engolir palavras e babar em si mesmo. O menino ficava tão frustrado quando as pessoas não o entendiam que começou a trancar a respiração e balançar a cabeça, colocando os punhos no chão, de raiva. Ele reprovou na primeira e na quarta série, e o feedback dos professores aos pais era de que ele "agia [...] como se estivesse em outro mundo".

Os pais de Smith comentaram sobre ele ser ignorado pelos avós paternos, pais do seu pai biológico, enquanto sua irmã mais velha, Stacey, era mimada com presentes e atenção. "Eles compravam tudo que ela pedia, e ela chegava radiante em casa", disse Tammy. O próprio casamento de Ted e Tammy nunca foi perfeito e, no tribunal, ambos confessaram que Eric cresceu vendo os dois discutindo e trocando insultos. "Eu tinha um temperamento esquentado", confessou Ted, que por vezes ameaçava as crianças com surras se elas não se comportassem. Eric apanhou algumas vezes do padrasto, com tapas e surras de cinto, mas Ted disse que, na maioria das vezes, apenas o segurava no chão. Segundo Ted, ainda, "Eric tinha um impedimento na fala. Ele babava quando tentava falar. A saliva escorria pelo seu queixo até sua camiseta. Ele teve isso até os 8 ou 9 anos".

Tammy Smith disse em depoimento que perdeu o controle quando Eric confessou ter assassinado Derrick: "Eu perguntei o motivo. Ele apenas respondeu que não sabia e, então, começou a listar todas as mortes". As mortes citadas eram da avó e amigos de Smith. O promotor Tunney, lendo uma anotação do advogado de Smith, questionou a mãe do réu se o assassinato poderia estar conectado com a tristeza do filho com a morte da avó, Dorothy, em 1989. "[Eric] pode ter dito pra você: 'Lembra quando a vovó morreu e eu queria matar alguém? Foi como eu me senti naquele dia quando acordei. Eu queria matar alguém'", indagou Tunney. "Não, ele nunca disse isso", respondeu Tammy.

A nota lida pelo promotor foi escrita em fevereiro de 1994, durante uma entrevista do advogado com Smith e sua família. As anotações de Bradley incluíam declarações de Tammy Smith relacionadas ao interesse de seu filho em matar. Eric até comentara sobre o assassinato de uma mulher em Savona pelo namorado: "ele [assassino] foi esperto em fazer aquilo, explodir o cérebro dela". Bradley interrompeu o promotor, dizendo que aquilo não era uma confissão, apenas anotações de um encontro, mas o promotor aproveitou para reafirmar o quanto Eric tinha um comportamento predatório, que incluía caçar e "matar tudo [...] Ele queria matar pássaros, ratos e coelhos".

A segunda semana do julgamento seria decisiva para definir o futuro de Eric Smith. A "batalha dos psiquiatras" começou com o testemunho de Stephen Herman pela defesa. O médico disse que suspeitava que o réu sofresse de um transtorno de raiva, caracterizado por explosões periódicas de violência devido ao passado de Smith — suas birras, explosões de raiva, tristeza e outros comportamentos não comuns.

Um ano antes de matar, Smith acertou a mandíbula do pai adotivo com um soco, e vivia em pé de guerra com a irmã mais velha. "Eu acredito clinicamente que a doença mental que Eric apresentava naquele dia foi impactada por sua raiva e fúria [...]". Herman revelou que a medicação que Tammy Smith tomou durante a gravidez não teve um papel direto no transtorno de raiva que levou Smith a matar Derrick. Entretanto, o remédio — a chamada trimetadiona — levou a uma síndrome que é uma "anormalidade médica congênita real", afetando o desenvolvimento de Smith. Essa síndrome, sim, poderia ter tido um papel na maneira como Smith via a si mesmo.

Tammy Smith havia testemunhado na semana anterior sobre o fato de tomar a medicação para controlar sua epilepsia desde os 5 anos de idade, e revelou que fez uso dela durante todo o período da gravidez[*] de Smith. O lento desenvolvimento de Eric, suas orelhas diferentes, as dificuldades de aprendizagem e os problemas de visão e fala, teriam sido causados pela droga, de acordo com o psiquiatra. "Eric me disse: 'Eu sou feio e tenho uma aparência engraçada. Os meninos fazem chacota comigo. Eu sou bobo, estúpido [...] Estou sempre sendo maltratado [...] Eu tenho um gênio ruim e eu não gosto de perder'."

Herman também comentou sobre como Smith ficou viciado em nicotina aos 9 anos para "melhorar o humor" e o fato de se sentir abandonado pelo pai biológico. "Eric me disse: 'Meu pai nunca quis me conhecer. Stacy ia na sua

---

[*] Algumas embriopatias associadas a anticonvulsivantes já são bastante conhecidas pelos médicos, como, por exemplo, a síndrome trimetadiona (anomalias craniofaciais, anomalias cardíacas, microcefalia, defeitos de membros, retardo mental e prega palmar única).

Harley [motocicleta] [...] Eu provavelmente perguntaria a ele a razão de não querer me conhecer e de não me querer como filho [...] Ele me faz sentir triste e um pouco depressivo. Eu percebi que ele nunca me quis'."

O psiquiatra, porém, não se limitou a encontrar supostos motivos para o comportamento do menino. Ele contou aos jurados sobre como Eric Smith era sádico e cruel, uma criança que tinha prazer em torturar animais e fantasiar sobre assassinatos. Herman também descreveu a forma como Smith cresceu com problemas que o fizeram se preencher de raiva e ódio contra ele mesmo e os outros. No fim, o menino precisava de tratamento, e não de uma prisão: "Ele não está apto a viver em sociedade", disse Herman. Outro psiquiatra que testemunhou pela defesa, Peter Cormack, concluiu que Smith "dissocia-se de suas ações" durante crises de raiva.

A psiquiatra contratada pela promotoria, dra. Kathleen Quinn, testemunhou que Smith escolheu Derrick como vítima porque a criança era "todas as coisas que Eric sentia que não era": popular, atlético, bonito e amado pelos pais. Smith teria inveja de Robie. Até o julgamento, todos acreditavam que ele não conhecia Robie e que o menino fora uma vítima do acaso, mas Alan Badeau Jr., que trabalhava na colônia de férias, lançou dúvidas sobre essa questão ao afirmar que assassino e vítima muitas vezes até brincaram juntos. O advogado de Eric contra-argumentou, afirmando que o fato de frequentarem a mesma colônia de férias não era garantia de que se conheciam. Havia muitos meninos na colônia e eles até podiam fazer atividades juntos e, mesmo assim, não se conhecerem.

Quinn afirmou que Smith sofria de transtorno de déficit de atenção e hiperatividade, mas não foi essa condição que o levou a matar. Para a psiquiatra, o menino planejara o assassinato de forma consciente, e ele sabia o que fazia antes, durante e depois do crime. A psiquiatra disse que Eric Smith escondeu a própria bicicleta porque não podia levar sua BMX e, ao mesmo tempo, estrangular Derrick. Smith escondeu o corpo e fizera questão de se certificar de que o menino estava morto.

De fato, o argumento de insanidade tinha um grande problema: o próprio Eric Smith. O elo mais fraco dessa linha de defesa era o fato de o acusado ter voltado à cena do crime para se certificar de que a vítima estava morta, e isso mostrava claramente que Smith tinha plena consciência do ato que havia cometido. Quando confirmara que Robie estava morto, ele ficou mais tranquilo.

Sobre a questão da raiva, toda e qualquer criança sente raiva, perdendo as estribeiras em várias situações. Elas gritam, rolam no chão, mordem, dão tapas, tudo isso acompanhado da clássica choradeira que percorre quilômetros

① **SMITH'S TRIAL BEGINS:** Attorney Kevin Bradley, left, and 14-year-old Eric Smith sit at the defense table at the opening of Smith's murder trial in Bath Monday.

EMOTIONS HIGH: Captain Walter DeLap testifies Wednesday.

② Defense attorney Kevin Bradley and Eric Smith listen to testimony yesterday at Smith's murder trial.

178 *ANJOS CRUÉIS* • DANIEL CRUZ

EMOTIONAL TESTIMONY: New York State Police investigator John Hibsch, testifying at 14-year-old Eric Smith's murder trial Tuesday at the Steuben County Courthouse in Bath, describes Smith's actions and demeanor after Smith said to Hibsch, "You think I killed him don't you?" during an interview Hibsch conducted with Smith last August. Smith is accused of killing 4-year-old Derrick J. Robie.

MESSAGE TO FAMILY: Eric Smith mouths the words "I love you" in the direction of his family after the last witness for the prosecution testified Thursday in Steuben County Court in Bath. Smith, 14, is charged with second-degree murder in the death of 4-year-old Derrick Robie.

REMEMBERING BOY: Dale and Doreen Robie, above, are grieving the loss of their son, Derrick, 4, inset, whose body was found Monday in a vacant Savona lot.

FATHER TAKES THE STAND: Ted Smith, the adoptive father of 14-year-old murder suspect Eric Smith, testifies about the physical and emotional development of his adopted son at Steuben County Court in Bath Thursday. The mother of Smith also testified that since childhood, she has taken an anti-epileptic drug that has been linked to birth defects.

ERIC SMITH 179

de distância. Na verdade, toda e qualquer pessoa está apta a perder o controle e, no caso de um acesso de raiva, ser desrespeitosa com alguém, agredir e até matar. No caso de Eric, a questão era se essa raiva era tão severa que ele não sabia o que estava fazendo. E se não sabia, não poderia ser considerado culpado.

O testemunho da psiquiatra foi na total contramão de Stephen Herman. Smith, dissera Quinn, nunca contou a ela sobre qualquer estresse ou ameaças que pudessem tê-lo levado a matar, mas o menino teria ficado assustado e com raiva do agente imobiliário que o ameaçou minutos antes. Smith só queria "machucar", de acordo com Quinn. "Agressão, de alguma maneira, é excitante para Eric. Isso pode ser a razão, a motivação para o seu propósito de matar. Talvez ele saiba as regras, mas seja confortado e excitado pela agressão." Além disso, Smith disse a ela que, após o crime, pedalou em sua bicicleta, jogou videogame, comeu bem e, à noite, "dormiu como um bebê".

Questionada pelo advogado de defesa Kevin Bradley se, mesmo após tê-lo examinado, ela o enviaria para casa, a doutora Quinn respondeu que "em 2 de agosto de 1993, as possibilidades de ser internado em uma instituição psiquiátrica não estavam claras, mas hoje ele seria admitido".

Na noite de 16 de agosto de 1994, após deliberarem por mais de 10 horas, o júri considerou Eric Smith culpado do homicídio culposo de Derrick Robie, e o condenou à pena máxima para assassinos juvenis: nove anos de prisão, com possibilidade de perpétua após esse tempo.

A condenação de Smith não produziu aleluias, heróis, justiça, muito menos sabedoria. Na sala do tribunal, no lado direito, havia uma mãe chorando. Ela foi confortada por seu marido. No lado esquerdo, outra mãe chorava. Também foi confortada pelo esposo. Ninguém venceu. A diferença é que uma delas perdeu o filho em 2 de agosto de 1993. A outra o perdeu em 16 de agosto de 1994. "Minha vida acabou", dissera a mãe de Smith.

Eric Smith era uma equação imperfeita e a solução dos homens para ele foi imperfeita na mesma medida. Durante o período em que esteve preso, o conselho de condicional negou seus dez pedidos para sair livre. Em 2014, ele revelou ao conselho que analisava sua liberdade condicional que direcionou sua raiva e frustração a Robie. Não tinha nada contra a criança, e suas emoções eram, na verdade, uma retaliação contra o pai biológico, a irmã mais velha e os colegas de escola que praticavam bullying. Anos antes, em 2008, ele revelou ao mesmo conselho que, se fosse libertado, gostaria de fazer faculdade de psicologia, "possivelmente" se especializando em "psicologia infantil". Agora havia crianças e jovens "indo para a escola e atirando em todos", dissera Smith. Ele revelou que escutava as histórias desses jovens que estavam "levando armas, bombas e alvejando os indivíduos que os abusavam". Se fosse solto, e as autoridades lhe permitissem estudar psicologia, ele disse: "Eu estaria apto a ajudá-los, então eles não iriam até a escola fazer vítimas". Nesse ano, o conselho negou seu pedido de liberdade condicional, afirmando no relatório que Smith nutria um "desprezo sem sentido pela virtude da vida humana".

Ao longo dos anos, Eric Smith deu várias entrevistas, sempre se desculpando por suas ações, se mostrando arrependido e pedindo por uma nova chance no mundo. Após sua condenação, esteve três anos em uma instituição juvenil e, depois de passar por várias prisões, teve seu pedido de liberdade condicional finalmente aprovado em outubro de 2021, mas adiado por não ter uma residência definida. Em fevereiro de 2022, depois de cumprir 28 anos de pena, Eric Smith, então com 42 anos, foi solto em liberdade condicional, e vive no Queens, em Nova York.

Shinichiro Azuma

SHINI
CHIRO

05 FRIEZA INCOMPARÁVEL

JAPÃO | 14 ANOS

> "Eu não esqueci de me vingar da educação obrigatória que me formou uma pessoa invisível, e também da sociedade que a criou."
>
> Seito Sakakibara,
> 6 de junho
> de 1997

Um dos casos mais sinistros envolvendo crianças assassinas ocorreu no início de 1997, na cidade de Kobe, Japão, quando a contagem regressiva homicida zerou para um menino. Em três meses, essa criança assassinaria duas outras e ameaçaria a vida de mais três. Se não fosse a sua petulância em se gabar dos crimes, ameaçando a sociedade e desafiando a polícia através de cartas que enviava a jornais, as autoridades poderiam ter levado mais tempo para capturá-lo e, assim, sua cólera facínora com certeza teria extinguido a vida de outros inocentes. Essa criança japonesa permanece até os dias de hoje como um raríssimo caso de um jovem que espelha os mais terríveis assassinos em série do século XX, seja por seu psicológico deturpado, seja por sua insolência.

Os ataques perpetuados por ele começaram por volta das 16h de 10 de fevereiro de 1997, quando duas meninas do ensino fundamental foram atacadas com um martelo de borracha, na região de Suma-ku, um dos nove distritos de Kobe. Uma delas chegou a ficar gravemente ferida, mas sobreviveu. As vítimas descreveram o perpetuador do ataque como um "menino". Ele usava uniforme de terninho, vestuário típico de estudantes no Japão, e carregava uma mochila.

A polícia investigava o caso quando, em 16 de março, Ayaka Yamashita, de 10 anos, foi atacada com um martelo ao andar pelo Parque Ryugaoka, região de Suma-ku. Encontrada desacordada por outras pessoas, Ayaka foi levada até um hospital onde faleceu em 23 de março. Ainda na tarde de 16 de março, outra menina foi atacada nas imediações do mesmo parque. Por volta das 16h35, a vítima foi abordada por um desconhecido que a esfaqueou no abdômen. A lâmina chegou a perfurar o estômago, mas a vítima sobreviveu após uma cirurgia que exigiu 1,8 litros de transfusão de sangue. Ela também descreveu o agressor como um "menino". O quinto ataque foi o mais brutal e macabro de todos e, ao contrário dos anteriores, vitimou uma criança do sexo masculino.

Jun Hase, de 11 anos, saiu de casa por volta das 13h40 do dia 24 de maio, para ir até a casa de seu avô e, então, desapareceu. Dois dias depois, uma grande busca envolvendo 150 policiais e bombeiros foi iniciada. Por três dias, o menino permaneceu sumido, até que sua cabeça foi encontrada na frente do portão principal da Escola Elementar Tainohata. Jun Hase foi decapitado com um serrote de mão e, para conferir um tom de filme de terror ao assassinato, dentro da boca da vítima havia um bilhete escrito com tinta vermelha. Um trecho dele dizia:

> "Este é o começo do jogo [...] Tentem me parar, se vocês puderem, polícia estúpida [...] Eu preciso desesperadamente ver as pessoas morrerem, assassinar é excitante para mim. Um julgamento sangrento é necessário para os meus anos de grande amargura."

O homicida assinou o recado, em inglês, como *Shool Killer* – com certeza ele queria escrever *School Killer* [Assassino da Escola]. O bilhete também continha a assinatura *Sakuki Rose Seito*, cujos caracteres em japonês significam "*álcool, demônio, rosa, santo e luta*". Devido a um erro de interpretação da mídia, a assinatura foi divulgada como *Seito Sakakibara*, nome pelo qual o assassino ficou conhecido pelo mundo.

O macabro assassinato de Jun Hase causou pânico na cidade de Kobe e logo a polícia anunciou, em uma coletiva de imprensa, que os ataques perpetuados contra crianças em Suma-ku e a morte de Jun Hase estavam ligados; em outras palavras, havia um assassino em série na cidade. Especialistas que apareciam na TV especulavam que o maníaco deveria ter entre 30 e 40 anos e, provavelmente, sofrera bullying nos anos escolares — uma explicação para as vítimas serem estudantes.

Em 4 de junho, o assassino enviou uma carta escrita em tinta vermelha para o jornal *Kobe Shimbun*. Nela, se mostrava raivoso pela mídia ter errado o seu nome e fazia mais ameaças.

> "Estou colocando minha vida em risco por esse jogo. Se for pego, provavelmente serei enforcado [...] A polícia deveria ser mais tenaz e furiosa na minha busca [...] Apenas quando mato sou libertado do ódio constante que sofro e posso alcançar a paz. Apenas quando causo sofrimento às pessoas posso amenizar minha própria dor. Obs.: De agora em diante, se vocês errarem o meu nome ou arruinarem meu humor, matarei três vegetais [pessoas] por semana [...] Se acham que só posso matar crianças, estão muito enganados."

Assassinos em série que enviam cartas à imprensa, polícia ou familiares das vítimas, existem desde Jack, o Estripador. Jack não deve ter sido o primeiro, mas sua epístola "Do Inferno" é um exemplo de um comportamento raro, mas não incomum, entre os assassinos em série. O estripador londrino enviou duas cartas à polícia em 1888; em uma delas, dentro do envelope, havia a metade do rim retirado de uma vítima. Outra carta que se tornou bastante famosa na criminologia foi a de Albert Fish, macabro vovô assassino em série e canibal, que em 1934 endereçou uma sinistra missiva à família de uma criança que assassinara seis anos antes. O conteúdo era perturbador. Dentre vários ultrajes, Fish afirmava ter levado nove dias para comer o cadáver da criança. Keith Jesperson, David Berkowitz, Dennis Rader e o Zodíaco foram outros notórios assassinos em série "escritores", que zombaram das autoridades em cartas sádicas, petulantes e doentias.

No Brasil, o assassino em série de Goiânia, Tiago da Rocha, enviou uma carta à Polícia Civil de Goiás em 7 de março de 2013. No melhor estilo Jack, o Estripador, Tiago assinou como "Facada" e desafiou a polícia, informando ter assassinado 11 pessoas "de todas as formas". A carta foi digitada em um computador, impressa e colocada em um envelope sem remetente. "Venho através desta, comunicar a vocês que nos próximos tempos os senhores terão muito trabalho a fazer. Quem vos fala é um cidadão cujo único objetivo é matar. Serei direto: sou um assassino em série ou se preferir podem me chamar de serial killer, até agora matei apenas 11 pessoas, mas estou evoluindo bem", diz ele na carta.

Em suas mentes mórbidas, esses psicopatas têm pensamentos delirantes, nos quais projetam uma imagem superior de si mesmos, acreditando piamente que são muito mais espertos e inteligentes do que qualquer um, incluindo a polícia. O envio de cartas, seja para quem for, denota na maioria das vezes uma personalidade sádica. Alguns, como Keith Jesperson, querem plateia. Já outros, como Dennis Rader e o Zodíaco, almejam, além disso, disseminar caos, medo e pânico. Uma outra parte, ainda, incluindo Jack, o Estripador, Tiago da Rocha e David Berkowitz, deseja apenas provocar e desafiar a polícia.

Apesar de doentio, essa prática acaba sendo de grande utilidade na investigação policial. Homicidas seriais são pessoas invisíveis e muitos apenas são pegos após dezenas de crimes. Quando enviam cartas e fazem telefonemas para polícia ou familiares das vítimas, é possível que eles se descuidem e sejam descobertos. Além disso, cartas acabam sendo as provas definitivas a fim de identificar a autoria do crime, podendo inclusive servir como evidências cabais nos julgamentos. Foi o que aconteceu neste caso.

Enviando uma carta ameaçadora para um conhecido jornal de Kobe, Seito Sakakibara abriu dois grandes portais para a polícia: forneceu pessoalmente uma importante evidência — sua caligrafia — e, ainda, revelou informações a respeito da sua personalidade: ele era sádico e petulante e passava por um enorme sofrimento psíquico. Em resumo: Seito Sakakibara era um assassino novato. A cidade só registrara aqueles dois assassinatos, e eram crianças da mesma região, e Seito Sakakibara confessou ser o autor de ambos, ou seja, era um assassino em série. E, como sabemos, os assassinos em série possuem uma bomba-relógio interna em contagem regressiva. Ayaka Yamashita foi o momento em que sua bomba-relógio zerou, e aqueles, portanto, foram os seus dois primeiros assassinatos.

Era provável que Seito Sakakibara fosse um indivíduo com sinais de psicopatia. Alguém que mata criancinhas, decapitando uma delas, e depois envia uma carta ameaçadora à mídia, chamando pessoas de "vegetais", demonstra ser um indivíduo com extrema indiferença e desprezo pela vida humana. Enquanto todos no Japão imaginavam um homem descompensado após anos de uma doença mental ou um maníaco adulto que tinha prazer em predar criancinhas indefesas, a polícia estava de olho em um suspeito inimaginável: um garoto de apenas 14 anos, conhecido na região pela crueldade contra animais. O "menino", que não teve o nome divulgado por ser menor de idade, ficou conhecido como "Menino A", e, no dia 28 de junho de 1997, foi levado até a delegacia para averiguação. Lá, investigadores confrontaram a caligrafia do bilhete encontrado na boca de Jun Hase e da carta enviada ao *Kobe Shimbun* com a caligrafia do garoto. "Foi você quem escreveu isso. Está claro que é sua letra", disseram ele. De início, Menino A negou tudo, mas horas depois, sob intenso interrogatório, ele confessou.

"FOI VOCÊ QUEM ESCREVEU ISSO."

Como veremos a seguir, o Menino A é um raríssimo caso de uma criança que apresenta patologias encontradas apenas em alguns assassinos em série adultos. Nascido em uma tradicional família japonesa, seus colegas de ensino fundamental o descreveram como popular e inteligente, mas desde cedo demonstrava um comportamento errático e estranho. Por muitas vezes, seus pais foram chamados à escola devido ao comportamento do filho, que batia em outros alunos, escondia e queimava sapatos de colegas; certa vez, até rasgou o pneu da bicicleta de outro aluno com uma faca.

Os professores o consideravam uma criança cuja consciência estava perdida; ele não olhava nos olhos de ninguém e não interagia quando um professor tentava conversar com ele. Era como se vivesse em seu próprio mundo particular. Na sexta série, por diversão, passou a furtar lojas de departamento com colegas de classe. Ao entrar no ensino médio, o Menino A se tornou introspectivo, mantendo contato apenas consigo mesmo através de um diário e de um amigo imaginário que ele apelidou de Bamoidōkishin. Um psiquiatra chegou a ser chamado para dar uma olhada no garoto, mas decidiu não intervir, afirmando que a escola é quem deveria lidar com ele. Mas ninguém sabia que o Menino A, após anos remoendo pensamentos macabros e homicidas, estava prestes a cruzar a linha tênue que separa a fantasia da realidade.

Em 16 de março de 1997, ele escreveu no seu diário:

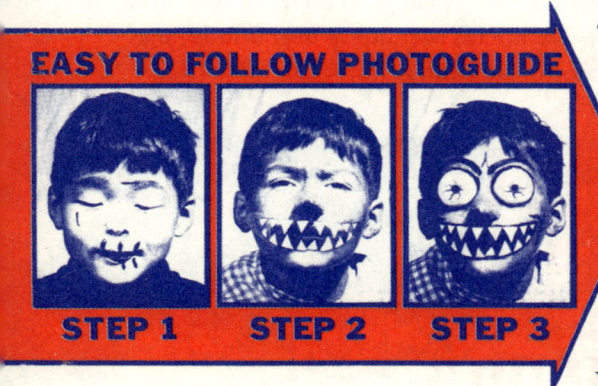

"Realizei experimentos sagrados hoje para confirmar o quanto os seres humanos são frágeis. Eu acertei a menina [Ayaka Yamashita] com um martelo quando ela se virou para mim. Acho que bati nela algumas vezes, mas eu estava muito excitado para lembrar o número de vezes."

Uma semana depois, quando foi confirmada a morte de Ayaka Yamashita, Menino A escreveu:

"Esta manhã minha mãe me disse: 'Pobrezinha. A menina atacada parece ter morrido'. Não há nenhum sinal de que serei pego. Eu te agradeço, Bamoidōkishin, por isso [...] Por favor, continue me protegendo."

Pouco antes de matar pela segunda vez, Menino A quebrou os dentes de um colega de escola ao atacá-lo após uma discussão. Absorto em seus grotescos pensamentos patológicos de dor, morte e destruição, Menino A continuou se animando, e atingiu outro nível de crueldade com o assassinato de Jun Hase, em 27 de maio.

Após frequentar a escola no período da manhã, Menino A saiu de tarde com sua bicicleta à procura de uma criança para matar. Por volta das 14h, ele cruzou com Jun Hase andando sozinho na rua e o escolheu porque "ele era menor do que eu". Ele o atraiu até o alto de uma colina e, após muita dificuldade, o matou estrangulado. Em sua confissão, Menino A revelou estar muito ansioso para colocar as mãos no pescoço da vítima e matá-la enforcada. Com medo de deixar impressões digitais no pescoço, segundo seu próprio relato, Menino A colocou luvas, o que confirma a premeditação do assassinato e o fato de que não sofria de alguma doença mental que pudesse torná-lo incapaz de perceber o que estava fazendo. Ele sabia muito bem. Era o que ele queria.

Jun Hase gritou e se debateu. Menino A não conseguiu matá-lo de imediato, então o derrubou e montou em sua barriga, apertando o pescoço da vítima com as duas mãos contra o chão. Mesmo assim, Jun Hase continuou vivo, desacordado no chão, mas ainda respirando. Menino A, então, se virou para pegar a faca que carregava na mochila, mas lembrou que a deixara em casa. Ao olhar em volta, percebeu uma grande pedra e tentou tirá-la do chão para esmagar a cabeça da vítima, mas ela era pesada demais. Com raiva por não conseguir matar, Menino A passou a chutar o rosto de Hase. Por fim, teve a ideia de usar o cadarço do próprio sapato, amarrando-o em volta do pescoço da vítima e puxando com toda força por vários minutos.

Para confirmar que Hase morrera, Menino A colocou a orelha esquerda no peito da vítima e tentou escutar seu coração. Não ouviu nada. Jun Hase estava morto. Embora Menino A tenha ficado muito zangado com o fato de Jun Hase não ter morrido com facilidade, a fúria envolvida em todo o processo de morte lhe deu um prazer indescritível. Ao final, ele estava cheio de satisfação, pois agora Jun Hase lhe pertencia.

> "A satisfação foi ainda melhor do que quando matei antes. Em 16 de março, em Suma-ku, golpeei as meninas, e uma delas, aquela que bati com o martelo, morreu. Eu não senti muita satisfação, mas no caso de Hase demorei para matar, então fiquei satisfeito. A satisfação que senti ao matá-lo não durou muito e, quando comecei a pensar sobre onde esconder o cadáver, ela desapareceu."

Perguntado sobre a vítima, Menino A respondeu que ele a enxergava apenas como um vegetal, não como um ser humano. Um vegetal poderia ser cortado e esmagado, e ninguém sentiria nada.

Passado o frenesi assassino e o prazer momentâneo do ato de matar, Menino A começou a pensar a respeito de como poderia esconder o corpo. Nas imediações, havia uma instalação de transmissão de TV cuja entrada estava fechada com um cadeado. O assassino desceu a colina com sua bicicleta e furtou de uma loja uma serra manual e um cadeado novo, voltou até a colina, serrou o cadeado antigo e puxou o corpo da vítima para dentro do local. Então, após esconder a serra sob folhas e colocar o cadeado novo na corrente, ele foi embora. Quando foi dormir naquele dia, um pensamento permaneceu persistente em sua cabeça, tanto que o fez acordar no meio da noite. Em seu sinistro livro de memórias, *Zekka*, lançado em 2015, ele revelou:

> "Acordei no meio da noite e lembrei do assassinato e da serra que usei para serrar o cadeado. Naquele momento, fiquei impressionado com o desejo de cortar uma cabeça humana [...] Porque é a cabeça que controla o corpo humano [...]."

Menino A acordou por volta das 11h e, logo à tarde, saiu de casa para decapitar Jun Hase. Ele separou dois sacos plásticos de lixo para coletar o sangue e armazenar a cabeça e, também, uma faca punhal da marca Ryoma, popular no Japão. Ao chegar no local, Menino A não se sentiu tão empolgado em cortar a cabeça da vítima – era mais uma curiosidade. Naquela ocasião, os olhos de Jun Hase estavam bem abertos, e quando o interrogador perguntou ao Menino A se a feição da vítima não lhe causou resistência, ele apenas respondeu: "Não. Era o meu trabalho".

Usando a serra manual, Menino A decapitou Hase pelos lados do pescoço, primeiro serrando a partir do lado esquerdo e depois do lado direito, sempre segurando a testa com a mão esquerda e usando a direita para cortar. Quando a cabeça estava quase solta, Menino A puxou-a para cima pelos cabelos, e ela ficou presa apenas por uma tira de pele. Nesse momento, ao cortar a pele separando completamente a cabeça do corpo, Menino A atingiu o clímax, um prazer que ele nunca antes na vida havia sentido. Ele teve uma ejaculação espontânea.

Aqui cabe uma observação pertinente: seria Menino A um *lust murderer*?

Lust murderer, traduzido como assassino de luxúria, é um tipo de assassino pertencente à categoria dos assassinos hedonistas, aqueles que matam por prazer. Quando falamos em *lust murderer*, falamos na existência de uma clara evidência de um elemento sexual em homicídios, tanto no momento da morte quanto no período que a antecede, e após o crime ter sido consumado. A gratificação sexual para os *lust murderers* é obtida através de atos de mutilação e esquartejamento, e não de sexo em si. São indivíduos que possuem comportamentos de caráter impulsivo e compulsivo, sendo incapazes de abstraírem-se do seu mundo interno. Um dos exemplos mais famosos é o assassino em série ucraniano Andrei Romanovich Chikatilo, que durante doze anos assassinou mais de 50 crianças e adolescentes em várias regiões da ex-União Soviética, em especial Rostov-on-Don, sul da Rússia. Impotente sexual, Chikatilo conseguia uma ereção apenas ao mutilar, estripar e ter contato com o sangue das suas vítimas, ejaculando durante o processo.

Andrei Chikatilo se tornou um *lust murderer* em 1978 quando assassinou Yelena Zakotnova, de 9 anos. Ele atraiu a menina até uma velha casa e tentou estuprá-la, mas não conseguiu porque era impotente. Quando a criança lutou por sua vida, Chikatilo começou a estrangulá-la e, para conter de vez o ímpeto de sobrevivência de Zakotnova, a esfaqueou 3 vezes no abdômen. Durante o processo de esfaqueamento e consequente mutilação, Chikatilo teve uma ereção e ejaculação espontânea. A partir daquele momento, quando ele associou a gratificação sexual com mutilação e morte, criou-se o monstro.

Sabemos que o sexo não foi o motivo que levou Menino A a assassinar, e ele também não buscava gratificação sexual quando decidiu decapitar Jun Hase. Aquilo foi uma vontade que surgiu depois do crime. Mas com esse homicídio, Menino A descobriu uma coisa perigosa: o prazer sexual. Perigosa porque, quando assassinos em série descobrem que matar não só os alivia psicologicamente como também sexualmente, isso os vicia de tal forma que são capazes de ficar fora de controle.

A diferença de Chikatilo e Menino A é que o menino foi pego logo no início de seus crimes, e após sua "experiência Chikatilo". Ele era uma criança ainda, perturbada, claro, mas tinha toda a adolescência e idade adulta para desenvolver a própria sexualidade. Porém, devido à sua patologia, Menino A, se não fosse capturado, sem dúvida se tornaria um *lust murderer*. Uma criança que ejacula de forma espontânea ao decapitar um ser humano, com certeza teria seu desenvolvimento sexual normal comprometido.

Foi o que aconteceu, por exemplo, com Jeffrey Dahmer, o assassino em série canibal de Milwaukee: ele se masturbava com as vísceras de suas vítimas; decapitava um corpo e se masturbava segurando a cabeça dele; ejaculava sobre um corpo esquartejado. Esse comportamento, claro, não apareceu da noite para o dia, foi o resultado da evolução criminal de sua mente doente.

Menino A revelou, em sua autobiografia, que cometeu um ato no banheiro de sua casa "muito mais hediondo do que o assassinato". Ele se trancou lá com a cabeça decepada de Hase, mas não diz que ato hediondo seria esse. Poderia ele ter praticado sexo oral com a cabeça da vítima?

Sabemos que Dahmer teve esse tipo de comportamento, assim como outro assassino em série hedonista, Edmund Kemper. Podemos evocar a figura de Sigmund Freud na obra *A cabeça da Medusa*, de 1922, onde o autor confere um sentido psicanalítico à ação desses assassinos que decapitam suas vítimas, obtendo orgasmos com o ato. Nesse breve texto, Freud escreve: "A visão da cabeça de Medusa paralisa de medo, transforma o observador em pedra [...] ficar paralisado significa a ereção". Como evidenciado pela pesquisadora Marcela Monteiro em seu estudo sobre assassinos em série: "Ao olhar (ver, ouvir, falar) no sentido psicanalítico", para a psique desses assassinos, "fica-se também petrificado, imobilizado pelo poder de suas sádicas fantasias".

Outras características do Menino A corroboram com minha conclusão sobre ele ser "quase" um *lust murderer*. Em um artigo sobre *lust murderers* publicado em 1980, os agentes do FBI John Douglas e Roy Hazelwood classificam esses assassinos em duas categorias: *Antissocial Organizado* e *Associal Desorganizado*. Por mais estranho que pareça, Menino A se encaixa nas duas ao mesmo tempo. E a minha explicação para isso é simples: ele era uma criança. Sua carreira de assassinatos em série estava apenas no começo, ou seja, não houve tempo suficiente para que um perfil e uma assinatura fossem desenvolvidas. Do ponto de vista psicológico e físico, Menino A nem tinha uma personalidade totalmente formada.

Segundo os agentes do FBI, o *antissocial organizado* apresenta total indiferença aos interesses e bem-estar da sociedade, exibindo um comportamento irresponsável e egocêntrico. Apesar de desprezar as pessoas em geral, não as evita. Em vez disso, ele é capaz de apresentar uma faceta amigável por quanto tempo for necessário, a fim de manipular pessoas com o intuito de alcançar seus próprios objetivos. É um indivíduo metódico e astucioso, como se demonstra na perpetração de seus crimes – cometendo-os em locais afastados ou isolados. Ele não quer ser pego, mas o prazer derivado da publicidade da descoberta do corpo e o impacto na comunidade resulta na excitação do antissocial. O *antissocial organizado* está plenamente consciente da ilicitude de seu ato, e essa é uma das razões pelas quais mata. Quase sempre, ele vive a alguma distância da cena do crime e irá perambular por ali, procurando por vítimas.

Já o *associal desorganizado* tem aversão à sociedade. Tais indivíduos preferem a própria companhia do que a de outras pessoas. São solitários, têm dificuldades em relações interpessoais e, por isso, se sentem rejeitados socialmente. O crime cometido pelo associal é mais frenético e menos metódico, ou seja, ele costuma atacar suas vítimas em qualquer lugar, abandonando o corpo no local onde ela foi morta. Mesmo tendo assassinado em um local isolado, não há tentativa de esconder o corpo.

É correto dizer que Menino A se encaixa nas duas categorias, porém o caminho o levava a se tornar um *antissocial organizado*. Ele começou atacando meninas com um martelo à luz do dia em parques, à vista de todos; uma delas foi golpeada e deixada lá para morrer. Essa falta de astúcia foi importante para sua captura, já que testemunhas descreveram o agressor como um "menino". Em seu segundo assassinato, Menino A já apresentou alguma evolução. Astuto e metódico, planejara em detalhes como iria agir. Talvez tivesse escutado na escola sobre um garoto dando marteladas nas crianças e, assim, acabou concluindo que devia ser mais esperto. Ninguém sabe. O fato é que atraiu sua vítima até um local isolado, mas familiar a ele, e pôde, dessa vez, colocar em prática tudo o que reprimia, escondendo posteriormente o cadáver e, também, cuidando para que nada fosse descoberto.

Em seu depoimento, após decapitar Hase, Menino A revelou que os olhos da vítima sempre permaneceram abertos, e isso o incomodou de uma forma que ele passou a conversar com o cadáver, como se ainda estivesse vivo – para ele, era com a alma da vítima que conversava. Segundo seu relato, Hase falava com ele, perguntando a razão de estar fazendo aquilo. Cismado com o olhar da vítima, Menino A cortou as pálpebras usando a Ryoma e perfurou-lhe os olhos, além de realizar dois cortes que iam dos cantos da boca até as orelhas.

Também afirmou ter bebido o sangue de Jun Hase. "Meu sangue estava sujo, então pensei que beber o sangue puro dele o limparia", disse ele. Aqui temos mais uma característica a ser colocada no currículo do jovem japonês. O vampirismo é uma parafilia que faz parte do repertório do *lust murderer*. Embora o piquerismo – desejo de cortar, ferir ou esquartejar um corpo – seja a parafilia que melhor ilustra esse tipo de assassino, a antropofagia, a necrofilia e o vampirismo não são incomuns.

O vampirismo é o comportamento de beber sangue, humano ou animal. Em assassinos hedonistas, está bastante relacionado à gratificação sexual. Ou seja, o ato de beber sangue, fundido com suas fantasias sexuais, acaba de alguma forma estimulando sexualmente o indivíduo. Em alguns casos, pode também representar poder e controle sobre a vítima. No caso do Menino A, beber o sangue para se purificar poderia ser interpretado como uma aversão a si mesmo, o mesmo sentimento de outro vampiro assassino em série, o brasileiro Marcelo Costa de Andrade (o Vampiro de Niterói), que em 1991 assassinou pelo menos 13 crianças no Rio de Janeiro. "Eu bebia o sangue deles para ficar jovem e bonito como eles", confessou Marcelo após ser preso em dezembro de 1991.

Após beber o sangue de Jun Hase, Menino A saiu do local carregando a cabeça em um saco e a serra em outro. Em uma floresta nas imediações, ele escondeu o saco com a cabeça sob uma árvore, mas não sem antes contemplá-la um pouco. O saco com a serra foi jogado em um lago.

No dia seguinte, Menino A tomou café da manhã, almoçou e, à tarde, voltou até a floresta para rever a cabeça. Tirou-a do saco e a olhou por cerca de 5 minutos, então decidiu levá-la para casa. Suja de terra e folhas, a cabeça foi lavada no banheiro por cerca de 15 minutos. Ao terminar a lavagem, Menino A pegou a cabeça e penteou os cabelos, ejaculando mais uma vez durante o processo. Então ele a escondeu no quarto, deitou-se na cama e ficou pensando no que fazer. Achou ser uma boa ideia deixar a cabeça, com um bilhete dentro da boca, na frente do portão da escola em que estudava. Partes da escrita foram inspiradas em mangás que lia. O símbolo ao lado da assinatura *Shool Killer* foi baseado no nazismo alemão. *Mein Kampf* (Minha luta), livro autobiográfico de Adolf Hitler, era um de seus preferidos.

Acreditando que a polícia estava longe de pegá-lo, Menino A escreveu e enviou uma carta ao *Kobe Shimbun*. Sua loucura homicida terminaria um mês após o assassinato de Jun Hase, quando a polícia o levou até a delegacia e ele confessou. Internado em uma instituição psiquiátrica, passou por exames radiográficos, encefalograma, análise cromossômica e uma tomografia, que não apontaram nenhum tipo de anormalidade a nível cerebral ou hormonal. Psiquiatras concluíram que ele não estava mentalmente fora de si no momento do delito; sua consciência era clara, com capacidade intelectual normal para a idade.

Os resultados dos testes psiquiátricos mostraram que, embora Menino A tivesse total responsabilidade, existia um distúrbio comportamental equivalente a um transtorno de personalidade antissocial – "a capacidade de simpatizar com os outros é baixa", dizia o relatório. Por ser menor de idade, ele não foi processado perante a lei e, sim, internado em uma instituição mental para jovens criminosos. No entanto, foi planejado um tratamento médico de longo prazo a fim de corrigir sua personalidade e reabilitá-lo para a vida em sociedade.

Durante o tempo em que ficou internado, Menino A demonstrou agressividade e tendência para manipulação. Tentou furar os olhos de outro interno com uma caneta, atacou outros com uma faca e confessou aos colegas que era "uma pessoa anormal" e que, se eles quisessem sair daquele lugar, deveriam "agir como bons garotos". Uma gravura em papel criada por ele, com a imagem de um bebê cujo corpo ele cortou em pedaços com uma tesoura, foi outro fato que chamou a atenção dos psiquiatras. Mesmo após um tribunal de Kobe declarar que suas "tendências criminais juvenis ainda não foram corrigidas", autoridades do Japão anunciaram, em 1 de janeiro de 2005, a soltura, ainda que sob supervisão, de Menino A. Em nota, o Ministério da Justiça do Japão afirmou que sua patologia estava em "remissão", mas reconheceu que o sadismo sexual não havia sido curado, ou seja, Menino A foi solto aos 21 anos sem estar devidamente recuperado.

Quatro meses depois, ele enviou flores à família de Hase, que as recusou. Em 2007, enviou uma carta pedindo desculpas à família de Ayaka Yamashita. É possível que tenha sido orientado pela família ou pelo advogado a fazer isso, de modo a dar a impressão de arrependimento e ajudar em sua avaliação perante as autoridades. Ou, o mais provável, foi apenas um ato petulante de um jovem desequilibrado que ama zombar da sociedade, como podemos ver em suas cartas.

Embora Menino A possa nunca mais matar um ser humano ou qualquer outro ser vivo, há vários indícios de que sua condição é eterna. Ele parece ter nascido com sementes defeituosas cuja essência é o que é. O tratamento, como confirmado por autoridades japonesas, não o curou por completo. Pode ter ajudado em um grau ou outro, mas a raiz de tudo continua lá.

Seu caso tem similaridades com o de seu conterrâneo Issei Sagawa, um canibal que também teve a oportunidade de sair nas ruas após cometer um crime hediondo. Livre no mundo, mas preso e refém de sua própria mente doente, Issei Sagawa precisou lidar sozinho com suas perversões, e acabou encontrando estratégias de compensação que contribuíram para que não voltasse a matar – e isso incluiu a escrita de livros a respeito do assassinato que cometeu.

Menino A ainda tem a necessidade patológica de aparecer para causar dor e sofrimento às famílias das vítimas e repulsa e indignação à sociedade. Prova disso é que, em 2015, aos 32 anos, lançou sua autobiografia chamada *Zekka*. No livro, Menino A expressa pesar por suas ações, mas os detalhes escabrosos e a forma explícita como ele descreve os crimes levaram grande parte dos japoneses a concluir que o assassino estava apenas se deliciando ao relembrar dos crimes – "uma masturbação mental", como bem definiu um dos críticos do livro.

A respeito da cabeça de Jun Hase, Menino A escreveu:

> "Deixe-me confessar uma coisa: eu pensei que a visão era linda [...] Senti como se tivesse nascido apenas para ver a beleza etérea do que estava na frente dos meus olhos. Pensei que poderia morrer."

Ele confessa ter um "desvio sexual incorrigível", fato que o levou a ter uma cruel satisfação ao matar e dissecar animais até, por fim, aos 14 anos, começar a matar seres humanos.

> "Quando eu entrei no ensino fundamental, já estava entediado de matar gatos, e gradualmente encontrei-me fantasiando sobre como seria a sensação de matar seres humanos como eu."

No epílogo, Menino A fala da culpa que o assola até hoje e oferece uma desculpa para os parentes das vítimas: "Eu não podia mais manter o silêncio sobre o meu passado. Eu precisava escrever. Caso contrário, pensei que fosse enlouquecer". Em um gesto que muitos consideraram insolente, ele enviou às famílias de suas vítimas um bilhete de desculpas, anexado a uma cópia do perturbador livro – um movimento que sugere mais crueldade do que classe ou vontade de se acertar com o passado.

Assassinos em série que escrevem autobiografias, romances e contos não são raridade, e eles fazem isso por uma série de razões. Há obras como *Cooking with a Serial Killer* [Cozinhando com uma assassina em série], de Dorothea Puente, um livro que não passa de uma piada sem graça. Já em *A Question of Doubt* [Uma questão de dúvida], o palhaço assassino John Wayne Gacy fornece as próprias explicações para as dezenas de assassinatos a que foi condenado. O texto é apenas um amontoado de mentiras de um homem desesperado com a sua iminente execução. Ao escrever o livro no corredor da morte, Gacy, um psicopata em seu estado mais puro, e cuja compulsão em mentir o fez viver em total estado de negação pelos seus crimes, tentou uma de suas últimas cartadas.

Por outro lado, o impenitente e feroz Carl Panzram talvez tenha sido o mais sincero assassino em série escritor da história. Nesse "nicho" literário, a autobiografia de Panzram, escrita na prisão, é uma das leituras mais surreais, chocantes e interessantes que existe. Diferentemente de Gacy, Panzram, desde a primeira linha, não tenta encontrar culpados. Ele é a besta. Ele é o responsável. Mesmo que sua visão de mundo seja bastante distorcida, sua autobiografia é uma sólida autoanálise de um homem que dedicou a própria vida a praticar o mal.

Jack Unterweger, David Berkowitz, Gerard John Schaefer e Robert Pickton são outros exemplos de assassinos em série que publicaram obras autobiográficas ou contos. O austríaco Unterweger se tornou uma celebridade literária em seu país. Já o norte-americano Schaefer, e seu livro de contos *Killer Fiction*, mostrou ao mundo a sua "mente imunda" ao supostamente contar histórias "fictícias" de depravação, tortura e morte – como bem definiu o escritor Harold Schechter.

Zekka – cuja tradução aproximada para o português seria "Canção de Desespero" – é praticamente uma mistura da sinceridade de Carl Panzram com a imundície psicopata de Schaefer. É nítido que Menino A pretendia chocar a sociedade japonesa e brincar com as famílias das vítimas. E ele conseguiu.

Indignados com a publicação do livro, o tabloide *Shukan Post* desafiou as leis do país, que protegem menores infratores, e publicou o nome verdadeiro de Menino A: Shinichiro Azuma. Mas, por mais que tais livros sejam, em muitos casos, uma afronta à sociedade e famílias das vítimas, quando assassinos como Shinichiro Azuma publicam seus manuscritos, isso não deixa de ser uma oportunidade única para tentar entender os mecanismos que fazem girar as peças que compõem suas mentes doentias e distorcidas. Seja um livro repleto de mentiras ou de sinceridade explícita demais, o conteúdo é sempre um espelho do que eles guardam dentro de si.

Shinichiro não parou com *Zekka*. Provavelmente ainda mais revelador seja o seu bizarro site pessoal, que ele compartilhou através de uma carta enviada à revista *Shukan Bunshun*, também em 2015. O site, intitulado *Sonzaino Taerarenai Tomeisa* [A insuportável transparência do ser, em tradução literal], foi retirado do ar cerca de um ano depois de sua divulgação, por indignação pública.

"A página oficial do ex-Menino A", como citado na descrição dá página do site, continha detalhes biográficos como atributos físicos (altura e peso), frases a respeito de sua condição mental e seu tipo de personalidade (INFJ).[*] O rodapé da página continha as informações: "Eu não uso Twitter, Facebook ou qualquer outra rede social. Atualmente, esta página é a fonte de informações do ex-Menino A".

[*] Um dos 16 tipos de personalidades segundo o indicador tipológico de Myers-Briggs (MBTI), INFJ (Introvertido, Intuitivo de Sentimento e Julgamento) também é chamado de "Conselheiro" e é descrito como idealista, compassivo e sensível.

A biografia no site dizia: "1982: Nascido em Kobe. 1997: Ocorre o caso de assassinatos em série de crianças em Kobe (incidente álcool, demônio, rosa, santo e luta). 2004: Retornou à sociedade após completar 6 anos e 5 meses na cadeia. 11 de junho de 2015: publicada a primeira autobiografia, *Zekka*".

Na seção de galeria do site, havia fotos bizarras de um homem — talvez o próprio Shinichiro — com o rosto escondido por um pano preto. Em uma delas, ele era metade homem e metade escorpião. Em outra, estava nu e simulava o nascimento da criatura-monstro do filme *Alien, o Oitavo Passageiro* (1978). O site também incluía fotos e desenhos de lesmas, os primeiros animais que Shinichiro matou na infância.

Após a repercussão negativa do lançamento de sua autobiografia e site pessoal, Shinichiro Azuma se recolheu, sumindo de vista. Ele pode estar caminhando de forma invisível entre os japoneses neste exato momento, mas seus meses de loucura homicida em 1997 definitivamente o colocam como uma das mais assustadoras crianças assassinas do século XX.

Sharon Carr

SHARON CARR

06 DESTRUIDORA DE VIDAS

INGLATERRA | 12 ANOS

> *"Meninas que matam meninas é muito incomum. Meninas que matam meninas desconhecidas é ainda mais incomum. E uma menina de 12 anos matar uma de 18, uma criança matar um adulto, nós nunca vimos isso antes. É único."*
>
> **Paul Cheston, Evening Standard**

O terceiro — e de longe o mais assustador — pesadelo britânico infantil do século XX começou a tomar forma na manhã de 7 de junho de 1992, quando o corpo de uma adolescente de 18 anos foi encontrado em uma rua de Farnborough, Condado de Hampshire.

A quase 8 quilômetros de distância de onde o corpo foi encontrado, funcionava a boate Ragamuffins, popular entre os jovens de Farnborough, e local onde Katie Rackliff estava com seus amigos na noite anterior. Jovem, aprendiz de cabeleireira, de sorriso fácil e cabelos encaracolados, Rackliff foi vista pela última vez saindo da boate e entrando em um carro. Mas ela nunca chegou em casa. Vítima de um ataque rápido e selvagem, foi encontrada parcialmente nua e com mutilações terríveis. O médico legista contou 27 golpes de faca, alguns tão potentes que atravessaram o corpo de Rackliff. Mas o pior era a situação de seu órgão genital, completamente mutilado. O relatório do médico legista sugeriu que a vítima falecera em decorrência do esfaqueamento e que ela ainda estava viva quando o assassino passou a esfaquear sua vagina.

O ato bárbaro fez alguns investigadores compararem o caso ao de Jack, o Estripador. E não era para menos. A mutilação extrema de uma mulher, que foi deixada morta e ensanguentada em uma rua qualquer para ser encontrada pelo primeiro que passasse, evoca mais uma vez a imagem do perturbado assassino em série do século XIX que odiava mulheres e as transformava em picadinho.

No caso de Farnborough, a princípio, tudo parecia claro: era um homem. Esse é um crime cometido por homens. Predar mulheres na rua atacando aquilo que as representa, a genitália, é parte da natureza homicida masculina do *lust murderer*, este, no caso, do tipo *asocial*. Subjugar uma mulher jovem, de 18 anos, requer a força de um homem, e possivelmente na casa dos 20 a 30 anos.

POLÍCIA MONTA BUSCA PELO MANÍACO DO CEMITÉRIO

Uma intensa busca continuou hoje atrás do assassino de uma mulher de 19 anos encontrada esfaqueada em um caminho ao longo de um cemitério.

O corpo de Katie Rackliff foi encontrado ontem em Farnborough, Hampshire, por quatro garotos que estavam acampando por perto.

A polícia disse que os garotos escutaram gritos durante a noite, mas pensaram ser jovens brincando. (*Liverpool Echo*, 8 de junho de 1992)

A investigação do caso Rackliff interrompeu as demais atividades do departamento de polícia de Farnborough. Para ajudar, um dos investigadores convenceu o departamento a usar os serviços de um perito em psicologia, ou especialista em análise de comportamento, a fim de examinar as informações do caso e criar um perfil do agressor. Posteriormente, o especialista sugeriu que era bastante provável que o agressor fosse um homem branco, com idade entre 17 e 25 anos, vivendo em um raio de 5 quilômetros do local onde o corpo foi encontrado. Ele poderia viver sozinho ou com sua mãe, estaria desempregado e teria ficha na polícia por infrações leves, como roubo.

Essa descrição, claro, batia com um imenso número de pessoas, e acabou não sendo usada porque os investigadores não entendiam muito bem como poderiam aproveitar essas informações. O perfil criminal ainda era uma ferramenta desconhecida em 1992, principalmente fora dos Estados Unidos, sendo um conceito novo aos investigadores britânicos. Existia um buraco no entendimento de como a psicologia poderia ajudar no processo de investigação de um crime, então eles acabaram se voltando para técnicas tradicionais de investigação, o que envolvia passar um pente fino nos frequentadores da boate Ragamuffins e bater de porta em porta nas imediações de onde o corpo foi encontrado, perguntando se alguém não havia visto algo incomum.

Notícias sobre Rackliff ter sido vista com dois homens em um shopping após sair da boate chegaram aos ouvidos da polícia. Um deles era conhecido na região como o "Coreano do Kickboxer" e o outro era um afro-caribenho com um "cabelo diferente". Segundo o que a polícia apurou, Katie não estava nos seus melhores dias, pois havia terminado um namoro há pouco tempo e, após sair da boate, fora vista com os dois homens nas imediações de um shopping, e posteriormente um terceiro se juntou ao grupo, descrito como "um homem branco de estatura mediana".

As pistas provaram ser falsas e a investigação foi infrutífera. Os investigadores não conseguiram descobrir nada, e até uma recompensa de 10 mil libras foi oferecida por qualquer informação que ajudasse a elucidar o caso. Sete meses depois, a polícia já havia interrogado centenas de pessoas e atendido a cerca de 1.800 telefonemas de gente que apresentava alguma suspeita. Um investigador chegou a se deslocar até a Itália após a polícia rastrear no país uma possível testemunha.

Em qualquer tipo de investigação criminal, quanto mais tempo passa, pior fica. É necessário falar com as testemunhas antes que suas memórias desapareçam e se misturem com os acontecimentos diários de suas vidas. No caso de Katie, sete meses se passaram.

Das 542 pessoas presentes na boate Ragamuffins naquela noite, os investigadores interrogaram 521. As demais não foram identificadas e a polícia veio a público pedir que elas se apresentassem. Um homem chamado Steve, de cerca de 25 anos e 1,77 metro, também era procurado. Um taxista revelou que pegara o homem nas imediações do local do crime e que ele agira de forma estranha. Mas o tal Steve foi apenas mais uma pista inócua. Assim, o caso foi esfriando até congelar por completo.

Nos anos seguintes, o caso de Katie Rackliff permaneceu aberto no departamento de polícia de Farnborough sem que qualquer avanço fosse feito. Cansados e frustrados, os investigadores fizeram tudo o que estava em suas mãos a fim de desvendar o brutal assassinato. Hoje sabemos, olhando para trás, que eles estavam indo pelo caminho errado.

A situação pode ser explicada da seguinte maneira: um policial chega poucos segundos após um assassinato e vê duas pessoas deixando a cena do crime. Uma dessas pessoas é o autor ou autora do crime, a outra não, e as duas estão indo por caminhos diferentes. O policial não pode seguir as duas pessoas ao mesmo tempo e é obrigado a fazer uma escolha.

Uma das alternativas é um homem que aparenta estar bêbado e tem um andar apressado. A outra é uma mulher de rosto suave, estatura mediana e que carrega uma bolsa. Baseado em sua experiência e instinto, sabemos muito bem qual é a escolha do policial, e não podemos negar que, em uma situação hipotética como essa, ele acertaria na mosca em ir atrás do homem — enquanto a mulher sumia no horizonte para nunca mais ser encontrada.

"EM QUALQUER INVESTIGAÇÃO CRIMINAL, QUANTO MAIS TEMPO PASSA, PIOR FICA."

Mas o nosso mundo é dinâmico e traiçoeiro, e o caso Katie Rackliff era um ponto fora da curva. O que o departamento de polícia de Farnborough não sabia era que não importava nem um pouco o quanto eles trabalhassem duro para encontrar o autor do crime. Desde o início, eles apenas solucionariam o caso se contassem com a sorte. E ela veio quatro anos depois daquela fatídica manhã de 1992.

A assustadora surpresa chegou no dia 9 de maio de 1996 em um tribunal de Aldershot, cuja distância era de apenas 6 quilômetros de Farnborough. No dia seguinte, ainda sem muitos detalhes, jornais publicaram notas como esta:

GAROTA DE 16 ANOS ACUSADA DE ASSASSINATO

"Uma garota de 16 anos de idade apareceu diante do juiz, acusada de um assassinato supostamente cometido quando tinha apenas 12 anos. Ela é acusada de ter assassinado a cabeleireira Katie Rackliff, de 18 anos, quando esta voltava para casa de uma boate em Surrey, em 7 de junho de 1992. O corpo de Katie foi encontrado em um cemitério em Farnborough, Hants. Ela foi esfaqueada 27 vezes e agredida sexualmente. A audiência foi adiada até 10 de julho." (*Aberdeen Evening Express*, 10 de maio de 1996)

Uma menina? De 12 anos?

A informação caiu como uma bomba para os ingleses ainda chocados com o caso Jon Venables e Robert Thompson, ocorrido três anos antes. Analisando o passado, a Inglaterra tinha três crianças assassinas "operando" entre junho de 1992 e fevereiro de 1993, a menina de Farnborough ao sul e a dupla Venables e Thompson ao norte.

Mas a pergunta que não queria calar era: quem era essa menina e como a polícia chegou até ela? Por ser menor de idade, seu nome não foi divulgado e o caso correu sob segredo de justiça. Os detalhes escabrosos, assim como sua identidade, se tornaram públicos apenas durante o seu julgamento, que começou em fevereiro de 1997. Logo, a menina receberia da mídia o sinistro apelido de "Filha de Satã". E, apesar do espanto, eles não estavam exagerando.

Sharon Carr nasceu em Belize, um país na costa oeste da América Central, em 1981, em meio a ratos, pobreza, fome e delinquência — um retrato fiel da exploração dos britânicos. O país só se veria livre dos ingleses em 1981, mas continuaria mantendo uma forte ligação com seus colonizadores.

Terríveis condições de vida até podem ser superadas, ou pelo menos compreendidas, mas existe algo que definitivamente afeta e é duradouro no desenvolvimento de uma criança: a criação e o amor dos pais. E isso era tudo o que Sharon Carr nunca teve. Seu pai era um alcoólatra violento, e sua mãe era dada a explosões de raiva, insensível e ausente. Era um lar desfigurado, marcado por brigas, fome e miséria, experiências horríveis que se tornaram parte da vida da menina. Um exemplo de agressividade punitivista materna ocorreu quando a menina, ainda muito pequena, teve a vagina molhada com pimenta.

Crianças precisam ser alimentadas, amadas, orientadas e protegidas, mas tudo o que Carr recebeu daqueles que eram seus guias e suas referências, foi hostilidade e selvageria. Era como se Carr estivesse sempre em uma rinha de galos, mas com animais muito maiores do que ela.

Durante a infância, Carr se mudou para a Inglaterra com a mãe e seu novo marido, George Carr, um membro do exército inglês que estava servindo em Belize. A família se estabeleceu em Camberley, Surrey. Era uma oportunidade de fugir da pobreza e de ter um destino menos incerto, vivendo em um ambiente diferente, saudável e com mais oportunidades. Pela primeira vez, Sharon Carr experimentou o que era viver em paz em uma casa com uma cama só para ela e comida na geladeira, além de frequentar a escola. Seus professores a achavam

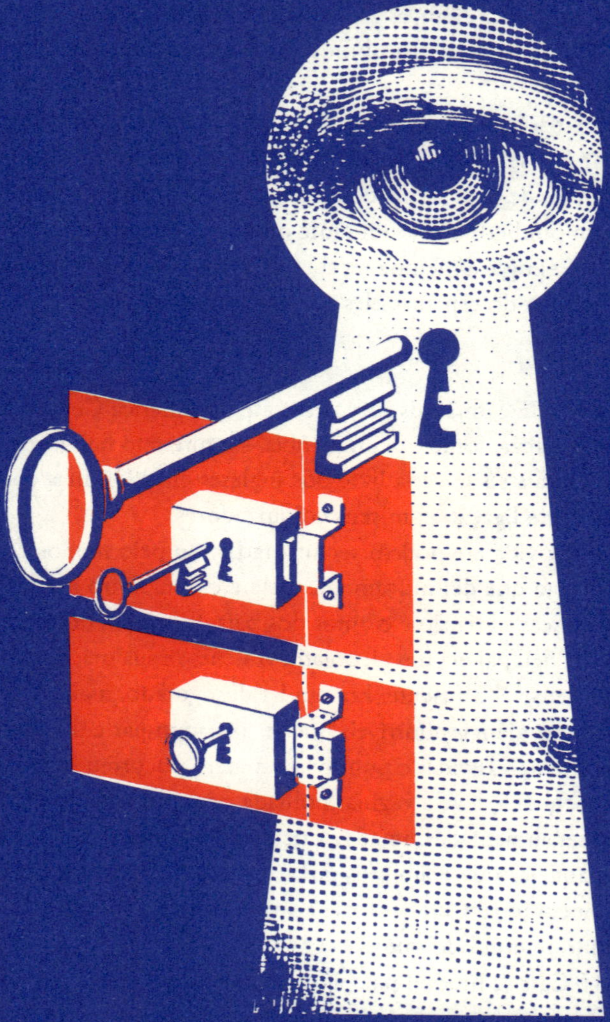

uma menina educada e prestativa. Mas com o passar do tempo seu comportamento se deteriorou de uma forma muito evidente. Ela se tornou agressiva e, buscando atenção a todo custo, perturbava o ambiente e seus colegas.

Segundo o psicólogo criminal David Holmes, "quando ela se mudou para o Reino Unido, era como estar numa posição privilegiada, mas ela estava desconfortável com isso. Ela teve problemas em se adaptar a uma vida onde as coisas eram dadas, onde outras pessoas pareciam ter tudo e ela, pelo seu passado, não tinha nada. Essa inferioridade interior levaria ao seu ressentimento".

Mas não era só isso.

O mal já estava solidificado em Sharon Carr.

Se esse mal nasceu com ela, se foi construído através de uma infância violenta ou se foi uma mistura dos dois, continua sendo uma questão em aberto para muitos. O que sabemos é que ela continuou sendo uma vítima da mãe ausente, abusiva e perturbada. Em 1987, desesperado para terminar o casamento, George Carr foi até Camberley para uma conversa final com a esposa e, quando pisou na casa, foi recebido com uma panelada de gordura quente que queimou sua cabeça, braços e peito. Molly Carr foi sentenciada a três anos de tratamento em um hospital psiquiátrico pela agressão. Ela era obcecada com o vodu e havia crescido com a crença supersticiosa de que os rituais poderiam lhe dar poder sobre as outras pessoas, e essa crença foi passada para sua filha Sharon. George Carr, que pediria o divórcio alguns anos mais tarde, alegava que sua esposa era problemática, violenta e muito dedicada ao oculto.

Crescendo em uma casa que cheirava a morte, estava claro que a menina buscaria o caminho errado à medida que fosse se desenvolvendo. Aos 11 anos, já havia experimentado todos os entorpecentes que as ruas podiam oferecer e isso a introduziu a um mundo igualmente decadente e desumano. Ela saíra do contexto de violência doméstica e crueldade contra animais em sua sala de estar apenas para encontrar traficantes e jovens delinquentes que se drogavam, cometiam crimes e atos de agressividade.

Mas Sharon Carr não era apenas mais uma criança nas ruas. Aos 12 anos, ela já personificava aquilo que conhecemos como o mal. Quando os detalhes de seu caso vieram a público em 1997, seu padrasto George Carr contou sobre o ponto que mais lhe chamava atenção na menina: a expressão calma e indiferente enquanto testemunhava as atrocidades da mãe. Era como se Carr absorvesse as imagens de violência tão naturalmente quanto se estivesse apenas assistindo a um desenho animado. Aquilo não a chocava. Não era nada absurdo. Era o seu normal.

Carr era conhecida como bruxa em seu bairro, e dizia-se que jogava feitiços em quem não gostava dela. Por isso, muitos vizinhos cruzavam a rua para não passarem em frente à sua casa. Ela podia ser apenas uma menina em fase de crescimento, mas já era temida pela vizinhança. Sharon Carr instalou um horror tão profundo na comunidade onde morava, que em 2017, enquanto investigavam o caso para um documentário, produtores do canal de TV *Crime + Investigation* tentaram conversar com vizinhos e moradores de Old Dean Estate e, quando souberam do que se tratava, ninguém no bairro quis comentar nada. Não interessa se hoje está atrás das grades, a sua história e sua aura deixaram um impacto permanente, tão forte que segue sendo passado de geração a geração.

É assim que as lendas nascem, como as do bicho-papão, homem do saco etc. John Douglas, autor de *Mindhunter: O primeiro caçador de serial killers americano*, revelou certa vez sua suspeita de que as lendas de vampiros, lobisomens e outros monstros derivam na verdade de assassinos reais cujos crimes eram tão hediondos que as sociedades da antiguidade não conseguiam aceitar aquilo como obra de um ser humano, portanto, criaram histórias fantasiosas. Em 1992, aos 12 anos, a imagética toda da família de Carr, e ela própria, era tão assustadora que causava arrepios em quem topasse com ela.

O que exatamente aconteceu no intervalo de tempo entre Rackliff sair da boate e ser encontrada morta, às 7h de 7 de junho de 1992, permanece um completo mistério até hoje. O que se sabe é que nas primeiras horas daquele dia, Rackliff, de alguma forma, cruzou o caminho de Sharon Carr. A teoria mais aceita diz que Rackliff pegou carona com dois homens, e dentro desse carro também estava a menina. O carro ou os homens nunca foram oficialmente identificados e Carr jamais revelou como conheceu a vítima. Seguiu-se uma extensa investigação, e a selvageria do ataque – violência, frenesi, componentes sexuais – apontava para um homem fisicamente forte, capaz de atacar uma mulher de 18 anos, subjugá-la e matá-la. Não era comum que mulheres matassem daquela forma, que esfaqueassem uma vítima, se deleitando com um prazer sádico, com sangue sujando todo o seu corpo. Que mutilassem o órgão genital de outra mulher daquela maneira. O que o corpo mutilado por 27 golpes de faca que rasgaram completamente Rackliff poderia dizer?

Os policiais não estavam errados em procurar por um maníaco sexual na pele de um homem jovem. Ele até poderia ser mais velho, mas o fato era que *devia* ser um homem. Estava na cara que era *lust murderer* clássico. Homens que cometem esse tipo de crime muitas vezes não estão no controle de suas ações. Eles têm consciência do ato, mas não conseguem controlar o impulso devido a uma extrema e patológica necessidade de matar, incluindo as parafilias – mutilar, esquartejar, comer pedaços de um corpo ou beber o sangue. E isso é o que mais assusta, porque foi Sharon Carr quem cometeu esse ato bárbaro. Uma menina de 12 anos. E ela estava completamente sã. Ela *queria* aquilo.

Anos depois, quando enfim foi desmascarada como a assassina de Katie Rackliff, a polícia encontrou diários onde Carr escreve de forma fria e eufórica sobre o crime. Em muitas páginas, ela escreveu KR, as iniciais de sua vítima, e informa o quanto adorou matar um ser humano, comprovando sua luxúria por sangue. De tempos em tempos, Carr escrevia no diário como se quisesse reviver o assassinato, obtendo um mórbido prazer de seu ato. Sua escrita revela uma assassina orgulhosa do próprio trabalho: "Eu sou uma assassina. Assassinar é o meu negócio. E o negócio é bom". Em outra página ela escreveu: "Nasci para ser uma assassina. Matar, para mim, traz uma excitação gigantesca e me deixa tão alto nas nuvens que nunca quero cair. Toda noite eu vejo o Demônio em meus sonhos – às vezes até no meu espelho, mas percebo que era apenas eu".

Quatro anos depois do crime, Sharon Carr escreveu:

> "Eu levo a faca em seu peito. Os olhos dela estão fechando. Ela está implorando comigo, então eu levo a faca para ela de novo e de novo. Eu não quero machucá-la, mas eu preciso praticar violência com ela [...] Eu preciso superar sua beleza, sua serenidade, sua segurança. Lá eu vejo o seu rosto quando ela morreu. Eu sei que ela sente sua vida sendo lentamente tirada dela e a ouço agonizar. Eu acho que ela estava tentando respirar. O ar para no fundo de sua garganta. Eu sei que por toda a sua vida a sua respiração funcionou, mas não agora. E estou muito feliz."

Em outra entrada de seu diário, Carr fornece a melhor definição de si mesma: "Eu sou uma destruidora de vidas". A cada ano que passava, ela ficava mais confiante de que não seria pega, e uma forma de saciar a sua constante sede por sangue era revivendo o assassinato através da escrita.

No fim, homicidas como Sharon chegam a um ponto em que nada mais pode substituir o ato de matar e, para a menina de Belize, essa hora estava chegando. Em 7 de junho de 1994, *exatamente* dois anos após matar Katie Rackliff, Sharon Carr resolveu homenagear sua primeira vítima e sentir mais uma vez o poder de tirar uma vida. Como atesta em seus textos, ela estava desesperada para matar de novo e não podia esperar mais.

Aos 14 anos, ela atraiu outra menina, de 13, para dentro do banheiro da escola onde estudavam, a Collingwood College, sob o pretexto de pedir ajuda para procurar uma moeda que havia perdido. Sharon esfaqueou Ann-Marie Clifford no peito. Durante o ataque, Carr estava em completo êxtase, sorrindo e jogando a faca de uma mão para a outra, como uma cascavel que balança seu chocalho antes do bote. Clifford, enquanto procurava a moeda perdida de Carr, viu a assassina sorrindo de maneira predatória. A única facada desferida poderia ter sido fatal, mas Clifford teve muita sorte. Ela conseguiu escapar quando quatro meninas entraram no banheiro, interrompendo os planos de Carr e salvando sua vida. Anos depois, durante o julgamento de Carr pelo assassinato de Rackliff, Ann-Marie Clifford deu um depoimento assustador, lembrando do sorriso de Carr e de como ela manuseava a faca.

Mas, dessa vez, Sharon Carr não teve escapatória. Pega em flagrante, ela foi condenada a dois anos de prisão na HM Prison Bullwood Hall, uma instituição feminina para jovens agressoras localizada em Hockley, Essex. Enquanto aguardava julgamento, ela tentou estrangular duas enfermeiras do centro de detenção e, dois anos depois, começou a se gabar para outras internas sobre como havia assassinado Katie Rackliff. Logo as assustadoras falas de Carr chegaram aos ouvidos da direção da Bullwood Hall e a polícia foi informada.

Uma estratégia foi desenhada entre a polícia, a direção e os médicos da prisão, com o objetivo de fazer a adolescente, agora com 16 anos, confessar o crime. Sem demora, Carr deu informações que apenas a polícia e o assassino poderiam saber, como o bracelete desaparecido de Rackliff e detalhes da mutilação que, pelo aspecto chocante, não foram divulgados ao público. Com a confissão, os investigadores começaram a apurar informações sobre a vida de Carr e, na casa de sua mãe, encontraram os diários com as anotações do crime. Não é nem um pouco comum uma criança manter registros detalhados de um assassinato real, desenhando, inclusive, o instrumento utilizado para tirar a vida de alguém. No caso de Katie Rackliff, uma faca. Baseado no depoimento de Carr, a descoberta dos diários foi o prego no caixão do inquérito policial que a apontava como a autora do crime.

No total, Sharon deu três versões diferentes sobre a noite em que Katie foi assassinada e o único ponto que não mudou foi a respeito de como a matou. A menina não parecia muito interessada em contar como conheceu ou escolheu a vítima; ela preferia falar sobre como Katie quase implorou pela própria vida enquanto ela apenas continuava a agredi-la. Era difícil acreditar que uma criança de 12 anos pudesse ter cometido tamanha atrocidade e dúvidas foram levantadas sobre Sharon ter mesmo agido sozinha. A polícia suspeitava que pelo menos mais uma pessoa teria participado do crime, o que nunca foi comprovado.

Em 26 de maio de 1996, após um total de 27 horas de interrogatório, Sharon Carr foi acusada do assassinato de Katie Rackliff. Apenas algumas semanas depois, no dia 7 de junho de 1996, a "Filha de Satã" escreveu em seu diário: "Respeito a Katie Rackliff. Quatro anos hoje". Dois meses depois, Sharon Carr recuou e negou ter assassinado Katie. Isso foi uma estratégia da defesa, pois as provas contra ela eram frágeis. Para seus advogados, a confissão de Carr era a fala de uma adolescente problemática crescida em um lar desfigurado e gerenciado por uma mãe maluca. Eles poderiam convencer o júri de que a menina só queria chamar atenção com algo negativo, pois a única coisa com que ela tivera contato desde o nascimento foi a morte. Já os diários, o que eles provavam? Ela poderia ter lido nos jornais ou escutado as pessoas comentando sobre o assassinato de Rackliff e fantasiado sobre ter feito aquilo. Retificando sua confissão, Carr obrigou a promotoria a provar, além de qualquer dúvida razoável, que ela foi a autora do crime. Seu histórico julgamento começou no final de fevereiro de 1997 e durou quatro semanas.

"O mal [...] É uma verdade terrível que esta jovem menina, de apenas 12 anos e meio de idade na época, de fato assassinou Katie Rackliff, assombrada desde então, exultou a respeito, até mesmo indo tão longe ao ponto de mencionar prazer sexual obtido [...] Seu coração, pulmões, fígado e estômago foram cortados e penetrados vez após vez. Foi um ataque enlouquecido", disse o promotor Stewart Jones, no primeiro dia de julgamento. Ainda segundo ele, havia indícios de que o corpo da vítima fora arrastado por alguns metros, sem nenhum sinal de agressão sexual praticada por um homem.

Embora não houvesse evidências forenses, Carr sabia detalhes do crime que apenas o assassino podia saber. O júri ficou sobretudo chocado quando o promotor mostrou os diários. Alguns jurados, como noticiaram jornalistas presentes no tribunal, chegaram a afastar para trás as cabeças ao lê-los, claramente demonstrando repulsa. Ao final, os treze jurados — sete homens e cinco mulheres — foram unânimes em reconhecer a culpabilidade da ré. Sharon Carr foi condenada a catorze anos de prisão em um hospital psiquiátrico, com uma recomendação do juiz de que nunca mais fosse autorizada a andar nas ruas.

O juiz Scott Baker, em sua fala final, afirmou que "a evidência sugere que você não estava sozinha quando esfaqueou Katie Rackliff até a morte em junho de 1992. Quem eram os outros e que parte tiveram nisso permanece desconhecido.

O que está claro é que você teve um motivo sexual para o assassinato, e é aparentemente através de ambos, da maneira brutal na qual você mutilou o corpo e das escritas assustadoras em seus diários sobre o que você fez, que a culpa aponta para você. Você é, em minha opinião, uma jovem mulher extremamente perigosa". Ao sair do tribunal, Carr sorria.

Nos anos que se seguiram à sua condenação em 1997, Carr foi diagnosticada com vários tipos de transtornos, incluindo psicopatia e esquizoafetividade. O transtorno esquizoafetivo é caracterizado pela combinação de esquizofrenia com transtorno de humor, ou seja, junto dos sintomas clássicos da esquizofrenia (delírios, paranoia e alucinações) temos também a depressão (ou depressão + mania, como no transtorno bipolar).

Em 2001, Carr virou notícia mais uma vez ao ficar noiva de Robbie Layne, um assassino que havia espancado até a morte a mãe e arrancando os seus olhos. Ambos estavam presos no Broadmoor Hospital, uma instituição psiquiátrica de segurança máxima em Crowthorne, Berkshire. Mas o casal voltou atrás quando as notícias do casório estamparam as páginas dos jornais.

Após o término de sua sentença, ninguém se aventurou a emitir um laudo considerando-a apta a viver em sociedade. Carr foi enviada para a prisão feminina HMP Bronzefield, nos arredores de Ashford, em Middlesex, não muito longe de onde matou Rackliff. Ela permanece lá até os dias de hoje, em uma solitária. Deixá-la em contato com outras detentas seria perigoso demais, pois Sharon Carr ainda tem sede de sangue.

Tempos atrás, ela entrou na justiça contra as restrições que lhe foram impostas e, em 2020, sofreu um duro golpe quando um juiz negou qualquer permissão para que ela buscasse revisão judicial. Isso significava que, além de ser mantida em uma solitária, ela nunca mais poderia sair da prisão. Em seu julgamento, o juiz Julian Knowles argumentou que qualquer tentativa de afrouxar a segurança em torno de Sharon Carr colocaria em risco a segurança das pessoas. Segundo ele, Carr tende a formar "relacionamentos intensos com mulheres, que se tornam fantasias violentas quando ela é contrariada. Carr revelou nutrir pensamentos de querer matar outra detenta, batendo nela com um frasco até abrir a sua cabeça e jogando-a pelas escadas para quebrar o seu pescoço".

O caso Sharon Carr coloca diante de nós a pertinente questão: natureza ou ambiente? Ela nasceu para matar ou se tornou uma assassina devido à sua infância desprivilegiada? A neurocientista inglesa Francesca Happé, em um documentário para o canal de TV *Crime + Investigation*, disse que "o diagnóstico dela é muito complicado, porque junto do transtorno esquizoafetivo ela também tem múltiplos transtornos, borderline, transtorno de personalidade antissocial, um lote inteiro de descrições que a faz uma jovem mulher muito problemática, vinda de uma criação difícil, então é difícil desembaraçar o quê do quê". Hoje, na casa dos 40 anos, Sharon Carr permanece sombria e assustadora. Talvez, se devesse seguir a sugestão da ativista Lynne Baird, que em 2017 perdeu o filho Daniel, de 26 anos, esfaqueado em uma briga de rua: "A melhor coisa a se fazer [com ela] é jogar fora a chave [da cela]".

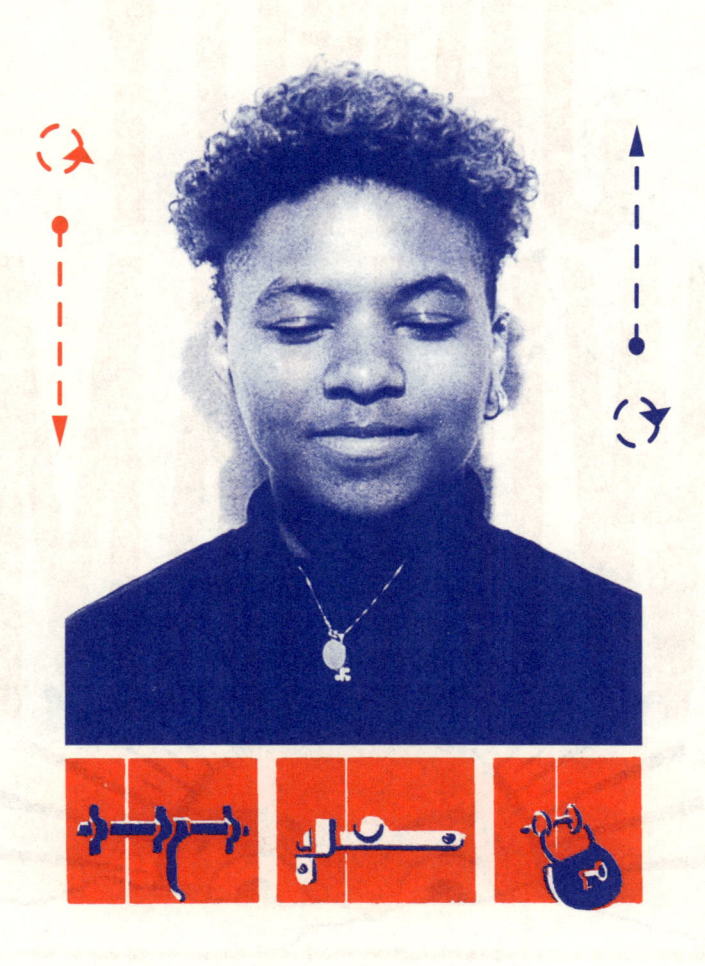

Charles & Martin

SANDY
& WILLIAM

07 ETERNA ESCURIDÃO

CANADÁ | 14 E 7 ANOS

Todos os anos, durante um mês inteiro, a cidade de Utqiaġvik, no Alasca, se prepara para a tradicional "Noite Polar", um período durante o inverno em que não há luz do Sol. São 30 dias de absoluta escuridão e grande parte da população deixa a cidade nos dias anteriores a esse evento. Aliás, só é possível chegar e sair do local de avião, pois não existem estradas que conectem Utqiaġvik a outros lugares. O ambiente e o clima não são nada convidativos, com exceção para as criaturas da noite.

Da mesma forma, La Ronge, no centro da província canadense de Saskatchewan, também é uma cidade pequena. Com pouco menos de 3 mil habitantes, o lugar é cercado por uma mata densa e fria, conhecida pelos moradores como "floresta de neve", e pelo imenso Lac la Ronge, um lago glacial com cerca de 250 quilômetros de extensão. Por terra, para entrar ou sair da cidade, há somente uma estrada, a Highway 102.

Cercada por árvores e um grande lago, La Ronge tem apenas uma rodovia de saída. Se algo acontecer, a floresta é a única alternativa, mas dizem que quem a atravessa pode nunca mais voltar.

> "Não há luz no fim do túnel para ele."
> **Evening Times-Republican,** *1902*

• • •

"A polícia encontrou o corpo de um menino de 7 anos de idade, que estava desaparecido nesta comunidade do norte desde o fim de semana", noticiaram jornais canadenses em 12 de julho de 1995. O corpo em questão era de Johnathan George Thimpsen, de La Ronge, encontrado durante uma noite fria. Na floresta. A descoberta do cadáver foi feita por voluntários que desde o dia 8 de julho, dia do desaparecimento, buscavam desesperadamente pelo menino. Ele não estava muito longe da casa de sua avó, na rua Sinotte Crescent, e fora visto pela última vez brincando com algumas crianças. O corpo continha ferimentos que claramente indicavam um assassinato.

> "Johnathan George Thimpsen nasceu nesta isolada comunidade indígena em 30 de dezembro de 1987 e foi assassinado aqui em 8 de julho de 1995. Brincalhão e extrovertido, ele tinha um sorriso cativante e uma dupla de dentes faltando na frente. Seu herói era Zorro, o conquistador mascarado de capa e espada." (*The New York Times*, 24 de agosto de 1995)

Somente 29 horas depois de seu desaparecimento é que a mãe de Johnathan ligou para a polícia. Isso porque ela pensou que o menino estava apenas perdido e, logo, vários homens da cidade organizaram buscas. Quando ele não foi encontrado, o que atestou que a situação era muito pior do que se imaginava, ela contatou a polícia. E existe um outro ponto importante nessa história: a falta de confiança dos moradores locais na polícia canadense, a Real Polícia Montada do Canadá (RCMP, na sigla em inglês).

La Ronge é uma comunidade de descendentes indígenas, portanto, seus habitantes sentem na pele o que significa negligência e indiferença do poder público. A polícia não foi a primeira opção da mãe de Johnathan, o que expõe o falho sistema de segurança do Canadá, tido por muitos como um dos melhores países para se viver. Como exemplos de negligência da RCMP, há dois episódios bastante conhecidos.

Por anos, o fazendeiro Robert Pickton assassinou garotas de programa e mulheres viciadas em drogas que ele pegava em Downtown Eastside, bairro de Vancouver. A RCMP foi avisada das dezenas de desaparecimentos, mas fez pouquíssimo caso, o que permitiu que o assassino em série continuasse matando. A outra situação é conhecia pelo nome de *Highway of Tears* [Rodovia das Lágrimas], uma faixa de rodovia na Colúmbia Britânica entre Prince George e Prince Rupert onde, durante décadas, mulheres pobres e indígenas desapareceram sem que as autoridades esclarecessem o real motivo. Esses são dois casos específicos dentre inúmeros outros e, no evento de La Ronge, mesmo avisada, a RCMP demorou a agir, tanto que foram os próprios cidadãos, liderados por um morador local chamado Al Rivard, que encontraram o corpo de Johnathan 72 horas depois.

Mas se a RCMP demorou para se mobilizar, o mesmo não se pode dizer da investigação do assassinato. No dia seguinte à descoberta do corpo, a polícia já tinha um suspeito principal. Era óbvio, pela condição do corpo, que eles estavam lidando com um homicídio – Johnathan foi degolado e teve a cabeça esmagada –, então os interrogatórios começaram pelas crianças de La Ronge, sobretudo aquelas que eram conhecidas da vítima e as que brincavam com ele antes do desaparecimento.

Um dos interrogados, um menino de 14 anos chamado Sandy Charles, para a surpresa dos investigadores, logo confessou ter assassinado a criança. Os detalhes horríveis e a frieza do menino chamaram a atenção dos policiais, mas, mais do que isso, foram as crenças do garoto que impressionaram os oficiais. O menino não apenas acreditava no poder da magia e do sobrenatural, como também acreditava que a cada mil anos Satã era libertado na Terra. Almejando ser um discípulo do Belzebu, o garoto sentiu que deveria sacrificar um humano virgem em oferenda ao Senhor das Trevas para que sua reputação estivesse em dia no ano de 2000, data em que ele acreditava que o chifrudo andaria entre os mortais com seus pés pesados e esfumaçantes. Estaria esse sinistro menino falando a verdade? A polícia o liberou, mas continuou atenta, tentando encaixar as peças e aguardando os resultados da perícia.

Enquanto isso, e como em toda cidade pequena, rumores começaram a se espalhar a respeito de uma seita secreta que estava de olho em criancinhas para seus rituais satânicos. Além disso, alguns habitantes viram o péssimo estado em que estava o corpo de Johnathan. O pavor cresceu de tal forma que uma reunião entre moradores e a RCMP foi organizada para tentar acalmar os ânimos. Estava na cara que a polícia não podia revelar os detalhes da investigação, ainda mais porque envolvia a suspeita de uma criança da comunidade e, pior, essa criança supostamente cometeu o crime motivada por ocultismo.

As suspeitas se confirmaram no dia 13 de julho, quando a perícia comparou fotografias tiradas do dedo do suspeito, machucado pelo que parecia ser uma mordida, com as impressões da arcada dentária de Johnathan. O encaixe foi perfeito.

Sandy Charles nasceu em 6 de julho de 1981, em La Ronge, e cresceu sem uma figura paterna, sendo criado pela mãe, que o teve aos 17 anos. Durante seus primeiros 12 anos de vida, nada de diferente pode ser citado sobre a infância do menino, que cresceu como uma criança comum que gostava de videogames, televisão e brincar na rua, jogando beisebol e basquete. Ele, inclusive, ajudava muito a mãe, auxiliando nos cuidados de seus dois irmãos mais novos. As crianças passavam a maior parte do dia sozinhas, já que a mãe trabalhava, e era Sandy quem cuidava dos irmãos.

A sua única tristeza na infância dele foi a perda do pai, atropelado por um motorista bêbado em 1984. Na escola, era bom aluno e foi descrito por um professor como "um menino quieto com uma imaginação vívida que, algumas vezes, pendia para o bizarro". Isso, talvez, fosse a única coisa "estranha" nele. Sandy gostava de fantasia e suas redações refletiam uma forte queda pelo grotesco, com figuras sombrias emergindo como seus heróis. Ele também parecia ter um grande interesse por fantasmas e espíritos.

Com a chegada da adolescência, aos 13 anos, Sandy mudou radicalmente, tornando-se bastante temperamental e cada vez mais retraído. No início, sua mãe, Jean Charles, notando a diferença cada vez mais acentuada no comportamento do filho, pensou que ele tivesse depressão — chegando a cogitar que pudesse ter sido abusado sexualmente. O menino, entretanto, não queria conversa, e a cada dia que passava apresentava comportamentos mais esquisitos, incluindo o hábito de ficar sentado por horas em seu quarto escuro, olhando para os próprios pés. O que se passava na mente de Sandy Charles? A resposta era suicídio, espíritos e assassinato. Tinha alguém junto dele no quarto, olhando para ele, sempre ao seu lado. Charles não conseguia ver quem era, mas podia sentir perfeitamente.

As vozes eram outra coisa que não o deixavam em paz, e se tornavam piores dia após dia. Elas o consumiam, sussurravam coisas estranhas e meio loucas em sua cabeça, enquanto espíritos dormiam em sua cama. Quando saía na rua, Sandy via sombras o espreitando nas esquinas ou atrás de postes. Estava cercado pelo mal e à beira da loucura. Ele pediu uma Bíblia à mãe e perguntou sobre o significado da palavra *ritual*. Para piorar, o menino ficou obcecado com filmes de terror, uma influência bastante questionável para um jovem cuja mente estava caminhando na direção do abismo. Seja como for, o garoto começou a estabelecer uma estreita relação com *Warlock* (1989), filme sobre um bruxo que é capturado, mas vende sua alma a Satã em troca de liberdade — e, ainda, gosta de ingerir gordura humana para obter poderes mágicos.

> "De todos os ingredientes usados por bruxos, o mais cobiçado é a gordura humana. E se a gordura for cortada de um menino não batizado, só há um propósito a se alcançar: poção para voar." (Giles Redferne, *Warlock*)

Após descobrir *Warlock*, Charles ficou ainda mais obcecado com temas como assassinato, possessão demoníaca e adoração a Satã. Agora tinha a resposta que tanto procurava: devia satisfazer o demônio para que este lhe desse o poder de voar, assim como foi feito com Warlock. E, para ter o direito de receber tal poder, Sandy deveria repetir os passos do macabro bruxo do filme: matar um menino virgem e não batizado. Talvez precisasse de ajuda, então Sandy Charles compartilhou seus segredos obscuros com um amigo que tinha a metade da sua idade, William Martin, de 7 anos.

Willian era uma criança pobre de La Ronge que muitos costumavam convidar para se sentar à mesa, em suas próprias casas, para lhe dar comida. Sob a influência de Sandy, o menino começou a assistir *Warlock* e, juntos, após várias sessões e debates animados sobre a história, discutiram quem poderia ser a melhor vítima a se oferendar ao Tinhoso. Os planos levaram cerca de dez dias para se concretizar.

Pouco depois de completar 14 anos, Charles e seu amigo William escolheram o alvo. Era um menino que não tinha pai, e esse fato queria dizer que ele não fora batizado. Era a vítima perfeita. Johnathan Thimpsen, a vítima, era primo de William.

Na manhã de 8 de julho de 1995, Sandy Charles informou a William que aquele seria o dia da oferenda. O menino mais velho já tinha tudo em mãos, os mesmos materiais usados em seu filme preferido: uma faca e uma lata. Mais tarde, ele convidou Johnathan para jogar beisebol em sua casa, esporte que o menino adorava, e ele concordou com um sorriso no rosto. No caminho, Sandy e Johnathan foram parados por William e, conforme o combinado, o menino de 7 anos disse: "Você não tem a bola. Você a perdeu". Sandy, então, olhou para Johnathan e disse que se ele encontrasse a bola na mata lhe daria dez dólares. Animado com a promessa do dinheiro, Johnathan prontamente se dispôs.

Os três saíram em direção à floresta que ficava atrás da casa de Sandy, se embrenhando em meio a arbustos, terra e árvores. Quando estavam a uma certa distância, longe de qualquer olhar curioso, Sandy chamou Johnathan para cheirar a sua mão, que segundo ele cheirava a gambá. Quando o menino chegou perto, Sandy, em um movimento rápido, apertou a sua boca e tentou quebrar o seu pescoço. Johnathan reagiu, mordendo o dedo dele. Era só uma brincadeira, riu Sandy, e todos voltaram a procurar a bola.

A segunda investida, porém, deixaria a vítima entre a vida e a morte. Armado com a faca, Sandy esfaqueou 4 vezes a cabeça de Johnathan. Um quinto golpe atingiu a veia jugular, espirrando sangue por todos os lados. Sandy, hesitou, mas o pequeno William o instigou: "Você merece isso, Johnathan!". Sandy investiu e esfaqueou o menino de novo, dessa vez usando tanta força que a faca quebrou e a lâmina ficou cravada no olho esquerdo da vítima. Impressionados pela demora de Johnathan em morrer, William e Sandy pensaram no que poderiam fazer para matá-lo de vez, e o pequeno William teve uma ideia: a garrafa de cerveja que carregavam. Ele a passou para Sandy que a espatifou na cabeça de Johnathan, o que acabou cortando inclusive sua própria mão.

Mas Johnathan simplesmente não morria. O menino estava no chão, agonizando, mas ainda vivo. Procurando por uma nova arma, William encontrou uma pedra de 5 quilos que Sandy até mesmo teve dificuldades em erguer. Com grande esforço, ele conseguiu e a soltou em cima da cabeça da vítima. Mas Johnathan só parou de respirar quando Sandy resolveu tapar a sua boca e o seu nariz.

Encharcado de sangue após cometer um ato animalesco, o menino pediu para William ir até sua casa e pegar uma toalha. Então, ele limpou o sangue das mãos e do rosto, tirou a camiseta e pediu para William vestir por debaixo da sua. Chegando em casa, Sandy passou horas tirando toda a sujeira de seu corpo e suas roupas. Mas o serviço ainda não tinha terminado, lembrou William: eles deveriam tirar a gordura de Johnathan para cozinhar a *poção voadora*. Com outra faca, a dupla voltou até o local do crime e Sandy cortou 15 tiras da carne da vítima, removendo gordura e pele do abdômen, antebraço, costas e panturrilha, e guardando-as na lata com a ajuda de uma pinça. Chegando em casa, Sandy colocou um pedaço de papel alumínio por cima da lata e a aqueceu no fogão. Uma vez ouvindo o barulho borbulhante de gordura humana, ele desligou a chama e derramou o líquido em outra lata, jogando fora a primeira. Não iria beber aquela coisa quente, então a guardou embaixo da escada no porão até esfriar.

No dia seguinte, Sandy Charles e William Martin se juntaram às dezenas de pessoas que procuravam por Johnathan. Em 10 de julho, seguindo uma dica do pequeno William, Sandy escondeu o corpo de Johnathan no meio da mata. Antes de ser encontrado em 12 de julho, rumores já haviam chegado aos ouvidos policiais sobre Johnathan ter sido visto na tarde de 8 de julho em companhia dos meninos. Os dois seriam posteriormente interrogados e, enquanto o mais novo se aguentou firme na mentira, seria o mais velho que revelaria toda a história.

Presos, os nomes de ambos foram mantidos em segredo de acordo com a lei canadense que protege a identidade de menores infratores, a Young Offenders Act. Em 15 de julho, diante de um juiz, Sandy apareceu, acusado de homicídio doloso. Segundo relatos, seu rosto estava inexpressivo e ele acompanhou tudo com um olhar vazio.

> "Um menino de 7 anos atuou no horrendo assassinato de uma criança que abalou os residentes desta cidade do norte. A polícia diz que o menino agiu como cúmplice no assassinato de outra criança de 7 anos que teve a garganta cortada e a cabeça esmagada. Um menino de 14 anos apareceu no tribunal na sexta-feira acusado de homicídio doloso." (*Times Colonist*, 15 de julho de 1995)

Por ser jovem demais, William Martin não foi acusado de nenhum crime, sendo sua guarda repassada ao estado e o menino transferido para uma casa de apoio infantil. Crianças julgadas como adultas em tribunais pelo mundo são raridade, mas foi isso o que Sandy Charles enfrentou em junho de 1996. Seu advogado, Barry Singer, alegou que seu cliente era insano, por isso deveria ser considerado inocente. "Uma pessoa operando normalmente não faz isso. É tão bizarro [...] se ele não tem direito a essa defesa de capacidade mental reduzida, então não sei quem teria", disse Singer. O advogado citou que a infância longe do pai, com a mãe sempre trabalhando, tornou Sandy suscetível aos efeitos de filmes de terror. Isso, junto de seu interesse pelo oculto, teria resultado em episódios psicóticos.

Foram delírios que levaram Sandy a matar, afirmou a defesa. Desde cedo, ele cresceu cercado de experiências sobrenaturais, com sonhos e histórias contadas por sua mãe, misturadas à sua espiritualidade, de antepassados da família supostamente possuídos pelo demônio. "No filme *Warlock*, a ideia era que se você cortasse a gordura de uma criança virgem não batizada, fervesse e bebesse, isso lhe daria o poder de voar. Ele estava sofrendo de delírios [...] se ele fizesse essas coisas, teria o poder de voar", disse o advogado Singer ao juiz Gerry Allbright.

O psiquiatra Robert Wood testemunhou que Charles estava pensando em suicídio antes de as vozes o orientarem a matar alguém para obter poderes especiais. Segundo o médico, o menino possivelmente sofria de esquizofrenia. "Ele estava passando por um episódio psicótico muito agudo." Para Wood, mesmo quando a realidade começou a ficar clara para Charles, seus delírios o instigavam a continuar. "Ele não foi capaz de avaliar de forma justa e apropriada a realidade e se relacionar com ela como um indivíduo normal faria."

O outro psiquiatra contratado pela defesa, dr. Graham Turrall, testemunhou que Charles sofria de um sério transtorno mental, perdendo o contato com a realidade no momento em que matou Thimpsen. "Houve uma deterioração insidiosa, lenta e gradual das faculdades mentais que culminaram nesse episódio." O psiquiatra entrevistou e realizou testes com Charles durante um período de 6 horas, em fevereiro de 1996, concluindo que o menino sofria de um transtorno delirante com severos problemas de personalidade e QI baixo. "O transtorno delirante não aparece de repente, mas evolui com o tempo." Perguntado se Sandy Charles era um perigo para a sociedade, o médico não titubeou: "Eu acredito que ele é muito perigoso". Turrall sugeriu que, embora fosse pouco provável, não seria impossível que Charles tivesse sido influenciado por William Martin, que teve uma importante participação no assassinato. William, ao que tudo indicava, tinha até sugerido que eles tirassem o coração de Johnathan para terem ainda mais poderes especiais.

"O TRANSTORNO DELIRANTE NÃO APARECE DE REPENTE."
Dr. Graham Turrall

William Martin escolhera seu próprio primo Johnathan como vítima, ajudara a atrair o menino até a mata e deu suporte para o assassinato, fornecendo a Sandy todo o material necessário para acabar com a vida da vítima. Quando Sandy parecia hesitar em continuar, William o atiçou, e ainda foi ele quem instruiu Sandy a esconder o corpo. O brutal assassinato não perturbou o mais jovem dos meninos, nem antes, nem durante, nem depois. William mentiu para a polícia e só foi preso porque o mais velho confessou tudo.

Os espectadores sentiam calafrios a cada fala de Barry Singer. Ele citou como, desde os 3 anos, Sandy Charles acreditava ser visitado por espíritos assustadores que o seguiam para onde quer que fosse, mesmo quando mudava de casa com a família. Na segunda casa onde moraram, ele teria visto um tipo de diabo que chamou de "Hoo Hoo". Já na moradia da família em La Ronge, três espíritos habitavam o local: um no porão, outro no quarto do irmão e o terceiro no próprio quarto de Charles. Ele também fora influenciado por dois dos sonhos de sua mãe, ambos com mortes violentas. Sandy era fascinado pelas histórias de infância da mãe e suas experiências com um tabuleiro de Ouija, e era através desse tabuleiro, que sua mãe guardava em casa, que ele acreditava que os espíritos entravam em seu corpo, para encorajá-lo a matar. Sandy, então, apenas se tornara um refém desses espíritos malignos, revelou Singer.

Quando lhe foi dada a oportunidade de falar, o menino disse: "Eu sentia como se alguém estivesse me observando. Pensei em me matar algumas vezes, e quando eu ia para o meu quarto dormir, tinha todos esses pensamentos [...] sobre me tornar mau, e tinha um espírito forte no meu quarto que me dava esses pensamentos". Ele disse como certa vez conheceu Satã, vestido de vermelho e carregando o seu inseparável forcado. Sobre o dia do crime, Charles afirmou que foi William quem o importunou para esconder o corpo de Thimpsen e que fora William o mais interessado na gordura. "William estava feliz, eu sei por causa do olhar em seu rosto durante o assassinato. Ele queria aquela coisa."

Para o promotor Robin Ritter, Sandy sabia exatamente o que estava fazendo quando matou Johnathan Thimpsen, e ele tinha a sua própria turma de psiquiatras para refutar os argumentos da defesa. A psiquiatra Rene Fitzpatrick testemunhou que acreditava que Sandy estivesse nos primeiros estágios da esquizofrenia e poderia responder a um tratamento. Ela admitiu ser raro para um garoto tão jovem ter esse desequilíbrio químico no cérebro. "É importante avaliar suas necessidades psicossociais, habilidades sociais e sua capacidade de empatia", disse ela, complementando ter um profundo incômodo com a completa falta de remorso de Charles.

O testemunho mais interessante de todos os especialistas foi o do psiquiatra Robin Menzies. Foi ele também quem mais passou tempo com o menino, tendo ao todo quatro encontros com ele, o último pouco antes do início do julgamento. Para o médico, era a primeira vez em vinte anos de carreira que via uma psicose como a de Sandy Charles. "Eu tenho visto centenas de pessoas psicóticas; com uma exceção, nunca vi uma psicose como a dele." Menzies acreditava que o menino sofria de dois bizarros delírios sintomáticos da esquizofrenia, mas não foi devido a eles que acabou cometendo assassinato.

Como o psiquiatra explicou, quase sempre os que matam sob tal delírio o fazem porque acreditam estarem defendendo ou ajudando outras pessoas. Sandy Charles, não. O réu planejou tudo, selecionou a vítima, estava consciente durante o assassinato e lembrava de detalhes. E, pouco tempo depois de matar Johnathan, até conversou normalmente com sua mãe a respeito de uma fita de vídeo que ele deveria devolver naquele dia na locadora. "Isso desafia o senso psiquiátrico de que ele estava em algum tipo de estado que milagrosamente desapareceu assim que o assassinato terminou. Sandy Charles apreciou o fato de matar uma pessoa, extinguindo uma vida jovem [...] Se os delírios eram tão irresistíveis, por que M* ou o próprio irmão [de Sandy Charles] estavam seguros?" O menino estava, sim, desenvolvendo uma doença mental, e o seu diagnóstico era de esquizofrenia, e não apenas de um transtorno delirante, explicou o médico. Retirar os pedaços da carne e gordura para cozinhar e comer foi um ato de alimentação de um de seus delírios, aquele que lhe permitiria voar.

Ainda segundo Menzies, enquanto esteve preso aguardando o julgamento em um centro de infratores juvenis, Charles "parecia desfrutar" de seu status e "conversou obsessivamente" com funcionários do lugar sobre as consequências de ser condenado e enviado a uma prisão comum. "Ele queria saber se seria estuprado [...] Ele quer que as pessoas pensem que ele é louco, para ser enviado a um hospital. Ele sorria quando eu dizia que ele era mentalmente doente."

O psiquiatra também especulou que Sandy e William, entre eles, poderiam ter sofrido de uma rara forma de delírio chamada *folie à deux*. "Geralmente, uma pessoa dominante sofre de uma doença grave e o outro pode adotar parte do delírio", explicou Menzies, afirmando ainda que "se M não estivesse lá, isso poderia não ter acontecido. Eu acho que a influência principal foi M. Se não estivesse lá para dar suporte e encorajar Charles, talvez ele tivesse parado".

Perguntado pelo juiz se acreditava que o réu era perigoso, o psiquiatra respondeu: "O sr. Charles nos mostrou o que é capaz de fazer. Ele é perigoso. Este é um homicídio premeditado. Charles sabia que matar a vítima era errado, legalmente e moralmente, e sabia disso antes, durante e após o assassinato".

Durante os sete dias de julgamento, o juiz Allbright ouviu quatro especialistas que concordaram que Charles era doente mental. Três deles disseram que ele sofria de esquizofrenia e um de transtorno delirante, entretanto, discordavam se o diagnóstico o tornava incapaz de compreender a natureza de suas ações. Em 2 de agosto de 1996, o juiz Gerald Allbright, em um longo discurso, deu o seu veredito:

> "A morte do jovem Johnathan George Thimpsen foi uma tragédia que abalou a família Thimpsen e a comunidade de La Ronge. Claramente, nenhum veredito desta corte irá, de qualquer forma, diminuir os ferimentos causados por sua morte sem sentido.

---

* William Martin. Na época o nome de William Martin foi proibido de ser citado durante o julgamento, sendo revelado anos depois.

O sr. Charles cometeu o ato, mas eu devo concluir que ele sofria de um transtorno mental que o isenta de responsabilidade criminal.

No assunto perante este tribunal, não há dúvidas sobre quem tirou a vida desse menino. A evidência diante de mim mostra que esse é o acusado, Sandy Charles. A verdadeira questão é se o sr. Charles é criminalmente responsável e se ele é culpado de homicídio doloso. É a posição principal da defesa de que Charles não seja criminalmente responsável por suas ações no sentido de que a defesa do transtorno mental, estabelecida na Seção 1 do Código Penal do Canadá, se aplica.

[...]

De significante são as observações que Jean Charles fez de seu filho pouco antes do crime. Ela percebeu que ele estava se afastando dela e exibia fortes mudanças de humor. Ele não queria ir a lugar algum, fazer nada ou conversar com ninguém. Ele estava feliz em um momento e triste no seguinte. [...] Ele também reclamava de dores de cabeça o tempo inteiro e de cansaço. Ele não tinha nenhum amigo. Ele escolheu repudiar todos, com exceção de M. [...] Ele parecia chateado ou deprimido e então começava a rir sem parar, sem motivo aparente. Vale ressaltar que Jean Charles pensou que deveria levá-lo para conversar com alguém sobre o que estava se passando. Durante esse tempo, ele também assistia a certos filmes, entre eles as sequências de *Highlander* e *Warlock*.

[...]

Após a sua detenção, a senhora Jean Charles visitou seu filho em Kilburn Hall, onde ele estava preso, em Saskatoon, e ela percebeu que ele a estava evitando. Era como se ele não a conhecesse mais. Ela comentou, 'Eu sei que ele é o meu filho, mas eu não conheço ele da forma que vi'."

Como dito pelo juiz, Sandy Charles foi considerado inocente por razões de insanidade. Isso não significou, porém, que ele andaria tranquilamente pelas ruas. Sua degradação mental foi notória durante todo o julgamento; ele balançava a cabeça sem parar, a colocava entre os joelhos, tapava os ouvidos, fazia ruídos com a boca, alguns tão altos que, por diversas vezes, o seu advogado teve que adverti-lo; em outros momentos, agia com agressividade.

"Desde o início nós sentimos que Sandy precisava de ajuda, não de um processo criminal. A maneira como o crime foi cometido é mais uma questão mental do que criminal e nós estamos felizes que o juiz lidou com isso da mesma maneira", disse Barry Singer após a conclusão do julgamento. O juiz Gerry Allbright colocou o futuro de Charles nas mãos de um conselho de cinco membros – dois psiquiatras, dois civis e um juiz, que presidiria o conselho. Eles teriam 45 dias para estudar o caso e dar sua recomendação, de que ele deveria ser enviado para tratamento em um centro psiquiátrico especializado em adolescentes de Oakville, Ontario. Sandy passou pouco mais de dois meses lá, sendo transferido para o Hospital Saskatchewan, em North Battleford. Um ano depois, ele sentou-se diante do conselho para passar pela avaliação que poderia libertá-lo caso o julgassem apto a conviver em sociedade.

Sendo tratado com drogas antipsicóticas, Sandy não mais murmurava, gemia ou grunhia. Ao contrário, ele pareceu interessado nos procedimentos e respondeu a todas as perguntas de maneira inteligente. O juiz do conselho, Ted Noble, ouviu do menino que ele gostaria de ter mais contato com a mãe, que o visitara apenas uma vez. Um dos psiquiatras do hospital, o dr. Renee Fitzpatrick, disse ao conselho que a distância entre mãe e filho era prejudicial para Sandy já que ele achava que todos o odiavam.

A entrevista com a equipe médica revelou que o menino pouco se importava com as aulas. Aos 16 anos, ele frequentava uma classe para garotos com nível de sexta série, mas dificilmente dava uma resposta errada aos professores. O chefe da equipe de psiquiatria do Hospital Saskatchewan descreveu Sandy como retraído e isolado, que não gostava de participar dos programas e das entrevistas.

Apesar de não exibir mais os bizarros delírios que o levaram a matar Thimpsen, o conselho descobriu sobre um incidente em que um colega de quarto de Sandy pediu para mudar de ala porque "estava muito preocupado com as conversas de Sandy sobre matar pessoas e cortá-las". A um terapeuta, Sandy disse que queria apenas testar a reação do colega, nada mais. O chefe da ala psiquiátrica também revelou ao conselho sua preocupação com "os conteúdos bizarros" presentes nos desenhos feitos por Sandy. Outro médico do hospital revelou como o menino gostava de ficar no escuro. Quando lhe perguntaram a razão disso, ele respondeu que sentia medo das luzes brilhantes o queimarem. "Ele é muito depressivo. Não existe luz no fim do túnel para ele. Ele precisa estar em um lugar por quatro ou cinco anos a fim de estabelecer algum tipo de conexão", escreveu no relatório o juiz do conselho, referindo-se às palavras de Fitzpatrick.

Sandy Charles sempre acreditou que passaria apenas dois anos preso. Era algo que ele comentava para quem quisesse ouvir. Entretanto, mesmo passado esse tempo, ele ainda estava encarcerado no Hospital Saskatchewan. Respondendo bem aos medicamentos e sem causar problemas, Sandy conquistou o privilégio de caminhar na imensa área verde que cercava o hospital, acompanhado de um terapeuta, é claro. Em março de 1998, o menino fazia sua caminhada de rotina quando, de repente, ele disparou feito um foguete em direção ao descampado. O terapeuta que o acompanhava apenas o observou correndo cada vez mais rápido até sumir no meio da mata. Com prudência, o funcionário decidiu não tentar capturá-lo, pois todos sabiam o quanto Sandy Charles era perigoso. Ele foi capturado pela polícia canadense no dia seguinte, quando um homem o avistou vagando em um campo.

Com o passar dos anos, Sandy Charles continuou tendo problemas de comportamento. Em alguns casos ele afirmou que era de propósito, com intuito de ser transferido para outro tipo de instituição. Ainda possuía raiva internalizada e não gostava de se misturar com outros internos. Sandy Charles continua preso até os dias de hoje.

De acordo com a Sociedade de Esquizofrenia do Canadá, 93% a 95% dos criminosos considerados não criminalmente responsáveis, quando soltos, nunca voltam a cometer um crime. Vinte e cinco anos depois, ninguém, entretanto, considerou a possibilidade de conceder liberdade a Sandy Charles.

RICHARD MARJAN/CANADIAN PRESS

Wesley Elkins

WESLEY ELKINS

08 SEGREDOS DE FAMÍLIA

ESTADOS UNIDOS | 11 ANOS

Wesley Elkins está para a história do crime norte-americana do final do século XIX como Suzane Von Richthofen está para a cultura brasileira deste início de século. Seu caso foi exaustivamente coberto pela mídia da época, com seus passos sendo seguidos minuciosamente. Sabemos quando nasceu, como viveu, como morreu, até mesmo podemos ver na internet a foto da sua sepultura. Mas como uma celebridade infame e refém de seu tempo, 130 anos depois, sua crônica de vida está enterrada.

Na manhã do dia 17 de julho de 1889, um morador da afastada vila de Elk Township, estado de Iowa, viu uma charrete vindo em sua direção. Conforme se aproximava, ficava mais claro que quem estava na direção era uma criança. Quando o veículo se aproximou, o morador não teve mais dúvidas: era o filho de 11 anos de John Elkins, um homem que morava perto de um povoado chamado Littleport, a cerca de 20 quilômetros de distância.

> "Não há registro de que ele manifestou um traço de emoção; ele simplesmente diz que ele era uma criança e não é responsável pelo seu crime."
>
> Evening Times-Republican, 1902

O menino não estava sozinho. Estava acompanhado de sua irmã, uma bebê de menos de 1 ano. A visão de uma criança operando sozinha uma charrete surpreendeu o homem, mas o que realmente chamou a sua atenção foram as manchas de sangue nas roupas do menino. Perguntado para onde iria, o menino respondeu que estava a caminho da casa de um conhecido na cidade vizinha de Edgewood. O pai e a madrasta dele estavam mortos em casa, atacados por um invasor durante a noite, e o menino queria ajuda.

A casa da família Elkins não era fácil de ser achada. Era um local isolado em meio a florestas e campos de agricultura, um lugar mais do que ideal para um ataque de criminosos. Lá moravam John Elkins, de 45 anos, sua esposa Hattie Elkins, de 23 anos, a filha bebê do casal, e Wesley Elkins, de 11 anos, filho do primeiro casamento de John. Na casa de dois quartos, Wesley ocupava um deles, enquanto John, Hattie e a bebê ocupavam o outro, e foi neste quarto que tudo aconteceu.

Apesar da precariedade da comunicação na época, jornalistas foram capazes de ir até o local do crime quase que ao mesmo tempo que a polícia, conseguindo registrar, para a eternidade, os detalhes horríveis do assassinato e o classificaram como "um dos mais horríveis crimes da história" daquele condado.

No chão havia grandes poças de sangue e na cama jaziam "deformados" os corpos de marido e esposa, vestidos apenas de pijamas, encharcados de sangue. John estava deitado com o rosto virado para o lado e sua posição indicava que ele fora assassinado enquanto dormia. Um exame mais atento mostrou que levara um tiro na cabeça. O assassino mirou em seu olho esquerdo e atirou. A bala ricocheteou por dentro da sua cabeça e saiu pelo crânio, ficando alojada no travesseiro. Na sua têmpora esquerda havia marcas de golpes feitos com um objeto contundente que quebraram o seu crânio, transformando-o "em uma geleia".

O corpo de Hattie repousava na parte inferior da cama, com seus pés tocando o chão em frente à porta. Ficou bastante claro que ela acordou com o barulho do tiro e lutou pela própria vida. Se o assassino estava com um porrete ou uma barra de ferro nas mãos, com certeza usara o instrumento para atacar Hattie. A cabeça dela foi partida em vários lugares; mandíbula, queixo e dentes também foram quebrados e ela continha lacerações menores nas pernas.

O ataque foi tão brutal que, além das paredes do quarto, até o teto tinha manchas de sangue. O chão e a cama estavam cobertos com grandes manchas, apresentando uma cena que testava até os nervos do mais forte. A espingarda descarregada de John e uma cápsula encontrada no quarto, que parecia ser do mesmo tamanho da bala tirada do travesseiro, indicavam que aquela era a arma do crime. Nos arredores da casa jazia um porrete de bordo ensanguentado, com fios de cabelos pregados nele.

As autoridades presentes na cena do crime, o xerife Kann, o investigador Benton e o juiz Cain, tomaram depoimentos de vizinhos e do filho de John, Wesley, que dormia no estábulo naquela noite – por lá ser mais fresco, segundo o menino – e acordou com o barulho de um tiro. Então ele escutou a madrasta gritar e, depois, apenas um silêncio de gelar a espinha. Amedrontado, Wesley permaneceu no estábulo até o dia amanhecer, e com a luz do Sol se dirigiu até a casa, caminhando a passos curtos. No quarto, ele encontrou a terrível cena, piorada com a imagem de sua irmãzinha chorando e ensanguentada na cama em meio aos pais mortos. Em busca de ajuda, ele pegou a irmã, foi até o estábulo, colocou um dos cavalos na charrete e saiu em direção a Edgewood.

"ATÉ O TETO TINHA MANCHAS DE SANGUE."

Os vizinhos apenas reforçaram o quanto a família vivia tranquilamente naquela casa, eram queridos por todos, não tinham inimigos conhecidos e se davam muito bem entre si. Porém, ninguém conhecia Wesley muito bem. John vivia naquela região há cerca de vinte anos e era casado com Hattie há sete. Apesar de os vizinhos desles saberem que Wesley morava com os Elkins há algum tempo, o menino ainda era desconhecido de alguns. Já outros vizinhos, mais antigos na região, o conheciam muito bem.

A história do pequeno Wesley Elkins já era um filme antes mesmo da tragédia ocorrida em 17 de julho de 1889. Seus pais biológicos, John Elkins e Matilda Blackwell, eram casados e pessoas com personalidades bem difíceis. O que os vizinhos de John contaram aos investigadores apontava que Matilda era uma mulher diabólica e impulsiva que traía o marido. Ela ainda estava grávida de Wesley quando tentou por várias vezes matar o marido para ficar com o amante. Primeiro, tentou envenená-lo; depois armou uma emboscada para assassiná-lo com um tiro, mas desistiu. Na terceira vez, com a ajuda do amante, ela posicionou toras de madeira para que caíssem em cima de John enquanto ele trabalhava. Quando tudo falhou, Matilda deixou John, fugindo em disparada para Waterloo, cidade que fica 100 quilômetros distante de Littleport. Algumas fontes dizem que Wesley nasceu lá, já outras que foi no Condado de Clayton, pouco antes de sua mãe fugir. O certo é que ele viveu com ela e o novo marido pelos próximos sete anos, até Matilda morrer.

O padrasto de Wesley só o aturava por causa da mulher. Prova disso é que, mesmo tendo visto o menino nascer e desempenhar o papel de pai por sete anos, tão logo a esposa faleceu ele chutou a criança para fora da casa. Desamparado, o pequeno Wesley viajou sozinho até Littleport, aparecendo de surpresa na casa do pai. Pela primeira vez, John via o filho.

Com o afunilar das investigações, os detetives e o xerife Kann perceberam que a vida dos Elkins não era assim tão harmoniosa. Após mais diligências e entrevistas, e com os vizinhos parcialmente recuperados do terror inicial do duplo homicídio, um retrato diferente começou a ser pintado. Conhecidos da família acreditavam que Wesley não fora bem recebido pelo pai e pela madrasta. É bem possível que Hattie, uma mulher jovem, recém-casada e animada para viver uma vida a dois e constituir família, tenha se sentido frustrada e invadida em sua intimidade com a chegada de um pirralho fruto do casamento anterior do marido. Alguns até mesmo apontaram que a mulher tinha um jeito autoritário com o menino. Já John, um homem de temperamento forte e rigoroso, talvez enxergasse em Wesley a sombra da esposa adúltera que o humilhou perante a todos ao trocá-lo por outro. Seja como for, muitos acreditavam que pai e madrasta tratavam Wesley muito mal. Entretanto, ninguém pode negar que o casal de fato o acolheu após ele aparecer na porta da casa deles.

O menino começou a frequentar a escola, onde professores o descreveram como estudioso e inteligente, mas aos 9 anos, seu pai acabou com essa vida boa e o colocou para trabalhar durante o dia no forno da serraria. Algumas semanas antes do duplo assassinato, Wesley fugiu de casa e apareceu na residência de um vizinho, implorando para o homem levá-lo até Waterloo. Mas antes que o homem pudesse fazer qualquer coisa, John apareceu e levou o filho de volta.

A maioria das pessoas naquela região morava em casas afastadas uma das outras, em ranchos, e com um assassino à solta, o medo foi um sentimento natural. Crimes naquele condado eram raros. O último deles ocorreu em 1881, quando os irmãos Henry e Gustave Rechfus foram baleados no povoado de Watson por um atirador que disparou de uma janela. Gustave acabou falecendo e o assassino nunca foi descoberto. Assombrados pela triste memória daquela tragédia e de um criminoso que nunca foi capturado, os residentes não esperavam outra coisa senão a apreensão do homem que tirou a vida de John e Hattie.

> "Vamos esperar que isso não se repetirá neste presente caso. Seria um mau precedente se consolidado e uma sombra de vergonha sobre o nosso condado se dois crimes possam ser cometidos e nenhuma punição caia sobre os culpados."
> (*Elkader Weekly Register*, 25 de julho de 1889)

As autoridades, por sua vez, trabalharam como nunca para resolver o caso, investigando cada detalhe e inclusive pagando pela ajuda de um experiente detetive que veio de Chicago. A situação seguia muito difícil de se resolver. Difícil e misteriosa. Que tipo de assassino entraria em uma casa no meio da noite apenas para matar marido e mulher, sem levar nada? Estamos falando de uma época em que lugares como aquele não possuíam eletricidade. A escuridão do mato é desorientadora por si só, e se a Lua não estivesse cheia naquela noite, com certeza o assassino não enxergaria um palmo à sua frente. Nesse caso, deveria ter usado uma lamparina de querosene para se orientar, tanto ao andar pela estrada quanto dentro do domicílio, um trabalho enorme para não levar dinheiro nenhum.

Dias se passaram, e a única coisa que os investigadores tinham era Wesley Elkins. O menino era um sobrevivente, um herói que, alertado pelo barulho do tiro e do grito da madrasta, se arriscou para salvar a irmã antes de sair correndo. Com mais entrevistas e a mente mais tranquila, ele talvez se lembrasse de algum detalhe importante. Suas explicações de cada detalhe lembrado faziam sentido e o menino tinha inteligência, rapidez no pensamento e, como não poderia deixar de ser, pela idade, uma certa ingenuidade.

Perguntado sobre o sangue em suas roupas na manhã em que encontrou um vizinho, ele disse que havia pegado a irmã ensanguentada na cama dos pais mortos. Sobre as pegadas de sangue no chão da casa que combinavam com o tamanho dos seus pés, o menino disse que andou para lá e para cá e, desorientado, nem percebeu onde pisava. Inteligentemente, o xerife Kann levou sua única testemunha valiosa para morar com ele enquanto uma tia paterna não chegava para assumir a guarda. Bem tratado e ganhando a sua confiança, Kann aos poucos foi serpenteando pela história do menino, aproveitando para fazer perguntas com o objetivo de realizar uma costura perfeita, sem chances para pequenos buracos.

Certa noite, ele pediu para Wesley contar a história desde o início, o que o menino já havia feito várias vezes. O menino contou que o invasor, ou invasores, atiraram na cabeça de seu pai e bateram na sua madrasta com o porrete. No dia seguinte, Kann perguntou a Wesley como ele sabia disso já que os corpos ficaram tão deformados que, a olho nu, era impossível saber de tais detalhes. O menino hesitou e esse foi o começo de sua ruína – o primeiro indício de que ele sabia mais do que falava. Ainda assim, ele se saiu bem ao dizer que *supunha isso*, pois como o seu pai era o mais forte, seria mais inteligente o assassino usar uma arma de fogo contra ele.

Com a pulga atrás da orelha, Kann levou Wesley até a delegacia e, na presença do promotor e de outros investigadores, iniciou um cansativo interrogatório que culminou em algo inimaginável: a confissão fria e detalhada de John Wesley Elkins, de 11 anos.

> "Eu estava dormindo no estábulo e eu queria fugir de casa. Fugi um monte de vezes, mas eles me traziam de volta. Pensei em matá-los, então eu fui até a casa pouco antes do amanhecer na manhã de 17 de julho e caminhei na ponta dos pés para ver se meus pais estavam dormindo. Eu entrei no quarto deles e vi os dois dormindo. Então fui até a estrada na frente da casa para ver se tinha alguém vindo e, sem ver nada no horizonte, fui até o depósito de milho e peguei o porrete, que era usado para malhar [o milho], e então fui até a casa devagar, coloquei o porrete no meu quarto.
>
> Depois peguei a espingarda do meu pai, que estava sempre carregada pendurada no meu quarto, e saí do meu quarto em direção ao do meu pai e, com a porta estando aberta, coloquei a arma no rosto dele e atirei. Imediatamente voltei para pegar o porrete, sabendo que eu não teria tempo de carregar a arma. Peguei o porrete e, quando eu voltei, minha mãe estava no chão, inclinada. Pensei que ela estava olhando para o pai, que estava no lado da frente da cama. Eu bati na cabeça dela e ela se virou e caiu de costas na cama sobre o pai. Então fui até a cama e bati nela várias vezes na cabeça até eu achar que ela estava morta.
>
> Depois escutei o pai fazer um barulho na garganta e eu dei nele dois golpes na cabeça que esmagou o crânio. Então eu peguei o bebê e preparei o cavalo e parti. Ninguém me ajudou em nada nem me pediram para matá-los. Fiz tudo sozinho." (Wesley Elkins, 26 de julho de 1889)

A confissão de Wesley causou grande alvoroço e logo seu nome estava estampado em jornais de todos os Estados Unidos. Era assombroso uma criança de tão pouca idade assassinar os pais de forma premeditada e brutal, e não demorou para que todos procurassem por respostas para explicar o comportamento desviante de Wesley.

Para muitos, a única explicação plausível era a de que o menino era uma aberração da natureza, um ser condenado desde o nascimento a percorrer o caminho do pecado, da desgraça. Afinal, aos olhos dos demais, ele fora gerado na barriga de uma mãe depravada cujo marido também tinha lá suas sementinhas complicadas. A criança tinha pedigree para a maldade, sem contar que ele estava no ventre quando a mãe tentou assassinar o pai, o mesmo homem que ele mataria onze anos depois.

Publicamente condenado como um degenerado, jornais citaram que Wesley era uma criança "totalmente desprovida de senso moral", uma primitiva descrição do que hoje conhecemos como um "psicopata". O promotor do caso concluiu que ele "seria um elemento perigoso para a sociedade em qualquer estágio da vida", e o advogado apontado para defendê-lo não discordou. Elkins poderia se beneficiar da lei que apontava que uma criança de 11 anos não podia ser responsabilizada por crimes, mas, por mais estranho que pareça, seu advogado não trabalhou nessa direção. O promotor queria a pena de morte, mas entendeu que a idade de Wesley poderia gerar muita controvérsia, então optou por pedir a prisão perpétua.

Julgado como adulto em 13 de janeiro de 1890, Wesley Elkins foi considerado culpado e condenado à prisão perpétua, se tornando um dos mais jovens condenados por tal crime na história dos Estados Unidos. Junto de sua confissão completa, foi impressa uma fotografia que mostrava Wesley com o cabelo impecavelmente penteado, vestido com paletó e gravata de bolinhas; o menino olhava para a câmera com um semblante muito sério, parecendo um jovem educado e gentil. Nos anos que se seguiram, os habitantes do Condado de Clayton lembrariam da mensagem que se escondia naquela imagem: o mal não tinha chifres, olhos vermelhos e nem cuspia fogo. Pelo contrário, ele era traiçoeiro, podendo se esconder no rosto dos anjos e na pele suave de uma criança.

Ao adentrar na Penitenciária Estadual em Anamosa, Elkins pesava 34 quilos e sua altura era 1,39 metro. O menino contrastava com aquele ambiente de homens brutamontes e, tão logo entrou, os alienistas que viviam em prisões fazendo os seus estudos ficaram entusiasmados com aquele espécime e usaram a frenologia para responder a inquietante questão: qual a explicação da ciência para tal aberração mirim?

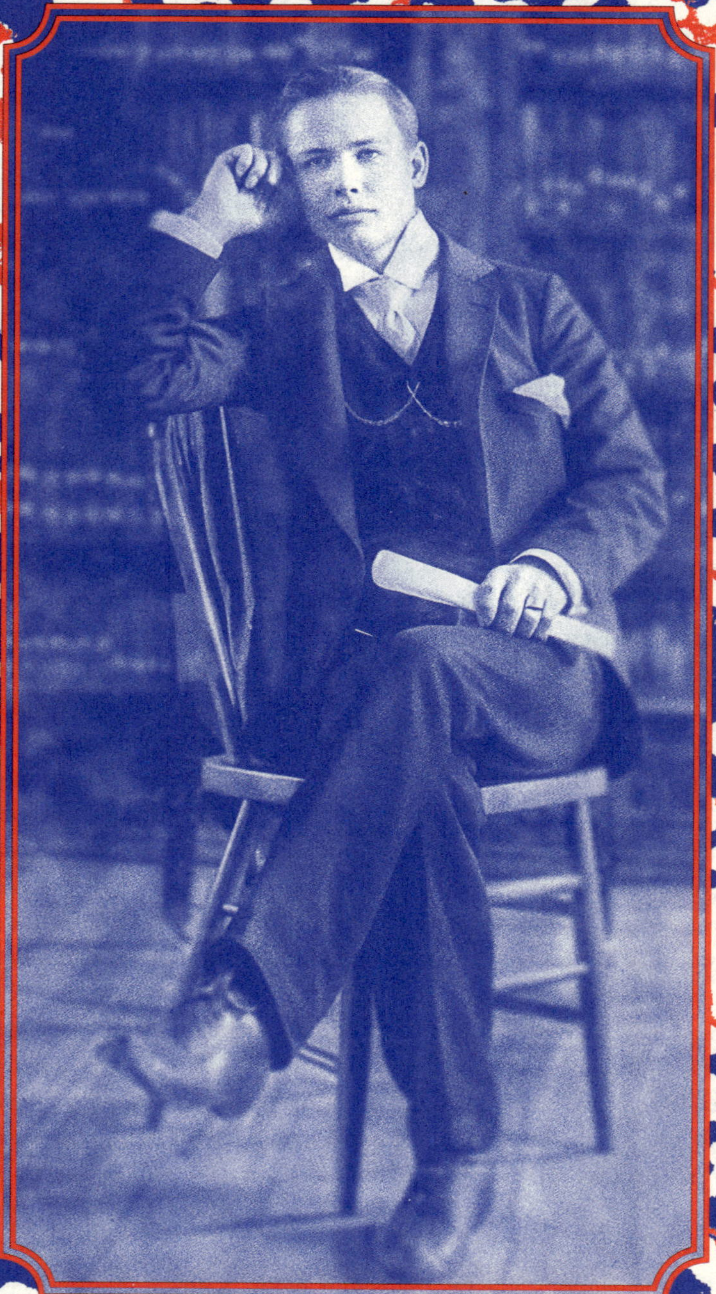

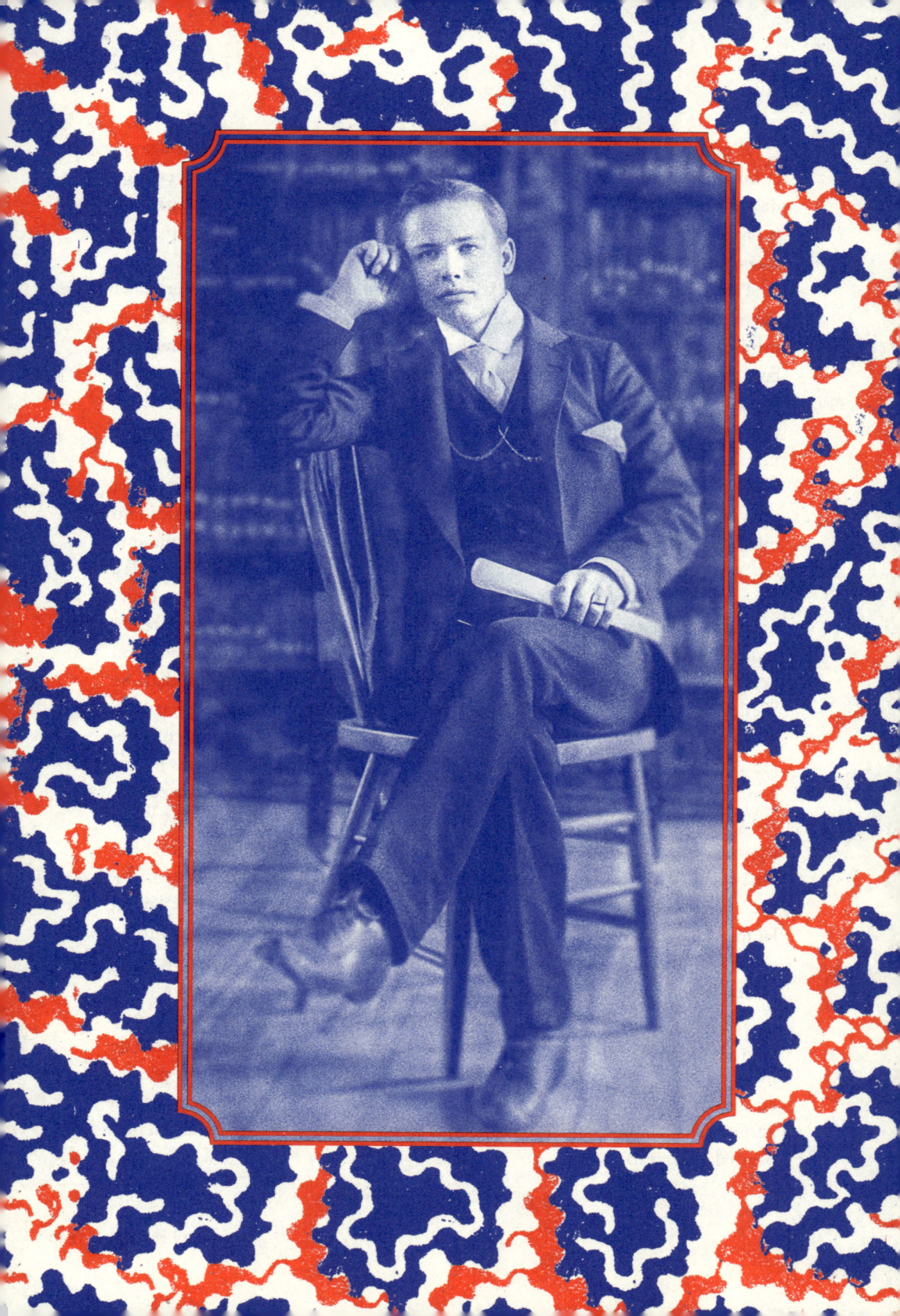

Um registro do *Anamosa Journal*, de 13 de fevereiro de 1890, cita que "o pequeno parceiro" tem "uma distância incomum da cabeça entre as orelhas [...] significando um desenvolvimento anormal de parte do crânio onde frenologistas dizem que o impulso do assassinato se originou". A nota da prisão não dá muito destaque para essa questão, e é interessante notar que em 1890 a frenologia já era uma "ciência" desacreditada, "mais fajuta do que qualquer outra coisa". O *Anamosa Journal* preferiu destacar os atributos positivos de Elkins: seu "sorriso vencedor", a "verdadeira luz em seus olhos castanhos", e suas características faciais indicavam "inteligência, energia e amabilidade".

Marquis Barr, o diretor da prisão, pensou que nada poderia surpreendê-lo depois de saber a idade e o crime seu novo hóspede, mas ao vê-lo pessoalmente pela primeira vez, o homem ficou impressionado: era uma criança que estava à sua frente, pequena e frágil. "Meu coração se preencheu de piedade e simpatia por ele", escreveu Barr mais tarde. O diretor determinou que o menino ficasse separado dos outros detentos, lhe deu tarefas e manteve uma rígida supervisão pessoal sobre ele. Se a vida lá fora não sorriu e mostrou o caminho da honestidade àquela criança, pensou Barr, ele a encontraria no último lugar que alguém poderia imaginar: a prisão.

Marquis Barr estava convencido de que a maioria dos transgressores da lei poderiam ser curados com educação e treinamento, e ele levou essa filosofia a sério em Anamosa. Em sua mente, toda a equipe prisional deveria estar em sintonia para providenciar positividade naquele ambiente negativo por natureza. Cada um dos funcionários, sobretudo os agentes penitenciários, deveriam estar preparados para tratar bem e guiar os presidiários.

Logo nos primeiros dias, Barr percebeu que o trabalho com Elkins não seria complicado. Para começar, era apenas uma criança. Segundo, não era do tipo incorrigível. Considerando a idade e o estágio de desenvolvimento, além da sua natureza, que Barr considerou ser pacífica, Elkins parecia um candidato promissor para total reabilitação. Barr pediu para o capelão da prisão dar uma atenção especial ao menino e designou dois agentes prisionais para passar o dia conversando e fazendo companhia a ele. O diretor fez a sua parte, mas deixou claro, na maior parte do tempo, a razão de Wesley estar ali: ele cometeu um ato terrível com seríssimas consequências e deveria refletir sobre o mal que causou.

Quando Barr deixou Anamosa, em 1892, ele estava orgulhoso do bom comportamento de Elkins e de seu desenvolvimento moral. O novo diretor, Philander Madden, compartilhava da filosofia de Barr sobre reabilitação e, por isso, também dedicou atenção especial ao menino. Ele concordava que Wesley deveria ser mantido longe da população geral e o colocou para trabalhar na livraria da prisão, onde estaria perto da capela e de uma sala de estudos.

O trabalho na livraria foi o que mudou a vida do menino. Muitos anos antes, quando ele bateu à porta da casa do pai e John o colocou em uma escola, professores encontraram um menino inteligente e promissor. Uma vez em contato com livros, "rapidamente desenvolveu um amor profundo pela literatura que o cercava, e em cada momento em que não estava ocupado com seus afazeres como bibliotecário, ele se dedicava à leitura [...] Encorajado e assistido pelo capelão da prisão e por outros agentes, seu progresso nessa conexão não foi nada menos do que fenomenal". Wesley se tornou um estudante obcecado, lendo ferozmente coleção após coleção, de clássicos da literatura a filosofia. Ele impressionou a equipe prisional com sua sede de conhecimento e habilidade de aprendizagem, fatores que seriam fundamentais anos mais tarde.

"SEU PROGRESSO NÃO FOI NADA MENOS DO QUE FENOMENAL."

Ainda em 1892, quando tinha 14 anos, Elkins descobriu uma publicação que citava uma decisão da Suprema Corte de Iowa que muito lhe interessava. A decisão revelava que a justiça presumia que crianças entre 7 e 14 anos eram incapazes de cometer um crime. Dada a presunção, uma criança só poderia ser condenada se o estado conseguisse provar, através de evidências, que o réu tinha capacidade suficiente para compreender o que havia feito. Sem tal prova, a criança deveria ser absolvida.

O caso era antigo, de 1879, dez anos antes de ele cometer o crime pelo qual, baseado apenas em sua confissão, foi julgado, condenado e sentenciado como se fosse um adulto. Wesley levou sua descoberta até Madden e pediu por um advogado para tratar sobre os seus direitos e um possível *habeas corpus*. Isso não aconteceu, mas para Elkins estava muito claro: estava preso de forma ilegal e injusta. E ele não desistiria até sair livre. A semente da liberdade estava plantada e ele a regaria religiosamente até a árvore dar frutos.

Wesley Elkins logo descobriu que tinha apenas um caminho a seguir. Sob a Constituição de Iowa, o único com poder exclusivo para perdoar um condenado e comutar uma sentença criminal era o governador do estado. Ele se debruçou sobre o próprio caso e a lei de Iowa e, em novembro de 1895, fez o seu primeiro pedido de perdão. Ele citou dois fatores fundamentais para o apelo: a sua idade quando cometeu o crime e os anos já passados na prisão. Nesse meio tempo, ele havia ganhado a simpatia de Carl Snyder, um respeitado jornalista do *Cedar Rapids Republican*, que comprou o caso de Wesley Elkins e passou a fazer campanha com seus profundos textos no *Republican*.

> "A causa do rapaz foi comprada por Carl Snyder, o brilhante correspondente jornalístico, e sem dúvidas por outras boas pessoas interessadas no bem-estar do rapaz. O sr. Snyder fez um vigoroso apelo por ele, apontando que era muito novo quando o crime foi cometido e que desenvolveu um amor pelos livros dentro dos muros da prisão, e seria uma desgraça para o estado se fosse recusada a ele a chance de desenvolver a sua juventude como um cidadão livre. O sr. Snyder admite que ele não conhece o menino, e diz que o conhecimento sobre ele veio através de correspondências." (*Des Moines Register*, 4 de dezembro de 1895)

Em uma carta endereçada ao governador, Snyder disse que "nenhum homem são" poderia concordar com a "noção confusa de que uma criança pode ser tratada como um criminoso e condenada". Tudo parecia muito imoral, argumentou o jornalista, e no final das contas a lei era clara, bastava segui-la. Wesley teria sido vítima do preconceito e da ignorância das autoridades do Condado de Clayton, que o consideravam alguém nascido para matar, uma semente do mal. O governador deveria considerar uma análise do caso não apenas por Wesley Elkins, mas pelo sistema judicial de Iowa. Era um precedente perigoso que ameaçava todo o estado.

O movimento do menino repercutiu mal no condado. O lugar era uma área praticamente rural, preenchida por fazendas ligadas a pequenas cidades e povoados, sem qualquer centro urbano por perto. Por lá imperava a noção de que

Elkins era o mal encarnado, sempre pronto para atacar de novo caso tivesse a chance. Em uma matéria publicada em 1 de dezembro de 1895, o *Cedar Rapids Republican* escreveu que aqueles que conheciam o menino sabiam da sua verdadeira natureza: um "demônio [...] nascido com o assassinato em seu coração", um criminoso que "saciaria sua propensão homicida na menor provocação". Sua natureza seria imune à influência da educação, e os esforços para reabilitá-lo eram inúteis. Caso fosse solto, sua liberdade seria um erro grave com consequências inimagináveis.

Essa conclusão era apoiada por um homem referido na matéria como "um dos residentes mais importantes do Condado de Clayton" que sabia do que estava falando porque "ele conhecia o pequeno criminoso muito bem e conversou com ele sobre o crime". Pedindo que não fosse identificado, o homem discorreu sobre vários incidentes – não registrados nos documentos do caso – que mostravam o quanto Wesley era maligno. Ele relembrou o "plano diabólico" do menino para matar os pais apenas por ter levado uma "bronca por nada". Quando finalmente foi desmascarado, o menino admitiu sua culpa e assumiu um tom de "indiferença suprema, nunca mostrando sequer um traço de remorso [...] ou qualquer sentimento humano que seja". A fonte anônima continuou afirmando que Elkins mostrou um incontrolável impulso para a violência muito antes dos assassinatos. Ele aterrorizava os amigos de escola e criou problemas dentro de Anamosa, agredindo outros presos. "Este menino é possuído pela paixão de matar. Ele não pode [...] ser solto. Ele deve ser educado, tratado amigavelmente e receber a chance de ganhar alguma coisa, mas não deve ser libertado", conclui o jornal.

Dois anos depois, quando o *Republican* mudou de posição e passou a apoiar o menino, o editor enfim identificou a fonte anônima, e ela era ninguém menos que o próprio advogado de Wesley, que o defendeu em seu julgamento. Aquelas palavras caracterizavam uma quebra da ética da sua profissão e, pelo visto, indicavam que ele estava contaminado pelo falatório em torno do seu cliente, não tendo prestado, assim, um serviço adequado.

Elkins foi rápido e, poucos dias depois, enviou uma carta de cinco páginas ao *Republican* questionando as palavras da fonte anônima: "uma massa de falsidades, do começo ao fim, nascida de preconceitos e paixões com quase nenhuma palavra verdadeira". Ele negou que tivesse aterrorizado colegas de escola ou atacado alguém dentro da prisão, e isso era fácil de provar, segundo ele; bastava acessar a sua ficha prisional ou conversar com os funcionários. O menino também questionou a "bronca por nada", escrevendo que "se meu pai e madrasta tivessem me tratado com qualquer grau de gentileza, eu não estaria atrás desses muros hoje [...] Eles eram cruéis ao extremo; muitas vezes à noite eu ia para a cama com as costas rasgadas por chicotadas, de forma que eu não conseguia deitar [...] instigado por tal tratamento que eu não merecia, cometi o ato precipitado [e eu] sempre lamentarei pelo resto dos meus dias".

Em meados de 1897, após ter o primeiro pedido de perdão negado, Elkins escreveu um segundo pedido. Em dezembro daquele ano, depois que um jornal publicou uma carta que ele escrevera para Carl Snyder, Elkins começou a ganhar a simpatia do público. Cada vez mais jornais aderiam à sua causa, citando sua evolução como homem além da "graça de sua expressão, bem como beleza da caligrafia e correção da pontuação", uma conquista impressionante para alguém que nunca teve educação formal.

Na carta, Elkins se mostrava um indivíduo totalmente diferente da imagem que estava impregnada na mente do cidadão comum. Ele demonstrava emoções profundas e, para a surpresa de muitos, humanas. Confusão e tristeza ao recordar o seu passado trágico, ansiedade, desespero, medo e uma ponta de esperança enquanto encarava o futuro incerto. Ele não defendeu suas ações do passado, pelo contrário, se descreveu como um menino "que ainda não havia atingido a idade da razão" quando cometera seus crimes e que já estava na prisão tempo suficiente "para o benefício da boa moral".

Ele falou de seus constantes esforços a fim de se armar através de um "estudo árduo", cultivando a autoconfiança, mesmo diante da perspectiva de encarceramento perpétuo, imaginando "quanta pressão minha mente suportará antes de me tornar um degenerado físico e mental". Sua determinação e as sinceras expressões de angústia renderam a simpatia dos leitores. Um deles se tornou muito importante para os anos que viriam.

James Harlan lecionava psicologia e ética na Cornell College, em Mount Vernon, Iowa – em 1908, ele se tornou reitor da universidade –, e ao tomar conhecimento do caso Elkins ficou bastante impressionado com a determinação do rapaz. Como professor de psicologia, Harlan ficou fascinado com o desenvolvimento moral e mental de Elkins, além de achar impressionante como a educação poderia afetar de forma positiva a vida as pessoas, não importando o quão horrível fosse o ambiente em que estavam.

O professor Harlan sabia que muitos estudiosos do crime duvidavam que a hereditariedade levava a disposições criminais imutáveis. Esses colegas da ciência afirmavam que as influências de forças externas durante a maturação eram terrivelmente significativas. Encorajado pelos relatórios e pelas cartas que trocou com o ex-diretor Marquis Barr, Harlan acabaria por se tornar um dos porta-vozes de Elkins fora da prisão.

Em uma das cartas que recebeu de Barr, o ex-diretor descreveu a aparência infantil de Elkins quando ele chegou na prisão, e a conclusão de que o menino foi levado a cometer os crimes pelos maus tratos que sofreu. Wesley era novo demais na época para compreender o que havia feito. Barr e outros guardas falaram positivamente sobre a sua postura desde o primeiro dia de Anamosa, notando seu avanço educacional e excelente comportamento. Era, sem dúvidas, um exemplo de sucesso prisional, e ele merecia uma segunda chance.

A visão de um jovem injustiçado e recuperado foi reafirmada quando Harlan visitou Elkins na prisão em janeiro de 1898. Ele ficou impressionado com sua inteligência, "realmente possuído por uma mente brilhante", escreveu o professor. O que começou como um interesse científico logo se tornou pessoal e paternal – o professor tinha 52 anos – e, após a visita a Anamosa, Harlan decidiu trabalhar pela soltura de Elkins, se tornando um dos seus mais ferrenhos advogados.

"Quando eu entrei na penitenciária do estado em Anamosa, em 14 de janeiro de 1890, aos 11 anos de idade, eu me fiz entender que se alguma vez respirasse o ar da liberdade de novo seria apenas se provasse o valor do menino e do homem – e apenas depois de mostrar, após anos de conduta exemplar, que as tendências do mal manifestadas no menino foram permanentemente erradicadas no homem. Poderia eu, com alguma esperança razoável, esperar que as pessoas do Condado de Clayton respondessem ao meu apelo por liberdade?

Tão logo percebi a enormidade do meu crime, entendi a minha situação, e dei a mim mesmo a tarefa de adquirir a melhor educação que a minha condição poderia ter. Na educação reside o poder que permite a alguém discriminar claramente entre o certo e o errado, e nos acelera àquele estado de desenvolvimento da nossa natureza moral quando nós sabemos, sentimos, que o certo é intrinsecamente melhor do que o errado.

[...]

Eu servi agora doze anos e ficaria feliz em ter alguém investigando minha conduta e meu registro prisional. Eu convido à mais detalhada investigação em toda minha vida na prisão do dia em que entrei, 14 de janeiro de 1890, quando apenas um menino de 11 anos, até o presente [...] Estou certo de que ninguém que investigar com cuidado todo meu registro na prisão se inclinará a me recusar outra chance no mundo para que eu me redima do passado.

[...]

Por não compreender a magnitude do meu crime aos 11 anos de idade, acredito que isso deva ser patente para todo observador esclarecido. Nenhum pai natural estaria disposto a levar uma criança sua, aos 11 anos, e vesti-la com a responsabilidade de um homem. Não importa o que a criança fez, a idade tenra negativa a teoria de compreensão total de seus atos [...]

Eu reconheço a sentença severa da justiça, mas, sinceramente, doze anos de vida na prisão parecem satisfazer de forma abundante as demandas do público por justiça. Ninguém reconhece mais do que eu a magnitude do meu crime e ninguém se arrepende mais amargamente desse crime do que eu. Mas poucos homens serão capazes de perceber o tamanho do sofrimento de um menino confinado, mais da metade da sua vida, atrás das celas da prisão [...]

[...] Eu tento ser firme e não reclamar. Não sei qual será o meu futuro, mas tenho tentado estudar duro para me encaixar em alguma coisa melhor do que uma condenação.

[...]

Você pode ou não pode publicar esta carta, mas eu gostaria de dizer a você e ao público que agora compreendo totalmente o grave crime que cometi, e que também compreendo agora a minha responsabilidade para com a sociedade e comigo mesmo. Eu confio na caridade que pode ser dada a mim, uma oportunidade de provar ao mundo minha capacidade de me tornar um cidadão do bem.

Respeitosamente,
J. Wesley Elkins"

O esforço e perseverança de Elkins, somados à ajuda de influentes amigos do lado de fora da prisão, rendeu frutos. Após anos de debates, o governador Leslie Mortier Shaw, no fim de seu mandato, enviou treze casos criminais para revisão da Assembleia Geral do estado, entre eles o de Wesley. O Condado de Clayton, na voz do senador Hiram Bishop, deixou claro mais uma vez que era totalmente contra a soltura do jovem. Com jornais apoiando sua libertação e o lobby de Harlan — que visitou o capitólio do estado de Iowa para conversar com cada deputado e senador — Wesley cada vez mais se aproximava do que tanto almejava. A vitória, porém, não foi fácil. Em 2 de abril de 1902, 46 deputados e senadores votaram contra o seu perdão. Os 46 votos, porém, representaram a minoria, pois 47 outros votaram a favor. Por um único voto, Wesley Elkins venceu.

A recepção da notícia foi calorosa e majoritariamente positiva, com muitos jornais condenando os argumentos exagerados e insensíveis dos políticos que se opunham à sua soltura. Outros diziam em alto e bom som que o menino era o retrato da injustiça; seu caso foi errado e ilegal desde o início e as autoridades agora não faziam nada além do que rever um grave erro. Além disso, Elkins era um exemplo a todos os jovens norte-americanos, um garoto que chegou ao fundo do poço e, mesmo sem perspectivas na vida, jogado em uma prisão ainda criança, trilhou o caminho do bem e do conhecimento, lutando dentro das regras para vencer. Um caso de perseverança, resiliência e positividade. Um vencedor.

Nem todos, entretanto, gostaram da novidade. No Condado de Clayton, o ódio era tangente e os jornais deixaram claro que ninguém ali gostou da decisão das autoridades. Elkins até podia andar livre pelas ruas, mas que não passasse perto dali, porque não seria bem recebido. E Elkins não passou. Nunca mais colocou os pés em Clayton.

Nos meses seguintes à sua soltura em 19 de abril de 1902, Elkins morou na propriedade do professor Harlan, e em 1904 obteve autorização do governador de Iowa para se mudar para o estado do Minnesota, onde tinha parentes. Em março de 1912, recebeu o perdão total após o seu período de dez anos de liberdade condicional e, em 1920, se mudou para a capital do Havaí onde, dois anos depois, aos 44 anos, se casou com uma mulher de 29 anos chamada Madeline Kahaleuluohia Lazarus. Sua última parada foi na Califórnia, onde faleceu aos 83 anos, em 1961.

John Wesley Elkins é um exemplo da ignorância e injustiça dos homens. Voltando a 1889, o crime que ele cometeu é de uma brutalidade chocante. Encostar o cano de uma espingarda no olho do pai e puxar o gatilho, matar a pauladas sua madrasta, e depois ainda espatifar a cabeça do pai com um pedaço de pau é simplesmente grotesco. Mas o que havia de errado com ele?

Na cadeia, Elkins escreveu que "se meu pai e madrasta tivessem me tratado com qualquer grau de gentileza, eu não estaria atrás desses muros hoje", palavras que soam como uma tentativa de justificar o injustificável. Por outro lado, as vítimas se foram e não puderam se defender ou dar suas próprias versões. Além disso, o julgamento respaldado pelos preconceitos de uma comunidade parada no tempo foi um completo desastre. Julgar uma criança de 11 anos como adulto, condenando-a à prisão perpétua em uma penitenciária para adultos beira o surrealismo. É impressionante pensar como o sistema judicial norte-americano conseguiu tal feito. Crianças assassinas no século XIX na América do Norte existiram aos montes e a maioria, quando condenada, ia para reformatórios até atingir a maioridade. Nos raros casos em que foram enviadas para penitenciárias, elas tinham idade mais avançada, como foi o caso com Alexander Stewart e Jesse Pomeroy.

Uma vez preso, Elkins teve uma evolução impressionante, e sua cruzada pela liberdade é digna de compartilhamento. Foram doze anos de uma luta inglória. A lei estava lá, escrita, e bastava ser aplicada. Se não fossem as preeminentes figuras da sociedade – e de bom coração – como o professor Harlan e a grande massa midiática, Elkins teria passado a vida inteira atrás das grades. Ao sair de Anamosa, se formou no ensino médio, trabalhou em vários empregos ruins até conseguir uma posição melhor como contador; comprou a própria casa com o dinheiro de seu trabalho; casou-se e faleceu dignamente como um fazendeiro no Condado de San Bernardino, na Califórnia.

Seja lá qual foi o demônio que se apossou de Elkins naquela madrugada de julho de 1889, ele foi embora e nunca mais voltou.

Esta é a foto de Wesley Elkins quando jovem, publicada em jornais na época do crime, e também foi a capa de um panfleto distribuído aos legisladores em 1902. Cortesia do Museu da Penitenciária do Estado Anamosa.

Albert Jones

ALBERT JONES

09 MENTE EM CHAMAS

ESTADOS UNIDOS | 14 ANOS

> "Um psicopata estilo [William] Heirens."
>
> **The Billings Gazette**

Em julho de 1946, alguém tocou a campainha da casa da família Nielson, em Chico, Califórnia. Myrtle Nielson, de 37 anos, atendeu a porta. A visita inesperada atendia pelo nome de Albert Jones, um menino de 14 anos, morador do bairro. Nielson o conhecia há pelo menos um ano, já que trabalhara na escola da região, a mesma em que Jones estudava. Ela o deixou entrar e ofereceu água e um biscoito. Na casa também estavam a filha de Nielson, Betty, de 18 anos, e Barbara, de 6 anos, filha de uma vizinha. Minutos depois, todos ouviram um estrondo, e quando Betty se virou, viu a mãe caída no chão. "Betty, ele atirou em mim", disse Myrtle Nielson. O menino empunhava uma pistola Luger alemã, uma relíquia da Segunda Guerra, que roubara de um tio meses antes. Após atirar em Nielson pelas costas, Jones encostou a arma na barriga de Betty. "Não se mova!", disse ele.

No chão, Nielson tentou convencer o menino a ir embora, dizendo que ela não estava machucada e que estava tudo bem. "Você não me machucou, por favor, vá para casa, eu digo que foi um acidente, Albert", implorara ela. "Mentirosa! Você está muito machucada", respondeu o menino. Para calar a mulher, Albert enfiou sementes de damasco em sua boca e a amordaçou com um pano.

Enquanto Myrtle Nielson se contorcia no chão, Albert colocou Betty e Barbara de bruços e as amarrou com uma corda. Ele andou de quarto em quarto e encontrou um colar de pérolas que pertencia a Betty. Para ver se a joia era genuína, ele as quebrou com um martelo. Vendo que era bijuteria, jogou-a fora e pegou duas facas na cozinha. Brandindo-as contra Betty e Barbara, ele disse que já havia matado antes; que não tinha problema nenhum em matar e, com uma caixa de fósforos em mãos, ameaçou queimar a casa inteira. Voltando a empunhar as facas, o menino olhou para Betty e rugiu: "Eu poderia matá-la com isso aqui e não fazer qualquer barulho, mas eu sou melhor estrangulando".

Durante 2 horas o menino aterrorizou a família Nielson e, após muito insistir, Betty conseguiu fazer com que Albert a deixasse fazer uma ligação para o seu pai.

Quando Harold Nielson chegou, não sabia o que lhe esperava. Sua filha apenas havia telefonado, pedindo para ele ir para casa por causa de uma emergência. Harold chegou e foi primeiro até a cozinha, onde encontrou a esposa no chão. Ao retornar para a sala, a filha Betty gritou: "Cuidado! O Albert está no quarto e ele tem uma arma!". Harold correu até lá e ficou frente a frente com o menino, que não hesitou em atirar. Harold sentiu algo queimando sua camisa: era a bala que passou raspando o seu corpo. O menino Albert errara o tiro. Harold imediatamente pulou no garoto e ambos entraram em uma luta corporal. Apesar de franzino e menor, Albert lutou feito um animal, mas não foi páreo para o homem mais velho.

As imagens que se espalhariam por jornais nos dias seguintes mostrariam Albert com o olho roxo. Ao tomarem conhecimento de sua história, muitos norte-americanos desejaram que Harold o tivesse espancado muito mais.

> "A sra. Myrtle May Nielson, a dona de casa atingida por um tiro ontem, está internada no Hospital Emloe e sua situação é grave. Médicos dizem que hoje ela mostrou uma pequena melhora do ferimento em suas costas, mas eles não conseguem dizer se ela irá viver." (*Oakland Tribune*, 17 de julho de 1946)

Enquanto Myrtle lutava pela própria vida no hospital, Albert Jones confessava para a polícia ser o autor de uma misteriosa morte ocorrida um mês antes. Em 18 de junho, a casa onde vivia a adolescente Patricia Crandall, de 15 anos, ardeu em chamas. O corpo completamente carbonizado da vítima foi encontrado no que restou de sua cama. Investigando a morte dela, a polícia chegou até o nome de Albert. Patricia era amiga de uma irmã dele e o menino fora visto por testemunhas na casa da vítima no dia em que ela morreu. Em sua defesa, Albert disse que conhecia Patricia vagamente e que uma vez havia nadado com ela. Admitiu que a visitou no dia em que morreu, mas fora embora bem antes, pedalando sua bicicleta.

Como o corpo estava muito desfigurado, o legista não conseguiu especificar a causa da morte e a polícia concluiu que ela havia acidentalmente colocado fogo na casa ao fumar um cigarro.

A verdade era muito pior.

Após fazer uma cena na delegacia e chorar enquanto suas digitais eram tiradas, Albert Jones se acalmou e começou a narrar os fatos que fariam dele o protagonista da mídia nos meses seguintes. De início, mentiu, afirmando que vira Patricia chutando um gato. Aquilo fez ele entrar num estado de fúria. "Eu torci o braço dela e coloquei uma toalha em volta do seu pescoço, e a estrangulei. Sabia que ela estava morta porque ela parou de respirar e sangue estava escorrendo da sua boca", disse ele. Mas depois mudou de versão. Não tinha nada a ver com gatinhos sendo espancados, ele queria dinheiro. "Ela disse pra mim enquanto eu a matava: 'Como você se sentiria se alguém fizesse isso com sua irmã?'. Eu respondi: 'Não iria gostar'. Mas eu matei ela. Só levou 3 ou 4 minutos." Perguntado pelo delegado se estava arrependido, ele respondeu: "Não. Não me incomoda. Eu nunca chorei".

Após estrangular Patricia até a morte, o menino arranjou alguns papéis e revistas, colocou em cima do corpo e ateou fogo. "A última coisa que vi foi seu cabelo pegando fogo." Antes de incendiar tudo, porém, ele saqueou a casa, mas não encontrou nada de valor, levando consigo apenas um crucifixo, uma bolsa contendo um dólar e uma caixinha com uma caneta e um lápis, um presente que Patricia planejava dar ao seu pai no Dia dos Pais.

Albert Jones já era conhecido da polícia por fugir de casa. Em janeiro de 1946, ele desapareceu por cinco dias e foi encontrado em um hospital, sofrendo de perda de memória. Ele cresceu entre ataques de amnésia e cefaleias, e tinha dificuldades de aprendizado; fugiu de casa três vezes, chegando a cidades longínquas como Santa Cruz, a cerca de 360 quilômetros de distância. Na escola, estava sempre arrumando encrenca e mostrava ter um comportamento brutal com as outras crianças. Ele as chutava, espetava com alfinetes e fazia bolas duras de papel para atirá-las em seus alvos.

Sua mãe, Ada Jones, com 31 anos na época, após passar uma vida inteira sofrendo com o menino que parecia incorrigível, disse já ter tentado descobrir o que ele tinha de errado. Por volta dos 13 anos, uma luz se acendeu quando Albert começou a falar sobre "querer matar alguém". Ada o levou até uma clínica psiquiátrica em São Francisco, onde os médicos o diagnosticaram com uma "doença mental leve". Eles orientaram a mãe que o menino deveria realizar um tratamento, mas Ada não podia arcar com as despesas, tinha outros quatro filhos e o salário como babá não era suficiente. Seria impossível ir toda semana até São Francisco e custear sozinha o tratamento. Infelizmente, seu filho evoluiria para uma versão mirim de Scorpio, o impenitente homicida de *Dirty Harry*.* "Não sei por que eu fiz isso. Eu tenho essas vontades de vez em quando", explicou Albert aos detetives sobre sua vontade em matar.

"EU TENHO ESSAS VONTADES DE VEZ EM QUANDO."

Albert sobre sua vontade de matar

Um cruel assassino estrangulador de tão pouca idade chamou a atenção de toda a sociedade norte-americana, que ainda estava chocada pela captura do assassino em série William Heirens semanas antes. As imagens de Heirens e Albert impressas em jornais pareciam pintar uma realidade terrivelmente assustadora: a de que demônios andavam pelas ruas com rostos de anjos.

As de Albert chamaram mais atenção porque ele era apenas uma criança. Em uma das fotos ele está sem camisa, o corpo esquálido, típico de um menino da sua idade, que contrasta com os corpos dos detetives brutamontes. Em outra, ele está com as mãos no queixo, um olhar vazio, como se sua alma

---

* Filme de 1971 dirigido por Don Siegel e com Clint Eastwood no papel principal. O antagonista, Scorpio, é um psicopata que não pensa duas vezes em causar destruição e morte.

estivesse completamente perdida, à procura de ajuda. Seu rostinho de menino, porém, não poderia salvá-lo de suas ações, e a situação piorou de vez após o falecimento de Myrtle Nielson, que sucumbiu, na noite de 19 de julho, ao tiro recebido nas costas três dias antes.

Em 20 de julho, Albert apareceu no tribunal para ser indiciado em cinco acusações, duas de assassinato (Patricia e Myrtle), uma de tentativa de assassinato (Harold), e outras duas de agressão (Betty e Barbara). A audiência ficou marcada, porém, por conta da confusão entre familiares de Patricia e Albert.

Enquanto o menino, sem expressão nenhuma, era levado até a sala do tribunal, a mãe de Patricia, Lydia Crandall, se colocou em seu caminho e gritou: "Por que você fez isso com minha filha?". Um dos presentes, então, também gritou: "Não pergunte isso a ele. Ele é um assassino e mentiroso!". Furiosa, a mãe de Jones interveio: "Deixem-no em paz!". Logo ela começou a atacar Lydia com socos enquanto gritava: "Você não pode chamar meu filho de mentiroso, assassino, ladrão!". Pessoas que estavam por perto separaram as duas e, enquanto Lydia saiu por um lado, Ada caiu no chão, chorando em um aparente ataque de nervos. O triste momento foi capturado por um fotógrafo; a foto impressa em jornais da época serviu não só para mostrar o desespero de uma mãe como também se tornou um dos mais pungentes retratos do caso Albert Jones. "Drama na Acusação de Assassinato", escreveu o *The Herald Press*.

"Por que você não fica em casa e toma conta do seu filho como deveria fazer?", gritou Lydia enquanto Ada era retirada do local por parentes. O drama não parou por aí. Dentro do tribunal, Ada soluçava sem parar e era confortada pelos filhos. Do outro lado, Lydia dizia em alto e bom som: "Ela está tendo o seu momento de desespero agora. Eu tive o meu um mês atrás!".

Durante a audiência, o promotor Charles Andrews revelou que não planejava pedir um exame psiquiátrico de Albert. "O escritório da promotoria sente que um exame por um psiquiatra seria perda de tempo. Embora nós acreditemos que exista alguma coisa errada com os processos mentais do menino, ele com certeza sabe a diferença entre o certo e o errado." Para exemplificar sua posição, o promotor citou o fato de Albert ter confessado à polícia que planejava assassinar uma terceira pessoa, um amigo de escola da mesma idade, chamado Harlan Hume. Albert contou detalhes do plano: ele iria atraí-lo, empurrá-lo nas águas de um riacho e afogá-lo. Hume nunca fizera nada contra ele, mas o menino tinha uma vontade incontrolável de matar e Hume seria uma presa fácil, pois o amigo confiava nele. "Eu não estava com raiva dele. Eu só pensei em matar ele", disse Albert Jones.

No fim das contas, Albert era apenas um lobo usando sua aparência frágil e humana a fim de esconder propósitos predatórios e malignos. Da mesma forma que enganara Patricia, ele enganaria Hume e quem mais despertasse sua sede por sangue.

Devido à idade do acusado, o juiz passou o caso para a corte juvenil e não fixou fiança. Mas, dias depois, a corte juvenil repassou o caso para a justiça comum, indicando que Albert poderia ser julgado como adulto, o que foi confirmado pelo promotor Jack McPherson do Condado de Butte. Em 29 de julho, Albert foi formalmente acusado de cinco crimes, incluindo dois assassinatos e uma tentativa de assassinato. Enquanto aguardava as audiências para definir sua sanidade – marcadas para começar em 17 de setembro –, o menino causou problemas na cadeia municipal de Oroville, onde era mantido preso desde julho. Em 24 de agosto, ele atacou um carcereiro e, na mesma noite, foi encontrado pelo delegado enquanto tentava se matar dependurando-se pelo pescoço com tiras de tecido rasgadas. Por sorte ou acaso, o delegado cortou o pano a tempo, frustrando a tentativa de suicídio de Albert.

Em 19 de setembro, um júri composto de nove mulheres e três homens consideraram Albert legalmente são. Contando com vários especialistas, o júri incluía o dr. Joseph Catton, psiquiatra da Stanford University de São Francisco; o dr. Theodore K. Miller, superintendente médico do Hospital Estadual de Napa; o dr. Walter Rapaport, superintendente médico do Hospital Mendocino; e o dr. Walter Joel, psicólogo no Napa. Após a decisão, o juiz Harry Dierup definiu Albert como um "delinquente psicopático" e ordenou que fosse internado durante três meses no hospital psiquiátrico de Mendocino, para observação. Quando o período de "observação e diagnóstico" terminasse, o psiquiatra da Universidade de Stanford, Walter Rapaport, deveria submeter um relatório e, se o documento confirmasse que Jones ainda era "psicopaticamente delinquente", o juiz poderia estender a internação por período indefinido. Caso ocorresse o oposto, o julgamento seria marcado e ele sentaria no banco dos réus.

Em 19 de dezembro, o dr. Walter Rapaport enviou seu relatório ao juiz, contendo uma conclusão curiosa. Ele declarou que em três meses no hospital, Albert não apresentou qualquer evolução, e não havia razão nenhuma para se acreditar que a internação pudesse melhorar o seu comportamento. "De vez em quando eu tenho vontade de matar alguém", disse o menino ao psiquiatra. Para Rapaport, Albert continuava legalmente são, mas ainda um delinquente psicopático, e como o menino vivia perguntando sobre o julgamento, então que fosse logo julgado, porque "talvez passando por um julgamento isso possa *fazê-lo mais normal*". Com o relatório em mãos, o juiz ordenou que Albert fosse enviado de volta à cadeia de Oroville enquanto ele decidia sobre a recomendação do psiquiatra.

O advogado de Albert, Arthur De Beau Carr, disse que continuaria sua luta para manter o caso fora da justiça comum. "Este julgamento ainda persiste. Ele está nessa categoria tanto agora quanto estava três meses atrás", citou Arthur para o *Oakland Tribune*.

Mas a decisão do juiz afirmava que Albert Jones deveria passar por um julgamento, marcado para começar em 17 de fevereiro de 1947. O menino, na verdade, passaria por dois trâmites. Albert se declarou inocente e inocente por razões de insanidade. As particularidades das leis da Califórnia na época permitiam dois julgamentos separados para cada declaração.

Após uma exaustiva escolha dos jurados, que durou três dias e envolveu cerca de duzentas pessoas, o primeiro julgamento de Albert Jones começou em 20 de fevereiro. Seis homens e seis mulheres decidiriam o destino do menino incorrigível e cuja sede por sangue deixou claro, desde o início, uma verdade: mesmo se fosse inocentado, não sairia livre para as ruas. Por outro lado, e por ser menor de 18 anos, seu caminho até a câmara de gás — forma de execução adotada na Califórnia na época — era uma carta fora do baralho. O melhor para a promotoria era a prisão perpétua; para a defesa, a vitória viria com uma absolvição e posterior internação.

Ao tomar lugar no banco das testemunhas, Betty Nielson contou sobre as 2 horas de terror que ela, sua mãe e Barbara passaram ao lado do acusado. Segundo ela, após atirar em sua mãe, Albert a ignorou por completo, deixando-a agonizando e sangrando no chão da cozinha. "Eu implorei para me deixar ligar para um médico, mas ele respondeu: 'Se você não ficar quieta eu vou te matar'." Betty confirmou a fala do menino, de que ele havia matado Patricia Crandall, e a todo momento lembrava disso para amedrontá-la: "Lembra da menina Crandall, que foi assassinada mês passado? Então, eu a matei. Algumas pessoas não acham que eu a matei, mas matei".

Betty relatou como continuou implorando para Albert ir embora, até ofereceu dinheiro e joias, mas ele estava mais interessado em falar sobre as várias formas como poderia matá-las: tiros, marteladas, facadas, até incendiadas. Empunhando um martelo, ele ameaçou: "Se eu quiser matar você, apenas um golpe disto aqui pode te matar". Minutos depois, o menino tirou um canivete do bolso e disse que poderia fazer um corte nos pulsos das três mulheres e matá-las bem rápido.

Betty era a melhor testemunha da promotoria. A mãe estava morta e o promotor optou por não expor Barbara, que era apenas uma criança. Sem muito o que perguntar, o advogado Arthur De Beau Carr traçou a estratégia de tiro acidental, já que não havia testemunhas oculares: "Você viu Albert atirar em sua mãe?", perguntou Arthur. "Não, não vi", respondeu Betty.

Um ponto curioso em relação ao depoimento de Betty foi a escrita de alguns jornalistas da época a respeito dela, e isso me fez lembrar Tori Telfer. Em seu livro, *Lady Killers: Assassinas em Série*, Telfer nos conta sobre Tillie Klimek, uma assassina em série cujo julgamento teve jornalistas mais preocupados em discorrer sobre suas características físicas do que sobre o caso em si. Ela possuía uma "aparência disforme" e um "rosto granuloso". Se Klimek fosse bonita como as assassinas Belva Gaertner, a "Elegante", e Beulah Annan, a "Bela",* diz Telfer, talvez ela fosse inocentada. Telfer afirma: "O júri inteiramente masculino lançaria olhares de aprovação sobre seus belos tornozelos enquanto você passasse por eles".

No caso de Betty, algumas publicações da época chamam atenção pelo mesmo motivo. Qual a relevância de uma publicação, cobrindo um caso extremamente sério e delicado, gastar suas linhas descrevendo a vestimenta ou o tamanho dos seios dela? Descrevem-na com a palavra *buxom*, que poderia ser traduzido como "roliça" ou "rechonchuda", um termo que, dado os padrões de beleza da época, servia para descrever uma mulher muito atraente, com grandes atributos físicos e seios enormes. Em uma reportagem do *Oakland Tribune*, a jornalista Nancy Barr Mavity a considera uma celebridade. Betty era a estrela do julgamento.

> "Betty parece a linda e rechonchuda estudante de 18 anos que com bastante recato descartou as meias *bobby* em respeito à dignidade do tribunal do juiz Deirup. Suas covinhas cintilam a cada sorriso e ela sorri com facilidade. Mas ela é muito mais do que bonita, e sua aparência e juventude são esquecidas em meio a outro tipo de admiração. Betty, que até o juiz chama pelo primeiro nome, não é apenas a testemunha estrela da acusação, ela é uma testemunha estrela de considerável magnitude brilhante para o tribunal de qualquer pessoa."
> (*Oakland Tribune*, 26 de fevereiro de 1947)

---

* Belva Gaertener foi uma mulher absolvida em 1924. Ela foi acusada de atirar e matar Walter Law, seu amante na época, cujo corpo foi encontrado no carro dela. Beulah Annan era uma mulher casada, julgada no mesmo ano e absolvida pelo assassinato do amante, Harry Kalstedt. As histórias inspiraram o musical *Chicago*, de 1926, que também originou uma segunda versão em 1975 e um filme de mesmo nome dirigido por Rob Marshall em 2002, que contava com estrelas como Renée Zellweger, Catherine Zeta-Jones e Richard Gere no elenco.

Em 26 de fevereiro, a segunda testemunha da promotoria, Harold Nielson, deu a sua versão dos fatos ocorridos em 16 de julho de 1946, perante o juiz, os jurados, o réu e os espectadores.

> "Tão logo cheguei em casa eu tive toda a visão [do que ocorria] em um flash. Eu agachei para desamarrar as mãos da Betty. Ela gritou: 'Ele atirou na mamãe!'. Eu tive o flash do caminhar de um homem desaparecendo no quarto então eu sabia onde ele estava. Então eu vi Albert. Parei primeiro na minha esposa, então virei e vi Albert em pé com a arma apontando diretamente para mim. Eu vi o flash quando ele atirou. Ele estava a um metro e meio ou dois de distância. Eu continuei pra cima dele. Ele me bateu na cabeça com a arma. Então ele moveu o braço para atirar nas minhas costas. Eu peguei ele com um mata-leão frontal, dei uma joelhada no seu peito e soquei o seu rosto. Fiz um pouco de *wrestling*. Eu o peguei pela garganta, em torno da traqueia, e o estrangulei. Peguei pelo cabelo e bati sua cabeça no chão quatro vezes. Então o arrastei pelo chão [puxando] pelo cabelo até o telefone e chamei a polícia e uma ambulância." (Harold Nielson)

No dia seguinte, Albert Jones testemunhou em benefício próprio e negou todas as acusações, colocando a culpa em um misterioso "Jack". Até o dia anterior, seu advogado tinha dúvidas se colocaria ou não o seu cliente no banco das testemunhas, mas isso mudou em 26 de fevereiro, quando Albert lhe disse que o verdadeiro assassino de Patricia se chamava Jack.

Não ajudou muito o fato de o menino ter sido usado como testemunha. Suas respostas eram vagas, inaudíveis e sem detalhes. Ele disse que conhecera o tal Jack em São Francisco durante uma de suas escapadas de casa. Lá, Jack o apresentou a um homem mais velho e os dois o levaram até um hotel, onde Albert contou ser da cidade de Chico. Após Jack tentar abusá-lo, Albert deixou o hotel e voltou para casa.

Jack, que era um rapaz grande e mais velho, teria aparecido em Chico cerca de uma semana depois e perguntado a Albert se poderia arranjar uma arma para ele. O menino mais novo o levou até a casa do seu tio, William Attebury, e lá roubaram sua pistola alemã, posteriormente usada para matar Myrtle Nielson. Jack era assustador, contou Albert, e tinha muito medo dele. Mesmo assim, Albert o apresentou a Patricia, em 18 de junho de 1946. Jack supostamente avançou contra Patricia, que resistiu, então ele a matou.

"Você matou Patricia Crandall?", perguntou Arthur Carr.

"Não", respondeu Albert.

"Você viu Patricia ser assassinada?"

"Sim."

"Atearam fogo no corpo dela?"
"Sim."
"Quem matou Patricia Crandall?"
"Jack."

Uma semana depois do assassinato de Patricia, Jack apareceu em Chico mais uma vez e exigiu a pistola; Albert se negou e ele foi embora, sendo essa a última vez em que o viu. Dada a vez a Jack McPherson, o promotor iniciou o seu questionamento da testemunha com a pergunta: "Você está dizendo a verdade?".

"Sim", balbuciou o réu.
"Você sabe o que é uma mentira?"
"Sim."
"Como Jack parecia?"
"Eu não lembro, mas eu acho que ele era escuro."
"Que tipo de roupas ele vestia?"
"Eu não lembro."
"Como o homem velho se parecia?"
"Eu não lembro."
"Qual era o último nome do Jack?"
"Eu sabia, mas não lembro agora."

Albert revelou que tentou salvar Patricia, mas como Jack era grande e violento, ele o jogou longe, e Jack acabou assassinando a garota. Perguntado por qual razão nunca contara sobre o homem, Albert murmurou: "Várias razões". Uma delas era a de que ele morria de medo de Jack e só queria que ele fosse embora e nunca mais voltasse. Também não queria que o prendessem "porque Jack tinha 18 anos e pegaria a cadeira elétrica" — embora a Califórnia não a usasse como pena capital. Extrair respostas de Albert era tão difícil quanto escutar alguém a 50 metros de distância. Ele não fez nenhuma tentativa de elaborar seu testemunho, tampouco se importou se o que dizia fazia sentido ou não. Seus advogados o defenderam dizendo que era difícil para o menino falar de coisas que não lhe agradavam.

Ao final, McPherson disse saber quem era Jack: "Você ficaria surpreso se eu dissesse a você quem é Jack? Você é Jack, não é? As coisas que você descreveu como sendo ações de Jack foram as coisas que você fez, não foi?". Albert apenas respondeu: "Não". Nesse momento, Arthur Carr pulou de sua cadeira e protestou contra o promotor, argumentando que ele estava intimidando e amedrontando a testemunha. "E ameaçando ele com um martelo", completou com sarcasmo o promotor.

Após três dias de recesso, a defesa usou o próprio Arthur Carr como testemunha. Tomando o papel de advogado principal, o advogado assistente Kenneth Donelson trocou figurinhas com Carr a respeito da mente de Albert, que eles diziam ter a idade mental de um menino de 9 anos. Os advogados declararam que Albert possuía uma "mente subnormal", com dificuldades até mesmo para lembrar das perguntas feitas entre as sessões do julgamento. Pessoas com mentes subnormais, disse Carr, são impressionáveis a sugestões externas e, por isso, a confissão de Jones deveria ser analisada com cuidado.

Após uma deliberação que durou 6 horas, em 6 de março de 1947 o júri considerou Albert Jones culpado pelos assassinatos de Myrtles Nielson e Patricia Crandall, e da tentativa de assassinato de Harold Nielson; e inocentado nas duas acusações de agressão com intenção de matar Betty Nielson e Barbara Searle. Jones escutou o veredito imóvel, já sua mãe deu gritos histéricos na sala do tribunal, sendo levada para fora pelo advogado Arthur Carr. O segundo julgamento, marcado para iniciar em 11 de março, e composto pelo mesmo júri, decidiria se Albert era inocente por motivos de insanidade.

"Louco", "mentalmente desequilibrado", "não é certo da cabeça", foram algumas das palavras utilizadas por testemunhas no segundo julgamento. Seis colegas de classe e outras testemunhas contaram sobre como achavam o menino perturbado. "Se eu tivesse que fazer uma escolha, eu diria que ele é insano", disse Clyde Woodward, um estudante. Já outro estudante, David Hendricks, revelou como uma vez Albert quase matou um menino enforcado. Se não fosse a intervenção de outras pessoas, o pior poderia ter acontecido. "Na minha opinião, ele é insano", disse.

Não, não era, decidiu o júri dois dias depois, decisão que alegrou o juiz Harry Deirup. Ele explicou que se Jones fosse considerado insano, poderia sair em liberdade em pouco mais de um ano e, com certeza, devido à sua natureza "extremamente perigosa", o melhor para a sociedade era trancafiá-lo. Em sua fala, Deirup caracterizou Albert como um "lobo solitário que não preza ninguém a não ser a si mesmo. Pelo que sabemos, ele estrangulou Patricia Crandall sem motivo algum, e há uma boa razão para acreditar que ele tinha intenção em dizimar a família Nielson para que não houvesse evidência no caso Crandall". O juiz o sentenciou a vinte anos de prisão pela tentativa de assassinato de Harold Nielson e a uma pena de cinco anos a prisão perpétua pelos assassinatos de Myrtle e Patricia.

Os dois julgamentos de Albert Jones não foram mais do que procedimentos legais perante as leis do estado e da sociedade. O juiz Deirup ordenou que o menino – em vez de seguir o caminho natural até uma penitenciária comum – fosse enviado para tratamento em um dos hospitais psiquiátricos do estado, que acabou sendo o de Mendocino. Nas mãos do dr. Walter Rapaport, todos esperavam que um longo tratamento pudesse dar a Albert uma nova chance – sua única, diga-se de passagem. "Com a questão dos assassinatos encerrada, nós tentaremos conduzir sua mente em uma direção diferente", disse o médico.

Albert Jones

SLAYER— His eye blackened by the husband of a woman he seriously wounded, Albert Jones, 14, slayer, is shown in his cell at Oroville. —Photo by San Francisco Examiner.

PATRICIA CRANDALL
Slaying Victim

WOUNDED— Mrs. Nielson, who was shot and seriously wounded by young Albert Jones.

VICTIM'S KIN— Harold J. Nielson, who overpowered young Jones after the shooting of Mrs. Nielson, is shown with his daughter, Betty. —Photo by San Francisco Examiner.

ALBERT JONES   259

—AP Wirephoto.
Albert Jones.

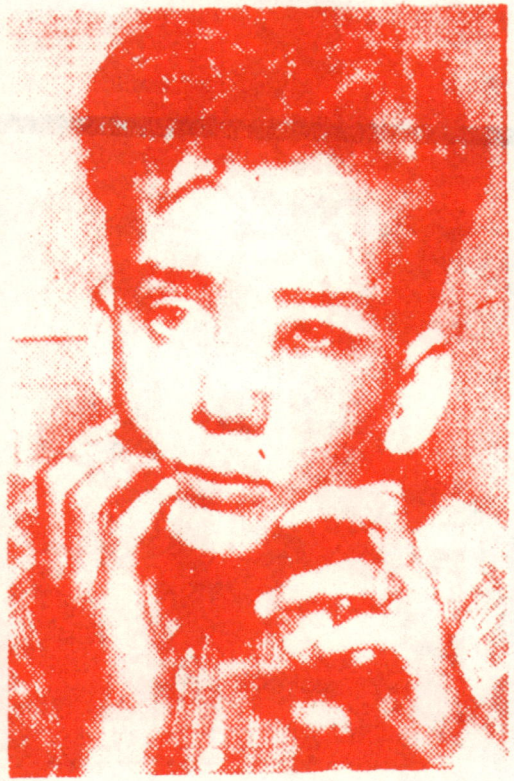

Mrs. Nielson

Miss Crandall

Boy Slayer Weeps at Trial for Chico Murder

ON TRIAL— Fourteen year old Albert Jones, on trial for two murders and other felonies, sets his jaw face during a recess of jury selecting at Oroville.

Mrs. Ada Jones of Chico, Butte County, comforts her son, Albert, 14, on trial for two murders, at every recess in the proceedings. Mother and son are shown in the Butte County

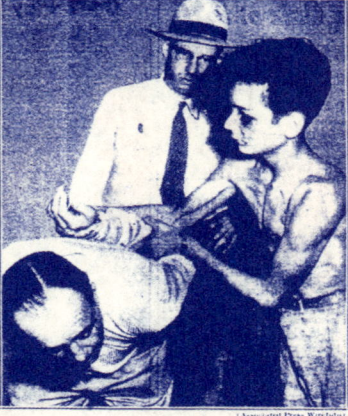

Albert Jones demonstrates on Harry C. Gray how he twisted arm of Patricia Crandall as Deputy District Attorney Ray Leonard watches.

Não aconteceu. Foi como se alguém o jogasse dentro de uma cela, trancasse e jogasse a chave fora.

Os anos pós-condenação são tão misteriosos quanto o fato da mídia, tão interessada em vender jornais com a história da criança assassina, ter abandonado o caso quando tudo acabou. Os nomes Myrtle Nielson e Patricia Crandall nunca mais foram escritos; já o nome Albert Jones surgiu algumas vezes, não passando de notas curtas e nunca o identificando como o impenitente menino autor de um duplo assassinato. Uma tentativa de apagar seu passado tortuoso e homicida.

"TENTAREMOS CONDUZIR SUA MENTE EM UMA DIREÇÃO DIFERENTE."

O tempo é implacável no sepultamento de pessoas e histórias e, assim, de 1947 em diante, Albert deixou apenas migalhas para trás, que viraram fósseis a serem descobertos por algum escritor-arqueólogo do futuro. O primeiro desses fósseis que encontrei indicou a data de 13 de novembro de 1954. Nesse dia, três moradores barra-pesada da prisão estadual de San Quentin tiveram um entrevero e acabaram indo parar na solitária. Eles eram Ronald Rittger, de 18 anos, condenado por uma série de roubos e estupro; Ernest Marshall, de 23 anos, acusado de "perversão sexual" e Albert Jones, de 22 anos, o famoso "delinquente psicopático" de Chico. O desentendimento entre os três terminou com um ataque furioso de Jones contra Marshall. Armado com um instrumento afiado, Jones perfurou Marshall 11 vezes nas costas. A vítima sobreviveu e os três receberam em suas fichas a anotação de "comportamento agressivo" — e também alguns dias sozinhos no escuro para refletir.

A pena na solitária para Jones foi a maior: 29 dias. Essa informação mostra que, nessa época, ele estava em uma prisão comum, e não mais em Mendocino. O mais provável é que Jones não tenha correspondido ao tratamento psiquiátrico lá e, após atingir a maioridade, foi transferido para San Quentin para cumprir sua pena. Uma reportagem do *Daily Independent Journal*, de 17 de novembro, revela que os três indivíduos tinham "problemas de comportamento" e que estavam sob tratamento psiquiátrico "desde que chegaram".

Meses depois, um promotor da Califórnia decidiu acusar Jones por agressão e tentativa de assassinato. Pela primeira vez ele foi descrito com a palavra "psicopata". Em março de 1955, aceitou um acordo com a acusação e se declarou culpado, se livrando de receber a prisão perpétua, e sendo condenado a uma pena de dez anos.

O nome de Albert Jones apareceria de novo apenas em 1974, ao fugir de São Quentin, no dia 22 de outubro daquele ano. É certo que Jones melhorou de comportamento na prisão, pois somente um preso de bom comportamento teria o privilégio de passar parte do dia fora dos muros da prisão em uma área de segurança mínima. Ele sumiu por volta das 9h e desfrutou de poucos minutos de liberdade, sendo recapturado às 9h23 por um policial rodoviário que o viu andando pela Highway 101 perto de Corte Madera.

Sua fuga poderia ter lhe prejudicado, mas não foi o que aconteceu. Em 1976, uma reportagem do *The Sacramento Bee* intitulada "Esses presidiários legalmente cavam por liberdade" mostrou o programa de paisagismo em San Quentin, liderado pelo instrutor de jardinagem Ray Parham. "Há uma lista de espera de homens que desejam entrar no programa", diz Parham. Daqueles que participavam, o exemplo de maior orgulho era o de Albert Jones: "Um homem que já está há quase trinta anos em confinamento".

> "Albert realmente encontrou algo no que ele é bom, trabalhando com plantas. Ele é o meu braço direito, eu posso sair por três semanas e eu sei que quando voltar tudo estará em ordem na casinha." (*Ray Parham*, 27 de novembro de 1976)

A partir daqui, Albert Jones desapareceu.

Uma consulta em arquivos públicos da Califórnia mostra que ele se casou com uma mulher chamada Belle Eakins Johnston em 4 de junho de 1984, no Condado de Butte. Ele tinha 52 anos e sua esposa, 46. O casamento indica que, após passar mais de trinta anos preso, ele foi solto em algum momento entre 1976 e 1984. É provável que Belle Eakins tenha sido a sua primeira mulher, e que ambos tenham vivido os seus dias de forma pacata e honesta.

Dez anos depois, um censo demográfico indicava o seu endereço como 1859 Honey Run Rd, em Chico, Califórnia, cidade em que permaneceria até sua morte aos 76 anos, em 26 de janeiro de 2009. Mesmo morando em Chico, duas gerações já haviam passado, e sabemos como o tempo é competente em enterrar histórias. Um popstar do crime em sua época, que tinha até mesmo uma admiradora* particular, agora na casa dos 60 anos, com o rosto e corpo surrados pela ação do tempo e encarceramento, Jones poderia estender para a vida aqui fora a calmaria e ostracismo de outrora.

E talvez tenha sido melhor assim.

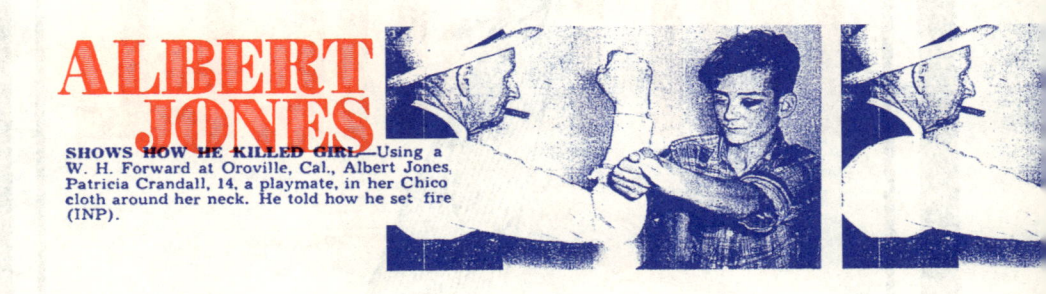

ALBERT JONES
SHOWS HOW HE KILLED GIRL—Using a W. H. Forward at Oroville, Cal., Albert Jones, Patricia Crandall, 14, a playmate, in her Chico cloth around her neck. He told how he set fire (INP).

*   A estudante Marlene Rollins, de 14 anos, acompanhou atentamente o julgamento de Albert Jones, estando presente sempre que podia e levando doces para ele.

ALBERT JONES   263

Golden & Johnson

ANDREW MITCHELL

10 ASSASSINATO EM MASSA

ESTADOS UNIDOS | 11 E 13 ANOS

> "Mais uma vez uma rachadura se formou através da fantasia coletiva dos norte-americanos sobre a infância."
>
> **Elizabeth Kaston, The Washington Post**

Cercada por uma mata no norte do Arkansas, a Westside Middle School em nada lembra uma escola. Localizada na periferia de Jonesboro, a estrutura parece mais um campo de concentração ou reformatório; não há identificação e, se não fossem os ônibus amarelos chegando lotados de crianças, ninguém poderia dizer que ali funcionava um centro educacional. Esse retrato fantasmagórico lembra Columbine, uma construção deprimente em meio ao nada das entranhas do Colorado.

Também na cabeça de muitas crianças e adolescentes, ambientes controladores são vistos como depressivos e intimidadores. Nesse sentido, me ocorre o comentário de Nate Dykeman, um dos amigos de Dylan Klebold,[*]

---

[*] Dylan Klebold, de 17 anos, e seu amigo Eric Harris, de 18 anos, assassinaram 13 pessoas na escola onde estudavam, a Columbine High School, em 20 de abril de 1999. O Massacre de Columbine foi documentado com profissionalismo e cuidado por Dave Cullen em livro *Columbine*.

em um vídeo gravado por ambos quando se dirigiam para mais um dia de aula na Columbine High School: "Bem-vindos à prisão onde eu passei meus últimos quatro anos".

Um ano antes da escola do Colorado, porém, houve Westside.

A cultura das armas e do assassinato é tão assustadora quanto as próprias pessoas que as defendem. Tentando colocar panos quentes em uma discussão seríssima envolvendo um massacre, em 1998, um homem do Arkansas disse: "Ele sabe respeitar as armas e ele sabe onde elas estão, e é muito seguro com uma arma. Ele matou o seu primeiro pato este ano". As palavras são de Doug Golden, avô de Andrew Golden, de 11 anos, um dos mais jovens assassinos em massa da história norte-americana. Ainda existem pessoas que acreditam que as armas são necessárias para "proteção", uma falácia vendida pela indústria do armamento, repetida e reforçada por políticos cujos mandatos são comprados pela própria indústria bélica.

Andrew Golden e seu amigo Mitchell Johnson, de 13 anos, dois meninos metidos a fazer coisas de "homens adultos", cresceram rodeados de tiros e munição. Uma foto de Golden por volta dos 6 anos, publicada em jornais em março de 1998, mostrava o garoto em um espaço aberto, vestindo um boné para se proteger do sol. Ele parecia um homem em miniatura e sua pose era o reflexo do mundo em que vivia. Segurando uma pistola que aparentava ser maior que seu antebraço, ele a apontava para algum lugar, a cabeça levemente caída para a direita, os olhos quase fechados, mirando em alguma coisa.

Armas e assassinatos de animais eram o estilo de vida da família. Enquanto muitas crianças de sua idade ganhavam bicicletas ou uniformes de futebol completos, Andrew Golden ganhou do avô uma cabine em um barranco para observar cervos e dar uns tiros neles de vez em quando. O menino tinha as próprias armas: uma espingarda, dois rifles, uma besta e um arco, e recebia aulas de "tiro prático" com o pai, Dennis, um ávido participante de um clube de atiradores de Jonesboro. Na escola, as conversas do garoto sobre atirar nos colegas chegaram nos ouvidos da direção, que o chamou para conversar, mas o adolescente disse que apenas havia sonhado. "Cara, ele está me deixando tão furioso que eu devia pegar minha arma e começar a atirar na bunda dele por isso", comentou Golden com colegas a respeito dos meninos que supostamente o aborreciam.

Sua reputação na vizinhança também não era boa. Um vizinho chamado Lloyd Brooks proibiu a filha de 12 anos de brincar ou chegar perto dele. Golden era "demente" e estava "sempre ameaçando as pessoas", Brooks comentou algum tempo depois.

A amizade que piorou tudo surgiu dentro do ônibus escolar que Andrew Golden e Mitchell Johnson pegavam juntos todos os dias para a Westside. Os dois meninos não eram nem um pouco populares e quase não tinham amigos. Eles tinham um ao outro, e isso era tudo. Não ajudava o fato do mais velho, Mitchell, ser inconveniente, agressivo e vingativo. Para chamar atenção e tentar impor alguma autoridade, Mitchell inventou que era muito perigoso, que inclusive fazia parte dos Bloods, uma famosa gangue de rua de Los Angeles, e fumava um baseado de vez em quando.

Mitchell Johnson poderia ter procurado ajuda, mas não. Ele concluiu que a melhor forma de aliviar toda a sua frustração juvenil era matar todos aqueles meninos e meninas que — na sua cabeça — não gostavam dele. Em 23 de março de 1998, Mitchell mais uma vez começou com as conversas inapropriadas diante dos colegas, falando que "todo mundo que me odeia, todo mundo que eu não gosto vai morrer". Para outro colega, disse: "Tenho muita matança para fazer". Em outra oportunidade, falou para uma amiga: "Amanhã vocês saberão ser irão viver ou morrer". E continuou dizendo coisas que faziam as crianças correrem para longe dele. O sentimento na escola era de que Mitchell estava furioso porque queria namorar Candace Porter, de 11 anos, e a menina não queria nada com ele. No entanto, ninguém deu bola para Mitchell e a vida seguiu na Westside Middle School exatamente como era antes.

No dia seguinte, Mitchell não apareceu na escola, afinal, ele tinha "muita matança para fazer". E isso significava que estava ocupado demais, junto de Andrew Golden, com o translado do armamento que seria utilizado. Naquela manhã, os dois amigos pegaram as pistolas e os rifles do avô de Andrew, dez armas no total, e colocaram dentro da van da família de Mitchell. O menino mais velho dirigiu o carro até as imediações da escola e estacionou em uma área de floresta. Enquanto Mitchell preparava o restante do plano, Andrew entrou normalmente para mais um dia de aula. Às 12h40, ele levantou a mão e pediu a autorização da professora para ir até o banheiro. Ela permitiu. Alguns estudantes viram quando ele puxou o alarme de incêndio e saiu correndo para fora da escola.

Mitchell já estava a postos em meio às árvores, vestindo uma roupa de camuflagem, deitado de bruços no chão e com um rifle de mira telescópica pronto para trabalhar — além de munição, 4 pistolas, 2 facas de bolso e 2 *speed-loaders*

268   *ANJOS CRUÉIS* • DANIEL CRUZ

para um revólver calibre .38. O "quartel general da morte" tinha ainda uma faca de caça de 12 centímetros, uma faca de sobrevivência, um facão, uma besta, uma tenda, uma mochila, um rádio portátil e, para o lanche, dois pacotes de batatas *chips*. Andrew logo se juntou a ele, vestiu rapidamente a roupa de camuflagem e tomou posição ao lado do amigo. Seu armamento incluía 19 cartuchos para um revólver calibre .44, 41 cartuchos de pistola .357, 49 cartuchos de pistola .380, 16 cartuchos especiais para rifles calibre .30, dentre outros.

Como estavam acostumados a fazer seguindo o protocolo padrão em casos de incêndio, os estudantes logo se alinharam em suas salas. Eles caminharam por um longo corredor até a porta dos fundos e se amontoaram do lado de fora. De início, ninguém entendeu o que estava acontecendo. Então começaram os barulhos, estouros que em segundos se tornaram mais rápidos e contínuos. Havia uma obra nas proximidades e talvez o som viesse de lá, pensaram alguns. Mesmo quando crianças começaram a cair, muitos acreditaram que era algum tipo de encenação, e começaram a rir e aplaudir.

De repente, todos perceberam o que estava acontecendo e o serviço de emergência foi inundado com ligações de socorro.

Caída no chão, a professora de inglês Shannon Wright, de 32 anos, balbuciou suas últimas palavras a uma aluna: "Diga a Mitchell [marido] e Zane [filho, de 3 anos] que eu os amo muito. E diga a Mitchell para cuidar do nosso Zane". Paige Herring, 12 anos, Stephanie Johnson, 12 anos, Brittaney Varner, 11 anos, Natalie Brooks, 11 anos, foram as outras vítimas fatais. Várias outras crianças ficaram feridas, incluindo Candace Porter, que levou um tiro de raspão na barriga.

Doug Golden estava em sua garagem mexendo na motocicleta quando escutou no rádio sobre o tiroteio. Com medo de que seu neto Andrew estivesse entre os feridos, ele correu com a esposa até o hospital e ficou aliviado quando não viu o sobrenome Golden na lista de vítimas. Ao mesmo tempo, seu celular tocou: era da delegacia e o xerife queria que ele fosse até lá. Ao tomar parte do que aconteceu, Doug instruiu o neto de que ele deveria dizer a verdade. Com os olhos arregalados, como se tivesse visto uma assombração, Andrew Golden apenas disse: "Vovô, eu peguei suas armas".

Mitchell Johnson e Andrew Golden não reagiram quando o primeiro policial a chegar na cena do crime os encontrou na floresta. Autoridades na época não souberam dizer os motivos que levaram os meninos a cometer o massacre, mas o perfil das vítimas e as palavras de Mitchell e Andrew nos dias, nas semanas e nos meses que antecederam o crime podem fornecer alguma luz. Acredita-se que Mitchell tenha sido o cérebro por trás do ataque, mas isso não quer dizer que ele tenha influenciado Andrew. Em vez disso, é possível que o encontro dos dois tenha formado uma parceria que extraía o que o outro tinha de pior. Nessa mesma linha de pensamento, é igualmente possível que se os dois nunca tivessem se encontrado, não teriam cometido os assassinatos.

Não sabendo lidar com a rejeição, seja de meninas ou meninos, mas sobretudo das meninas, Mitchell planejou se vingar. Todas as vítimas foram do sexo feminino e isso significa que ele mirou em cada uma delas para matar, usando a mira telescópica do rifle. Nunca se soube ao certo quantas vítimas foram mortas por Mitchell, mas acredita-se que das 5 vítimas fatais, Mitchell matou 3 e Golden, 2. Ambos tinham um arsenal e se tivessem apenas atirado de forma aleatória na multidão de crianças, o número de vítimas seria muito maior.

"VOVÔ, EU PEGUEI SUAS ARMAS."

As meninas eram, de fato, o grande alvo. A professora Shannon só foi morta porque se jogou na frente da estudante do sexto ano, Emma Pittman, que segundo testemunhas estava na mira de Mitchell. Shannon foi uma das pessoas que percebeu os meninos em meio às árvores e viu quando Mitchell recarregou o rifle e mirou em Emma, então ela pulou na frente da criança. A professora levou um tiro no peito e outro no abdômen.

Do ponto de vista psicológico, o assassinato em massa — como o cometido por Andrew Golden e Mitchell Johnson — é um ato premeditado de um indivíduo contra a sociedade que, em sua mente, o menosprezou. Na maioria das vezes, os assassinos em massa matam suas vítimas de forma aleatória, sem distinção de raça, sexo ou idade, mas em alguns casos eles matam um determinado perfil de vítima por uma razão específica, retaliação ou vingança, por exemplo. Esse é o caso da dupla do Arkansas.

Nesse sentido, há uma certa semelhança com o brasileiro Wellington Menezes de Oliveira que, em 7 de abril de 2011, abriu fogo contra os estudantes da Escola Municipal Tasso da Silveira, em Realengo, Rio de Janeiro. Ele matou dez meninas naquele dia. Para Wellington, meninas eram "seres impuros". Ao entrar na escola, ele direcionou sua fúria homicida para elas. Como Golden e Johnson, ele poderia ter matado muito mais, mas como seu alvo eram crianças do sexo feminino, o número de vítimas acabou por ser menor.

Nos últimos anos, temos visto muitos ataques perpetrados por assassinos em massa que visam mulheres. Alguns desses jovens assassinos foram chamados de *incels*,* um grupo que tem em Elliot Rodger** o seu expoente máximo.

Na época, Scott Johnson, pai de Mitchell e morador no estado de Minnesota, afirmou que o filho confessara a ele que havia sido molestado sexualmente por um parente quando tinha entre 6 e 7 anos. Dias depois, o mesmo Scott confirmou aquilo que jornais andavam publicando: aos 12 anos, em uma viagem até Minnesota para visitar o pai, Mitchell molestou sexualmente um bebê de 3 anos. "As suas ações foram inapropriadas e eu o levei até as autoridades. Eu pensei que ele receberia ajuda", revelou Scott. Mas Mitchell não recebeu.

Em agosto de 1998, Mitchell Johnson se declarou culpado de 5 assassinatos e 10 tentativas de assassinato. O juiz o condenou a pena máxima para menores de idade no Arkansas: confinamento em um centro de detenção juvenil até os 21. Já Andrew Golden, através de seu advogado, se declarou temporariamente insano, mas o juiz não aceitou o pedido e o condenou a mesma pena de Mitchell. Eles cumpriram a sentença e foram libertados quando completaram 21 anos, Mitchell em 2005 e Andrew em 2007.

---

* *Incels* é a abreviação de *involuntary celibates* (celibatários involuntários). Refere-se a uma subcultura online de indivíduos, principalmente homens, que se identificam como incapazes de encontrar um parceiro romântico ou sexual, apesar de desejarem esses relacionamentos. Muitas vezes, as comunidades *incel* promovem ideologias misóginas e ressentimento contra aqueles que percebem como responsáveis por sua situação.

** Assassinou seis pessoas em 23 de maio de 2014 em Isla Vista, Califórnia. Odioso por não ter uma namorada loira, Rodger resolveu se vingar da sociedade, principalmente mulheres, que em sua mente doentia o desprezaram.

272 *ANJOS CRUÉIS* • DANIEL CRUZ

Em 2017, um juiz do Arkansas autorizou a publicação de vários depoimentos realizados nos anos de 2000, 2007 e 2008 e gravados durante um processo civil contra os meninos atiradores, sob o pretexto de fornecer munição a psicólogos, sociólogos, administradores de escolas e policiais a respeito do comportamento e perfil de um atirador de escola. São várias horas de filmagem com dois dos mais jovens assassinos em massa do século XX.

É interessante notar que, além de ficarem apenas culpando um ao outro, eles se lembram dos piores detalhes comportamentais que tiveram, mas não se lembram de nada do massacre. Os depoimentos mostram dois jovens mentirosos em estado de negação pelo que fizeram ou pelo que eram.

O trecho abaixo foi retirado do depoimento de Andrew Golden em 2008:

"Como você selecionou os alvos?"
"Eu não selecionei."
"Você não selecionou? Elas apenas caíram, você atirou para o ar e as balas caíram do céu pousando nelas, foi isso?"
"Não, senhor, eu nunca atirei em ninguém."
"Você nunca atirou em ninguém?"
"Não tentando pegar diretamente alguém da multidão ou algo assim."
"Sei. Você leu o depoimento do Mitchell Johnson sobre como ele viu o tiro pegando na cabeça da criança?"
"Sim, senhor."
"Quem ele disse que viu levando um tiro na cabeça?"
"Natalie Brooks."
"E você atirou na cabeça da Natalie Brooks, não foi?"
"Não sei."
"O que você quer dizer com 'não sei'?"
"Eu não lembro."

Mitchell Johnson foi um pouco mais aberto em seus depoimentos e, de fato, desde os primeiros dias pós-massacre, ele se mostrou arrependido — até mesmo escrevendo cartas com pedidos de desculpas que foram publicadas e lidas em tribunais. Se isso foi algo verdadeiro, não se sabe. Ao contrário dele, Andrew nunca pediu desculpas publicamente. Ainda assim, Mitchell disse não se lembrar de detalhes importantes do massacre, mas se lembrava muito bem de quem foi o cérebro por trás do tiroteio.

O trecho a seguir foi retirado do depoimento de Mitchell Johnson em 2000:

Mitchell Johnson   Andrew Golden

WHEN KIDS KILL

What leads children to massacre schoolmates.

Students from the Nettleton Middle School in Jonesboro grieve during a community moment of silence Tuesday. Experts are baffled by the killings there.

Stephanie Johnson, 12   Paige Ann Herring, 12   Natalie Brooks, 12   Brittany R. Varner   Shannon Wright

Four youngsters linked forever by tragic shooting

School killers to go free by age 21

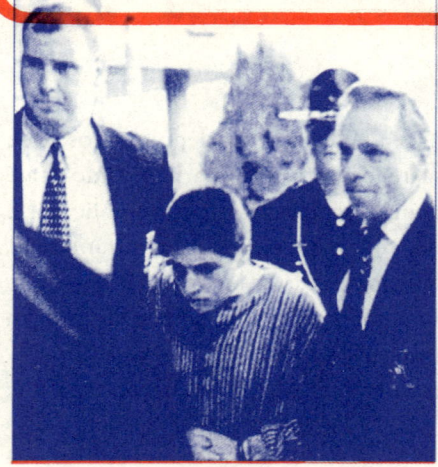

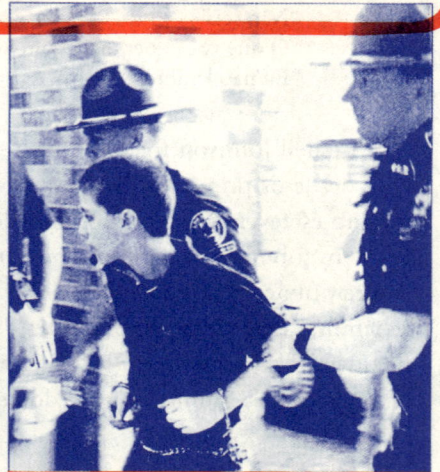

Photos by RODNEY FREEMAN Associated Press

Mitchell Johnson, 14, (left photo) and Andrew Golden, 12, are rushed in a back door of the Craighead County Courthouse Tuesday in Jonesboro, Ark. The boys were convicted in the Jonesboro schoolyard massacre and were given the maximum penalty allowed by law, confinement to a juvenile center. Four students and one teacher were killed in the March 24 shooting.

274   ANJOS CRUÉIS • DANIEL CRUZ

"E por que você mudou de atirar para o telhado para atirar em pessoas?" [Obs.: durante o julgamento em 1998, Mitchell afirmou que não atirou nas crianças e, sim, no telhado da escola. Segundo Mitchell, ele só queria "assustá-las".]

"Eu não sei."

"E Andrew Golden foi puxar o alarme na escola, correto?"

"Eu não sei. Não sei quem puxou o alarme de incêndio."

"Você sabia que era o plano dele ir e puxar o alarme de incêndio. Vocês conversaram sobre isso por dias, não foi?"

"Foi. Se ele fisicamente puxou ou não, eu não sei. Sabe, não consigo lembrar. Eu não sei [...] Ouvi que ele estava cansado das pessoas mexendo com ele e ele estava indo assustar pessoas. Ele estava querendo provar que não era um fracote e me pediu para ajudá-lo a conseguir um veículo [...] Arrumei o veículo e tudo mais e ele mudou os planos. Ele disse: 'Bem, você precisa vir comigo'. E foi o que fiz. Eu disse: 'Tá bom'. Ele me disse que era apenas para assustar as pessoas. Ele não me disse que estava indo matar alguém [...] Eu não queria ninguém machucado".

No depoimento de 2008, Andrew contou uma história diferente. Ele disse que na manhã do massacre, Mitchell apareceu na porta da sua casa e lhe mostrou uma faca, ameaçando de morte ele e sua família se Andrew não fosse com ele. Golden sabia que Johnson queria dar uma lição em algumas pessoas, mas pensou que o outro menino estava apenas brincando. "Ele estava sempre conversando sobre coisas de gangues e isso e aquilo, e eu nunca realmente dei muita atenção." E sobre o que aconteceu depois? Golden apenas respondeu: "Eu não me lembro".

Ainda crianças, Andrew Golden e Mitchell Johnson assassinaram cinco pessoas.

Em um país onde a lei costuma ser implacável com quem a transgride, eles tiveram uma segunda chance, e isso, mesmo entre crianças assassinas que cometeram crimes por volta da mesma idade, não é comum. Golden e Johnson não podiam ser julgados como adultos, legislação que foi mudada um ano depois em Arkansas. E uma vez livres, a dupla continuou tendo problemas com a lei.

Apenas cinco meses após sua soltura, Andrew Golden – que trocou legalmente de nome para Drew Douglas Grant – foi notícia quando autoridades do Arkansas descobriram que ele entrou com um pedido para obter porte de arma. Ele havia fornecido seu novo nome no registro, mas as autoridades foram capazes de descobrir sua identidade através das digitais. Ele mentiu sobre um de seus endereços e o pedido foi negado.

WHERE THEY FLED: Backpacks and cleaning supplies lie in the hallway of Westside Middle School Wednesday. The view is from a door used by students to leave the building during a false fire alarm Tuesday.

CHILLING IMAGE: At right, Andrew Golden holds what appears to be a pistol in an undated image from a home video provided by ABC News' "Prime Time Live."

HOMETOWN BOYS: At top right are photos of Andrew Golden, 11, at left, and Mitchell Johnson, 13.

Boy in school shooting: We didn't mean it

276　ANJOS CRUÉIS • DANIEL CRUZ

Já os novos problemas de Mitchell Johnson começaram no ano novo de 2007, quando foi preso com seu amigo Justin Trammell – que assassinou o pai com uma besta aos 15 anos – em uma blitz na cidade de Fayetteville, Arkansas. No carro, a polícia encontrou uma pistola 9mm carregada e 21 gramas de maconha. Um ano depois, Mitchell foi condenado. Enquanto aguardava em liberdade a sua sentença, ele foi preso mais uma vez por posse de maconha e por usar um cartão de crédito roubado. Em setembro de 2008, foi condenado a quatro anos de prisão pelas acusações de porte ilegal de armas e de drogas. Em novembro do mesmo ano, aos 24 anos, Mitchell foi sentenciado a doze anos de prisão por furto e contravenção. Dois meses depois, o juiz adicionou mais seis anos na sua conta. Mitchell foi solto em julho de 2015, em liberdade condicional, e colocado em um programa de reabilitação para dependentes químicos. Desde então seu paradeiro permanece desconhecido.

Andrew Golden, entretanto, foi notícia de novo em 27 de julho de 2019. Morando em Essex, Missouri, ele viajava com seu Honda CRV pela Highway 167 quando se envolveu em um acidente automobilístico a cerca de 160 quilômetros de Little Rock, Arkansas. Andrew Golden e o motorista do outro carro, Daniel Petty, de 59 anos, morreram na hora. A esposa de Andrew, uma mulher de 29 anos, e a filha do casal, ficaram feridas, mas sobreviveram.

Em retrospectiva, o caso de Andrew Golden e Mitchell Johnson nos deixa a terrível imagem de que crianças não estão entre nós apenas para serem protegidas. Em alguns casos, elas também estão aqui para serem temidas.

William Allnutt

WILLIAM
ALLNUTT

DOCE VENENO

INGLATERRA | 12 ANOS

> "Eu sou uma criança má, mas no futuro vou colocar de lado todos os meus péssimos hábitos e ser melhor."
> **William Allnutt**

Há mais de 170 anos, na 2 Grove Place, Hackney, periferia de Londres, em um simpático prédio de tijolos, morava um senhor de 74 anos chamado Samuel Nelme. Nelme não morava sozinho. Ele tinha a companhia da segunda esposa, da filha, do neto e de alguns empregados. Um desses empregados, uma mulher chamada Maria Buchan, trabalhava aos fins de semana e, no dia 22 de outubro de 1847, um sábado, apareceu para cumprir o seu turno. No dia seguinte, a mulher realizava afazeres na cozinha quando o neto de Samuel, William Allnutt, de 12 anos, entrou e assou algumas peras.

"Você não acha que o meu avô poderia morrer de repente?", perguntou o menino. "Não sei. Estou aqui há pouco tempo. Por que me pergunta isso?", questionou a empregada espantada. "Meu avô vai morrer de repente", afirmou o menino. Buchan achou aquele papo estranho, mas o que mais lhe chamou a atenção foi o olhar esquisito que o menino fez enquanto comentava sobre a possibilidade de o avô morrer.

Cinco dias depois, após Samuel reclamar de dores terríveis nas entranhas, o médico Francis Toulmin foi chamado às pressas até a residência dos Nelme. O homem já estava se sentindo mal há alguns dias, mas em 27 de outubro a sua saúde piorou muito. O médico notou que Samuel estava muito debilitado e doente, então prescreveu uma receita que os empregados levaram às pressas até a farmácia mais próxima, para que fosse manipulado. Por volta das 13h, Toulmin retornou à casa de Nelme e, como o homem ainda estava muito mal, receitou a ele caldo de carne, um pouco de conhaque e água, além de duas pílulas que o próprio médico levou. Duas horas e meia depois, Samuel Nelme estava morto.

Apesar da idade avançada, a morte dele causou surpresa, sobretudo devido ao intenso mal-estar que antecedeu o óbito. Quarenta e oito horas depois, Toulmin e um médico-legista abriram o corpo de Nelme, mas não encontraram nada que levantasse suspeita. Entretanto, o estômago, os intestinos, um pedaço do fígado e do cérebro foram selados em jarros e levados de carruagem para que fossem analisados pelo dr. Henry Letheby, que trabalhava no Hospital de Londres. Enquanto isso, Toulmin foi chamado de novo até a residência dos Nelme; dessa vez, por causa da esposa de Samuel.

A mulher estivera doente nos dias anteriores, mas quando o médico a encontrou, ela estava melhor. Suspeitando que havia comido algo estragado – e isso talvez até poderia ter relação com a morte do marido –, Sarah Nelme comentou com o médico sobre a raiz de araruta e o açúcar que não lhe pareciam fazer bem. Toulmin pediu então para levar os alimentos, e os enrolou em papéis diferentes. Em casa, a fim de fazer um teste rápido, o médico colocou parte do açúcar em água destilada fria, mas ele não se dissolveu. Encucado, Toulmin levou a raiz e o restante do açúcar até o dr. Letheby, que fez um experimento na sua presença, chegando à conclusão de que, na verdade, o açúcar continha uma quantidade razoável de arsênico.

Testes realizados no estômago, intestinos, fígado e cérebro de Samuel Nelme também revelaram arsênico, em quantidades que, pela experiência do dr. Letheby em casos semelhantes, poderia levar o indivíduo a óbito. Era da opinião do médico que o recém-falecido Nelme esteve exposto à substância por cerca de uma semana, e que a causa da morte era envenenamento.

• • •

A vida de William Newton Allnutt é a triste história de um indivíduo que parece ter nascido para o erro. Sua árvore genealógica era das piores possíveis, contando com quatro familiares diagnosticados com insanidade. Dois tios morreram de amaurose, "uma doença dos nervos"; a moléstia, segundo os especialistas da época, surgiu de "uma doença do cérebro". O pai de William sofria de ataques epiléticos e, durante dois anos, bebeu quase todos os dias para lidar com a doença mental que o afligia; como resultado, se tornou bastante violento e faleceu aos 37 anos em "um estado de completa loucura". A mãe, Maria Louisa, teve uma péssima gravidez, em boa parte devido à sua saúde debilitada, tanto física quanto mental.

Com 18 meses de vida, William sofreu uma queda de um arado que quase lhe arrancou o nariz. Ele também teve uma fratura craniana, que um médico, tempos depois, atestou como um fator prejudicial na formação de seu cérebro. William passou horas desacordado e a família chegou a pensar que ele estivesse morto.

Pouco antes dos 9 anos, William passou a sofrer de escrófula (tuberculose linfática) e, para piorar, um tombo ao brincar no gelo agravou sua condição social – ele parou de falar, tinha um ar pálido e ficou muito "esquisito e confuso, ele parecia vago". Depois da queda, dores de cabeça passaram a atormentar o menino. Ele também sofria de sonambulismo e reclamava muito de sua aparência, prejudicada pela escrófula e por micoses. O menino parecia completamente perdido e sua mãe várias vezes o repreendia pelas travessuras, mas William dizia não entender por que suas ações eram erradas e, logo, revelou para a mãe que escutava vozes.

Samuel Nelme mantinha arsênico em casa para matar ratos, mas William passou a misturar doses do veneno no açúcar – como todos na casa ingeriam pouco, o máximo que sentiam era um mal-estar. Cada vez mais, os investigadores suspeitavam do menino e, no dia 9 de novembro, ele foi preso sob acusação de ter roubado o relógio do avô. No momento em que o policial John Cass Waller chegou para levá-lo, William disse: "Por favor, perdoe-me! Fui tentado a fazê-lo!". O policial perguntou quem o tentou a fazer, e o menino disse que ninguém, mas uma voz o orientava: "Faça, faça, você não será descoberto".

Dias depois, William Allnutt foi oficialmente acusado de homicídio doloso, e no dia 22 de novembro, de dentro de sua cela, ele escreveu uma carta endereçada à mãe.

"Minha querida mãe. Como você não pode vir me ver, eu espero que você me escreva e me diga o que devo fazer para obter perdão pelo que fiz, pois sei que pequei contra Deus e mereço ser lançado no inferno; mas a Bíblia é meu único conforto, pois nosso Senhor diz: 'Se vos arrependeres, eu te perdoarei; se me procurastes, me encontrarás, porque aquele que vem a mim, de maneira alguma o expulsarei'. Por isso, espero perdão. Vestirei uma capa nova e jogarei fora a que estava nas minhas costas, e embora meus pecados sejam tão escarlates, eles serão brancos como lã. Vou rejeitar todos os meus maus caminhos e ser melhor. O sr. Davis [capelão da cadeia] pregou um belo sermão no domingo. Ele pegou do Pro. XVI, começa no versículo sexto: 'Por misericórdia e verdade, a iniquidade é eliminada; por medo do Senhor, os homens se afastam do mal'. E após o tempo de serviço, ele me disse que, se eu não confessasse o que fiz Deus não me perdoaria, e todos tinham certeza de que eu o fizera, e ele me contou para onde iria minha alma se Deus me matasse, portanto, querida mãe, não tenho ninguém para culpar além de mim mesmo. Se eu tivesse apenas prestado atenção ao que você estava me ensinando, eu não teria entrado nesse lugar, mas Satanás tinha tanto poder sobre mim que tive dois sonhos esta noite. Vou contar a você. Sonhei que, se não confessasse o que havia feito, Deus não me perdoaria, e eu com certeza morreria, e Deus me lançaria no inferno. E se eu confessasse, Deus me perdoaria, e se eu me afastasse da minha maldade, Deus me levaria para o céu quando eu morresse: e Satanás tentou me fazer não confessar, e que seu eu confessasse, deveria ser lançado no inferno, mas eu me afastei dele e disse: 'Confessarei, senão Deus não me perdoará, e pretendo me afastar da minha maldade'. E então eu acordei e percebi que era apenas um sonho, mas logo adormeci de novo e tive outro: era sobre a ressurreição. Eu me senti tão feliz enquanto estava sonhando. Eu sonhei que Deus estava sentado em seu trono e Satanás estava do lado esquerdo, e Deus chamou todos nós, e nos fez uma pergunta. Era uma palavra em inglês para o francês, e todos aqueles que confessaram todos os seus pecados, e abandonaram toda a sua maldade, ele lhes disse: 'Vinde ao meu reino que eu preparei a você'. E ele falou aos que estavam à sua esquerda: 'Ide à fornalha de fogo preparada para Satanás e seus anjos'. Eu sonhei que era feliz, e você e todos os meus irmãos e irmãs.

Como eu consegui o veneno foi assim: no dia 20 de outubro, o vovô foi até a mesa buscar a chave da adega para pegar um pouco de vinho e olhar as contas, e enquanto ele estava fora, tirei o veneno, esvaziei um pouco em outro pedaço de papel e coloquei o outro de volta. Depois do jantar, coloquei-o no açúcar, eu fiz isso porque deixei o vovô zangado por alguma coisa que eu fiz, e ele me derrubou e minha cabeça bateu na mesa e doeu muito. Ele disse que da próxima vez que eu fizesse isso, ele quase me mataria, mas no futuro eu direi a verdade e nada além da verdade. Como o vovô disse: 'A verdade pode ser culpada, mas não pode ser envergonhada'. Mas se eu for arrebatado, sei que será a minha morte, portanto, espero que me perdoem. Qual é o castigo do homem para o castigo de Deus? É uma coisa terrível cair nas mãos do Deus vivo. Ouso dizer que você não vai acreditar nos sonhos, mas garanto que é a verdade.

Com o mais gentil amor a você e a todos em casa, acredite em mim, sempre seu filho afetuoso,
W.N.A."

Seria isso a confissão de um menino arrependido ou as palavras de uma mente perdida e infantil cujos pensamentos surgiam da mistura de fantasia, delírio e religião? Essa pergunta só poderia ser respondida no julgamento de William.

O sistema judicial britânico tinha um grande problema em mãos e quando o julgamento começou, em 13 de dezembro de 1847, tudo se resumiu a apenas uma questão: William Allnutt era são ou insano? Nada menos do que oito médicos testemunharam a respeito da saúde mental do réu, e todos – exceto um – concordaram em um diagnóstico de insanidade. De acordo com o excêntrico comportamento do menino, seu destino parecia certo: o hospital psiquiátrico.

O primeiro a falar foi o dr. Francis Toulmin, que revelou ter atendido William algumas vezes no ano anterior devido a dois abscessos do tipo escrofuloso, um na bochecha e outro nas costas. Toulmin revelou que a doença era terrível, de difícil tratamento e que poderia afetar os órgãos internos. "Tenho visto com frequência doenças escrofulosas do cérebro. Uma doença desse tipo ataca o cérebro e pode afetar o intelecto", disse ele. O médico também chamou a atenção para o tamanho "diminuto" do réu, listado nos registros com 1,49 metro.

Dr. Henry Letheby concordou com o dr. Toulmin, afirmando que a escrófula "muitas vezes desarranja o cérebro" e que era possível que as quedas sofridas por William aos 18 meses no arado, e também anos depois batendo a cabeça no gelo, tenham causado danos cerebrais, com possível alteração em sua formação.

Edward Henry Payne, médico que sempre atendeu a família Allnutt, revelou como a família tinha um histórico peculiar de doenças ligadas ao cérebro. O pai de Allnutt era "muito louco". Já seu avô paterno tinha paralisia, "uma doença conectada com o cérebro"; as duas irmãs do mesmo avô eram cegas de "uma doença nervosa", a amaurose, outra doença ligada a esse órgão. A terrível micose que assolava William podia não ter um efeito em seu cérebro, disse o médico, mas com certeza os remédios que ele tomava podiam ter um efeito desastroso em uma pessoa com uma mente doente e perturbada.

Payne era da opinião que William era "parcialmente insano", e isso o impediria de distinguir o certo do errado. As vozes que escutava eram delírios de uma mente em franca evolução para a loucura. "Ele é um menino escrofuloso, e eu considero que o seu cérebro estava em um estado doente. Como médico, não hesito em dizer isso [...] Não o vejo desde o outono passado, acho que ele podia estar um pouco insano na época do crime, e acho que ele está insano neste momento, e acho que ele pode ficar mais louco, e talvez fique mesmo [...] sua pele tinha a aparência de um doente, e ele me disse que tinha dores de cabeça terríveis, eu acreditei."

Edward Croucher, médico da prisão do Condado de Perks e com mais de quarenta anos de experiência, testemunhou que atendeu William pelo menos três vezes, a primeira quando ele tinha 18 meses e caiu de um arado. O menino teve uma infecção grave e uma quase erisipela. Era da opinião do médico que a queda podia ter afetado o cérebro do menino, considerando que um osso "conectado ao osso do crânio" foi fraturado. William teve uma maciça perda de sangue, mas o seu corpo foi capaz de reagir e ele voltou à vida. Segundo Croucher, tal ferimento, apesar de não se manifestar por anos, poderia produzir "epilepsia e perturbação".

Frederick Duesbury atendeu William Allnutt em março, abril e maio de 1847, após sua mãe tê-lo levado ao médico devido à sua escrófula e problemas de digestão. Duesbury afirmou que, nas conversas com o menino, William confessou escutar vozes que o pediam para fazer coisas. "Do meu conhecimento da sua constituição, eu não acredito que ele estivesse em um estado são quando cometeu o crime [...] Ele era muito peculiar no desenvolvimento de sua mente; tal peculiaridade e excentricidade prenderam minha atenção quando ele foi me consultar." Duesbury acreditava que pelo seu intelecto ainda estar em formação, William estava em um estado inicial de insanidade, o que significava que ele até poderia entender o ato criminoso, mas apenas se lhe fosse explicado. No momento do crime, seu senso de certo e errado "não estava agindo com poder suficiente para controlá-lo". Era um "estado mórbido do sentimento moral [...] Eu acho que ele sabia qual era o ato que estava cometendo, mas ele não sentia que era errado. Estou falando de sentimento moral". O médico finalizou o seu testemunho dizendo que o réu tinha uma consciência doente e que ele não poderia ser considerado um agente consciente entendedor do certo e errado, embora a sua mente conseguisse processar e entender o que os outros lhe diziam.

Entretanto, a voz mais importante no apontamento da insanidade de William Allnutt foi a do médico psiquiatra John Conolly, um dos mais importantes especialistas europeus em insanidade do século XIX. Conolly visitou Allnutt na prisão e concluiu que sua mente era "mal organizada". A escrófula, a loucura de seu pai, os gritos durante o sono e o sonambulismo eram os indícios de alguém com uma mente doente. "Eu devo pensar que ele provavelmente ficará louco, mas o caráter futuro da sua loucura estaria mais na perturbação de sua conduta do que na confusão do seu intelecto, isso é a conjectura."

O único médico a discordar do diagnóstico de insanidade foi o dr. Gilbert McMurdo, médico da cadeia de Newgate, onde William ficou preso até ir a julgamento. O médico via e conversava com William todos os dias, além de observá-lo em sua cela. McMurdo não era um psiquiatra, e deixou claro em seu testemunho que não era um especialista quando o assunto eram doenças mentais, mas como médico de prisão, tinha um certo conhecimento do assunto, pois sempre estava antenado nos estudos que eram publicados sobre insanidade.

"ELE SABIA QUAL ERA O ATO QUE ESTAVA COMETENDO."

Ele discordou do dr. Toulmin sobre a escrófula ser suscetível a afetar o cérebro, "não vi nenhuma loucura resultar disso. Não é da minha experiência que escrófulos internos sejam suscetíveis a produzir um certo caráter de insanidade. Não conheci nenhum caso em que a escrófula tenha afetado o cérebro de forma direta. Quando digo que sua mente é perfeita, não a considero da mesma maneira que deveria considerar a mente de um homem adulto. Raciocinei com ele, achei o raciocínio correto. Ultimamente houve uma grande distinção entre o que é chamado de doença mental e a insanidade moral [...] Considero que, em uma criança, a mente é mais uma questão de sentir do que de entender. Eles entendem dos outros que uma coisa é certa ou errada e não raciocinam sobre isso. Considero o dr. Conolly uma pessoa de altíssima autoridade. Minha opinião é que o prisioneiro não mostra indícios de insanidade [...] falo apenas do momento em que eu vi o prisioneiro", disse ele.

Com exceção de McMurdo, todos os outros médicos concordavam em um ponto: William Allnutt era uma criança com a mente doente e não tinha condições de distinguir o certo do errado, portanto, deveria ser considerado insano e inocentado.

Mas a carta escrita por William para sua mãe mudou o jogo.

O promotor sr. Ryland propôs sua leitura no tribunal, movimento que logo foi protestado pelo advogado, William Ballantine. Segundo Ballantine, era inadmissível que a carta fosse usada como prova, já que ela fora escrita após o capelão da cadeia, reverendo Davis, fazer a cabeça do menino com dogmas religiosos, de modo que Allnutt, morrendo de medo de padecer no fogo do inferno ao lado de Satanás e seus anjos cuspidores de sangue, acabou confessando o crime. Não era uma evidência obtida de forma legal perante autoridades da lei, com William tendo sido explicado anteriormente sobre os seus direitos e implicações.

O juiz Baron Rolfe, que desde o início torceu o nariz para a defesa e sua tese de insanidade, negou o protesto da defesa e permitiu a leitura da carta. Após o término, o advogado de William requereu que o reverendo Davis fosse questionado no tribunal a fim de esclarecer os detalhes da conversa que teve com o menino antes de ele escrever a carta. O pedido foi aceito pelo juiz.

No banco das testemunhas, o reverendo afirmou que visitou William para lhe informar sobre a acusação de homicídio doloso recém feita pelo tribunal e "[...] Sem dúvidas eu disse a ele que se ele não confessasse seus pecados a Deus, não poderia esperar o perdão de Deus. Eu disse, 'confesse seu pecado a Deus'. [...] Não acreditava que ele tivesse feito isso e não disse que era para ele confessar à sua mãe, o nome dela não foi mencionado, nunca lhe falei sobre Deus lhe matar e para onde iria sua alma, nada disso. O que ele declarou é a imaginação de sua própria mente, é uma invenção [...] É um menino muito inteligente em algumas coisas, na maioria das vezes é um menino de habilidade muito superior, não havia nada para me fazer pensar que ele não sabia a diferença entre a mentira e a verdade".

Falando ao júri, Ballantine disse que, embora estivesse claro que o reverendo não tinha excedido em seu dever, ainda assim era bastante provável que a criança não processara de forma adequada as palavras e observações do homem religioso e, assim, foi induzida a confessar o crime na esperança de escapar da punição divina. E mesmo que o júri considerasse que William Allnutt fosse culpado de envenenar o avô, os testemunhos dos especialistas confirmavam que ele não estava no domínio de suas ações, portanto, o júri deveria chegar a uma decisão considerando essas questões.

Ao resumir o julgamento e orientar o júri a respeito do veredito, o juiz Baron Rolfe deixou claro a sua posição perante o caso: eles não tinham a obrigação de aceitar a opinião dos especialistas se não concordassem com seu próprio senso comum e experiência; o júri tinha a chance de colocar um freio na frágil base da defesa para que os resultados não fossem "desastrosos para a sociedade", se não para a humanidade.

Após 20 minutos de deliberação, o júri declarou o réu culpado, mas com recomendação de clemência devido a idade. Ao escutar o veredito, William Allnutt ficou muito agitado e teve de ser acalmado por funcionários do tribunal. Do outro lado, o juiz Baron Rolfe não conteve a alegria da decisão e explicou que estava feliz porque o júri ignorou a tese de insanidade realizada pela defesa "a fim de induzi-los a se desviarem do caminho estrito do dever". O menino foi condenado à morte.

William Newton Allnutt teve uma vida errante e sofrida desde o início. Vindo de uma árvore genealógica desviante, cujas perturbações psicológicas de seus antepassados poderiam muito bem ter sido uma herança, William mal nasceu e quase morreu ao bater a cabeça no ferro de um arado, sofrendo uma concussão, acidente que foi repetido anos depois ao escorregar em gelo. Estudos recentes indicam que pessoas que sofrem concussões repetidas podem desenvolver danos cerebrais a longo prazo, e os sintomas incluem, dentre outros, o comprometimento da capacidade de julgamento e da tomada de decisões, alterações da personalidade, dor de cabeça, náusea, vômito e dificuldade de dormir.

Além desses acidentes, Allnutt era um menino doente assolado por micoses e pela escrófula, uma manifestação da tuberculose ganglionar. Sintomas da tuberculose ganglionar incluem perda do apetite e palidez; "Ele era o mais pálido possível", disse a mãe do menino no julgamento. Seu tamanho diminuto talvez seja explicado pela má alimentação, que também contribui para a baixa imunidade, o que, por consequência, faz a doença se desenvolver mais e mais. Os médicos afirmaram o quanto ela era persistente.

As dores de cabeça terríveis e intermitentes poderiam ser uma consequência direta das quedas, mas também de uma tuberculose cerebral – e, sendo isso verdadeiro, o desenvolvimento mental de William poderia, sim, ter sido prejudicado. Ele parecia ter vivido uma sequência de situações ruins. Piorando definitivamente o quadro estava o fato de que William manifestava sintomas de uma mente doente. Ele escutava vozes e sua capacidade de interpretação do mundo à sua volta era prejudicada. "[...] Muito esquisito e confuso, ele parecia vazio, essa expressão logo me atingiu [...] ele não conseguia falar e sua conduta piorou desde então", dissera sua mãe no tribunal ao citar o comportamento do filho após a queda no gelo.

Se os aspectos biológicos eram terríveis, os sociais não ficavam muito atrás. As figuras masculinas da vida de William foram todas violentas. Primeiro o pai, que batia na esposa e nos filhos; depois o avô, que resolvia os problemas no tapa ou empunhando uma arma. Após apanhar feio de Samuel Nelme e ter terríveis dores do tombo que levou ao bater a cabeça, William resolveu matar o avô antes que ele o matasse, afinal, o homem não fizera rodeios ao dizer que em uma próxima vez o neto poderia ir pessoalmente conhecer os anjos do paraíso. Ele poderia estar apenas querendo dar uma lição no neto, mas sabemos como a mente das crianças pode não processar o contexto da situação, levando tudo ao pé da letra.

A aparência de William, que não era das melhores devido à escrófula e micose, pode tê-lo impelido a se retrair ainda mais em seu próprio mundo – o que não ajudou em nada, já que ele tinha sintomas de uma doença mental se manifestando ao mesmo tempo. Externamente, o menino ainda sofria uma forte influência religiosa, sobretudo por parte do avô.

Influenciado pelo mundo religioso que viveu na 2 Grove Place e por um capelão da cadeia de Newgate que disse a ele que era melhor confessar seus erros para ser perdoado por Deus e não sofrer na mão do Diabo, William Allnutt confessou ser o autor do envenenamento de Samuel Nelme. Sim, ele foi uma criança assassina que pegou arsênico escondido e misturou no açúcar, fazendo a família inteira ficar doente e levando a óbito o seu avô, mas William tinha apenas 12 anos e, dado o que sabemos, sempre foi uma vítima de sua própria vida. Em seu julgamento, psiquiatras que opinaram a seu favor deixaram claro o que a ciência do século XIX pensava a respeito do caso, e que o menino não poderia ser totalmente responsabilizado por seus atos. Ainda assim, ele saiu perdendo.

William foi enviado para a prisão de Newgate, depois transferido para a Penitenciária de Millbank e, por fim, foi para Parkhurst, na Ilha de Wight. Ao todo, passou quatro anos preso em prisões britânicas antes de ter sua sentença comutada para ser levado à Austrália, colônia britânica na época e lugar para onde eram enviados os indesejáveis. A clemência solicitada pelo júri foi colocada em prática com o menino sendo tratado como um animal e mandado para um lugar hostil. Junto a outros criminosos adultos, William foi colocado no navio Minden, que partiu em 16 de julho de 1851, com 302 passageiros, chegando à Austrália em 14 de outubro. Sozinho e preso em uma cadeia sem cuidados, ele faleceu de tuberculose aos 18 anos, em 17 de abril de 1853.

"Minha querida mãe.* Lamento muito que você não possa me ver. Estou sofrendo muito em minha mente pelo número de pecados que cometi, mas oro a Deus que perdoe os meus pecados por Jesus Cristo. Mas se Deus não me perdoar, me sinto muito infeliz ao pensar que serei lançado no inferno. Sinto que estou nas profundezas do pecado em sua verdadeira luz. Eu não pensei antes quando estava em casa. Eu tagarelei minhas orações sem refletir o mínimo sobre delas. Oh, sou uma criança ingrata, mas, querida mãe, ignore e procure o futuro. Sei que meu pecado é mesmo muito grande, mas Deus é capaz de me lavar com o sangue de Jesus Cristo. Oh, serei enforcado ou levado para longe de todos os meus queridos amigos, mas o que me conforta, eu não posso ser separado desse precioso amigo. Será feita a vontade de Deus, que castigo devo ter, mas, se for do desejo dele me garantir um pouco mais de vida, eu tentarei caminhar em sua justiça, e nunca violar nenhum de seus mandamentos. Continue oferecendo suas orações por mim. Eu continuo orando por você e por mim, seis vezes por dia e noite, enquanto minha mente me impede de dormir. Oh, mãe, conforte-se olhando para Deus. Nunca mais poderei ser feliz até me sentir aliviado dos meus pecados, que apenas Deus pode lavar. Às vezes tenho tantas fantasias. Quando estou lendo ou deitado à noite, imagino alguém comigo, e isso me assusta e faz meu coração bater muito, e quando olho, não vejo ninguém, e me deito de novo e imagino poder ver novamente, e me levanto de novo e pergunto o que quer. Murmura alguma coisa, mas eu não sei o que diz. Não digo isso para assustar você, querida mãe. Eu gosto disso há algum tempo e, antes da morte do vovô, só não gostava de contar para você porque sabia que era apenas minha fantasia. Não é uma história, garanto a você, querida mãe. É o que eu fantasio.

Senti-me bastante impressionado ao pensar que sou uma criança tão pecadora e ingrata que estive com você e você foi tão carinhosa comigo. Eu nunca posso lhe pagar por isso, tenho certeza. Fico muito doente de fato, quando olho para trás, às vezes sinto que vou enlouquecer, mas tentarei, com a ajuda de Deus, corrigir meu temperamento indisciplinado, acho que devo estar louco por ter feito o que fiz, ou então não acho que poderia ter feito. O sr. Goodchild teve a gentileza de vir me ver no sábado. Ele me recomendou uma oração no Serviço de Comunhão. Eu espero que você esteja melhor do que quando ouvi falar de você pela última vez. Que a bênção de Deus esteja contigo e te guie através desse grande problema. Eu tenho certeza de que não terei forças para suportar isso, meu coração está pronto para partir, mas não devo murmurar contra Deus que nos envia esse problema para um bem ou outro. Além disso, veio tudo sobre mim e mereço sofrer, portanto, só posso dizer: 'Seja feita a vontade de Deus'.

---

* Susannah Nalder, vizinha de Samuel Nelme, sempre visitava William Allnutt após ele ser preso em 9 de novembro de 1847. Em 10 de dezembro, depois de uma visita, William entregou esta carta e pediu para Susannah entregar à sua mãe.

visited this boy in prison, and have heard the statements that have been made with reference to his walking in his sleep, and being subject to scrofula; to the state of mind of his father at the time he died, and likewise to his shrieking out at nights in his sleep; the opinion I have formed is, that he is imperfectly organized; and taking the word "mind" in the sense in which it is used by all writers, I should say he is of unsound mind—I believe, from the various circumstances which have been mentioned, that his brain is either diseased, or in that excitable state in which disease is most probable to ensue, that it is not a healthy brain—I should think him very likely to become insane, but that the future character of his insanity would be more in the derangement of his conduct than in the confusion of his intellect—that is conjecture.

COURT to MR. TOULMIN. Q. Is it one of the usual symptoms of taking arsenic that the limbs become paralysed? A. Yes.

GUILTY. Aged 12.—*Earnestly recommended to mercy by the Jury, on account of his tender age.*—DEATH RECORDED.

NEW COURT—*Wednesday, Dec. 15, 1847.*

PRESENT—Mr. Ald. FAREBROTHER; Sir CHAPMAN MARSHALL, Knt., Ald.; Mr. Ald. HUGHES HUGHES; and Mr. COMMON SERJEANT.

Before Mr. Common Serjeant and the Sixth Jury.

291. ELIZA CLARK, stealing 1 sovereign, the money of Vance Young Donaldson, her master; to which she pleaded
GUILTY. Aged 14.—*Confined Three Months.*

292. JOHN WHITE, stealing 1 pair of trowsers, value 8s., the goods of John Coakley; to which he pleaded
GUILTY. Aged 27.—*Confined Six Months.*

293. WILLIAM STARLING, embezzling 4l. 10s., the moneys of Henry George Bohn, his master; to which he pleaded
GUILTY. Aged 35.—*Confined Three Months.*

294. SARAH PALMER and WILLIAM PALMER, stealing ½ a pound of butter, and ¼ a pint of cream, value 1s., the goods of Charles Newman, the master of Sarah Palmer.

CHARLES NEWMAN. I am a farmer, at Hayes—Sarah Palmer was in my service—it was her business to make up my butter, and take care of it—the policeman gave me information—after he came, I heard Sarah Palmer say she had not taken the butter—she afterwards acknowledged it.

Cross-examined by MR. HORRY. Q. Was Mrs. Newman there? A. Yes—I think she told Sarah Palmer it would be better for her to acknowledge it—the policeman brought some butter—I do not say I knew it to be mine.

THOMAS DENTON (*policeman*, T 100.) On Sunday, 5th Dec., about eleven o'clock, I saw William Palmer standing near Mr. Newman's premises for about a quarter of an hour—he then went in and stopped till about a quarter past twelve—he then came out with this butter in his pocket—he had nothing in his pocket when he was standing there before—I followed him and asked what he had got—he said, "Nothing"—I said, "You have something"—he

Olhe para o nosso abençoado Salvador; que agonia ele sofreu quando pregado na árvore, e ainda assim, quando estava na árvore, ele orou por seus inimigos; ele nunca murmurou. Agora, de novo, José foi vendido a esses comerciantes. Deus ordenou que se tornasse algo bom. O rei Faraó não saberia prover contra a fome se não tivesse sido vendido. Então você vê que é péssimo murmurar contra Deus. Que nossos problemas sejam cada vez mais aflitivos, Deus ordena que eles se virem para o bem. Então aprenda a ser paciente. A propósito, querida mãe, não fique doente por minha causa, se eu for levado. Eu suportarei qualquer punição que ele inflija a mim. Ele me ajudará em todos os meus problemas, se eu me voltar para ele com todo o meu coração. Ele me vê aonde quer que eu vá, tanto no escuro quanto na luz. Olharei para ele em todos os meus problemas e ele me guiará àquele reino celestial onde a traça e a ferrugem não destroem, e onde os ladrões não arrombam nem furtam.

Onde estiver o seu tesouro também estará o seu coração. Deixe-me ter a Bíblia. Nunca antes desta época eu valorizava a Bíblia, o livro que eu podia ler. Não sou digno das lentes de suas misericórdias. Eu sou uma criança má, mas no futuro vou colocar de lado todos os meus péssimos hábitos e ser melhor. Os sermões que temos me guiam bastante, junto da Bíblia. Um sermão foi tirado de Provérbios XXIII, começando no versículo 23: 'Compra a verdade, e não a vendas'. Na semana em que ele lê um ou dois versos do Antigo ou Novo Testamento, e então explica a todos os prisioneiros, eu acho que a minha alma se beneficia um pouco.

Oh, Pai misericordioso, perdoa-me todos os meus pecados e deixe-me encontrar consolo em ti. Oh! Sou um grande pecador e eu mereço ser lançado no inferno, mas, Oh Deus! Mantenha o diabo longe. Oh Senhor, pelo amor de seu Filho, abençoe minha querida mãe e todos os meus irmãos e irmãs, e todos os meus amáveis amigos, e, por fim, leve-os ao teu reino eterno através de Jesus Cristo nosso Senhor. E se lhe agradar, restaure a saúde de minha querida mãe, e garanta que possamos crescer bons meninos, para ser um conforto a você.

Oh, querida mãe, quando posso retribuir por toda a sua grande bondade comigo? Oh, eu vou crescer um bom menino, pela ajuda de Deus. Arrependo-me sinceramente e sinto muito pelos meus pecados, que são tantos quanto os cabelos da minha cabeça. Pedirei a Deus que os apague do seu livro. Agora devo concluir com o mais gentil amor a você, a todos os meus irmãos e irmã, e a vovó, que espero que estejam muito bem. Deus abençoe todos vocês. Oh, continue a guiar meus queridos irmãos ao Salvador enquanto jovens. Eu não conseguiria ver meus dois irmãos?

Seu filho afetuoso, mas infeliz,
W. N. Allnutt."

William Sopp

WILLIAM SOPP

R.I.P.

12
ABATE CRUEL
INGLATERRA | 12 ANOS

> "Quando você entra em problemas, não tente sair cometendo um grande pecado. Faça uma confissão arrependida."
>
> Juiz do caso W. Sopp

Em uma sociedade que costuma transformar assassinos em estrelas do crime, o Massacre de Hungerford permanece um mistério intrigante. Ainda hoje, o episódio é um dos maiores massacres perpetuados por um único indivíduo da história britânica e, seja lá qual foi o motivo, aquele dia se dissolveu no tempo até se tornar apenas uma vaga lembrança. O esmaecimento foi tamanho que, para boa parte das pessoas, o Massacre de Hungerford, se contado hoje em dia, pode parecer novidade — como eu acredito que seja para muitos que estão lendo estas linhas agora.

Em 19 de agosto de 1987, Michael Robert Ryan, de 27 anos, um jovem solitário e obcecado por armas, atirou 13 vezes nas costas de Susan Godfrey em um parque da cidade, depois roubou o carro da vítima e dirigiu até um posto de gasolina, onde atirou no atendente, que sobreviveu. Depois, Ryan se dirigiu até a própria casa, atirou no cachorro e incendiou a residência. Armado com uma pistola e dois rifles semiautomáticos, saiu a pé pelas ruas atirando em qualquer um que cruzasse o seu caminho. Antes de cometer suicídio, ele matou a mãe, que apareceu pedindo para ele parar com aquilo; um homem que estava passeando com o cachorro e levantou as mãos em sinal de rendição; e várias outras pessoas, 16 no total.

Com mãe e filho mortos, ninguém nunca pôde dar respostas de perguntas que sobrevoaram o atentado, sobrando apenas suposições. Certo mesmo é que, décadas depois, Hungerford parece ter se recuperado do trauma da história do assassino em fúria, sobrevivendo no presente apenas entre aqueles que viveram aqueles dias de pânico. Quase 40 anos depois do ocorrido, os residentes não comentam ou se importam mais com o que aconteceu. Tudo ficou para trás, enterrado, como qualquer outra parte do passado.

Michael Ryan porém, não foi o primeiro a abalar a cidade mercantil de Hungerford com um crime bárbaro. Em 1855 os moradores ficaram horrorizados com outro crime que, assim como seu sucessor, também foi perdido em meio à memória dos habitantes.

O horror pode ter níveis de choque? Creio que sim. Um ser humano assassinado a golpes de foice é chocante. Mas o que poderia tornar esse crime, já horrível por natureza, *mais* chocante?

Uma resposta possível é se considerarmos que a vítima é uma criança.

Em 2 de outubro de 1855, o cadáver de um menininho foi encontrado com a cabeça mutilada em uma área campestre de Hungerford. Ele logo foi identificado como sendo Silas Rosier, de 4 anos, filho de Joseph Rosier. Seu avô, William, viu o menino pela última vez às 8h da manhã daquele mesmo dia, e seu corpo foi encontrado às 14h pela adolescente Susannah Barnes, de 16 anos.

Em depoimento para a polícia, Susannah revelou que estava com duas amigas, Ann Sopp e Martha Garlick, na chácara de um homem chamado Beard quando, ao ir embora, viu o que parecia ser um corpo caído em uma fossa, próxima a uma cerca. Ao olhar com mais atenção, ela concluiu que de fato se tratava de um corpo humano. Buscando ajuda, a menina caminhou até em casa e contou o que havia visto para dois conhecidos, George Reason e Sarah Hartley, que voltaram com ela até o local, encontrando o cadáver de uma criança em um buraco. A vítima estava com a cabeça dilacerada por vários cortes e havia um buraco na têmpora, que coincidia com uma facada. O corpo estava frio e moscas estavam fazendo o seu trabalho no ouvido da vítima. Reason, Sarah e outras pessoas que apareceram depois enrolaram o corpo e levaram até a casa da família de Silas.

Durante aquela tarde, um exame foi realizado pelo médico legista dr. Richard Hempsted Barker. Ele notou que o corpo aparentava estar saudável quando em vida, havia dois pequenos ferimentos na parte de trás de ambos os ombros e o rosto estava inchado. Além disso, acima do olho esquerdo havia três ferimentos de quase 3 centímetros que se estendiam até o osso. Na têmpora direita jaziam dois ferimentos, um dos quais era tão profundo que atingiu o cérebro. A cabeça fora atingida em seis locais, com a parte traseira do crânio exposta e fraturada em vários pedaços. Também havia uma fratura na parte de trás do crânio que se estendia de orelha a orelha. O "cérebro estava congestionado" e havia uma hemorragia considerável. A conclusão mais chocante do dr. Barker foi a de que tudo fora infligido na vítima enquanto ela estava viva e por um instrumento extremamente cortante. E a história podia ficar ainda pior: várias testemunhas disseram ter visto Silas em companhia de outra criança.

O primeiro relato foi Isabella Smith, uma criança de 11 anos, filha de George Smith, um peixeiro. Na manhã de 2 de outubro, George pediu para a filha ir até o celeiro de um homem chamado Marchment e, no caminho, ela viu Silas e um menino chamado William Sopp, "que não tinha nem 12 anos", andando juntos "de mãos dadas". Eles pareciam estar brincando em uma escadaria e Isabella ouviu Sopp desafiando Silas: "Você não consegue subir essa escada!". O pequeno Silas retrucou: "Eu já subi uma maior do que essa!".

Thomas Salt, de 9 anos, foi outro que viu William Sopp na área onde ocorreu o crime. Por volta das 10h da manhã, ele estava nas imediações da rua Coldharbour quando ouviu alguém gritar: "Bill, Bill!". Thomas olhou e viu William Sopp vindo em sua direção, do local onde o corpo de Silas Rosier foi encontrado. William estava na frente de um portão que dava acesso à chácara do sr. Beard. Enquanto caminhava, o menino parou no meio do caminho e começou a cortar tojo com uma foice. Ele cortou alguns pedaços e gritou de novo para Thomas, acenando com a mão e dizendo: "Aqui, Tom, eu quero te contar uma coisa!". Salt foi até ele e perguntou o que era, mas William desconversou. Os dois forçaram o portão e adentraram na propriedade do sr. Beard. William cortou mais um pouco de tojo com a foice e se despediu do amigo Thomas, caminhando em direção ao local onde o corpo de Silas seria encontrado mais tarde. Além da foice, William carregava um tipo de forcado e uma corda, de acordo com Thomas.

Os dois testemunhos chamaram a atenção da polícia, que então passou a se concentrar em William Sopp. O menino foi visto brincando com a vítima e usando uma foice, um instrumento que o médico legista dr. Barker afirmou que poderia ter sido usado no crime. Os investigadores foram até Francis Pocock, um fabricante de cordas de Hungerford que empregava o pequeno William em sua oficina. Em depoimento, o homem revelou que instruiu Sopp a cortar tojo no campo naquela terça-feira. O menino era seu funcionário há dois meses e, na manhã do crime, Pocock deu a ele uma foice e um forcado, instrumentos produzidos pelo próprio Pocock.

Por volta das 10h, Sopp reapareceu na oficina com uma quantidade boa de tojo e disse que não podia cortar mais porque a foice não estava afiada o suficiente. Atarefado, Pocock não deu muita atenção e não conseguia se lembrar se o menino estava ou não com a foice. Mas percebeu que a mão de William tremia, como se tivesse picado tanto tojo que seu corpo sentiu o baque. Pocock então deixou ele ficar na oficina durante aquele dia.

"FOI VISTO BRINCANDO COM A VÍTIMA E USANDO UMA FOICE."

Por volta das 14h, a filha de Pocock apareceu na oficina e contou a terrível notícia que já corria na cidade: uma criança havia sido assassinada e os rumores eram de que a vítima podia ser o Rosier. "Pobre garotinho, eu o conhecia muito bem", dissera William, complementando depois, "é o pequeno Silas Rosier e ele vivia perto do nosso quintal. Pobre garotinho, a pessoa deve ser muito cruel para matar um pobre menininho como aquele." Durante a tarde, William Sopp repetiu esse lamento diversas vezes.

Às 18h, Pocock foi visitado pelo investigador de polícia Thomas Hart, que aproveitou que William estava na oficina para lhe fazer algumas perguntas. O policial examinou a foice e o forcado, e também perguntou a Sopp se ele havia visto Silas naquela manhã. O menino respondeu que não. O investigador também perguntou se ele lavara a foice depois de usá-la. "Não", respondeu William. Naquela tarde, Hart passara horas na cena do crime e encontrou o boné ensanguentado da vítima, com um pedaço de osso, e vários tojos recém-cortados. Enquanto conversava com William, o investigador notou uma mancha vermelha na gola de sua camisa. "Não é sangue! É alcatrão vermelho, não é, patrão?", indagou William a Pocock ao perceber que o policial observava suas roupas. Na manhã seguinte, William Sopp foi levado até a delegacia para ser interrogado.

"Sopp, quando você foi até a área ontem de manhã você não viu ninguém por lá?", perguntou Thomas Hart.

"Não", respondeu o menino.

"Você não viu a filha do Smith perto da escadaria que você subiu?"

"Não."

Após alguns segundos, Sopp mudou de resposta: "Sim. Enquanto eu estava subindo até o beco, vi o garotinho Rosier com outros meninos da escola indo até uma cerca. Os outros correram e deixaram o pequeno Rosier para trás, e eu chamei para ele ir comigo cortar tojo. Nós fomos juntos. Enquanto eu estava usando a foice, ela [a lâmina] saiu da minha mão e bateu na cabeça do pobre garotinho, ele caiu e ficou rolando no chão, e fiquei com medo do que as pessoas iriam pensar de mim e eu matei ele".

"Suponho que com a foice que você me deu ontem à noite?", perguntou Thomas.

"Sim", respondeu Sopp.

"Como você fez isso usando a foice?"

"Eu cortei a cabeça dele com a foice. O garotinho não podia chorar e ele não fez qualquer barulho."

Acusado de assassinato, William Sopp foi julgado no início de março de 1855. A sala ficou lotada de curiosos e, durante todo tempo, o "atarracado" e "mal-humorado" menino manteve uma calma de gelar os ossos, prestando atenção em cada detalhe, sobretudo quando seus amiguinhos testemunhavam.

"Como se declara, William Sopp? Você é culpado desta acusação ou não?", perguntou o juiz.

"Culpado!", respondeu William com firmeza.

"Você entende o que disse?"

"Sim, meritíssimo."

"Quem falou para você dizer isso?"

"Ninguém, meritíssimo."

"Então, mas é bem possível que você não entenda o significado do que está dizendo. Você não está sendo questionado se matou a criança, mas se a matou de maneira perversa, maliciosa e sabendo que estava fazendo algo errado."

"Não, meritíssimo."

"Então isso significa inocente."

Uma declaração de inocente, então, foi registrada.

Em seu discurso inicial, o promotor, sr. Cripps, olhando para o juiz e jurados, disse: "Meritíssimo, cavalheiros do júri. Quando escutamos que a acusação contra o réu não é menos do que homicídio doloso, e enquanto você olha para o réu que ali se senta, e pensa que sua idade é apenas 12 anos, eu tenho certeza de que vocês perceberão que as circunstâncias são muito incomuns e requerem muita atenção. Será o trabalho da promotoria satisfazer vocês que a vítima encontrou a morte pela violência, infligida a ele pelo réu ali sentado; e haverá um inquérito adicional, se sob as circunstâncias, o réu está em idade de compreender a natureza do ato que cometeu. Eu menciono isso porque no progresso do caso, esse ponto será apresentado diante de vocês, sem dúvidas. Vocês devem olhar com cuidado para as circunstâncias do caso, a conversa que existiu e, então, se vocês satisfatoriamente concluírem que ele entendia muito bem o que estava fazendo, será o seu dever, por mais doloroso que seja, considerar o réu culpado".

Após o discurso inicial, Cripps apresentou todos os detalhes da investigação, contando a história desde as 8h da manhã de 2 de outubro de 1855, quando William Sopp foi enviado ao campo por seu patrão para cortar tojo, portando uma foice, um forcado e uma corda. Por volta das 8h30, ele foi visto na companhia de Silas Rosier, subindo uma escadaria em direção ao local onde mais tarde o corpo do menino seria encontrado. Entre as 9h e 9h30, Sopp foi visto cortando tojo por Thomas Salt. "Nesse momento, ele [Sopp] parecia ter o desejo de comunicar o que havia acontecido, mas quando o menino se aproximou dele, pelo visto mudou de ideia", disse Cripps. William retornou sozinho até o local do crime carregando os tojos, afirmou Cripps, depois, antes das 10h, ele apareceu na oficina do patrão. Notando que a mão do menino tremia muito, o patrão, Francis Pocock, deixou que ele permanecesse trabalhando na oficina, fazendo coisas menos pesadas. Às 14h, o corpo de Silas Rosier foi avistado pela adolescente Susannah e a notícia chegou até a oficina de Pocock. "Ele, de maneira alguma, pareceu tímido ou alarmado, pelo contrário, tratou tudo de forma fria, centrada e deliberada, como se fosse uma pessoa madura."

Cripps afirmou que Sopp tentou justificar o seu ato hediondo fazendo tudo parecer um acidente.

> "[...] a foice voou da mão dele e bateu na testa do seu companheiro [...] ele disse que pensou que poderia ser acusado de machucá-lo, então ele o matou [...] Ele foi visto saindo do local. Não havia tojo perto de onde o menino foi encontrado morto, apenas a 50 metros, a foice não poderia ter voado essa distância e acertado a vítima."

A perícia no local do crime também mostrou que Silas fora morto e arrastado até o buraco onde foi encontrado. Sangue foi encontrado no lugar onde Silas caíra pela primeira vez e um rastro de 12 metros até o buraco podia ser claramente visto. "Uma pessoa muito cruel", disse em tom irônico o promotor, ao fazer a analogia com a fala de William quando a filha de Pocock contou sobre a descoberta do corpo.

As testemunhas chamadas pela promotoria incluíam Elliot Rosier, Isabella Smith, Thomas Salt, Francis Pocock, Susannah Barnes, George Reason, Thomas Hart e o médico legista dr. Richard Barker, que revelou ser muito possível que a foice de propriedade de Pocock fosse o instrumento do crime. A vítima continha vários ferimentos e o médico não soube dizer com precisão qual deles poderia ter sido o fatal. O crânio estava partido em vários lugares, mas possivelmente o golpe na têmpora direita, que atingiu o cérebro, tenha sido o golpe de misericórdia.

"Um menino, possuindo a força do réu, seria capaz de infligir tais ataques com o instrumento apresentado, supondo que ele o atingiu com toda sua força?", perguntou o juiz.

"Ele poderia ter infligido tais golpes", respondeu Barker.

Em seu testemunho, Pocock disse que a quantidade de tojo trazida pelo menino naquele dia 2 de outubro de 1855 não era nem metade do que ele costumava cortar. Além disso, voltara muito mais cedo do que o habitual. Quando Thomas Hart chegou na oficina às 18h, perguntou o que Sopp usava para cortar tojo. "Um facão", respondeu Pocock. O investigador pediu para ver o instrumento e Pocock, por sua vez, pediu para William ir buscar. O policial suspeitou ao ver uma mancha suspeita na gola da camiseta de William e, antes mesmo de dizer qualquer coisa, o menino se justificou dizendo não ser sangue.

O próximo a sentar no banco das testemunhas foi o policial Thomas Hart, e então Cripps passou a vez para a defesa, executada pelo advogado do estado, sr. Skinner: "Meritíssimo. Cavalheiros do júri. Agora vem o meu angustiante

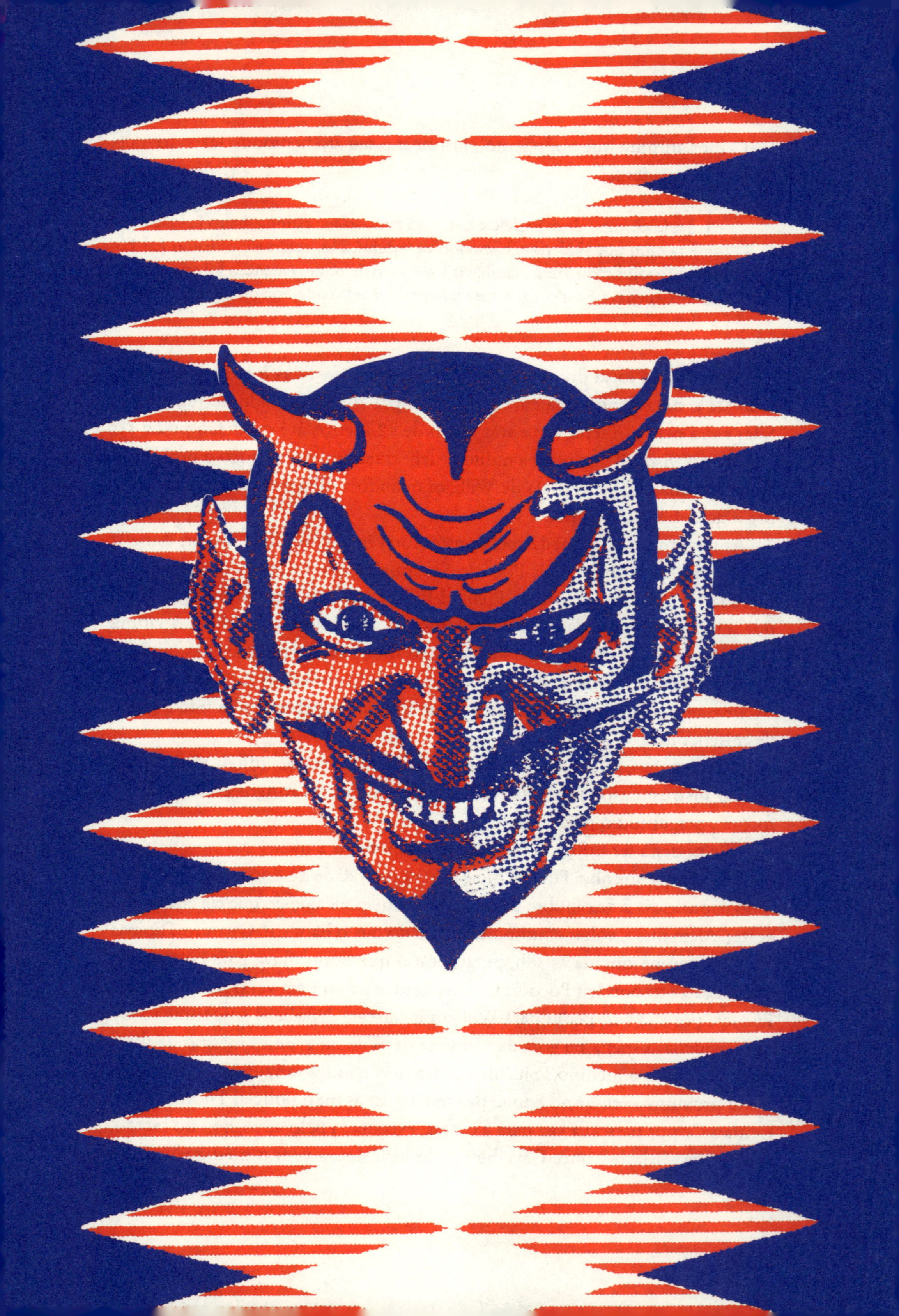

dever de me endereçar a vocês a respeito desta espantosa acusação, a mais séria conhecida nas leis deste país. E eu faço sob consideráveis sentimentos de angústia", começou. Ele fez um ótimo trabalho ao explicar ao tribunal que, apesar do crime hediondo, eles estavam lidando com uma criança. O advogado de defesa discorreu sobre a imaturidade do réu que tinha entre 11 e 12 anos; indivíduos como ele, disse Skinner, não tinham o intelecto ainda desenvolvido e ninguém poderia afirmar, sem sombra de dúvida, quando é que alguém se torna maduro o suficiente para tomar o seu lugar no mundo. Além disso, a lei britânica era clara e sensível ao ponto de obstruir regras arbitrárias, sobretudo no que tange a uma criança; menores de 14 anos não "tinham o poder completo da razão"; elas tinham consciência de tudo ao seu redor, mas teriam sabedoria o suficiente para entender as consequências de seus atos?

Skinner continuou descrevendo o quanto Sopp e Rosier eram amigos e quão fatalmente a lâmina da foice atingiu a cabeça de Rosier após escapar do cabo. "Então todos os golpes subsequentes, seja por motivo de medo ou distração da mente, não fariam o réu culpado do crime de assassinato." Sopp afirmou que a vítima não gritou. Susannah, que estava relativamente perto naquele momento, também revelou não ter escutado nada de estranho, nenhum grito ou voz. Isso, segundo Skinner, indicaria que o golpe inicial, que pelo visto fora acidental, tinha sido o fatal.

Assustado, com medo ou devido à "fraqueza do intelecto", Sopp desfigurou Rosier com outros golpes, mas isso não significava nada, afirmou o advogado, pois a vítima já estava morta. Skinner fez uma jogada inteligente ao se dirigir ao júri e perguntar se algum deles, do fundo do coração, de fato acreditava que uma criança poderia ter cometido tal atrocidade que mais se assemelhava ao ato de um animal ensandecido. Eles se conheciam, eram apenas amigos que estavam brincando e um acidente aconteceu. Como "uma criança como essa poderia de repente se sentir estimulada com tal ódio e malícia ao ponto de matar sua afetuosa companhia? Voltem por um momento ao passado, às suas próprias infâncias. Nunca tiveram um menino maior como companheiro, um amigo mais velho em anos do que vocês? Se sim, eu tenho certeza de que vocês nunca tiveram mais segurança, proteção e carinho".

O jogo de palavras é sempre eficaz e quem o domina tem o dom de influenciar. Com sua exposição, Skinner espelhou Sopp à imagem que a sociedade tem das crianças: fofas, inocentes, incapazes de perpetuar atos de violência. Compaixão e empatia são dois sentimentos comuns à maioria das pessoas e, pedindo ao júri para que voltassem às suas infâncias, muitos podem ter se colocado no lugar de Sopp e visto nele a criança que um dia existiu neles e que agora, adultos, julgavam um pequeno que poderia muito bem ser um deles.

Depois de Skinner terminar sua exposição, o juiz afirmou que o caso era realmente "doloroso" em todos os sentidos. Se fosse condenado, era terrível pensar que aquela pobre criança com uma vida inteira pela frente poderia terminar seus dias em uma forca. Por outro lado, se inocentada, ficaria o gosto amargo da falta de punição, já que o réu pode ter agido de "má intenção, maquiavélico".

William Sopp foi indiciado por homicídio doloso pela morte de Silas Rosier. Sendo menor de 14 anos, o júri deveria considerar, antes de decidir sobre sua culpa, se Sopp assassinou de propósito ou por acidente, e se ele era criminalmente responsável. Se o primeiro golpe foi acidental, afirmou o juiz, e os seguintes aceleraram a sua morte, então o júri deveria considerá-lo culpado de assassinato, a não ser que se considerasse que, no momento do segundo golpe, Sopp estava em um estado mental que não lhe permitia entender o que estava fazendo. Nesse ponto, o júri deveria concluir se Sopp agiu com o que a lei britânica da época chamava de "discrição maliciosa", que o tornaria responsável. Se o júri considerasse que foi um acidente, com o primeiro golpe sendo o fatal, eles deveriam considerar o menino inocente. Agora, houvesse uma dúvida razoável em qualquer ponto, deveria ser dada ao réu o benefício da dúvida, e o mesmo ser absolvido.

Foram poucos minutos de deliberação.

"Vocês consideram William Sopp culpado do homicídio doloso de Silas Rosier ou não?"

"Inocente."

"Em que fundamento?"

"No fundamento de que a criança Rosier morreu em decorrência de um acidente."

Olhando para o réu, o juiz disse: "Deixe-me dizer uma palavra. O júri absolveu você porque eles concluíram que a criança morreu de um acidente. Agora, se você fez o que fez e tivesse logo contado a alguém, não feito segredo do infortúnio que aconteceu, nunca teria estado no perigo do qual escapou. Foi um perigo para sua vida, você poderia ter sido enforcado pelo que fez. Em vez de ter golpeado aquele pobre menino outras vezes, você deveria ter parado e buscado ajuda. E, lembre-se de minhas palavras, a melhor forma de se livrar das terríveis consequências do erro, é nunca cometer outro. Nunca tente esconder um erro cometendo outro. Nunca tente se proteger ou se livrar da culpa e punição fazendo mais coisas erradas. Foi muito malvado da sua parte bater no pequeno após o acidente, e tenha em mente que o júri não o absolveu de bater na cabeça daquela pobre criança. E considere isso um aviso a você e a todos os outros. Quando você entra em problemas, não tente sair cometendo um grande pecado. Faça uma confissão arrependida. O mundo é bom demais e generoso demais por fazer você sentir que pode confiar nele, assim como esses doze cavalheiros mostraram em seu veredito."

William Sopp saiu livre do tribunal após um bom trabalho do seu advogado, que conquistou a empatia do júri. A tese de acidente, porém, é risível. Uma lâmina que sai do cabo e voa direto e certeira na testa da vítima? E mesmo que isso seja a verdade, o fato de Sopp decidir que a melhor solução para o acidente era trucidar o amiguinho, partindo a sua cabeça em pedaços em um frenesi homicida em vez de correr atrás de ajuda soa tão assustador quanto se ele, na realidade, tivesse feito de forma intencional. Tirando casos muito pontuais, como em guerras, sacrificar um ser humano que agoniza no chão é um comportamento tão incomum que é difícil encontrar exemplos. Na verdade, é muito mais fácil encontrar assassinos que usaram esse argumento como desculpa. Pessoas empáticas, de boa índole e humanas muito dificilmente conseguiriam sacrificar outra pessoa, mesmo que esta estivesse sofrendo e implorando por isso.

Augustine-Marie Ouvrard

MARIE OUVRARD

13
A MENTE DE QUEM MENTE

FRANÇA | 12 ANOS

"Hoje, a ciência das doenças mentais baseia-se apenas na observação clínica de indivíduos previamente sequestrados, mantidos em um ambiente quase artificial, e obrigados, apesar de todo imprevisto de uma situação delirante, a cumprir, forçosamente, com os regulamentos necessários de um hospital fechado. A genialidade francesa, a beneficência pública e a devoção médica estão, diante da grande maioria dos casos patológicos da mente, conseguindo levar a verdade científica a limites tão remotos e precisos quanto se possam alcançar neste momento. Mas nem todos os delírios estão enclausurados. Muitas pessoas insanas, de fato, muito curiosas de se estudar, tendo elas um conhecimento profundo e ainda infelizes, vagam em uma aventura e se movem com alguma ansiedade no solo frágil da razão limitada."

As linhas acima escritas em 1875 por um dos mais famosos e requisitados alienistas do século XIX, o dr. Henri Legrand du Saulle, foram publicadas em sua obra *La folie du doute avec délire du toucher*, um livro que logo se tornou referência no estudo das psicopatologias e obsessões, fornecendo 27 casos de observações clínicas

> *"Não gosto de crianças."*
>
> Augustine-Marie Ouvrard

pacientemente adquiridas através de sua experiência. Legrand du Saulle cita, por exemplo, o caso de uma garota inteligente, ativa e consciente, de reputação perfeita, mas que quando atravessava a rua sozinha, tinha a obsessão de que alguém iria cair de uma janela aos seus pés, e por isso seria acusada de assassinato. Outro caso envolvia um comerciante muito competente para os negócios, mas que sempre era perseguido por uma mania incontrolável de contar objetos: as flores no jardim, os livros de uma biblioteca, os botões de um casaco etc. "Com licença, me diz esse monomaníaco, é mais forte do que a minha vontade, é absolutamente necessário que eu conte!", cita o alienista em sua obra.

Seu colega de profissão, o médico Ambroise Eusebe Mordret era menos famoso, mas teve uma vida igualmente prolífica escrevendo obras que iam desde o dilema entre salvar a mãe ou o filho durante um parto problemático ao estudo de transtornos cerebrais, este último um trabalho que ia de encontro ao do famoso psiquiatra Du Saulle. Sendo chefe da instituição psiquiátrica da cidade de Sarthe por vários anos, Mordret pôde desenvolver pesquisas com pacientes que sofriam de loucura, o que o levou para além das fronteiras da psique humana. Um paciente, porém, representou um desafio diferente para o médico.

Era dezembro de 1875 e, diante de Mordret, sentava uma criança. Seu nome era Augustine-Marie Ouvrard, uma menina pequena para a idade, mas grande o suficiente para matar. Livre de sentimentos como remorso ou piedade e com o instinto de abater seres humanos incautos, Ouvrard assustou os franceses e apresentou um problema para o sistema judicial do país: quem era essa criança? Ela tinha consciência de seus atos? O que fazer com uma menininha que representava um risco para a sociedade?

A ciência foi a escolhida para dar a resposta. Os melhores alienistas e médicos da França foram chamados para examiná-la. Ambroise Eusebe Mordret estava entre eles. O que a medicina teria a dizer sobre um dos mais impressionantes casos de crianças assassinas de seu tempo?

Quando tudo aconteceu, Augustine-Marie Ouvrard trabalhava com afazeres domésticos na casa dos Lerat, um casal de fazendeiros que vivia na comuna de Luche-Pringé, departamento de Sarthe, norte francês. Ela nunca conheceu a mãe biológica e foi criada pela madrasta, que não tinha uma "boa reputação" na região. O pai era um bêbado de igual "má fama" e a menina tinha oito irmãos, sendo a sexta da linhagem. Dizia-se também que sua irmã de 17 anos era mal falada por supostamente estar vivendo a vida das ruas. Para além dos preconceitos da época, Augustine-Marie viveu uma infância desprivilegiada e difícil, em um lar desfigurado onde palavras como amor, carinho e orientação não existiam. Ela quase não frequentou uma sala de aula e tudo o que sabia, incluindo noções de religião, lhe foi ensinado por uma vizinha.

Como faziam as crianças naqueles tempos, Augustine-Marie aprendeu cedo que devia trabalhar. Ela trabalhou em várias casas como doméstica e babá, mas não deixou boa impressão na maioria, sendo descrita como teimosa e desobediente. O casal Lerat não tinha queixas sobre ela, até que as duas filhas pequenas morreram em um estranho intervalo de 21 dias. A primeira, Joséphine-Henriette Lerat, de um 1 ano e 8 meses, faleceu em 29 de agosto de 1875. A segunda, Marie Lerat, de 4 anos, faleceu em 19 de setembro do mesmo ano.

Em seus escritos sobre o caso, o dr. Mordret revela o diálogo que teve com Augustine-Marie a respeito das duas mortes:

"Por que você matou as crianças Lerat?"

"Porque elas sempre estavam atrás de mim, elas me incomodavam, sempre choravam, queriam comer da minha sopa, eu não gostava delas. Uma tinha 20 meses e a outra 4 anos. Era eu quem cuidava delas."

"Como você fez isso?"

"Colocando um lenço na boca delas [ela gesticula com o lenço]. Não demorou muito."

"Antes de matar Henriette [a criança mais jovem], você se certificou de estar sozinha?"

"Fui ao campo ver se a madame não estava chegando e se eu tinha tempo."

"Por quanto tempo você ficou planejando matá-la?"

"Por três dias."

"Como teve essa ideia?"

"Vendo um homem matar uma perdiz. Ele a pegou em uma armadilha e a agarrou pelo pescoço."

"Por que você colocou sua ideia em execução apenas depois de três dias de reflexão?"

"Porque eu estava esperando os patrões saírem."

"Isso levou muito tempo para se desenvolver depois que você viu a perdiz ser sufocada?"

"Essa ideia veio na minha cabeça muito rápido."

"Você sabia que o que desejava fazer era algo muito ruim?"

"Eu não sabia."

"Então, por que você não disse aos pais dela que acabara de matar a filha deles?"

"Porque eu tinha medo de brigar."

"Você se arrependeu do que fez?"

"Não."

"Você pelo menos sentiu tristeza ou pena da criança?"

"Não, eu não senti tristeza ou pena. Coloquei a criança de volta na cama. Ela não chorou, só debateu as pernas."

"Você chorou?"

"Não, eu não estava com raiva."

"Você dormiu à noite?"

"Não, porque os pais estavam chorando."

"O que os pais fizeram após a morte da criança?"

"Mandaram chamar o médico. Ele disse que nunca tinha visto nada parecido."

"Quando você matou Marie e como fez isso?"

"Vinte e um dias depois. Eu a apertei contra mim com um lenço; ela gritou, lutou, o pai estava fora, a mãe deitada [dormindo]. Eu já tinha me certificado disso."

"Quando e como você teve a ideia de matá-la?"

"A ideia me veio após a morte da outra. Eu a matei porque não gostava dela [...]"

"O que os pais disseram?"

"Eles perguntaram como a criança morreu. Eu disse que não sabia, que ela estava brincando no estábulo, que ela havia caído [...]"

[...]

"Você sentiu alguma dor na segunda vez? Você dormiu?"

"Não, não tive tristeza, dormi à noite."

"Você faria de novo, se tivesse a oportunidade?"

"Não, porque fui presa. Caso contrário, não sei, não gosto de crianças."

"Por que você não abandonou seu trabalho já que não gostava de crianças?"

"Eu não podia. Tinha que terminar meu ano."

"Dessa segunda vez, você sabia que ela estava sofrendo?"

"Eu não pensei se ela estava sofrendo. Só queria me livrar dela [...]"

"Por quanto tempo pensou em matar Marie antes de fazê-lo?"

"Oito dias. [...] Assim que eu matei a primeira pensei em matar a segunda. Eu me arrependi depois, porque fui presa. Não dormi na segunda noite porque estava preocupada em ser punida."

"Já que você teve a ideia de matar Marie logo após a morte de sua irmã, por que esperou 21 dias?"

"Porque eu queria esperar até os pais pararem de sofrer."

[...]

"É verdade que seu pai bebe?"

"Sim [...] Ele bate na esposa, não nos filhos."

"Você falou a respeito de uma jovem que a aconselhou a matar as crianças dos Lerat?"

"Sim, Marie Taillebois. Ela morava ao lado de Lude. Eu a conheci na estrada."

Após Mordret insistir em saber mais sobre Marie Taillebois e de como essa suposta mulher a aconselhou a matar as crianças, Ouvrard ficou calada. Após mais insistência, Ouvrard disse que Taillebois estava morta e o médico seguiu a entrevista. Instigando a menina a falar sobre seus sentimentos a fim de avaliar a sua consciência sobre os crimes, tudo o que Mordret ouviu foi que "ela [consciência] não me disse nada antes ou depois, ela não me culpou por minha ação [...] eu estava procurando a oportunidade de fazer [o que planejava] sem ser vista, mas nenhum pensamento de resistir me ocorreu. Sempre pensei nisso, mesmo à noite".

"Você sabe o que fazemos com aqueles que matam?"
Depois de muito hesitar, Ouvrard respondeu:
"Suas cabeças são cortadas".
"Como é que esse medo não a impediu?"
"Eu não pensei nisso."
[...]
"Na prisão de La Flèche você estava com uma mulher que tinha um filho pequeno, você desejou matá-lo?"

Ouvrard recusou-se a responder a essa pergunta, porém, mais tarde, ela disse às suas tutoras na prisão, e depois ao próprio Mordret, que por duas vezes pensou em matar a criança, e o faria se não estivesse sendo vigiada. Ela sabia que estava errada, mas a urgência era tamanha que não podia evitar. Ao ser enviada para a instituição psiquiátrica de Sarthe em dezembro, esses impulsos voltaram, como relata Mordret, citando uma das enfermeiras que, em 22 de dezembro, afirmou que a menina lhe revelara que gostaria de machucar os pacientes doentes, "mas que não podia porque estava sendo vigiada e tinha medo de ser punida".

Com o passar dos meses após o crime, Ouvrard se tornou mais retraída e cuidadosa, não respondendo mais às perguntas do médico e, quando o fazia, hesitava. No começo, a menina era falante e respondia mais do que perguntava, depois, tudo tinha que ser quase que arrancado dela. Tendo em vista que ela se afeiçoou às enfermeiras do hospital psiquiátrico, Mordret teve que continuar as entrevistas através das mulheres. De qualquer forma, o tempo não mudou sua característica principal: a falta de empatia ou consciência moral. "Ela pareceu ter uma consciência mais clara da gravidade de seus atos e compreender que cometeu um crime, mas não sente remorso e só é sensível à ideia de ser punida."

Essa sensibilidade a tocou de forma mais forte pela primeira vez em 16 de dezembro, o dia em que Ouvrard percebeu que não havia escapado impune. Visitada por um membro da justiça francesa, sob a supervisão de Mordret, a menina chorou ao escutar que a sua situação não era nada diferente daquela de um adulto assassino. Mesmo que o resultado pudesse ser diferente, ela teria que enfrentar a lei e acertar as contas com a sociedade.

Um psiquiatra do hospital, dr. Degaille, citando os estudos de Louis-Victor Marcé,* diagnosticou Ouvrard com uma instintiva "monomania homicida" cuja "causa provável" era a "aproximação da puberdade". Para o médico, a menina não tinha qualquer senso moral e era privada de sentimentos e faculdades emocionais, conclusão que foi apoiada por Mordret. Não havia uma "perturbação intelectual" e Ouvrard poderia ter lutado contra seus impulsos, mas não o fez.

Mordret concluiu que Augustine-Marie Ouvrard via as vítimas como um estorvo. Elas a aborreciam, choravam, comiam sua sopa e a mais velha contava coisas sobre ela aos pais. "Não é irracional pensar que ela tenha procurado escapar desses problemas." Como não podia sair do trabalho até que o ano terminasse — o pai e a madrasta não autorizaram —, a menina não encontrou outro meio para se livrar daquela vida tediosa e irritante senão matando Henriette e Marie. Mas, para isso acontecer, dois episódios que ela testemunhou foram fundamentais: o caçador que viu sufocando a perdiz, e um artista de rua que, em uma peça de teatro, disse que para uma criança parar de chorar, bastava enfiar um lenço em sua boca. Com a associação desses dois eventos executada, Ouvrard formulou em sua mente o plano de morte para as duas pequenas vítimas.

Assim que teve a ideia de matar as crianças, ela tomou a decisão de forma rápida, sem qualquer tipo de hesitação. A ideia do homicídio nunca a abandonou e ela soube esperar pelo momento certo para executar o seu propósito. Ouvrard sabia como tomar as precauções necessárias para evitar suspeitas, escolhendo, inclusive, um método de assassinato que, presumiu, não deixaria marcas. "Não estrangulei as crianças porque [a marca] apareceria", confessou a Mordret. Então, ela esperou pacientemente três dias até ter a hora perfeita.

Ouvrard se certificou de que estava de fato sozinha para não ser surpreendida. Quando a criança estava morta, ela mesma informou à mãe do ocorrido, na tentativa de afastar qualquer suspeita. Escolhera matar Henriette porque era a que mais lhe incomodava e, apesar de não ter muitas razões para matar Marie, decidiu que a menina teria o mesmo fim, esperando por 21 dias para dar tempo dos pais para se recomporem e, também, para não levantar muitas suspeitas.

---

* Louis Victor Marcé foi um psiquiatra francês nascido em 1828, conhecido por suas contribuições pioneiras no campo da psiquiatria. Ele publicou estudos abrangentes sobre transtornos psiquiátricos relacionados ao período pré e pós-parto, abordando as mudanças mentais e emocionais que ocorrem durante essas fases. Em 1860, Marcé também produziu um dos primeiros trabalhos conhecidos sobre anorexia nervosa, fornecendo relatos psicológicos detalhados de indivíduos afetados por essa condição. Seu trabalho ajudou a estabelecer as bases para a compreensão moderna desses transtornos.

Não encontrando motivos satisfatórios para o crime, o médico deduziu que vários fatores podem ter sido determinantes para o comportamento homicida de Ouvrard: os maus exemplos que tinha em casa, os hábitos de libertinagem – aos 12 anos ela já não era mais virgem, tendo mantido relações sexuais com um adolescente de 18 anos –, o desenvolvimento físico e hormonal da puberdade.

A genética ainda é um fator a se considerar e, no século XIX, tudo o que os alienistas e médicos podiam fazer nesse sentido era olhar para trás, para a família e para as gerações anteriores do acusado. Não havia dúvidas de que degenerações morais são herdadas, citou Mordret, "[...] a família Ouvrard, cujos membros têm sentimentos básicos e desonestos; [...] Esses instintos básicos são especialmente perceptíveis no pai, em uma menina prostituta de apenas 17 anos, e em Marie, essa criança que já cometeu dois assassinatos".

"NÃO ESTRANGULEI AS CRIANÇAS PORQUE [A MARCA] APARECERIA."
Ouvrard em confissão

No fim das contas, para Mordret, tudo no caso convergia para "uma das variedades da loucura instintiva, aquela em que o paciente mata por matar, sem motivo plausível, sem delírio aparente, sem alucinações [...] Ele mata porque essa ideia lhe ocorreu, nenhum sentimento moral vem para frustrá-lo; apenas um obstáculo físico pode impedi-lo. Portanto, não é muito raro que esses impulsos sejam dirigidos apenas aos que que não podem se opor a eles em resistência [...] Não se poderia comparar melhor o instinto perverso que move essas pessoas do que aquele que leva certas crianças, friamente, a fazerem os animais sofrerem. Marie Ouvrard [tinha] esses instintos selvagens, pois na instrução descobriu-se que ela sentia prazer em matar pássaros mergulhando suas cabeças na água. Para ela, sufocar um pássaro ou uma criança era a mesma coisa. Sua consciência não se rebelou mais em um caso do que no outro".

Teria Augustine-Marie Ouvrard germinado de uma semente do mal?

Privada de senso moral, Augustine-Marie Ouvrard não demonstrou remorso e ainda confessou que mataria de novo se fosse necessário. Não pareceu tocada ou reflexiva nem mesmo quando Mordret e outros psiquiatras que a examinaram tentaram fazê-la sentir e refletir sobre a monstruosidade de seus atos. Pelo contrário, ela só demonstrou inquietude e vulnerabilidade quando os homens mencionaram o que poderia acontecer a ela. Nesses momentos, a menina se dizia arrependida.

Em 1875, a definição de psicopata como conhecemos hoje não existia, mas Mordret, ao descrever Ouvrard, a caracteriza como um psicopata, errando apenas no ponto da falta de responsabilidade (dado o conhecimento científico da época, na verdade, ele não erra, mas teoriza a respeito, empregando a palavra *talvez*). No geral, suas linhas são brilhantes e apontam a combinação genética somada ao ambiente como causa preponderante – fatores que seriam a base do estudo dos psicopatas no século seguinte.

> "Motivos de interesse pessoal são, de fato, os únicos que regem esta jovem. Não parece haver nela qualquer caráter moral mais elevado. Pessoas nascidas com instintos tão degradados talvez nunca sejam inteiramente responsáveis por seus atos perversos, e me parecem menos [responsáveis] ainda porque sua educação moral foi negligenciada. Nenhuma semente do sentimento da honestidade foi desenvolvida em casa. São, no entanto, seres muito perigosos para a sociedade [...] Detê-los me parece útil não como medida penal, mas como medida de segurança pública." (Ambroise Eusebe Mordret)

O julgamento de Ouvrard aconteceu em 1876 e o ministério público seguiu as conclusões do dr. Mordret, afirmando que a ré gozava de "irresponsabilidade moral". Pelo bem da sociedade, Augustine-Marie Ouvrard deveria ser declarada culpada por assassinato, mas poupada de uma sentença capital por ter agido "sem discernimento". A defesa, baseada na tese de insanidade, exigiu uma absolvição total.

No fim, o júri seguiu o promotor e Ouvrard foi considerada culpada e enviada para o reformatório Le Bon Pasteur du Mans, um ambiente específico para meninas na cidade de Le Mans, até atingir a maioridade aos 20 anos.

Nous sommes des
enfants gentils
qui veulent jouer

Blanche Deschamps

BLANCHE
DESCHAMPS

14 INFINDÁVEL AVAREZA

FRANÇA | 13 ANOS

Em 19 de maio de 1879, em Grenoble, sudeste da França, nasceu Blanche Deschamps, filha de Marie Deschamps e um pai desconhecido. Dois anos depois, Marie se casou e seu marido reconheceu Blanche como sua filha, embora no dia a dia o homem não agisse como pai. A união durou pouco, dizem que por "má conduta" de Marie, mas o real motivo da separação é desconhecido. Após o divórcio, Marie foi morar com um irmão na pequena cidade de Chasselay, a 130 quilômetros de Grenoble, onde passou a trabalhar como tecelã. Sem ter como cuidar de Blanche, a pequena menina foi colocada em um orfanato de freiras, local onde cresceu até ter idade suficiente para ser enviada ao trabalho na lavoura.

Ela estava com quase 12 anos quando se viu trabalhando de sol a sol no campo, mas aguentou firme durante dezoito meses até sua mãe conseguir para ela um emprego em uma oficina de fiação em Izeron, região de Saint-Marcellin, perto de onde Blanche nascera, e a 5 ou 6 horas a pé de onde estava residindo com sua mãe.

> "Durante toda a investigação ela nunca abandonou a calma, o cinismo frio."
>
> *Promotor do caso*

Era dezembro de 1892 e a vida para Blanche Deschamps estava prestes a mudar. Em Izeron, ela fez amizade com Philomène Lambert, de Varacieux, uma vila vizinha; ambas trabalhavam na mesma oficina e dividiam uma cama disponibilizada pelo empregador. Trabalho naqueles tempos era muito difícil e as pessoas vinham de muito longe, a maioria caminhando horas a pé, então era comum empregadores disponibilizarem acomodações no próprio local de trabalho a fim de que os empregados passassem a noite, onde permaneciam durante a semana, indo para casa apenas aos sábados.

Philomène era um ano mais nova do que Blanche, "frágil e mais tímida". O promotor francês Alexandre Bérard escreveria mais tarde que "ela [Philomène] logo cairia na absoluta dependência de sua parceira". E aparentemente isso aconteceu bem rápido.

Em 7 de janeiro de 1893, Blanche recebeu seu pagamento semanal de 12 francos e gastou tudo ao comprar uma cafeteira, café e açúcar. Temendo que sua mãe a punisse pela gastança, roubou a carteira da amiga Philomène. O roubo foi descoberto pelo capataz da oficina, que avisou o dono do lugar. Ambos decidiram que não deviam punir a menina e nem comentar por aí a notícia do roubo. Com discrição, eles devolveram a carteira a Philomène, ocultando dos outros funcionários a culpa de Blanche e, claro, orientaram a garota de que aquilo não deveria se repetir.

Blanche Deschamps tinha 13 anos e poderia ter aprendido a lição. Mas não. Ela passou a semana seguinte maquinando para tirar o próximo pagamento da amiga sem levantar suspeitas. Em 14 de janeiro, como de costume, todos receberam os pagamentos semanais e saíram felizes em direção às suas casas. Era sábado, meio-dia, hora de irem embora após passarem mais uma semana no trabalho. Muitos partiram em bandos até suas aldeias, e outros preferiram ir em carroças puxadas por animais, uma cortesia da oficina. Mas onde estavam Blanche e Philomène?

Elas não estavam em meio aos seus colegas, porque já tinham saído.

Às 8h da manhã, as duas meninas foram até o capataz e pediram permissão para sair mais cedo. O homem disse que não, pois não era prática do lugar liberar os empregados naquela hora. Além do mais, elas levariam horas e horas andando a pé até chegarem em suas casas, então era melhor ficarem e irem nos cavalos ou carroças disponibilizadas pelo patrão. Blanche insistiu, e a menina era tão persuasiva que convenceu o capataz e partiu com a amiga no início da manhã de 14 de janeiro de 1893.

Havia um longo caminho a pé pela frente e a intenção de Blanche, mais uma vez, era roubar o pagamento da amiga. A literatura criminal nos mostra que muitas vezes, por mais que o criminoso planeje com antecedência, algo pode sair errado – planejamento e execução são coisas bem diferentes. E o plano de Blanche deu errado. Ou, pelo menos, seria isso o que ela afirmaria mais tarde.

No meio do caminho, a menina de 13 anos insistiu para que parassem em um mercado para tomar café, mas o objetivo de Blanche era intoxicar Philomène misturando álcool em sua bebida. Por duas vezes durante a caminhada elas pararam em mercados. Em sua mente infantil, Blanche supôs que a amiga ficaria tonta ao ponto de cair no chão tomando alguns goles de café misturado com uma bebida alcoólica francesa, então ela se apossaria com facilidade de sua bolsa e de tudo que estivesse dentro, e sairia leve e saltitante pela estrada de terra.

Elas continuaram a caminhada e, como Philomène continuava de pé, Blanche resolveu partir para o tudo ou nada e tomou a bolsa da amiga. Philomène revidou e pegou de volta. Mais à frente, Blanche tomou a bolsa da amiga de novo. Essa cena teve uma testemunha ocular que não deu muita importância para o entrevero entre as duas crianças, mas lembra de Philomène falando: "Você queria roubar a minha carteira. Vou contar pra sua mãe, ladrazinha!".

A ameaça de Philomène pode ter deixado Blanche apreensiva. Bom, ser frustrada no roubo e ainda dedurada não estava nos planos. O que sua mãe faria se soubesse que a filha tentara roubar a bolsa da amiga?

Enquanto caminhavam, Blanche pensou no que fazer. À frente, a ponte sob o riacho era o último ponto da viagem comum entre as duas, porque em seguida a estrada se dividia e cada caminho levava às respectivas vilas onde as meninas moravam. Nesse pequeno rio, cerca de quinze meses antes, o corpo de uma menina de 10 anos, estuprada e morta, foi encontrado. O assassino permaneceu desconhecido e a ponte ganhou má reputação. Foi nesse mesmo lugar que Blanche faria a sua última tentativa de roubar a bolsa de Philomène, que outra vez reagiu.

Blanche tentou agarrar o objeto de novo e empurrou a amiga da ponte, que tinha uma altura de apenas 2 metros. Quando Blanche olhou para baixo, observou que Philomène estava deitada de bruços sob o riacho raso. Ela estava com ferimentos leves e o rosto sangrando. Enquanto observava a amiga na água, Philomène olhou para cima, fixando o olhar em Blanche, e nesse momento a menina de 13 anos decidiu que deveria terminar o que começou.

Da parte onde estava era impossível descer até o riacho, então Blanche atravessou a ponte e desceu pela outra margem, em direção a Philomène. Ainda de bruços na água e tentando se levantar, Philomène pôde apenas sentir as mãos daquela menina que considerava uma amiga pressionando sua cabeça para baixo. Ela ainda tentou lutar, em vão. Blanche concluiu o assassinato batendo com uma pedra em sua cabeça e a afundou, forçando Philomène de volta para a superfície e a afundando de novo pelo menos 12 vezes. Para ter certeza de sua morte, a assassina pegou a pedra e golpeou o crânio da vítima 5 vezes.

Na autópsia, o médico legista constatou múltiplas lesões no rosto de Philomène; sua língua estava destruída.

"ELA DECIDIU QUE DEVERIA TERMINAR O QUE COMEÇOU."

Depois do ato terrível, Blanche saiu do riacho e jogou a bolsa da vítima em uma área qualquer. Em vez de seguir para casa, a garota tomou o caminho de Varacieux. Chegando na vila, como se nada tivesse acontecido, Blanche foi diretamente até a casa dos pais de Philomène. "Olá, sr. e sra. Lambert, tudo bem?" Ela então contou a história de que caiu em um canal de água e por isso estava molhada. Não via Philomène desde Saint-Marcellin e os pais da vítima a confortaram, oferecendo as roupas da própria filha para ela vestir, além de comida e uma bebida quente. Enquanto estava sendo cuidada pelos pais de Philomène, Blanche perguntou: "Ela ainda não chegou?".

"Ela falou com um ar muito natural, o que não despertou minhas suspeitas", diria o pai de Philomène mais tarde.

Com roupas novas, aquecida e de estômago cheio, Blanche Deschamps foi embora em direção à sua casa, onde entregou à mãe cinco francos roubados.

No dia seguinte, preocupado com o sumiço da filha, o pai de Philomène a encontrou no riacho Cumane, já endurecida pelo frio e coberta por uma espessa camada de neve. As suspeitas sobre Blanche Deschamps não demoraram a aparecer e ela negou qualquer envolvimento na morte da amiga, mesmo com o relatório médico apontando homicídio e as palavras das testemunhas que viram as duas brigando pelo caminho. "Durante toda a investigação ela nunca abandonou a calma, o cinismo frio e surpreendente, apesar desse crime hediondo, que, em toda região de Grenoble, provocou um espanto pungente, uma emoção aterradora", diria o promotor mais tarde.

Em 16 de janeiro, Blanche foi interrogada e negou ter roubado ou assassinado a vítima, mas mudou de versão em relação a ter estado com Philomène na ponte. Segundo seu relato, estava apenas acompanhando a amiga, que acabou caindo da ponte por acidente. Poucas horas depois, questionada pelo juiz de Saint-Marcellin, Blanche reafirmou que Philomène caíra de forma acidental, adicionando que, ao notar que a amiga que não se mexia, desceu até o riacho e bateu várias vezes na parte de trás de sua cabeça.

"Se ela estava morta, por que você bateu nela?", perguntou o juiz.

"Era para ver se ela ainda podia se mexer", respondeu Blanche.

Em 18 de janeiro, o juiz a interrogou de novo e dessa vez a menina confessou que derrubou Philomène ponte abaixo, mas continuou insistindo que foi um acidente. Philomène teria pegado o chapéu de Blanche e, em um movimento instintivo de defesa, Blanche a empurrou. Como estavam perto da beirada da ponte, a vítima caiu no riacho. Cheia de raiva, Blanche então desceu e mergulhou a cabeça dela duas vezes na água, e depois deu algumas pedradas na amiga.

"Você foi muito cruel. Já haviam brigado antes?"

"Não, senhor, não brigamos. Eu estava com raiva, não estava bem", respondeu Blanche.

"Esse é o único sentimento que fez você fazer isso?"

"Sim."

Durante toda investigação, Blanche Deschamps agiu de maneira indiferente, e a frieza só piorava enquanto ela se abria e confessava mais e mais detalhes a respeito de sua aventura homicida. Em 19 de janeiro, ela foi interrogada mais uma vez.

"Ela ficou ao meu lado, eu me afastei e, com um cotovelo, empurrei-a para frente."

"Você queria jogá-la lá embaixo?"

"Não, senhor. Eu a acertei e foi sem querer que eu joguei ela."

"Por que então você a massacrou daquela forma? Qual é o sentimento que a guiou? É raiva? É rancor?"

"Não era rancor, foi raiva. Se bem que eu não estava com muita raiva."

"Não foi, talvez, o medo de ser denunciada por Philomène Lambert por tê-la jogado da ponte e deixá-la gravemente ferida?"

"Não, senhor, não foi isso, foi raiva."

Nesse interrogatório, Blanche ainda admitiu ter visto Philomène ferida e ensanguentada, do alto da ponte, e essa imagem não a fez sentir remorso ou pena, bem pelo contrário: sua fúria só aumentou.

Em 23 de janeiro, ela contou ao juiz a respeito do dia em que gastara todo o salário em uma cafeteira, com açúcar e café. Com apenas alguns centavos no bolso e com medo de ser repreendida por sua mãe, Blanche teve a ideia de roubar Philomène. Sobre a queda da ponte, ela continuou insistindo que foi acidental, mas o juiz não acreditou.

"O que indica que você jogou Philomène Lambert de propósito no rio é a maneira como você se comportou depois. Você admitiu por conta própria que não estava com muita raiva. É provável que não estivesse. Então, é correto dizer que você matou Philomène Lambert para ocultar o seu roubo?"

"Não, senhor, eu não a joguei no rio de propósito. Não foi com medo da denúncia de Philomène Lambert que eu a atingi com uma pedra no rio. Eu não estava com muita raiva, no entanto, foi a raiva que me fez fazer isso."

No dia seguinte, encurralada pelas evidências, Blanche Deschamps deu outro passo em direção à verdade: embora persistisse na queda acidental, ela reconheceu que tudo aconteceu devido ao seu plano inicial de roubo. Em 27 de janeiro, a menina revelou que mentiu em um depoimento anterior sobre ter sido espancada em casa pela mãe. Ficou comprovado que nem a mãe ou o atual marido levantaram a mão para Blanche, além disso, o casal – sobretudo sua mãe – alegou nunca tê-la ameaçado caso ela voltasse para casa sem o dinheiro do trabalho. Blanche inventara tudo isso.

O julgamento, ocorrido em Grenoble, foi uma grande sensação na cidade e a sala do tribunal ficou lotada de curiosos. Escrevendo sobre o caso anos depois, o promotor público Alexandre Bérard relembrou que:

> "Em frente à multidão que invadiu a sala, em frente ao júri e à multidão reunida, ao lado dos guardas, Blanche Deschamps foi tomada por uma sensação física que lhe trouxe lágrimas aos olhos: uma sensação puramente física, como eu disse a ela em minha acusação, que não sugeria nenhum arrependimento ou remorso. E, ainda assim, essa emoção durou muito pouco. Logo depois, escondida atrás do lenço, de olhos secos, pouco a pouco ela se familiarizou com a plateia, olhou para a corte, o júri, a sala, despreocupada por completo com o que acontecia ao seu redor, bem pouco perturbada com o discurso do promotor público, sem se

preocupar com os argumentos de seu defensor, sem prestar a menor atenção a ele. Ela apenas pareceu emocionada em um único momento, quando lhe foi proferida a sentença."

Quando o juiz a questionou no início da audiência, e talvez se sentindo acuada, pela primeira vez Blanche Deschamps confessou ter empurrado Philomène Lambert para a morte após tê-la roubado. Aquele era o seu julgamento e ela estava sendo avaliada por todos. Talvez fosse a hora de dizer a verdade.

Perguntada pelo juiz se não aprendera os dez mandamentos, em especial o quinto, "Não matarás", a ré respondeu que no orfanato de freiras "nunca nos foi dito isso". Ao longo do julgamento, muitos acreditaram que Blanche parecia mesmo não entender que matar ou roubar era errado. Sua moralidade, assim como sua natureza, era "primitiva e bárbara". Nesse sentido, pipocaram falatórios sobre ela ser descendente direta de Louis Mandrin, o famoso bandido e contrabandista francês do século XVIII. Os jornais da época procuravam um atavismo que pudesse explicar sua deficiência moral, e ele veio na forma do bandido de "legendária memória". De onde eles tiraram essa afirmação não se sabe, mas o conhecido *Le Figaro* foi um dos que noticiou "a descendente de quinta geração do bandido Mandrin".

Sobre a sua infância, é fato que Blanche Deschamps foi jogada à sorte. Ela praticamente cresceu sem a mãe, rodeada de mulheres estranhas em um orfanato cujo tratamento não devia ser dos melhores – tanto que, aos 11 anos, foi oferecida a um agricultor local para trabalho no campo. O próprio promotor levou essa questão em consideração ao relatar que "um orfanato não é o melhor lugar para receber um bom treinamento moral". A afirmação é intrigante e provocativa, sobretudo do ponto de vista sociológico, já que o orfanato em que Deschamps cresceu era administrado por freiras e as "casas de Deus", *a priori*, são lugares onde se cultuam a fé e o amor ao próximo. De qualquer forma, a vida era difícil para todos e muitas crianças passaram por situações semelhantes. Ela arquitetou o crime e, diante do fracasso em conseguir o que desejava, assassinou Philomène cruel e covardemente.

Para todos na sala do tribunal, a única pergunta a ainda ser respondida era: Blanche Deschamps agiu com discernimento? Alexandre Bérard, em seu ensaio sobre o caso para os *Arquivos de Psiquiatria e de Antropologia Criminal*, escreveu:

"Na minha fala final, eu disse ao júri que tudo parecia comprovar afirmativamente; a saída às 8h da manhã, a tentativa de intoxicar Philomène Lambert, os detalhes do crime, a visita de Blanche aos pais da vítima, a persistência em suas negações.

No entanto, acrescentei, em minha consciência como homem magistrado, que nunca ousaria, com qualquer dúvida que possa existir, concluir que uma pessoa de 13 anos era totalmente responsável. E por esse crime que, para um homem de 18 anos, deveria receber a punição suprema, pedi uma declaração de não entendimento em favor do autor e o seu envio para um reformatório até os 22 anos, já que a mãe era incapaz de cuidar e orientar a filha."

Apesar do pedido do promotor, o júri concluiu que Blanche agiu com discernimento, ou seja, ela sabia diferenciar o certo do errado e cometera o crime de maneira consciente. Quando os jurados entraram na sala de deliberação, o juiz interveio, e eles concederam o benefício de circunstâncias atenuantes. Assim, o tribunal decidiu que Blanche Deschamps seria enviada para um reformatório pelo período de dez anos.

O casal Lambert pouco se interessou pela sentença final. Antes mesmo do julgamento eles fizeram um acordo com a mãe de Deschamps — ela propôs 200 litros de volume de trigo mais duas moedas Louis d'Or (moedas de ouro antigas e francesas) se eles não contestassem o veredito, caso a filha fosse inocentada ou tivesse a condenação atenuada devido à idade. Os Lambert aceitaram. O acordo foi malvisto pelos jornais da época e por membros do judiciário francês, e muitos questionaram a índole, em especial, dos pais de Philomène.

Mas não nos deixemos cair na tentação do julgamento. De um lado, tínhamos uma mãe tentando dar o melhor para filha; do outro, um casal camponês pobre. O que quer que tenham combinado se deu de acordo com suas situações de vida.

Blanche Deschamps recebeu a visita de Alexandre Bérard no reformatório um mês depois. Segundo o promotor, ela mal saía de sua cela, mesmo quando lhe era permitido. De acordo com a direção da casa, apenas duas coisas chamavam atenção na menina: a sua timidez e uma carta que escreveu para a mãe. Nessa carta, Blanche não demonstrava saudades dela ou do mundo exterior, tampouco relatava algo sobre si, mas externava uma grande (e única) preocupação: com a casa em que sua mãe morava. Blanche escreveu para Marie orientando-a a cuidar muito bem do imóvel porque, no futuro, por direito, a propriedade seria dela.

Nada mais a se dizer sobre Blanche Deschamps e sua infindável avareza.

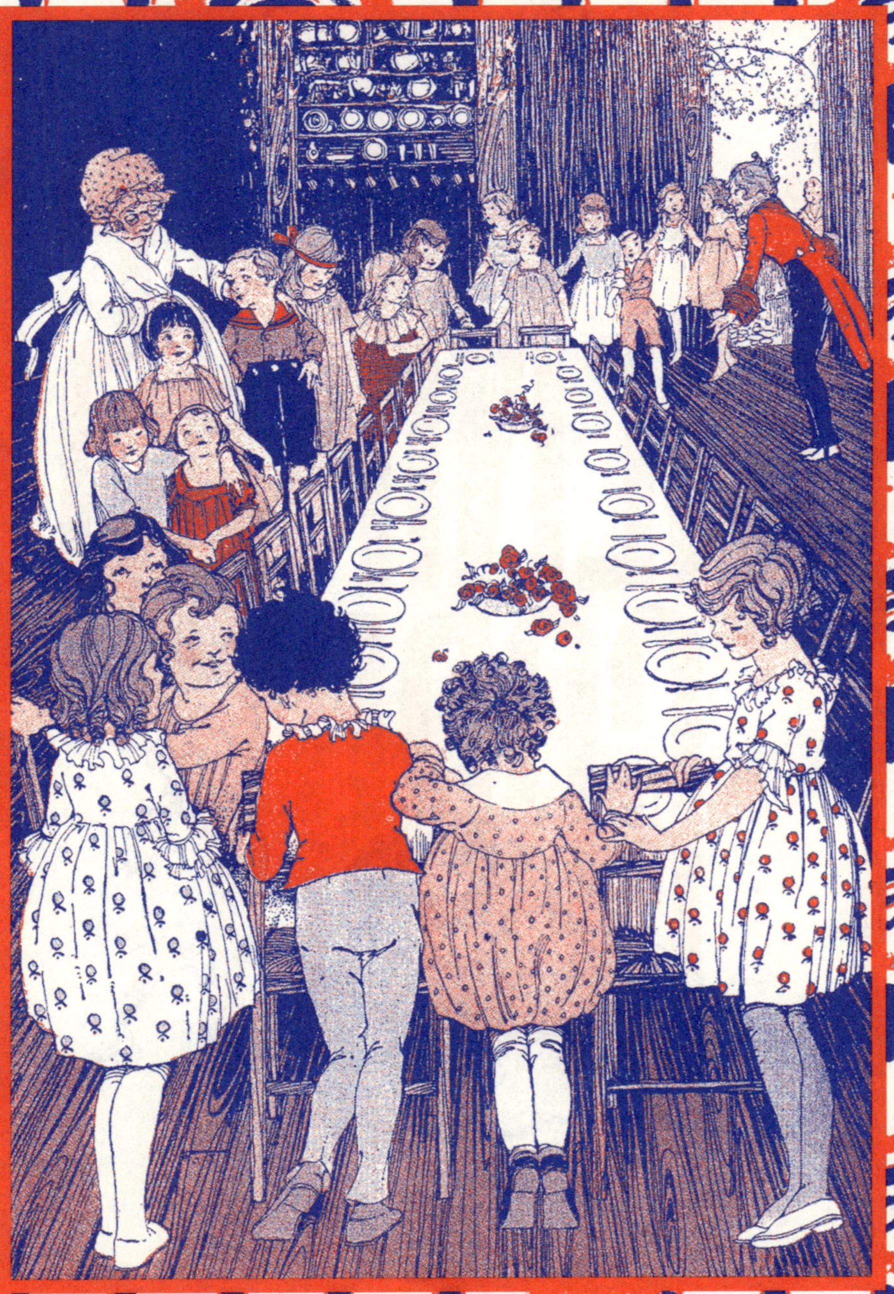

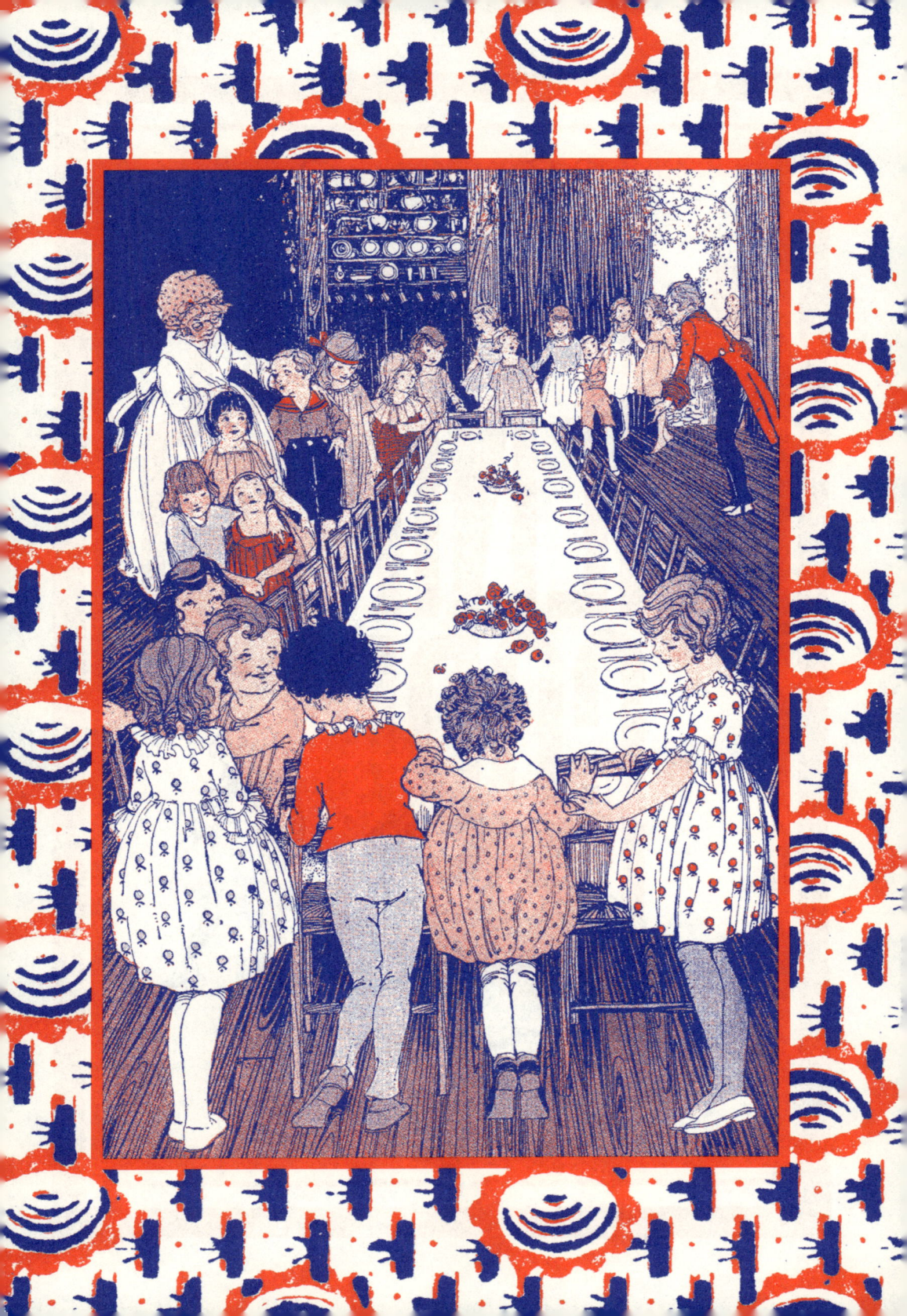

MENINAS DE CORBY

15 BRIGA DE GANGUES

INGLATERRA | 12 E 13 ANOS

> *"Estamos testemunhando o assassinato da infância?"*
> Miriam Moore

Corby, na Inglaterra, tem seu nome derivado do sanguinário conquistador viking, o dinamarquês Kori. No século VIII, ele decidiu se abrigar naquela região da Inglaterra que ficou conhecida como *Kori's by* – "casa do Kori".

Os vikings trouxeram muitos costumes com eles e, também, punições. Uma delas era o que eles chamavam de "cavalgando no ferrão". Essa tradição envolvia homens que, ao cometerem pequenas ofensas, pagavam por isso sendo carregados montados em toras de madeira. Insultos e objetos eram atirados neles enquanto passavam pela vila. Com o passar dos séculos, essa punição foi incorporada à história da cidade e chegou no século XXI com o nome de Corby Pole Fair, uma feira realizada a cada vinte anos e que atrai multidões. Mas ao contrário de suas origens, a Corby Pole Fair é um espetáculo colorido com festas, churrascos, shows, jogos e várias outras atrações.

Mil e duzentos anos depois dos vikings, Corby foi invadida por outro povo, os escoceses, atraídos pelos inúmeros empregos oferecidos pela nova indústria do aço. As habilidades técnicas adquiridas pelos trabalhadores das indústrias de Corby se provaram de grande valia durante a Segunda Guerra Mundial. Eles trabalharam diretamente na operação PLUTO (Pipe-Lines Under the Ocean), um oleoduto no fundo do mar que ligava a Inglaterra e a França, transportando o combustível essencial no apoio aos aliados após a invasão do Dia D.

Em 1980, a indústria do aço morreu, causando um efeito devastador na cidade. Milhares de famílias ficaram sem emprego da noite para o dia e, apesar de um grande esforço das autoridades locais e dos moradores, Corby entrou em uma espiral descendente cujo melhor retrato foi tirado em abril de 1996. Um crime cometido naquele mês mostraria aos ingleses o quão decadente a cidade estava, com uma geração completamente perdida e sem rumo. Ou melhor, com rumo direto ao abismo.

A juventude de Corby era bizarra. Crianças escolhiam se iam ou não à escola, muitos usavam drogas nas ruas e brigas eram bastante comuns. Onde os pais ou as autoridades de Corby estavam não se sabe, mas é fato que não demorou para que crianças se organizassem em gangues. Sim, *crianças* organizando *gangues*. Em uma cidade com uma taxa de desemprego devastadoramente alta, o bairro de Canada Square era o mais carente de todos. Era de lá também que vinha a CSG, iniciais de Canada Square Girls, uma gangue formada em sua maioria por meninas. Quem adentrava nos domínios da CSG logo percebia nos grafites dos muros quem é que mandava por ali: "Canada Square Girls 96", dizia uma das pichações, em alusão ao ano de 1996.

A quadrilha mirim se reunia do lado de fora do pub local durante o dia. Eles não estavam na escola porque haviam sido expulsos ou apenas porque escolheram não ir. Algumas meninas de 13 ou 14 anos não frequentavam a escola porque estavam grávidas. Eles ficavam por ali, usando vários tipos de drogas ou praticando pequenos roubos. Em 1997, o repórter Ros Wynne-Jones, do jornal *The Independent*, foi até o local e escreveu que "um menino de 12 anos, que só estuda de manhã porque jogou uma cadeira na professora [da tarde], disse que pode marcar uma reunião [com os líderes da CSG]... A conversa deles são relatos de agressões e intimidações, coquetéis de drogas e posições sexuais". A cada minuto que o repórter permanecia ali, ficava mais e mais impressionado com o ambiente. "Uma mãe começa a gritar atrás dela [uma das crianças] do outro lado. Ela dá um soco na filha e lhe dá algum dinheiro, a menina sai correndo.

'Ela está atrasada para comprar a heroína da mãe', explica um menino de 10 anos, dando de ombros."

Era nesse ambiente grotesco de degradação que a mocidade de Corby estava inserida, e quando alguém opta por trilhar o caminho errado, a chance de coisas ainda mais erradas acontecerem aumenta de maneira substancial. Quando falamos de um grupo onde cada sujeito se sustenta em ideias de violência e agressão, o resultado é uma mentalidade coletiva que age da mesma forma. Pessoas que atuam em bando criam uma espécie de identidade única, que no caso dos crimes remove a responsabilidade sobre o indivíduo. Fica mais fácil transgredir a lei em um ambiente onde várias pessoas compartilham da mesma visão. Não há desestímulo, não há delatores.

A visão da juventude de Corby era clara para quem a via de fora, mas cega para quem estava dentro da área. Na verdade, aquele mundo era tudo que eles conheciam. Uma coisa meio *O Senhor das Moscas*, no qual um grupo de crianças se vê sozinha em uma ilha e não demora para que a crueldade infantil se manifeste. No caso de Corby, também não demorou para que os olhos britânicos se voltassem para a cidade, para suas crianças perdidas e para o resultado prático de tal perdição.

Louise foi enterrada somente em junho. O caixão foi adornado com a sua camiseta do time de futebol do Manchester United e flores formando a palavra Oasis, seu grupo musical favorito; um CD deles também foi colocado ali em cima. Em uma última ironia, como se os ventos da verdade quisessem revelar a aura daquela cidade, a camiseta do Manchester United e o CD do Oasis foram roubados.

Louise Allen era grandalhona para sua idade. Aos 13 anos, ela se diferenciava da maioria das crianças e pré-adolescentes de Corby por um simples detalhe: não era violenta, estudava e não ficava pelas ruas.

Era uma segunda-feira, 29 de abril de 1996, quando a CSG resolveu acertar as contas com Rebecca Tyson, de 12 anos. As meninas da gangue só queriam bater em alguém, então escolheram uma menina pequena após saírem do colégio. Perto de uma feira, a gangue de trinta meninas fez um círculo em torno de Rebecca, e a líder da CSG, outra menina de 12 anos, entrou no meio. "Agora eu vou quebrar a sua cara, vadia", disse ela. Nas semanas anteriores, a CSG participara de vários espancamentos na região, sempre com a líder encabeçando as arruaças. Desta vez, ela escolhera Rebecca. A menina da gangue começou a bater na outra, que pouco se defendia. Rebecca não era de briga, além disso estava assustada com todas aquelas garotas gritando ao seu redor. Ela só apanhava e apanhava.

Ao ver a cena, Louise Allen, que era amiga de Rebecca, entrou no meio da roda e empurrou para longe a líder da CSG. "Deixe ela em paz!", Louise gritou, salvando a amiga. Nesse momento, um outro membro da gangue, uma menina de 13 anos, agarrou os cabelos de Louise e a derrubou no chão, dando-lhe um chute no peito. Antes que Louise pudesse se levantar de novo, a menina a chutou mais uma vez, agora na cabeça. Louise chegou a ficar desacordada por alguns segundos.

"O que você fez?", gritou uma testemunha. "Eu não dou a mínima", respondeu a menina de 13 anos. Louise, meio grogue, tentou se arrastar pelo chão para sair da multidão que a chutava. Foi então que a líder da CSG se aproximou e gritou: "Por que você se meteu na minha briga?", e chutou a cabeça dela.

Um adolescente de 18 anos que morava perto do local da briga, ao escutar a gritaria vinda da rua, resolveu dar uma espiada pela janela. "Uma das meninas, a que estava ganhando [Louise], tentou sair por debaixo das pernas delas, mas não deixaram ela escapar. Todo o grupo parecia ir pra cima dela, chutando enquanto ela estava no chão. Pareciam animais", relatou.

Levada para o hospital, Louise já estava em coma profundo, e os médicos disseram aos pais que nada poderia ser feito para salvá-la. Às 16h de 30 de abril de 1996, os aparelhos que a mantinham viva foram desligados. Louise Allen, de 13 anos, estava clinicamente morta.

"Estamos testemunhando o assassinato da infância?", questionou a psicóloga Miriam Moore, em uma reportagem do *Sunday Independent*. O médico patologista dr. Clive Bouch revelou que embora Louise tivesse 7 ferimentos na cabeça, apenas 1 deles – um machucado na lateral esquerda da cabeça, na altura da mandíbula – foi o fatal. Ele revelou que aquilo foi fruto de um chute de "severidade moderada". Em outras palavras, o chute desferido pela líder da CSG foi o que matou Louise. Ainda que tenha sido um chute "moderado", uma infeliz combinação de fatores levou Louise à morte, sobretudo a posição de sua cabeça e a região que o ataque atingiu. Uma "chance azarada", disse Bouch.

> "A bisavó de Louise Allen, de 13 anos, vitimada em uma briga, falou hoje sobre a angústia da família. Louise foi assassinada com um chute na cabeça enquanto tentava salvar sua amiga Rebecca Tyson. Enquanto familiares, amigos e colegas de escola se preparam para comparecer em uma missa especial para Louise, a sra. Bridget McBride disse que a 'menina tranquila' não era do tipo que se envolvia em violência... Depois da escola, ela disse à sua mãe que iria com a amiga dar uma olhada na feira." (*Liverpool Echo*, 2 de maio de 1996)

Em 1º de maio, a líder da CSG e sua fiel escudeira de 13 anos foram levadas diante de um tribunal em Kettering, cidade a 15 quilômetros de Corby, acusadas de assassinato. A juíza June Eastwood rejeitou os pedidos dos advogados pela liberação de ambas as meninas a fim de que vivessem em um endereço secreto. Por serem menores de idade, as duas tiveram seus nomes mantidos sob sigilo e a juíza ordenou uma nova audiência para o dia 7, posteriormente adiada para o final do ano. Somente em junho Louise pode ser enterrada. Cerca de 700 pessoas compareceram ao seu funeral.

Em novembro de 1996, as duas acusadas admitiram ter agredido Louise em uma briga. A promotoria, liderada por Richard Latham, retirou a acusação de assassinato. "Não há dúvidas de que as rés sabiam que o que estavam fazendo era errado. Isso foi reconhecido por todas no interrogatório. Existem evidências que sugerem que elas brigaram antes. Mas isso está longe de ser a prova de que precisamos para [acusá-las de] assassinato. O conhecimento particular da consequência de um chute na mente de um adulto não pode ser presumido no caso de uma criança." O promotor ainda revelou que a decisão de retirar a acusação de assassinato foi reforçada após uma consulta com o Ministério Público e os pais de Louise. Entretanto, nenhum dos envolvidos esperava que as meninas recebessem uma pena tão branda.

Em 2 de dezembro de 1996, as acusadas escutaram com tranquilidade a decisão do juiz:

> "Foi uma violência perversa que resultou na morte totalmente desnecessária daquela jovem menina. Eu vou tentar tornar a sentença a mínima possível devido ao meu dever com o público, mas a mensagem deve ser clara para todos, tão jovens quanto vocês duas, que colocam a bota em alguém que está o chão, isso é cometer um ato que o tribunal não pode tratar de forma leviana."

O juiz condenou as duas a dois anos de detenção em uma instituição para menores infratores. "Elas deviam cumprir pelo menos quatro ou cinco anos", dissera Ellen Allen, mãe de Louise. Até mesmo a polícia, na voz do inspetor chefe John Cordner, condenou a decisão, afirmando que as meninas deveriam cumprir uma pena mais dura.

O Ministério Público recorreu e em fevereiro de 1997 entrou com um pedido de aumento da sentença, argumentando que ela era "demasiadamente branda". Para a surpresa de todos, o tribunal não apenas negou o recurso como diminuiu a pena para um ano, fazendo com que as assassinas pudessem sair exatamente no aniversário de um ano da morte de Louise.

Apesar do apelo dos pais da vítima, que chamaram a decisão de "um tapa na cara", "insensível" e de "mau gosto", as meninas foram libertadas na data prevista — na verdade, para evitar serem fotografadas pela imprensa, a justiça as autorizou saírem na noite de 29 de abril de 1997 — e desapareceram na história. Ao contrário de outros casos envolvendo crianças assassinas, suas identidades nunca foram reveladas.

> "Uma nova raça de gangues de meninas armadas e violentas está emergindo nas ruas do Reino Unido e perpetuando ataques horríveis, geralmente nos alvos mais vulneráveis. Meninas de 13 anos e até maiores que isso saem em bandos para agredir e mutilar, usando facas, garrafas e tesouras. Elas podem brigar como meninos e têm fome de violência." (*Sunday Express*, 5 de maio de 1996)

Pais ausentes e delinquentes podem ser uma boa explicação para o predomínio de crianças perdidas e rebeldes em Corby. Essa, porém, está longe de ser a *causa*. Na verdade, quando falamos em crimes, é sempre um conjunto de fatores que acaba levando ao delito. É como um acidente de avião que nunca acontece por uma única causa e, sim, por várias e sucessivas falhas que ocorrem uma atrás da outra, e que poderiam ser prevenidas caso apenas *uma* delas fosse evitada. O pai da líder da CSG, por exemplo, estava na cadeia por esfaquear e matar um homem em um pub. Quanto ao pai da garota de 13 anos, ele não estava preso, mas também tinha antecedentes criminais.

A família da líder se mudou de Corby logo depois do crime; já a da outra menina permaneceu na cidade, onde viveram presos dentro de casa. A residência teve as janelas quebradas por pedradas e um dia amanheceu com o muro pichado, com os dizeres: "Você vai morrer, lixo".

Pouco antes da soltura das meninas, o jornalista Ros Wynne-Jones esteve na cidade e conversou com familiares, crianças e adolescentes de Corby. Em sua matéria para o *The Independent*, notamos que o triste episódio não deixou qualquer tipo de lição para a juventude local. Na verdade, se as crianças de Corby tivessem a oportunidade, repetiriam tudo de novo.

"Se avistarmos elas [CSG], vamos espancá-las. Se uma delas morrer, e daí? Você só pega um ano por matar se for menor de 14 anos", disse uma estudante da Our Lady and Pope John, a mesma escola de Louise, ameaçando um olho por olho contra as rivais. Do outro lado do ringue, membros da CSG afirmaram que mantinham contato por telefone com as assassinas presas e que estavam "fazendo planos".

Uma menina de 16 anos, que há pouco havia saído do hospital após uma overdose de drogas, contou a Wynne-Jones que "foi um acidente. A amiga da Louise e a outra estavam tendo uma luta justa e a Louise entrou no meio, então a outra teve que intervir. Elas nunca quiseram matá-la. Havia brigas como aquela o tempo todo aqui". Já outro membro da CSG, um menino de 11 anos, afirmou que "alguns de nós chutaram ela. Eu chutei ela. Ela estava pedindo. Eles [policiais] pegaram os nossos tênis e fizeram testes. Não teria me importado se tivesse sido eu [a ter dado o chute fatal]". Uma menina de 10 anos resumiu claramente o sentimento geral da CSG: "Louise mereceu. Ela não devia ter tentado lutar contra a CSG. É uma lição para os outros". E esses "outros" eram muitos, e os membros também tinham seus próximos alvos. "Será a próxima que vamos matar. Se alguém bate em nós, nós batemos neles", revelou sorrindo uma menina de 13 anos sobre outra criança em quem elas queriam dar uma lição.

A violência juvenil dos corbianos não era novidade quando Louise Allen foi espancada até a morte por um grupo de crianças. Em 27 de fevereiro de 1988, por exemplo, o adolescente Gary Johnson perdeu parte da perna em uma briga de torcedores de futebol em Kettering. Johnson era de Corby e conhecido por arranjar confusões. Dando um salto no tempo, em 2016, uma parte do Hampton By Hilton Hotel ardeu em chamas, sendo necessários mais de 50 bombeiros para controlar o fogo. Os responsáveis? Três adolescentes: dois meninos e uma menina. Uma rápida pesquisa pela palavra-chave "crime" no site do *Northamptonshire Evening Telegraph*, um dos maiores jornais da região, retorna uma série de delitos em Corby que vão desde prisões de jovens que fazem arruaças até assassinatos – a maioria envolvendo tráfico de drogas. Em 2017, a cidade recebeu a alcunha de "a capital da dívida do Reino Unido".

Temos diversas variáveis que contribuíram para que aquela geração de Corby fosse desviada de seu caminho. Isso, entretanto, não representa a resposta que a sociedade sempre busca para esses casos. O assassinato cometido por crianças continua sendo algo que precisa ser estudado — fatores de ambiente, indivíduo, sociedade? Uma mistura de todos eles? Cada uma dessas frentes se ramifica em dezenas de outras possíveis respostas, o que nos sinaliza que talvez nunca sejamos capazes de compreender perfeitamente esses crimes.

SHE KNOWS IT'S TOO LATE
AS SHE'S WALKING ON BY
MY SOUL SLIDES AWAY,
BUT DON'T LOOK
BACK IN ANGER
I HEARD YOU SAY

OASIS

Richard Thompson

RICHARD THOMPSON

16 PREDADOR PRÓXIMO

ESTADOS UNIDOS | 13 ANOS

> "Quando fico nervoso, eu não tenho noção do que faço."
> R. Thompson

Quando a pequena Verna Sue Haskins, de 6 anos, não voltou para casa depois da aula em 15 de abril de 1948, os pais da criança pediram ajuda à polícia. Não tardou para investigadores descobrirem que a menina foi vista deixando a escola no cano da bicicleta de Richard Thompson, de 13 anos. Richard, que também estudava na St. John Lutheran Church School, em Napa, Califórnia, era próximo da menina. Os pais deles se conheciam e sempre estavam na casa um do outro.

A visão de uma criança carregando outra menor no cano de uma bicicleta é um dos retratos da infância, mas associar essa imagem a um jovem maníaco sexual levando sua vítima para o abate parece coisa uma cena saída de *Contos da Cripta* ou *It: A Coisa*. Isso implica que a vida real é muito mais assustadora, e a ficção apenas reflete o que acontece ao nosso redor.

Em abril de 1948, ao ser perguntado sobre ter sido visto pedalando sua bicicleta com Verna sentada no cano, Richard confirmou que, sim, ele deu mesmo uma carona para a menina, mas apenas até uma esquina e, então, seguiu o seu caminho. Durante todo o dia, polícia e familiares procuraram pelo local onde Richard revelou ter deixado a criança, mas não a encontraram. Às 23h, após buscas infrutíferas, Richard foi levado até a delegacia para contar melhor a história.

O delegado Eugene Riordan, acompanhado do promotor do condado, Daniel K. York, passou horas com o menino querendo saber todos os passos dele e de Verna naquela manhã de 15 de abril. Não que as autoridades suspeitassem de Richard, mas como ele tinha sido a última pessoa a ver a menina, era importante reconstituir os momentos daquela amanhã. Além disso, quanto mais cedo falassem com ele, mais sua memória estaria em condições de lembrar detalhes. Entretanto, o que as autoridades perceberam foi que quanto mais Richard falava, mais confusa e contraditória sua história se tornava. Percebendo que ele não contava tudo o que sabia, os homens continuaram questionando cada palavra dita, até que o garoto cedeu.

> "Eu desci com a bicicleta debaixo de uma ponte. Verna começou a brincar por lá e eu tirei toda a sua roupa e empurrei ela na água. Ela me deixou nervoso e eu bati nela. Quando fico nervoso, eu não tenho noção do que faço. Então eu a segurei debaixo da água até ela parar de gritar, e quando ela parou de lutar eu a deixei. Ela flutuou para longe." (Richard Thompson)

Após saber da terrível verdade, a mãe de Verna Sue Haskins teve que ser medicada com sedativos. Ela repetia a todo momento o quão incompreensível era aquela situação. Não dava para entender. Como um menino que vivia em sua casa poderia ter cometido tal atrocidade? O pai do acusado era amigo de longa data de seu marido, eles trabalhavam juntos e, mesmo assim, ela nunca viu nada de diferente ou estranho em Richard – aos seus olhos, ele era um menino normal e comum.

Do outro lado, os pais de Richard – adotado aos 3 anos – se recolhiam de vergonha e tristeza. A mãe repetia que ele era o seu "bebê"; um bebê de mais de 70 quilos e com quase 1,80 metro, enorme para idade. Um bebê que aos 11 anos foi expulso de uma escola em Napa por molestar meninas menores. Assistentes sociais orientaram os pais a ficarem de olho no "estudante brilhante" com QI de 114 pontos, mas que demonstrava "tendências psicológicas perigosas".

Entretanto, não há como impedir ou prever que indivíduos como Richard Thompson cometam crimes atrozes. Mesmo apresentando comportamentos desviantes, uma criança ou adulto com esse transtorno tem a capacidade de manipular o ambiente, fazendo todos acreditarem que ele está bem, que tudo de ruim feito em algum ponto de sua vida foi superado. "Pelo visto, ele já estava se reajustando e se tornou um líder na nova escola, com um excelente histórico escolar", escreveu o *Oakland Tribune* em 18 de abril de 1948. Eles até podem ir bem, mas esse "bem" é um sacrifício que fazem apenas para se ajustar à vida em sociedade.

Richard chocou os investigadores com sua atitude calma e apática ao contar sobre como foi fácil agarrar a garganta de Verna e dominá-la, arrastá-la pelo riacho e a afogar. Depois contou como foi para casa, trocou de roupa e, como se nada tivesse acontecido, foi ao cinema.

Mas a história estava incompleta. O menino não contou como estuprou e estrangulou Verna enquanto empurrava sua cabeça para debaixo d'água. O médico legista revelou que a criança morreu de asfixia mecânica, e não afogada. Richard negou com firmeza que tivesse tomado tais liberdades com Verna, mas diante das evidências apresentadas pelos policiais, acuado, o menino não teve outra alternativa senão confessar a violação. O assassinato, segundo ele, aconteceu porque não queria que a menina contasse para mãe dele sobre os seus avanços.

Thompson estava entediado com tudo aquilo, interrogatórios, viagens entre delegacias etc, e sugeriu que talvez os policiais pudessem comprar uma história em quadrinhos para ele ler. O pedido foi negado. Na cela de uma detenção juvenil, Richard perguntou a um dos guardas se poderia sair para assistir um filme. Sua única frustração aparente era a de não poder mais acompanhar sua série favorita na rádio.

Dias depois, Richard Thompson estava tagarela e logo respondeu às perguntas dos jornalistas que se acotovelavam no tribunal de Napa. O menino não se interessava em falar do crime, mas quando os repórteres descobriram sobre os seus gostos por aviões e programas de rádio, eles soltaram sua língua. Por se

HELD
Police Chief Eugene Riordan of Napa, Calif., said Richard Thompson (top), 13, admitted to him the sex-slaying of Verna Sue Haskins (below), 6, whose naked body was found in a muddy creek after the child failed to return home from school.

tratar de um menor de idade, o juiz William L. Locarnini fez valer a lei da Califórnia e transferiu o caso para uma corte juvenil. O advogado Percy King Jr., contratado pela família do acusado, deixou claro que o caso era "psicopático" e o melhor caminho era a internação.

> "Nesta trágica situação, todos os fatos e elementos devem ser levados à atenção da corte superior. Eu serei apenas zeloso assim como as autoridades públicas em verificar que os fins da justiça serão cumpridos. Se todos os testemunhos revelados até o momento são verdade, este pode ser um caso mais psicopático do que criminal." (Percy King Jr.)

Já o promotor Daniel York, que acusou o menino de homicídio doloso, revelou que buscaria um julgamento na corte superior já que na corte juvenil, se Richard fosse condenado, ficaria preso até no máximo os 21 anos. O promotor queria prisão perpétua para o menino maníaco.

Na tentativa de traçar um perfil detalhado de Richard, jornais recorreram a testemunhas e pessoas que o conheciam. Nesses casos, como é de praxe, os discursos alternavam entre o normal e o estranho. H. F. Becker, diretor da Lutheran Parochial School, revelou que o menino era um estudante como qualquer outro, "não era um menino mau", e tinha interesses que iam da religião ao beisebol. A única coisa que poderia parecer diferente, segundo ele, é que Richard não tinha amigos homens próximos. Já a professora Gloria Russell tinha uma opinião diferente. Para ela, o menino sempre foi estranho, buscando atenção constantemente, incomodando outros alunos. Richard sempre ficava "por aí" atrás das meninas, como se fosse uma obsessão.

Em 28 de abril, o juiz Mervin Lernhart acatou o pedido do promotor Daniel York de tirar o caso da justiça juvenil, repassando-o mais uma vez à corte superior. Em 21 de maio, enquanto os pais choravam nas cadeiras dos espectadores, Richard se declarou culpado de assassinato e fez piadas com os guardas ao sair da sala. Pelo visto o menino não estava muito preocupado com a possibilidade de passar o resto da vida atrás das grades. Dias antes, confessara a um guarda de uma cadeia no Condado de Solano, onde era mantido preso, acreditar que "não se safaria" quando fosse julgado. Perguntado como se sentia com a possibilidade de nunca mais sair da prisão, Richard respondeu: "Irmão, eu não sei".

O julgamento foi rápido e a portas fechadas. Se sua história fosse um filme de ficção, o diretor — armado de clichês e estética barata — poderia colocá-lo mascando chicletes e soprando bolas enquanto os adultos digladiavam a respeito do seu futuro. A visão do menino infantil e atarracado brincando naquele ambiente sério seria ao mesmo tempo cômica e surreal. Enquanto mascava os seus chicletes de tutti-frutti, Richard Thompson escutou, de maneira despreocupada, o juiz considerá-lo culpado de homicídio doloso. Isso significava que ele ficaria sob a custódia da autoridade juvenil da Califórnia até os 21 anos e depois seria enviado a uma penitenciária.

Nos meses que se seguiram, o menino passou por inúmeros testes psicológicos e uma nova batalha na justiça. Seu novo advogado, George Davis, entrou com um pedido para revogar a declaração de culpa baseado em sua sanidade. Richard não teria se declarado culpado se sua mente estivesse sã, observou o advogado. Em uma audiência em 2 de abril de 1949, Davis interrogou seu cliente e perguntou se ele tinha qualquer conhecimento do significado da palavra *culpado*. O menino respondeu que não. Quando foi dada a vez ao promotor Daniel York, Richard mais uma vez disse desconhecer a palavra. Entretanto, sabia o significado da palavra *inocente* "porque Davis explicou para mim".

BOY SLAYER, 13, ADMITS ATTACK ON VICTIM, 6

Girl's Funeral, Court Hearing Set For Same Hour

By NANCY BARR MAVITY

NAPA, April 17.—Thirteen-year-old Richard Thompson was moved to the Solano County jail at Fairfield late today after officers said he signed statements admitting both the criminal assault and murder of his 6-year-old schoolmate, Verna Sue Haskins.

District Attorney Dan York said the boy admitted the criminal attack upon the child whose ravished, nude body was recovered from the muddy waters of Napa Creek.

Sheriff John Claussen was on his way to Fairfield with young Thomp-

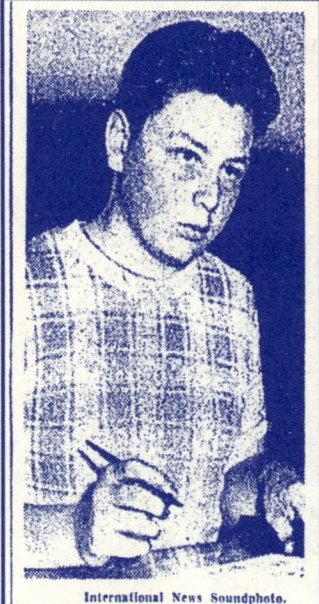

International News Soundphoto.
RICHARD THOMPSON, 13
... confesses killing ...

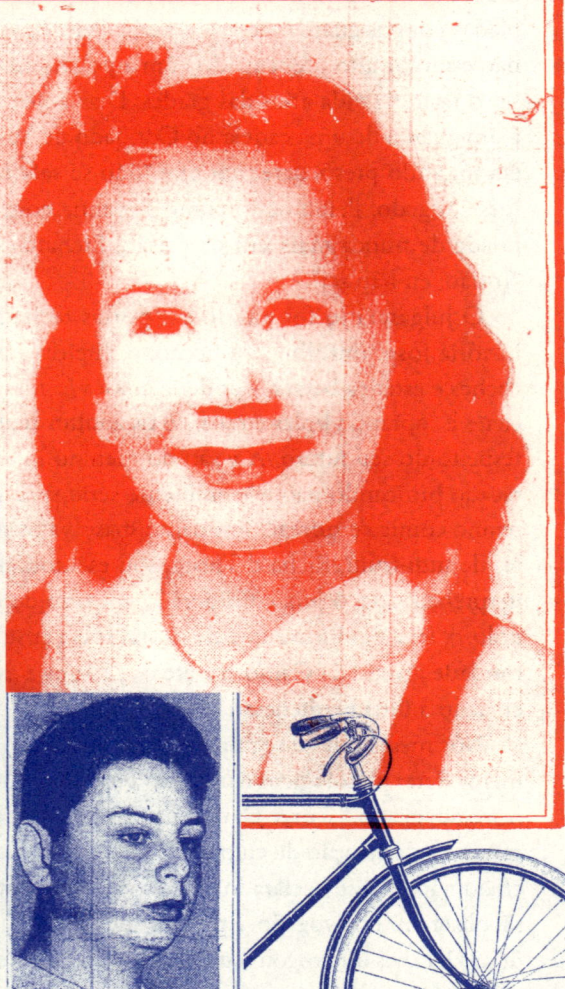

Richard Thompson, 13, (lower) was charged yesterday with the murder in Napa of Verna Sue Haskins, 6, (upper).

Richard era um "delinquente psicopático", afirmou a defesa, por isso não tinha compreensão das consequências em se declarar culpado. Seis dias depois, o juiz Mervin Lernhart negou o pedido da defesa e Richard Thompson foi enviado para o Hospital Estadual de Sonoma, em Eldridge. A defesa ainda tentou mudar o rótulo de "delinquente psicopático" para "paciente comum", mas não conseguiu. Se Richard desse entrada no hospital com essa segunda categoria, poderia ser libertado caso fosse declarado "curado" – o que, em algum momento, acabou acontecendo.

Pelos anos seguintes, Richard Thompson frequentou várias instituições psiquiátricas estaduais da Califórnia e foi diagnosticado com "transtorno da personalidade sociopática, reações antissociais com características esquizoides e traços sadomasoquistas".

Em outubro de 1967, autoridades de saúde mental anunciaram que o rapaz havia progredido tão bem que não representava mais um risco à sociedade e indicaram a sua liberdade condicional. Ele até recebeu o direito de visitar a mãe aos fins de semana.

Em 21 de fevereiro de 1968, quase vinte anos depois de assassinar Verna Sue Haskins, "um dos mais difíceis casos já apresentados a este tribunal" foi finalizado. Especialistas do Hospital Estadual de Napa, onde Richard passou grande parte de seus anos pós-condenação, revelaram que muitas pessoas com doenças mentais "piram de vez", mas esse não foi o caso dele. O juiz William Blanckenburg, ao decidir sobre a liberdade condicional, mencionou os estudos da equipe da Napa que concluíram que, embora o caso fosse incomum, não havia como negar que Richard não representava mais um risco.

Quando o promotor Vincent J. Lyons concordou com o relatório, as portas do mundo exterior se abriram para Richard Thompson. Aos 33 anos, ele enfim poderia andar livre. O juiz fixou a liberdade condicional em dez anos e disse: "Este é um acontecimento quase único na história homicida do estado da Califórnia. Eu espero que você faça a sua parte a fim de ter o seu lugar na sociedade". Richard Thompson saiu abraçado a sua mãe.

• • •

The spot under Napa's Coombs Street bridge where Richard Thompson, 13, confessed he criminally assaulted and murdered six-year-old Verna Sue Haskins is indicated by an arrow. The little girl's body was found about 100 feet downstream in the right foreground.

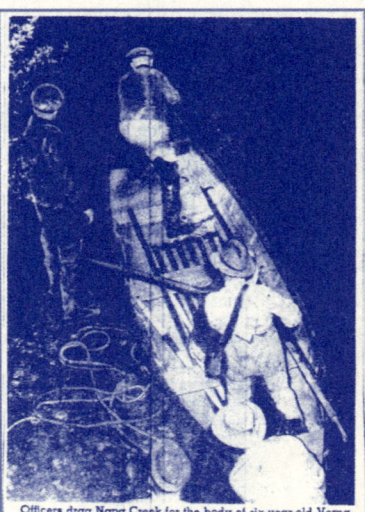

Officers drag Napa Creek for the body of six-year-old Verna Sue Haskins, whose murder ended a bicycle ride home from school with Richard Thompson.—Tribune photos.

BOY, 13, ADMITS DROWNING GIRL, 6—Napa, Calif., police chief, Eugene C. Riordan (right) questions husky 13-year-old Richard Thompson after the boy confessed drowning Verna Sue Haskins, 6. Police said Richard admitted taking Verna Sue under a bridge where he took her clothes off, played with her indecently and then held her head under water until she quit struggling when she threatened to tell her mother.

342   ANJOS CRUÉIS • DANIEL CRUZ

Nos anos que se seguiram, Richard trabalhou, em especial, como voluntário no hospital onde passou anos e anos de sua vida, o Napa. Aquele ambiente era familiar e talvez ele se sentisse bem e confortável ali. Mas também poderia ser por outra razão.

Em 1975, a justiça da Califórnia foi avisada pela direção do Napa sobre uma "má conduta" por parte do voluntário de 40 anos. Essa má conduta tinha nome: molestar pacientes. Em março daquele ano, agentes que acompanhavam a liberdade condicional de Richard entraram com um pedido na Suprema Corte de Napa para revogá-la. O homem negou as acusações e um teste no polígrafo foi marcado para maio. Mas ele não passou.

Vinte e sete anos depois de estrangular uma criança de 6 anos, Richard Thompson foi enviado para a prisão. Ele tinha duas escolhas: ficar lá ou em um centro de reabilitação para criminosos sexuais. Richard ficou com a primeira opção.

A escolha não veio de um criminoso arrependido ou querendo pagar pelos seus erros. Os vinte anos que passou encarcerado contavam para a lei californiana e, como ele havia servido muito mais do que o mínimo para ser elegível para receber liberdade condicional, essa foi a escolha mais apropriada.

Não se sabe quanto tempo Richard Douglas Thompson permaneceu preso – as fontes secam por completo nesse ponto da história. Tudo indica que ele esteja enterrado no Cemitério Tulocay, em sua cidade natal, Napa, tendo falecido em 14 de novembro de 1989, aos 54 anos, em Santa Rosa, Califórnia – apenas sete meses depois de sua amada mãe Virginia, que morreu aos 91 anos em abril do mesmo ano.

O obituário de Richard pode ser lido na edição de 16 de novembro de 1989 do *The Napa Valley Register*.

> "SANTA ROSA – O antigo residente de Napa Richard Douglas Thompson, de 54 anos, faleceu terça-feira em um hospital de Santa Rosa. Um nativo da Califórnia, o sr. Thompson nasceu em 11 de março de 1935, do casal Vern e Virginia (Holley) Thompson. Ele se mudou para Santa Rosa em abril desse ano. O sr. Thompson deixa sua prima, Kathleen McHugh, de Santa Rosa, e muitos primos na Virginia. Amigos estão convidados para comparecer ao serviço funerário às 11h da manhã, sábado, na Treadway and Wigger Funeral Chapel, 623 Coombs St. Napa, com o reverendo Erwin E. Bollinger, pastor emérito da Primeira Igreja Presbiteriana de Napa. O sepultamento privado será no Mausoléu Memorial de Tucolay, Napa. Amigos podem ligar na capela depois das 9h da manhã de sábado."

Mary Maher

MARY
MAHER

17 ASSASSINA EM SÉRIE

IRLANDA | 11 ANOS

O Condado de Kilkenny, no sudoeste da Irlanda, tem uma posição de destaque quando o assunto são *assassinas*.

Em 1324, Richard Ledrede, bispo de Ossory, declarou que sua diocese era um foco de adoradores das trevas. A figura central no caso foi Alice Kyteler, uma mulher rica de Kilkenny, cidadezinha no condado de mesmo nome, acusada de praticar bruxaria por seus enteados. Foi o primeiro julgamento de bruxaria documentado na Europa a tratar os acusados como hereges, relatando que Kyteler adquiriu poderes através de relações sexuais com um demônio, característica que mais tarde se tornaria comum nos famosos julgamentos de bruxas dos séculos XVI e XVII. Mas por trás da cegueira religiosa em voga na época estava um simples fato: Kyteler era *apenas* uma assassina em série.

Então, 583 anos depois, outra assassina em série desestabilizaria o sombrio condado, dessa vez em Dunkitt, cidade vizinha a Kilkenny. Mas essa era muito, mas muito diferente da velha "bruxa" Kyteler.

> "Criança irlandesa mata três irmãs."
>
> Evening News, janeiro de 1907

• • •

Cerca de um século atrás a Irlanda era um país "atrasado", confuso e caótico, tanto no âmbito social quanto no econômico. Sua população havia despencado em mais de 3,5 milhões de habitantes devido à Grande Fome (1845-1849), e a virada do século provou que esse número continuaria a diminuir. Os irlandeses que não emigravam para os Estados Unidos ou Canadá em busca de melhores condições de vida precisavam lutar por comida e por um lugar para dormir.

O lugar era um país de pequenas fazendas, cujas cidades lembravam um amontoado de cortiços; a maioria da população ainda vivia em cabanas de barro. Para os que nem cabana possuíam, o único local de refúgio eram as chamadas *workhouses*, lugares onde os pobres e desabrigados podiam dormir em troca de trabalho. Embora, obviamente, as condições de tais estabelecimentos fossem terríveis, no final do dia eles tinham um teto.

Quem mais sofria nesse mundo sombrio eram as crianças. Quase 1 em cada 4 nascidas em Dublin morria antes de completar o primeiro aniversário. Em Belfast, durante o período de um único mês em 1900, morreu a mesma quantidade de crianças com menos de 1 ano e de adultos com 60 anos ou mais.

Em uma época de medicina precária e pobreza extrema, não era incomum crianças morrerem por falta de assepsia ou de cuidados parentais. Além disso, muitos pais ou mães solo doavam ou entregavam os filhos a mulheres que prometiam cuidar deles em troca de uma pequena quantia em dinheiro. A prática deu origem a um rentável negócio chamado *baby farming*. Em casos não tão raros, muitas dessas mulheres se provaram ser assassinas em série que pegavam essas crianças apenas para matá-las — uma das primeiras criminosas documentadas foi a portuguesa Luiza de Jesus, sentenciada à morte em 1772 por matar pelo menos 33 bebês. Como a morte de crianças era vista como algo natural na época, isso permitiu casos escabrosos como o da assassina em série britânica Mary Ann Cotton, que matou 11 de seus 13 filhos. Muitas vezes, quando a suspeita chegava, o estrago já havia sido feito. Amelia Dyer, Madame Guzovska, Madame Kusnezowa e Veuve Chartier são outros exemplos.

Em muitos aspectos, o casal irlandês Michael e Margaret Maher era diferente de seus conterrâneos. Enquanto muitos deixavam o país, desesperados em busca de trabalho, eles decidiram enfrentar a crise econômica e social em casa. Tinham

6 filhos e cuidavam deles da melhor maneira possível dadas as condições da época. A família morava em um casebre em Dunkitt, e até agosto de 1906 nada de anormal ou incomum adentrara à porta dos Maher.

Em uma sucessão rápida e sombria de eventos, Michael e Margaret assistiriam seus filhos morrerem um de cada vez, como em uma cascata de dominó. Os ventos da morte começaram a soprar em direção ao lar dos Maher em 20 de agosto de 1906, quando a filha mais nova do casal, Katie, uma bebê de 1 ano de idade e de saúde invejável, desmaiou sem qualquer motivo aparente.

Michael e Margaret saíam cedo de casa para o trabalho e deixavam a filha mais velha, Mary, de 11 anos, encarregada de cuidar da casa e dos 5 cinco irmãos mais novos: Katie, de 1 ano; Bridget, de 3 anos; Statia, de 4 anos; Maggie, de 8 anos; e John, cuja idade é desconhecida. Foi Mary quem correu até um vizinho para pedir ajuda com Katie. Quando o vizinho e Mary chegaram, a criança estava acordada e bastante ativa. Foi apenas um susto.

"O VIZINHO NÃO TEVE DÚVIDAS: KATIE ESTAVA MORTA."

No dia seguinte, entretanto, a menina mais uma vez correu até o vizinho após sua irmãzinha desmaiar. Dessa vez, ao chegar até a casa da família, o vizinho não teve dúvidas: Katie estava morta. Embora nunca tenha deixado de gerar espanto, crianças morriam com frequência naquele tempo. Ninguém suspeitou de nada, era apenas mais uma triste família que perdia um filho para a pobreza, mais um sobrenome para a infame estatística. O que se podia fazer era apenas chorar e rezar para que a alma de Katie encontrasse o caminho da luz.

Seis dias depois, Michael e Margaret saíram para o trabalho, como de costume. A agora caçula da turma, Bridget, uma criança falante e cheia de energia, brincava alegremente pela casa quando a mãe lhe deu um beijo de despedida. Horas depois, os vizinhos dos Maher foram novamente alertados por Mary de que algo muito ruim havia acontecido à sua irmã. Quando eles chegaram, viram Bridget bem tranquila deitada na cama arrumada com esmero, com os olhos fechados e as mãos ao lado do corpo. Estava morta.

Não havia nenhuma evidência de que a morte ocorrera por algum acidente doméstico ou violência. Seu corpo não exibia hematomas e Bridget tinha a expressão serena de uma criança adormecida. Mary continuava repetindo que estivera fora da casa realizando afazeres domésticos quando entrou e notou Bridget dormindo na cama. Como ela não acordava, a irmã correu até os vizinhos.

Em 8 de setembro, doze dias após a morte de Bridget, o pesadelo para os Maher tornou-se ainda mais fúnebre com a inexplicável e repentina morte de Statia. Mais uma vez a história se repetiu: vizinhos foram alertados por Mary e se depararam com o cadáver já frio de uma criança. Jornais da época citaram que o corpo foi encontrado em uma "posição peculiar" no chão da casa.

Convenhamos, por mais que a morte de crianças fosse comum naqueles tempos, três crianças da mesma família morrerem em um intervalo de apenas dezoito meses parecia demais. O caso chamou a atenção das autoridades, que decidiram investigar.

Para a polícia, Mary disse que Statia ficou brincando dentro da casa durante toda a manhã de 8 de setembro. Mesmo quando os pais tinham ido trabalhar, as duas irmãs ficaram em casa, como sempre faziam – era parte do trabalho doméstico de Mary e Statia colherem amoras, cogumelos e sabugueiros. Mas, no dia anterior à morte e no fatídico dia, não foi isso o que fizeram. Perguntada se havia fornecido alguma coisa de beber a Statia, como leite, Mary disse que não. O que as duas comeram foi apenas pão e chá, e como Statia estava doente recebeu um pedaço extra de pão com manteiga, o café da manhã de todos os dias. De diferente, notou Mary, havia apenas o fato de Statia ficar chorando. Ela chorava e depois se calava. Até caíra de um banquinho, mas não foi grave.

Um médico chamado M. P. Coghlan atestou não haver sinais externos que pudessem explicar a morte da criança, mas havia sinais de que ela sofrera uma convulsão, e isso poderia sugerir envenenamento. Já que Statia era uma criança saudável e bem nutrida, talvez tivesse comido ou ingerido alguma coisa tóxica.

Foram autorizadas uma necropsia e uma análise dos órgãos internos da menina, mas o relatório do legista apenas reforçou o quão bem de saúde estava a pequena Statia.

No entanto, o estômago vazio estava inflamado em todo o seu comprimento. As vísceras receberam uma atenção especial e foram enviadas para análise por um dos mais respeitados profissionais médicos da Irlanda, o professor Edwin Lapper, da Escola de Medicina de Ledwich. Ele não encontrou nada que explicasse os órgãos afetados, nenhum tipo de substância venenosa ou nociva.

Na casa dos Maher não foi encontrado nada de caráter venenoso e, após um extenso esforço das autoridades, essa suspeita foi descartada por completo. O relatório final do legista relata: "Que a falecida, Statia Maher, foi encontrada morta, que ela não tinha marcas de violência em seu corpo, nem vestígio de veneno no estômago, e nós não podemos dizer o que causou a sua morte".

Parecia que a família Maher havia sido vítima de um terrível e triste destino, como se as trevas tivessem se apossado daquela casa e eles nada pudessem fazer. Só podemos imaginar a dor e o sofrimento que pai e mãe tiveram que suportar, e naquela época não havia sequer tempo para o luto. O sol nunca se atrasava e o dia seguinte precisava ser ganho. Embora tivessem perdido metade dos filhos, os outros dependiam de suas parcas remunerações para se manterem vivos. Michael e Margaret voltaram para a rotina de trabalho, enquanto Mary continuou cuidando de seus dois irmãos mais novos.

A verdade a respeito das três mortes veio no mês seguinte.

Em 17 de outubro, mais uma vez vizinhos foram surpreendidos por Mary. Dessa vez era Maggie, sua irmã de 8 anos, quem precisava de ajuda. Ao chegarem lá, eles encontraram a menina ensanguentada, mas viva. E foi a própria quem deu os detalhes escabrosos de como tudo aconteceu:

> "Mary colocou John para fora, trancou a porta da frente, amarrou as minhas mãos com cadarços e me levou para o quarto. Ela então me disse para fazer minhas orações. Mary colocou luvas nas mãos e me disse para não fazer barulho. Ela me bateu nas costas, subiu em cima de mim, colocou uma das mãos na minha boca e outra no meu pescoço e tentou me sufocar. Eu não conseguia respirar. Em seguida, acordei na cama, um dos meus dentes estava quebrado e outros soltos, a porta estava aberta e Mary tinha sumido. Os cadarços não estavam mais nos meus pulsos. Minha garganta estava sangrando."

Mary Maher teve uma surpresa quando voltou para casa com o vizinho e encontrou a irmã viva. Ela cometera um erro, o que no caso dos assassinos em série pode ser fatal.

O sargento Henry Murhy da polícia de Kilmacow, a cidade mais próxima, foi chamado e, tão logo chegou, ficou sabendo que a menina estava desaparecida. Por dias ela permaneceu sumida. Uma investigação policial apontou que Mary bateu na porta de várias casas a alguns quilômetros de distância, se oferecendo para cuidar de crianças. O cerco policial só teve sucesso às 5h da manhã de 25 de outubro de 1906, quando o corpo de Mary foi encontrado boiando em um riacho perto de sua casa. No local, havia apenas as pegadas características das botinhas da criança na margem levando à água.

O médico legista, identificado pelo sobrenome Walsh, escreveu para o juiz do caso as suas impressões, afirmando que:

> "Cavalheiros, eu entendo que várias mortes ocorreram entre as crianças da família da criança falecida recentemente, e a polícia estava bastante desconfiada, mas eles não tinham qualquer evidência [do ato] até pouco tempo atrás, quando ela tentou destruir uma criança pequena. A criança se recuperou e fez uma declaração à polícia, e todas as probabilidades apontam para o fato de que a falecida acabou com as outras crianças. Quando uma criança da idade dela comete um assassinato deliberado, a visão mais caridosa disso é de que ela é louca – isto é, que foi atingida por uma mania homicida. Ela também era uma ladra e sofria de cleptomania – ou seja, um desejo insano de roubar tudo o que estava ao alcance de suas mãos. Também era mentirosa, e há poucas dúvidas de que essa menina era uma maníaca, e que destruiu essas outras crianças. É provável que ela tenha visto a polícia e isso a tenha induzido a cometer suicídio. Como geralmente acontece com essas pessoas, essa garota não era apenas afetada por uma mania homicida, mas também por uma mania suicida. Mas o que eu quero reforçar é o fato de que essa menina talvez fosse insana, e isto será uma pergunta para você declarar em seu veredito – se ela era mesmo insana naquele momento ou não. Antigamente, qualquer pessoa que cometia suicídio tinha que ser enterrada na beira da estrada com uma estaca atravessada pelo corpo, mas esse costume não é mantido nos dias de hoje. Todas as evidências apontam para o suicídio. E será uma pergunta para você responder se a falecida estava sã ou insana."

O inquérito judicial concluiu que "Mary Maher cometeu suicídio se afogando na noite de 24 de outubro de 1906, em Dunkitt, durante um estado temporário de insanidade". As três irmãs assassinadas por ela foram sepultadas no pátio da capela de Kilmacow, com todos os direitos de um enterro cristão – direitos que foram negados a Mary. Sua terrível história terminou no vilarejo de Ullid, a 9 quilômetros de distância de Dunkitt, onde a menina foi enterrada sem qualquer cerimônia.

• • •

Não há como explorar muitos detalhes da história de Mary Maher. Não se sabe quase nada a respeito dela ou de seu passado, e ela não sobreviveu para dar depoimento à polícia ou a um juiz. Seu caso aconteceu há mais de cem anos e sobreviveu por fontes escassas que atestam as mesmas coisas, sem acrescentar nenhuma informação nova. Ainda assim, com as migalhas desenterradas, o caso Mary Maher se mostra especialíssimo.

Para começar, envolve uma criança assassina. E ela não era uma homicida comum, era uma assassina em série. Para afunilar ainda mais o caso e torná-lo único, Maher atacou seus próprios irmãos e, no final, cometeu suicídio. Em todos os sentidos, ela quebra tudo o que pensamos saber sobre crianças, assassinos e assassinos em série.

Mary Maher pode ter escolhido esse caminho pela sensação de que o fim da linha havia chegado. A menina tinha tudo sob controle, era articulada e uma mentirosa convincente, tendo delineado seus crimes de modo a não levantar suspeitas e continuar com a vida. Deve ter ficado terrivelmente chocada ao voltar para casa acompanhada do vizinho e encontrar sua irmã, Maggie, viva. Aquilo estava tão fora de cogitação, era tão inimaginável, que ela não tinha nem mesmo um plano de fuga. Restou a Mary fugir de casa e tentar ganhar a vida de alguma forma, pedindo esmolas ou empregos como babá. Não conseguindo de novo, acabou decidindo por tirar a própria vida.

No fim das contas, tudo indica que Mary Maher matou os irmãos porque eles eram vítimas fáceis e estavam disponíveis. Crianças que assassinam em série têm como alvo crianças menores do que elas e, nesse sentido, os pequenos não se diferenciam dos adultos: ambos buscam vítimas que sejam mais fracas. Nunca saberemos o que levou uma menina de 11 anos a matar seus irmãos. As autoridades da época falam em uma "mania homicida", mas, em grande parte dos casos semelhantes a esse nos séculos passados, olhava-se apenas para o resultado, não para as variáveis que precisavam ser combinadas para chegar àquela conclusão.

O estudo da vida pregressa de Mary Maher poderia ajudar a decifrar o mistério. Estaria aborrecida em ser um pequeno adulto? Sendo obrigada a cuidar dos irmãos menores e da casa todos os dias, sem ao menos poder ser a criança que era? Ela sofreu algum tipo de abuso, físico ou psicológico? Leu alguma história em revista que influenciou sua cabecinha fantasiosa? Ou ela de fato era uma maníaca, nascida da mesma substância de mulheres como a alemã envenenadora Gesche Gottfried?

Seja o que for, Mary Maher levou todos os seus segredos para o túmulo.

Honorine Pellois

HONORINE PELLOIS

18
O POÇO DA MORTE

FRANÇA | 10 ANOS

> "Quando observamos Pellois, é difícil não acreditar que, infelizmente, existem tais seres indefiníveis, que parecem instintivamente agradar ao mal e que são predestinados a se tornar o terror dos homens."
>
> **Sobre Honorine Pellois perante os juízes**

Em 1834, após matar duas crianças e tentar matar uma terceira, todas afogadas em um poço, Honorine Pellois, de apenas 10 anos, foi chamada de "uma página angustiante na história do coração humano". Mesmo sendo uma criança, ela foi a mais jovem pessoa a ser condenada à prisão na França. Impressionados, os juízes e pensadores da época chegaram à conclusão de que não importava a sua idade, aquele "monstrinho" com "prazer instintivo no mal" devia ser trancafiado como um adulto.

Nascida em Saint-Cyr-la-Rosière, região da Normandia, Pellois cresceu na miséria e sem cuidados. Os pais, que não tinham muito tempo para ela, toleravam suas birras e maus hábitos, e não demorou muito para ela demonstrar crueldade contra outras crianças e animais. Ela gostava de atormentar as crianças vizinhas jogando terra em seus olhos ao mesmo tempo em que os esfregava com folhas de urtiga. Longe de ter uma mente limitada, Pellois tinha consciência dos seus atos violentos e os fazia sempre longe dos olhos dos adultos. Ela parecia agir como um pequeno predador em treinamento.

Em maio de 1834, a família Pellois se mudou para Bellême, cidade vizinha a Saint-Cyr-la-Rosière. Os pais eram sapateiros e costumavam deixar Honorine sozinha em casa cuidando dos irmãos menores. Em 16 de junho, Amélie Alexandre, de 2 anos, foi encontrada morta por afogamento em um poço não muito longe de onde morava. Dois dias depois, o corpo de Virginie Hersant, também de 2 anos, foi encontrado no mesmo poço.

Uma testemunha afirmou à polícia ter visto Honorine andando de mãos dadas com sua irmã mais nova e com Hersant, e quando a mulher indagou o que elas estavam fazendo naquele lugar, ouviu de Honorine uma resposta ríspida: "Cuida da sua vida, isso não é da sua conta". A menina era muito malvista pelos vizinhos devido ao seu comportamento sem educação ou limites, e esse relato, adicionado a outros – como o fato de que a borda do poço tinha uma altura improvável para duas crianças de 2 anos subirem sozinhas –, fez com que a polícia criasse uma arapuca a fim de capturá-la.

Duas meninas fingiram tê-la visto andando com as vítimas e a pressionaram. Honorine disse que tudo não passou de um acidente. Ela contou que colocara Virginie Hersant na borda do poço, em cima das pedras, e se virou com a intenção de colocar a vítima "de cavalinho" em suas costas. Em um momento de descuido, a criança teria escorregado e caído no poço. "Não me traiam!", implorou Honorine às amigas. Mesmo não sendo uma confissão, a polícia decidiu prender Honorine e, por muitos dias, a menina manteve, de forma hábil, coesa e firme, sua versão do acidente. Ela repetiu essa declaração perante um juiz, adicionando – depois de muita pressão – que, sim, também estava presente quando Amélie Alexandre caiu dentro do poço, mas tudo não passara de outro acidente. A criança havia escapulido de seus braços e caído. Ao longo do interrogatório, muitas outras vezes ela apenas permanecia calada.

"Não é bonito da parte de uma garotinha não querer falar quando alguém fala com ela. Então, você é má?", lançaram a ela. Nesse momento, a ré pareceu insatisfeita com aquela afirmação e fez uma careta. Mesmo assim, persistiu em se manter calada.

A situação para Honorine não estava boa. Ela era desobediente, mentirosa e aterrorizava outras crianças. Para piorar, investigadores descobriram que em 20 de junho, dois dias depois da morte de Hersant, Honorine tentou a todo custo levar uma criança chamada Désirée Gauchard, de 11 anos, até outro poço na região. Depois de muita insistência a menina aceitou o convite, e foi jogada no poço. O que Honorine não sabia era que ele não tinha profundidade suficiente para Désirée se afogar, então a menina conseguiu sair. "Ela fingiu rir, como se aquilo fosse uma brincadeira, mas ela não estava rindo de verdade", revelou mais tarde a vítima. Aquela não havia sido a primeira vez que Honorine atentava Désirée. Semanas antes, ela jogara excrementos no poço e forçara a amiga a beber a água, mas a brincadeira sem graça foi interrompida por uma mulher que passava por ali no momento e percebeu o que acontecia.

Levada até a prisão de Mortagne enquanto a investigação não terminava, Honorine logo começou a se gabar de seus crimes a outras prisioneiras, dizendo que já estava farta de ouvir que "essas garotinhas eram mais educadas do que eu", e então confessando que as pegou nos braços e as jogou no poço.

Do ponto de vista criminal e judicial, as autoridades francesas conduziram o processo de investigação de forma profissional, cuidadosa e exigente, afinal, o caso era único na história francesa: uma assassina em série de apenas 10 anos. Nesse sentido, eles se voltaram para a ciência. Talvez ela pudesse dar uma luz sobre o comportamento homicida da acusada.

Dois especialistas em frenologia foram chamados para examiná-la. Como abordamos anteriormente, a frenologia hoje é vista como uma pseudociência, mas na época o estudo era uma novidade curiosa e popular. Os médicos concluíram que "o exame das partes sexuais de Honorine Pellois faz acreditar que ela está acostumada à masturbação [e] que o formato de seu crânio sugere que ela deve ter o instinto da crueldade e da astúcia". Os especialistas chamaram a suposta prática de masturbação de Honorine de "hábitos vergonhosos" e a conclusão veio após eles constatarem uma "imperfeição" no órgão.

Mesmo sem uma confissão da principal suspeita, Honorine foi indiciada por dois homicídios. Já a acusação de tentativa de homicídio contra Gauchard foi descartada pela promotoria.

O jornal francês *Gazette Des Tribunaux*, em 22 de novembro de 1834, escreveu sobre o julgamento:

> "A multidão se espremeu na sala de audiências a fim de contemplar esse monstrinho, todos imaginavam descobrir em seu rosto algum traço característico de sua vilania. Mas aqui todos nós nos surpreendemos ao ver, sob a escolta dos guardas, uma garotinha com um rosto muito doce e com um sorriso nos lábios. Honorine sentou-se no banco dos réus. Ela é pobre, mas forte na aparência; suas feições, sem ser bonita, são regulares; sua pele é coberta de sardas; e seus olhos pretos e muito móveis brilham com notável vivacidade. O aparato da plateia parece a princípio assustá-la, pois ela mal sentara e grandes lágrimas escorreram por suas bochechas; mas as lágrimas logo secaram; nós percebemos o sorriso renascer com seus olhos sendo carregados de extrema curiosidade a respeito de tudo à sua volta: a espada e o uniforme dos guardas que estão ao seu lado particularmente fixam sua atenção."

Enquanto a acusação era lida, ninguém pôde deixar de estremecer de angústia diante de duas histórias diferentes. Os ouvidos das pessoas processavam a fala do juiz sobre duas crianças inocentes sendo atraídas até a morte, enquanto os olhos, fixados em Honorine, informavam ao cérebro que aquela era a criança que matara as vítimas. Por mais difícil que fosse fazer a associação de uma criança tão pequena com um crime tão monstruoso, era isso o que todos no tribunal precisavam fazer. E o contraste só aumentava à medida que Honorine sorria ao ouvir o juiz ler a acusação. Ela compreendia aquela situação?

"ENTÃO, VOCÊ É MÁ?"

Em muitos aspectos, as histórias que vieram à tona durante o julgamento de Honorine Pellois fazem dela uma assassina assustadoramente parecida com a inglesa Mary Bell. As duas nasceram com mais de 130 anos de diferença, em países diferentes, mas compartilhavam – além do mesmo número de vítimas e do instinto assassino – um comportamento petulante e perturbador. Durante o velório de Amélie Alexandre, que aconteceu na casa da família, enquanto os pais da vítima choravam copiosamente, Honorine apareceu na porta e, "rangendo os dentes", começou a gargalhar. Naquela noite, durante a caminhada até o cemitério, ela foi vista seguindo o caixão, importunando os presentes para segurar uma vela.

Dois dias depois, quando a vizinhança toda procurava pela pequena Hersant, a mesma que ela empurrara para a morte horas antes, Honorine se juntou a todos na busca e sugeriu um caminho pelo qual suspeitava que a criança havia passado. Quando o corpo foi encontrado no fundo do poço, Honorine correu para um morro de onde, com melhor vista, passou a observar o desespero das pessoas e a multidão que se formava em torno do local.

Indagada pelo juiz sobre os assassinatos, pela primeira vez ela quebrou o silêncio e confessou "com espantosa falsidade, sem mostrar o mínimo de arrependimento" que matou Amélie Alexandre e Virginie Hersant por ciúmes. Quanto a Désirée Gauchard, ela respondeu que realmente queria matá-la. O advogado de Honorine até tentou contornar a situação afirmando que a menina não havia entendido a pergunta, mas a menina friamente desautorizou as palavras dele, dizendo que sua intenção era mesmo matar a outra.

Em sua fala final, o promotor M. Chéradaine realizou um discurso eloquente e inflamado, demonizando por completo Honorine, chegando a dizer que o seu nome merecia estar no mesmo grupo dos mais bestiais assassinos franceses, como o canibal Antoine Léger. Para o promotor, a ré tinha total discernimento e estava com as faculdades mentais em perfeito estado, portanto, representava um perigo para a sociedade devido à sua natureza maléfica. A única alternativa era trancafiá-la.

O advogado de Honorine, Me Verrier, apesar do esforço e talento na condução da defesa, tinha uma tarefa ingrata. Ele bateu na tecla de que Honorine, por ser uma criança, não tinha total compreensão dos seus atos. A batalha, porém, já estava perdida. Em um capítulo chocante na história criminal mundial, uma criança de apenas 10 anos de idade foi condenada a vinte anos de prisão.

Não cabe aos tempos modernos julgar o sistema judicial da época, mas é claro que nos dias de hoje o processo do caso seria executado de forma totalmente diferente. Alguns pontos chamam atenção e podem ser classificados como erros judiciais.

O primeiro erro: Honorine foi julgada como uma pessoa adulta.

O segundo erro: hoje sabemos que o ambiente e a criação têm um grande impacto sobre o desenvolvimento de uma criança, mas isso sequer foi considerado pela defesa, pela promotoria ou pelos especialistas médicos.

Durante a investigação policial, vizinhos deram depoimentos que mostravam claramente que Honorine era vítima de violência parental. "Ele [o pai] não amava a filha", disse Jacques Vallée em 16 de julho de 1834. No mesmo dia, Charles Gouhier afirmou que "o pai da menina não gostava dela e costumava espancá-la". A mãe fazia vista grossa. A mesma história foi contada por outros vizinhos, como François Charron e François Ségouin.

Aqui, não cabe questionarmos à culpabilidade de Honorine, somente apontar que ela era uma criança de 10 anos cujo passado foi desconsiderado. Ela talvez fosse mesmo o monstrinho cruel pintado pelo promotor, mas devido às limitações técnicas e científicas da época, e com tudo o que se sabe ao respeito do seu caso, será que Honorine não mereceria o benefício da dúvida?

O terceiro erro: a frenologia. A ciência sempre tem um grande peso sobre qualquer situação inconclusiva. Quando na incerteza, chame-a e a resposta virá sem margem para dúvidas. Os especialistas em frenologia com certeza tiveram grande influência na opinião pública e do júri. Dizer que o formato do crânio da menina indicava que ela era perversa é risível. Em suas conclusões, aliás, eles nem sequer afirmam, eles *acham*. Os "especialistas" usam termos como "faz acreditar" que ela se masturbava e "sugerem" que ela "deve" ter o instinto da crueldade. Graças a suposições de uma pseudociência que ainda no século XIX foi enterrada, Honorine ganhou os rótulos de "vilã", "demônio" e "criatura infernal".

Outro ponto de discussão interessante diz respeito à cobertura sensacionalista dos jornais. Tudo bem que os fatos trazidos durante o julgamento mostravam uma criança malvada e sem empatia, e no final provavelmente era isso mesmo o que Honorine era. Porém é curioso notar falas do tipo: "notou-se que Honorine ouvia com atenção, seus olhos brilhando, e era evidente que ela estava excitada pela horrível imagem". Aqui, o jornalista do *Gazette Tribunaux* descreveu a reação de Honorine no momento em que o promotor falou sobre o crime do canibal Antoine Léger.

As fontes sobre o caso Honorine, incluindo o processo criminal e judicial, revelam que ela era uma criança moralmente questionável, agressiva e que matou por inveja. Suas vítimas eram todas crianças do sexo feminino, mas com a diferença de serem mais bonitas e supostamente mais ricas. Naquela vizinhança pobre de Bellême, as famílias das meninas mortas tinham melhores condições de vida e viviam em ambientes amorosos e acolhedores – tudo o que Honorine não tinha. No julgamento, seu desabafo a respeito das pessoas que falavam que as vítimas eram melhores que ela corrobora essa conclusão.

Consumida por uma inveja patológica, Honorine acertou as contas com sua existência medíocre da única forma que conhecia: matando o "sucesso" alheio.

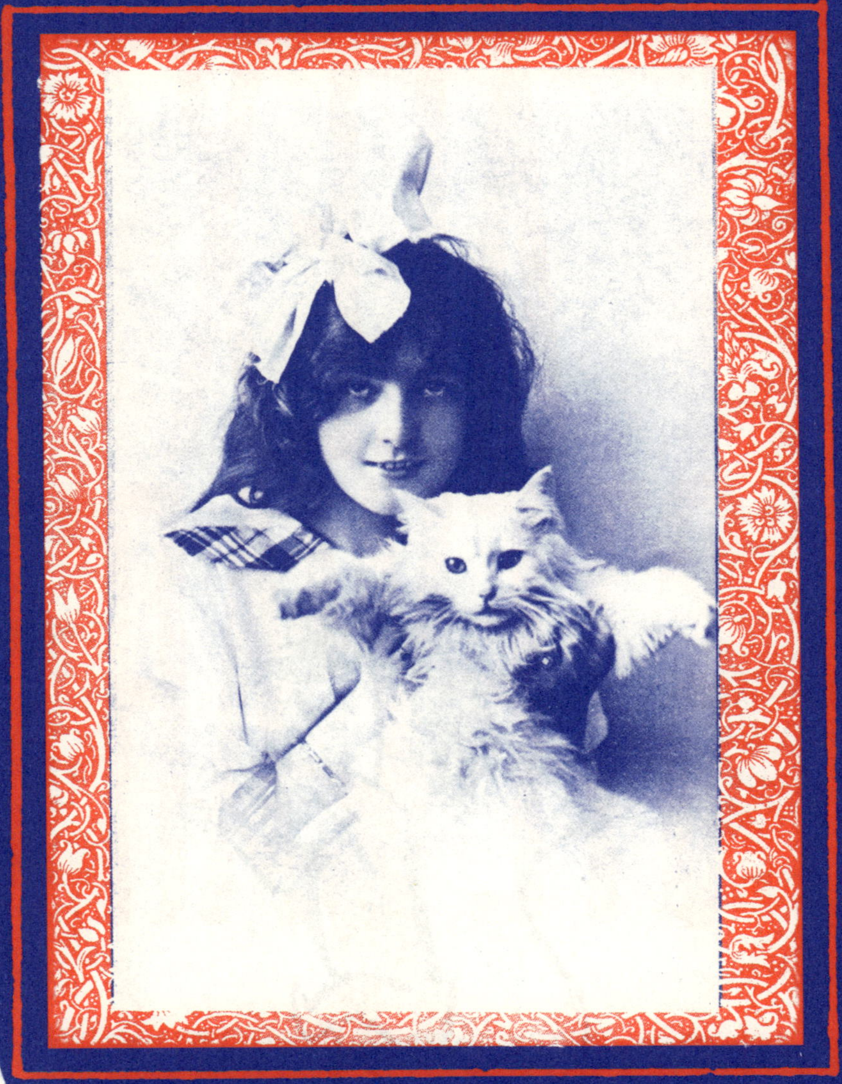

Alexander Stewart

ALEX STEWART

19 O BARBEIRO DEMONÍACO

ESTADOS UNIDOS | 14 ANOS

O irlandês Alexander Turney Stewart fez tanta fortuna nos Estados Unidos do século XIX que, no ano de 2012, o *The New York Times* o colocou entre os dez homens mais ricos da história. Stewart foi o primeiro a fundar uma loja de departamentos em Nova York e, na década de 1860, chegou a faturar anualmente quase 2 milhões de dólares, uma aberração monetária para a época. O que poucos sabem é que a linhagem Stewart era de extremos e, assim, no polo negativo existiu um outro Alexander Stewart, descendente da família do multimilionário irlandês; este Alexander, porém, viveu seus dias longe das mesas de reuniões e escritórios de negócios, em um lugar mais apropriado para pessoas com o histórico dele: Sing Sing.

 O choro de um juiz em pleno tribunal não é um acontecimento comum, e o que fez Edgar L. Fursman derramar lágrimas ainda hoje permanece incerto. Ele poderia ter o coração mole ou ter ficado bastante incomodado em encaminhar um futuro tão sombrio para alguém tão novo, ou quem sabe fosse difícil para a elite condenar

> *"Há seis anos, ele era o melhor menino que eu já havia visto."*
>
> Pai de Alexander Stewart

alguém de tão respeitável origem. Seja o que for, Fursman não teve outra opção a não ser enviar para a infame Sing Sing um menino de apenas 14 anos. E por duas décadas.

Jornais da época descrevem o quanto todos ficaram visivelmente afetados pelo caso, advogados, assistentes do tribunal, ninguém poderia sair daquela experiência da mesma forma que entrou. Foi uma cena estranha. Na cadeira, o juiz Fursman, conhecido pela seriedade e serenidade, por várias vezes pediu pausa enquanto lia o veredito. Diante dele, o oposto: a única pessoa na sala de rosto "seco", que escutava tudo de uma forma tão natural que gelava os ossos de quem o observava. Ele "parecia ter 9 anos", mas tinha 14. Seu nome: Alexander Stewart.

> "Eu suponho que nada que eu possa dizer, jovem, terá algum valor particular para você. Foi devido à misericórdia humana do promotor que sua vida foi salva. Eu designei uma comissão a pedido do seu advogado, na esperança – eu sou franco em dizer – de que eles o considerassem insano. Os melhores alienistas da cidade te examinaram e te declararam são. Eu li o testemunho com bastante cuidado e estou satisfeito que eles não vieram com outra conclusão. A tremenda atrocidade que você cometeu é de uma sede de sangue e crueldade sem paralelos, tamanha, que me fez pensar se você devia ser insano. Eu só posso fazer uma coisa em seu caso, tão jovem quanto seja: enviá-lo para a prisão do Estado. Você estará lá cercado de boas influências, apesar de estar privado da liberdade. Você não será ensinado nada além do que é bom. A esperança da recuperação persiste. [...] Eu sinto que é melhor te colocar longe do caminho por um longo período, não apenas para o bem da sociedade, mas para o seu próprio. Eu aceito este pedido recomendado pelo promotor de ter misericórdia devido a sua juventude e da sua aparência de inocente. Neste momento parece quase impossível para mim que você tenha cometido o crime que cometeu. Eu nunca antes ouvi sobre um menino com tamanha natureza cruel quanto a sua, exceto em um caso: o de Jesse Pomeroy. A sentença do tribunal no seu caso é que você seja confinado, sob trabalho forçado, na prisão Estadual em Sing Sing pelo tempo de vinte anos." (Edgar L. Fursman)

Enquanto o juiz Fursman, visivelmente emocionado, interrompia a sua fala apenas para tomar fôlego, Alexander Stewart jazia no banco dos réus sem demonstrar qualquer tipo de emoção que não fosse um olhar de desdém, esboçando um sorriso mesquinho. Não havia expressão de remorso pelo que fez ou temor pelo seu futuro.

Nos meses que antecederam o julgamento, Alexander foi visitado por vários alienistas que o consideravam um interessante caso de estudo. O dr. Robert S. Newton testemunhou que o menino era um degenerado e com senso moral prejudicado, uma definição daqueles tempos para o que hoje conhecemos como "psicopata". "Ele é deficiente em todo senso moral, mas não é insano no sentido legal. Alguma coisa está radicalmente errada com ele. Ele me disse diversas vezes que estava pronto para ter a sua punição."

Desde pequeno, Alexander apresentou um comportamento violento e perverso. Na época, especulou-se que um acidente quando pequeno pudesse ter sido a causa de seus problemas. "Ele foi atingido na cabeça com um tijolo e desde então tem sido deficiente em todas as ideias morais, e por toda a vida foi perigoso como um animal selvagem", escreveu o *The Evening World*, em 14 de dezembro de 1900. Para boa parte da opinião pública, a sentença de vinte anos foi até muito branda, considerando que o crime facilmente levaria à cadeira elétrica qualquer outra pessoa que o tivesse cometido.

Alexander Stewart estava na New York House of Refuge, o primeiro reformatório juvenil estabelecido nos Estados Unidos, em Randall's Island, quando cometeu um crime de "barbaridade sem precedentes". Ele conseguiu uma faca – construída artesanalmente com uma lâmina simples, parecida com uma faca de sapateiro –, e disse para seus amigos: "Vamos brincar?". Edward Piesel e Max Goldman toparam brincar de "barbeiro".

O menino queria passar a perna em seu alvo, Edward Piesel, que supostamente contou ao diretor que o amigo fumara um cigarro. "Tome, afie para que possamos barbear", dissera Alexander a Edward, enquanto entregava a faca ao menino. Por 15 minutos, Edward alegremente afiou a faca que seria usada para degolá-lo. Após terminar, ele devolveu a faca a Alexander, que passou o polegar pela navalha. "Ótimo! Está afiada o suficiente." Então, Alexander pediu para Max Goldman se sentar e, com capricho, raspou uma meia dúzia de pelos do outro menino.

"Agora é sua vez, Piesel!" Edward tomou o seu lugar. "Capriche, sr. Barbeiro!", disse enquanto oferecia o pescoço para Alexander, que tinha um sinistro sorriso no rosto. O aprendiz de barbeiro não enrolou e, em um movimento rápido, abriu um rombo na garganta do menino – um corte de orelha a orelha que rasgou a sua jugular. Enquanto o sangue jorrava para todos os lados e Edward agonizava, emitindo terríveis ruídos, um Max Goldman assistiu, incrédulo, enquanto Alexander dançava perto da vítima que se contorcia no chão. Os gritos de terror de Max atraíram os cuidadores da House of Refuge e Alexander foi apreendido. Quando um dos coordenadores da casa, Warden Sage, levou a triste notícia da morte de Edward para Alexander, pedindo para que o assassino se ajoelhasse e rezasse pela alma da vítima, o menino foi sincero nas palavras: "Não. Eu não me importo se ele morrer".

Em 19 de outubro de 1900, Alexander Stewart foi indiciado pelo assassinato de Edward Piesel, que tinha 12 anos. Em 2 de novembro, o juiz Fursman apontou uma comissão composta pelos alienistas Maurice Untermyer, C.J. McGuire e Alexander B. Smith para examiná-lo. Eles concluíram que o menino era são e Alexander sentou-se no banco dos réus, acusado de homicídio.

Alexander Stewart já havia passado por várias instituições antes que seu pai, em desespero, decidisse enviá-lo para a House of Refuge. O menino tinha 12 anos quando pisou lá. Edmundo Price, seu advogado, revelou que ele era incontrolável, sendo impossível para o pai ou qualquer parente mantê-lo em família. Na House of Refuge, Alexander tentou incendiar a instituição e ameaçou de morte um guarda que o denunciou por violação das regras.

Várias outras instituições pelas quais o menino passou se negaram a recebê-lo de novo quando o pai da criança reapareceu precisando de ajuda. "Ele é um criminoso precoce e, por isso, é necessário para o bem da sociedade colocá-lo à distância por um longo período", disse o promotor John F. McIntyre.

> "Eu acabei de ouvir a sentença dada pelo Juiz Fursman ao meu menino. Foi um golpe que pode matar um homem forte como eu. Minha pequena criança é um assassino! Enviado para a prisão para ser confinado sob trabalho forçado por vinte anos! Eu curvo a cabeça à sentença pronunciada pelo tribunal em agonia. Eu acredito, entretanto, que um hospital e as habilidades de um cirurgião fariam mais pelo rapaz do que os muros da prisão e a rígida disciplina dos guardas. Não acredito que meu menino seja naturalmente violento. Pelo que me informaram, tenho certeza de que os crimes que ele cometeu podem estar diretamente ligados a um dano em seu cérebro. Há seis anos, ele era o melhor menino que eu já havia visto. Então ele foi atingido na cabeça com um tijolo. Tenho certeza de que o golpe danificou o seu cérebro e o fez ser o que é hoje, um criminoso condenado a uma cela. Médicos me disseram que tais casos são comuns. Uma operação poderia ter sido realizada para restaurar a sua condição normal e se tornar um homem de utilidade." (Alexander Stewart, pai)

As palavras do pai são pertinentes e, de fato, há mais de uma centena de anos os médicos estudam se a agressividade pode ser uma das possíveis sequelas em indivíduos que sofreram danos cerebrais. No Brasil, cita-se muito o exemplo do criminoso Pedrinho Matador, cuja vida homicida poderia ter sido resultado direto de chutes que seu pai desferiu na barriga de sua mãe quando ela ainda estava grávida dele. Como consequência, Pedrinho nasceu com o crânio "ferido".

O caso mais famoso na medicina é o do norte-americano Phineas Gage, que em 1848 sofreu um acidente de trabalho no qual uma barra de ferro atravessou o seu crânio. Ele não só sobreviveu como sequer perdeu a consciência no momento e, dias depois, já estava trabalhando de novo. Mas acontece que sua personalidade mudou. Segundo relatos, ele se tornou grosseiro, irreverente, violento e impaciente, mostrando pouco respeito por seus colegas. Na época, os cientistas concluíram que "suas faculdades intelectuais foram suplantadas por seus instintos animais".

"NÃO ACREDITO QUE MEU MENINO SEJA NATURALMENTE VIOLENTO."
Pai de Alexander

Em 2011, uma pesquisa de 8 anos da University of Michigan School of Public Health revelou que pessoas jovens que sofreram golpes violentos na cabeça tinham mais chances de desenvolver comportamento violento. Grande parte das lesões cerebrais são leves, como uma bolada na cabeça em um jogo de vôlei ou futebol, por exemplo, causando no máximo confusão ou uma perda momentânea da consciência. Quando graves, porém, podem causar amnésia e longos períodos de inconsciência. Estudos ao longo dos anos têm mostrado que lesões cerebrais também podem causar alterações na memória, raciocínio e emoções, incluindo impulsividade e agressão. Em pesquisas com prisioneiros, descobriu-se que aqueles com histórico de lesões cerebrais são mais propensos a se envolver em episódios de violência.

No caso de Alexander Stewart, nunca será possível concluir se a tijolada que ele levou na cabeça quando criança foi a responsável por seu comportamento violento, apesar de ser bem provável. Talvez tenha sido um gatilho para o que estava adormecido, ou apenas uma coincidência, a cereja do bolo de sangue. Ou, ainda, pode realmente ter sido a causa definitiva. Não há como saber, mas é certo que não existe cirurgia corretiva para esses casos, como foi sugerido por seu pai.

Alexander Stewart se tornou, em 1900, o mais jovem homem a pisar no Centro Correcional Sing Sing, lar dos mais terríveis monstros de Nova York, incluindo o assassino em série canibal Albert Fish, o assassino da picareta de gelo da máfia Frank Abbandando e, ainda, Lepke Buchalter, fundador da mais famosa firma de assassinatos de aluguel do século passado, a *Murder, Inc.*

Alexander estava mesmo em boa companhia, mas não por muito tempo. Sua linhagem, ou idade, acabou salvando-o do inferno.

Em fevereiro de 1905, o governador Frank W. Higgins concedeu o perdão ao menino com duas condições: que ele fosse para a George Junior Republic, uma república que funcionava como centro de tratamento e residência para adolescentes em Freeville, Nova York, e que obedecesse às regras do local, sob pena de voltar para Sing Sing. O garoto, com quase 19 anos na época, aceitou de bom grado. "Houve muita animação na república quando souberam que ele estava vindo, e uma reunião dos cidadãos [internos] foi feita para pensar em como ele deveria ser tratado. George [um dos conselheiros] foi até a reunião e disse aos cidadãos que Alexander estava tentando endireitar a vida e queria que nós ajudássemos. Isso foi o suficiente. A república deu a ele a recepção mais cordial... Ele é agora um dos melhores cidadãos da república", disse E. E. Olcott, representante da casa, ao *New York Tribune*, em 22 de fevereiro de 1905.

O que aconteceu com Alexander Stewart após entrar na George Junior Republic é desconhecido, mas sua história de delinquência juvenil que culminou no sádico assassinato de Edward Piesel permanece viva. Como relatou o juiz Fursman, quando este lhe proferiu a sentença em dezembro de 1900:

"... O cheiro da prisão estará sempre com você para onde for, quando você sair, e por mais que sua vida seja boa."

NIGHT EDITION

The World.
EVENING EDITION
"Circulation Books Open to All." "Circulation Books Open to All."

PRICE ONE CENT.   NEW YORK, FRIDAY, DECEMBER 14, 1900.

20 YEARS IN PRISON FOR BOY OF 14—JUDGE WEPT.

Tears Streamed Down the Face of Justice Fursman in Sentencing Young Stewart—Boy Murderer in Knickerbockers and Red Tie Unmoved — Munched

Justice Fursman wept as he sentenced Alexander Stewart, boy murderer, aged fourteen, to twenty years' imprisonment in Sing Sing.

SIMAR, FRENCH B[ICYCLIST] RIDING UNDE[R...]

Strychnine Tablets Stimulate Foreigner's Efforts to Regain Lap Lost Two Days Ago.

Leaders Forced to Livelier Pace by Gains of German Team and Closeness of Second Pair in Race.

It is not generally known that Simar, the French cyclist in the six-day race at Madison Square Garden, has been given the "dope." It is a fact, nevertheless. His trainer has been administering stimulants in the form of strychnine tablets since yesterday. This accounts for Simar's frisky periods during the race. At times he rides as if sleepy

NO LIVES LOST AT [...]

A private despatch from [...]
[...] that there has been no
[...] real damage done. The [...]
[...] view of the damage

6 O'CLOCK SC[ORE]
PIERCE AND W[...]
ELKES AND M'FARLAND [...]
SCHOCK[...]Z AND SIMAR [...]
BA[...] RYSER

PARDON FOR ALEXANDER S[TEWART]

He Was 14 Years Old When S[entenced] 20 Years for Murder

Candy as He Was Led Back to His Cell.

With tears streaming down his face Justice Fursman, of the Criminal Branch of the Supreme Court, to-day sentenced fourteen-year-old Alexander Stewart to twenty years at hard labor in Sing Sing, for the murder of Edward Petzel.

About him were grouped veteran court attendants, and attorneys trained by long years of practice in the various phases of court incidents. But all were visibly affected.

It was a strange scene. On the bench sat Judge Fursman, usually dignified, stern and impassive—the ideal justice. To-day he was so affected that several times he was compelled to pause in his delivery of the sentence, because of the sadness of it all.

THE MURDERER.

Before him, with his head and shoulders rising just above the railing, stood the youthful prisoner. His was the only unflushed face in the court-room. His were the only eyes that looked from the weeping Justice on the bench to the weeping court attendants and spectators and still remained dry.

When the case was called the youthful prisoner entered the court room with a quick, alert step and a confident manner.

The spectators saw a mere slip of a

JUDGE FURSMAN WEPT AS HE SENTENCED BOY TO PRISON.

There were tears in Judge Fursman's eyes as he pronounced sentence on Alexander Stewart, the boy murderer. The Judge said:

"I do not suppose that anything I can say to you, young man, will be of any particular value to you hereafter. You owe it to the mercy of a humane District-Attorney that your life is saved.

"I appointed a commission at your counsel's suggestion, in the hope—I am frank to say—that they would pronounce you insane. The best alienists in the city examined you and declared you sane. I read the testimony carefully and am satisfied that they could have come to no other conclusion.

"The very atrocity of the crime that you committed, its unparalleled cruelty and bloodthirstiness, was such as make me think that you must be insane.

"I can do but one thing in your case, young as you are—send you to State prison. You will there be surrounded by good influences, although your will be restrained of your liberty. You will be taught nothing that is not good. Hope of recovery remains, and yet it is only justice to say that the taint of the prison will always remain wherever you go, however good your life be, when you come out.

"The odor of the cell will cling to your garments forever. I felt that it is better you should be put out of the way for a long period, not only for the sake of society, but for your own sake. I accepted this plea upon the recommendation of the District-Attorney for mercy's sake because of your youth and your innocent appearance.

"At this very moment it seems almost impossible to me that you could have committed such a crime as you did commit.

"The sentence of the court in your case is that you be confined, with hard labor, at the state prison at Sing Sing for the term of twenty years."

ALEXANDER STEWART.

Patrick Knowles

PATRICK KNOWLES

20 PESADELO DO SÉCULO XX

INGLATERRA | 10 ANOS

"Havia muitas meninas brincando no campo, mas elas não podiam me ver enquanto eu enterrava o bebê."

Depoimento de Patrick Knowles

A Corrpro Companies Europe é uma das empresas líderes no mercado mundial no campo da proteção contra a corrosão de cascos e soluções anti-incrustantes para tubulações internas de navios e embarcações há mais de 45 anos. Sua sede fica em uma ruela sem saída na 27 Adam Street, Bowesfield Lane, em Stockton-on-Tees, uma cidade porto-industrial no nordeste da Inglaterra conhecida por companhias de reparação de navios, produção de aço e produtos químicos.

O que muitos funcionários da Corrpro não devem saber é que no início do século XX o endereço onde eles trabalham foi a moradia do primeiríssimo pesadelo infantil britânico do século, um pequeno assassino em série em formação que causou furor nos ingleses e calafrios nos stocktonianos.

Stockton tinha várias armadilhas para crianças e por isso muitas delas eram vigiadas de perto — mas nem todas. A antiga ferrovia que cortava a cidade tinha uma reputação por conta de atropelamentos fatais assim como o rio Tees e seus afogamentos acidentais. A própria indústria pesada de engenharia também fazia suas vítimas. Crianças são naturalmente curiosas e imprudentes, e um único vacilo em uma cidade com tantos perigos podia ser mortal.

Um desses trágicos exemplos aconteceu em 1876, quando três crianças morreram envenenadas após ingerirem água de cicuta, uma planta altamente tóxica. Junto a elas estavam outras cinco crianças, que sobreviveram e nunca mais chegaram perto da planta. Agora, o que ninguém poderia imaginar era um outro tipo de perigo, representado na figura de um jovem com pouco mais de 1 metro de altura. E essa criança, seja lá o que estivesse a estimulando, só queria matar – e tão logo começou, tomou gosto pela coisa.

No início do século XX, os escritórios dos funcionários da rede ferroviária de Stockton ficavam perto da entrada das antigas indústrias de aço, no lado oeste da cidade. Nas imediações havia um caminho que levava à plataforma da estação de trem e, enquanto andava por esse lugar em uma fria noite de março de 1903, William Cassels, um trabalhador local, notou algo estranho no chão: roupas de criança. As peças não estavam juntas, mas espalhadas a uma curta distância umas das outras. Quase que ao mesmo tempo, Cassels escutou um choro abafado e, investigando de onde vinha o barulho, descobriu uma criança dentro de um pequeno buraco perto do muro. A criança estava com parte do corpo coberta de terra e tinha uma touca em sua cabeça.

Ao retirar o menino dali, Cassels percebeu que seus braços e pernas estavam amarrados com um lenço. A criança, de cerca de 2 anos de idade, usava apenas uma camiseta molhada, como se tivesse estado anteriormente na água. O menino foi levado até os escritórios da estação, onde foi limpo e vestido. Seu nome era O'Shea e seus pais, que moravam na Milton Street, estavam desesperados atrás dele há várias horas.

Pouco antes de encontrar o menino, Cassels viu duas crianças correndo pelo mesmo caminho, mas não deu importância a ponto de prestar atenção nelas. A polícia ferroviária investigou o caso, porém não foi capaz de identificar os meninos, se é que eles tinham alguma coisa a ver com o ocorrido. A noite estava muito fria e ficou claro que se O'Shea não tivesse sido encontrado por Cassels, ele poderia ter morrido de hipotermia durante a madrugada. Sem muito o que fazer, a polícia concluiu o caso afirmando que tudo não passou de uma "brincadeira maldosa de alguns meninos".

A questão é que, no final das contas, O'Shea deu muita sorte: ele havia sobrevivido a um assassino em formação. Ele fora a primeira tentativa do predador, que se comportou como alguém experiente, já que fez (quase) tudo certo. O negócio dele parecia ser enterrar criancinhas vivas, então cavou um buraco em um local escondido, longe de tudo e de todos. O beco era escuro e sem movimento, ele agiu à noite, planejou como um adulto que pensava em todos os mínimos detalhes.

Ainda assim, mesmo que pense nos pormenores, sempre existirá a possibilidade de acontecer alguma coisa que não estava nos planos. Lembremos de Jack, o Estripador. Ele era capaz de degolar e estripar uma mulher no meio da rua e sair de cena feito um rato, sem que ninguém escutasse o clamor das vítimas ou percebesse sua presença. Jack era bom nisso, mas em 30 de setembro de 1888 um "William Cassels" da vida interrompeu o seu trabalho antes da conclusão. Alguns especialistas no caso sugerem que Jack estava prestes a começar a "trabalhar" no corpo de Elizabeth Stride quando escutou ou viu alguém se aproximando e decidiu dar o fora. E foi isso o que aconteceu no caso de O'Shea.

Frederick Hughes não teve a mesma sorte.

> "Um veredito de homicídio intencional contra uma pessoa desconhecida foi aplicado pelo juiz de Stockton-on-Tees. Foi dito que uma criança de 15 meses de idade chamada Frederick Hughes foi atraída para longe de casa e, no dia seguinte, seu corpo foi encontrado parcialmente enterrado em uma pilha de sujeira." (Western Times, 4 de junho de 1903)

Em 30 de maio de 1903, o menino de 1 ano e 3 meses de idade foi encontrado morto, enterrado em um buraco na periferia de Stockton-on-Tees, mais especificamente na região das antigas indústrias de aço no lado oeste da cidade, o mesmo local onde dois meses antes O'Shea fora salvo por Cassels.

Dois adolescentes estavam passando por um terreno baldio quando notaram algo semelhante a uma pequena sepultura com areia e sujeira ao redor. Mas o que realmente chamou a atenção dos meninos foi a assustadora imagem do que parecia ser a perna e o braço de uma criança emergindo da terra. Ao olhar mais de perto, eles confirmaram a suspeita e correram até a estação de trem para avisar à polícia ferroviária.

À noite, o corpo foi identificado como sendo de Frederick Hughes, filho de J. Edwards Hughes, um maquinista de 35 anos morador da 35 Bickersteth Street, atual Bickersteth Walk, em Parkfield. O bairro ficava a mais de 1 quilômetro de distância do local do crime.

Frederick fora visto pela última vez por volta das 16h do dia 30 de maio na Bridge Road, uma longa avenida a 4 minutos a pé de Bickersteth Street. A mãe da vítima, Georgina, contou à polícia que o filho estava acompanhado de seu irmão mais velho Harold, de 6 anos, quando um menino mais velho apareceu e levou Frederick. Isso foi o que Harold contara a ela, adicionando que o sequestrador tinha por volta dos 9 anos e era "vesgo". Durante a semana, a polícia tentou elucidar o misterioso caso da criança encontrada enterrada, mas não obteve avanços. O que aconteceu entre o suposto sequestro de tarde e a descoberta do corpo de noite?

"O LOCAL ERA QUASE UM MATADOURO PARA O CRIMINOSO MIRIM."

A princípio, suspeitas recaíram sobre um menino chamado George Ferguson, que correspondia à descrição de Harold, mas logo foram descartadas. Os investigadores voltaram a ficar às cegas. Mas não por muito tempo. No sábado seguinte, 6 de junho, por voltas das 18h, um menino chamado Tommy Lynes, de 6 anos, estava brincando com sua irmã Fanny Lynes, de 1 ano e 7 meses, nos arredores da estação ferroviária de Stockton, quando uma outra criança apareceu e simplesmente roubou a menina. Tommy e Fanny estavam brincando em um carrinho improvisado, com a menina sentada enquanto o irmão a empurrava. De repente um menino apareceu, empurrou Tommy e saiu carregando o carrinho com Fanny pela Durham Road em direção à região das antigas indústrias de aço no lado oeste da cidade. Como espectadores desta história, chegamos à conclusão de que o local era quase um matadouro para o criminoso mirim que estava prestes a se tornar um assassino em série.

Tommy correu para casa, na 40 Allison Street, e contou tudo para sua mãe, Elisa, que saiu em disparada atrás do menino sequestrador. Felizmente, ela o encontrou com Fanny. Talvez tenha pensado que o menino só estivesse querendo brincar com o carrinho, mas ele tinha levado sua filha junto. Fosse como fosse, Elisa o puxou pelo braço e o levou para casa. Então ouviu algo que a fez chamar a polícia.

O menino era Patrick Knowles (também chamado de O'Brien), de 10 anos, filho de uma mulher chamada Mary Knowles que vivia na 27 Adam Street. Patrick era "um típico menino de rua que ganhava alguns trocados vendendo fósforos", citou o *Durham County Advertiser*, em 12 de junho de 1903.

Elisa Lynes chamou a polícia porque o menino confessara algo muito sério. Quando ela o levou para casa, a mulher chamou uma vizinha, Sarah Ellen Hay, que começou a conversar com Patrick. Na conversa, o menino afirmou que ele e um amigo foram os responsáveis pelo sequestro de Frederick Hughes. "Nós sufocamos ele e íamos fazer a mesma coisa com essa aí [Fanny]." Mas depois ele mudou de versão: "Não fui eu que fiz, foi outro menino que fez, e eu estava com ele".

O sargento Clews, da polícia de Stockton, foi quem atendeu ao chamado de Elisa e logo ouviu do menino que ele pretendia afogar Fanny e depois enterrá-la, da mesma maneira que havia feito com "o outro". "Você enterrou aquele?", perguntou Clews. "Sim, em um campo perto de Newtown, onde tem muitas pedras. Nós fizemos um buraco e colocamos o bebê e o cobrimos com lama e tijolos e então fomos embora", respondeu Patrick.

Na delegacia, o menino deu o seguinte depoimento:

> "Eu sou Patrick O'Brien, filho de John O'Brien. Eu tenho 10 anos de idade. No último sábado, uma semana atrás, eu estava brincando na Bridge Road com outro menino chamado Chapnee [nome verdadeiro Chapman]. Eu não sei seu outro nome. Ele mora na Thistle Green. Era por volta da hora do lanche da tarde. Nós vimos um bebê em pé no caminho do mesmo lado do escritório Gazette, mas um pouco mais para baixo. Chapnee pegou a criança. Estava chorando. Ele o carregou pela High Street até o mercado Robinson. Ele então o fez andar. Por favor, senhor. Eu inventei mentiras sobre Chapnee. Ele não estava comigo todos os sábados, mas ele estava neste sábado. Eu estava sozinho quando vi o bebê. Eu encontrei ele em Parkfield, e não na Bridge Road. Eu o carreguei para longe, e então o fiz andar. Eu vim da Parkfield pela Yarm Lane, e subindo a High Street até uma rua, passando sob uma ponte para a Newtown. Eu fui por um pequeno portão neste lado [ele levanta a mão direita]. Quando eu cheguei neste pequeno portão, eu carreguei o bebê e ele dormiu. Eu o carreguei muito longe até o campo.

Não estava escuro. Eu coloquei o bebê no chão e fiz um buraco com minhas mãos. Eu coloquei o bebê no buraco deitado de costas. Ele acordou quando eu o coloquei no buraco e gritou 'Oh, mamãe' e chorou. Eu coloquei o babador sobre o seu rosto e joguei a lama com minhas mãos. Ele estava chorando e gritando. Ele estava tentando se levantar e eu coloquei alguns tijolos sobre ele e um grande pedaço de pedra. Era entulho. Eu então o deixei e fui para casa. Eu cheguei em casa antes de escurecer. Quando eu estava colocando a lama no bebê, vi um amigo com um colar branco no pé da ponte onde as máquinas passam. Havia muitas meninas brincando no campo, mas elas não podiam me ver enquanto eu enterrava o bebê. Quando eu cobri o bebê, o babador dele era como aquele papel [ele aponta para um papel ofício azul-claro na mesa] e ele tinha uma touca macia. Eu tirei a touca do bebê. Eu nunca contei para o meu pai e nunca contei para minha mãe. Depois de enterrar o bebê eu fui até a velha ponte e vi Jimmy Tumulty descendo as escadarias. Eu disse ao Tumulty que tinha colocado um pequeno bebê em um buraco. Eu não lembro o que ele disse. Eu corri dele. Eu disse ao Chapnee que havia enterrado o bebê no último sábado. Chapnee disse: 'Sei, vamos ver'. Eu disse: 'O bebê não está mais lá'. Eu não disse a mais ninguém além do Tumulty e Chapnee."

Na primeira audiência com o juiz, na segunda-feira, 8 de junho, Patrick confirmou o testemunho dado na delegacia e investigadores apresentaram evidências que corroboravam a fala do menino. Talvez no calor do momento, Tommy não tivesse contado à mãe que foram dois (e não um) meninos que o abordaram. "Vamos rodar um pouco!", disse Patrick a Tommy. Mas Tommy não deu trela a ele. Então Chapman propôs que Tommy ficasse com o boné de Patrick enquanto este brincava um pouco com o carrinho; com isso, Tommy concordou, e assim que Patrick tomou a direção do brinquedo saiu correndo em disparada, deixando todos para trás.

A evidência, ligando o acusado à Frederick no bairro de Newtown no dia do crime, foi fornecida por duas crianças, John Tumulty e Thomas Gibson. Já Christopher Chapman, o Chapnee, disse que em 30 de maio viu Knowles na High Street, sendo informado pelo último sobre ter enterrado um bebê.

A causa oficial da morte de Frederick Hughes foi asfixia e, com as evidências apresentadas, Patrick Knowles foi acusado de homicídio. O juiz ordenou que ele fosse transferido para a prisão da cidade de Durham enquanto aguardava julgamento. O menino saiu chorando de maneira escandalosa enquanto era levado. Examinado por dois médicos em Durham, ele foi considerado insano. O diagnóstico certificava que Patrick não estava apto a enfrentar um julgamento devido a "uma mente não saudável e malformada em consequência do seu desenvolvimento precoce e imaturidade, o que o torna incapaz de compreender a natureza e a gravidade do ato de assassinato". Dessa maneira, Patrick foi enviado para o Broadmoor Criminal Lunatic Asylum e posteriormente para a St. Thomas's Home Industrial School for Roman Catholic Boys, em Aston-on-Ribble, Lancashire, uma das escolas industriais certificadas pelo governo inglês para detenção de agressores juvenis.

Patrick passou os 7 anos seguintes em St. Thomas, onde recebeu treinamento de alfaiate, sendo libertado em 1911 sob a tutela de uma pessoa desconhecida, não citada oficialmente "que fará tudo o que estiver em seu poder para assegurar a Knowles um bom começo na vida".

Pequenos detalhes separaram Patrick Knowles de um assassino em série. Ao contrário de outras crianças assassinas, ele ainda estava *em formação*. Ele assassinou uma criança, tentou matar outra e sequestrou uma terceira — com intenção de matar —, ou seja, poderíamos enquadrá-lo como um "maníaco mirim". A natureza do crime, porém, é uma incógnita. Saber com precisão o que se passava em sua cabeça e qual o seu senso moral são tarefas, hoje, inúteis.

Lidando com os fatos, Patrick era um menino de rua que aprendeu da pior forma possível como se virar em um mundo caótico, insensível e selvagem. Ele vendia fósforos nas ruas e os pais, pelo que se sabe, não pareciam se importar com o filho. Essa vida de meliante, porém, está longe de ser uma justificativa para seus crimes. Se suas ações foram o resultado de brincadeiras de mau gosto de uma criança rebelde e sem instrução ou se ele era mesmo uma criança mentalmente perturbada e má, isso permanece em aberto.

Patrick Knowles sujou o próprio nome quando criança e, quando se tornou adulto, apenas desapareceu na multidão, como um pesadelo que encontra seu fim no começo de um novo dia.

Infelizmente para os britânicos este não seria o último.

Willie James

WILLIE
JAMES

21 O FÃ DE JESSE JAMES

ESTADOS UNIDOS | 10 ANOS

> "Quando eu fizer 21 anos [...] poderei me juntar a um bando que mata foras da lei reais, os mesmos que estavam sempre tentando matar Jesse James pelo preço que era cobrado por sua cabeça."
>
> WJ

"'Não há problema em matar um homem em uma luta justa', continua Jesse James, 'ou enforcá-lo após um julgamento; mas balançá-lo como aqueles homens fizeram é obra de muitas ovelhas covardes.'

O silêncio que se seguiu foi opressivo a essas palavras ousadas.

Mas um homem abriu a boca e disse: 'Eu acho que você está falando muito para alguém que dizem ter a cabeça à prêmio'.

O homem sacou seu revólver antes de falar; mas antes que ele pudesse mirar em Jesse James, que, a cavalo, era um alvo justo, veio a mão empunhando uma arma, um tiro e uma alma humana sendo deixada em seu caixão de barro.

Jesse James foi muito rápido para ele — exatamente como isso foi feito, ninguém viu, mas foi feito com segurança e rapidez."
James Boys Weekly, 1900-1903

No início de junho de 1903, a cadeia de Somerville, no estado de New Jersey, recebeu um de seus mais novos moradores: Willie James, um ruivo dos olhos azuis e bochechas sardentas de

10 anos de idade. Ele era como qualquer outra criança da época, não fosse o detalhe de ter sido completamente obcecado pelo fora da lei Jesse James (1847– 1882). Senhor Jesse era um ladrão de bancos e trens que se aproveitou do caos da Guerra Civil Americana a fim de operar uma milícia armada, espalhando o terror pelo Meio-Oeste. Após a sua morte, a incipiente indústria do entretenimento se apossou de seu nome para publicar uma série de livros e revistas de ficção contando todas as aventuras do fora da lei e seu bando.

O pequeno Willie James tinha em mente que tudo o que acontecia nos Estados Unidos tinha alguma conexão com a gangue de Jesse James, exatamente o que ele lia na incrível série *James Boys Weekly*, uma revista em quadrinhos semanal com histórias de aventuras da turma de Jesse.

"Veja, meu tio pegou na biblioteca os *James Boys* e eu li eles quando estava comigo", disse Willie a um carcereiro.

"James quem?", perguntou o homem.

"Você não conhece eles?", perguntou o menino, visivelmente abismado com a ignorância do sujeito. "Veja, tem a *Vida e a Morte de Jesse James, Os Garotos do James e Thunderbolt Ned, Jesse James Vingado. A Morte de Bob Ford,*

Os Garotos do James em Peril, ou Carl Greene, o Juramento do Detetive, Jesse James: Vivo ou Morto, os Homens Caçadores das Minas, *Jesse James Mão Vencedora*, ah, tem muitos e muitos deles."

Na cadeia, o menino não falava de outra coisa. Seu discurso sobre os crimes era rico e ele sabia tudo da bandidagem; foras da lei andavam em "bandos", matas eram "florestas", um revólver era sempre uma "arma confiável", toda morte ou roubo era uma "ação ousada", cada um do bando tinha um apelido e todo macho que se preze andava por aí com seu "cinturão de revólveres".

"Você conhece o Jesse James? Tenha certeza de que eu conheço!", comentou em tom provocante o menino. "*Dizem*, você sabe. Eu acho que ele é um primo meu. Ele tem o mesmo sobrenome, afinal. Se eles pudessem apenas ter me nomeado de Jesse quando eu nasci também! Estava tudo bem com Jesse James. Ele tinha a esposa mais fina do mundo. Toda vez que ele tinha problemas, ela se vestia de homem e o resgatava bem na hora. Jesse James não machucava mulheres e crianças. Ele era muito nobre. Ele só usava seu confiável cinto de revólveres se estivesse em apuros. Ele possuía um tiro mortal, sabia? E ele era tão verdadeiro como amigo, mais do que qualquer homem que já viveu. Por isso o bando gostava de Jesse. Eu gostaria de ter atirado aquela bala que matou Bob Ford. Você não conhece Bob Ford?"

O carcereiro, mudo, apenas ouvindo aquele menino tagarela. Era "ignorante demais", como não sabia quem era Bob Ford?

"Por que, por que você não conhece? Ele foi o covarde que matou Jesse James. Ele o pegou sem a sua arma e atirou nele pela recompensa. Mas Bob Ford teve o que merecia. Tudo isso é dito em *Jesse James Vingado*. O Frank ainda vive. Ele faz o bem para todo mundo."

"Onde?", perguntou o carcereiro.

"Como? Eu pensei que todo menino soubesse onde é o Missouri. Está em toda biblioteca do Jesse James. É a oeste do rio Missouri, e sua cidade principal é St. Louis. Muitas vezes Jesse e seu bando escaparam à noite naquelas águas. É parte de Louisiana Purchase.* Acredito que você tenha ouvido falar disso. Metade das histórias do Jesse James tem algo a ver com isso."

O menino parecia ter uma caixa de som ligada na garganta e podia passar o dia inteiro enchendo os ouvidos dos carcereiros da delegacia de Somerville com as incríveis histórias do fora da lei Jesse James. Logo os homens descobriram como fazer aquele baixinho fechar a matraca: enchendo a sua cela com edições do *James Boys*. E enquanto o menino folheava as últimas aventuras do seu herói, as autoridades do Condado de Somerset quebravam a cabeça sobre o que fazer com Willie James.

Influenciado pelas histórias que lia, Willie desenvolveu o desejo de ser o chefe de um bando de foras da lei e, no dia 23 de maio de 1903, decidiu realizar a sua própria jornada até as *Badlands*.** Seu grupo – "assassinos e degoladores treinados", segundo o próprio menino – era composto por ele e seus irmãos

---

* A Compra da Louisiana (*Louisiana Purchase*, termo usado nos Estados Unidos) ou Venda da Luisiana (*Vente de la Louisiane*, termo usado na França) refere-se à aquisição pelos Estados Unidos dos territórios da Nova França na América do Norte, em 1803. O território francês da Louisiana incluía parcialmente, ou totalmente, as regiões dos atuais estados de Louisiana, Arkansas, Missouri, Iowa, Minnesota, Dakota do Norte, Dakota do Sul, Nebrasca, Novo México, Texas, Oklahoma, Kansas, Montana, Wyoming e Colorado

** Terras baldias, em tradução literal. *Badlands* também é o nome de um filme de 1973 parcialmente baseado na história do casal de *spree killers* Charles Starkweather e Caril Ann Fugate. O filme hoje faz parte da Biblioteca do Congresso Americano, citado como "culturalmente, historicamente ou esteticamente significativo".

THE WORLD: FRIDAY EVENING, MAY 29, 1903.

WILLIE JAMES, WHO KILLED GIRL,
FROM PHOTO TAKEN IN JAIL TO-DAY.

Y SLAYER IS STILL DEFIANT.

e James Is Not Sorry that
 Killed Little Tessie Wat-
n, Who Foolishly Cried and
 aused Him to Shoot Her.

IS FOND OF THE JAIL.

 the Notoriety He Has Earned
d Is Tickled Because One of
e Neighboring Cells Harbors a
  orse-Stealer.

 he Somerville Jail, with the thieves,
, drunkards and men of hardened
cter generally, little Willie James,
oy slayer of Theresa Watson, of
Plainfield, has decided that he
jail life.

May this product of the dime-novel
try is being petted and fondled by
men in jail, who say he is a
ht kid." He likes the notoriety,
he fact that the man in the next
 a horse thief, like one of his
, is a realization of his fondest

His great disgust is that when he
 the jail it will be for the re-
school, where his associates will
ere boys who never have stolen
horses, killed any girls or robbed
anks.

, I ain't sorry that I killed Tes-
he said to an Evening World re-
r, "but I did not kill her on pur-
 I shot her by accident."

 e going to jail this boy of ten,
boasted that he shot the girl be-
 she cried, has met criminals.
 s defense has been fixed up for
 Men in the jail who have talked
him have told him to say he shot
 hild by accident, and he accepted
 advice.

ide Range of "Literature."

 a ten years old," continued the
 "I have been going to the Moun-
venue school for four years, and I
 n the second class. I wanted to
 to read good so I could read the
  . I have read 'Deadwood Dick,'
 ess Jack, the Renegade of the
  ,' 'Simon Herty,' 'Daniel Boone,'
 Life of Jesse James,' 'The Younger
 ers,' and the 'Life of Billy the
 I studied hard at school, and at
 I read novels.

 father was a cowboy, but he
 f fits when I was too little to re-
 ber much about him. He was
  from a life on the plains and
  to Plainfield and died. Then my
 ather read novels, and I got them
  he left them around.

 like it here in jail. The men are
 ice fellows and they treat me well.
 of them said he would teach me to
 tobacco, but he was afraid the
  r would not like it. I'd like to
 in jail always. It's nice here. You
 lenty to eat and the fellows have
  e to tell just like they have in the
 s. One fellow was telling me
  stealing two horses in Arkansas
 carrying them into Missouri right
  the trail the James boys used to
  You know my name is James.
  e I am related to the James
 ers.

Hates the Reform School.

 hat do I think they will do with
 Well, I guess I am in for it. No,
 ain't going to hang me. They
 to do that. I will get sent to
  m school for eleven years until I
 twenty-one years old. But there
  be nothin' there but boys that got

EXTRA
KILLER
BOY

"WATER RAT" A BOY'S RESCUER.

Little Twelve-Year-Old Saves a Comrade from Drowning in the River After a Heroic Struggle.

Charles Brown, a twelve-year-old
Brooklyn boy, whose home is at No.
436 Hicks street, proved himself a hero
this afternoon, when he rescued from
drowning Thomas Stead, six years old.
A crowd of lads were playing on the
pier at the foot of Baltic street, when
the little Stead boy fell into the water.
Brown, who is a veritable water

ITALIAN GIRLS SOLD TO SHAME

Respectable Residents of "Little Italy" Complain of Band of Miscreants Who Do Not Hesitate at Abduction, They Say.

NEIGHBORHOOD TERRORIZED.

It is asserted by respectable residents
of the Harlem Italian colony on the east
side that the traffic in young girls conducted by "cadets" is more flagrant
and horrible in the East One Hundred
and Fourth street precinct than it even
was in the red light district. So thor-
oughly organized are the procurers that
parents of girls enticed from their homes
are afraid to report to the police, and
Capt. Smith hears very little of the true
condition of affairs.

Louisa Diviniero was kidnapped, it is
said, from the front stoop of her home
at No. 416 East One Hundred and Fif-
teenth street, last Saturday night. No
trace of her has been obtained since.
Her mother reported the case to the police but detectives have been unable to
find any one willing to say they saw
the girl carried off.

The Diviniero girl is sixteen years old,
tall and well developed and very pretty.
She was a consistent attendant at
church and Sunday-school and had
worked in various factories and laun-
dries for two years previous to her dis-
appearance.

She did not return from her place of
employment on May 23 until early in
the morning—almost daylight. She was
in hysterics and for twenty-four hours
was unable to give any account of her-
self. Finally she said that she had been
abducted in Second avenue and taken
to a place from which she had succeed-
ed in making her escape.

"She would not tell us where the
house was," said the mother of the
girl to-day. "She said she was
   uld be killed. Since then
        we would
           her move-

OFFERED
FOR USE O

Roundsman Ma
Piper's Staff, A
tisement, The   euth

Roundsman Wil   of Capt.
Piper's staff, an   ertisement
in a morning pa   7, in which
a return of $10,   w weeks was
promised on an   of $2,000.
Maher got in   ication with the
advertisers, a   result the men
called at his   eral days ago. An
appointment   de at the Astor
H   noon.
                the men and with
him   tal Telegraph Build-

RANGES AND STOVES
THE BEST IN THE WORLD

Home

mais novos: Orville, o tenente, e Ethel, que nunca sequer "havia visto a foto de um índio", mas era a "cozinheira dos meninos bandidos das planícies". A vizinha Theresa Watson, de 7 anos, quis fazer parte da brincadeira, mas de mulher já bastava Ethel e, por isso, Willie James não a deixou participar, dizendo que aquilo não era uma "brincadeira de menina". Theresa quis ir mesmo assim e James acabou cedendo.

Portando uma espingarda que havia roubado, Willie liderou seu perigoso bando de degoladores ensandecidos ávidos por gargantas frescas por toda a tarde de 23 de maio. Em um dado momento, Theresa se cansou da brincadeira sem graça e quis voltar para casa. O chefe mal lhe deu ouvidos, então ela insistiu e implorou. Willie ficou nervoso e revelou que, se ela continuasse a insistir na volta, isso configuraria insubordinação — algo gravíssimo que seria punido de maneira exemplar.

Theresa começou a chorar por não aguentar mais andar. As crianças já haviam caminhado cerca de 19 quilômetros e Willie deixou claro que a expedição até as "badlands" duraria dois dias, assim como ele havia lido em *James Boys*. Mas a menina não queria mais participar daquela brincadeira e decidiu voltar sozinha. Willie "Jesse" James não poderia tolerar uma deserção em seu bando. Ninguém seria deixado para trás, pois essa pessoa poderia traí-los, revelando sua posição aos inimigos ou "índios selvagens". Todas as histórias tinham um traidor covarde, e Theresa era a deles. Willie não tinha outra opção senão puni-la de acordo com as regras dos foras da lei. Mirando sua espingarda, o menino atirou duas vezes, acertando a mão e o estômago dela. "Willie James não permitirá nenhum desertor. Venha comigo ou morra!", bradou a criança. Theresa ainda foi capaz de voltar a pé para casa, e lutou pela vida por mais um dia, vindo a falecer na noite de 24 de maio de 1903.

O menino "incorrigível", que não gostava de ir à escola e vinha de uma família pobre, foi enviado para um reformatório, onde passaria os próximos onze anos de sua vida até atingir a maioridade, 21 anos na época.

Nos gibis ou revistas em quadrinhos não existe julgamento formal para assassinato, sendo sempre uma conclusão particular do personagem. Em séries como a de Jesse James — ou de Daniel Boone, que Willie também confessou ler e gostar —, o último parágrafo sempre mostrava a sensacional fuga do "mocinho" metido na enrascada, voltando para os seus bons amigos foras da lei enquanto era anunciado o que viria a seguir. O caso, com certeza, influou a velha discussão da influência da mídia em casos criminais, e a voz mais surpreendente a comentar a respeito do caso na época foi a de Frank James,[*] o fora da lei e irmão de Jesse James:

> "Eu sou fortemente contrário – e sempre tenho sido – a este tipo de literatura que é vendida sob o nome 'James Boys' etc. É absurdamente e criminalmente inverídico à vida real daquele período do Oeste, que é passado. Os contos podem ter um efeito – desmoralizar as mentes de meninos, dando a eles ideias de vida inteiramente falsas. Todas essas publicações devem ser suprimidas e o público sabe que eu tenho feito minha parte ao suprimir a publicidade de tais coisas. Quando uma peça ridícula e enganosa chamada *Os Meninos de James no Missouri* foi colocada no palco neste estado, algumas temporadas atrás, eu entrei com uma ação no tribunal a fim de proibir os proprietários de levá-la adiante. Apenas uma falta de fundos para processar a questão na época me preveniu de continuar a luta contra esse injustificável e pernicioso uso do nome da minha família. Eu sou contra tais coisas desde o princípio." (Frank James, *St. Louis Post-Dispatch*. 14 de junho de 1903)

O caso de Willie James ilustra a complexidade da infância e a influência das fantasias heroicas na formação da identidade de jovens impressionáveis. A inocência misturada com a realidade dura resultou em uma tragédia que chocou a comunidade de Somerville. Apesar das circunstâncias difíceis de sua vida, a história de Willie nos lembra da importância do apoio, da orientação e da compreensão na vida das crianças. A busca desesperada de Willie por pertencimento e aventura revela, acima de tudo, a necessidade de ambientes que cultivem sonhos saudáveis e caminhos positivos para a juventude.

---

[*] Frank, irmão mais velho de Jesse James, desde o princípio acompanhou o seu irmão em suas ações criminosas. Após a morte de James, ele se entregou e foi julgado em vários estados, sendo considerado inocente.

Thomas Edwin Harrington

THOMAS EDWIN

22 A MALIGNA CULTURA "PULP"

ESTADOS UNIDOS | 11 ANOS

Sardento, loiro e dos olhos azuis, o pequeno Thomas Edwin Harrington, de 11 anos de idade, estava em sua casa, em Martinez, na Califórnia, lendo um livro enquanto estourava bolas de chiclete na boca, quando a campainha tocou. Entretido demais para se preocupar com quem estava do lado de fora, coube à sua mãe atender a porta. Eram dois homens que se apresentaram como policiais.

Eles não estavam ali para perder tempo e, sem rodeios, informaram que "a sra. Daisy Ebling, a comerciante da esquina abaixo, foi assassinada em um ataque à mão armada. Ela foi atingida por um tiro direto no coração, de uma espingarda calibre .22, e morreu na hora. A faca e a camiseta do seu filho foram encontradas na cena".

Após escutar o detalhe final, o menino, pela primeira vez, se interessou pela visita e pulou do sofá. "Não pode ter sido eu. Eu estive em casa a tarde toda. Não sei de nada", disse, quase que automaticamente. Sua mãe o encarou com dúvida.

A mulher tinha nove filhos e eles viviam circulando para dentro e fora de casa. Era como as crianças daquela região viviam. A vizinhança

> "O público sempre quer um bode expiatório."
>
> Fritz Redl,
> psiquiatra austríaco

era tranquila e os pais não tinham preocupação com pequenas ausências dos filhos. Eles ficavam brincando por aí. Com tantas crianças para cuidar, a mãe de Tommy muitas vezes mal sabia onde andava cada um deles, mas confirmou a história do garoto e os policiais foram embora, mas sabia que o filho estava mentindo.

Horas depois a sra. Harrington atendeu a campainha e lá estavam de novo os homens do distintivo. Tinham mais algumas perguntas para Tommy e, dessa vez, quem não fez cerimônia foi o menino.

"ELA CONFIRMOU A HISTÓRIA [...] MAS SABIA QUE O FILHO ESTAVA MENTINDO."

"Mas é claro que eu a matei. Ela me reconheceu quando eu a assaltei para pegar dinheiro. Eu via outros meninos com dinheiro, e não tinha por que eu não ter também. Eu queria ir para um acampamento de verão e minha família não podia pagar. A velha pensou que eu estava brincando quando apareci na porta e falei: 'Isso é um assalto!'. Ela deu um puta grito quando a arma disparou", disse o rapaz, comentando o crime como se estivesse narrando um evento qualquer. Ele apenas demonstrou chateação quando, já na delegacia, o delegado perdeu a linha com tamanha petulância e o mandou jogar fora a sua goma de mascar.

Thomas Edwin Harrington já tivera problemas antes. Aos 5 anos, ele e outras crianças foram identificadas após roubar uma mercearia. Dois meses antes de assassinar Daisy, Tommy roubou 23 dólares e o relógio dela. Ele confessou o crime após um amigo revelar que o tinha visto com a peça roubada. Seu pai fez um acordo com Daisy e o marido dela, Edwin, e colocou Tommy para pagar o roubo trabalhando para os Ebling. Os dias servindo a mulher que administrava um comércio simples na periferia de Martinez serviram apenas para o menino crescer os olhos em cima da caixa registradora e o tilintar das moedas.

Tommy confessou que foi até a loja de um homem chamado Charles Kitner, na 601 Kelly Avenue, invadiu um galpão e roubou uma espingarda calibre .12 e 8 caixas de munição, mas mudou de ideia sobre usar a arma ao encontrar a espingarda calibre .22 do seu irmão Leon, de 20 anos. Durante a tentativa frustrada de roubo, vendo aquela criança empunhando uma arma e com uma máscara que mal cobria o rosto, Daisy pensou que tudo não passava de uma brincadeira. "Isso é um assalto!", gritou Tommy. "Oh, não é não. Eu sei quem você é", respondeu a vítima.

Daisy Ebling, de 43 anos, recebeu um tiro no lado direito do peito. A bala atingiu a artéria principal e a matou quase instantaneamente, deixando uma poça de sangue. Após acabar com a mulher por causa de dinheiro, Tommy foi embora sem levar nada. Depois do disparo, uma testemunha viu o menino correndo com um lenço no rosto; talvez ele também achasse que era um fora da lei das revistas em quadrinhos que gostava de ler. De qualquer forma, a criança havia se preparado para sua ação desviante. Além da espingarda, o xerife Frank Rizzio encontrou centenas de cartuchos escondidos em uma fronha, dois lenços cortados nos olhos de forma a serem usados como máscaras, uma baioneta, uma bainha e uma faca de caça de 15 centímetros.

Muitos podem pensar que esta é uma discussão moderna, mas os gibis e as revistas *pulp* foram apontadas como vilãs no caso Tommy Harrington. "Se você quer a causa de tudo isto, aqui está!", bradou em tom de revolta Leon, o irmão mais velho de Tommy, aos jornalistas enquanto folheava os passatempos do irmão caçula. "São os quadrinhos e todos esses filmes podres. Proíba-os e coisas como essa não acontecerão mais!"

Perguntado sobre essa questão, Tommy balançou a cabeça negativamente. Ele apenas lia as histórias sem se importar com mocinhos ou bandidos. E qual eram seus filmes preferidos, os de gângster ou de faroeste? "Nenhum", disse ele.

Sobre esse foco, a voz mais eloquente a comentar sobre o caso foi a do psiquiatra austríaco dr. Fritz Redl. Especialista na abordagem com crianças e radicado nos Estados Unidos desde 1936, Fritz comentou sobre a necessidade da sociedade de encontrar um bode expiatório quando casos inexplicáveis acontecem. É um fato comprovado que o ambiente externo influencia pessoas com uma constituição psíquica fragilizada, mas, no final, as perguntas vitais a serem feitas repousam no interior do indivíduo, e não em algum filme, história em quadrinhos ou até mesmo em pais negligentes.

"Naturalmente, certas condições gerais são parte de um bom ambiente na infância. Nós não deixamos cigarros de maconha ao alcance de crianças. Da mesma maneira, nós não as expomos sem cuidado a revistas e filmes violentos e sádicos. Mas estas são provisões elementares para situações de massa. O público sempre quer um bode expiatório. O bode expiatório pode mudar tão frequentemente quanto a moda das mulheres. A própria delinquência é simplificada demais, como se, por ser uma palavra, significasse apenas uma coisa simples. Dessa forma, a causa é também simplificada. Uma hora nós escutamos 'não existe delinquência infantil, apenas pais delinquentes', *ad nauseam*. Como agora que a gritaria é contra livros e revistas em quadrinhos. O assunto não pode ser disposto de maneira tão simples. Não se preocupem com Tommy Harrington e as revistas em quadrinhos. Ao contrário, perguntem-se por que ele construiu sua fantasia, com invenções e acessórios, para fugir. Perguntem por que essas fantasias tomaram a forma de apontar uma arma e uma faca. Perguntem por que elas [fantasias] não dissiparam inofensivamente, pelo contrário, exigiram que fosse [tomada] uma ação completa. Perguntem se, quando ele reclamou de ser bolinado, existia alguma base real para suas queixas, se elas eram exageradas ou se elas eram totalmente imaginárias. Na resposta para essa questão repousa uma parte da resposta acerca do fato de sua perturbação da personalidade ser superficial ou profundamente enraizada [...] Os pais de Tommy Harrington simplesmente não têm condições para guiá-lo. Punições, castigos e recompensas – justas o suficiente em circunstâncias comuns – não irão resolver uma situação como essa. A decisão de manter Tommy preso e limitado por meses como punição por roubar é particularmente não recomendada. É como receitar um laxante para um paciente com apendicite."
(Fritz Redl, *Oakland Tribune*)

É sempre um fenômeno interessante observar a "vilanização" das obras de ficção. Não obstante, é incrível notar o quanto a discussão se desvirtua do que realmente deve ser discutido. É certo colocar armas nas mãos de crianças? Ensiná-las a manuseá-las? Por que armas são deixadas ao alcance delas? A indústria do entretenimento é culpada? E a indústria do armamento? Não é ela quem fabrica o produto cujo único objetivo é tirar a vida de um ser vivo? Quais as recompensas reais dessa cultura do armamento?

No caso de Tommy Harrington, ficou claro desde o início que o menino queria liberdade. Ele estava cansado dos seus oito irmãos, de viver a mesma vida todos os dias com as mesmas pessoas, compartilhando a mesma casa com oito universos distintos. Tommy queria uma chance de conhecer o mundo por si só, frequentando um acampamento de verão, de preferência.

"Quando a sra. Ebling disse que me reconhecia, eu fiquei assustado. Eu pulei. A arma disparou. Esqueci do dinheiro e corri. Eu queria ir para um acampamento de meninos no verão e depois voltar para a escola no outono. Eu não tinha um acampamento escolhido. Só queria dinheiro o suficiente pra quando encontrasse um. Queria sair por aí sozinho por um tempo. Queria viver sozinho. Pensei que eu poderia pegar o dinheiro [...] nunca planejei machucar ninguém." (Tommy Harrington)

Se o tiro em Ebling foi certeiro, o de conseguir dinheiro para sumir e ficar sozinho por um tempo saiu pela culatra. A partir do momento em que foi preso, Tommy foi cercado por adultos dos mais diversos cantos, policiais, homens da justiça, advogados, psiquiatras, funcionários do estado, todos em sua volta tentando chegar a um consenso para a pergunta: "O que fazer com Tommy Harrington?". Que mecanismo legal do mundo adulto seria aplicado a ele?

Autoridades disseram que não havia lugar para Tommy na Califórnia; a punição para ele faria mais mal do que bem. O que o menino precisava era de um rico e variado programa de assistência infantil e orientação profissional, algo que não existia naquele estado. As leis e instalações da época foram construídas para o que eles chamavam de "delinquentes comuns"; criminosos juvenis como Tommy eram relativamente raros e o estado não contemplava seus casos.

"Eu não posso conceber enviar esta criança de 11 anos para a prisão estadual. Uma escola de correção como a Preston é quase tão ruim. O programa da Preston foi inventado para um tipo de problema completamente diferente. Isso significa proporcionar um pequeno período de instrução diretamente contrário à conduta do delinquente comum. Todo o programa não pode ser mudado pelo benefício de um ou dois, especialmente quando, como neste caso, a longa custódia é indicada, até mesmo mandatória. Nós temos espaços para internação hospitalar quando a insanidade pode ser provada. Mas não parece ser o caso aqui. O que nós precisamos – e não temos – é uma configuração clínica que combine supervisão com estudo e um programa de ajuda positiva. Nós temos o dinheiro, mas não temos as instalações, os prédios e o pessoal habilitado. Tudo o que temos feito e estamos aptos a fazer é um improviso [...] Albert Jones, de 14 anos, o do duplo assassinato em Oroville, foi internado no Hospital Estadual de Mendocino como um delinquente psicopático [...] não pelo interesse do menino, mas porque a instituição Ukiah provê segurança máxima e o perigo de escapar seria menor do que em Preston", disse Karl Holston, diretor da Autoridade Juvenil da Califórnia, em uma reportagem do *Oakland Tribune* de 25 de julho de 1948.

• • • •

Em 17 de agosto de 1948, Tommy Harrington escapou de ser julgado como adulto e seu caso foi repassado para a corte juvenil. Dez dias antes, em uma declaração ao seu advogado, o menino fez caras e bocas ao descrever como assassinou Daisy Ebling. "Eu fui até a porta e bati. Ela abriu. Eu disse: 'Isso é um assalto!'. Ela meio que disse: 'buu'."

Enquanto contava a história, Tommy imitava as expressões que a vítima demonstrou durante o crime. Era como se ele estivesse conversando com amiguinhos e contando sobre algum episódio curioso. Mascando seus inseparáveis chicletes, os intervalos de suas histórias eram preenchidos com uma nova bola da goma de mascar emergindo de sua boca enquanto olhava para algum adulto. Duas fotos capturadas do momento e publicadas no *The San Francisco Examiner* mostram perfeitamente uma criança que parecia não compreender a gravidade do seu ato. O "feliz mascador de chicletes" e "fazedor de bolas" estava preso em seu mundo infantil e era incapaz de processar a realidade à sua volta.

Após ser condenado a passar alguns anos no reformatório Fred C. Nelles, na cidade de Whittier, Tommy foi levado mais uma vez ao tribunal juvenil em outubro para ser de novo julgado após seu advogado alegar algumas falhas do juiz que prejudicaram seu cliente.

No novo julgamento, o juiz Hugh Donovan omitiu a palavra "assassinato", substituindo por "tiro e morte". No registro oficial, foi escrito que Tommy entrou na loja de Daisy Ebling para roubar e, durante o crime, a proprietária foi morta. Com essa mudança, ele oficialmente não era um assassino, apenas um delinquente juvenil. A família do menino, seu advogado e o próprio Tommy disseram que ele poderia continuar na Fred C. Nelles, o que o juiz concordou. Ao escutar a resposta positiva, Tommy sorriu como uma criança que ganha um saco de pirulitos, dizendo em alto e bom som que queria voltar para a Fred C. Nelles "o mais rápido possível".

Mas por que tanta pressa?

"Eles vão passar um filme muito bom na sexta-feira à noite e eu não quero perder", respondeu o garoto.

BOOM! PULP IS COMING!

Patricia Corcoran

PATRICIA CORCORAN

23 MATANDO A SAUDADE

ESTADOS UNIDOS | 12 ANOS

Por doze anos, Patricia Faye Corcoran viveu com os pais e mais oito irmãos em uma fazenda perto de Mitchell, Dakota do Sul, em uma casa enorme em meio à natureza, brincando com os irmãos, longe de tudo, mas perto do que realmente gostava. Seu mundo mudou abruptamente quando foi enviada para a casa dos tios em Oakland, na Califórnia, para uma residência apertada e sem crianças. Corcoran se viu sozinha em um mundo diferente e cercada de adultos que, apesar de gostarem dela e lhe tratarem bem, eram completos estranhos.

Os tios não tinham filhos e adoraram a sua vinda. Quanto a Patricia, estava ali porque os pais acreditavam que ela teria melhores oportunidades na vida, frequentando uma escola boa e fazendo parte da cidade grande. Mas cerca de um mês depois, Patricia estaria estampando as páginas dos jornais como uma das mais novas assassinas da Califórnia.

• • • •

> "Eu devo estar louca."
> *Patricia Corcoran*

Tão logo chegou em Oakland, Patricia foi matriculada na Bret Harte Junior High School, uma das escolas mais conceituadas e tradicionais da cidade. Apesar de ser uma excelente aluna, era muito reservada, a ponto de nunca se voluntariar para responder alguma pergunta ou tomar frente em alguma atividade. Ela entrou na turma após as aulas já terem começado e com certeza devia se sentir deslocada. Verdade seja dita, seus colegas de classe a ajudavam, mas a menina tímida do interior continuou introspectiva. Isso não é nada estranho tendo em vista a sua idade e é bem possível que, com o passar do tempo, Patricia fosse se enturmando, fazendo amigos e aprofundando esses relacionamentos. Mas não houve tempo para isso.

Em 4 de outubro de 1956, Guy Bunce, de 54 anos, tio de Patricia, chegou do trabalho e viu sua sobrinha em pé ao lado da máquina de lavar nos fundos da casa. Ele estranhou o jeito dela e perguntou o que estava fazendo, então a menina respondeu: "Eu acabei de matar a tia". "Não fale assim. Saia já daí", respondeu Guy. "Eu vou mostrar a você", afirmou Patricia.

Ao chegar na sala de estar, o homem viu o corpo de sua esposa, LaVern, de 55 anos, coberto com um lençol. Uma toalha cobria sua cabeça. Ele correu imediatamente para pedir ajuda e logo dois investigadores de polícia, os patrulheiros Marvin Robsinson e Robert Atwood, estavam na cena do crime.

Eles encontraram a menina sentada no sofá, o machado ao seu lado, a faca em cima do corpo e a outra faca no fogão. Ela mal falava e eles não conseguiram tirar muita coisa dela, tendo que repetir várias vezes uma mesma pergunta para receberem uma resposta. Confusa e vaga, em dado momento Patricia disse: "Eu devo estar louca".

Aos poucos, Patricia conseguiu narrar os eventos. A eles contou que, depois de passar o dia na escola, ela voltou para casa antes de sua tia chegar do trabalho na Oakland Naval Supply Center, onde era balconista. Por volta das 16h30, LaVern chegou trazendo compras de um mercado, cumprimentou a menina e perguntou sobre uma quantia de 5 dólares, dinheiro que havia disponibilizado a Patricia, então se virou para guardar as compras.

A primeira machadada atingiu a nuca de LaVern, que logo caiu desacordada no chão ao lado do sofá. A sobrinha não perdeu tempo e continuou golpeando a cabeça da tia com o machado. A menina foi até a cozinha, pegou uma faca e passou a esfaquear o corpo da vítima até a arma entortar. Em seguida, Patricia voltou para a cozinha, pegou outra faca e continuou o serviço.

• • •

No dia seguinte, as notícias sobre o horrendo assassinato praticado por uma criança já estavam na boca dos moradores de Oakland. Com isso, uma horda de jornalistas se acotovelou para poder entrevistar a menina que havia sido levada para um centro de detenção de menores. Em uma sessão organizada pelas próprias autoridades, Patricia foi colocada diante do batalhão de repórteres, mas eles foram proibidos de fazer qualquer pergunta, e apenas puderam observá-la enquanto ela conversava com um oficial. Patricia não conversou muito com o homem, sempre dando respostas monossilábicas. Sua voz só foi ouvida quando lhe perguntaram sobre a vida na fazenda em Dakota do Sul, e a partir daí ficou claro que ela gostava de tudo de lá e de nada de Oakland.

> "Eu gosto de andar a cavalo. Desde criança tínhamos cavalos de carga e nós, crianças, andávamos. Tínhamos Betty, Bob, Lady e Blaze. Eles eram cavalos de carga, mas nós montávamos bastante, nas vacas também. Betty e Bob gostavam de nós. Eles ficaram velhos e preguiçosos. Uma noite eles saíram pela estrada e foram atropelados [...] Tínhamos cães, gatos, bezerros e um porco. O nome do porco era Buster. Papai o vendeu. Eu gostava mais do cão. O que temos agora. Mae. Ele é um cocker spaniel preto."

A triste notícia chocou o casal Corcoran. William, o pai de 61 anos, logo correu até a Califórnia enquanto a mãe, em prantos, permaneceu em Dakota cuidando dos outros filhos. Em suas primeiras declarações à polícia, Patricia revelou que matara a tia porque havia perdido os 5 dólares que ela lhe entregara e, por isso, estava com medo de sua reação. A menina nunca apanhara na vida e entrou em desespero com essa possibilidade. Ela pensou em matar o tio também e o esperou nos fundos ao lado da máquina de lavar, mas acabou desistindo.

O motivo alegado, no entanto, era muito vago. Patricia não tinha uma razão em particular para temer uma surra já que seus tios nunca demonstraram qualquer gesto nesse sentido. Parecia haver mais na história. O *Oakland Tribune* entrevistou a irmã da vítima, que resumiu bem o sentimento geral: "Um dos maiores mistérios que eu já presenciei".

Enquanto a investigação avançava e novos testemunhos eram ouvidos, o caso se tornava mais enigmático. Cerca de uma semana antes do crime, outra tia de Patricia, Nan van Horn, esteve na casa dos Bunce para vê-la. Nan van Horn e seu marido Walter passaram lá para perguntar se a menina queria ir com eles visitar os seus pais, já que o casal estava partindo para Dakota do Sul. "Não, eu não gosto mais de Dakota do Sul", teria respondido a menina. A história foi

CRASH FATAL TO TWO—The 1955 convertible shown above was a death trap for two Mitchell young women Sunday evening, when it flipped over on Highway 37 a mile and a half north of Mitchell and skidded nearly 200 feet upside down on the pavement. Killed were Patricia Fay Corcoran, 21, and Yvonne L. Adams, 19. Critically injured was Mary Jean Schwartz, and hospitalized in fair condition was Georgia Kay Cunningham, both of Mitchell. Three cars were involved in the mishap, but no one in the two other cars was injured. (Republic Photo by Nuss)

Two Young Mitchell Women Die in Mishap

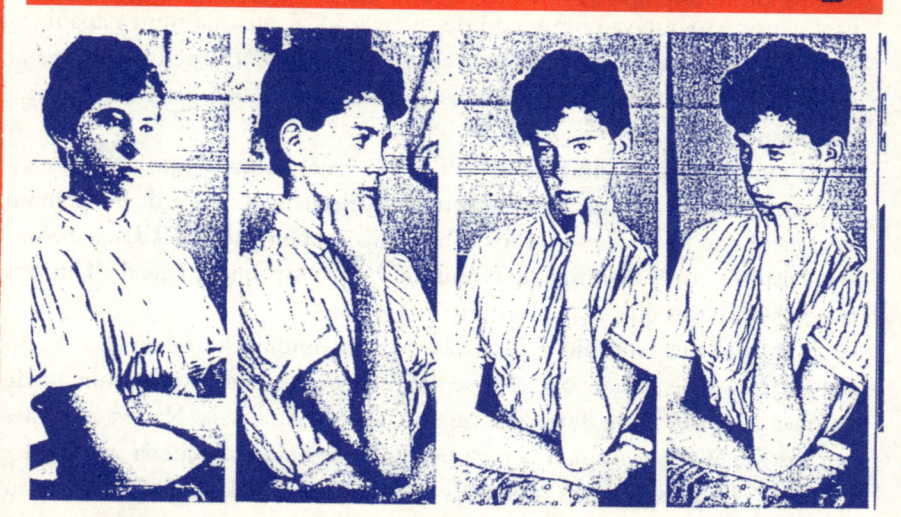

contada por LaVern à sua irmã. "Eu sei que ela gosta daqui, embora esteja com saudade de seus irmãos e irmãs", revelou LaVern na época, adicionando que a menina adorava o seu quarto e que "gostaria de mostrá-lo aos irmãos".

Em 23 de outubro, o psicólogo dr. Winfield Wickham e o psiquiatra dr. Herbert Harms, deram suas impressões sobre Patricia em uma audiência que durou 3 horas. Ambos concordaram que a menina não era psicótica ou mentalmente doente e que "não há evidências de que ela estivesse insana em qualquer momento". Patricia também falou na audiência e confessou, pela primeira vez, um outro motivo para a morte da tia: saudade de casa.

Ao lado de Patricia estavam seu pai William e seu tio Guy. Apesar de ter perdido a esposa em uma relação que já durava décadas, Guy sempre esteve ao lado da sobrinha, entendendo que era apenas uma criança perdida em um mundo completamente diferente do que ela conhecia. Essa era a sua visão das coisas e acabou sendo a da maioria das pessoas de Oakland. Quanto a William, tudo o que ele queria era levar a filha de volta para Dakota do Sul.

Mas isso dependia da justiça e do juiz do caso, Ralph Hoyt. Ele tinha duas opções: enviar a menina para uma casa de reabilitação para menores até que ela atingisse a maioridade ou submetê-la a um julgamento formal, sob a acusação de assassinato, como se ela fosse adulta. Neste caso, ela poderia receber a prisão perpétua. O que fazer com uma assassina de apenas 12 anos de idade?

Para ajudar em sua decisão, Hoyt determinou dois pontos a serem esclarecidos: teria o estado da Califórnia instalações, escolas, casas de recuperação ou tratamento domiciliar para reabilitar a menina com sucesso? Patricia sentia remorso sobre o assassinato de LaVern Bunce em sua casa na 3462 Rhoda Street? Para a segunda pergunta, o juiz determinou que um teste no polígrafo devia ser realizado com a presença de um psicólogo, para determinar as "reações involuntárias" da menina. O psicólogo Wickham revelara anteriormente que a acusada chorara, demonstrando algum remorso, além de ser legalmente sã.

Em 13 de novembro de 1956, o juiz Hoyt perguntou a Guy Bunce e William Corcoran se eles tinham algo a dizer. Nenhum deles disse nada. Após ler os resultados do teste do polígrafo – que não foram divulgados –, o juiz deu sua decisão: a de transferir a guarda da menina para a California Youth Autority (atualmente California Division of Juvenile Justice, órgão responsável por fornecer serviços de educação, treinamento e tratamento a menores infratores) até ela atingir 21 anos, podendo ser solta antes caso fosse julgada reabilitada. Com sua habitual calma e tranquilidade, Patricia escutou tudo sem demonstrar qualquer emoção.

• • •

O caso de Patricia Corcoran é triste, curioso e misterioso; tudo ao mesmo tempo. O que ficou no ar na época é que ela matou por "saudade de casa". Patricia era uma criança vinda do interior, que não conhecia nada além da vida do campo, e o choque de realidade e cultura pode mesmo tê-la afetado. Não apenas isso, ao ir para Oakland ela sepultou a fase da infância, iniciando uma espécie de vida adulta, com responsabilidades e deveres.

A transição da criança em direção à maturidade pode ser dolorosa e cheia de dúvidas. Longe dos pais, do ambiente em que ela se sentia acolhida e segura, frequentando uma escola mais difícil e com meninos e meninas cujo mundo era bem diferente do dela, Patricia pode ter se sentido deslocada e com medo. Ela não estava em Oakland para conhecer o shopping ou brincar nos parquinhos cheios de brinquedos da cidade grande, nem mesmo os seus tios tinham algum animal de estimação para ela alimentar ou brincar. Os pais a enviaram para lá para que tivesse mais chances na vida. A menina tinha deveres a cumprir e objetivos a atingir. Isso começava pela escola.

Toda essa pressão pode ter sido uma grande ruptura para a menina que cresceu na zona rural de uma cidade interiorana da Dakota do Sul. A "saudade de casa", então, não seria o que entendemos no sentido literal, mas uma definição para o choque que essa nova realidade teve em sua mente. Mas, ainda assim, a menina continua sendo um enigma.

Psicólogos e psiquiatras não atestaram nada de errado com ela. Era uma criança normal. Em Dakota do Sul, Patricia fora uma menina com notas excelentes na escola, cresceu brincando com os irmãos e ajudando a família no campo. Seus pais, a propósito, eram duas pessoas incrivelmente boas. O fato de enviarem a filha para a casa dos tios em uma cidade grande, cheia de oportunidades, é um sinal de que queriam o melhor para ela. O pai William ficou ao lado da filha desde o início, e há uma foto muito bonita dos dois durante uma das audiências de Patricia. Ela o olha com muita ternura, com um sorriso contido, mas que claramente mostra o quanto eram próximos. Até o dia 4 de outubro de 1956, não havia nada de ruim que alguém pudesse dizer a respeito da menina.

Por outro lado, não podemos nos enganar; o fato de premeditar um assassinato é um sinal de que algo estava errado. Não apenas isso, mas ir em frente, escolhendo um machado e escondendo-o dentro da casa, se esgueirando atrás da tia e aplicando-lhe um golpe na cabeça, e depois mais um, e mais outro e mais outro – o médico legista nem soube dizer quantos. Os posteriores esfaqueamentos com duas facas diferentes mostram uma sede de sangue parecida com a de assassinos cuja raiva da vítima é tão intensa que, enquanto tiverem forças, continuarão destruindo o seu corpo, cometendo o chamado *overkill*.* Coube a Patrícia, depois de tudo isso, limitar-se a dizer aos policiais: "Eu devo estar louca".

Patricia Corcoran não chegou a ficar até os 21 anos de idade sob a custódia do estado da Califórnia, tendo sido libertada antes disso. Ela correu de volta para a sua casa em Mitchell, na Dakota do Sul. O jornal da cidade, *The Daily Republic*, escreveu em sua edição de 21 de julho de 1965:

> "Serviços de Rosário serão feitos para a senhorita Patricia Faye Corcoran e para a senhorita Yvonne L. Adams, ambas de Mitchell, hoje à noite (quarta-feira) às 20h na Capela Funerária Milliken.
> Um Serviço Bíblico será realizado para a senhorita Adams na capela às 20h15.
> A senhorita Corcoran, de 21 anos, era a filha do senhor William Corcoran e a senhorita Adams, de 19 anos, era a filha do sr. Donald Adams.
> Ambas as garotas foram mortas em um acidente de carro no domingo à noite na Highway 37, ao norte de Mitchell."

Em 18 de julho de 1965, um domingo à noite, exatamente às 20h15, Patricia estava de carona em um conversível 1955 com mais três amigas quando, em um cruzamento, se envolveram em um acidente com outros dois carros. O veículo em que as garotas estavam capotou, caindo em um declive de mais de 60 metros. Patricia e sua amiga Yvonne morreram na hora. Mary Jean Schwartz, de 22 anos, e Georgia Gay Cunningham, de 21, sobreviveram, ficando em estado grave, mas se recuperando posteriormente.

Patricia está enterrada no bloco 5, lote 77, sepultura 6, do Cemitério Calvary, em Mitchell. Para os curiosos de plantão, sua lápide pode ser vista no website *Find a Grave*.

---

* *Overkill* é um termo usado para descrever uma ação que é excessiva ou exageradamente além do necessário para alcançar um objetivo. Originalmente utilizado em contextos militares para referir-se ao uso de força ou poder destrutivo muito além do que seria necessário para destruir um alvo, o termo agora é amplamente aplicado em várias situações para indicar qualquer resposta ou esforço que é desproporcional ao requerido.

Nathan Faris

NATHAN FARIS

24
ARMAS NA ESCOLA

ESTADOS UNIDOS | 12 ANOS

A De Kalb High School, localizada em De Kalb, uma pequena cidade ao noroeste do Missouri com cerca de 300 habitantes, é uma escola frequentada, em sua maioria, por alunos moradores das redondezas. Sendo um ponto tão discreto nos mapas, alguns poderiam acreditar que nada faria a cidade ou a escola terem os seus nomes conhecidos no mundo, mas a linha tênue que separa o anonimato da notoriedade é facilmente atravessada quando acontece algum tipo de tragédia.

Em 2 de março de 1987, o superintendente da escola, Robert Couldry, não se abalou com os sons explosivos vindos das salas. Quando observou algumas crianças correndo para fora de uma delas, ele também as ignorou. A sala era a do professor Norman Walton, do sétimo ano, conhecido por desenvolver atividades em grupo não muito tradicionais. Quando uma criança passou correndo gritando a respeito de uma arma, ele pensou que Walton estivesse apenas ensinando alguma coisa sobre terrorismo. Mas bastaram poucos segundos para Robert Couldry ter uma visão que o abalaria para o resto da vida.

"Eu acho que isso o empurrou para além do limite."

Sargento Galen Higdon

A primeira coisa que o fez se dar conta da tragédia estava no corredor: uma trilha de sangue. Mais à frente, dois estudantes caídos em poças de sangue, Timothy Perrin, de 13 anos, na entrada de uma sala, e Nathan Faris, de 12 anos, dentro de outra. Uma ambulância logo foi chamada e levou ambos para o hospital. Perrin foi declarado morto ao chegar no Heartland Hospital East. Já Nathan Faris faleceu às 9h30 da manhã, cerca de uma hora depois de atirar contra a própria cabeça.

A história do tiroteio na De Kalb High School envolve uma criança que parece nunca ter se encaixado. Atormentado por anos de bullying por conta do seu peso, Nathan Faris não teve a afeição das outras crianças. As provocações vinham desde o terceiro ano e, durante quatro longos anos, ele foi o centro da humilhação escolar. O menino se tornou solitário, fechado em si mesmo, sem amigos e cada vez mais triste. Sem aguentar mais as piadas a respeito do seu corpo, ele explodiu em uma ira homicida que ceifou a vida de seu colega de classe e a sua própria.

Tudo começou como uma mórbida brincadeira infantil. Nathan Faris já havia alertado aos colegas que algo estava para acontecer. Na semana anterior ao crime, Nathan avisara alguns para não comparecerem na escola na segunda-feira seguinte porque ele levaria uma arma e atiraria em todo mundo. Ele se vingaria de todos aqueles que o atormentavam. Mas ninguém deu atenção para as ameaças, já que Nathan era "o gordo sem graça". Não importa o que fizesse, ele sempre seria motivo de chacota. Por tirar notas boas recebeu o apelido de "Dicionário Ambulante"; por usar óculos de sol era o "Ensolarado". Ele nunca sequer esteve em uma briga. A melhor definição de como seus colegas o enxergavam veio da colega de classe Jessica Lux, de 12 anos: "Ninguém tinha nada contra ele. Ele era apenas alguém para azucrinar". Em outras palavras: Nathan era apenas o saco de pancadas da sala.

Nem quando Nathan estava prestes a explodir, dizendo a todos que ninguém mais abusaria dele, que chegaria na segunda-feira e atiraria em todo mundo, seus colegas o levaram a sério. "Eu só disse que ele era meio estranho", disse Joe Hawkins, do nono ano. "Ele disse que mais ninguém iria tirar sarro dele. Disse que levaria uma arma para a escola, mas não acreditaram", afirmou Jessica.

A segunda-feira, 2 de março de 1987, chegou e, nesse dia, enquanto o professor não chegava para dar início a aula, Nathan Faris se sentou em sua cadeira e tirou uma pistola da mochila. Na frente dos colegas, ele colocou um pente e carregou. As crianças ao redor perceberam o que se passava, mas a zombaria de sempre teve início. Começaram a dizer que "o balofo" estava com "uma arma de brinquedo e só queria assustar" todo mundo.

"É real!", bradou Nathan. O menino, então, caminhou até um colega com quem tivera um desentendimento na sexta-feira, e que vivia atormentando-o, e apontou a arma para a sua cabeça, mas não atirou. Ao voltar para sua cadeira, outro estudante, Brandon Bush, tentou tomar a arma da mão de Nathan, dizendo que era de brinquedo. "É real!", repetiu o menino.

Outro estudante, Timothy Perrin, se juntou a Brandon para tentar tirar a suposta arma de brinquedo das mãos de Nathan. Os dois riam e caçoavam dele. Então Timothy desistiu e voltou rindo para sua cadeira, onde se sentou. Nesse momento, um tiro foi disparado, ricocheteou na parede e foi parar na frente da sala. Assustados com o barulho e vendo uma arma na mão de Nathan, algumas crianças correram para fora do lugar. Nathan atirou mais duas vezes, e um dos tiros acertou o abdômen de Timothy, que saiu cambaleando da sala e dizendo aos amigos: "Eu levei um tiro". O outro tiro o acertou na cabeça, mas não o matou de imediato. Deixando um rastro de sangue para trás, o menino foi visto engatinhando até desfalecer na frente da porta de uma sala adjacente. Segundos depois escutou-se outro tiro. Nathan Faris atirara na própria cabeça.

A conclusão do inquérito policial citou que o crime foi motivado por anos de tormento sofrido por Nathan Faris devido ao seu peso. O sargento de polícia Galen Higdon, porém, não acreditava que o menino quisesse matar, apenas assustar seus colegas de classe. "Eu acho que as chacotas são cerca de 99% [do motivo]. Ele perdeu um irmão pequeno um ano antes [de leucemia] e acho que o seu estado emocional era instável. Os tormentos vinham de um período de vários anos", disse Higdon na época.

Naquele dia, Nathan Faris levara dois pentes cheios de balas além de uma caixa de balas extra. De acordo com o policial, é muito improvável que o menino quisesse matar alguém de verdade, pois, se o quisesse, atiraria indiscriminadamente. O que aconteceu foi que "as coisas se intensificaram muito rápido".

> "Ele colocou a arma na cabeça de um menino e não puxou o gatilho. Ele teve bastante tempo para atirar, mas não o fez, e então ele se virou para outro menino e não atirou nele. Mas quando as crianças começaram a falar 'o balofo tem uma arma de brinquedo' e passaram a rir dele, eu acho que isso o empurrou para além do limite." (Sargento Galen Higdon)

Não é possível mensurar a aflição psíquica que Nathan Faris passava, ano atrás de ano aguentando as zombarias. Será que Nathan Faris estava mesmo decidido a matar os meninos que o atormentavam, ou tudo era apenas uma fantasia que saiu de controle? O menino avisara com antecedência o que pretendia fazer na segunda-feira, 2 de março de 1987. Os testemunhos de seus colegas de classe levam à conclusão de que ele queria mesmo se vingar e — pelo menos — fantasiava matá-los. Mas sabemos que imaginar situações em nossas mentes não é crime algum e a fantasia é algo muito diferente de uma ação prática. Talvez, como disse o policial Higdon, Nathan apenas quisesse assustar as pessoas. Mas quem pode afirmar, sem dúvida alguma, que ele realmente levou a arma para a sala de aula sem intenção de matar?

Nathan não puxou o gatilho logo de início. Os colegas de classe, sem saber de suas intenções e do perigo que corriam, jogaram lenha na situação, ridicularizando-o mais uma vez e gargalhando na sua cara. O vulcão entrou em erupção e deu vazão a toda fúria armazenada durante anos.

Em 30 de abril de 1987, 59 dias depois da tragédia ocorrida na escola, o pai de Nathan, William Faris, faleceu aos 39 anos em um acidente de trabalho.

Para muitos habitantes de De Kalb, a última imagem que ficou dos dois meninos é a de seus corpos sendo levados em macas e cercados por paramédicos e policiais em uma desesperada corrida contra o tempo. Mas o tempo para Nathan Faris e Timothy Perrin já havia chegado ao fim, e não existia mais nada neste mundo que pudesse ser feito para corrigir o cronômetro. Para fechar suas existências nesta vida, as últimas menções que as duas crianças tiveram foram, para Nathan:

> "Serviços para Nathan Daniel Faris serão realizados na quarta-feira, às 14h, na Igreja Luterana Trinity, Atchison, Kansas. O enterro será no Cemitério Sugar Creek, sudoeste de Rushville, sob a direção da casa funerária Sawn & Dyer, Atchison.
>
> O jovem Faris, de 12 anos, residente na Route 1, Rushville, Missouri, faleceu segunda-feira de manhã, 2 de março de 1987.
>
> Nascido em 21 de abril de 1974, em Atchison, era o filho de William Charles Faris e Sharon Kay Wehking Faris.
>
> Ele frequentou a escola até o terceiro ano na Trinity Lutheran School, Atchison, do quarto ao sexto ano na Rushville Elementary School, e era estudante do sétimo ano na De Kalb High School. Ele era membro da Igreja Luterana Trinity.
>
> Nathan era ex-membro dos Escoteiros Mirins Luteranos Trinity.
>
> Ele foi precedido na morte pelo irmão.

Parentes vivos incluem o avô paterno, Champ Earis, de Rushville, avós maternos Alvin e Edna Wehking, de Atchison, e duas bisavós, Clare Wehking e Moretta Kuhnert, ambas de Nortonville, Kansas.

A família irá receber amigos das 7h às 8h30 desta manhã na sala funerária."

E Perrin:

"Timothy Shane Perrin, de 13 anos, Rushville, faleceu na segunda-feira de manhã, 2 de março de 1987, no hospital St. Joseph de ferimentos sofridos no tiroteio na De Kalb High School.

Nascido em Winchester, Kansas, ele era um residente da área de Rushville desde 1983. Estudante do sétimo ano na De Kalb High School, era membro das equipes de basquete e corrida.

Frequentou a Leavenworth County Grade School no terceiro ano e a Rushville Elementary School no sexto ano.

Ele vive através de sua mãe, Billy Jane Vega, e padrasto Barney Pospisil; uma irmã, Tammara Janene Perrin; e sua avó materna Mary Alice Reed. Outros familiares incluem o irmão, Charles Dwaine Perrin, de Clearfield, Utah; um tio; cinco tias-avós e vários primos.

Os serviços serão às 14h de quinta-feira na Igreja Cristã de Rushville. O enterro será no Cemitério Wise, em Winchester.

A família receberá amigos das 7h às 8h30 desta manhã na Casa Funerária Sawin & Dyer, em Atchison, Kansas. Lá haverá um encontro na Pat's Steak House após o enterro."

Em uma pequena cidade onde a maioria dos moradores se conhece, o impacto deste trágico evento é imensurável, deixando cicatrizes profundas na comunidade. A história desses dois meninos, marcada por um desfecho violento, serve como um chamado à ação para pais, educadores e autoridades. É uma prova de que a empatia, o apoio e a intervenção precoce são essenciais para evitar que outras vidas jovens sejam perdidas ao longo do caminho.

Billy Jane Vega, mother of shooting victim Timothy Perrin: "Give me back my son"

Nathan D. Faris
..."No one believed him"

Mary Ann Johnson

MARY
JOHNSON

25
UMA NOVA FAMÍLIA

INGLATERRA | 12 ANOS

Dois anos após a sua fundação, o primeiro jornal ilustrado do mundo, o inglês *The Illustrated London News*, trouxe em sua quarta edição do ano de 1844 uma dolorosa notícia envolvendo uma conhecida combinação alimentar muito utilizada por mulheres no século XIX: arsênico e refeição. Essa notícia, porém, era mais pesada do que casos parecidos pois envolvia uma criança.

Segundo a notícia, a menina de 12 anos aparecera no mercado de William Overton, na pequena vila de Benington, no nordeste inglês, querendo comprar um papel de carta. Como ele não tinha o item, ela foi embora. Minutos depois a menina voltou querendo comprar algo suspeito: arsênico. Overton vendeu, mas posteriormente ficou com um pensamento em sua cabeça: no momento em que a menina entrou pela primeira vez no mercado havia muitas pessoas, então ela pediu uma correspondência e foi embora. Minutos depois, quando não tinha ninguém no lugar, ela entrou de novo e pediu algo totalmente diferente — um veneno. Que coisa, não?

• • •

> *"No tribunal estranhamente cheio, ela parecia ser a única imóvel, indiferente e muda."*
> **The Illustrated London News**

Nascida em 1831, Mary Ann Johnson era a filha de um caso que sua mãe, Mary, teve com um criado. Em 1834, a mãe se casou com um agricultor chamado Christopher Farr, morador de Benington, e teve dois filhos – Daniel, nascido em 1835, e William, nascido em 1838. Uma filha, Martha, nasceu em 1842, mas morreu em seguida.

Em dezembro de 1843, Mary Farr faleceu subitamente aos 34 anos de idade, deixando Christopher viúvo ao lado dos dois filhos, da enteada Mary Ann e da governanta Elizabeth, de 30 anos.

"A MENINA VOLTOU QUERENDO COMPRAR ALGO SUSPEITO: ARSÊNICO."

Não demorou muito e uma nova tragédia se abateu sobre a casa da família Farr.

Era 30 de janeiro de 1844 e, após o jantar, Christopher e Elizabeth foram até uma capela nas proximidades, deixando Mary Ann responsável pelos seus dois meios-irmãos. Quando os adultos voltaram, descobriram que Daniel e William estavam na casa de um vizinho, levados por Mary Ann depois de passarem muito mal; eles vomitavam e estavam com uma tremenda diarreia. Christopher saiu em busca de um médico, o dr. Richard Cummack, mas quando ele chegou William já estava em seus últimos suspiros. Ele faleceu logo em seguida. Duas horas depois foi a vez de Daniel vir a óbito.

As mortes repentinas das duas crianças chocaram a comunidade e fizeram o médico ficar desconfiado. Aquilo parecia envenenamento.

No dia seguinte, Christopher descobriu que Mary Ann comprara arsênico e, ao ser indagada, a menina disse que o conseguiu de uma mulher que conhecera na estrada. Ela não sabia quem era a mulher e nunca mais a vira. Ao mesmo tempo, o dr. Cummack encontrou uma quantidade enorme do pó da morte no estômago das duas crianças. Um inquérito foi aberto em 18 de fevereiro de 1844 e logo todos descobriram a origem do veneno: o mercado de William Overton. Em depoimento, o dono revelou que não queria vender o produto para a menina, mas ela insistiu, dizendo que era para matar os ratos que infestavam a sua casa. Com muito custo ele concordou, mas não sem antes adverti-la de que aquela substância era altamente perigosa e que ela deveria tomar cuidado onde a colocasse. Overton cobrou 1 centavo por pouco mais de 100 gramas e tomou o cuidado de rotular a caixinha com a palavra "VENENO".

Mas Mary Ann continuou com a história da mulher da estrada, dessa vez dando mais detalhes: ela vestia uma capa marrom com fitas coloridas avermelhadas e usava chapéu de palha. Uma testemunha apareceu e disse ter visto Mary Ann caminhando por uma estrada em direção ao mercado de William Overton ao mesmo tempo em que uma mulher com aquela descrição passava por lá. Mas durante todo o tempo em que essa testemunha acompanhou as duas a uma certa distância, elas sequer se aproximaram uma da outra, muito menos trocaram palavras.

O funil da investigação levava a uma pessoa apenas: a menina de 12 anos. Em uma audiência judicial, autoridades da época não tiveram outra escolha senão enviar Mary Ann até Lincoln Castle, cidade a 65 quilômetros de distância, para aguardar julgamento. "No tribunal estranhamente cheio, ela parecia ser a única imóvel, indiferente e muda", revelou o *The Illustrated London News* em edição de 24 de fevereiro.

No dia seguinte, Mary Ann fez uma confissão detalhada ao capelão da prisão, afirmando não ter agido sozinha. Uma dúvida que existia era como a menina conseguira o dinheiro para comprar o pó. Em uma época em que 1 centavo comprava muita coisa, era raro crianças terem acesso a moedas, e isso somente acontecia se os pais as fornecessem, o que não era o caso.

Em 9 de março, devido a um erro técnico no processo, a acusação contra Mary Ann foi anulada e ela, libertada. Quatro meses depois, uma reviravolta no caso colocou a governanta da família, Elizabeth, no banco dos réus acusada de matar as duas crianças. A principal testemunha contra ela? Mary Ann.

Segundo a menina, foi Elizabeth quem lhe deu dinheiro e pediu para comprar arsênico, orientando-a a comprar um papel de carta e o pó. Ainda de acordo com a criança, usando uma colher quebrada, Elizabeth misturou o pó com água, colocou a mistura em uma caneca e pediu para Mary Ann dar às vítimas quando ela saísse com Christopher à noite. Mary Ann teria advertido Elizabeth de que aquilo poderia fazer mal às crianças, mas a mulher a tranquilizou, dizendo que o veneno só matava ratos, e não pessoas. Mary Ann fez o que foi pedido e ainda foi orientada pela mulher mais velha a dizer, caso o sr. Overton contasse alguma coisa, que ela não levara o veneno para casa. Teria, em vez disso, dado-o a uma mulher de capa marrom na estrada. Para ter certeza de que a menina tinha decorado a história, Elizabeth a pediu para repetir tudo de novo. Quando Mary Ann o fez, recebeu um elogio e um beijo na bochecha da governanta.

Aparentemente a mulher estava de olho no patrão, Christopher. Só havia duas camas na casa, e Christopher e seus dois filhos dividiam uma enquanto Mary Ann e Elizabeth a outra. Após a morte de Daniel e William, Elizabeth e Christopher passaram a dormir juntos em uma das camas. Uma testemunha, Sarah Johnson, tia de Mary Ann e irmã de sua falecida mãe, disse sob juramento que Elizabeth queria se casar com Christopher e até tinha ido a um vidente, o senhor Smith, para saber se isso aconteceria.

A história da governanta assassina caía melhor do que a da criança assassina. Desde o início as autoridades tiveram dificuldades em aceitar a culpabilidade de Mary Ann, e a história incriminando a governanta era bastante aceitável e explicava, por exemplo, o centavo conseguido pela menina para comprar o veneno: ele vinha do salário de Elizabeth. Supostamente, até mesmo a família de Elizabeth acreditava em sua culpa. Uma testemunha afirmou ter ouvido-a conversando com a mãe e o irmão cerca de um mês depois do crime, e eles suspeitavam da mulher. "Se você é inocente, sabe Deus então quem é o culpado!", teria dito o seu irmão, ao que Elizabeth respondeu: "A criança fez uma confissão, e eles acreditarão nela antes de mim".

O sr. Chevins, vizinho da família Carr, para onde Mary Ann levou as vítimas após passarem mal, disse no tribunal que quando Elizabeth chegou com Christopher em sua casa após saberem do problema, ela disse: "Pobre companheiro, eu sei o que é, e ele não tem mais tempo".

O advogado da governanta, sr. Macaulay, "em um discurso eloquente", apontou que Mary Ann era uma criança inteligente e tomara cuidados para ocultar o crime, e isso fazia dela a principal suspeita no caso. Ele também argumentou que o fato de a menina ter ido ao mercado com objetivo de comprar veneno, ter saído e depois voltado quando não havia ninguém, a condenava, pois mostrava que ela conhecia a letalidade do produto e tinha em mente a sua finalidade.

Após o fim dos trabalhos, o juiz resumiu cuidadosa e minuciosamente o caso, o júri se retirou e, após uma breve discussão de apenas 5 minutos, retornou com o veredito: inocente! Elizabeth também chegara a ser indiciada pela morte de, mas como nenhuma evidência foi apresentada, também foi considerada inocente. Não havia provas contra ela, apenas suspeitas e o testemunho de uma menina de 12 anos que anteriormente confessara ter envenenado Daniel e William.

Teria Elizabeth eliminado as pedras em seu caminho com objetivo de se tornar a sra. Farr? Se foi o caso, por que ela matou Mary Farr e não fez o mesmo com as crianças? Por que pedir a alguém de 12 anos para cometer o ato? Envenenadoras costumam agir sozinhas, são sorrateiras e agem de forma hábil de modo a não deixar testemunhas de seus crimes. Agora, se Mary Farr realmente morrera de causas naturais, faria mais sentido ela ter pedido a Mary Ann para despachar as outras crianças. A governanta pode não ter tido a coragem necessária, ou simplesmente usou a criança, planejando sair com Christopher no momento do crime, construindo o álibi perfeito.

Mas e se Elizabeth de fato for inocente? Tecnicamente nós sabemos quem é a assassina: Mary Ann. Ela comprou o veneno no mercado e o deu às vítimas. Mas desde a primeira vez em que confessou o crime para o capelão da prisão em Lincoln Castle, a menina afirmou não ter agido sozinha. Se estivera contando a verdade, talvez Mary Ann tivesse medo de Elizabeth ou simplesmente relutou em apontar o dedo para ela. Se não, a menina mentiu o tempo todo, querendo incriminar a mulher mais velha, e Mary Ann, com seu ar infantil, enganou a todos. Ela sabia ler e tinha idade suficiente para compreender que oferecer veneno para um ser humano poderia ser muito, mas muito prejudicial. Além disso, ela ainda ouviu um sermão de Overton, que pediu para que tomasse muito cuidado com aquele pó.

Por outro lado, não podemos negar de maneira alguma o poder de influência que um adulto exerce em uma criança de 12 anos. Se um adulto a tranquiliza, afirmando que o pó só matava ratos, bom, ele deve saber do que está falando, já que é grande e sabe das coisas. Sobre ter saído do mercado de Overton e voltado novamente quando não havia ninguém, tudo teria sido coincidência e medo. Medo, pois Mary Ann não queria comprar o veneno e, ao retornar à casa com o pensamento de que Elizabeth poderia castigá-la, a menina deu meia volta e comprou o arsênico, coincidindo com o momento em que não havia ninguém no estabelecimento.

Se Mary Ann Johnson foi usada ou não, essa é uma pergunta sem resposta, assim como várias outras que cercam esse caso. O que ficou foi a certidão de óbito de duas crianças inocentes envenenadas cujas vidas foram covardemente tiradas. O ato brutal de matar não só o alvo em si como todos aqueles que estão a sua volta. Em um curto período, Christopher Farr perdeu não apenas a esposa como seus dois filhos, uma tragédia impensável cuja dor somente pode ser medida por aqueles atingidos.

Quase 180 anos depois, os verdadeiros detalhes do caso permanecem no escuro, e assim permanecerão para todo o sempre.

Psycho killer, qu'est-ce que c'est?

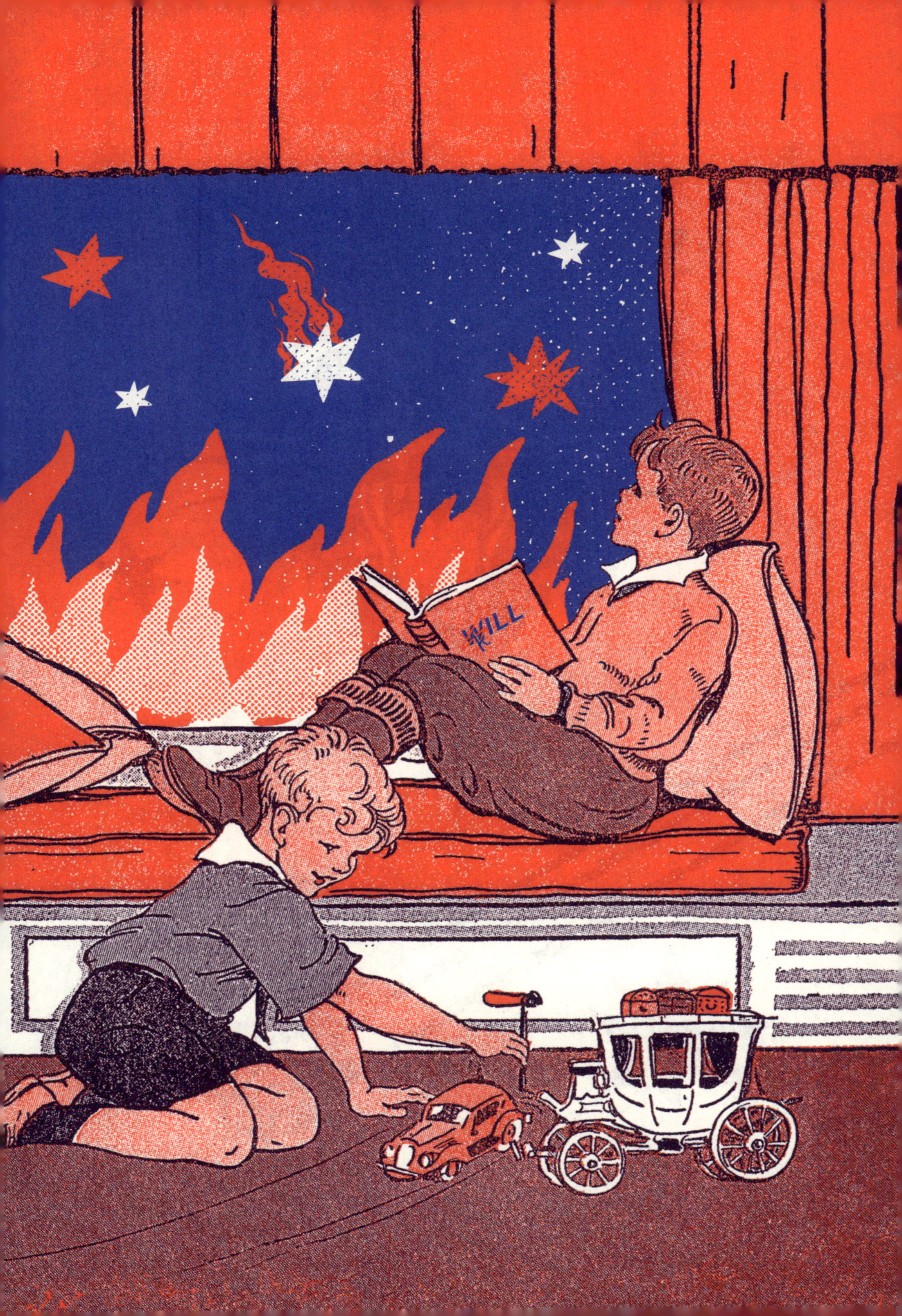
WILL

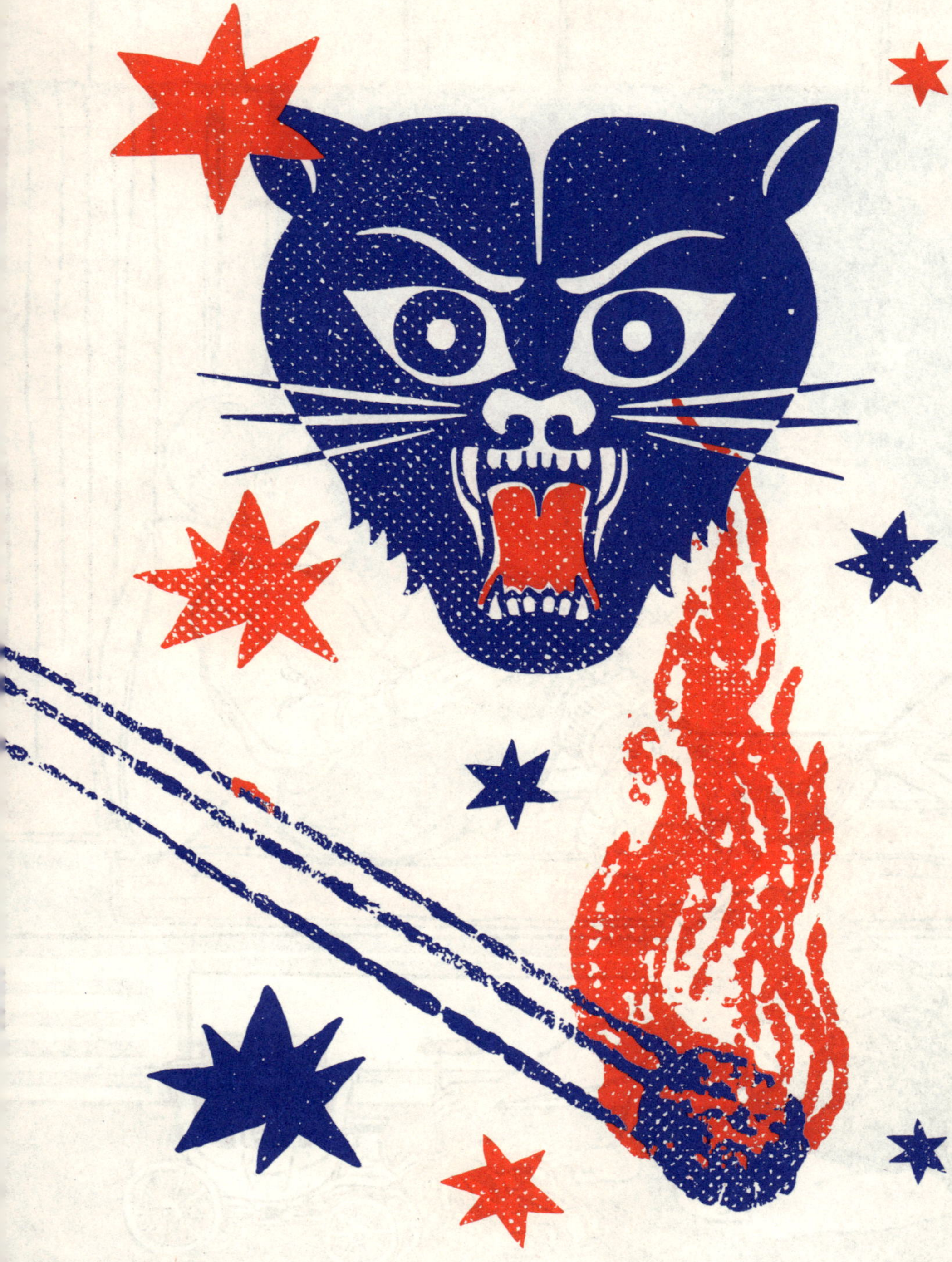

ALERTA: CRUELDADE CONTRA ANIMAIS

"A crueldade contra os animais é amplamente conhecida na psicologia como um indicador de 'alerta' de psicopatia e comportamento agressivo futuro. O crime animal envolve um desprezo insensível pelas criaturas vivas e uma falta de empatia que pode se traduzir na maneira como o agressor vê os seres humanos."
Gary Macpherson, psicólogo forense

Em 1873, na Inglaterra, um homem cujo trabalho era arrancar olhos de passarinhos para que eles cantassem de forma "mais doce" foi condenado por crueldade contra os animais. No mesmo ano, em Belfast, Irlanda, a Sociedade Para Prevenção da Crueldade Contra Animais, em seu balanço, contou 79 pessoas condenadas por maltratar animais, um número bem menor do que do ano anterior, que foi de 117 pessoas. Então, 146 anos depois, em seu balanço anual 2018–2019, a RSPCA, um dos maiores e mais antigos grupos de proteção animal do mundo, baseado na Inglaterra, recebeu 143.607 denúncias de maus-tratos e investigou 15.673 desses casos. Os números da RSPCA mostram que, infelizmente, torturar e matar animais é bastante comum.

Ao longo da história, do sacrifício de animais na pré-história ao homem filmado por vizinhos no Grajaú, Rio de Janeiro, em julho de 2020, arremessando o seu gato contra a parede, humanos vêm sistematicamente matando animais. Existem múltiplos motivos para uma pessoa se engajar nesses atos e, quando acontece, é um sinal muito forte de alerta. Estudos têm sugerido que aqueles que cometem crueldade contra animais podem estar, ao mesmo tempo, cometendo outros tipos de crimes, como violência doméstica, abuso infantil e de idosos. O ato é hoje considerado um comportamento precursor de crimes hediondos, e muitos agressores demonstram isso desde a infância.

Em maio de 1900, uma "peculiar" menininha de "ideias imorais" quase assassinou sua família em Bloomer, estado do Wisconsin. John Humber era viúvo e tinha a ajuda de uma governanta para cuidar da casa e dos filhos. Um deles, Laura, de apenas 10 anos, era uma criança indomável e extremamente destrutiva – quebrava tudo que podia tocar, cortava os sapatos dos irmãos, fazia buracos nas roupas da família e, pior, tentou matar todo mundo. Certo dia, ela ouviu uma conversa de adultos sobre um caso em que pessoas morreram ao comer vidro moído misturado à comida. A garotinha achou o método interessante e decidiu aplicá-lo ao chucrute que o pai e os irmãos tanto adoravam. Por sorte, os adultos da casa descobriram a tempo. Ao ser pressionada, Laura simplesmente deu de ombros.

Pelo que se sabe da história, John e a governanta, Fannie Morris, fizeram o possível a fim de corrigir e deter a escalada de destruição de Laura. A tentativa de assassinato foi a gota d'água e, em busca de ajuda, o pai compareceu diante de um juiz. "Eu tenho três outros filhos e eles são muito bons e obedientes, mas eu não consigo fazer nada com ela, e desejo que ela seja enviada para um lugar onde possa ser cuidada", disse ele ao magistrado.

O comportamento da menina era um motivo para preocupação, mas com certeza não levantaria suspeitas ou acenderia o alerta de que ela poderia tentar algo grave. Entretanto, existiu em Laura uma prática abominável e que hoje é considerada um indicador muito forte para disposição de violência criminal futura: tortura e assassinato de animais. Laura matou várias galinhas após torturá-las, mas não se limitou apenas a esse tipo de animal – outros também foram suas vítimas. "Ela cortou o rabo do gato em pedaços e, em muitos momentos, mostrou possuir a mania de destruir vida, e todos os tipos de animais, e é uma criança perigosa demais para que possa conviver com outras crianças em casa", disse Fannie no tribunal.

Cento e vinte anos depois, a ligação entre indivíduos que praticam crueldade contra animais e violência direcionada a seres humanos foi estabelecida em dezenas de estudos, gerando a chamada "hipótese de graduação da violência", a qual sugere que quem pratica crueldade contra animais tende a, no futuro, fazer o mesmo com seres humanos. A hipótese não afirma que isso acontece com *todos*, apenas propõe que em um dado período de desenvolvimento do indivíduo, existindo a crueldade contra animais, tal comportamento prediz uma conduta violenta contra seres humanos — assim, a *agressão* direcionada aos animais seria um primeiro passo na escada da violência, cujos degraus levariam para a mesma prática contra seus iguais. Um exemplo é uma criança de 5 anos que maltrata animais. Na escola, se torna um praticante de bullying, desenvolvendo-se como um adolescente agressivo para, por fim, transformar-se em um adulto criminoso e homicida.

Na prática, o australiano Paul Denyer é um bom exemplo — degolava gatos na infância e foi banido de uma colônia de férias por causar muitos problemas. Na adolescência abandonou a escola, praticou furtos e agrediu mulheres antes de assassinar três pessoas. "Uma longa investigação de sua vida e crimes revela um jovem que mostrou tendências violentas e sádicas muito antes de decidir terminar as vidas de suas três vítimas", escreveu o jornalista Ian Munro sobre ele.

Em 1967, John Marshall Macdonald, um psiquiatra forense neozelandês, escreveu em sua tese de doutorado que "a crueldade aos animais é significativamente maior em pessoas que cometeram homicídios do que em pessoas que fizeram ameaças de morte". Para Macdonald, esse seria um dos três comportamentos-chave — além de enurese e a piromania — que, se combinados, indicariam uma pré-disposição para comportamento violento futuro. Na década seguinte, a conclusão dele se tornou a Tríade Macdonald, uma das bases usadas por agentes do FBI no estudo de assassinos em série.

É importante citar que um sem-número de crianças maltratam, torturam e até matam animais, e nem por isso cometem violência contra humanos ou se tornam assassinos. Quantas crianças das gerações passadas não cresceram matando pássaros com um estilingue? Em 1938, por exemplo, na cidade de Logan, em Ohio, um xerife chamado Dallas Kinser teve de vir a público pedir aos pais que olhassem seus filhos, pois a delegacia estava recebendo inúmeras denúncias de meninos matando pássaros com estilingue e armas de ar comprimido, o que era ilegal no estado. Crianças podem ser mais cruéis em comparação com adultos pois não são indivíduos totalmente socializados, elas projetam suas experiências no objeto: se a criança se sente bem, então está tudo bem com o outro. Crianças não fazem distinção entre seus próprios processos mentais e os dos outros. Se ela não sente dor, então o outro também não. Crianças são assim e muitas vezes fazem coisas estúpidas. Vejamos o exemplo do pequeno inglês Daniel Blair.

Em junho de 2009, os bombeiros de Londres receberam uma chamada a respeito de um cachorro que estava preso dentro de um cano na rede de esgoto do bairro de Northolt. Era possível escutar apenas os gemidos do animalzinho, um filhote da raça Cocker Spaniel chamado Dyno, e ele só foi localizado através de uma microcâmera. O bichinho estava em um local tão complicado que os bombeiros não conseguiram resgatá-lo. Uma organização de proteção aos animais foi chamada e eles também fracassaram na tentativa de remover Dyno. Foi necessário que uma empresa de encanamento fosse até o local e o salvasse da morte certa após 4 horas de agonia. Mas a pergunta que não quer calar: como um cachorro foi parar dentro de um cano subterrâneo da rede de esgoto da cidade?

A dona do filhote, uma mulher chamada Alison, contou que seu filho Daniel, de apenas 4 anos, pegou o animal, jogou dentro da privada e deu descarga. Na época, muitos se perguntaram: não seria o pequeno Daniel uma sádica criança dando início à sua escalada de violência? A resposta é: não. Não é porque uma criança pequena joga um cãozinho na privada e dá descarga que ela é uma candidata a ser o próximo Dennis Nilsen.[*] De acordo com Alison, o filho disse a ela que achou que o cãozinho precisava de um banho e nada melhor do que a privada para deixá-lo limpinho.

Em 1999, Arluke, Levin & Ascione conduziram um estudo com 260 estudantes e, desses, 28% admitiram ter abusado de animais quando crianças. Outros estudos mostraram que até 35% de estudantes universitários se lembravam de machucar ou matar algum animal na infância. Se expandirmos isso para uma escala de nível nacional, o estudo sugere que existem centenas de milhares de crianças que, em algum ponto de suas infâncias, maltrataram ou mataram algum animal. Na verdade, é necessário entender as diferenças que existem entre os abusos a animais perpetrados por crianças que crescem para se tornarem assassinas e aquelas que não o fazem. E a resposta pode estar em duas palavras: *método* e *frequência*.

---

[*] Assassino em série necrófilo escocês que matou cerca de 15 adolescentes e homens jovens entre 1978 e 1983. Ele foi capturado após o encanamento do prédio onde morava entupir. Um encanador foi chamado e descobriu restos humanos no esgoto. Nilsen descartava pedaços de corpos pela privada.

Para separar o joio do trigo nada melhor do que lançarmos um olhar mais dedicado aos casos que evoluem para matar pessoas. Nesse sentido, muitos estudos, como o desenvolvido por Arluke & Madfis, em 2014, indicaram que um significante número de *assassinos múltiplos* cometeram crueldade aos animais quando crianças. Os autores citam que 43% dos atiradores de escola (em casos datados de 1988 a 2012) perpetuaram selvageria contra animais antes de massacrarem pessoas em escolas e, desse número, 90% o fizeram de uma maneira sádica e perversa, "muito parecido com os assassinos em série", afirmou Arluke em um artigo posterior. O *método*, então, é extremamente cruel e sádico, e ocorre com uma *frequência* alta, em muitos casos beirando uma obsessão patológica.

O goiano Mohammed dos Santos treinou seu cão para destroçar gatos. O norte-americano Kip Kinkel dissecava esquilos vivos, explodiu vacas e colocava fogos de artifício nos ânus de gatos. Seu compatriota Mason Sisk queimava animais vivos. O assassino em série alemão Frank Gust estripava coelhos e explodia ovelhas, já o canadense Keith Jesperson matou diversos animais, de roedores a cobras, em uma assustadora escalada sádica. Quando nos aprofundamos nesses casos, notamos que esses indivíduos tiveram um prazer desumano em testemunhar o sofrimento do animal, culminando em algum tipo de alívio mental ao praticar tais atrocidades. Cães e gatos, em especial, são decapitados, esfolados ou dissecados vivos, afogados, esmagados, esfaqueados, explodidos, dentre outras crueldades possíveis. E isso não acontece apenas uma ou duas vezes.

Por outro lado, é importante citar que quando um assassino psicopata ou múltiplo aparece na TV após cometer um crime hediondo, é totalmente imprudente apontarmos o dedo e dizer: "Certeza que maltratava animais na infância". Esse comportamento não é exclusivo e muito menos inerente a esses indivíduos. Como citado anteriormente, o estudo de Arluke & Madfis apontou que menos da metade dos assassinos de escola maltrataram ou mataram animais na infância. O psicólogo Al Carlisle, que traçou o perfil do assassino em série Ted Bundy em 1976, escreveu sobre a sua infância que "... ele não era cruel com animais, não incendiava coisas, não roubava e não era rebelde. Novamente, ele era um bom garoto, um garoto quieto, e pelo visto um menino muito normal que sonhava acordado sobre ser um herói bem-sucedido". O contrário também é válido e existem casos em que os animais são muito bem tratados. O psiquiatra forense Georgy Vvedensky, em uma entrevista para o jornal russo *Moskovskij Komsomolets* em 2014, disse sobre um de seus pacientes: "Lembro-me de um paciente que cometeu 8 assassinatos. Ele vivia como um eremita na floresta e matava mochileiros, mas alimentava uma matilha de cães, que, segundo ele, era mais fácil de lidar do que pessoas".

No caso de assassinos em série, estudos sugerem que um significativo número deles começou seu comportamento agressivo na infância. Nos estudos de Ressler, Burgess, & Douglas, em 1988, eles entrevistaram 28 assassinos em série condenados e descobriram que 36% cometeram crueldade contra os animais quando crianças, 46% foram cruéis com animais na adolescência e 36% continuaram maltratando e matando animais na fase adulta. O psiquiatra russo especialista em assassinos em série Alexander Bukhanovsky (1944–2013) sugeriu que mais da metade (50% a 60%) dos assassinos em série russos que ele examinou torturaram e mataram animais ainda muito novos.

> "Naturalmente, muitos garotos que cometem atos menores de sadismo na infância abandonam tal comportamento e lembram com vergonha de quando explodiram um formigueiro com uma bombinha ou desmembraram uma aranha. Em contrapartida, as crueldades perpetradas por assassinos em série incipientes tornam-se mais extremas com o passar do tempo, até que passam a visar não apenas animais de rua ou bichos domésticos, mas outros seres humanos. Para eles, torturar animais não é uma fase. É um ensaio." (Harold Schechter)

A tortura e assassinato de animais, em qualquer fase da vida, se apresentada como repetitiva e sádica, deve ser motivo de muita preocupação. Apesar do foco deste livro estar nas crianças que cometem essa atrocidade, em inúmeros casos esse comportamento surge pela primeira vez quando o indivíduo já é adulto, o que não muda a "hipótese de graduação da violência" — neste caso, o que temos é apenas um *atraso* no relógio biológico homicida.

Em 1924, por exemplo, um homem chamado Alexander Gibson, de 29 anos, foi preso na capital da Escócia no momento em que cortava a garganta de um gato. A investigação descobriu que ele era o responsável pelo recente assassinato de uma criança encontrada degolada chamada Alexander Green, de 4 anos. Um especialista que o examinou revelou que o homem afirmara ter esfaqueado cerca de 20 gatos ao longo de vários anos. Gibson gostava de gatos e não desejava mal nenhum a eles, mas acreditava ser melhor que os animais morressem. Alguma coisa o compelia a cometer aqueles atos e ele não conseguia se controlar.

Já o norte-americano Patrick Henry Sherrill, de 44 anos, um homem solitário e esquisito, era odiado no bairro onde morava na cidade de Edmond, Oklahoma. Após ter sido pego várias vezes espiando seus vizinhos pelas janelas, eles o passaram a chamar de "Peeping Tom", uma expressão da língua inglesa para *voyeur*.* Já a criançada do bairro o atormentava chamando-o de "Pat Maluco". O apelido não era à toa. Mais de uma vez, crianças invadiram sorrateiramente a residência dele para resgatar cães e gatos que Sherrill amarrava com arame em uma cerca. Não raro, as crianças encontravam apenas patas e rabos, já que o homem treinou seu cão para atacar e mutilar gatos e cães menores que ele roubava de um pet shop local. No trabalho, era um funcionário medíocre e motivo de piadas entre os colegas; era um péssimo carteiro e o burburinho nos corredores era de que ele seria demitido. "Ele não consegue nem achar o Walmart, que é a maior loja da cidade", diziam seus colegas de trabalho em meio aos risos.

Em 20 de agosto de 1986, Sherrill chegou para mais um dia de trabalho na American Postal Workers Union vestido com seu uniforme azul, carregando também 3 pistolas e munição em sua bolsa de cartas pendurada no ombro. Sem dizer uma palavra, ele atirou e matou Richard Esser, um dos supervisores que o havia criticado dias antes. Seguiu-se, então, uma verdadeira carnificina. Naquele dia, Sherrill matou 14 colegas de trabalho antes de se ver cercado pela polícia e decidir tirar a própria vida com um tiro na cabeça.

O assassino em série Arthur Gary Bishop é um caso diferente, pois ele começou a matar animais após fazer uma vítima humana, aos 27 anos. Seria ele, então, um exemplo contrário à hipótese de graduação da violência? Definitivamente não. Certa vez, Bishop passou a comprar cães e gatos de pet shops e também adotar de ONGs de proteção animal. Patrick levou cerca de 50 animais para casa, os quais ele torturou e matou. Atormentado por ter assassinado uma criança, Bishop tentou encontrar maneiras de aliviar suas fantasias homicidas e experimentou a "solução" dos animais. Isso apenas piorou sua situação, pois ele descobriu que ficava excitado com os gemidos dos bichos, motivando-o ainda mais a repetir a experiência com a primeira criança. Outras quatro pessoas seriam estupradas e assassinadas por ele entre 1980 e 1983.

Jeffrey Dahmer é um caso diferente quando falamos em indivíduos que começam na infância a torturar e matar animais para depois, já adultos, matarem pessoas. Até onde se sabe, ele nunca matou um "animal grande" (apesar de existirem evidências do contrário), sua fixação era por seus cadáveres. Seu pai,

---

* Pessoa que obtém satisfação sexual em observar o sexo e a prática de sexo dos outros.

Lionel, descreveu em seu livro, *Meu Filho Dahmer*, como, aos 4 anos, o filho ficou animado ao descobrir ossos de animais debaixo da casa da família, "estranhamente empolgado" com o som que os ossos faziam em sua mãozinha. O colega de ensino médio, Derf Backderf, que anos depois escreveria a HQ *Meu Amigo Dahmer* sobre seus anos de convivência com o estranho amigo, revelou que, certa vez, eles estavam pescando em um açude quando Dahmer fisgou um peixe. Sem dizer uma palavra, Dahmer deixou Backderf espantado ao atacar furiosamente o peixe estraçalhando-o com um canivete. Já adulto, quem se espantaria em horror seria o mundo ao descobrir a carnificina que ele executava em seu pequeno apartamento alugado. Lá, em 1991, a polícia encontrou cabeças e órgãos humanos na geladeira, pênis e mãos conservados em jarros, esqueletos e um barril de ácido usado para dissolver corpos, além de crânios humanos dispostos em uma estante, os seus troféus.

Em 1964, a antropóloga Margaret Mead citou em um artigo que uma das coisas mais perigosas que pode acontecer a uma criança é ela torturar ou matar um animal e escapar impune. Embora depois da catástrofe completa seja quase impossível sentir simpatia por alguém como Nikolas Cruz, se tivesse existido alguma intervenção quando ele estava no ensino fundamental e começou a abusar de animais, atirando em esquilos e galinhas ou, quando adolescente, mutilando rãs, torturando os leitões barrigudos de seu vizinho e enfiando paus em tocas de coelho para esmagar pequenos animais, quantas vidas não poderiam ter sido salvas? De que forma uma criança assim cresce trucidando animais, bolinando, ameaçando e batendo em colegas, sem que ninguém se importe a ponto de tomar uma atitude?

Durante um ano e meio, começando por volta dos 14 anos, os ucranianos Viktor Sayenko e Igor Suprunyuk cometeram atrocidades contra cães e gatos. Em um dos vídeos filmados por eles, a dupla crucifixa um gato em uma tábua e coloca cola na boca do animal para abafar seus miados antes de, por fim, acabar com sua vida. Além disso, desde muito novos os amigos inseparáveis roubavam e espancavam outras crianças. Filhos de pessoas muito influentes da cidade de Dnipro (antiga Dnepropetrovsk), os meninos sempre saíam ilesos de processos e investigações policiais – o pai de Sayenko era promotor; já o pai de Suprunyuk era piloto de importantes políticos, e sua mãe era uma alta funcionária pública. Os pais, ocupados demais com seus trabalhos, só tinham tempo para os rebentos quando eles eram pegos pela polícia por algum crime.

Aos 19 anos, sem qualquer motivo, a não ser a enorme maldade que ambos carregavam dentro de si, Viktor e Igor perpetuaram uma das piores atrocidades da história moderna ucraniana ao assassinarem, com requintes de crueldade, 21 pessoas em apenas 21 dias. Uma das vítimas, uma mulher grávida, teve a barriga aberta e o feto retirado. Cruz, Sayenko, Suprunyuk e milhares de outros exemplos ao longo dos tempos comprovam a fala de Margaret Mead. Uma das piores coisas que poderia acontecer a uma criança aconteceu a esses meninos: ninguém se importou, eles saíram impunes e quem pagou o preço, no fim, foi a sociedade.

Em 1927, uma família francesa ficou terrivelmente doente enquanto passava férias na cidade costeira de Fouras. Aquela foi uma época horrível para a "honrada família" já que dias antes os cães da casa morreram de forma repentina. Veterinários e médicos suspeitaram e até a polícia foi convocada. Não demorou para que eles descobrissem que o infortúnio atendia pelo nome de Rolande Vallée, uma menininha de apenas 10 anos de idade. Ela e seu irmão de 18 anos, filhos de pais marroquinos, foram levados pela família até Fouras como criados. Vallée ficou enciumada pela quantidade de comida que recebeu, pois não comia tanto quanto seu irmão, e nem comparado à família. Abastecida com ódio, fúria e vingança infantil, a menina misturou água oxigenada e alvejante na comida (uma outra fonte cita arsênico). Ela sabia o que estava fazendo e sabia muito bem o desfecho do seu ato. Vallée testara sua técnica primeiro nos cães. Funcionou. O próximo passo? Humanos. "Ao juiz, ela respondeu calma e lúcida: 'Eu queria matar o meu irmão e a família inteira'." Essa família francesa teve sorte, e poderíamos dizer, inclusive, que foi salva pela observação precisa do que aconteceu aos pobres cães.

Os animais são as primeiras vítimas porque são mais acessíveis do que as pessoas e, no caso de crianças abusadoras, são os seres vivos que elas, naquele período da vida, conseguem capturar, subjugar, torturar e matar. Os animais também são quase incapazes de revidar. Em última análise, não podemos fechar os olhos para casos envolvendo crueldade contra esses seres. Se não houver uma ação dura a respeito, as próximas vítimas serão, direta ou indiretamente, aquelas que deram de ombros a essas "travessuras infantis".

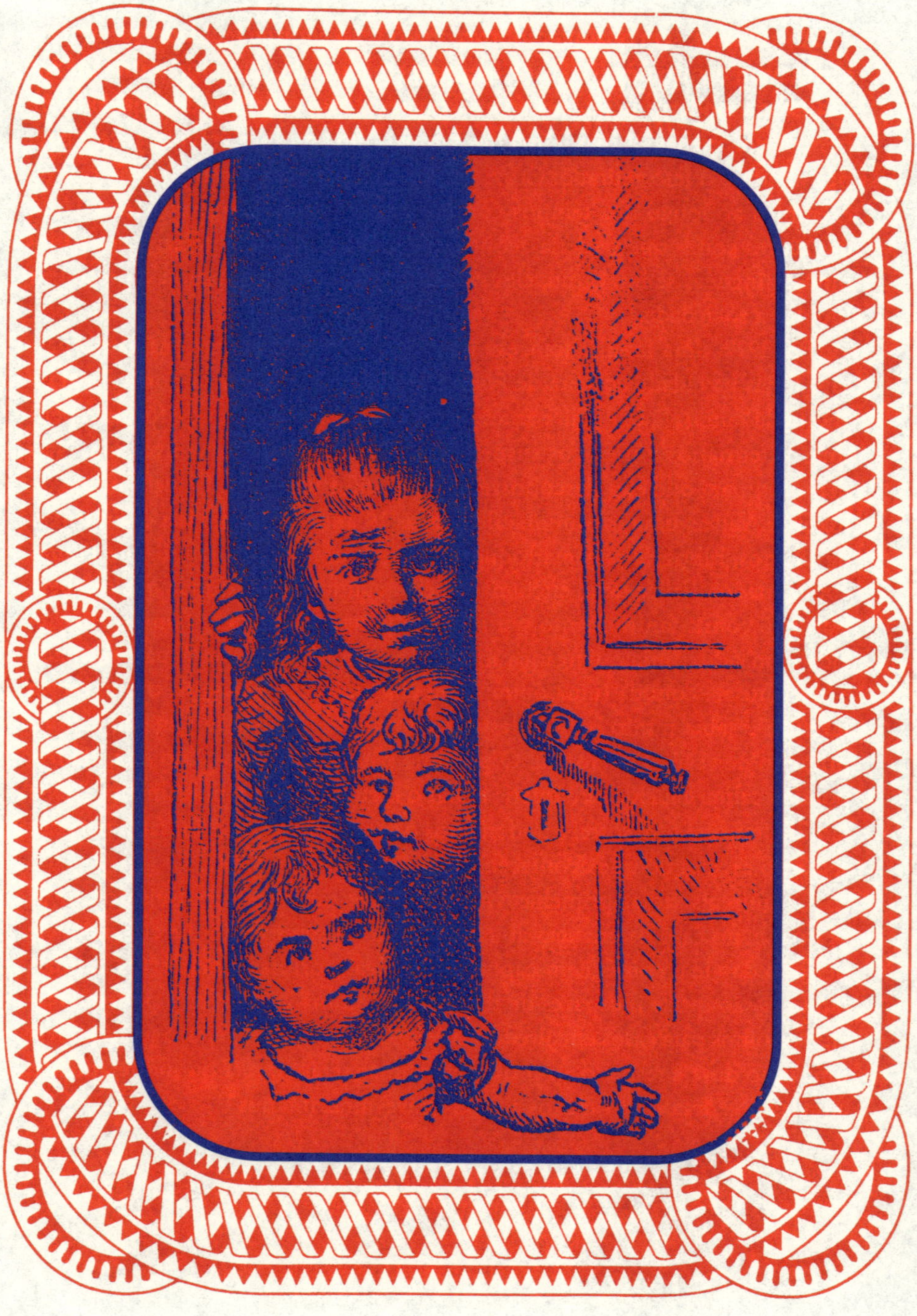

"A maldade é a vingança do ser humano contra a sociedade pelas restrições que ela impõe. [...] É o resultado do conflito entre nossos instintos e nossa cultura."

Sigmund Freud

36 CASOS ESTARRECEDORES

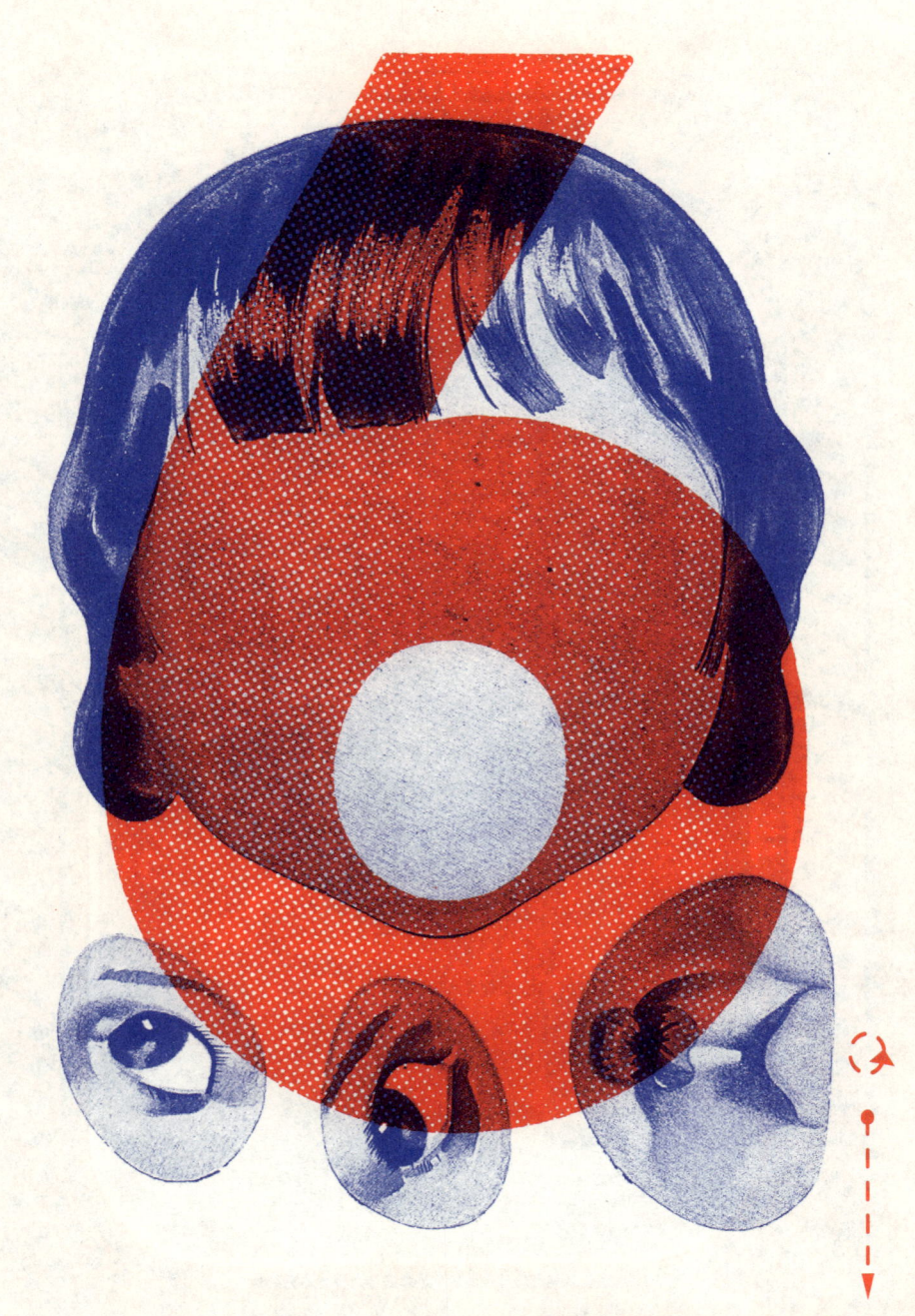

OUTROS 36 CASOS CRUÉIS
ESQUECIDOS NO TEMPO

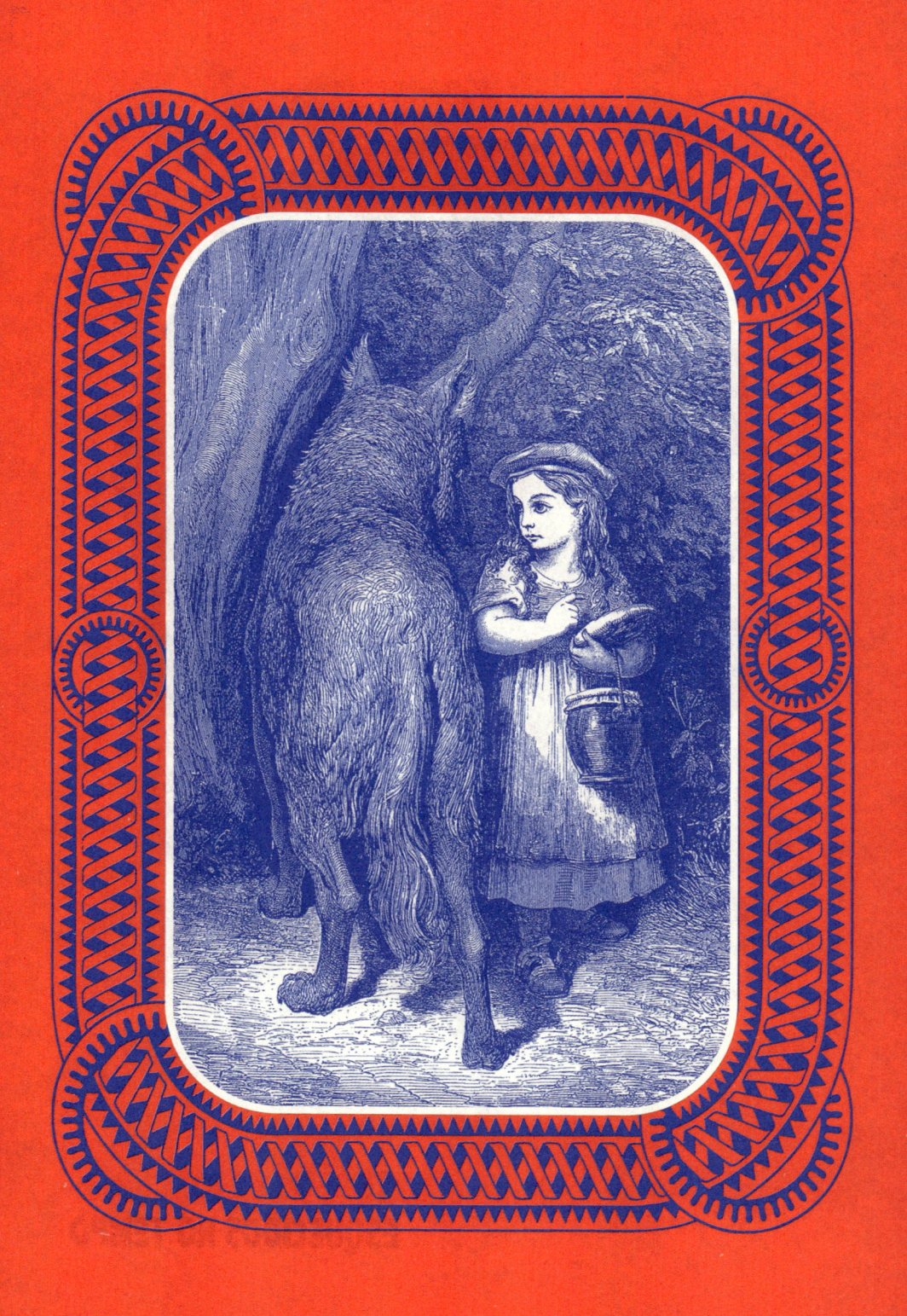

Fábula de Esopo
O Lobo e o Cordeiro

Estava um Lobo a beber água em um riacho, quando avistou um Cordeiro que também bebia da mesma água, um pouco mais abaixo. Mal viu o Cordeiro, o Lobo foi ter com ele de má cara, arreganhando os dentes.

— Como tens a ousadia de turvar a água onde eu estou a beber?

Respondeu o Cordeiro humildemente:

— Eu estou a beber mais abaixo, por isso não te posso turvar a água.

— Ainda respondes, insolente! — retorquiu o Lobo cada vez mais colérico. — Já há seis meses o teu pai me fez o mesmo.

Respondeu o Cordeiro:

— Nesse tempo, Senhor, ainda eu não era nascido, não tenho culpa.

— Sim, tens — replicou o Lobo —, que estragaste todo o pasto do meu campo.

— Mas isso não pode ser — disse o Cordeiro —, porque ainda não tenho dentes.

O Lobo, sem mais uma palavra, saltou sobre ele e logo o degolou e comeu.

Moral da História: *Claramente se mostra nesta Fábula que nenhuma justiça nem razões valem ao inocente para o livrarem das mãos de um inimigo poderoso e desalmado. Há poucas cidades ou vilas onde não haja estes Lobos que, sem causa nem razão, matam o pobre e lhe chupam o sangue, apenas por ódio ou má inclinação.*

1

O PREÇO DO ESTRESSE

LOCAL: MONTE ST. MICHAEL, FRANÇA
ANO: 1855 • IDADE: 10 ANOS

Em maio de 1855, jornais norte-americanos citando o francês *Le Progrès du pas-de-Calais*, publicaram sobre o caso de Zephor C., um menino de 10 anos de idade morador da região do Monte Saint-Michel, no norte do país, responsável por um "crime atroz e revoltante que ninguém consegue explicar". Na ausência dos pais, Zephor encheu-se de ira com o choro de sua irmã mais nova, de apenas 2 meses de vida. Para fazê-la parar de chorar, ele pulou dentro do berço e passou a pisoteá-la, enforcando-a em seguida. O menino fez tudo isso sem se importar com os gritos de sua outra irmã, de 3 anos, que testemunhou tudo, horrorizada. "O jovem assassino não tentou negar o que fizera, em vez disso, relatou a coisa toda com extremo sangue-frio."

ASSASSINO

O CHORO DA MORTE

LOCAL: LIVERPOOL, INGLATERRA • ANO: 1855 • IDADES: 9 ANOS

Em Liverpool, muito antes de Venables & Thompson, existiu Fritz & Breen. Em 15 de julho de 1855, um bando de meninos brincava na borda do Canal de Leeds e Liverpool quando se iniciou um desentendimento entre dois deles, James Fleeson, de 7 anos, e Alfred Fritz, de 9 anos. Enraivecido, Fritz pegou um tijolo e jogou na cabeça de Fleeson. O menino caiu, com sangue escorrendo pelo rosto. Enquanto ainda estava no chão, Fritz o acertou várias vezes com o tijolo. Fleeson entrou em convulsão e começou a agonizar, gemendo muito, o que foi chamado pelas crianças que presenciaram o ato de "choro da morte". "Vamos jogá-lo no canal senão nós seremos pegos. Você me ajuda a jogá-lo ali?", perguntou Fritz a seu amigo John Breen, de 9 anos. "Sim, ajudo", respondeu a criança. Um pegou o corpo pelos braços, o outro pelas pernas. Eles o carregaram por cerca de 40 metros e o jogaram nas águas. Fleeson ainda se debateu antes de afundar. Dias depois, o corpo da vítima foi encontrado boiando no canal. Acusados de homicídio culposo na primeira audiência, a dupla foi sentenciada a uma estadia no reformatório. "Vocês não tiveram a intenção de matar aquele pequeno menino, não tenho dúvidas disso. Vocês devem ser confinados por doze meses na casa de correção, onde terão a vantagem da instrução do mestre e do capelão", disse o juiz.

2

OUTROS 36 CASOS CRUÉIS ESQUECIDOS NO TEMPO   433

ANJOS CRUÉIS • DANIEL CRUZ

BRINCADEIRA DE FACA

LOCAL: CONDADO DE ALBANY, NOVA YORK, EUA • ANO: 1858 • IDADE: 12 ANOS

Uma brincadeira entre crianças terminou em uma trágica morte quando, em 16 de abril de 1858, uma turma de meninos brincava de bolinhas de gude. Algo deu errado no jogo e dois meninos do grupo começaram uma briga; durante a troca de socos e pontapés, Michael Norton, um "menino com menos de 12 anos de idade", sacou uma faca e a enfiou no peito de Joseph Callahan Jr., matando-o na hora. Levado a um tribunal, Norton foi indiciado por homicídio.

LOCAL:
LYNCHBURG,
VIRGÍNIA, EUA •
ANO: 1873 •
IDADE: 7 ANOS

4 AMADA BOLINHA DE GUDE

Em maio de 1873, uma menina de 4 anos cuja família morava nos arredores da cidade de Lynchburg, estado da Virgínia, desapareceu, e, com a noite chegando, seus pais começaram a procurá-la. Logo, mais pessoas se juntaram a eles em buscas por florestas e campos da região. Na manhã do dia seguinte, o corpo da menina foi encontrado em um descampado não muito longe de sua casa. Um exame apontou evidências de que ela havia sido cruelmente assassinada com golpes na cabeça. Perto do corpo foi encontrada a arma do crime: um pequeno pedaço de pau impregnado com sangue e fios de cabelos. Não demorou para que as autoridades prendessem Jesse Penn, de apenas 7 anos de idade. Ele confessou o assassinato em detalhes, afirmando que o motivo era uma bola de gude branca de propriedade da vítima. Penn queria brincar com a bola de gude, mas a menina não queria dividir o brinquedo, então ele a matou a pauladas. "Dizem que o jovem assassino não mostrou sinais de remorso pelo crime nem deu indicações de qualquer preocupação com a punição", escreveu o *Chicago Daily Tribune* em 20 de maio de 1873. Devido à idade do acusado e também à "sua imbecilidade", Jesse Penn foi liberado pelo juiz sem ser processado.

OUTROS 36 CASOS CRUÉIS ESQUECIDOS NO TEMPO

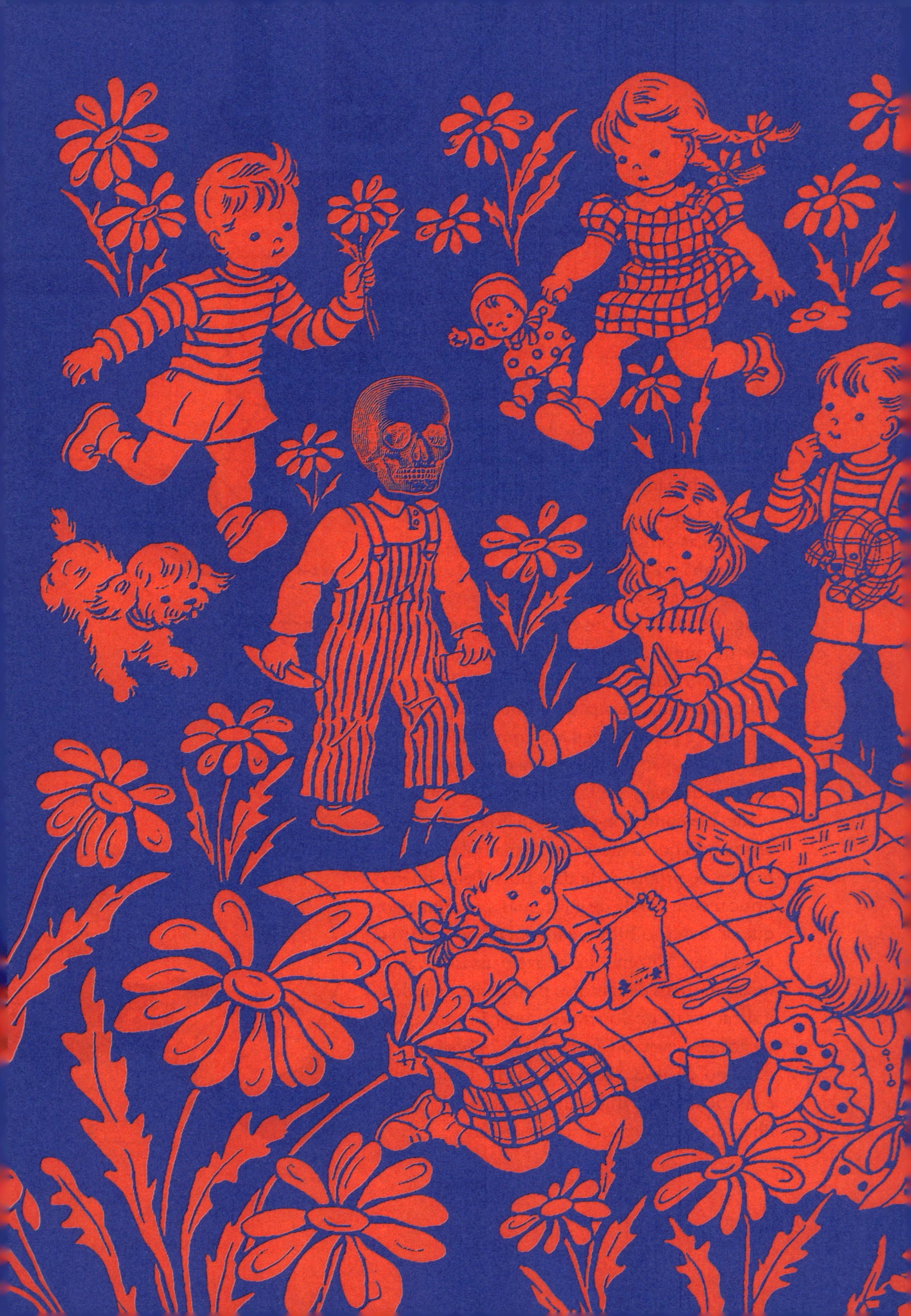

5 — MEU JARDIM SELVAGEM

un papillon

LOCAL: CASSVILLE, MISSOURI, EUA • ANO: 1867 • IDADE: 8 ANOS

No Dia da Independência Americana de 1867, um homem identificado como sr. Martin estava do lado de fora de sua casa quando escutou um tiro vindo da residência. Ele correu para dentro e teve uma visão horripilante: sua pequena filha, de apenas 8 anos de idade, estava toda manchada de sangue e arrastando o corpo do irmão de 4 anos pela sala. Petrificado, o sr. Martin apenas acompanhou com os olhos a filha deixando o corpo da vítima no jardim, então ela "virou-se com um olhar verdadeiramente selvagem, considerado assustador". Indagada sobre o que havia acontecido, a menina disse que o irmão arrancara suas flores da terra e por isso lhe dera um tiro. E ainda fez ameaças, dizendo que qualquer outra criança que repetisse o erro teria o mesmo fim. O médico que examinou a pequena assassina "sugeriu que a menina era insana".

VALORES SUÍNOS

the bitter taste of fresh meat

PORK'S HEAD.

6

LOCAL: FRAMWELLGATE MOOR, DURHAM, INGLATERRA • ANO: 1869 • IDADE: 3 ANOS

Crianças muitas vezes se espelham na imagem dos pais e desejam ser iguais a eles. Robert Grieveson, de apenas 3 anos, adorava o pai, e se não podia criar porcos como ele, então podia brincar de ser um respeitável empresário do ramo suíno. Em 13 de fevereiro de 1869, Grieveson estava brincando com seu amiguinho John Ervington, de 5 anos, quando teve uma brilhante ideia. "Ei, Ervington, Ervington, vamos brincar de matar porcos?" O menino arregalou os olhos e disse: "Tá legal! E eu serei o porco!". E se era para brincar de verdade, que a brincadeira fosse realista. Enquanto Ervington ficava de quatro, imitando um porco, Grieveson arranjou um pequeno martelo e sem dó acertou a nuca de seu amigo. O menino, aturdido, virou a cabeça e levou outra martelada na testa. Vomitando e passando mal, Ervington voltou para casa, mas os pais não deram muita importância ao seu estado. Mesmo quando a avó soube das marteladas, a família ainda achou que não era grave. John Ervington faleceu no dia seguinte de hemorragia cerebral e um tribunal retornou um "veredito adequado" a Grieveson. Como crianças com menos de 7 anos não podiam ser responsabilizadas criminalmente na Inglaterra do século XIX em virtude da presunção *doli incapax*, onde crianças eram consideradas incapazes de distinguir o certo do errado, assassinos infantis como Grieveson eram indiciados por assassinato, mas sem intenção de matar, e então eram absolvidos.

SEDE DE SANGUE

LOCAL: LEXINGTON TOWNSHIP, INDIANA, EUA • ANO: 1872
IDADE: 7 ANOS

É estranho pensar em uma criança que tenha como atividade preferida infligir dor a outras crianças. Alguém assim só pode ter uma natureza diferente. O pequeno Lottus, de 7 anos, filho de um homem chamado Hugh Lottus, parecia ter em seu interior uma incontrolável sede por sangue. Certa vez ele chamou a amiga Jerry Chandler, de 5 anos, para brincar em um estábulo, dizendo que conhecia uma brincadeira bem legal envolvendo uma serra barulhenta. Ele ligou a máquina e tentou forçar o braço da menina sobre a lâmina. Lottus realmente queria cortar fora o braço da amiga, mas seu desejo foi interrompido quando um adulto entrou no estábulo. Dias depois, Lottus e Chandler brincavam no quarto do menino quando de repente ele ameaçou matá-la. Chandler saiu do quarto, mas voltou logo depois, sendo recebida com um tiro no estômago, disparado pelo menino. Levada ao hospital, a menina ainda sobreviveu alguns dias, período durante o qual relatou o que havia acontecido, antes de vir a falecer. Devido à idade, Lottus não foi processado.

ANJOS CRUÉIS • DANIEL CRUZ

IMPACIÊNCIA 8

LOCAL: FRANKLYN, VIRGÍNIA, EUA • ANO: 1875
IDADE: 8 ANOS

Segundo a imprensa da época, em 2 de agosto de 1875, um "menino negro de 8 anos" que vivia na fazenda de uma mulher chamada Massenburg, perto de Franklyn, Virgínia, foi incumbido de cuidar de seu irmão mais novo, de apenas 2 anos de idade, mas perdeu a paciência quando a criança começou a chorar de fome. O menino então pegou o irmão no colo, o levantou e o arremessou no chão, deixando a vítima sem fôlego e com dificuldades para respirar. Não satisfeito, o irmão mais velho ainda jogou a criança para fora de casa, momento em que ela quebrou o pescoço ao cair de cabeça no chão, morrendo instantaneamente.

OUTROS 36 CASOS CRUÉIS ESQUECIDOS NO TEMPO

LA DOLCE VITA 9

LOCAL: FILADÉLFIA, PENSILVÂNIA, EUA • ANO: 1878 • IDADE: 12 ANOS

A vida no século XIX era dura, e um pouco mais para as crianças que eram escaladas a trabalhar a fim de ajudar os pais a garantir o sustento da casa. Trabalho pesado era uma realidade e, muitas vezes, eles já tinham uma bagagem de vida impensável para crianças pequenas. Aquelas que por algum motivo viviam nas ruas, sem supervisão, com certeza descobriam mais cedo a realidade do mundo, e isso representava uma péssima atração ao polo negativo. Em março de 1878, Robert McAdams e Charles Welsh, ambos de 12 anos, brincavam na rua junto de outros garotos quando Welsh pediu alguns doces que McAdams possuía. O menino não quis dar, então Welsh sacou um pequeno revólver, apontou para a cabeça do amigo e disse: "Se não me der, eu vou atirar em você!". McAdams correu, mas foi atingido na cabeça por um tiro. O assassino correu para casa, onde deixou a arma, e depois fugiu. Ele morava com um tio que passava o dia no trabalho. No bairro, Welsh tinha a reputação de ser um menino delinquente. Preso, foi julgado e inocentado; o júri entendeu que ele "não tinha consciência da característica perigosa da arma".

50 CENTAVOS

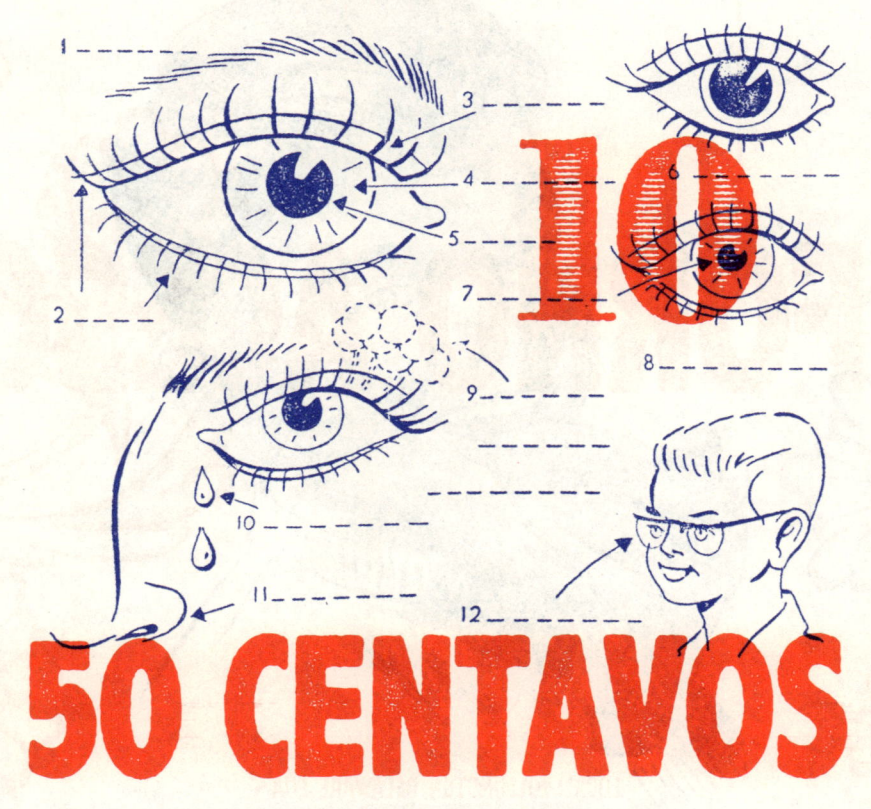

LOCAL: TOLEDO, OHIO, EUA • ANO: 1878 • IDADE: 10 ANOS

O *Ottumwa Weekly Courier* reagiu com horror ao caso de uma criança assassina em abril de 1878. "O que este país está se tornando? O reino de terror parece estar diante de nós e afeta todas as idades, gêneros e condições de vida, e qual será o remédio?" No dia 9 daquele mês, Henry Rudolph e Freddy Benning, ambos de 10 anos de idade, tiveram um desentendimento na escola em que estudavam na cidade de Toledo, estado norte-americano de Ohio. Rudolph ficou tão nervoso que prometeu dar cabo do amiguinho. Após o término da aula, ele comprou um revólver de outro menino por 50 centavos de dólar e, no dia seguinte, esperou ansiosamente pela chegada de Benning. Quando o menino apareceu na escola, Rudolph se aproximou e disparou um tiro que acertou o olho direito da vítima, matando-a na hora.

OUTROS 36 CASOS CRUÉIS ESQUECIDOS NO TEMPO

FORNO ACESO

LOCAL: WILMINGTON, DELAWARE, EUA • ANO: 1883 • IDADE: 10 ANOS

Adaline Hamilton, uma garotinha "de rosto vivaz", tinha de "10 para 11 anos" e trabalhava como babá na casa da família Adams. Em janeiro de 1883, ela decidiu assar Solomon Adams, de 1 ano, 11 meses e 3 dias, colocando-o dentro do forno. Mas após pensar melhor, colocou apenas os pés da criança, que ficaram inteiramente torrados. O bebê faleceu duas semanas depois. Austin Harrington, agente de um órgão local de proteção à criança, informou ao juiz responsável que ele tinha duas opções: ir adiante com o caso ou rejeitar a acusação. Devido a pouca idade de Hamilton, o juiz optou por rejeitar, e a criança, que escutava tudo "com aparente indiferença", deixou o tribunal com a mãe.

12

LOCAL: BOURGES, FRANÇA • ANO: 1884 • IDADE: 10 ANOS

PÃO QUENTE NUNCA MAIS

Joseph Weintzel, de apenas 10 anos, trabalhava como aprendiz na padaria de um homem chamado M. Rigolet, na comuna francesa de Bourges, região central do país. No final de agosto de 1884, Rigolet fechou a padaria após mais um dia de trabalho e escutou um barulho alto vindo de dentro do quarto de Weintzel. Subindo as escadas no escuro para ver o que se passava, o dono foi surpreendido com uma dor insuportável em seu peito – resultado de uma facada certeira. O homem caiu morto e sangrou até formar uma poça, mas seu grito de dor no momento do golpe chamou a atenção de sua esposa, que flagrou o pequeno ajudante Weintzel ainda com a faca na mão. A polícia foi chamada, mas, quando chegou, o menino havia sumido, sendo encontrado no dia seguinte escondido em um buraco no telhado da casa. Joseph Weintzel não demonstrou remorso e disse que já planejava matar Rigolet há algum tempo por vingança, já que o padeiro havia ameaçado demiti-lo. No dia do crime, o menino pegara uma faca e esperara até o fechamento do estabelecimento, para então subir as escadas e fazer um barulho para atrair a vítima.

13

LOCAL: SCOTTSVILLE, VIRGÍNIA, EUA • ANO: 1885 • IDADE: 8 ANOS

OVO MORTAL

Scottsville é uma cidadezinha à beira do rio James, no Condado de Albermale, e que ainda hoje preserva a calmaria de séculos atrás. Seus poucos mais de 600 habitantes têm orgulho do Museu Scottsville, que preserva a história da cidade através de textos e fotos tão antigas quanto a do casal Robert e Mary Moon, de 1850. Mas algo que não sobreviveu ao tempo e que os moradores atuais de Scottsville desconhecem é o assassinato de Melville Barrett, um menino de 7 anos, morto em março de 1885. O corpo de Barrett foi encontrado no alpendre da casa onde morava e, na época, a principal suspeita recaiu sobre sua prima, Mary Cooper, de 8 anos de idade. Interrogadas, Mary e sua irmã de 5 anos, que supostamente testemunhou o crime, contaram a mesma história. Mary admitiu ter assassinado o primo após ele comer um ovo que deveria ser dela. Juntas, as duas irmãs levaram o menino para o alpendre e o fizeram sentar em uma cadeira, com Mary dizendo que os três iriam brincar de balançar. Ela passou uma corda por uma das vigas e fez um laço, colocando-o em volta do pescoço de Barrett, então derrubou a cadeira, correu e pegou uma pá. Enquanto o menino estava preso pelo pescoço, Mary deu vários golpes em sua cabeça, matando-o em seguida. A história parecia fantástica demais e, por isso, David Cooper, o tio com quem as crianças moravam, chegou a ser preso por suspeita do assassinato. No interrogatório, ele disse que deixava as crianças sozinhas para ir trabalhar e que a mais velha, Mary, era incumbida de cuidar dos dois menores e tinha permissão para castigá-los se fosse necessário. Desde o início, a história de Mary sendo a assassina foi contada pela irmã mais nova. Em uma audiência no tribunal, Mary confirmou a história e "ambas foram levadas para a cadeia", disse o *Alexandria Gazette* em 25 de março.

SODA CÁUSTICA   14

LOCAL: BARNESVILLE, GEÓRGIA, EUA • ANO: 1885 • IDADE: 10 ANOS

Conhecida por ser o local de nascimento do assassino Franklin Floyd, a pequena cidade de Barnesville, na Geórgia, abrigou também uma criança assassina. Em 1885, Rebecca Samuels, de 12 anos, sentou-se no banco dos réus acusada de assassinar Lucy Graham, uma bebê de 6 semanas de idade. A menina era babá da criança e, já cansada do seu dever, a afogou em uma bandeja cheia de soda cáustica. Dois anos antes, Rebecca matara outro bebê da mesma forma – mas saíra livre devido a sua idade. Julgada em junho de 1885, ela "parecia estar totalmente inconsciente do que estava se passando, e por duas vezes dormiu repousando a cabeça sobre as mãos". A menina foi condenada por assassinato e seu destino é desconhecido.

CANSADA DE SER BABÁ

15

LOCAL: MILLBROOK TOWNSHIP, CAROLINA DO SUL, EUA • ANO: 1886 • IDADE: 10 ANOS

Todo pai e mãe sabe: crianças sob pressão estouram muito rápido. Seu nível de tolerância é muito menor do que o de um adulto e, dependendo da situação que as incomoda, elas podem se livrar do problema da pior forma possível. Jane Walker foi deixada em casa pelos pais com a missão de cuidar do filho pequeno de um parente enquanto eles resolviam alguns problemas na rua. Em certo momento, cansada de ser a babá, Jane pegou um litro de soda cáustica e despejou goela abaixo do garotinho, que acabou falecendo. Levada até a delegacia, ela inicialmente negou que havia oferecido a substância à vítima, mas logo confessou. Talvez curiosa para saber se aquilo matava mesmo, como sua mãe vivia lhe dizendo, Jane resolveu usar um parente de cobaia. Acusada de assassinato, ela permaneceu presa após um interrogatório e seu destino é desconhecido.

ANJOS CRUÉIS • DANIEL CRUZ

16
CORROSIVO

LOCAL: ALENDALE, CAROLINA DO SUL, EUA • ANO: 1887 • IDADE: 11 ANOS

Axey Cherry foi enviada pela mãe para trabalhar como babá para a família Williams, em Allendale, Carolina do Sul, em junho de 1887. Mas ela parecia não apreciar muito o trabalho já que ficava perambulando pela casa e, por diversas vezes, teve de ser repreendida pela patroa. Um dia, após receber outra reprimenda, Cherry resmungou a si mesma que aquela bebê chorona não a incomodaria mais. Dias depois, a mãe da criança estava usando soda cáustica no chão e, então, Cherry aproveitou o momento em que a mãe precisou sair por alguns instantes para encher a boca da criança com a substância corrosiva. Quando a sra. Williams voltou, entrou em desespero ao perceber que a filha pequena havia ingerido o líquido. "Eu acho que não terei que cuidar mais da bebê", disse Cherry enquanto a mãe limpava a boca da criança. O crime chocou a região e, durante o seu julgamento, Axey Cherry permaneceu indiferente, mesmo quando foi condenada à morte por enforcamento. Ela apenas "olhou de maneira estúpida para o juiz, sorrindo de forma irônica enquanto brincava com os botões de seu vestido". Um mês depois, o governador da Carolina do Sul, John Peter Richardson III, cancelou a pena de morte, alegando que "ela é muito nova e não deve ser enforcada. Ela é uma pequena vilã miserável e deve ser punida, mas não com a morte", comutando-a para cinco anos de prisão.

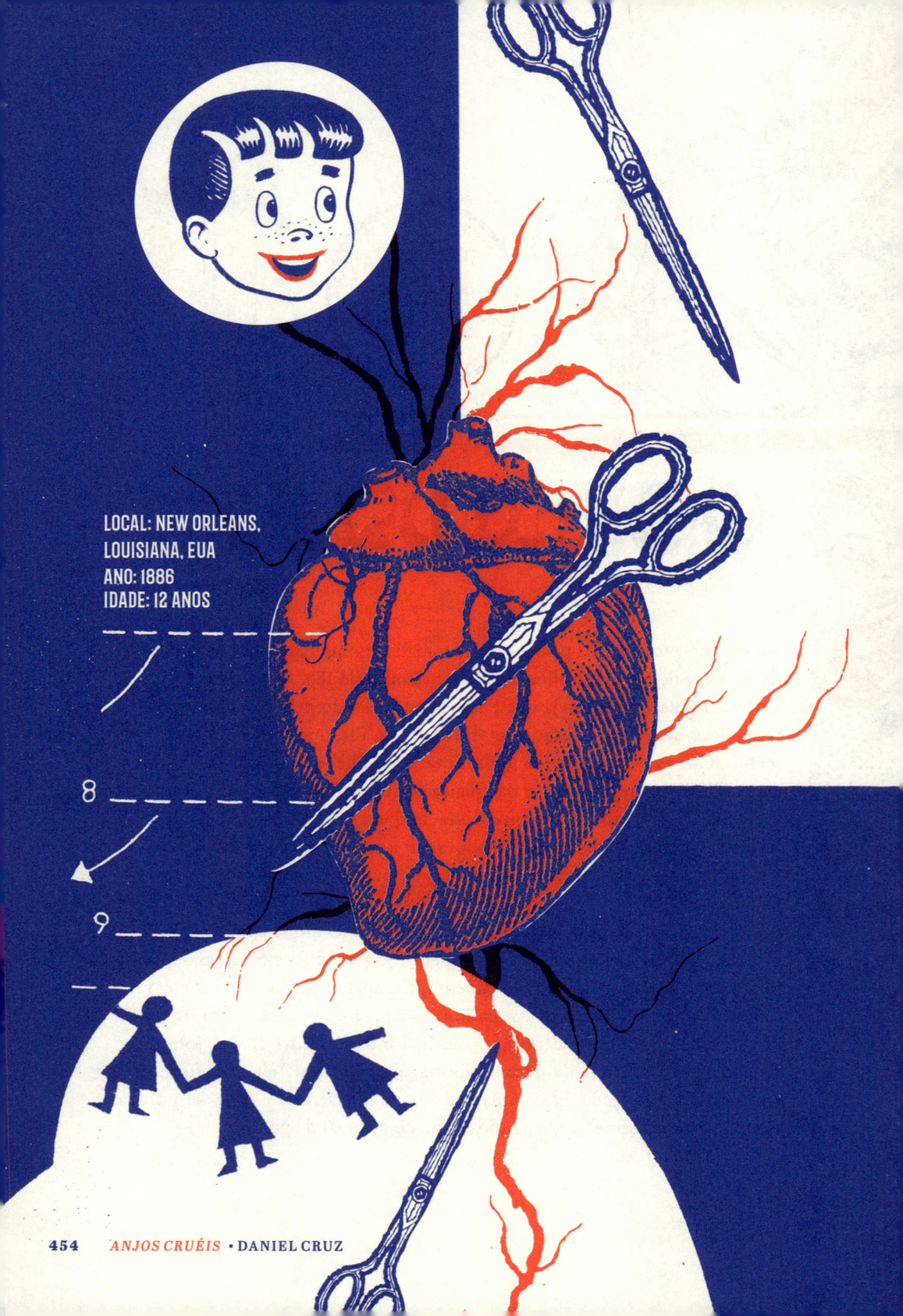

LOCAL: NEW ORLEANS,
LOUISIANA, EUA
ANO: 1886
IDADE: 12 ANOS

8

9

454 *ANJOS CRUÉIS* • DANIEL CRUZ

17 DUPLO ASSASSINATO

O dia 2 de julho de 1886 foi bastante atípico em New Orleans, com duas crianças assassinas atacando suas vítimas quase no mesmo instante. Enquanto Septime Ferguson resolvia uma desavença com Joseph Ellis a 5 quilômetros da Baronne com a Toledano, Felix Alvarez dava um basta nas brincadeiras sem graça da sua irmã Josephine Acosta com um golpe de tesoura. O menino de 12 anos brincava com a irmã e outro menino quando Josephine começou a atormentá-lo. De repente, Felix perdeu a paciência e, em um acesso de fúria, deu uma tesourada na irmã, perfurando sua artéria axilar. Josephine sangrou até a morte. Indiciado por assassinato, em 5 de agosto o juiz retirou a acusação e Felix saiu em liberdade.

18
JOVEM DEMAIS PARA SER PRESA

LOCAL: BUTLER TOWNSHIP, CAROLINA DO SUL, EUA • ANO: 1887 • IDADE: 7 ANOS

No final de julho de 1887, jornais norte-americanos publicaram uma nota a respeito de uma criança assassina chamada Virginia Hudson. Alguns chamam o condado onde ocorreu o crime de Granville ou de Gainesville, enquanto a cidade se chamaria Butlet Township. É possível ainda que a fonte original tenha errado a grafia e o local exato seja "Butler Township no Condado de Greenvile". Virginia Hudson, de 7 anos, foi presa por assassinar um bebê de 1 ano a golpes de tábua. Após o crime, a menina carregou o corpo e o jogou em um poço. Ela também teria tentado assassinar outra criança de 4 anos, que conseguiu escapar. "Esta é a mais jovem assassina conhecida daquela região. Sua prisão é meramente uma questão de forma", finalizava a curta nota publicada em jornais como o *Daily Republican*, *Alexandria Gazette* e *The Grenada Sentinel*.

19
CONFLITO DE
GERAÇÕES

LOCAL: CIDADE DE NOVA YORK, EUA • ANO: 1887 • IDADES: 9 E 11 ANOS

Brincadeira de criança? Não mesmo. John Meehan, de 9 anos, e William Klotzberger, de 11, eram tão pequenos que o juiz teve que se levantar de seu acento e inclinar o corpo sobre a mesa para conseguir vê-los. Em 7 de junho de 1887 eles se apresentaram, acusados de assassinato. Os meninos estavam voltando para casa após a aula quando resolveram importunar um idoso, o italiano Louis Maskropetro, na esquina das ruas Grand e Mott, na Baixa Manhattan. William empurrou o mais novo, John, contra o idoso, que caiu. O homem foi capaz de se levantar, mas os meninos continuaram, dessa vez jogando pedras e dando encontrões nele. Então, o homem caiu uma segunda vez, batendo a cabeça no chão. Com traumatismo craniano, ele foi levado até um hospital, onde acabou falecendo. O destino das crianças é desconhecido.

OUTROS 36 CASOS CRUÉIS ESQUECIDOS NO TEMPO

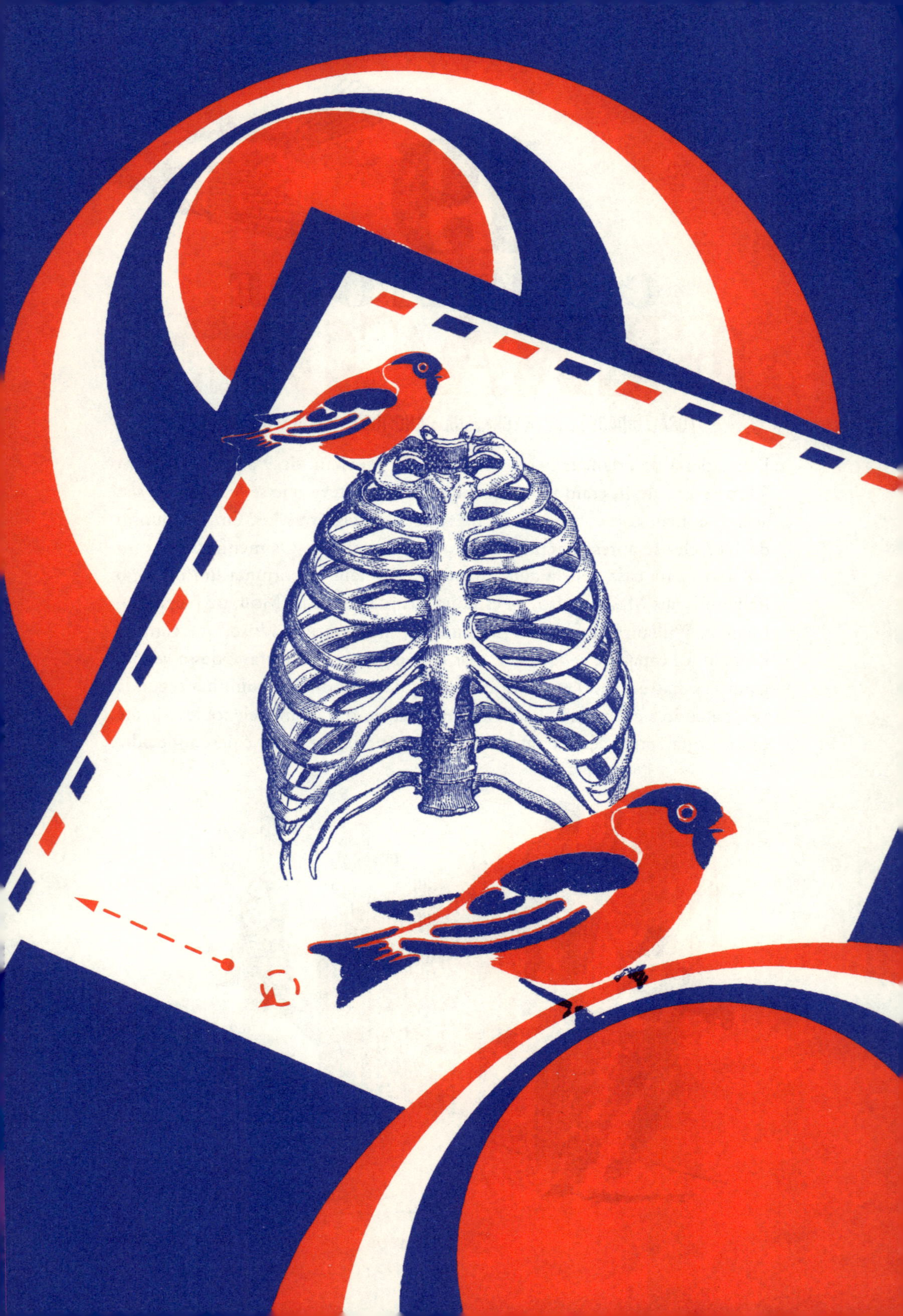

20
PÁSSAROS NÃO VOAM EM PEQUENAS GAIOLAS

LOCAL: MORTAIN, NORMANDIA, FRANÇA • ANO: 1888 • IDADE: 14 ANOS

Esta história envolve um ninho de passarinho, um raivoso assassino mirim e o jovem francês Cossé, de apenas 7 anos de idade, que nunca poderia imaginar que ao acordar em uma bela manhã de junho de 1888 seria degolado de orelha a orelha com uma foice. Jean Lelandais, de 14 anos, não gostou nem um pouco da criança ter roubado o ninho de melro-preto que ele vinha observando. Do ponto de vista do adolescente, o melhor corretivo para uma criança levada como Cossé era cortar a sua jugular. Em seu julgamento, Lelandais se mostrou frio e repugnante. "O jovem assassino estava desprovido de emoção no tribunal como qualquer criminoso durão. Ele pediu ao juiz para impedir que fosse incomodado pelo capelão da prisão", relataram jornais na época. Apesar da petulância, o degolador não estava em posição de fazer exigências e recebeu uma pena de seis anos de prisão.

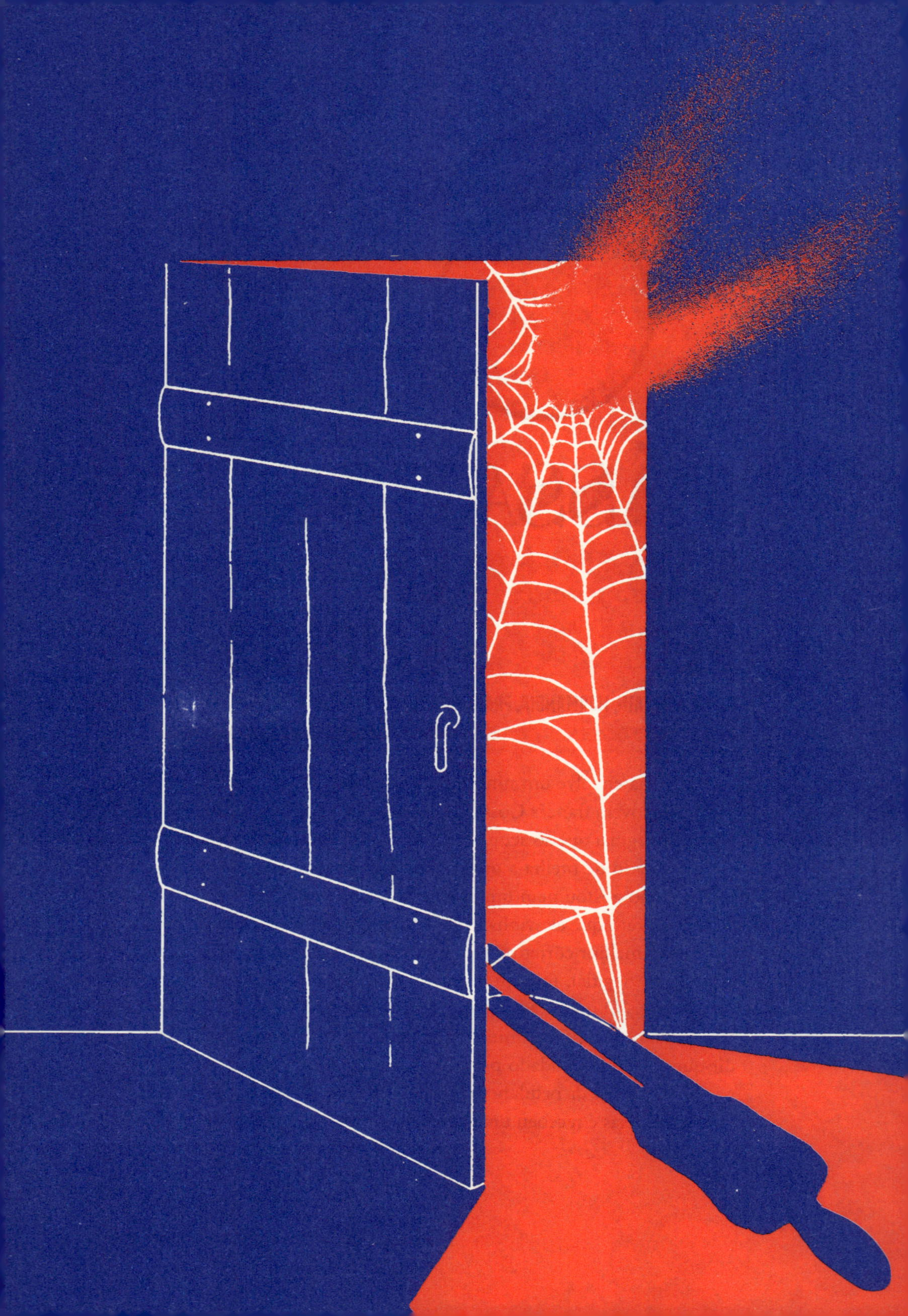

DORMINDO
DE OLHO ABERTO

LOCAL: BRUNSWICK, GEÓRGIA, EUA • ANO: 1888 • IDADE: 9 ANOS

Uma tragédia atingiu a casa do coronel John R. Williamson, "um dos mais preeminentes homens nesta parte do estado [da Geórgia]", no início de maio de 1888. Williamson havia acabado de chegar da igreja com a família: sua esposa e seus três filhos, dois deles meninos, de 9 e 6 anos de idade. Enquanto a esposa foi preparar o jantar, os dois meninos foram colocados no quarto para dormir. Cinco minutos depois, os pais foram surpreendidos com o barulho de um tiro vindo de lá. Quando Williamson chegou até a porta, seu filho de 9 anos estava em pé, se preparando para sair. "O que aconteceu?", perguntou o homem. "Está tudo bem. Ninguém está ferido", respondeu o menino. Mas ao entrar no quarto, Williamson viu uma cena de terror: o filho caçula estava deitado na cama com a cabeça despedaçada. Sangue e pedaços do cérebro estavam espalhados pelo cômodo. Com animação, o menino mais velho confessou ter atirado no outro, afirmando: "Pra que serve um irmão afinal?". Autoridades concluíram que a vítima estava dormindo quando o irmão se aproximou, colocou a arma a poucos centímetros de sua cabeça e atirou.

PEQUENO JACK

LOCAL: HAVANT, HAMPSHIRE, INGLATERRA • ANO: 1888 • IDADE: 11 ANOS

No segundo semestre de 1888, um brutal assassino em série aterrorizou Londres, deixando um rastro de mulheres mortas e mutiladas pelas ruas do bairro de Whitechapel. A grande cobertura midiática dos crimes na época serviu para imortalizar a alcunha desse criminoso e inspirar as pessoas – para bem ou para o mal. Ele ficou conhecido como Jack, o Estripador, e sua última vítima conhecida foi Mary Jane Kelly, de 25 anos, cortada em mais de cem pedaços, em 9 de novembro de 1888. Onze dias depois de Jack ter trucidado Kelly, Robert Husband, de 11 anos, pegou uma faca e saiu pelas ruas de Havant, no Condado de Hampshire, para brincar de assassino em série. "Eu sou Jack, o Estripador!", disse ele a um amiguinho enquanto brandia a faca. "Aqui vem Jack, o Estripador!", gritava para outros meninos, ao mesmo tempo em que dizia que tudo era uma brincadeira. Horas depois, Percy Knight Searle, de 8 anos, foi encontrado morto com o pescoço todo ensanguentado; ele havia levado três facadas pelas costas. Preso pela conexão com o crime, Husband foi visto por várias testemunhas acompanhando a criança, que estava a caminho de casa após ir em uma loja de tecidos para comprar alguns panos a pedido da mãe. Durante o julgamento no final de dezembro de 1888, o juiz disse que "nenhum ato cometido por uma pessoa acima dos 7 anos e abaixo dos 14 é um crime, a não ser que seja demonstrado afirmativamente que tal indivíduo tenha capacidade suficiente para entender que o ato era errado". Após uma deliberação que levou 20 minutos, o júri considerou Husband inocente e o juiz retirou a acusação de homicídio doloso.

22

MAUS
INSTINTOS

LOCAL: DEPARTAMENTO DE AIN, FRANÇA • ANO: 1891 • IDADE: 12 ANOS

23 No final de julho de 1891, um menino chamado Amédée Maroc, de 12 anos, compareceu ao tribunal do Departamento de Ain acusado do assassinato de uma criança de 4 anos chamada Belvêque. O crime ocorreu em 11 de maio, quando Maroc atraiu o menino mais novo até a beira do rio La Sarsouille, o empurrou nas águas e passou a jogar pedras na criança para que ela não conseguisse chegar até a margem. Quando Belvêque conseguiu se segurar em uns troncos perto da margem, Maroc arranjou um galho e passou a bater nas mãozinhas dele e, depois, em sua cabeça. Para se certificar de que a criança estava morta, Maroc tirou o corpo da água e, ao perceber que ainda respirava, mordeu violentamente o nariz da vítima e a jogou de novo nas águas. Não demonstrou remorso durante o julgamento ao explicar que jogou Belvêque na água apenas para ver "que tipo de expressões divertidas o rosto dele faria". Em seu testemunho, o pai de Maroc afirmou que o menino sempre foi problemático e que acreditava que o filho estava "sob a influência de maus instintos". O futuro candidato ao aço da guilhotina francesa foi sentenciado a ficar até os 20 anos de idade em uma instituição para menores infratores.

24 MORTE EM UMA POÇA

LOCAL: LIVERPOOL, INGLATERRA • ANO: 1891 • IDADES: 8 E 9 ANOS

Liverpool e suas *duplas*. Em 20 de setembro de 1891, após passar dois dias e duas noites na rua, Robert Shearon, de 8 anos, apareceu em casa e levou um sermão da mãe, que lhe deu banho e o colocou para dormir. Mas ele logo fugiu de novo para se encontrar com seu parceiro Samuel Crawford, de 9 anos. Por ter saído às pressas, Shearon estava malvestido e precisava de uma roupa decente, problema que foi resolvido quando eles avistaram David Dawson Eccles, de 8 anos, caminhando na rua. Shearon e Crawford atraíram Eccles até um prédio abandonado na Victoria Street, e lá, em uma poça de água, levaram 5 minutos para afogar o menino, empurrando e tirando sua cabeça da água, até que ele parasse de respirar. Foram julgados por homicídio doloso em dezembro de 1891 e considerados culpados. Entretanto, devido à idade, o júri decidiu que eles não podiam ser responsabilizados por suas ações e o juiz os sentenciou a alguns anos em um reformatório.

25

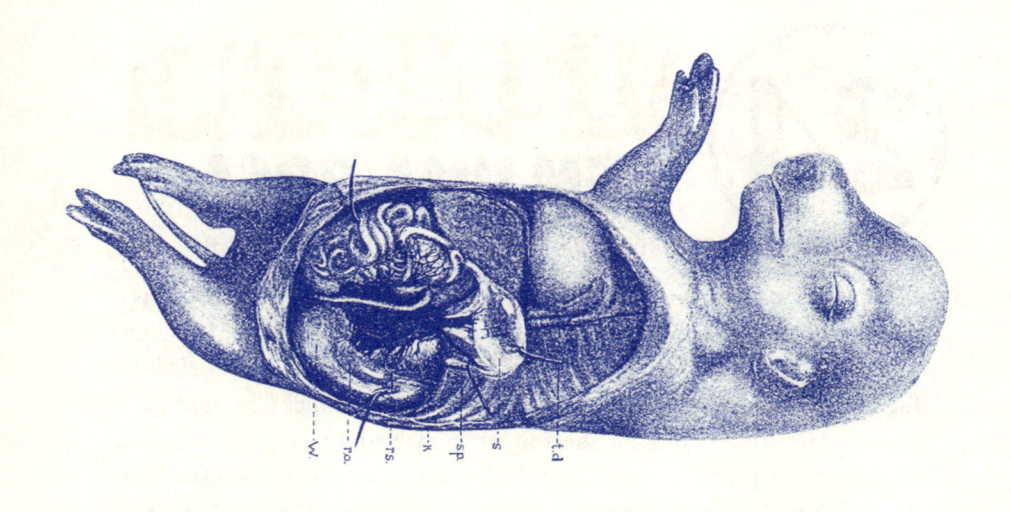

ANJOS CRUÉIS · DANIEL CRUZ

CURIOSIDADE MATA
LOCAL: TYLER, TEXAS, EUA • ANO: 1892 • IDADES: MENORES DE 8 ANOS

Um macabro caso de homicídio infantil foi noticiado pelo *The Morning Post* em novembro de 1892. A nota do jornal afirma que três crianças de sobrenome Jackson – um com cerca de 3 anos e os outros dois "menores de 8 anos de idade" – estavam brincando em um campo não muito longe de onde moravam. A criança de 3 anos era gorda e os seus amigos maiores decidiram ver se a gordura que ele tinha por dentro era igual a de um porco. Os irmãos já tinham visto o pai deles matando porcos, então sabiam mais ou menos como fazer. Tinha um arado por ali e eles arrancaram um pedaço de ferro e bateram na cabeça do menino menor até ele desmaiar. Depois arrancaram mais pedaços do arado enferrujado e procederam com o ato animalesco. Primeiro, decapitaram a vítima e depois, com muito custo, cortaram as pernas e os braços. Após isso, passaram para a fase de evisceramento – abrindo seu ventre e retirando todos os órgãos internos. Após saciarem a curiosidade, os meninos arrastaram o corpo até uma pequena mata e cobriram com mato.

26 PEDRA, BATATA, SEM TESOURA

LOCAL: MANCHESTER, INGLATERRA • ANO: 1892 • IDADE: 11 ANOS

Na Rusholme Grove, no bairro de Rusholme, na manhã de 18 de julho de 1892, Norman Nuttall, de 5 anos, saiu para brincar na rua com uns amigos como era de costume. Pouco tempo depois, sua mãe escutou o seu choro e foi ver o que estava acontecendo. Nuttall sangrava por um pequeno corte no topo da cabeça e, quando foi perguntado o que havia acontecido, ele revelou que Frederick Davies, de 11 anos, lhe jogara algo na cabeça. A mãe cuidou de Nuttall, mas horas depois ele caiu inconsciente, falecendo naquela mesma tarde. À polícia, Davies disse que não queria acertar Nuttall, apenas assustá-lo, porque a vítima lhe chamava de "coisas". De acordo com o acusado, ele jogou uma batata na cabeça de Nuttall, mas o médico legista duvidou da história, já que o crânio da vítima estava fraturado, então o objeto deveria ser uma pedra ou algum pedaço de madeira. Entretanto, Davies insistiu na batata. Acusado de homicídio culposo, em 20 de julho o menino sentou-se diante do juiz W. Murray, que concluiu que a morte de Nuttall foi "puro acidente". Davies e a mãe já haviam sofrido punição o suficiente com a morte de Nuttall e o melhor para todos seria retirar as acusações contra o menino, o que acabou sendo feito.

27
TEMPERAMENTO INGOVERNÁVEL
LOCAL: MONTICELLO, INDIANA, EUA • ANO: 1895 • IDADE: 4 ANOS

O que fazer com um assassino de apenas 4 anos de idade? Esse era o dilema das autoridades do estado de Indiana em junho de 1895. Se o crime tivesse sido cometido por um adulto, poderíamos classificá-lo como um feminicídio, mas este não é o caso, já que Gilbert Bowsher — uma criança de "temperamento ingovernável" — tinha apenas 4 anos de idade quando matou a pedradas a pequena Bernice Collins, de 2 anos. Bowsher estava na companhia de dois amiguinhos quando Collins apareceu e passou a conversar apenas com os outros meninos. Enfurecido por ter sido ignorado, Bowsher a matou. "Ele matou a menininha porque ela o 'tirou' na rua", escreveu o *The Topeka State Journal* em 11 de junho. "As autoridades estão constrangidas acerca de quais passos tomar em relação ao menino; os anais do estado falham em registrar caso parecido. Ambas as famílias são preeminentes." Devido à idade de Bowsher, nenhuma medida legal foi tomada contra o pequeno assassino.

470 *ANJOS CRUÉIS* • DANIEL CRUZ

28 GOLPES DE MACHADO

LOCAL: HOLLY SPRINGS, MISSISSIPPI, EUA • ANO: 1896 • IDADE: 9 ANOS

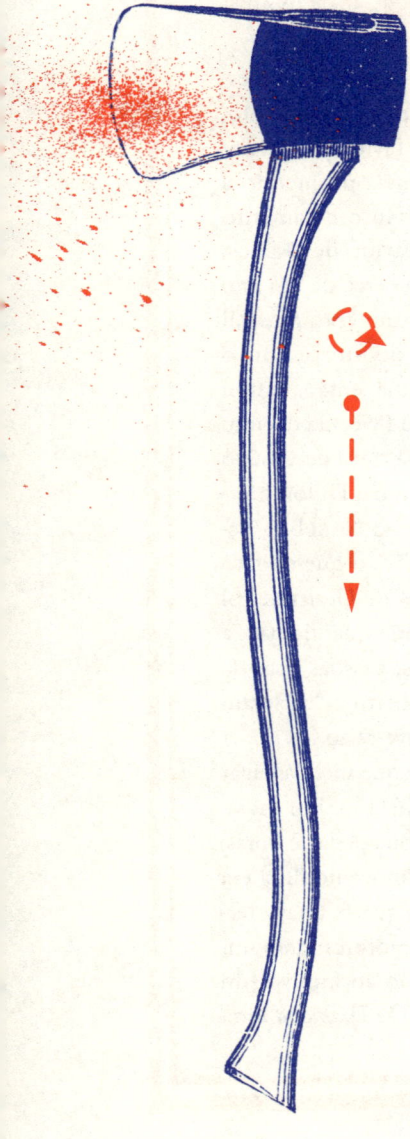

Assassinos que usam um machado para despachar suas vítimas ao além são raros. Então, quando uma criança utiliza esse instrumento para matar, isso se torna quase inimaginável. Pois foi com um machado que Hattie Record, de 9 anos, abriu a cabeça de sua vítima com um golpe certeiro em 1896. Ela estava cuidando de duas crianças menores quando a mais velha delas, um menino de 2 anos de idade, começou a chorar. Como ele não parava com a choradeira, Hattie pegou um machado e partiu a sua cabeça ao meio. "Ela é totalmente indiferente e parece não avaliar a situação", escreveram jornais na época. Hattie Record foi julgada em agosto de 1896 em um tribunal da cidade de New Orleans. "A criança foi condenada pelo assassinato de um bebê de 2 anos. Foi reconhecido que a pequena criminosa não tinha consciência da enormidade da ofensa, mas é uma assassina perante a lei, e a lei não faz nenhuma provisão de crianças criminosas. Ela deve ser enviada a uma penitenciária", escreveu o *The Morning News*. A menina foi condenada a dez anos de prisão e se tornou a mais jovem condenada a adentrar na sombria Penitenciária Estadual do Mississippi, na cidade de Jackson. O *The Morning News* questionou o que poderia ser da criança, já que ela teria que passar dez anos cercada pelos piores criminosos dos Estados Unidos. Mas a preocupação ficou apenas escrito no papel, já que depois disso ninguém nunca mais ouviu falar em seu nome.

ADÁGIO MORTAL

LOCAL: CRAIG, MISSOURI, EUA • ANO: 1896 • IDADE: 13 ANOS

29

Em janeiro de 1896, Robert Taylor se casou com a estilista de chapéus Estella Varnes. Após o casamento, eles foram morar na casa de Dillon Taylor, pai de Robert, enquanto a casa que o filho havia prometido a Estella não ficava pronta. Quem não viu o casamento com bons olhos foi a irmã mais nova, Gertrude Taylor, de 13 anos, porque ela adorava o órgão que o irmão comprara cerca de um ano antes e, agora casado, ele com certeza levaria o instrumento musical para sua nova casa. Gertrude atormentou a esposa do irmão sobre o órgão, mas a mulher disse que iria levá-lo. A menina, então, tentou apelar ao pai, também em vão. Em 10 de março de 1896, ela decidiu se vingar de todos aqueles adultos comprando uma caixa de veneno Rough on Rats e despejando na garrafa de café. Seu pai Dillon morreu em poucos minutos, já o irmão Robert e a esposa "se sobreviverem ficarão inválidos para o resto da vida" — o que de fato acabou acontecendo. Já presa, a fiança de Gertrude foi estipulada em mil dólares, uma grande quantia para a época, mas seus avós maternos, pessoas ricas da região, depositaram o dinheiro e "disseram que fariam tudo o que estivesse ao seu poder para salvá-la da prisão", o que incluía pagar o melhor advogado conhecido. Em maio, em um julgamento que durou apenas 2 horas, Gertrude Taylor foi considerada inocente. "Ela era a menininha do papai e dizem que o amava ternamente, e até mesmo os promotores estão um pouco perdidos em relação ao motivo [do crime]", escreveu o *The Diamond Drill* em 16 de maio.

30
PEQUENA LAREIRA

LOCAL: TUSCALOOSA, ALABAMA, EUA
ANO: 1899 • IDADE: 6 ANOS

Lizzie Cook e Lizzie Halliday compartilhavam outro detalhe além do primeiro nome: ambas eram assassinas. A maior diferença entre a primeira mulher a ser condenada à cadeira elétrica e Lizzie Cook é que Cook tinha apenas 6 anos. Em fevereiro de 1899, sua mãe, Lou Cook, saiu para visitar um vizinho e deixou Lizzie encarregada de cuidar de seu irmão mais novo, de 2 anos. O plano era que a menina ficasse brincando com o menino até a mãe retornar. Mas, 2 horas depois, Lou Cook voltou e encontrou uma cena de filme de terror: o filho caçula estava carbonizado até os ossos em uma lareira. Inicialmente, Lizzie afirmou que o irmão caíra no fogo por acidente, mas a mentira não colou e ela confessou ter ficado cansada de brincar com o irmãozinho. Além disso, ele não parava de chorar, então Lizzie o jogou no fogo. "A jovem assassina parecia indiferente ao crime", escreveu o *The Topeka State Journal*.

ANJOS CRUÉIS • DANIEL CRUZ

31 — STILO VOORHEES
Restaurant Menu
FOOD BLOOD

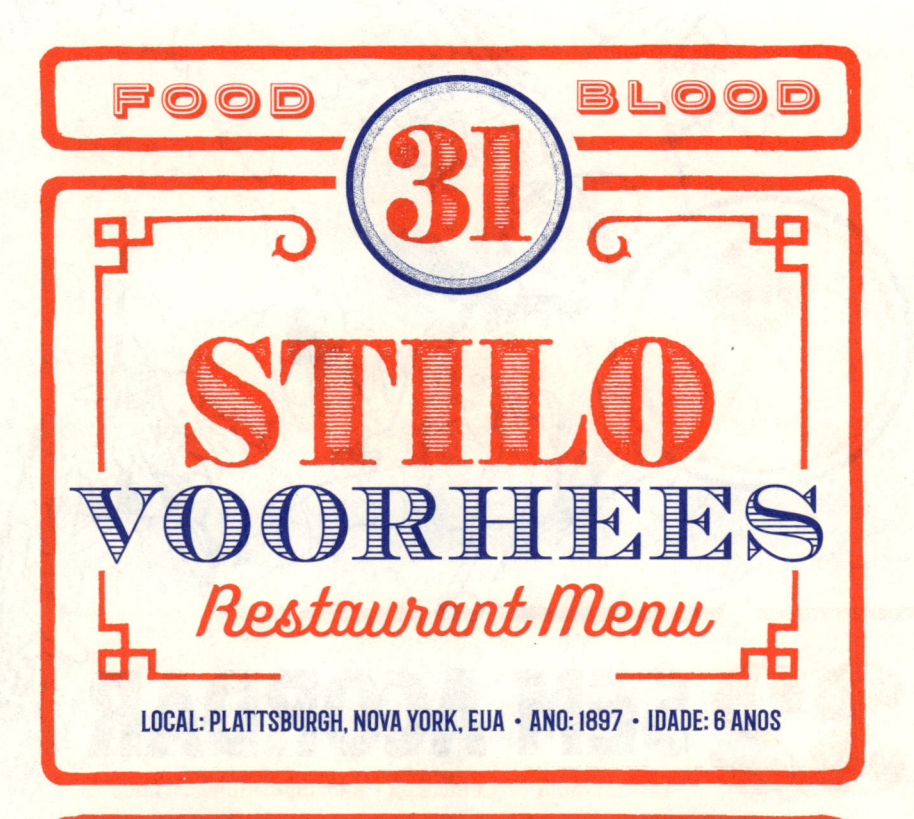

LOCAL: PLATTSBURGH, NOVA YORK, EUA • ANO: 1897 • IDADE: 6 ANOS

Em um brutal caso de violência infantil, Grace Newell, de 6 anos, resolveu uma desavença no melhor estilo Jason Voorhees. Morando com os pais na Miller Street, em Plattsburgh, estado de Nova York, Newell usou uma forquilha para atacar seu primo Johnnie Fuller, também de 6 anos, matando-o na hora. Uma das pontas de ferro da ferramenta entrou pelo olho da vítima e atingiu o cérebro. "As autoridades não foram notificadas, mas souberam do caso através da conversa dos vizinhos", citaram jornais.

32 SEM ACORDAR

LOCAL: CINCINNATI, OHIO, EUA • ANO: 1904 • IDADE: 4 ANOS

Howard Dobell tinha apenas 4 anos e parecia não gostar muito de seu irmãozinho Irwin, de apenas 5 meses de idade. Ele até tentou acertar o bebê com uma machadinha (ou martelo, as fontes divergem) em junho de 1904. Falhando em sua missão, os pais esconderam dele tudo o que pudesse virar uma arma em sua pequena mãozinha. Mas não adiantou. Semanas depois, Howard encontrou o mesmo instrumento e ceifou a vida do irmão. A família morava no número 1640 da Central Avenue, em Cincinnati, estado de Ohio, e o crime foi um choque não apenas para a família, mas para a cidade inteira. Um batalhão de repórteres se amontoou em frente à casa dos Dobell na esperança de conversar com a criança. "Eu matei Irwin", dizia Howard, sem saber o que isso significava. Um jornalista escreveu que o menino sempre se aproximava da mãe perguntando por que Irwin "não acordava". Quando ela respondia que o menino estava morto, Howard pedia para que chamassem um médico para que lhe desse algum remédio. "Ele gosta muito da atenção prestada a ele e tem muito orgulho de suas fotografias nos jornais", escreveu o *The Daily Palladium* em 15 de julho de 1904. Devido à idade, Howard não foi processado, mas levou uma surra da mãe. O pai apenas falou: "Uma coisa é certa: ele nunca irá brincar com uma machadinha ou martelo de novo".

QUANDO A VIDA PASSA VOANDO 33

LOCAL: HAMBURGO, ALEMANHA • ANO: 1905 • IDADE: 13 ANOS

Em 1905, Emilie Bienert não desistiu até conseguir o que queria: matar. Por três vezes ela fugiu do reformatório onde estava e, nas três vezes, foi recapturada e castigada. Buscando vingança, Emilie escolheu como alvo a diretora do reformatório, irmã Clara. Colhendo algumas cerejas venenosas no jardim, Emilie misturou-as no licor que a mulher gostava de beber antes de dormir. Ao notar que a bebida estava demasiadamente escura, irmã Clara a jogou fora. Emilie, então, tirou da sua gaveta um pouco de ácido sulfúrico que havia roubado de uma fábrica e despejou na bebida do seu alvo. Após bebericar um pouco do líquido, irmã Clara logo percebeu algo estranho e jogou longe o copo. Seus lábios ficaram terrivelmente corroídos, mas, de novo, a mulher sobreviveu. Quanto mais trabalhamos em nossos objetivos mais experientes e melhores ficamos, então, na terceira vez, Emilie foi certeira ao misturar chumbo branco no café da mulher. Horas depois, a vítima morreu em grande agonia. Julgada em agosto de 1905, a menina assassina recebeu dezoito meses de prisão.

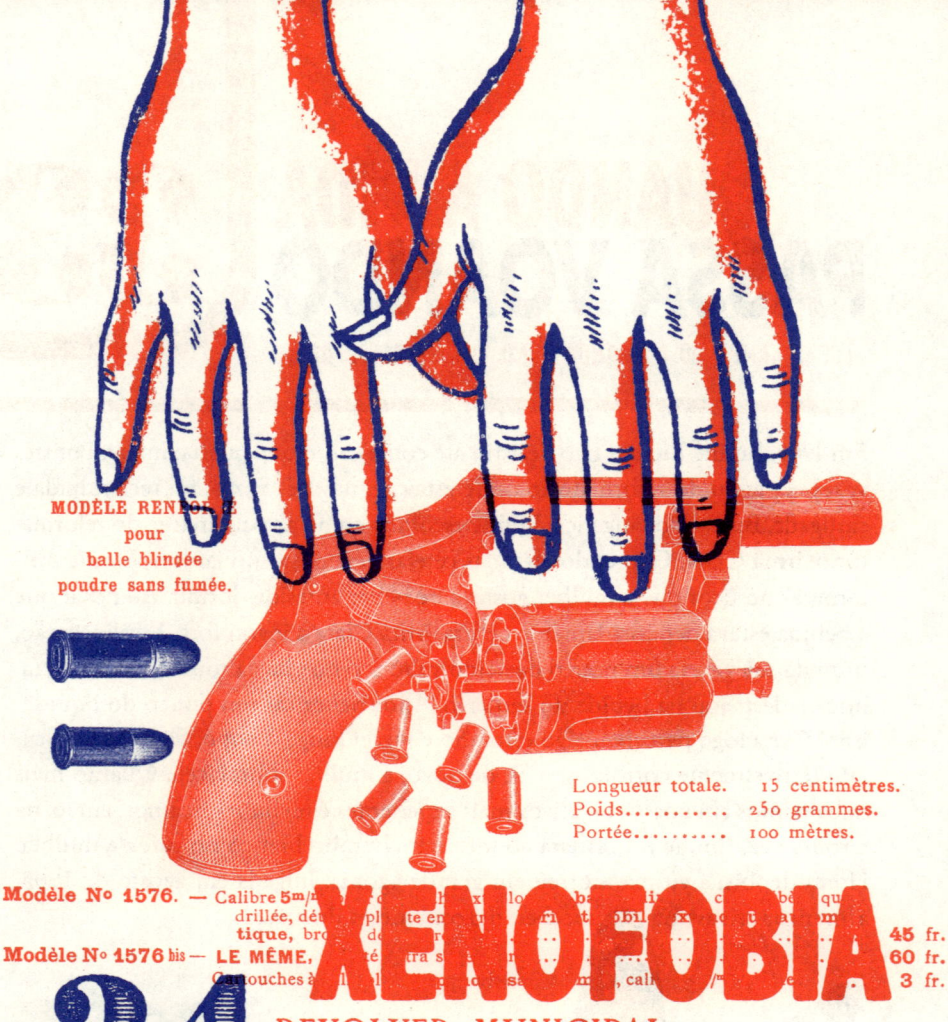

MODÈLE RENFORCÉ
pour
balle blindée
poudre sans fumée.

Longueur totale. 15 centimètres.
Poids............ 250 grammes.
Portée.......... 100 mètres.

Modèle No 1576. — Calibre 5ᵐ/ᵐ... 45 fr.
Modèle No 1576 bis. — LE MÊME, ...extra .... 60 fr.
Cartouches à .... 3 fr.

XENOFOBIA

34 REVOLVER MUNICIPAL

Adopté pour les gardiens de la paix de Lyon, Marseille, Saint-Étienne, etc.

PERCUSSION CENTRALE

Six coups, barillet se démontant à la main, canon rayé, spécialement établi pour tirer les cartouches 8ᵐ/ᵐ

MODÈLE RENFORCÉ
poudre sans fumée, à
balle blindée du revol-
ver d'ordonnance 1892

Ce revolver, doué d'une grande puissance de tir, se recommande particulièrement aux personnes voyageant la nuit ou habitant des maisons isolées.

LOCAL: ALBIA, IOWA, EUA • ANO: 1905 • IDADE: 8 ANOS

Em 16 de dezembro de 1905, Oscar Napier, de 8 anos, matou o menino Frank Adams, de 7 anos, com um tiro. Fora um acidente? O pequeno Oscar afirmava que sim. Ele não tinha a intenção de matar o vizinho e estava apenas brincando com a arma, Frank havia passado no momento em que ele apertou o gatilho. Mas uma garotinha de 7 anos, a única testemunha ocular do ocorrido, contou uma história diferente. Bessie Lennie revelou que Oscar atirou a sangue-frio em Frank, um francês recém-chegado aos Estados Unidos com a família. "Eu vou atirar e derrubar você como um coelho, francês de bosta!", ouviu Lennie antes de Oscar mirar e atirar. Durante o julgamento do menino, ocorrido apenas em setembro de 1906, muitas testemunhas disseram que a vítima sofria bullying dos meninos da rua por ser francês e não saber falar o idioma local, e os irmãos Napier — Walter e Oscar — tinham um especial desgosto pelo menino. No fatídico dia, Frank estava andando na rua quando foi atingido. Oscar foi considerado culpado de assassinato e condenado a servir por treze anos em um reformatório. Ao ouvir a sentença, o menino esperneou, mas seu choro não resolveu nada. Ele saiu do tribunal direto para as palmatórias dos professores. Algumas fontes divergem sobre a idade dos envolvidos, atribuindo 11 anos a Oscar e 15 a Frank.

Contando CARNEIRINHOS

LOCAL: IRISHTOWN, TASMÂNIA, AUSTRÁLIA • ANO: 1908 • IDADE: 7 ANOS

35

A pequena comunidade de Irishtown, na Tasmânia, foi surpreendida em junho de 1908 pelo brutal assassinato de Alexander Robertson, uma criança de 2 anos de idade. O corpo da vítima foi encontrado em um buraco ao lado de uma estrada. O assassino foi identificado como sendo seu irmão, Robert Robertson, de 7 anos, que o matou a pauladas. Os dois irmãos foram deixados sozinhos e, quando o pai voltou, Robert disse que uma hiena havia levado o caçula. Depois de ser pressionado pelo pai, o menino revelou que o irmão estava morto e dentro de um buraco. No tribunal, Robert contou que estava carregando o irmão e o deixou cair. Como ele estava "indo dormir", resolveu dar duas pauladas na sua cabeça para apressar o sono. Devido à idade, Robert Robertson foi considerado inocente.

36

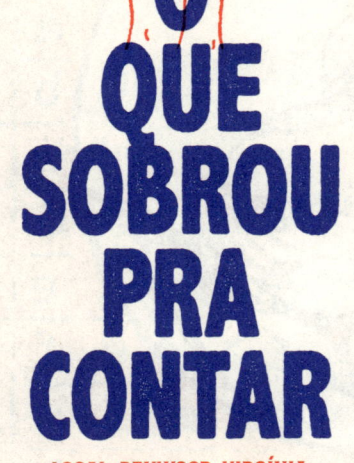

O QUE SOBROU PRA CONTAR

LOCAL: BENWOOD, VIRGÍNIA OCIDENTAL, EUA • ANO: 1906 • IDADE: 3 ANOS

"Assassino corta bebê em pedacinhos." Esse é um tipo de título que estamos acostumados a ler e que envolve (na maioria das vezes) assassinos adultos. Mas um crime ocorrido em uma remota cidade norte-americana em 1906 prova que o inverso não é apenas uma possibilidade como também uma realidade. Mais do que isso, por envolver uma criança de tão pouca idade, os detalhes do ocorrido, a princípio, causam dúvidas. *Será mesmo? Não acredito!* "A mais jovem assassina da história deste estado é a filha de 3 anos de Michael Ziapasa, de Benwood", escreveu o *Daily Press*, um jornal da Virgínia Ocidental, em 12 de abril de 1906. Os detalhes são tão escabrosos e inacreditáveis que apenas reproduzirei o que foi publicado no *Daily Press* e em outro jornal do estado, o *Bluefield Evening Leader*. "Na ausência da mãe do bebê, a criança Ziapasa a atacou com uma faca de açougueiro, cortando seu nariz, esfaqueando seu peito em várias partes e quase decepando o braço [...] Quando encontrada, a pequena assassina estava mastigando um pedaço de carne cortado do bebê." A vítima em questão era vizinho dos Ziapasa, filho de um homem chamado Edward Schepoch (a grafia Schepech também é encontrada em uma das fontes).

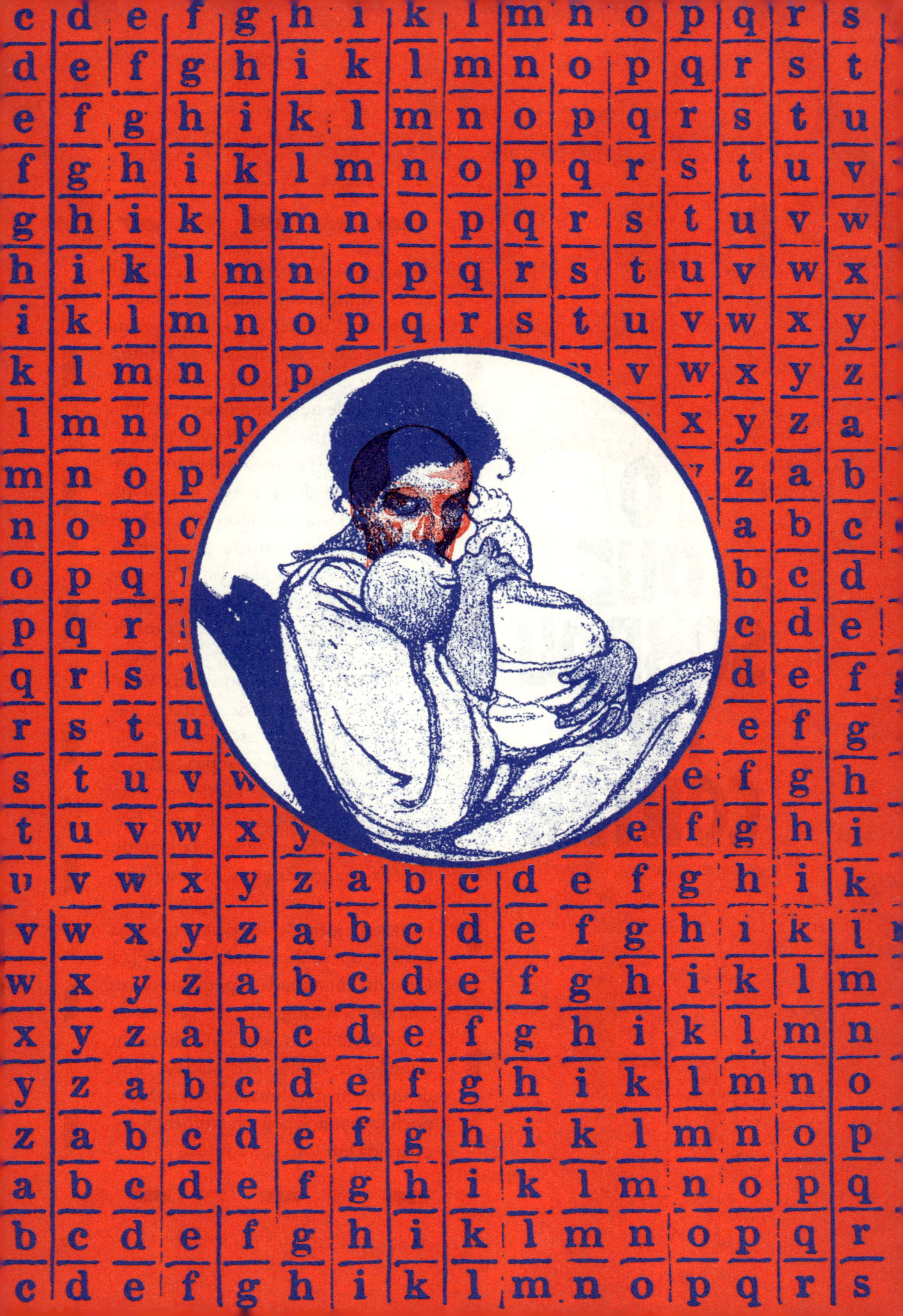

BIBLIOGRAFIA E FONTES CONSULTADAS
PERVERSIDADE ORIGINAL
ANJOS CRUÉIS

BARBOUR, Richmond. The Parents Corner. The Whittier News, 6 jun. 1953. p. 2.

TREMBLAY, Richard et al. The search for the age of 'onset' of physical aggression: Rousseau and Bandura revisited. Criminal Behaviour and Mental Health, v. 9, p. 8-23, 1999. DOI: 10.1002/cbm.288.

ROUSSEAU, Jean-Jacques. Emílio, ou Da Educação. Tradução de Sérgio Milliet. 3. ed. Bertrand Brasil, 1995. p. 78.

VOLAVKA, J.; BILDER, R.; NOLAN, K. Catecholamines and aggression: The role of COMT and MAO polymorphisms. Annals of the New York Academy of Sciences, v. 1036, p. 393-398, 2004.

Garoto de 10 anos sofre bullying e é agredido na escola por usar óculos. G1 Globo, 29 out. 2014. Acessado em 6 nov. 2020. Disponível em: http://g1.globo.com/pi/piaui/noticia/2014/10/garoto-de-10-anos-sofre-bullying-e-e-agredido-na-escola-por-usar-oculos.html.

Menino surdo-mudo de 11 anos é amarrado e agredido dentro de escola em Cuiabá, diz polícia. G1 Globo, 26 jun. 2017. Acessado em 6 nov. 2020. Disponível em: https://g1.globo.com/mato-grosso/noticia/menino-surdo-mudo-de-11-anos-e-amarrado-e-agredido-dentro-de-escola-em-cuiaba-diz-policia.ghtml.

Polícia apura bullying de colegas contra menina de 11 anos: 'Se corta, se mata', diz mensagem. G1 Globo, 5 nov. 2020. Acessado em 6 nov. 2020. Disponível em: https://g1.globo.com/rj/rio-de-janeiro/noticia/2020/11/05/policia-apura-bullying-de-colegas-contra-menina-de-11-anos-se-corta-se-mata-diz-mensagem.ghtml.

Alleged Matricide By Children. The Weekly Standard and Express, 20 jul. 1895, p. 6.

Boys Murder Their Mother. Illustrated Police News, 27 jul. 1895, p. 1.

Old Bailey Proceedings Online. Disponível em: <www.oldbaileyonline.org>. Acesso em: 02 nov. 2020. Versão 8.0, setembro 1895, trial of Robert Allen Coombes (13), Nathaniel George Coombes (12), John Fox (t18950909-720).

LEWIS, Michael; ALESSANDRI, Steven; SULLIVAN, Margaret. Violation of Expectancy, Loss of Control, and Anger Expressions in Young Infants. Developmental Psychology, v. 26, p. 745-751, 1990. DOI: 10.1037/0012-1649.26.5.745.

TREMBLAY, Richard. The development of aggressive behaviour during childhood: What have we learned in the past century? International Journal of Behavioral Development, v. 24, p. 129-141, 2000. DOI: 10.1080/016502500383232.

Medic Says Jealousy Causes Tots To Kill. The Amarillo Globe-Times, 9 out. 1972. p. 55.

Atlas da Violência 2019. CERQUEIRA, D.; BUENO, S.; LIMA, R. S.; NEME, C.; FERREIRA, H.; ALVES, P. P.; MARQUES, D.; REIS, M.; CYPRIANO, O.; SOBRAL, I.; PACHECO, D.; LINS, G.; ARMSTRONG, K. Instituto de Pesquisa Econômica Aplicada, Brasília: DF.

UNICEF. The State of the World's Children 2019. Children, Food and Nutrition: Growing well in a changing world. New York: UNICEF, 2019. p. 96. Disponível em: https://www.unicef.org/media/63016/file/SOWC-2019.pdf.

Yemen situation reports. Humanitarian Action for Children. Unicef. Mid-Year Update (Jan-Jun) 2019. Disponível em: https://www.unicef.org/media/77636/file/Yemen-SitRep-Mid-Year-2019.pdf.

Ethiopia's Tigray crisis: About 2.3 million children cut off from aid, UN says. BBC News, 15 dez. 2020. Acesso em: 11 jan. 2021. Disponível em: https://www.bbc.com/news/world-africa-55327559.

In South Africa, child homicides show violence 'entrenched'. Associated Press, 22 dez. 2020. Acesso em: 11 jan. 2021. Disponível em: https://apnews.com/article/homicide-cape-town-africa-south-africa-only-on-ap-fb11beaaedfe580c3c3b2c3cd5cbde6d.

CRIANÇAS MATAM

MARSH, Abigail. The Fear Factor: How One Emotion Connects Altruists, Psychopaths and Everyone In-Between. Little, Brown Book Group. Edição do Kindle.

CLECKLEY, Hervey. The Mask of Sanity. Fifth Edition. Emily S. Cleckley, 1988. Acessado em 14 out. 2020. Disponível em: https://www.gwern.net/docs/psychology/1941-cleckley-maskofsanity.pdf

PECHORRO, Pedro; BARROSO, Ricardo; MAROCO, João; VIEIRA, Rui; GONÇALVES, Rui. Escala de Psicopatia de Hare: Versão Jovens / Hare Psychopathy Checklist: Youth Version (PCL: YV), 2017.

PISANO, Simone; MURATORI, Pietro; GORGA, Chiara; LEVANTINI, Valentina; IULIANO, Raffaella; CATONE, Gennaro; COPPOLA, Giangennaro; MILONE, Annarita; MASI, Gabriele. Conduct disorders and psychopathy in children and adolescents: Aetiology, clinical presentation and treatment strategies of callous-unemotional traits. Italian Journal of Pediatrics, 43, 2017. Disponível em: https://doi.org/10.1186/s13052-017-0404-6

VITACCO, Michael; ROGERS, Richard; NEUMANN, Craig. The antisocial process screening device: An examination of its construct and criterion-related validity. Assessment, 10, 143-50, 2003. Disponível em: https://doi.org/10.1177/1073191103252347

RIGATTI, R. Adaptação transcultural e evidências de validação psicométricas do Inventory of Callous-Unemotional traits (ICU) para avaliação de traços de insensibilidade e afetividade restrita de adolescentes no Brasil [dissertação]. Porto Alegre (RS): Escola de Enfermagem, Universidade Federal do Rio Grande do Sul, 2016.

AMERICAN PSYCHIATRIC ASSOCIATION. DSM–5: Frequently Asked Questions. Acessado em 18 out. 2020. Disponível em: https://www.psychiatry.org/psychiatrists/practice/dsm/feedback-and-questions/frequently-asked-questions

UNIVERSITY OF NEW ORLEANS. Inventory of Callous-Unemotional Traits. Acessado em 27 out. 2020. Disponível em: http://labs.uno.edu/developmental-psychopathology/ICU.html

TEOFRASTO. Caracteres. Tradução e Comentários de Maria de Fátima Sousa e Silva. Coimbra: [s.n.], 139 p. ISBN 978-989-26-0900-3. Disponível em: http://dx.doi.org/10.14195/978-989-26-0900-3

RODER, Elliot. My Twisted World. The Story of Elliot Rodger. School Shooters .info. Acessado em 28 out. 2020. Disponível em: https://schoolshooters.info/sites/default/files/rodger_my_twisted_world.pdf

Elliot Rodger: perfil de um assassino. O Aprendiz Verde, 13 jul. 2014. Acessado em 28 out. 2020. Disponível em: https://oaprendizverde.com.br/2014/06/13/elliot-rodger-perfil-de-um-assassino/

Especialistas explicam como cérebro se desenvolve ao longo da vida. G1 Globo, 13 mar. 2014. Acessado em 17 out. 2020. Disponível em http://g1.globo.com/bemestar/noticia/2014/03/especialistas-explicam-como-cerebro-se-desenvolve-ao-longo-da-vida.html

Teen teacher killer escapes supervision and attacks caregiver. New York Post, 20 jun. 2014. Acessado em 16 mai. 2020. Disponível em https://nypost.com/2014/06/20/teen-teacher-killer-escapes-supervision-and-attacks-caregiver/

EXCLUSIVE: Student, 15, who 'raped and murdered math teacher' previously 'tortured and torched cats'. Daily Mail, 25 fev. 2014. Acessado em 22 out. 2020. Disponível em https://www.dailymail.co.uk/news/article-2567481/EXCLUSIVE-Student-15-accused-raping-murdering-math-teacher-previously-tortured-burned-cats.html

Teen found guilty of brutally raping and killing his math teacher. New York Post. 15 dez. 2015. Acessado em 16 mai. 2020. Disponível em https://nypost.com/2015/12/15/teen-found-guilty-of-brutally-raping-and-killing-his-math-teacher/

Prosecution expert: Tests show Chism faking symptoms of mental illness. Salem News, 8 dez. 2015. Acessado em: 18 out. 2020. Disponível em: https://www.salemnews.com/news/local_news/prosecution-expert-tests-show-chism-faking-symptoms-of-mental-illness/article_acbc019a-5e4f-5c5a-8be3-f99084d85431.html.

Massachusetts teen who killed teacher gets life with chance for parole. Chicago Tribune, 26 fev. 2016.

Acessado em: 21 out. 2020. Disponível em: https://www.chicagotribune.com/nation-world/ct-massachusetts-teacher-slaying-20160226-story.html.

Chinese minor, 13, receives three-year penalty for murder. BBC News, 28 out. 2019. Acessado em: 22 out. 2020. Disponível em: https://www.bbc.com/news/world-asia-china-50210961.

大连13岁男孩杀10岁女孩案宣判："差一天不满14周岁就不负刑责, 这太机械了". Sohu, 10 ago. 2020. Acessado em: 24 out. 2020. Disponível em: https://www.sohu.com/a/412448855_220095.

Er ist wie Hannibal Lecter. Bild, 10 mar. 2017. Acessado em: 22 out. 2020. Disponível em: https://www.bild.de/news/inland/kindesmord/kinder-killer-ist-wie-hannibal-lecter-50784204.bild.html.

Bereust du es? Herne-Killer: Nein! Bild, 28 set. 2017. Acessado em: 22 out. 2020. Disponível em: https://www.bild.de/regional/ruhrgebiet/doppelmord/schwester-von-kinderkiller-marcel-hesse-sagt-aus-53364056.bild.html.

German Marcel Hesse jailed for 'sadistic' double killing. BBC News, 31 jan. 2018. Acessado em: 22 out. 2020. Disponível em: https://www.bbc.com/news/world-europe-42892850.

Will Cornick: Chilling portrait of model pupil turned psychopathic killer of teacher Ann Maguire. The Mirror, 3 nov. 2014. Acessado em: 23 out. 2020. Disponível em: https://www.mirror.co.uk/news/uk-news/cornick-chilling-portrait-model-pupil-4558275.

Will Cornick: a model student who planned murder for three years. The Guardian, 3 nov. 2014. Acessado em: 23 out. 2020. Disponível em: https://www.theguardian.com/uk-news/2014/nov/03/will-cornick-model-student-planned-ann-maguire-murder-three-years.

Could Will Cornick's psychopathic tendencies have been identified before he killed? The Guardian, 7 nov. 2014. Acessado em: 23 out. 2020. Disponível em: https://www.theguardian.com/society/2014/nov/07/psychopath-test-will-cornick-rurik-jutting.

Suspeito detalhou chacina na Espanha para amigo pelo WhatsApp. G1 Globo, 21 dez. 2016. Acessado em: 23 out. 2020. Disponível em: http://g1.globo.com/pb/paraiba/noticia/2016/12/abrir-alguem-no-meio-da-trabalho-disse-suspeito-de-chacina-na-espanha.html.

Assassino de família brasileira na Espanha é psicopata sem empatia e sem remorso, dizem psicólogos. G1 Globo, 29 out. 2018. Acessado em: 23 out. 2020. Disponível em: https://g1.globo.com/pb/paraiba/noticia/2018/10/29/assassino-de-familia-brasileira-na-espanha-e-psicopata-sem-empatia-e-sem-remorso-dizem-psicologos.ghtml.

Justiça da Espanha mantém condenação de brasileiro à prisão perpétua pela morte de tios e primos. G1 Globo, 5 maio 2020. Acessado em: 23 out. 2020. Disponível em: https://g1.globo.com/pb/paraiba/noticia/2020/05/05/justica-da-espanha-mantem-condenacao-de-brasileiro-a-prisao-perpetua-pela-morte-de-tios-e-primos.ghtml.

ESSAU, Cecilia; SASAGAWA, Satoko; FRICK, Paul. Callous-Unemotional Traits in a Community Sample of Adolescents. Assessment, v. 13, p. 454-69, 2007. DOI: 10.1177/1073191106287354.

DADDS, M. R.; FRASER, J.; FROST, A.; HAWES, D. J. Disentangling the Underlying Dimensions of Psychopathy and Conduct Problems in Childhood: A Community Study. Journal of Consulting and Clinical Psychology, v. 73, n. 3, p. 400–410, 2005. Disponível em: https://doi.org/10.1037/0022-006X.73.3.400.

FUNG, Annis; GAO, Yu; RAINE, Adrian. The Utility of the Child and Adolescent Psychopathy Construct in Hong Kong, China. Journal of Clinical Child and Adolescent Psychology, v. 39, p. 134-40, 2010. DOI: 10.1080/15374410903401138.

FANTI, Kostas. Individual, Social, and Behavioral Factors Associated with Co-Occurring Conduct Problems and Callous-Unemotional Traits. Journal of Abnormal Child Psychology, v. 41, 2013. DOI: 10.1007/s10802-013-9726-z.

KIMONIS, Eva; FANTI, Kostas; ANASTASSIOU-HADJICHARALOUS, Xenia; MERTAN, Biran; GOULTER, Natalie; KATSIMICHA, Evita. Can Callous-Unemotional Traits be Reliably Measured in Preschoolers? Journal of Abnormal Child Psychology, v. 44, 2015. DOI: 10.1007/s10802-015-0075-y.

HWANG, Suhlim; WALLER, Rebecca; HAWES, David; ALLEN, Jennifer. Callous-Unemotional Traits and Antisocial Behavior in South Korean Children: Links with Academic Motivation, School Engagement,

BIBLIOGRAFIA E FONTES CONSULTADAS

and Teachers' Use of Reward and Discipline. Journal of Abnormal Child Psychology, v. 48, p. 1183-1195, 2020. DOI: 10.1007/s10802-020-00663-2.

MANTI, E.; SCHOLTE, E. M.; VAN BERCKELAER-ONNES, I. A.; VAN DER PLOEG, J. D. Social and emotional detachment: a cross-cultural comparison of the non-disruptive behavioural psychopathic traits in children. Criminal Behaviour and Mental Health, v. 19, n. 3, p. 178-92, 2009. DOI: 10.1002/cbm.732. PMID: 19475645.

YOSHIDA, Satomi; ADACHI, Masaki; TAKAHASHI, Michio; TAKANYANAGI, Nobuya; YASUDA, Sayura; OSADA, Hirokazu; NAKAMURA, Kazuhiko. The factor structure and construct validity of the parent-reported Inventory of Callous-Unemotional Traits among school-aged children and adolescents. PLOS ONE, v. 14, 2019. DOI: 10.1371/journal.pone.0221046.

PERENC, Lidia; RADOCHONSKI, Mieczyslaw. Prevalence of psychopathic traits in a large sample of Polish adolescents from rural and urban areas. Annals of Agricultural and Environmental Medicine, v. 23, p. 368-372, 2016. DOI: 10.5604/12321966.1203907.

ANDERDHED, H.; KERR, M.; STATTIN, H.; LEVANDER, S. Psychopathic traits in non-referred youths: A new assessment tool. In: BLAAW, E.; SHERIDAN, L. (Eds.), Psychopaths: Current International Perspectives. The Hague: Elsevier, 2002. p. 131-158.

TREMBLAY, R. The development of aggressive behaviour during childhood: What have we learned in the past century?. International Journal of Behavioral Development, v. 24, p. 129-141, 2000. DOI: 10.1080/016502500383232.

Scientists Develop New Treatment Strategies For Child Psychopaths. National Public Radio, 24 mai. 2017. Acessado em 20 out. 2020. Disponível em: https://www.npr.org/2017/05/24/529893128/scientists-develop-new-treatment-strategies-for-child-psychopaths.

FORTH, A. E.; HART, S. D.; HARE, R. D. Assessment of psychopathy in male young offenders. Psychological Assessment, v. 2, p. 342-344, 1990.

FRICK, P. J.; O'BRIEN, B. S.; WOOTTON, J. M.; McBURNETT, K. Psychopathy and conduct problems in children. Journal of Abnormal Psychology, v. 103, p. 700-707, 1994.

LYNAM, D. Pursuing the psychopath: Capturing the fledgling psychopath in a nomological net. Journal of Abnormal Psychology, v. 106, p. 425-438, 1997. DOI: 10.1037//0021-843X.106.3.425.

CHRISTIAN, R. E.; FRICK, P. J.; HILL, N. L.; TYLER, L.; FRAZER, D. R. Psychopathy and Conduct Problems in Children: II. Implications for Subtyping Children With Conduct Problems. Journal of the American Academy of Child & Adolescent Psychiatry, v. 36, n. 2, 1997.

BEDFORD, R.; PICKLES, A.; SHARP, H.; WRIGHT, N.; HILL, J. Reduced Face Preference in Infancy: A Developmental Precursor to Callous-Unemotional Traits?. Biological Psychiatry, v. 78, 2014. DOI: 10.1016/j.biopsych.2014.09.022.

GRESHAM, F. M.; LANE, K. L.; LAMBROS, K. M. Comorbidity of conduct problems, ADHD: Identification of "fledgling psychopaths". Journal of Emotional and Behavioral Disorders, v. 8, p. 15-33, Summer 2000.

HALTY, L.; PRIETO-URSÚA, M. Child and adolescent psychopathy: Assessment and treatment. Papeles del Psicologo, v. 36, p. 117-124, 2015.

MARY BELL

SERENY, G. Por que crianças matam: A história de Mary Bell. 1. ed. Vestígio, 11 mar. 2019. Versão Kindle.

Girls Treated Death as Joke. Green Bay Press-Gazette, 9 dez. 1968, p. 19.

Accused girl 'a violent bully'. The Guardian, 13 dez. 1968, p. 5.

Hospitals could not take girl killer. The Guardian, 18 dez. 1968, p. 1.

Mary 'strangled a pigeon'. Daily Mirror, 11 dez. 1968, p. 5.

Sick, not sinful. The Guardian, 18 dez. 1968, p. 10.

Young Strangler Begins Life In British Prison Today. Lubbock Avalanche-Journal, 18 dez. 1968, p. 46.

Murderer At 10. Case Of Mary Bell Just Won't Go Away. The Gaffney Ledger, 9 abr. 1975, p. 23.

The case of Mary Bell. Messenger-Inquirer, 16 mai. 1980, p. 21.

Release of killer Mary Bell a test case. The Province, 16 mai. 1980, p. 3.

Girl who killed when she was 10 will test the system with freedom. The Billings Gazette, 19 mai. 1980, p. 4.

Raised in jail, Mary Bell now free. The Ottawa Citizen, 17 mai. 1980, p. 103.

Remember these? 14 things you would only know if you grew up in Scotswood. Chronicle Live, 1 mar. 2020. Acessado em 20 jul. 2020. Disponível em: https://www.chroniclelive.co.uk/news/north-east-news/scotswood-newcastle-north-east-memories-17834078.

JON VENABLES & ROBERT THOMPSON

Shop security camera filmed kidnap of two-year-old James. The Observer, 14 fev. 1993, p. 2.

Boy was dumped after 'horrific' injuries. The Guardian, 16 fev. 1993, p. 1.

The murder of innocence. The Guardian, 16 fev. 1993, p. 23.

Britain haunted by toddler's death. The Dispatch, 17 fev. 1993, p. 6.

Death of lost boy shakes Britain. The Sheboygan Press, 17 fev. 1993, p. 5.

British mourn slain 2-year-old. The Evening Sun, 17 fev. 1993, p. 2.

Abduction-slaying of toddler at mall horrifies Britons. The Press Democrat, 18 fev. 1993, p. 6.

Heysel, Hillsborough and now this. The Guardian, 20 fev. 1993, p. 21.

Mother tells of earlier kidnap bid. The Guardian, 18 fev. 1993, p. 20.

James Bulger 'battered with bricks'. The Guardian, 2 nov. 1993, p. 1.

Boys 'changed their stories over James Bulger murder'. The Guardian, 3 nov. 1993, p. 3.

Witness saw 'terrible lump' on baby's head. The Guardian, 6 nov. 1993, p. 6.

Blood on boy's shoe 'was from victim'. The Guardian, 11 nov. 1993, p. 9.

Boys 'knew right from wrong'. The Guardian, 12 nov. 1993, p. 3.

Bulger jury hears how James wept. The Guardian, 13 nov. 1993, p. 6.

Boy 'balked at dead child's bloodstains'. The Guardian, 17 nov. 1993, p. 6.

Accused boy 'broke down' at interview. The Guardian, 18 nov. 1993, p. 8.

Boy 'apologised to Bulger mother after confession'. The Guardian, 19 nov. 1993, p. 3.

Child's death 'clear case of murder'. The Guardian, 20 nov. 1993, p. 8.

Bulger trial QCs blame 'other boy'. The Guardian, 23 nov. 1993, p. 1.

'They were wicked beyond expectation'. The Guardian, 25 nov. 1993, p. 3.

Boys guilty of Bulger murder. The Guardian, 25 nov. 1993, p. 1.

Tragic proof that society has lost its soul. The Guardian, 27 nov. 1993, p. 26.

Bulger killers go free. Profiles How boys faced up to their crime. The Guardian, 23 jun. 2001, p. 4.

Bulger ruling: If the defendants could not talk about their crime, how could they conduct a defence? The Independent, 17 dez. 1999. Acessado em 26 jul. 2020. Disponível em: https://www.independent.co.uk/news/uk/crime/bulger-ruling-if-the-defendants-could-not-talk-about-their-crime-how-could-they-conduct-a-defence-739709.html

James Bulger suffered multiple fractures: Pathologist reveals two-year-old had 42 injuries including fractured skull. Jonathan

Foster reports. The Independent, 10 nov. 1993. Acessado em 26 jul. 2020. Disponível em: https://www.independent.co.uk/news/uk/james-bulger-suffered-multiple-fractures-pathologist-reveals-two-year-old-had-42-injuries-including-1503297.html

'James would be 18 now - the pain of losing him will never go away'. The Guardian, 2 mar. 2008. Acessado em 27 jul. 2020. Disponível em: https://www.theguardian.com/uk/2008/mar/02/ukcrime.prisonsandprobation1

Jon Venables back in prison 'over child pornography offences'. The Guardian, 7 mar. 2010. Acessado em 29 jul. 2020. Disponível em: https://www.theguardian.com/uk/2010/mar/07/jon-venables-alleged-child-porn-offences

Bulger killer Jon Venables faces child porn charges. BBC News, 22 jun. 2010. Acessado em 29 jul. 2020. Disponível em: https://www.bbc.com/news/10369277

Bulger killer Jon Venables released from prison. BBC News, 3 set. 2013. Acessado em 29 jul. 2020. Disponível em: https://www.bbc.com/news/uk-england-23941699

JESSE POMEROY

SCHECHTER, H. Fiend: The Shocking True Story Of America's Youngest Serial Killer. Gallery Books. 1 out. 2000. Edição Kindle.

City and Suburbs. Notes of the day about town. The Boston Globe, 21 mar. 1874, p. 8.

Missing Girl. Boston Post, 31 mar. 1874, p. 4.

Five Hundred Dollars Reward. Boston Post, 11 abr. 1874, p. 1.

Where is Katie Curran? The Boston Globe, 24 abr. 1874, p. 1.

Pomeroy's Crimes. The Boston Globe, 23 jul. 1874, p. 1.

The Dorchester Tragedy. Boston Post, 24 abr. 1874, p. 3.

A Remarkable Criminal. St. Albans Daily Messenger, 25 abr. 1874, p. 2.

Katie Curran. A Horrible Solution of a Four Months Mystery. The Boston Globe, 20 jul. 1874, p. 1-5.

Jesse Pomeroy. Another chapter in the South Boston tragedy. The Boston Globe, 22 jul. 1874, p. 1.

Katie Curran. Boston Post, 25 jul. 1874, p. 3.

CORONERS' INQUESTS. The Boston Globe, 28 jul. 1874, p. 5.

The South Boston Tragedy. The Boston Globe, 30 jul. 1874, p. 7.

Jesse Harding Pomeroy on Trial For His Life. The Boston Globe, 9 dez. 1874, p. 1-2.

Jesse Pomeroy. Second Day of His Trial for the Murder of Horace Millen. The Boston Globe, 10 dez. 1874, p. 8.

The Pomeroy Verdict. The Boston Globe, 11 dez. 1874, p. 4.

The Boy Murderer. He is found guilty of murder in the first degree. The Boston Globe, 11 dez. 1874, p. 8.

Through 56 years. Daily News, 9 out. 1932, p. 157.

ERIC SMITH

Body of missing 4-year-old found in woods in Savona. Democrat and Chronicle, 3 ago. 1993, p. 1.

Blows to head killed boy. Star-Gazette, 4 ago. 1993, p. 1.

Savona plans tribute. Democrat and Chronicle, 5 ago. 1993, p. 50.

Cops think boy's killer from area. Star Gazette, 6 ago. 1993, p. 1.

Young mayor helps Savona to endure tragedy. Star-Gazette, 8 ago. 1993, p. 4.

13-year-old charged in bludgeoning death of boy, 4. Daily Press, 15 ago. 1993, p. 7.

A community in shock. Boy charged with killing 4-year-old. The Morning Call, 15 ago. 1993, p. 13.

Town Dazed After 13-Year-Old Charged In Murder Of Child, 4. The Tyler Courier-Times, 15 ago. 1993, p. 12.

Teen admits he killed 4-year-old Savona Boy. Star-Gazette, 10 ago. 1993, p. 1.

13-year-old charged in 4-year-old's death. The Ithaca Journal, 10 ago. 1993, p. 1.

Small town mourns a 'reasonless' death. The Miami Herald, 23 ago. 1993, p. 176.

Lawyer wants Smith confession banned from trial. Star-Gazette, 29 dez. 1993, p. 1.

Court awaiting testimony of Smith's relative. Star-Gazette, 30 dez. 1993, p. 1.

'Well, I snapped. I did it.' Great-grandfather says Eric Smith confessed murder. Star-Gazette, 15 jan. 1994, p. 5.

A relative says Eric told mom, 'I snapped'. Democrat and Chronicle, 15 jan. 1994, p. 13.

Eric Smith's confession not useable, lawyer says. Star-Gazette, 3 fev. 1994, p. 6.

Eric Smith's confession can be used. Star-Gazette, 19 fev. 1994, p. 2.

Data on teen's behaviour sought. Democrat and Chronicle, 2 fev. 1994, p. 3.

Staff can't be forced to talk about boy. Democrat and Chronicle, 3 fev. 1994, p. 65.

Trial in tot-slaying postponed. Democrat and Chronicle, 2 mar. 1994, p. 2.

Steuben judge hospitalized. Democrat and Chronicle, 5 mar. 1994, p. 3.

Illness, late reports delay Eric Smith trial. Star-Gazette, 6 abr. 1994, p. 12.

Smith's lawyer to ask for help. Star-Gazette, 7 mai. 1994, p. 7.

'Anger' drove Smith: Expert. Star-Gazette, 11 mai. 1994, p. 2.

Confession: I wanted to hurt him. Star-Gazette, 14 mai. 1994, p. 6.

Smith case won't go to Family Court. Star-Gazette, 7 jun. 1994, p. 1.

Packed courtroom expected for trial. Star-Gazette, 24 jul. 1994, p. 8.

3 jurors picked. Star-Gazette, 27 jul. 1994, p. 1.

Smith jurors share traits. Democrat and Chronicle, 28 jul. 1994, p. 1.

Eric Smith murder trial. Star-Gazette, 2 ago. 1994, p. 1.

Odd behavior marked Eric. Democrat and Chronicle, 3 ago. 1994, p. 1.

Emotions run high at trial. Star-Gazette, 3 ago. 1994, p. 1.

Officer recounts Smith's interview. Democrat and Chronicle, 4 ago. 1994, p. 1.

The transcript of Smith's confession. Democrat and Chronicle, 4 ago. 1994, p. 13.

Eric: Testimony horrifies court. Star-Gazette, 4 ago. 1994, p. 6.

Smith's troubled past. Star-Gazette, 5 ago. 1994, p. 1.

Smith warned him, father says. Democrat and Chronicle, 5 ago. 1994, p. 1.

Smith's obsession with death revealed. Star-Gazette, 6 ago. 1994, p. 1.

Smith 'not able to be in society', doctor says. Star Gazette, 9 ago. 1994, p. 1-6.

Envy drove Smith to kill, doctor says. Star-Gazette, 12 ago. 1994, p. 1-6.

Forget mercy, Smity jury told. Democrat and Chronicle, 16 ago. 1994, p. 1-5.

Eric Smith talks of helping teens. Star-Gazette, 10 ago. 2008, p. 98.

For the 10th straight time, child killer Eric Smith has been denied parole. Democrat and Chronicle, 22 jan. 2020. Acessado em 23 jul. 2020. Disponível em: https://eu.democratandchronicle.com/story/news/2020/01/22/child-killer-eric-smith-has-been-denied-parole/4547611002/

LORENZATO, Roberta Zago; CAVALLI, Ricardo de Carvalho; DUARTE, Geraldo; SAKAMOTO, Américo Ceiki; MAUAD FILHO, Francisco; NOGUEIRA, Antônio Alberto; CUNHA, Sérgio Pereira da. Epilepsia e Gravidez: Evolução e Repercussões. Acessado em 20 mai. 2020. Disponível em: https://www.scielo.br/pdf/rbgo/v24n8/a04v24n8.pdf

SHINICHIRO AZUMA

REVISTA JAPONESA FOCUS, edição de 9 jul. 1997, foi a única publicação da época a divulgar uma foto de Menino A. Disponível em: https://order.mandarake.co.jp/order/detailPage/item?itemCode=1073901165.

HAZELWOOD, Robert; DOUGLAS, John. The Lust Murderer. Disponível em: https://vault.fbi.gov/Criminal%20Profiling/Criminal%20Profiling%20Part%207%20of%207.

CHAVES, Ernani. Tradução: "A cabeça de Medusa" (Sigmund Freud, 1940/1922). UFPA. Revista Clínica & Cultura, v. II, n. II, jul-dez 2013, p. 91-93.

Kobe murderer writes ambiguously of regret and pleasure from 1997 child killings. Japan Times, 10 jun. 2015. Acessado em 18 out. 2019. Disponível em: https://www.japantimes.co.jp/news/2015/06/10/national/crime-legal/kobe-murderer-writes-ambiguously-regret-pleasure-1997-child-killings/.

Child serial killer's memoir a hot seller, hot potato. Japan Times, 1 jul. 2015. Acessado em 20 out. 2019. Disponível em: https://www.japantimes.co.jp/news/2015/07/01/national/crime-legal/child-serial-killers-memoir-hot-seller-hot-potato/.

14-Year-Old Arrested in Japan for the Brutal Slaying of a Child. The New York Times, 29 jun. 1997. Acessado em 21 out. 2019. Disponível em: https://www.nytimes.com/1997/06/29/world/14-year-old-arrested-in-japan-for-the-brutal-slaying-of-a-child.html.

Man says he beheaded boy - to show hatred of Japan schools. The Miami Herald, 7 jun. 1997, p. 21.

MONTEIRO, Klaylian Marcela Santos Lima. Assassinos seriais: uma abordagem psicanalítica sobre o superego arcaico e os efeitos da sideração. 2012. 201 f. Tese (Doutorado em Psicologia) - Pontifícia Universidade Católica de São Paulo, São Paulo, 2012.

Seito Sakakibara, criança assassina, lança autobiografia e causa indignação no Japão. Aprendiz Verde OAV, 27 set. 2015. Disponível em: https://oavcrime.com.br/2015/09/27/seito-sakakibara-crianca-assassina-lanca-autobiografia-e-causa-indignacao-no-japao/.

SHARON CARR

MONCKTON-SMITH, J.; ADAMS, T.; HART, A.; WEBB, J. Introducing Forensic and Criminal Investigation. SAGE Publications Ltd, 1st edition, 5 abr. 2013. Edição do Kindle.

KERESTETZI, Katerina. Making a Nganga, Begetting a God. Materiality and Belief in the Afro-Cuban Religion of Palo Monte, 2019.

Police step up search for cemetery maniac. Liverpool Echo, 8 jun. 1992, p. 5.

'Kick Boxer' sought over murder. Aberdeen Press and Journal, 9 jun. 1992, p. 13.

Katie remand. Liverpool Echo, 10 jul. 1992, p. 18.

How police fay inquiry hurdle. Reading Evening Post, 5 jan. 1993, p. 14.

Key to Katie's Killing may lie with clubbers. Reading Evening Post, 27 abr. 1993, p. 5.

Police's £1.5m inquiry. Reading Evening Post, 15 jul. 1993, p. 4.

Murder charge girl, 16. Aberdeen Evening Express, 10 mai. 1996, p. 10.

Para que serve o vodu?. Mundo Estranho, Editora Abril, 4 jul. 2018. Acessado em 27 abr. 2020. Disponível em: https://super.abril.com.br/mundo-estranho/para-que-serve-o-vodu

Girl accused of frenzied knife killing at age of 12. Aberdeen Press and Journal, 26 fev. 1997, p. 17.

Murder defendant girl 'evil'. Irish Independent, 27 fev. 1997, p. 29.

Teenage girl found guilty of Katie killing. Aberdeen Evening Express, 25 mar. 1997, p. 5.

Black magic linked to murder at age of 12. Aberdeen Press and Journal, 26 mar. 2020, p. 6.

THROW AWAY THE KEY Britain's youngest female killer dubbed 'Devil's Daughter' faces life in jail after fantasising about killing inmate. The Sun, 29 mar. 2020. Acessado em 29 abr. 2020. Disponível em: https://www.thesun.co.uk/news/11282267/sharon-carr-killer-faces-life-jail/

I was born to be a killer. Every night I see the Devil in my dreams. The Independent, 26 mar. 1997. Acessado em 27 abr. 2020. Disponível em: https://www.independent.co.uk/news/uk/crime/i-was-born-to-be-a-killer-every-night-i-see-the-devil-in-my-dreams-1275032.html

Britain's youngest female murderer: Girl, 12, mutilated teen in stabbing frenzy 25 years ago - but did she act alone? The Mirror, 9 out. 2017. Acessado em 27 abr. 2020. Disponível em: https://www.mirror.co.uk/news/real-life-stories/25-years-ago-12-year-11293419

Jo Frost on Britain's Killer Kids. Season 1. Episode 3. Sharon Carr. Crime & Investigation Network. Visto em 27 abr. 2020. Disponível em: https://www.youtube.com/watch?v=hZVpdtYc9z4

Desejo de Matar. A psique de um assassino de crianças. Revista Veja, edição 1223, 24 fev. 1992. Acessado em 27 abr. 2020. Disponível em: https://acervo.veja.abril.com.br/#/archive/1992/2

SANDY CHARLES & WILLIAM MARTIN

Boy's body found in north. Red Deer Advocate, 12 jul. 1995, p. 2.

Murder charge. 14-year-old arrested in La Ronge Boy's Death. Star-Phoenix, 14 jul. 1995, p. 1.

Boy, 7, had role in killing. The Colonist, 15 jul. 1995, p. 2.

Police say teen bashed boy to death with rock. The Morning Call, 15 jul. 1995, p. 2.

Killings by teens on rise. The Daily Advertiser, 24 ago. 1995, p. 12.

Psychiatrist tells court accused teen killer driven by accomplice more than delusions. The Windsor Star, 25 jun. 1996, p. 14.

Bloodthirsty boy culprit, says psychiatrist. The Ottawa Citizen, 25 jun. 1996, p. 3.

Boy's murder trial 'unusual'. Times Colonist, 17 jun. 1996, p. 3.

Horror film pushed teen too far. Nanaimo Daily News, 19 jun. 1996, p. 8.

Defence pushes insanity plea in 'bizarre' case. The Colonist, 27 jun. 1996, p. 39.

Youth ordered to treatment centre. Times Colonist, 3 ago. 1996, p. 3.

Board in new territory deciding fate of boy who killed playmate. Edmonton Journal, 10 ago. 1996, p. 3.

Escape of killer raises questions. Red Deer Advocate, 1 abr. 1998, p. 2.

Community treatment an option in struggle to help young killer. Edmonton Journal, 23 nov. 1998, p. 3.

Mentally-ill offender Sandy Charles to change hospitals.

Global News, 31 mai. 2013. Acessado em 21 jul. 2020. Disponível em: https://globalnews.ca/news/603925/mentally-ill-offender-sandy-charles-to-change-hospitals/.

Youth killed and skinned young playmate, court hears. Associated Press, 19 jun. 1996. Acessado em 2 mai. 2020. Disponível em: https://apnews.com/440bd7d-f21af1ca6f1e4d1554d97979a.

Sandy Charles hopes to be transferred back to Saskatchewan Hospital. Global News, 15 out. 2014. Acessado em 3 mai. 2020. Disponível em: https://globalnews.ca/news/1616749/sandy-charles-hopes-to-be-transferred-back-to-saskatchewan-hospital/.

Killings by Teen-Agers Up Sharply in Canada. The New York Times, 24 ago. 1995. Acessado em 2 mai. 2020. Disponível em: https://www.nytimes.com/1995/08/24/world/killings-by-teen-agers-up-sharply-in-canada.html.

WESLEY ELKINS

Resume of the week's news. The Indianapolis Leader, 9 abr. 1881, p. 2.

The criminal record. The Dickinson Press, 29 set. 1883, p. 2.

Horrible murder! Elkader Weekly Register, 18 jul. 1889, p. 5.

The Elkins murder. Elkader Weekly Register, 25 jul. 1889, p. 5.

West and south. The Worthington Advance, 1 ago. 1889, p. 2.

A horrible confession. An eleven-year-old boy who killed his father and mother. The Abbeville Press and Banner, 6 nov. 1889, p. 6.

Saturday's sentences. Wesley Elkins given a life sentence at the Anamosa Penitentiary. Elkader Register, 16 jan. 1890, p. 5.

Want a pardon for Elkins. The Des Moines Register, 4 dez. 1895, p. 1.

The Wesley Elkins case. Evening Times-Republican, 4 mar. 1902, p. 3.

Interest in Elkins case. The Des Moines Leader, 19 mar. 1902, p. 1.

Pardon for a fiend. Muscatine Semi-Weekly News Tribune, 5 nov. 1901, p. 4.

Favors a pardon. The Gazette, 21 nov. 1901, p. 8.

The lost boys. Texas Monthly, abril de 2011. Acessado em 26 mai. 2020. Disponível em: https://www.texasmonthly.com/articles/the-lost-boys/

BRYAN, Patricia L. John Wesley Elkins, Boy Elkins, Boy Murderer, and His Struggle for Pardon. State Historical Society of Iowa. v. 69, n. 3 (Summer 2010). Acessado em 15 mai. 2020. Disponível em: https://ir.uiowa.edu/cgi/viewcontent.cgi?article=1448&context=annals-of-iowa

ALBERT JONES

Mother says boy slayer was amnesia victim. The San Francisco Examiner, 18 jul. 1946, p. 3.

Youth seized in shooting of 2 others. Oakland Tribune, 17 jul. 1946, p. 1.

Chico youth admits killing teen-age girl. The Hanford Sentinel, 17 jul. 1946, p. 2.

Boy admits murder of Chico girl, 15. The Sacramento Bee, 17 jul. 1946, p. 1.

Killer's mother beats victim's ma in court. Daily News, 20 jul. 1946, p. 315.

Drama at murder arraignment. The Herald-Press, 22 jul. 1946, p. 3.

Chico boy slayer may get juvenile hearing Monday. The Sacramento Bee, 20 jul. 1946, p. 1, 14.

Accused boy demonstrates grip. The Des Moines Register, 20 jul. 1946, p. 14.

14-year-old killer faces murder charge. The Colton Courier, 23 jul. 1946, p. 1.

Butte grand jury indicts youth as slayer of two. The Sacramento Bee, 30 jul. 1946, p. 9.

Boy slayer tries suicide. The Bakersfield Californian, 26 ago. 1946, p. 1.

Jury to decide on sanity of young murderer. The Colton Courier, 18 set. 1946, p. 1.

Young slayer is committed to Mendocino. The Californian, 20 set. 1946, p. 2.

Trial experience may help boy slayer of two women. Oakland Tribune, 20 dez. 1946, p. 20.

Boy killer, 14, held sane. The San Francisco Examiner, 20 dez. 1946, p. 3.

Boy killer of 2 to be tried. The San Francisco Examiner, 8 jan. 1947, p. 17.

Daughter relates how Chico youth slew her mother. The Sacramento Bee, 25 fev. 1947, p. 1, 8.

Murder trial hears how father wrestled with boy. Oakland Tribune, 26 fev. 1947, p. 4.

Albert Jones denies dual Chico slaying. The Sacramento Bee, 27 fev. 1947, p. 1, 10.

Jones will face grilling Tuesday in slaying case. The Sacramento Bee, 28 fev. 1947, p. 1, 10.

Defense attorney testifies for accused Jones boy. Oakland Tribune, 5 mar. 1947, p. 4.

Jones boy is found guilty of committing two murders. Oakland Tribune, 6 mar. 1947, p. 1.

Youth convicted of two killings. Billings Gazette, 7 mar. 1947, p. 12.

Boy insane, defense says. Oakland Tribune, 11 mar. 1947, p. 16.

Defense rests in sanity trial of youthful slayer. The Sacramento Bee, 11 mar. 1947, p. 10.

3 prison terms for boy slayer. The San Francisco Examiner, 18 mar. 1947, p. 6.

Boy slayer to get new chance. Oakland Tribune, 8 abr. 1947, p. 7.

Boy slayer to enter hospital. The San Francisco Examiner, 8 abr. 1947, p. 3.

Prison trio gets isolation in fight. Daily Independent Journal, 17 nov. 1954, p. 7.

3 Quentin cases due in court. Daily Independent Journal, 12 fev. 1955, p. 12.

Quentin inmate's attacker changes plea, gets prison. Daily Independent Journal, 10 mar. 1955, p. 18.

San Quentin convict flees, but is caught. Daily Independent Journal, 23 out. 1974, p. 9.

These inmates legally dig for freedom. The Sacramento Bee, 27 nov. 1976, p. 41.

Albert L. Jones in the U.S. Public Records Index, 1950-1993, Volume 1. Ancestry. Acessado em 5 jun. 2020. Disponível em: https://ancestry.com

Albert L. Jones in the California, Marriage Index, 1960-1985. Ancestry. Acessado em 5 jun. 2020. Disponível em: https://ancestry.com

Albert Leroy Jones in the U.S., Find A Grave Index, 1600s-Current. Ancestry. Acessado em 5 jun. 2020. Disponível em: https://ancestry.com

ANDREW GOLDEN & MITCHELL JOHNSON

Kids trained to kill 'people' who don't die. Daily News, 29 mar. 1998, p. 886.

Shots in the schoolyard: What happened that day in Jonesboro? The Greenville News, 29 mar. 1998, p. 3.

Judge orders school ambush suspects held. Fort Worth Star-Telegram, 26 mar. 1998, p. 1-17.

Jonesboro teacher dies shielding girl from gunfire. Baxter Bulletin, 26 mar. 1998, p. 8.

In Perspective: Arkansas School Shooting. Reno Gazette-Journal, 26 mar. 1998, p. 4.

From wild talk to killings at school. Tampa Bay Times, 29 mar. 1998, p. 1-10.

Armed and dangerous: welcome to America. The Age, 31 mar. 1998, p. 13.

Arkansas shooting suspect was molested, father says. The Times, 7 abr. 1998, p. 3.

2 young Jonesboro killers confined to juvenile center. Chicago Tribune, 12 ago. 1998, p. 1-9.

Atirador preferia matar meninas e disparava "sem pena", diz aluno sobrevivente da tragédia no Rio. UOL, 7 abr. 2011. Acessado em 24 jul. 2020. Disponível em: https://noticias.uol.com.br/cotidiano/ultimas-noticias/2011/04/07/atirador-preferia-matar-meninas-e-atirava-sem-do-diz-aluno-sobrevivente-da-tragedia-no-rio.htm

Read Andrew Golden's deposition from 2000. Arkansas Democrat-Gazette. Acessado em 24 jul. 2020. Disponível em: https://www.arkansasonline.com/81517westside/4/

Read Mitchell Johnson's deposition from 2000. Arkansas Democrat-Gazette. Acessado em 24 jul. 2020. Disponível em: https://www.arkansasonline.com/81517westside/1/

The only two living US mass school shooters who are not incarcerated. ABC News, 17 fev. 2016. Acessado em 25 jul. 2020. Disponível em: https://abcnews.go.com/US/living-us-mass-school-shooters-incarcerated/story?id=36986507

School shooter dies in car crash, 21 years after opening fire at Arkansas Middle School. Time, 29 jul. 2019. Acessado em 25 jul. 2020. Disponível em: https://time.com/5637645/andrew-golden-car-crash-school-shooting/

Arkansas school shooter Andrew Golden speaks in 2000 deposition. Arkansasonline. Canal do YouTube. Disponível em: https://www.youtube.com/watch?v=w7q7i00rtYg

Arkansas school shooter Andrew Golden speaks in 2008 deposition. Arkansasonline. Canal do YouTube. Disponível em: https://www.youtube.com/watch?v=h1YKiiCp7SY

Arkansas school shooter Mitchell Johnson speaks in 2000 deposition. Arkansasonline. Canal do YouTube. Disponível em: https://www.youtube.com/watch?v=24syqK0Yr38

Arkansas school shooter Mitchell Johnson speaks in 2007 deposition. Arkansasonline. Canal do YouTube. Disponível em: https://www.youtube.com/watch?v=r7cNlJM23TE

WILLIAM ALLNUTT

The late extraordinary case of poisoning at Hackney. The Times, 13 nov. 1847, p. 8.

Inquest, Yesterday - Suspicious Death at Hackney. Daily News, 13 nov. 1847, p. 3.

Horrid charge of murder against a boy. The Ipswich Journal, 20 nov. 1847, p. 4.

The mysterious death at Hackney. Saint James's Chronicle, 20 nov. 1847, p. 3.

Confession of William Allnutt. Morning Post, 27 nov. 1847, p. 8.

The convict William Allnutt. Morning Advertiser, 14 fev. 1848, p. 4.

William Newton Allnutt, Killing murder, 13th December 1847. Old Bailey Online. Acessado em 19 jul. 2020. Disponível em: https://www.oldbaileyonline.org/print.jsp?div=t18471213-290

William Newton Allnutt. Convict Records. Acessado em 13 jun. 2020. Disponível em: https://convictrecords.com.au/convicts/allnutt/william-newton/39731

WILLIAM SOPP

Cruel murder of a little boy at Hungerford. Berkshire Chronicle, 6 out. 1855, p. 8.

The murder of Hungerford Downs. Berkshire Chronicle, 8 mar. 1856, p. 2-3.

Homem de 90 anos diz que matou a mulher a seu pedido e para evitar que sofresse. Observador, 6 jul. 2020. Acessado em 20 jul. 2020. Disponível em: https://observador.pt/2020/07/06/homem-de-90-anos-diz-que-matou-a-mulher-a-seu-pedido-e-para-evitar-que-sofresse/

Tojo. Aulete Digital. Acessado em 8 jun. 2020. Disponível em: http://www.aulete.com.br/tojo

AUGUSTINE-MARIE OUVRARD

A youthful murderess. The Star, 5 out. 1875, p. 2.

Sem título. London Evening Standard, 25 mar. 1876, p. 6.

Un monstre de 13 ans. Le Petit Journal, 27 mar. 1876, p. 3.

MORDRET, Ambroise Eusèbe. Comité des travaux historiques et scientifiques. Acessado em 8 ago. 2020. Disponível em: https://cths.fr/an/savant.php?id=4304

FADLALLAH, Thomas. Les meurtres commis par des enfants en France au XIXe siècle: une étude sociale. OpenEdition Journals. Acessado em 8 ago. 2020. Disponível em: https://journals.openedition.org/criminocorpus/2681

Annales Médico-Psychologiques. Journal de L'Aliénation Mentale et de La Médicine Légale des Aliénés. Paris: Libraire de L'Académie de Médicine, 1878, p. 369-388. Acessado em 5 ago. 2020. Disponível em: https://archive.org/details/BIUSante_90152x1878x20/page/n371/mode/2up

BLANCHE DESCHAMPS

LACASSAGNE, A. Archives d'anthropologie criminelle de criminologie et de psychologie normale et pathologique. V11. Wentworth Press, 2018. Originalmente publicado em 1893.

Sem título. Le Figaro, 18 jan. 1893, p. 6.

Une criminelle de treize ans. Le Journal, 21 fev. 1893, p. 3.

Un assassin de treize ans. Le Pays: journal des volontés de la France, 22 fev. 1893, p. 3.

Crime par un enfant. Le Rappel, 22 fev. 1893, p. 2.

Une enfant de treize ans assassin. La Liberté, 24 fev. 1893, p. 3.

Shocking murder by a girl. Terrible juvenile depravity. Strange offer to compound the crime. Sheffield Evening Telegraph, 22 fev. 1893, p. 3.

Fiendish crime by a young girl. A thirteen-year-old murderess. The Star, 23 fev. 1893, p. 1.

MENINAS DE CORBY

Schoolgirl, 13, kicked to death. Reading Evening Post, 1 mai. 1996, p. 10.

Louise death: girls in court. Aberdeen Evening Express, 1 mai. 1996, p. 10.

Tears for a 'quiet' wee girl. Liverpool Echo, 2 mai. 1996, p. 22.

'Nightmare' for Louise's parents. Liverpool Echo, 3 mai. 1996, p. 30.

The killing of childhood. Sunday Independent, 5 mai. 1996, p. 4.

We kicked Louise to death: girls. Irish Independent, 15 nov. 1996, p. 32.

Girls get two years for fatal attack. Dundee Courier, 3 dez. 1996, p. 11.

Louise's killers to be freed. Aberdeen Evening Express, 25 fev. 1997, p. 55.

Killers face longer jail. Liverpool Echo, 25 fev. 1997, p. 4.

Girl killers freed. Liverpool Echo, 30 abr. 1997, p. 13.

Two girl killers freed from unit. Aberdeen Press and Journal, 1 mai. 1997, p. 16.

Last farewell to tragic Louise, 13. Liverpool Echo, 21 jun. 1996, p. 5.

Mean theft. Aberdeen Press and Journal, 26 jun. 1996, p. 19.

Places Features. Corby Pole Fair History. BBC Home, 22 mai. 2008. Acessado em 11 mai. 2020. Disponível em: http://www.bbc.co.uk/northamptonshire/content/articles/2008/05/22/corby_pole_fair_history_feature.shtml

History of Corby. Corby Borough Council. Acessado em 11 mai. 2020. Disponível em: https://www.corby.gov.uk/home/leisure-culture/leisure-community-facilities/corby-heritage-centre/history-corby

THOMPSON, Kenneth. Moral Panics. Primeira Edição. Routledge, 3 dez. 1998.

Corby hotel fire: Three teenagers arrested. BBC News, 1 fev. 2016. Acessado em 11 mai. 2020. Disponível em: https://www.bbc.com/news/uk-england-northamptonshire-35466436

Girl killed 'trying to break up a fight'. The Independent, 1 mai. 1996. Acessado em 11 mai. 2020. Disponível em: https://www.independent.co.uk/news/girl-killed-trying-to-break-up-a-fight-1345083.html

'Someone batters us, we batter them'. The Independent, 27 abr. 1997. Acessado em 11 mai. 2020. Disponível em: https://www.independent.co.uk/news/someone-batters-us-we-batter-them-1269549.html

Forgiveness and regret in class as accused ordered to secure accommodation Teenage girls remanded over school pupil's death. The Herald, 2 mai. 1996. Acessado em 11 mai. 2020. Disponível em: https://www.heraldscotland.com/news/12058783.forgiveness-and-regret-in-class-as-accused-ordered-to-secure-accommodation-teenage-girls-remanded-over-school-pupils-death/

LAYTON, Michael; PACEY, Alan. Tracking the Hooligans: The History of Football Violence on the UK Rail Network. Amberley Publishing, 15 jan. 2016.

'I wonder if it's worth getting up': life in Corby, the debt capital of Britain. The Guardian, 29 jul. 2017. Acessado em 11 mai. 2020. Disponível em: https://www.theguardian.com/money/2017/jul/29/corby-debt-capital-britain-wonder-if-worth-getting-up-borrowing

RICHARD THOMPSON

Napa youth, 13, confesses sex killing of girl, 6. The Sacramento Bee, 17 abr. 1948, p. 1, 16.

Boy slayer, 13, admits attack on victim, 6. Oakland Tribune, 18 abr. 1948, p. 1.

Boy, 13, tells of drowning schoolgirl, 6. The Los Angeles Times, 18 abr. 1948, p. 3.

Napa youth, 13, is certified to juvenile court. The Sacramento Bee, 19 abr. 1948, p. 10.

D.A. will seek to try Napa youth in superior court. The Sacramento Bee, 20 abr. 1948, p. 9.

Napa boy killer held for trial. Oakland Tribune, 29 abr. 1948, p. 17.

Napa boy, 13, accused of sex slaying, doesn't think he'll 'beat murder rap'. Oakland Tribune, 6 mai. 1948, p. 17.

Napa youth, 13, pleads guilty of murdering girl. The Sacramento Bee, 22 mai. 1948, p. 22.

13 year old Napa boy is sentenced for slaying girl. The Sacramento Bee, 10 jun. 1948, p. 8.

Boy, 13, guilty of murder. The San Francisco Examiner, 11 jun. 1948, p. 18.

Boy slayer files appeal to withdraw guilty plea. Napa Journal, 4 fev. 1949, p. 1.

Sanity hearing for Napa boy slayer will be reset. The Sacramento Bee, 12 mar. 1949, p. 14.

Attorney acts to withdraw youth's plea of guilty. The Sacramento Bee, 4 abr. 1949, p. 8.

D.A. to ask commital of Thompson. Napa Journal, 8 abr. 1949, p. 1.

Napa sex slayer, 14, is sent to Sonoma Hospital. The Sacramento Bee, 30 jun. 1949, p. 9.

Vallejo pair sentenced here for burglary. The Napa Valley Register, 2 nov. 1967, p. 11.

Thompson proceedings continued. The Napa Valley Register, 23 nov. 1967, p. 14.

Vallejo man is sentenced to prison on rape charge. The Napa Valley Register, 7 fev. 1968, p. 2.

DA refuses to disclose informant, case dismissed. The Napa Valley Register, 14 fev. 1968, p. 17.

Unusual case here finalized. The Napa Valley Register, 22 fev. 1968, p. 1, 7.

Court asked to revoke murderer's probation. The Napa Valley Register, 29 mar. 1975, p. 2.

Convicted murderer loses his probation. The Napa Valley Register, 23 abr. 1975, p. 25.

Murder convict sent to prison. The Napa Valley Register, 6 jun. 1975, p. 10.

Obituaries. Richard Thompson. The Napa Valley Register, 16 nov. 1989, p. 8.

Richard Douglas Thompson in the U.S., Find A Grave Index, 1600s-Current. Ancestry. Acessado em 6 jun. 2020. Disponível em: ancestry.com

MARY MAHER

How were they killed?. Little girl murders her three sisters. Tries to strangle a fourth. Evening Express and Evening Mail, 19 nov. 1906, p. 2.

11-year-old murderess. Irish child kills three of her sisters. Sensational revelations. Evening News, 10 jan. 1907, p. 2.

ELWOOD, J.H. Infant mortality in Belfast and Dublin--1900-1969. Ir J Med Sci, 1973 jul;142(4):166-73. doi: 10.1007/BF02950007. PMID: 4726289.

Suicide. World Health Organization. 2 set. 2019. Acessado em 17 jul. 2020. Disponível em: https://www.who.int/news-room/fact-sheets/detail/suicide

HONORINE PELLOIS

Cour D'assises De L'orne (Alençon). Honorine Pellois. — Effrayante monomanie pour le meurtre. Gazette Tribunaux, 22 nov. 1834. Disponível em: http://data.decalog.net/enap1/Liens/Gazette/ENAP_GAZETTE_TRIBUNAUX_18341122.pdf

CUNNINGHAM, H. Children and Childhood in Western Society Since 1500. Pearson; 2ª edição (4 abril 2005).

FADLALLAH, T. Les meurtres commis par des enfants en France au XIXe siècle : une étude sociale. Disponível em: https://journals.openedition.org/criminocorpus/2681?lang=it

RENAULT, B. Histoire, procès et condamnation des criminels célebres, recueil des événements les plus tragiques attentats, meurtres, assassinats, parricides, infanticides, viols, incestes, empoissonnements, massacres, faux, vols et autres forfaits commis en France depuis 1830 jusqu'à ce jour. 1853. Disponível em: https://play.google.com/store/books/details?id=CjUDAAAAMAAJ&rdid=book-CjUDAAAAMAAJ&rdot=1

ALEXANDER STEWART

Boy murderer sent to prison for 20 years. The Evening World, 14 dez. 1900, p. 2.

Weeps sentencing a boy. Fort Mill Times, 19 dez. 1900, p. 1.

Boy murderer well born. Harrison Press-Journal, 27 dez. 1900, p. 5.

Boy murderer pardoned. Evening Journal, 10 fev. 1905, p. 2.

Conditional pardon for a boy. Daily Arkansas Gazette, 17 fev. 1905, p. 8.

Juvenile delinquents. How a young murderer was received at George Junior Republic. New-York Tribune, 22 fev. 1905, p. 5.

O monstro do sistema. Revista Época, 30 abr. 2003, edição 259. Acessado em 13 mai. 2020. Disponível em: http://revistaepoca.globo.com/Revista/Epoca/0,,EDG57160-6014,00-O+MONSTRO+DO+SISTEMA.html

Casos de perfurações graves no cérebro ajudaram no avanço da ciência. Revista Veja, 20 abr. 2013. Acessado em 13 mai. 2020. Disponível em: https://veja.abril.com.br/ciencia/casos-de-perfuracoes-graves-no-cerebro-ajudaram-no-avanco-da-ciencia/

Head injuries linked to later violence. Reuters, 2 jun. 2011. Acessado em 13 mai. 2020. Disponível em: https://www.reuters.com/article/us-head-injuries/head-injuries-linked-to-later-violence--idUSTRE75101D20110602

People who have had head injuries report more violent behavior. Michigan News, University of Michigan, 1 jun. 2011. Acessado em 13 mai. 2020. Disponível em: https://news.umich.edu/people-who-have-had-head-injuries-report-more-violent-behavior/

PATRICK KNOWLES

Sem título. Western Times, 4 jun. 1903, p. 4.

Sem título. Morpeth Herald, 6 jun. 1903, p. 3.

Eight children poisoned at Stockton-on-Tees. Bridlington Free Press, 25 mar. 1876, p. 3.

The Stockton mystery. Ten-year-old boy in custody. Durham County Advertiser, 12 jun. 1903, p. 2.

Stockton child murder. Accused again remanded. Newcastle Daily Chronicle, 16 jun. 1903, p. 3.

A child murderer. Evesham Standard & West Midland Observer, 20 jun. 1903, p. 3.

The Stockton boy murderer. Derby Daily Telegraph, 1 jul. 1903, p. 3.

Boy murderer's fate. Sent to criminal lunatic asylum. Taunton Courier and Western Advertiser, 8 jul. 1903, p. 2.

Durham City Police. Durham County Advertiser, 17 jul. 1903, p. 8.

Home Office. Patrick Knowles, criminal lunatic for murder: removal under discharge from Broadmoor Criminal Lunatic. The National Archives, Kew - HM Treasury, 1911. Disponível em: http://discovery.nationalarchives.gov.uk/details/r/C7669430

WILLIE JAMES

Girl dies from wound boy gave. The Evening World, 27 mai. 1903, p. 4.

Shot by a juvenile bandit. Alexandria Gazette, 27 mai. 1903, p. 2.

Boy boasts of killing child. The Pittsburgh Press, 27 mai. 1903, p. 11.

Boy slayer still defiant. The Evening World, 29 mai. 1903, p. 5.

Exonerated by jury, he goes to a reform school. Star-Gazette, 4 jun. 1903, p. 5.

Boy bandits made to order. St. Louis Post-Dispatch, 14 jun. 1903, p. 51.

Result of making heroes of criminals. The St. Paul Journal, 27 ago. 1903, p. 6.

THOMAS E. HARRINGTON

Boy slayer, 11, certified to youth court. Oakland Tribune, 22 jul. 1948, p. 1, 21.

Experts seek humane fate for Martinez boy slayer. Oakland Tribune, 25 jun. 1948, p. 1, 20.

Boy records woman slayings. The San Francisco Examiner, 7 ago. 1948, p. 3.

Boy slayer is made ward of juvenile court. The Sacramento Bee, 17 ago. 1948, p. 6.

Boy slayer, 11, resentenced. The San Francisco Examiner, 15 out. 1948, p. 3.

Boy returns to school as delinquent, not murderer. The San Francisco County Sun, 16 out. 1948, p. 4.

Revista Weird Tales: a fantástica fábrica pulp de horrores cósmicos. Revista Galileu, 19 mai. 2017. Acessado em 7 jun. 2020. Disponível em: https://revistagalileu.globo.com/Cultura/noticia/2017/05/revista-weird-tales-fantastica-fabrica-pulp-de-horrores-cosmicos.html

Ad nauseam. Aulete Digital. Acessado em 7 jun. 2020. Disponível em: https://www.aulete.com.br

PATRICIA CORCORAN

Homesick girl, 12, kills aunt with ax here. Oakland Tribune, 5 out. 1956, p. 1.

Girl, 12, slays aunt with ax. Oakland Tribune, 5 out. 1956, p. 7.

Lonely Patricia tells story of life. Oakland Tribune, 6 out. 1956, p. 1-3.

Mother of girl slayer shocked, grief-stricken. Oakland Tribune, 7 out. 1956, p. 9.

Ax slayer, father in tragic reunion. Oakland Tribune, 8 out. 1956, p. 3.

Girl not unbalanced. Child slayer is sane, psychiatrists report. Oakland Tribune, 24 out. 1956, p. 5.

Judge asks lie detector test of girl ax slayer, 12. Oakland Tribune, 1 nov. 1956, p. 4.

Ax slayer to be freed when 21. Oakland Tribune, 13 nov. 1956, p. 1.

Condition of crash victims is unchanged. The Daily Republic, 20 jul. 1965, p. 3.

Rosary service tonight for crash victims. The Daily Republic, 21 jul. 1965, p. 3.

Condition of crash victims is improved. The Daily Republic, 22 jul. 1965, p. 3.

Drivers in fatal crash are charged. The Daily Republic, 31 ago. 1965, p. 3.

Cunningham is bound over to circuit court. The Daily Republic, 16 set. 1965, p. 3.

Two young Mitchell women die in mishap. The Daily Republic, 19 jul. 1965, p. 1.

NATHAN FARIS

Boy warned friends of plans. St. Joseph Gazette, 3 mar. 1987, p. 1-3.

Berserk student couldn't take taunts. The Paducah Sun, 3 mar. 1987, p. 6.

Taunts lead to shootings. The Daily Advertiser, 3 mar. 1987, p. 18.

Nathan Faris. St. Joseph Gazette, 3 mar. 1987, p. 2.

Ridiculed student shoots classmate, then himself. The News-Messenger, 3 mar. 1987, p. 5.

Timothy Perrin. St. Joseph Gazette, 4 mar. 1987, p. 2.

Taunts cited in deaths of boy and classmate. St. Louis Post-Dispatch, 22 mar. 1987, p. 49.

Rockwell worker killed in plunge. St. Joseph Gazette, 1 mai. 1987, p. 13.

A seventh-grader who threatened last week to 'take care'. United Press International, 3 mar. 1987. Acessado em 3 ago. 2020. Disponível em: https://www.upi.com/Archives/1987/03/03/A-seventh-grader-who-threatened-last-week-to-take-care/7307541746000/

Bullied Teen Casey Heynes explains why he snapped. YouTube. Disponível em: https://www.youtube.com/watch?v=t7whpmq9Q9E

MARY ANN JOHNSON

Crown Court. Stamford Mercury, 26 jul. 1844, p. 2.

Alleged murders at Benington. Lincolnshire Chronicle, 26 jul. 1844, p. 2.

Summer assizes. Morning Post, 27 jul. 1844, p. 7.

Country news. The Illustrated London News, v.4 1844 Jan-Jun. Disponível em: https://babel.hathitrust.org/cgi/pt?id=mdp.39015006972890&view=1up&seq=134

Stratmann, L. The secret poisoner: a century of murder. Yale University Press, First edition, 26 abr. 2016.

CARLISLE, Al. Violent Mind: The 1976 Psychological Assessment of Ted Bundy (The Development of the Violent Mind Book 3). Genius Book Publishing, 21 set. 2017. Edição Kindle.

Belfast Society for the Prevention of Cruelty to Animals. Belfast News-Letter, 5 jun. 1873. p. 4.

Tot's Mania To Kill. Reading Times, 25 mai. 1900. p. 8.

Warn Children Who Kill Birds! The Logan Daily News, 10 jun. 1938. p. 1.

L'empoisonneuse de dix ans. Je voulais, dit-elle, faire mourir mon frère et toute la famille. Le Petit Journal, 9 set. 1927. p. 4.

ARLUKE, A.; LEVIN, J.; LUKE, C.; ASCIONE, F. The Relationship of Animal Abuse to Violence and Other Forms of Antisocial Behavior. Journal
of Interpersonal Violence, v. 14,
n. 9, p. 963–975, 1999. Disponível em: https://doi.org/10.1177/ 088626099014009004. Acesso em: 20 jun. 2020.

ARLUKE, A.; MADFIS, E. Animal Abuse as a Warning Sign of School Massacres: A Critique and Refinement. Homicide Studies, v. 18, n. 1, p. 7–22, 2014. Disponível em: https://doi.org/10.1177/1088767913511459. Acesso em: 20 jun. 2020.

WRIGHT, J.; HENSLEY, C. From Animal Cruelty to Serial Murder: Applying the Graduation Hypothesis. International Journal of Offender Therapy and Comparative Criminology, v. 47, n. 1, p. 71–88, 2003. doi: 10.1177/0306624X02239276.

MEAD, M. Cultural factors in the cause and prevention of pathological homicide. Bulletin in the Menninger Clinic, v. 28, p. 11-22, 1964.

Glasgow murder charge. Belfast News-Letter, 20 out. 1924. p. 5.

Insane Murderer. Boy-Slayer who went about killing cats. Nottingham Journal, 23 dez. 1924. p. 5.

Mailman massacre: 14 die after Patrick Sherrill 'goes postal' in 1986 shootings. New York Daily News, 15 ago. 2010. Acessado em: 13 ago. 2020. Disponível em: https://www.nydailynews.com/news/crime/mailman-massacre-14-die-patrick-sherrill-postal-1986-shootings-article-1.204101.

Crazy Pat's Revenge. Time, 24 jun. 2001. Acessado em: 13 ago. 2020. Disponível em: http://content.time.com/time/magazine/article/0,9171,144859,00.html.

How are serial animal killers investigated?. BBC News, 24 maio 2011. Acessado em: 19 set. 2020. Disponível em: https://www.bbc.com/news/magazine-13520315.

Puppy survives after boy accidentally flushes him down the toilet while washing him. Daily Mail, 15 jun. 2009. Acessado em: 22 ago. 2020. Disponível em: https://www.dailymail.co.uk/news/article-1193098/Puppy-survives-boy-accidentally-flushes-toilet-washing-him.html.

National Sheriffs' Association. Animal Cruelty as a Gateway Crime. Washington, DC: Office of Community Oriented Policing Services, 2018. Acessado em: 19 set. 2020. Disponível em: https://cops.usdoj.gov/ric/Publications/cops-w0867-pub.pdf.

Your Year in Review. 2018-2019. RSPCA NSW. Acessado em: 19 set. 2020.

ALERTA: CRUELDADE CONTRA ANIMAIS

Disponível em: https://www.rspcansw.org.au/wp-content/uploads/2019/12/2018-2019_Year-in-Review_Online.pdf.

Homem filmado arremessando gato na parede é autuado por maus-tratos a animais, no Rio. G1, 21 jul. 2020. Acessado em: 20 set. 2020. Disponível em: https://g1.globo.com/rj/rio-de-janeiro/noticia/2020/07/21/homem-filmado-arremessando-gato-na-parede-e-autuado-por-maus-tratos-a-animais-no-rio.ghtml.

Gambling $7 million to execute school shooter who admits guilt. Sun Sentinel, 27 ago. 2019. Acessado em: 20 set. 2020. Disponível em: https://www.sun-sentinel.com/opinion/editorials/fl-op-edit-death-penalty-nikolas-cruz-20190827-lku7rrnd-5fhhrfxlk7mpjzlhie-story.html.

Mohammed confessa ter esquartejado inglesa e achava que ninguém descobriria. UOL, 14 mai. 2009. Acessado em 13 de ago. de 2020. Disponível em: https://noticias.uol.com.br/cotidiano/2009/05/14/ult5772u3981.jhtm

Acusado de matar jovem inglesa em Goiânia vai a júri; entenda o caso. Folha de São Paulo, 14 mai. 2009. Acessado em 13 de ago. de 2020. Disponível em: https://www1.folha.uol.com.br/cotidiano/2009/05/565713-acusado-de-matar-jovem-inglesa-em-goiania-vai-a-juri-entenda-o-caso.shtml

Assassino de inglesa é condenado a 21 anos. Estadão, 15 mai. 2009. Acessado em 13 de ago. de 2020. Disponível em: https://brasil.estadao.com.br/noticias/geral,assassino-de-inglesa-e-condenado-a-21-anos,371238

Condenado por esquartejar inglesa, Mohammed d'Ali morre em presídio. G1, 11 de fev. de 2016. Acessado em 13 de ago. de 2020. Disponível em: http://g1.globo.com/goias/noticia/2016/02/condenado-por-esquartejar-inglesa-mohammed-dali-morre-em-presidio.html

Smith 'not able to be in society', doctor says. Star-Gazette, 9 de ago. de 1994. Páginas 1-6.

Eric Smith talks of helping teens. Star-Gazette, 10 de ago. de 2008. Página 98.

Confessed serial killer hid in plain sight, then broke own rules. Reuters, 24 de dez. de 2012. Acessado em 14 de ago. de 2020. Disponível em: https://www.reuters.com/article/us-usa-crime-serialkiller/confessed-serial-killer-hid-in-plain-sight-then-broke-own-rules-idUSBRE8BN0EM20121224

Audio tapes reveal serial killer Israel Keyes' wish to be executed. Anchorage Daily News, 27 de set. de 2016. Acessado em 14 de ago. de 2020. Disponível em: https://www.adn.com/alaska-news/article/government-releases-interviews-confessed-serial-killer-israel-keyes/2013/04/10/

LEBRUN, Marcel. Rebels in Society. The Perils of Adolescence. Página 163. Kindle Edition.

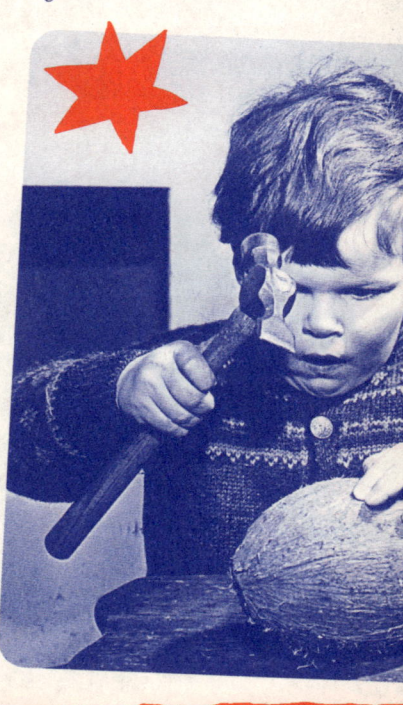

BIBLIOGRAFIA E FONTES CONSULTADAS

ABCDE
36 CASOS CRUÉIS

A youthful murderer. Alexandria Gazette. 23 maio 1855. p. 2.

The murder by children - resumed inquest. Liverpool Daily Post. 23 jul. 1855. p. 4.

Murder by boys at Liverpool. Cheshire Observer. 25 ago. 1855. p. 3.

Wednesday. The boy murderers. Liverpool Standard and General Commercial Advertiser. 28 ago. 1855. p. 22.

Youthful murderer. Staunton Spectator. 29 jun. 1858. p. 2.

Sem título. The Weekly Hawk-Eye. p. 3.

Horrible murder of a child by a child. Chicago Daily Tribune. 20 maio 1873. p. 2.

Sem título. Nashville Union and Dispatch. 28 jul. 1867. p. 2.

A child killed by another in play. Worcestershire Chronicle. 17 fev. 1869. p. 4.

Alleged murder by a boy of seven years. Chicago Tribune. 27 set. 1872. p. 3.

A boy of seven murders a girl of five years. Frostburg Mining Journal. 12 out. 1872. p. 4.

A youthful murder and murderer. The Fairfield Herald. 18 ago. 1875. p. 1.

A youthful murderer. A boy of twelve years shot by another of the same age. The Tiffin Tribune. 14 mar. 1878. p. 3.

An innocent little murderer. The Worthington Advance. 21 mar. 1878. p. 1.

Domestic. The Toledo Chronicle, 25 abr. 1878, p. 1.

Attention. Ottumwa Weekly Courier, 24 abr. 1878, p. 3.

His Honor's Hearings. Adaline Hamilton, the Child-Burner, Dismissed. The Burned Child. Adaline Hamilton, the Little Yellow Girl, Dismissed-Other Police Cases. The Daily Gazette, 13 fev. 1883, p. 4.

Terrible Murder By A Boy. Derry Journal, 29 ago. 1884, p. 7.

A Youthful Murderess. Alexandria Gazette, 25 mar. 1885, p. 3.

A Horrible Tale, And Eight-Year Old Murderess. The Evening Critic, 25 mar. 1885, p. 4.

The Child Murderess. Horrible Details of the Death of Melville Barrett. Daily Evening Bulletin, 26 mar. 1885, p. 1.

A 12-Year-Old Girl's Crime. Salt Lake Evening Democrat, 27 jun. 1885, p. 1.

Southern Newsgleanings. The Rugby Gazette and East Tennessee News, 4 jul. 1885, p. 4.

A Ten-Year-Old Murderess. The Times and Democrat, 3 jun. 1886, p. 2.

Sem Título. Yorkville Eenquirer, 3 jun. 1886, p. 2.

Precocious depravity. Alexandria Gazette, 18 jul. 1887. p. 2.

A novel case. A Girl of Twelve Years to Hang in South Carolina. St. Paul Daily Globe, 17 jul. 1887. p. 5.

No Hanging for Children. The Anderson Intelligencer, 1 set. 1887. p. 2.

Child murderers. Morris Tribune, 7 jul. 1886. p. 4.

Cases fixed for trial. The Times-Picayune, 8 out. 1886. p. 8.

A Young Murderess. Springfield Daily Republic, 26 jul. 1887. p. 1.

A Murderess at 7 Years. The Morning News, 26 jul. 1887. p. 1.

The Sun. Telegraphic Summary, Etc. The Baltimore Sun, 27 jul. 1887. p. 1.

Boy murderers. Two Lads, Nine and Eleven Years Old, Kill an Aged Italian. Fort Worth Daily Gazette, 8 jun. 1887. p. 1.

A juvenile murderer. Gloucester Citizen, 14 jun. 1888. p. 1.

WILLIAMSON, E.R. The Atlanta Constitution, 15 maio 1888. p. 2.

A Youthful Murderer. Ellsworth Messenger, 24 maio 1888. p. 6.

The Havant Murder. Acquittal of the Prisoner. Hampshire Advertiser, 22 dez. 1888. p. 3.

E F G H I

ESQUECIDOS NO TEMPO

The Havant Murder. Worcestershire Chronicle, 29 dez. 1888. p. 6.

The Havant Murder Trial. Lloyd's Weekly Newspaper, 30 dez. 1888. p. 6.

Justice. Un Assassin De Douze Ans. La Croix, 31 jul. 1891. p. 3.

A Youthful Murderer. Western Daily Press, 31 jul. 1891. p. 7.

He Escaped But To Meet Death. Wilful Murder By Boys. Hull Daily Mail. 24 de set. de 1891. p. 3.

The Carge of Murder Against Two Boys. Wicklow People. 19 de dez. de 1891. p. 4.

A Boy Murdered by Boys. The Morning Post. 16 de jul. de 1892. p. 4.

Alleged Manslaughter By a Boy of Eleven. Lancashire Evening Post. 21 de jul. de 1892. p. 4.

The Alleged Manslaughter By a Boy. Manchester Evening News. 21 de jul. de 1892. p. 2.

Father Crazed. The Butler Weekly Times. 20 de jun. de 1895. p. 3.

Imitating Jessie Pomeroy. The Dalles Daily Chronicle. 12 de jun. de 1895. p. 1.

A 4-Year Old Murderer. He Kills a Little Girl Because She "Cut" Him on the Street. The Topeka State Journal. 11 de jun. de 1895. p. 5.

Sem Título. The Morning News. 2 de set. de 1896. p. 4.

Sem Título. The Watchman and Southron. 9 de set. de 1896. p. 3.

Young Girl on Trial for Murder. The Diamond Drill. 16 mai. 1896. p. 6.

A Queer Verdict. The Salt Lake Herald. 17 mai. 1896. p. 1.

Hated Her Sister-In-Law. So Gertrude Taylor Poisoned Five of Her Family. The Evening Times. 20 de mar. de 1896. p. 8.

A Youthful Poisoner. Alexandria Gazette. 20 de mar. de 1896. p. 2.

Put Poison in the Coffee. Thirteen-Year-Old Girl Held for the Murder of Her Father. The Wichita Daily Eagle. 18 de mar. de 1896. p. 2.

Mistery Explained. The Thirteen-Year-Old Daughter Administered the Poison to the Taylors. The Evening Bulletin. 20 de mar. de 1896. p. 1.

A Wholesale Poisoning. Gertrude Taylor, of Craig, Aged Thirteen is Arrested on the Charge of Murder. The Holt County Sentinel. 20 de mar. de 1896. p. 4.

Infantile Brutality. A Six Year Old Girl Kills Her Playmate With a Pitch Fork. The Burlington Free Press. 13 mai. 1897. p. 1.

Sem Título. Argus and Patriot. 19 mai. 1897. p. 4.

Baby Boy Cried. And His Six-Year-Old Sister Put Him in the Fire to Get Rid of Him. The Topeka State Journal. 27 de fev. de 1899. p: 4.

Little Boy Who Struck Baby Brother With a Hatchet, Oblivious to Fact That He is the Cause of Death. The Daily Palladium. 15 de jul. de 1904. p. 4.

Kills His Baby Brother. Lewiston Evening Teller. 12 de jul. de 1904. p. 1.

Third Time Successful. Reformatory Manageress Poisoned. Dundee Evening Telegraph. 15 de ago. de 1905. p. 2.

Child Gets Sentence. The Leon Journal-Reporter. 4 de out. de 1906. p. 1.

Oscar Napier Found Guilty. Ottumwa Tri-Weekly Courier. 25 de set. de 1906. p. 1.

Baby Murders Baby. Three-Year-Old Child Cuts Infant to Pieces With Butcher Knife. Daily Press. 12 de abr. de 1906. p. 1.

Commences at an Early Age. Three Year Old Baby Stabs and Kills Tot of Two Months. Bluefield Evening Leader. 13 de abr. de 1906. p. 1.

An Infants Death. The Sydney Morning Herald. 18 de jun. de 1908. p. 7.

Irish Town Tragedy. The Mercury. 22 de jun. de 1908. p. 5.

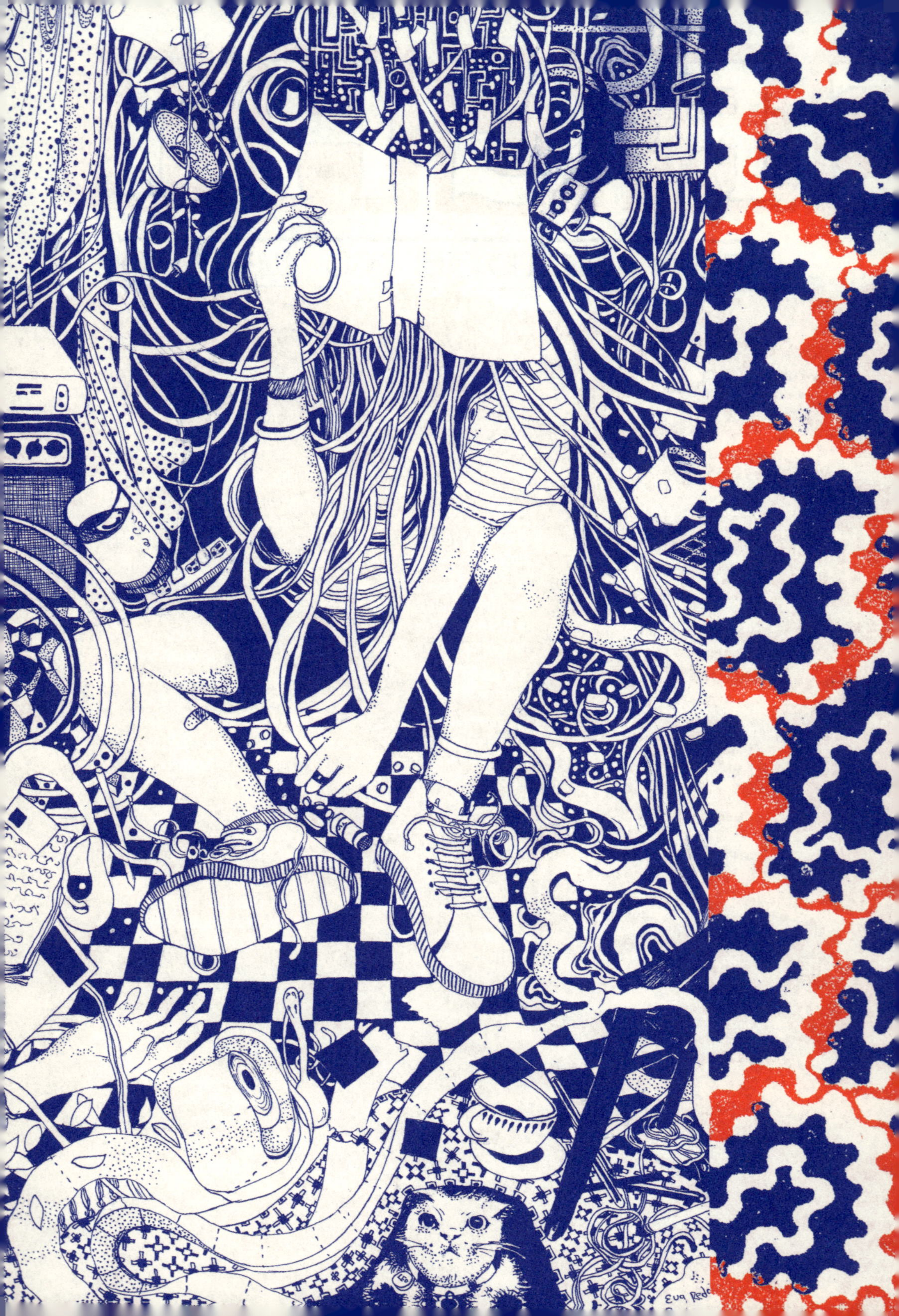

BIBLIOTECA DARKSIDE

Não Ficção
Serial Killers: Anatomia do Mal *Harold Schechter*
Cruel: Índice da Maldade *Michael H. Stone e Gary Brucato*
Vítima: O Outro Lado do Assassinato *Gary Kinder*
Se Você Contar *Gregg Olsen*
Lady Killers: Assassinas em Série *Tori Telfer*
Columbine *Dave Cullen*
Meu Filho Dahmer *Lionel Dahmer*
Meu Amigo Dahmer *Derf Backderf*
Manson: A Biografia *Jeff Guinn*
Arquivos Serial Killers: Made in Brazil & Louco ou Cruel *Ilana Casoy*
Ted Bundy: Um Estranho ao Meu Lado *Ann Rule*
BTK: A Máscara da Maldade *R. Wenzl, H. Laviana, L. Kelly, T. Potter*
BTK: Meu Pai *Kerri Rawson*
Killer Clown Profile: Retrato de um Assassino *Terry Sullivan e Peter T. Maiken*
Personalidades Perigosas *Joe Navarro*
Predador Americano *Maureen Callahan*

Ficção
Menina Má *William March*
Fábrica de Vespas *Iain Banks*
Quando os Adams Saíram de Férias *Mendall W. Johnson*
A Garota da Casa ao Lado *Jack Ketchum*
Anatomia de uma Execução *Danya Kukafka*
Mal-Estar *Antoine Maillard*
Pim & Francie *Al Columbia*
Separados *Scott Snyder, Scott Tufts e Attila Futaki*

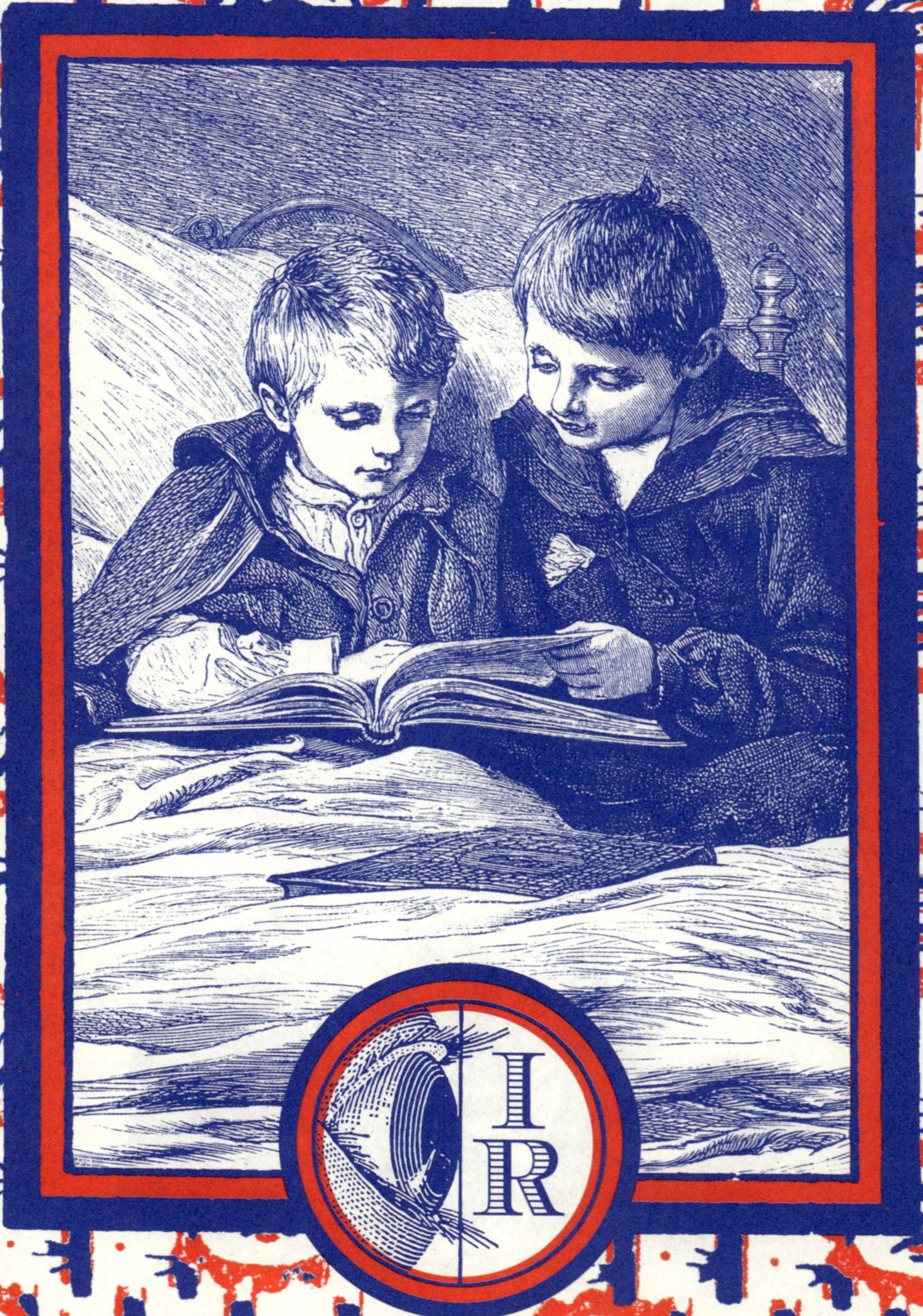
I
R

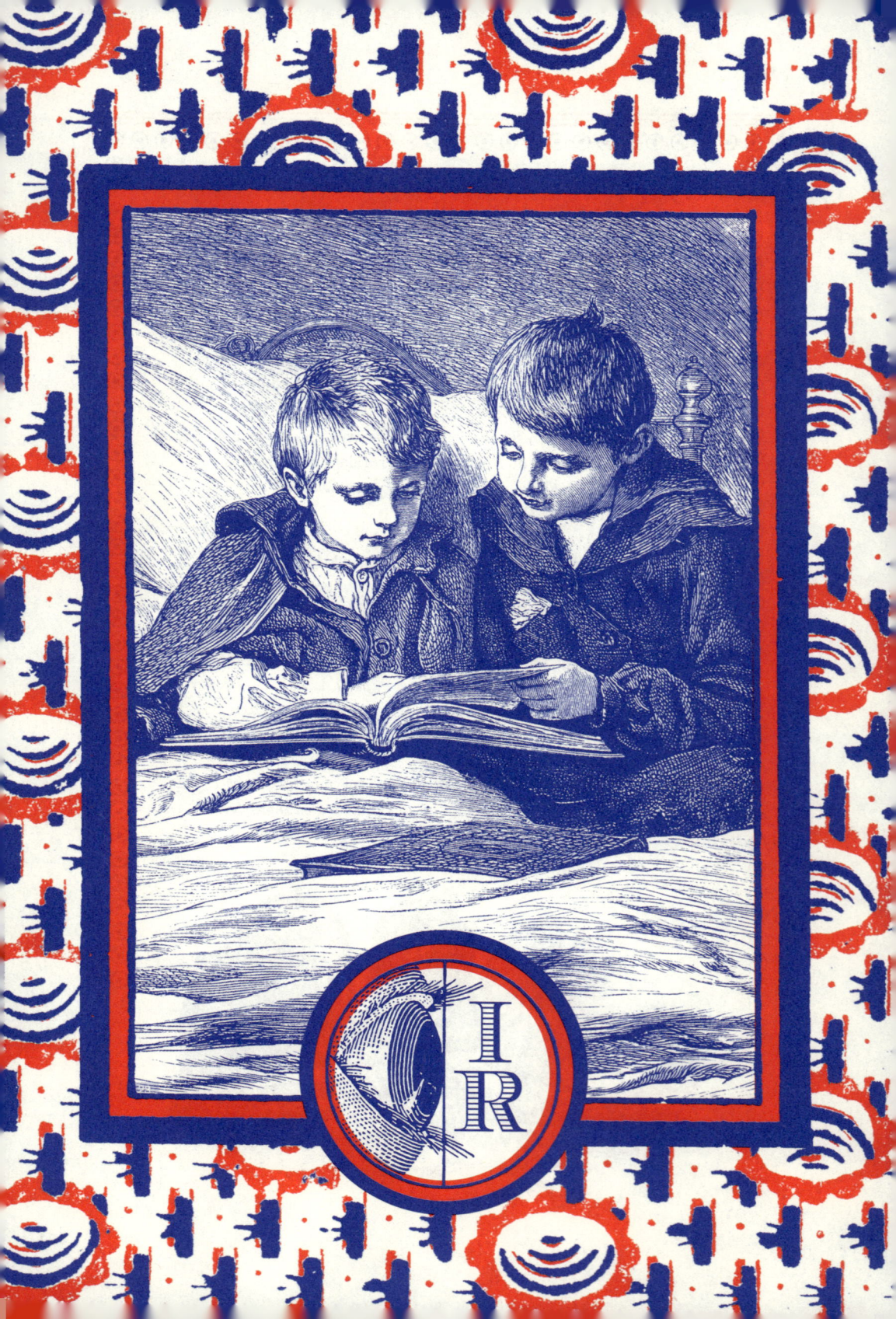

ÍNDICE REMISSIVO

A

Abbandando, Frank 366
abusos sexuais 31, 33, 68, 105, 107, 271
A cabeça da Medusa (livro) 192
Acosta, Josephine (vítima) 455
Adams, Frank (vítima) 479
Adams, Solomon (vítima) 446
alcunhas 86, 184, 205, 537
alegação de insanidade 138, 142, 164, 221, 253
Alexandre, Amélie (vítima) 354, 356, 357
Allen, Louise (vítima) 327, 328
Allnutt, William 89
    avaliações psiquiátricas 283
    cartas 281
    confissão 282
    morte 288
    sentença 287
    tuberculose 281
    vida familiar 281, 288
    vítima 279
Alvarez, Felix 455
arsênico 280, 281, 288, 407, 408, 410, 413, 425
assassinas em série
    Alice Kyteler 345
    Amelia Dyer 346
    Dorothea Puente 107, 196
    Gesche Gottfried 351
    Lizzie Halliday 473
    Madame Guzoyska 346
    Madame Kusnezowa 346
    Mary Ann Cotton 346
    Tillie Klimek 254
    Veuve Chartier 346
assassinato com arma de fogo 83, 230, 255, 266, 293, 382, 385, 402, 423, 444, 445, 461, 479
assassinato com envenenamento 280, 370, 408, 472
assassinato com machado 394, 471
assassinato em massa 71, 89, 266, 270
assassinos canibais 185, 192, 195, 357, 366, 537
ato de beber o sangue 193, 194
autópsia 280, 318, 409

B

baby farming 346
Balch, John (vítima) 133, 139
Barrett, Melville (vítima) 449
Bartsch, Jürgen 107
Bell, Mary 86, 128, 356
    abusos sexuais 105
    apelidos 86
    confissão 107
    inconsistência no depoimento 98
    infância 105
    julgamento 101
    mãe 104, 105, 106
    sentença 103
    vítima 96
Bell, Norma (amiga) 97, 98, 101, 102
    sentença 103
Belvêque (vítima) 464
Benning, Freddy (vítima) 445
Berkowitz, David 37, 185, 186, 197
Bienert, Emilie 477
bilhetes e cartas 69, 71, 77, 101, 184, 185, 187, 196, 241, 243, 281, 322
Blair, Daniel 420
Bowsher, Gilbert 469
Breen, John 433
Brooks, Natalie (vítima) 269
Brown, Martin (vítima) 96
    família 96, 101
Buchalter, Lepke 366
Bulger, James (vítima) 112
bullying 69, 173, 180, 185, 402, 419, 479
Bunce, LaVern (vítima) 394, 397
Bundy, Ted 26, 37, 77, 421
Burgess, Ann W. 422

C

cadeira elétrica 77, 256, 363, 473
Callahan Jr., Joseph (vítima) 435
Carr, Sharon 87, 205
    apelidos 205
    confissão 210
    diários 209
    evidências 210, 211
    infância 205
    julgamento 211
    mãe 207
    mudança para Inglaterra 205
    noivado 212
    sentença 211
    uso de drogas 207
    vida familiar e rotina 205
    vítimas 201, 210
casos na Alemanha
    Emilie Bienert 477
    Marcel Hesse 79
casos na Austrália
    Robert Robertson 480
casos na China
    Cai Moumou 78, 79
casos na França
    Amédée Maroc 464
    Augustine-Marie Ouvrard 306
    Blanche Deschamps 315
    Honorine Pellois 353
    Jean Lelandais 459
    Joseph Weintzel 447
    Zephor C. 432
casos na Inglaterra
    As Meninas de Corby 325
    Frederick Davies 468
    Fritz & Breen 433
    Jon Venables 112
    Mary Ann Johnson 407
    Massacre de Hungerford 293
    Patrick Knowles 369
    Robert Grieveson 441
    Robert Husband 462
    Robert Thompson 112
    Sharon Carr 201
    Shearon & Crawford 465
    Will Cornick 82
    William Allnutt 279
    William Sopp 294
casos na Irlanda
    Mary Maher 345
casos no Brasil
    François Patrick Nogueira Gouveia 82
    Marcelo Costa de Andrade (Vampiro de Niterói) 194
    menino de Goiás 86
    Suzane Von Richthofen 87, 229
    Tiago da Rocha (Maníaco de Goiânia) 77, 185
    Wellington Menezes de Oliveira 271
casos no Canadá 215

Sandy Charles 215
William Martin 215
casos no Estados Unidos
   Adaline Hamilton 446
   a filha de Ziapasa 481
   a filha do sr. Martin 439
   Albert Jones 247
   Alexander Stewart 361
   Andrew Golden 265
   Axey Cherry 453
   Charles Welsh 444
   Columbine 266
   Eric Smith 153
   Gertrude Taylor 472
   Gilbert Bowsher 469
   Grace Newell 475
   Hattie Record 471
   Henry Rudolph 445
   Howard Dobell 476
   Jane Walker 451
   Jesse Penn 437
   Jesse Pomeroy 131
   Lizzie Cook 473
   Lottus 442
   Mary Cooper 449
   Meehan & Klotzberger 457
   Michael Norton 435
   Mitchell Johnson 265
   Nathan Faris 401
   o filho do coronel Williamson 461
   o menino da fazenda de Massenburg 443
   Oscar Napier 479
   os meninos Jackson 467
   Patricia Corcoran 393
   Philip Chism 76
   Rebecca Samuels 450
   Richard Thompson 335
   Septime Ferguson 455
   Tommy Harrington 385
   Virginia Hudson 456
   Wesley Elkins 229
   Willie James 377
casos no Japão
   Azuma Shinichiro 183
   Issei Sagawa 195
Celestrino, Dyonathan 107
Centro Correcional Sing Sing 361, 362, 366
Chandler, Jerry (vítima) 442
Charles, Sandy 217, 218
   alegação de insanidade 221
   confissão 217
   dia do crime 219, 223
   influência de William Martin 222
   julgamento 224
   mãe 218, 221, 223, 225, 226
   sentença 225

vida familiar e rotina 218
vozes 218, 221
Cherry, Axey 453
Chikatilo, Andrei Romanovich 191
Chism, Philip 76, 77, 78, 83
Clara, irmã (vítima) 477
Cleckley, Harvey 56
Clifford, Ann-Marie (vítima) 210
Collins, Bernice (vítima) 469
Columbine (livro) 265
conceitos
   antissocial organizado 192
   associal desorganizado 193
   doli incapax 441
   lust murderer 190
   piquerismo 193
   traços insensíveis 26
   transtorno de conduta 65
   transtorno esquizoafetivo 212
   Tríade Macdonald 175
   vampirismo 194
Contos da Cripta (série, 1989) 335
Cook, Lizzie 473
Cooper, Mary 449
Copeland, Ray 107
Corby, As Meninas de confissão 329
   dia do crime 327
   liberdade 330
   pais das infratoras 330
   retaliação 331
   sentença 330
   vítimas 327
Corby, violência juvenil em 326, 327, 331
Corcoran, Patricia 393
   depoimento 394
   dia do crime 394
   liberdade 399
   morte 399
   motivações 395, 397
   pais 395
   sentença 397
   sessão pública 395
   vida familiar 393, 398
   vítima 394
Cornick, Will 82, 83
Cossé (vítima) 459
Crandall, Patricia (vítima) 248, 258
   manifestação da família 251
Crawford, Samuel 465
crianças assassinas em série 89, 355
Cullen, Dave (autor) 265
Curran, Karie Marie (vítima) 132
C., Zephor 432

D

Dahmer, Jeffrey 37, 107, 164, 192, 423, 530, 537, 540
Davies, Frederick 468
deep web 80, 271
Denyer, Paul 419
Deschamps, Blanche 315
   acordo com Lambert 322
   depoimento 319
   dia do crime 316
   roubo 316
   vida familiar 315
   vítima 316
Dirty Harry (filme, 1971) 250
Dobell, Howard 476
Dobell, Irwin (vítima) 476
doli incapax 121, 441
Douglas, John (FBI) 192, 208, 422
DSM-5 27, 66

E

Ebling, Daisy (vítima) 385
Eccles, David Dawson (vítima) 465
Edward Schepoch, filho de (vítima) 481
Elkins, Wesley 87, 89, 145, 229
   cartas 240, 241, 243
   comportamento na prisão 238, 240, 242
   confissão 234
   depoimento 231, 233
   família 230
   morte 244, 245
   pais biológicos 232
   pedido de liberdade 239, 241, 243
   sentença 235
   tratamento dos pais 232, 241
   vida em liberdade 244
   vida familiar 232
Elliot Rodger 69
Ellis, Joseph (vítima) 455
epilepsia 141, 142, 159, 165, 176, 281, 284
Ervington, John (vítima) 441
estudos
   assassinos em série 192
   de agressividade infantil 62, 63, 68, 420
   de Arluke & Madfis 421
   de Ressler, Burgess & Douglas 422
   golpes violentos na cabeça 365

traços insensíveis 27, 28, 29
estupro 77, 79, 81, 128, 159, 191, 224, 261, 317, 337, 423

F

Faris, Nathan 402
  bullying 402
  dia do crime 402
  morte 402
  vítimas 402, 403
Ferguson, Septime 455
ferramentas de diagnóstico
  APSD 63, 73
  DSM-5 27, 66
  MMPI-2 78
  PCL-R 62
  PCL-YV 59, 62, 64, 65
  Teste de Rorschach 78
Filho, Pedro Rodrigues (Pedrinho Matador) 365
Finger, Liz 55
Fish, Albert 111, 164, 185, 366, 538
Fleeson, James (vítima) 433
Floyd, Franklin 450
Fokin, Victor 107
folie à deux 102, 224
frenologia 235, 237, 355, 358
Freud, Sigmund 192
Fritz, Alfred 433
Fuller, Johnnie (vítima) 475

G

Gacy, John Wayne 196
gangue Bloods 267
gangue CSG (Canada Square Girls) 326
  depoimentos de membros 331
Gauchard, Désirée (vítima) 354
Golden, Andrew 266
  alegação de insanidade 271
  amizade com Mitchell Johnson 267
  avô 266, 269
  depoimento 273
  dia do crime 267
  liberdade 271
  morte 277
  sentença 271
  troca de nome 275
  vida familiar 266
  vítimas 269
Gould, Charles A. (vítima) 141
Graham, Lucy (vítima) 450
Grande Fome (1845-1849) 346
Green, Alexander (vítima) 422
Grieveson, Robert 441

H

Hagerty, Barbara Bradley (jornalista) 23
Hamilton, Adaline 446
Happé, Francesca (neurocientista) 212
Hare, Robert (psicólogo) 62, 63
Harrington, Tommy 385
  confissão 386
  depoimento 386, 390
  histórico de roubo 386
  sentença 390
  vítima 385
Hase, Jun (vítima) 184, 188, 193, 194
  família 195
Haskins, Verna Sue (vítima) 335, 341
  família amiga de Thompson 336
Hayden, Tracy B. (vítima) 139
Hazelwood, Roy (FBI) 192
Heirens, William 250
Henriques, Richard (promotor) 121, 123
Herring, Paige (vítima) 269
Hersant, Virginie (vítima) 354, 357
Hesse, Marcel 76, 79, 80, 81, 83
hipótese de graduação da violência 419, 422, 423
Hitler, Adolf 194
Howe, Brian (vítima) 96
Huberty, James 71
Hudson, Virginia 456
Hughes, Frederick (vítima) 371
Humber, Laura 418

I

invasão do Dia D 326
It, A Coisa (livro) 335

J

Jack, o Estripador 87, 131, 185, 186, 202, 371, 462, 537
Jackson, os meninos 467
James, Willie 377
  dia do crime 380
  fixação por Jesse James 378, 379, 380
Jesperson, Keith 185, 186, 421
Johnson, Mary Ann 408
  confissão 410
  depoimento 409, 410
  dia do crime 408
  governanta Elizabeth 408, 410, 411
  julgamento 409
  mãe 408, 412, 413
  vítimas 408
Johnson, Mitchell 266
  depoimento 273
  liberdade 271
  pai 271
  sentença 271
  vítimas 269
Johnson, Stephanie (vítima) 269
Jones, Albert 87, 247, 389
  alegação de insanidade 253, 258
  comportamento 249
  comportamento na prisão 252, 262
  confissão 248
  confusão na prisão 261
  depoimento 255
  julgamento 258
  laudos psicológicos 252
  liberdade 262
  mãe 250
  morte 263
  sentença 258
  vítimas 247, 248, 251

K

Kemper, Ed (Edmund) 104, 192
Kennedy, Joseph W. (vítima) 141
Kirkby, Albert 120
Klotzberger, William 457
Knight Searle, Percy (vítima) 462
Knowles, Patrick 87
  depoimento 373
  destino após julgamento 375
  vítimas 370, 371, 372

L

Lady Killers, Assassinas em Série (livro) 254
La folie du doute avec délire du toucher (livro) 305
Lambert, Philomène (vítima) 316
  autópsia 318
  família 318
Lanza, Adam 83
Léger, Antoine 357, 358
Legrand du Saulle, dr. Henri (alienista) 305
Lelandais, Jean 459

Lerat, Joséphine-Henriette (vítima) 307
Lerat, Marie (vítima) 307
Liverpool 112, 114, 433, 465
livros escritos por assassinos 143, 190, 195, 196, 197, 199
Long, Liza (mãe) 83
Lottus 442
Lynes, Fanny (vítima) 372
Lyons, Rudolph (promotor) 101

M

Macdonald, John (psiquiatra) 419
Macpherson, Gary (psicólogo forense) 417
Maher, Mary 347
   morte 350
   pais 346
   vítimas 347, 348, 349, 350
Maier, Robert (vítima) 140
Manson, Charles 37
Maroc, Amédée 464
Marsh, Abigail (neurocientista) 29, 55
Martin, a filha do sr. 439
Martin, William 219
   amizade com Sandy Charles 219
   dia do crime 219
   transferência de guarda 221
Maskropetro, Louis (vítima) 457
Massacre de Columbine 266, 527
Massenburg, o menino da fazenda de 443
Maus Companheiros (filme, 1995) 95
McAdams, Robert (vítima) 444
McArthur, Bruce 107
McGuire, dr. C.J. (alienista) 364
Mead, Margaret (antropóloga) 424
Meehan, John 457
Mein Kampf (livro) 194
Meu Amigo Dahmer (livro) 424
Meu Filho Dahmer (livro) 424
Michael Norton 431
Michael Ziapasa, filha de 481
Millen, Horace (vítima) 132
Moore, Miriam (psicóloga) 325, 328
Mordret, dr. Ambroise Eusebe (alienista) 306
Moumou, Cai 78, 79, 83
Munro, Ian (jornalista) 419

N

Napier, Oscar 479
narcisismo 26, 69, 70, 73
necrofilia 193
Nelme, Samuel (vítima) 279
Newcastle upon Tyne 96
Newell, Grace 475
Newton, dr. Robert S. (alienista) 362
Nielson, Myrtle (vítima) 247, 251
Norton, Michael 435
Nuttall, Norman (vítima) 468

O

O Menino Negro de Franklyn 443
organização de proteção aos animais 420
origem genética 61, 311, 312
Os Caracteres (livro) 57
O Senhor das Moscas (livro) 31, 327, 518
O'Shea, criança (vítima) 370
ouvir vozes 281, 283, 284, 287
Ouvrard, Augustine-Marie 306
   comportamento 307
   documentação do alienista 307
   elaboração do crime 310
   julgamento 312
   vida familiar 306
   vítimas 307

P

Panzram, Carl 197
parafilia 193, 209
Pellois, Honorine 86, 353
   comportamento 354
   comportamento no velório 356
   confissão 357
   depoimento 354
   julgamento 355, 356
   vida familiar 353, 357
   vítimas 354
pena de morte 77, 143, 235, 363, 473
Penn, Jesse 437
Perrin, Timothy (vítima) 402
Pickton, Robert 197, 216
Piesel, Edward (vítima) 364
Pomeroy, Jesse 132, 244, 362
   alegação de insanidade 138, 142
   apelidos 86, 132
   autobiografia 143
   comportamento na prisão 143
   confissão 134
   dia do crime 134
   irmão 135
   julgamento 137
   mãe 135, 138, 147
   morte 150
   sentença 143
   vítimas 132, 133, 139, 140, 141
Por que crianças matam a história de Mary Bell (livro) 105
Pratt, George E. (vítima) 140
predador sexual 77, 111, 166
prisão perpétua 103, 143, 338, 397
psiquiatras/psicólogos forenses
   Al Carlisle 421
   Alexander Bukhanovsky 422
   David Holmes 207
   Gary Macpherson 417
   Georgy Vvedensky 421
   John Macdonald 419
punições vikings 325

R

Rackliff, Katie (vítima) 201, 208
Rader, Dennis 185
Record, Hattie 471
Redl, dr. Fritz (psiquiatra) 387
relação com a mãe 104, 205
Ressler, Robert K. 422
Rigolet, M. (vítima) 447
Ritzer, Colleen (vítima) 77, 78
Robertson, Alexander (vítima) 480
Robertson, Robert 480
Roberts, Phil (detetive) 120
Robie, Derrick J. (vítima) 153
   família 154, 155
Rocha, Tiago da 77, 185
Rosier, Silas (vítima) 294, 302
Rudolph, Henry 445

S

Sagawa, Issei 195
Samuels, Rebecca 450
satisfação sexual 190, 191
Schaefer, Gerard John 197
Schechter, Harold 197, 422
Scott, George (detetive) 120
sensacionalismo da mídia 131, 358

Sereny, Gitta 105
Shearon, Robert 465
Shinichiro, Azuma
    autobiografia 190, 192, 196, 197, 199
    bilhetes e cartas 184, 185
    comportamento 187, 195
    confissão 187, 189
    depoimento 193
    dia do crime 188
    diário 188
    liberdade 195
    vítimas 184, 188
sinais de psicopatia 57, 58, 80
sistema límbico 29, 34
Smith, dr. Alexander B. (alienista) 364
Smith, Eric 157
    confissão 159
    confissão escrita 171
    família 159
    julgamento 167
    liberdade condicional 181
    pai biológico 173, 175, 176, 180
    validade da confissão 161
    vida familiar e rotina 160, 175
    vítima 153
Sopp, William 295
    absolvição 302
    confissão 297
    defesa do advogado 299, 301
    depoimento 296
    dia do crime 295
    vítimas 294
Stewart, Alexander 244, 361, 362
    alienistas 362, 364
    comportamento 363, 364
    dia do crime 363
    vítima 363
suicídio após homicídio 294, 351, 403, 423

T

Taylor, Gertrude 472
Telfer, Tori (autora) 254
tentativa de homicídio 418
Teofrasto 57
The Mask of Sanity (livro) 57, 62
The Psychopath Whisperer (livro) 28
Thimpsen, Johnathan George (vítima) 216, 219, 226
Thompson, Richard 335
    alegação de insanidade 339
    depoimento 335, 337
    julgamento 339
    liberdade 341
    morte 343
    QI 337
    sentença 339
    vida familiar 337
    vítima 335
Thompson, Robert 86, 87, 113, 205, 433
    dia do crime 112, 117, 118, 119
    interrogatório 122, 123
    liberdade 128
    provas 120, 125
    sentença 127
    vida familiar 113, 114
tiroteios em escolas 85, 266, 267, 271, 401, 402, 421
tortura em animais 59, 78, 138, 139, 196, 353, 417
traços insensíveis e sem emoção 26, 27, 28, 65, 66, 68
Trammell, Justin 277
transtorno de conduta 26, 65, 66, 68, 85, 120
Tríade Macdonald (ou Tríade Psicopatológica) 175, 419
Tyson, Rebecca (vítima) 327

U

Untermyer, dr. Maurice (alienista) 364
Unterweger, Jack 197

V

vampirismo 193, 194, 209
Varner, Brittaney (vítima) 269
Venables, Jon 86, 87, 113, 205, 433
    confissão 122, 124
    dia do crime 112, 117, 118, 119
    interrogatório 122, 123
    liberdade 128
    provas 120, 125
    sentença 127
    vida familiar 113, 115
veneno 282, 407
veneno de rato 281, 472
vilanização de obras de ficção (filmes, quadrinhos, revistas) 127, 225, 380, 387, 388
vingança 69, 71, 402, 425, 447, 477
Vinnichevsky, Vladimir 107
Voorhees, Jason 475

W

Walker, Jane 451
Warlock (filme, 1989) 218, 219, 221, 225
Watson, Theresa (vítima) 382
Weintzel, Joseph 447
Welsh, Charles 444
Williamson, filho do coronel 461
workhouses 346
Wright, Shannon (vítima) 269

Y

Yamashita, Ayaka (vítima) 188, 195
    família 195

Z

Zakotnova, Yelena (vítima) 191
Zodíaco, Assassino do 185, 186

TELEVISION

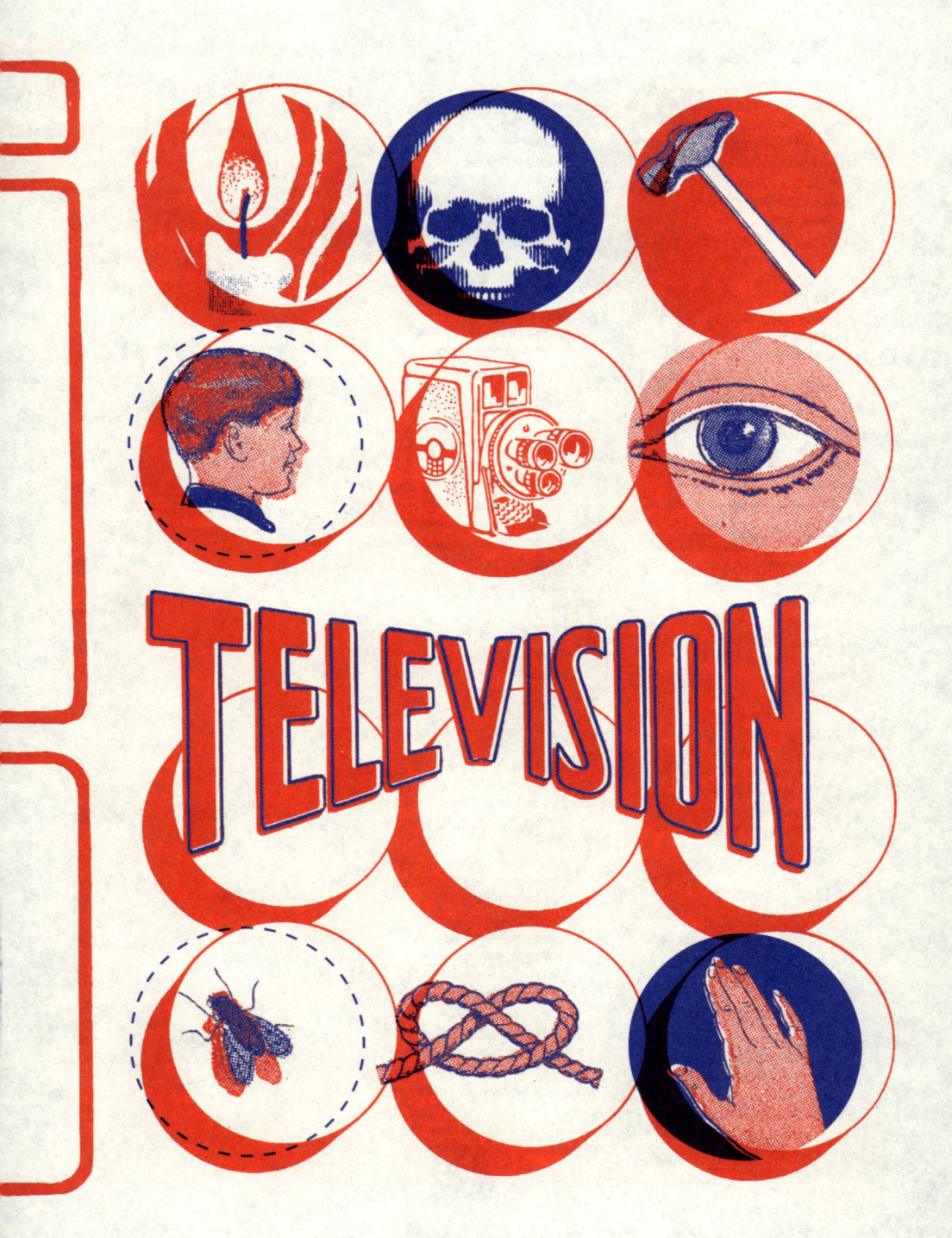

FILMES CRUÉIS

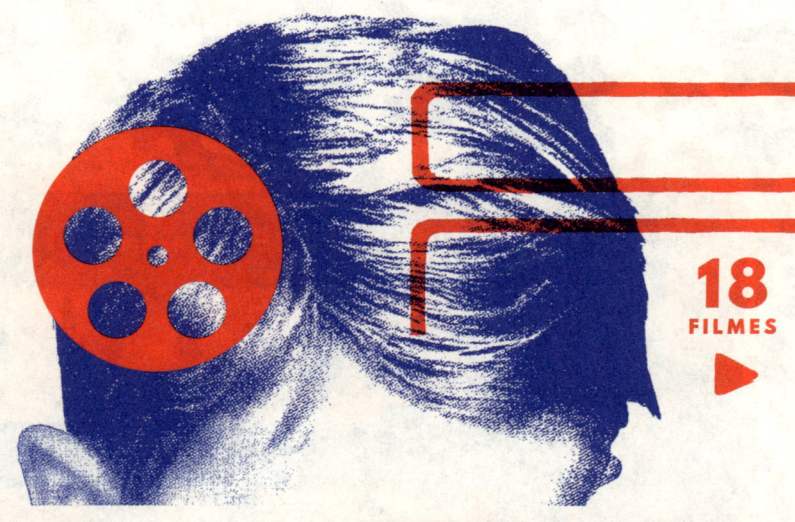

18 FILMES ▶

ABCDEFGHIJKLMN
OPQRSTUVWXYZ
abcdefghijklmnop
qrstuvwxyz 1234
567890&?!£$ß

- Televisão
- Cinema
- Streaming

CinemaScope

R — RESTRICTED
UNDER REQUIRES ACC. M...
PARENT OR ADULT GU...

3" approx (75mm)
2" approx (50mm)
1½" approx (38mm)
1" approx (25mm)
⅝" approx (15mm)

PSYCHO KILLER TYPE   DARKSIDE TYPE FOUNDERS

18 FILMES

ABCDE
KILLOPQ
WXYZ&

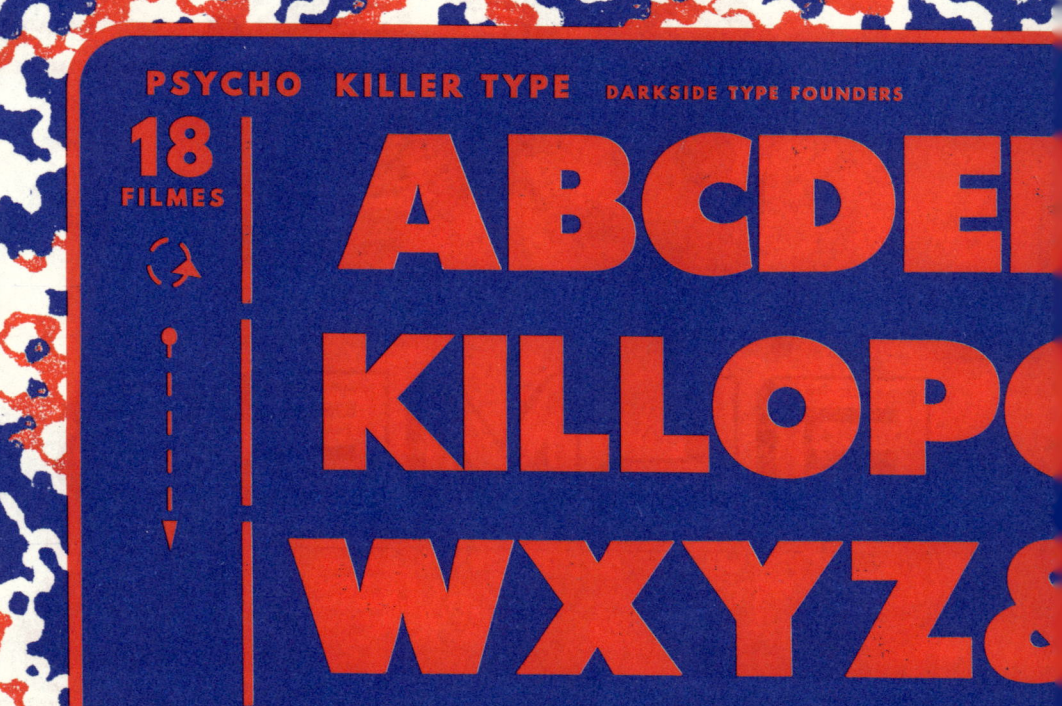

PSYCHO KILLER TYPE   DARKSIDE TYPE FOUNDERS

18 FILMES

"É curioso como ~~a~~
real parecem mu~~ito~~
vistas no cinema.~~"~~

pqrstu
w"12345

RUN, RUN, RUN...

Robert's got a quick hand/ He'll look around the room/ He won't tell you his plan/ He's got a rolled cigarette/ Hanging out his mouth, he's a cowboy kid/ Yeah, he found a six-shooter gun/ In his dad's closet/ In the box of fun things/ I don't even know what/ But he's coming for you, yeah/ He's coming for you/ All the other kids with the pumped up kicks/ You better run/ Better run, outrun my gun/ All the other kids with the pumped up kicks/ You better run, better run/ Faster than my bullet/ All the other kids with the pumped up kicks/ You better run/ better run, outrun my gun/ All the other kids with the pumped up kicks/ You better run, better run/ Faster than my bullet/ Daddy works a long day/ He be coming home late/ And he's coming home late/ And he's bringing me a surprise/ 'Cause dinner's in the kitchen/ And it's packed in ice/ I've waited for a long time/ Yeah, the sleight of my hand/ Is now a quick pull trigger/ I reason with my cigarette/ And say: "your hair's on fire/ You must've lost your wits," yeah/ All the other kids with the pumped up kicks/ You better run/ Better run, outrun my gun

75b

FOSTER THE PEOPLE >

cores do mundo
mais reais quando
Laranja Mecânica

75b

VWXYZ
67890$¢

ADAPTAÇÃO DO LIVRO *THE MIDWICH CUCKOOS* DE JOHN WYNDHAM (1957)
DIREÇÃO: WOLF RILLA
TÍTULO: VILLAGE OF THE DAMNED
1:17H – 1960

ANJOS CRUÉIS • DANIEL CRUZ

DAMNED

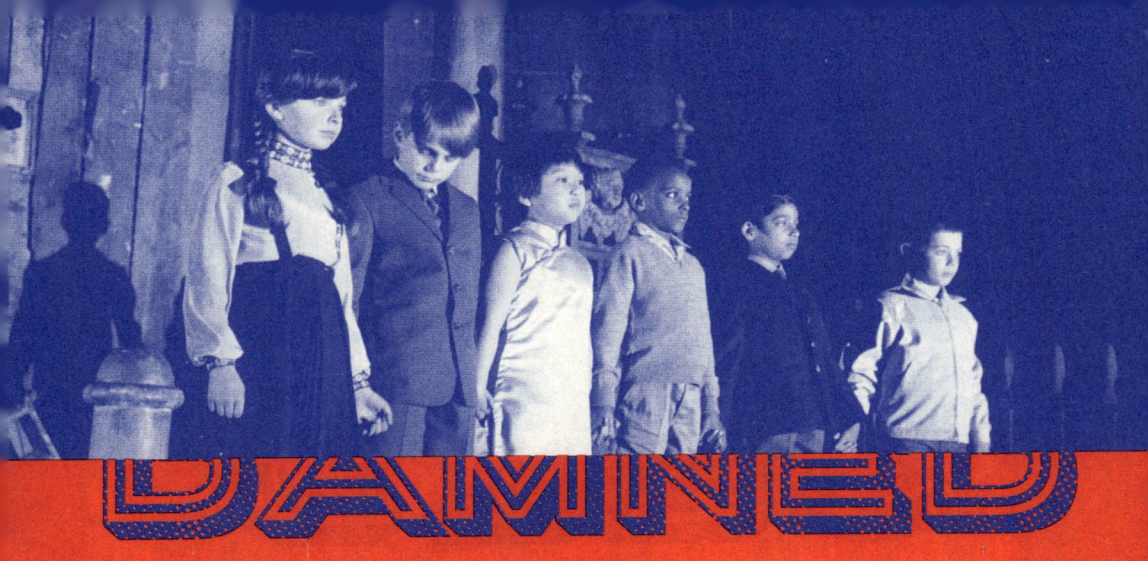

Meses depois de todos os moradores de uma aldeia britânica subitamente adormecerem por várias horas, as mulheres locais dão à luz a crianças que crescem em um ritmo alarmante e dividem uma aparência incomum: cabelos platinados e olhos brilhantes que são altamente inteligentes e capazes de se comunicarem telepaticamente entre si. Com pouca compaixão pela vida humana e funcionando de forma monolítica, as crianças de *A Aldeia dos Amaldiçoados* não se importam em machucar e matar os outros, criando inimizade com o resto da cidade. Abordando a maldade infantil por meio do sobrenatural e da ficção científica, *A Aldeia dos Amaldiçoados* evidencia que nem sempre as crianças são o futuro da nação e do mundo.

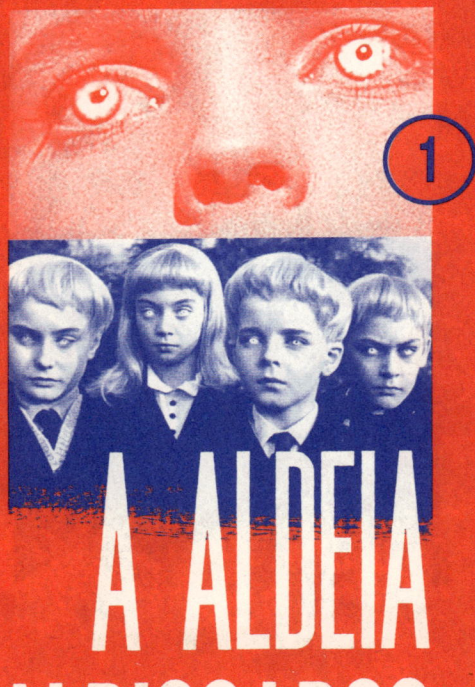

A ALDEIA DOS AMALDIÇOADOS
"olhar matador"

A adaptação do clássico *Menina Má*, de William March, nos apresentou a uma das crianças mais dissimuladas do cinema: Rhoda Penmark. Educada e agradável, a menina de 8 anos quase enganou a todos com seu jeito angelical e longas tranças loiras. Quando Rhoda se mostra indiferente à morte acidental de um colega, sua mãe passa a questionar sua moralidade, fazendo a descoberta perturbadora de que algumas pessoas simplesmente *nascem más*. Com uma complexa história sobre psicologia infantil e tendências sociopatas, *Tara Maldita* causou impacto pela ousadia de mostrar uma criança má. Rhoda Penmark continua assustadora até hoje, sendo a gênese de todas as crianças malignas que seguiram seus passos no cinema.

TARA MALDITA
"clássico"

ADAPTAÇÃO DO LIVRO *MENINA MÁ*
DE WILLIAM MARCH (1954)
DIREÇÃO: MERVYN LEROY
TÍTULO: THE BAD SEED
2:09H – 1956

ORPHAN

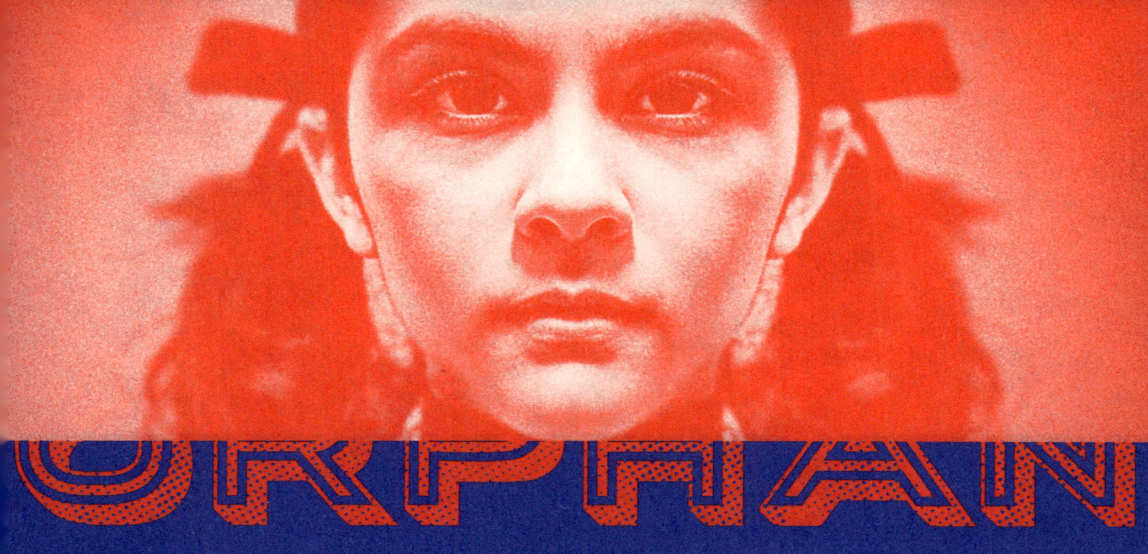

Dirigido por Jaume Collet-Serra, *A Órfã* conta a história do casal John e Kate Coleman, que após uma perda trágica decide adotar a inocente e talentosa Esther, uma menina russa de 9 anos. Contudo, os planos de um recomeço dão terrivelmente errado quando a criança é levada para morar com a família e acidentes estranhos cruzam seu caminho solitário. Com comportamentos cada vez mais inquietantes e um passado que é lentamente revelado, Esther vai na contramão do que esperamos de uma criança de 9 anos porque bem... ela não é exatamente quem diz ser. Sua habilidade enganosa a torna uma antagonista memorável que coloca os Coleman em terríveis provações. Sucesso no cinema, *A Órfã* também ganhou um filme de origem em 2022.

COPRODUÇÃO ENTRE EUA, CANADÁ, ALEMANHA E FRANÇA
DIREÇÃO: JAUME COLLET-SERRA
TÍTULO: ORPHAN
2:03H - 2009

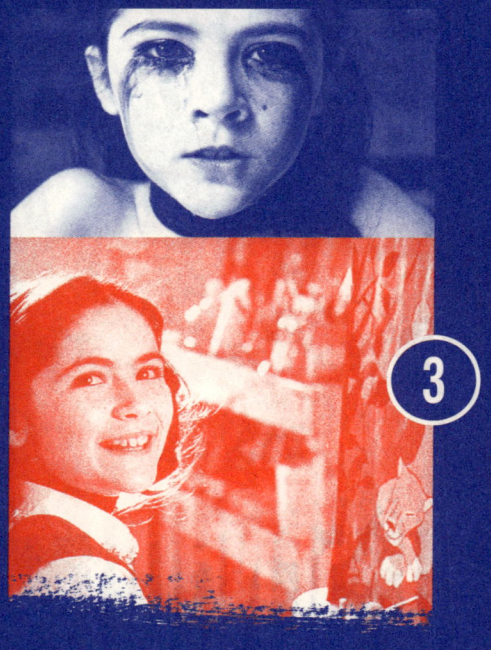

3

A ÓRFÃ
"obrigatório"

FILMES CRUÉIS   517

LORD

O SENHOR DAS MOSCAS

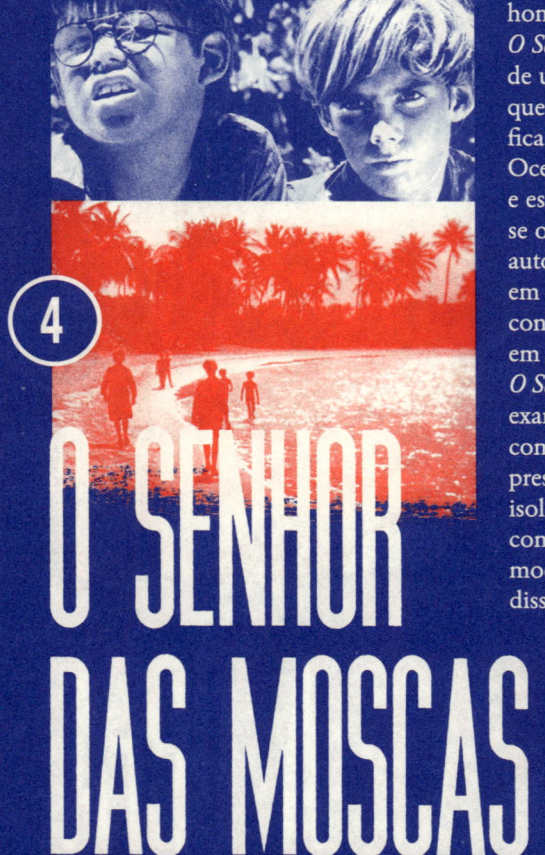

"brutal"

Primeira adaptação do romance homônimo de William Golding, *O Senhor das Moscas* conta a história de um grupo de meninos britânicos que após um terrível acidente de avião fica preso em uma ilha deserta no Oceano Pacífico. Sem supervisão adulta e esperando pelo resgate, as crianças se organizam em grupos e tentam se autogovernar, mas rapidamente caem em um mundo de violência que traz consequências catastróficas. Filmado em preto e branco com ar documental, *O Senhor das Moscas* oferece um exame da natureza humana e de como a brutalidade e o ódio estão presentes até mesmo em crianças isoladas do resto do mundo, e mostra como a sociedade e a civilidade moderna podem ser facilmente dissolvidas no caos e na violência.

ADAPTADO DO ROMANCE
DE WILLIAM GOLDING (1954)
DIREÇÃO: PETER BROOK
TÍTULO: LORD OF THE FLIES
1:32H – 1963

ANJOS CRUÉIS • DANIEL CRUZ

O mal tem muitas faces, e o rostinho de uma criança pode ser uma delas. *O Anjo Malvado* mostra que crianças podem ser capazes de atos cruéis e maliciosos sem nenhuma ajuda sobrenatural. A história gira em torno de dois primos com índoles opostas: Mark Evans, um menino de 12 anos que, após a morte da mãe é levado para passar um tempo na casa dos tios, e Henry, seu primo da mesma idade. A amizade forjada pelos dois se dissipa à medida que Henry revela ser um psicopata dissimulado que sente prazer em atormentar e machucar outras pessoas, incluindo a própria família. Com uma personalidade adorável e carinhosa para os outros, Henry na verdade é metódico e frio, e causa muito tormento a todos.

ROTEIRO DO ESCRITOR BRITÂNICO IAN MCEWAN
DIREÇÃO: JOSEPH RUBEN
TÍTULO: THE GOOD SON
1:27H - 1993

O ANJO MALVADO
"atemporal"

FILMES CRUÉIS

A GAROTA DA CASA AO LADO

"um favorito" stephen king

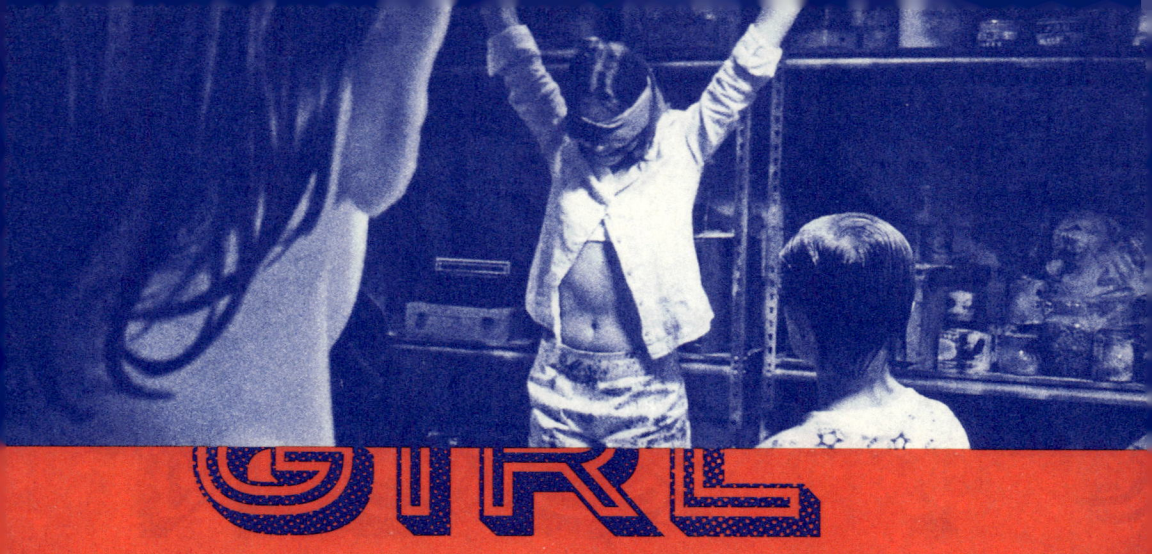

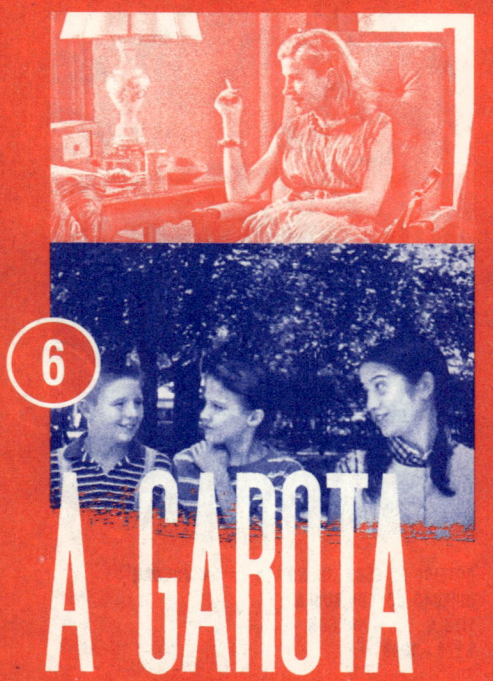

Adaptação do livro visceral de Jack Ketchum, *A Garota da Casa ao Lado* narra os sofrimentos de duas irmãs que, após perderem os pais em um acidente de carro, se mudam para a casa da tia e se tornam alvo de tortura e violências não apenas por parte de sua nova família, mas também das crianças da vizinhança. Inspirado no assassinato real da jovem Sylvia Likens, filme e livro abordam temas como misoginia, efeito manada e desenvolvimento infantil, desconstruindo a vida idílica do subúrbio nos Estados Unidos e escancarando como crianças podem ser capazes dos atos mais brutais e das omissões mais cruéis. Uma obra de tirar o fôlego.

ADAPTADO DO ROMANCE DE JACK KETCHUM (1989)
DIREÇÃO: GREGORY WILSON
TÍTULO: THE GIRL NEXT DOOR
1:31H – 2007

Em New Jersey da década de 1960, Alice, uma menina de 12 anos, sofre inveja profunda da irmã mais nova, Karen, centro de toda atenção materna. Quando Karen é brutalmente assassinada no dia de sua Primeira Comunhão, todos passam a suspeitar da inescrupulosa e temperamental Alice, que também parece estar ligada a uma série de outros assassinatos. Com temas que giram em torno da maldade infantil, negligência parental e corrupção da inocência, o filme levanta a questão do quão longe uma criança é capaz de ir para conquistar o amor e atenção dos pais. Manipuladora, desconcertante e teatral, Alice é conduzida por seus desejos fora de controle, como o ciúme da irmã, mostrando que de inocente não tem absolutamente nada.

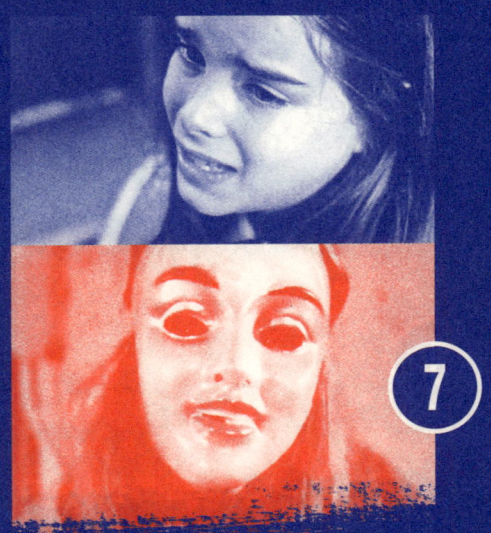

INSPIRADO NO FILME *INVERNO DE SANGUE EM VENEZA* (1973)
DIREÇÃO: ALFRED SOLE
TÍTULO: COMMUNION
1:47H – 1976

ALICE, QUERIDA ALICE
"ousado"

FILMES CRUÉIS

BROOD

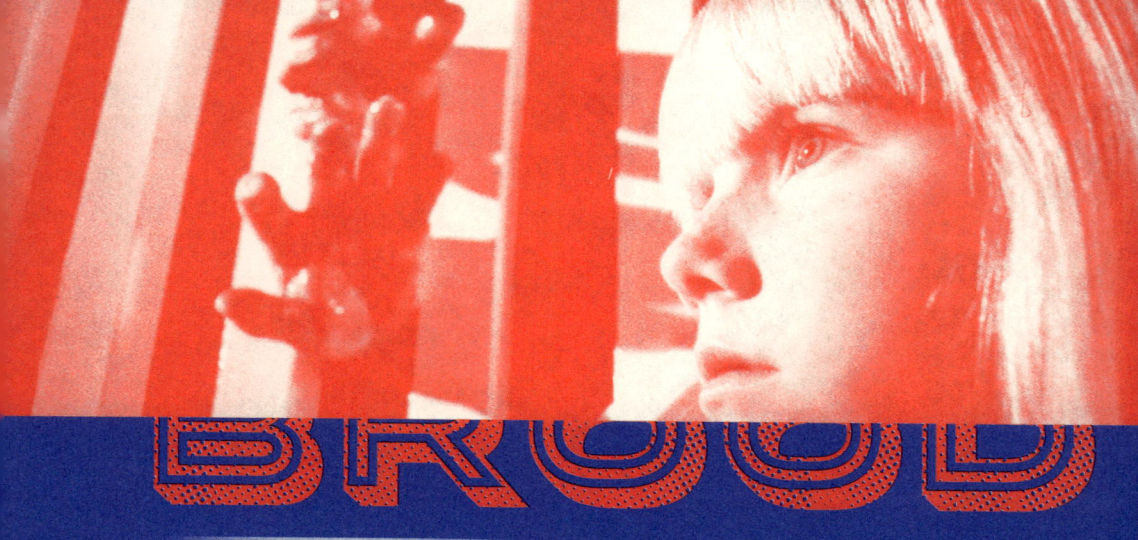

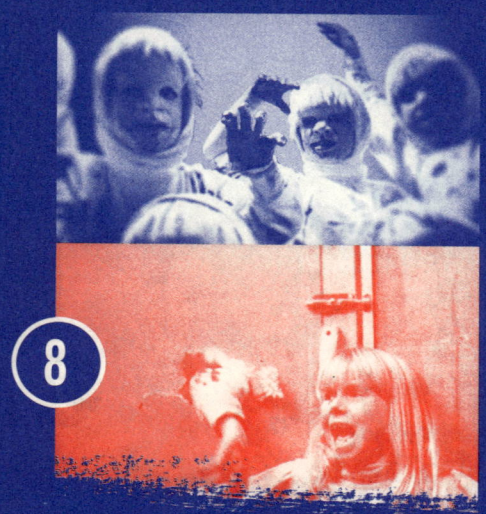

Escrito por David Cronenberg após seu processo de divórcio, *Os Filhos do Medo* conta a história de um controverso psicoterapeuta que incentiva seus pacientes a darem à luz a suas emoções suprimidas por meio de estranhos processos de somatização. No centro disso está sua paciente, Nola Carveth, uma mulher perturbada que disputa a custódia da filha de 5 anos com o marido. À medida que o tratamento de Nola progride, eventos estranhos acontecem com sua família e conhecidos, todos perpetrados por crianças monstruosas e violentas, bizarramente parecidas com sua filha. Uma história excêntrica que aborda maternidade, relações parentais e saúde mental, e mostra crianças assassinas com um horror corporal digno de Cronenberg.

⑧

CLÁSSICO DO CINEMA DE BODY HORROR
DIREÇÃO: DAVID CRONENBERG
TÍTULO: THE BROOD
1:32H – 1979

OS FILHOS DO MEDO
"visceral"

Com planos de escrever uma biografia sobre o assassinato da família Stevenson, o autor Ellison Oswalt se muda junto da esposa e os dois filhos para a casa onde o crime aconteceu. Sem revelar o passado da residência, ele busca recuperar sua fama e descobrir o paradeiro de Stephanie Stevenson, de 10 anos, desaparecida após os homicídios. Durante suas pesquisas, ele encontra uma caixa de filmes caseiros perturbadores de diferentes famílias sendo assassinadas brutalmente. Com cenas de gelar a espinha, A Entidade alterna entre o *true crime* e o sobrenatural, ao mesmo tempo em que pontua o fim da inocência ao mostrar crianças cometendo atos terríveis e atuando como receptáculos de forças malignas.

NOMEADO EM 2020 COMO FILME MAIS ASSUSTADOR JÁ FEITO
DIREÇÃO: SCOTT DERRICKSON
TÍTULO: SINISTER
1:50H – 2012

A ENTIDADE
"sinistro"

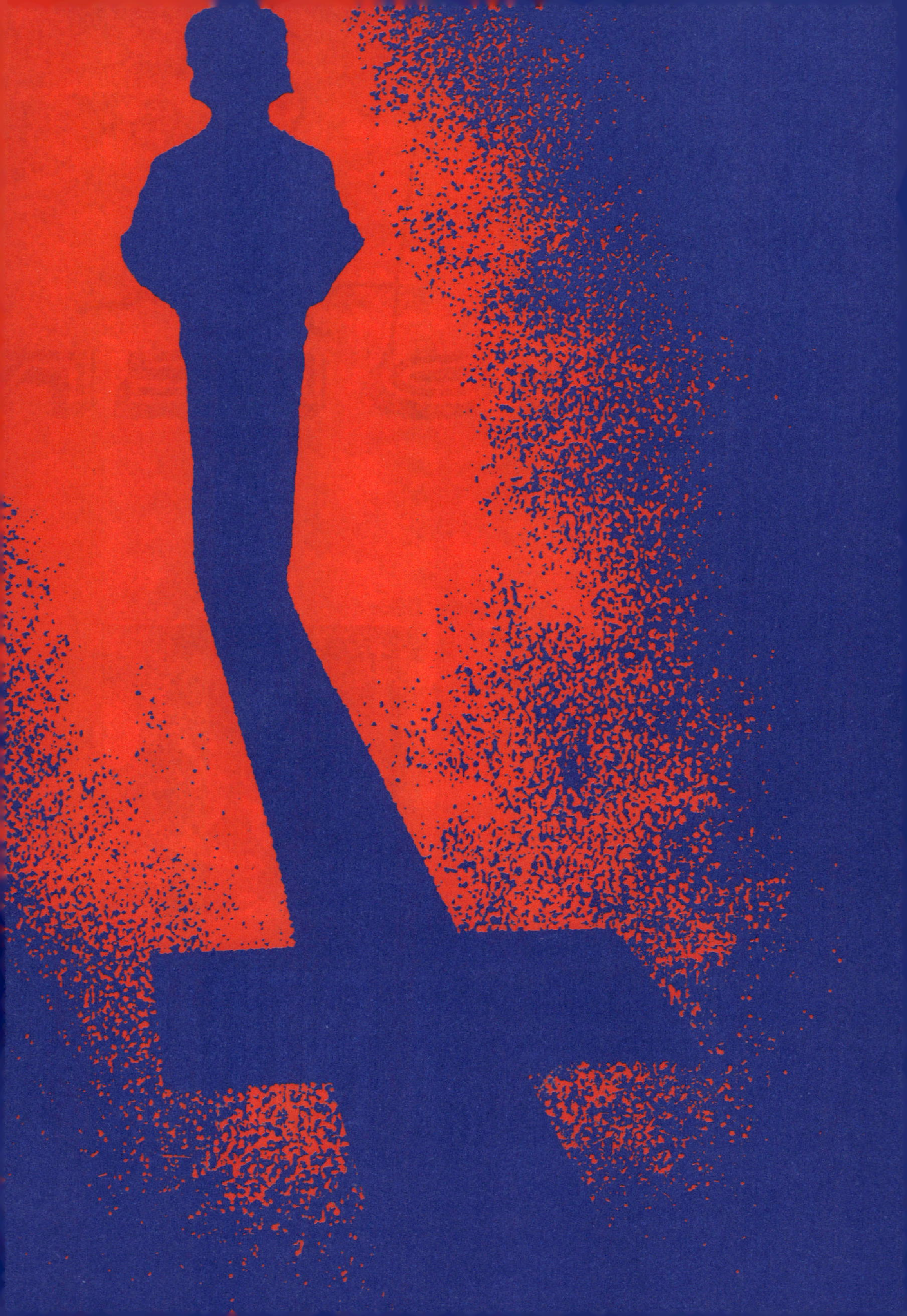

Após perder o filho recém-nascido, o diplomata americano Robert Thorn secretamente adota um bebê cuja mãe morreu durante o parto. O tempo passa e a criança, nomeada de Damien, vai progressivamente mostrando um comportamento cada vez mais esquisito e indiferente. Quando tragédias e acidentes misteriosos ocorrem, Robert procura entender as origens do filho e descobre que Damien não é humano. Esse é o ponto de partida de *A Profecia*, responsável por uma das crianças malignas mais icônicas do cinema. O Anticristo é dono de um sorriso perturbador, e uma verdadeira ameaça para o mundo inteiro. Uma exploração da ideia de que nem todas as crianças nascem inocentes e boas. Algumas são puramente *diabólicas*.

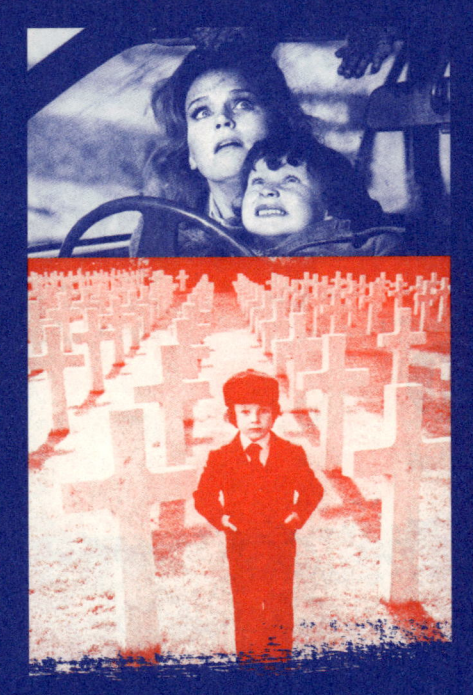

(10)

ESCRITO E NOVELIZADO POR DAVID SELTZER
DIREÇÃO: RICHARD DONNER
TÍTULO: THE OMEN
1:51H – 1976

A PROFECIA
"perturbador"

FILMES CRUÉIS

Na cidade de Gatlin, Nebraska, não há prefeito. Não há lei, muito menos ordem. Na verdade, em Gatlin não há nenhum *adulto*. Tudo isso porque as crianças locais foram coagidas por um pregador de doze anos a assassinar todos os adultos para agradar a entidade que habita a plantação de milho. Adaptação do conto de Stephen King, *Colheita Maldita* narra as desventuras de Burt e Vicky, um casal que inadvertidamente para na cidade abandonada e acaba perseguido pelo sanguinário culto infantil. Repleto de crianças assustadoras, *Colheita Maldita* mostra que nem todas as crianças são boas de coração e que personalidades manipuladoras aparecem em todas as idades.

INÍCIO DE UMA LONGA FRANQUIA ATERRORIZANTE
DIREÇÃO: FRITZ KIERSCH
TÍTULO: CHILDREN OF THE CORN
1:32H – 1984

COLHEITA MALDITA
"solo fértil no cinema"

Utilizando como base o caso real do Massacre de Columbine, ocorrido em 1999, o filme adota um estilo de pseudodocumentário e traz um elenco quase exclusivamente composto por atores adolescentes não profissionais para acompanhar diversos personagens, dentro e fora da escola, que não sabem a tragédia que está prestes a acontecer. Apresentando muitos eventos de forma não linear, *Elefante* aborda a violência aleatória perpetrada por adolescentes e a mostra a partir de diferentes perspectivas, de estudantes e professores até os próprios assassinos. Ao abordar um assunto tão complexo e cruel, o filme não busca oferecer respostas nem catarse, apenas a sensação de vazio perante atos tão cruéis e sem sentido.

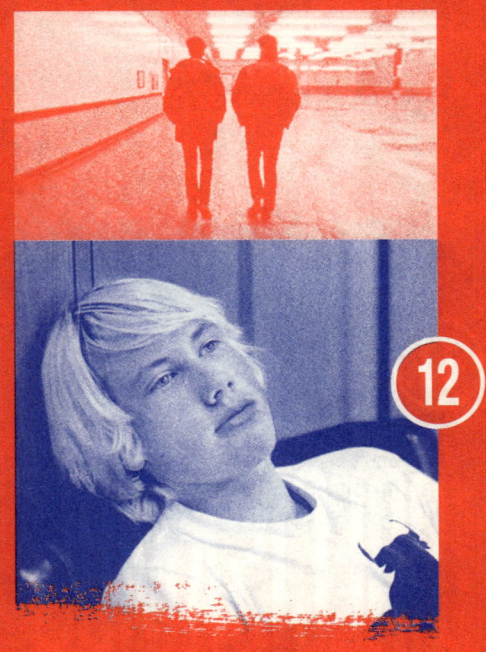

PALMA DE OURO DE MELHOR FILME E MELHOR DIRETOR
DIREÇÃO: GUS VAN SANT
TÍTULO: ELEPHANT
1:21H – 2003

ELEFANTE
"doloroso"

FILMES CRUÉIS

KEVIN

PRECISAMOS FALAR SOBRE O KEVIN

"irretocável"

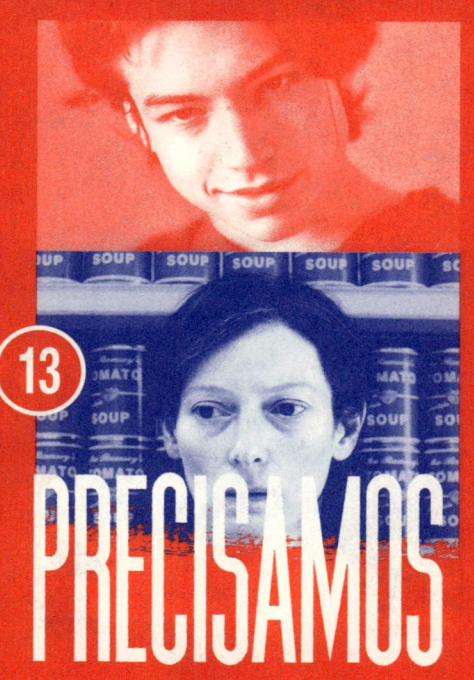

A natureza da violência juvenil é abordada pelo prisma de uma conturbada relação entre mãe e filho. Retratando o tempo de forma não linear, o filme examina a vida de Eva e seu filho Kevin, cujo comportamento psicopático culmina em uma grande tragédia. Atuando como uma sombria excursão pela mente humana e pelas origens da sociopatia, desde o início Kevin é retratado como uma criança problemática e sinistra que antagoniza a própria mãe. À medida que o garoto envelhece, suas tendências violentas e assassinas apenas se acentuam. Manipulador e dono de uma linguagem corporal friamente calculada, Kevin é inerentemente cruel, abrigando um ódio descabido contra a mãe e a sociedade como um todo.

⑬

ADAPTAÇÃO DO ROMANCE DE LIONEL SHRIVER
DIREÇÃO: LYNNE RAMSAY
TÍTULO: WE NEED TO TALK ABOUT KEVIN
1:52H – 2011

MOVIE

Após se mudar para uma casa remota em Nova York com a esposa e seus filhos gêmeos, o pastor David Poe decide documentar eventos importantes da família na nova residência. O que ele não esperava é que a câmera também capturaria o comportamento perturbador e perigoso de suas crianças. Por meio do estilo *found footage*, *Filme Caseiro* retrata o pesadelo dos Poe ao descobrirem que algo está *muito* errado com seus gêmeos. Um olhar desconcertante para a natureza do mal infantil, *Filme Caseiro* mostra que não existem explicações exatas e totalizantes para o assunto. O filme de Christopher Denham aborda a perda de controle perante os filhos e pinta um retrato bastante afiado de dois pequenos monstros.

UMA PÉROLA DO *FOUND FOOTAGE*
DIREÇÃO: CHRISTOPHER DENHAM
TÍTULO: HOME MOVIE
1:17H – 2008

FILME CASEIRO
"monstruoso"

FILMES CRUÉIS

O DESPERTAR DE UM ASSASSINO

"impulsos sombrios"

O filme acompanha os anos conturbados da adolescência de um dos mais infames assassinos em série da história dos Estados Unidos: Jeffrey Dahmer. Ambientado em Bath, no estado de Ohio, durante a década de 1970, vemos o jovem Dahmer em suas tentativas de se adequar à dinâmica escolar ao mesmo tempo em que tenta inutilmente lidar com seus impulsos sombrios. Abordando o ensino médio enquanto um lugar de incertezas e crueldade, *O Despertar de um Assassino* explora a relação de Dahmer com familiares e conhecidos, sua mente perturbada e a gradual perda de controle, levantando questões difíceis. Afinal, teria sido possível prever o caminho trilhado por ele e evitar os trágicos acontecimentos do futuro?

ADAPTAÇÃO DA HQ
MEU AMIGO DAHMER,
DE DERF BACKDERF (2012)
DIREÇÃO: MARC MEYERS
TÍTULO: MY FRIEND DAHMER
1:47H – 2017

Em um futuro distópico, o governo japonês promulga uma lei que visa combater a delinquência juvenil por meio de um jogo mortal, e todo ano uma classe do ensino médio é aleatoriamente selecionada para participar. Eles são abandonados em uma ilha remota e forçados a lutar entre si até que reste apenas um vencedor. Com cenas violentas que causaram controvérsias na época do lançamento, *Battle Royale* explora temas como conflito geracional, perda da juventude e propagação da violência. A facilidade com que alguns alunos da classe se transformam em assassinos a sangue-frio levanta a questão de que algo já estava dentro deles e que era apenas necessário um *empurrãozinho* para liberar seus cruéis instintos.

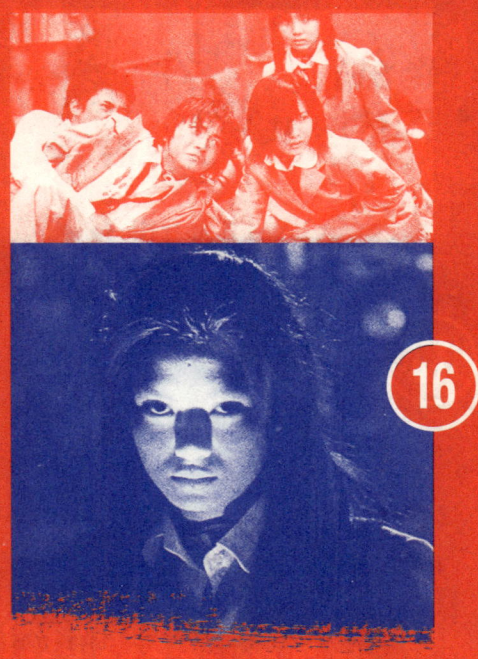

ADAPTAÇÃO DO LIVRO
DE KOUSHUN TAKAMI (1999)
DIREÇÃO: KINJI FUKASAKU
TÍTULO: BATTLE ROYALE
1:54H – 2000

BATTLE ROYALE

"explícito e cruel"

FILMES CRUÉIS

CANDY

Um fotógrafo e predador sexual de 32 anos que tem como alvo meninas menores de idade inicia um relacionamento online com a adolescente de 14 anos, Hayley Stark. Após conversas e flertes inapropriados pela internet, eles se encontram pessoalmente. No entanto, o fotógrafo não contava com o fato de que Hayley está decidida a se vingar, sujeitando-o a impiedosos jogos mentais e tormentos. Este drama psicológico repentinamente inverte a dinâmica de poder entre seus personagens, entregando um sádico e claustrofóbico conto de vingança. Mas não se deixe enganar: *MeninaMá.Com* não posiciona Hayley enquanto heroína, mas sim como uma sociopata em desenvolvimento que sente imenso prazer em sua jornada de humilhação e violência.

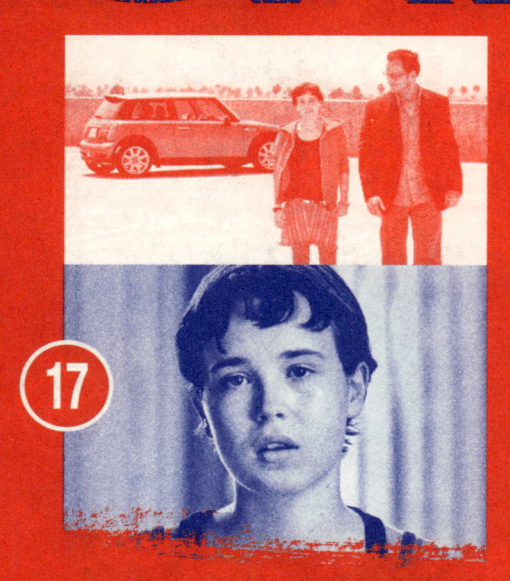

ESTREOU EM SUNDANCE E CONQUISTOU DIVERSOS PRÊMIOS
DIREÇÃO: DAVID SLADE
TÍTULO: HARD CANDY
1:44H – 2005

MENINAMÁ.COM

"adolescente, sim; piada, não"

Um clássico espanhol banido em diversos países na época de seu lançamento, *Os Meninos* acompanha um apaixonado casal que resolve tirar férias na distante ilha de Almanzora antes do nascimento de seu novo bebê. No entanto, quando chegam ao local a dupla descobre que há algo muito errado com as crianças, que logo revelam ser as responsáveis pelos desaparecimentos e assassinatos de todos os adultos locais. Por meio de uma série inicial de imagens documentais que retratam os horrores da guerra, o filme aborda o efeito da violência nos pequenos e a capacidade de perpetrar assassinatos impiedosos e impõe ao espectador a difícil pergunta: você seria capaz de matar uma criança para sobreviver aos seus horrores?

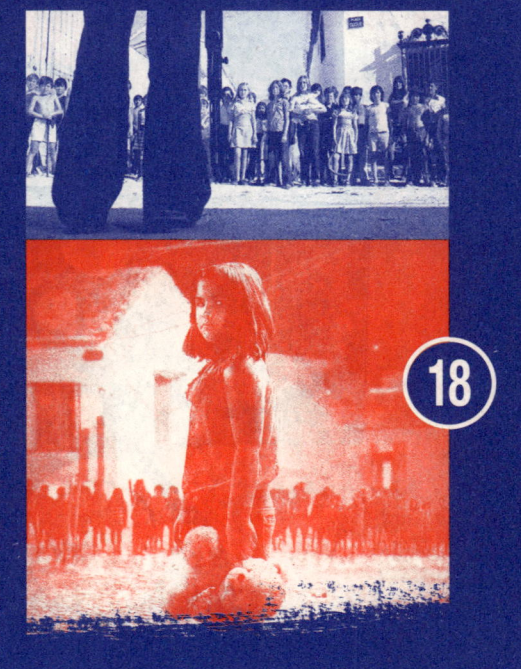

ADAPTAÇÃO DO LIVRO DE JUAN JOSÉ PLANS, *EL JUEGO DE LOS NIÑOS* (1976)
DIREÇÃO: NARCISO IBAÑEZ SERRADOR
TÍTULO: ¿QUIÉN PUEDE MATAR A UN NIÑO?
1.52H – 1976

OS MENINOS

"decisões de vida ou morte"

FILMES CRUÉIS

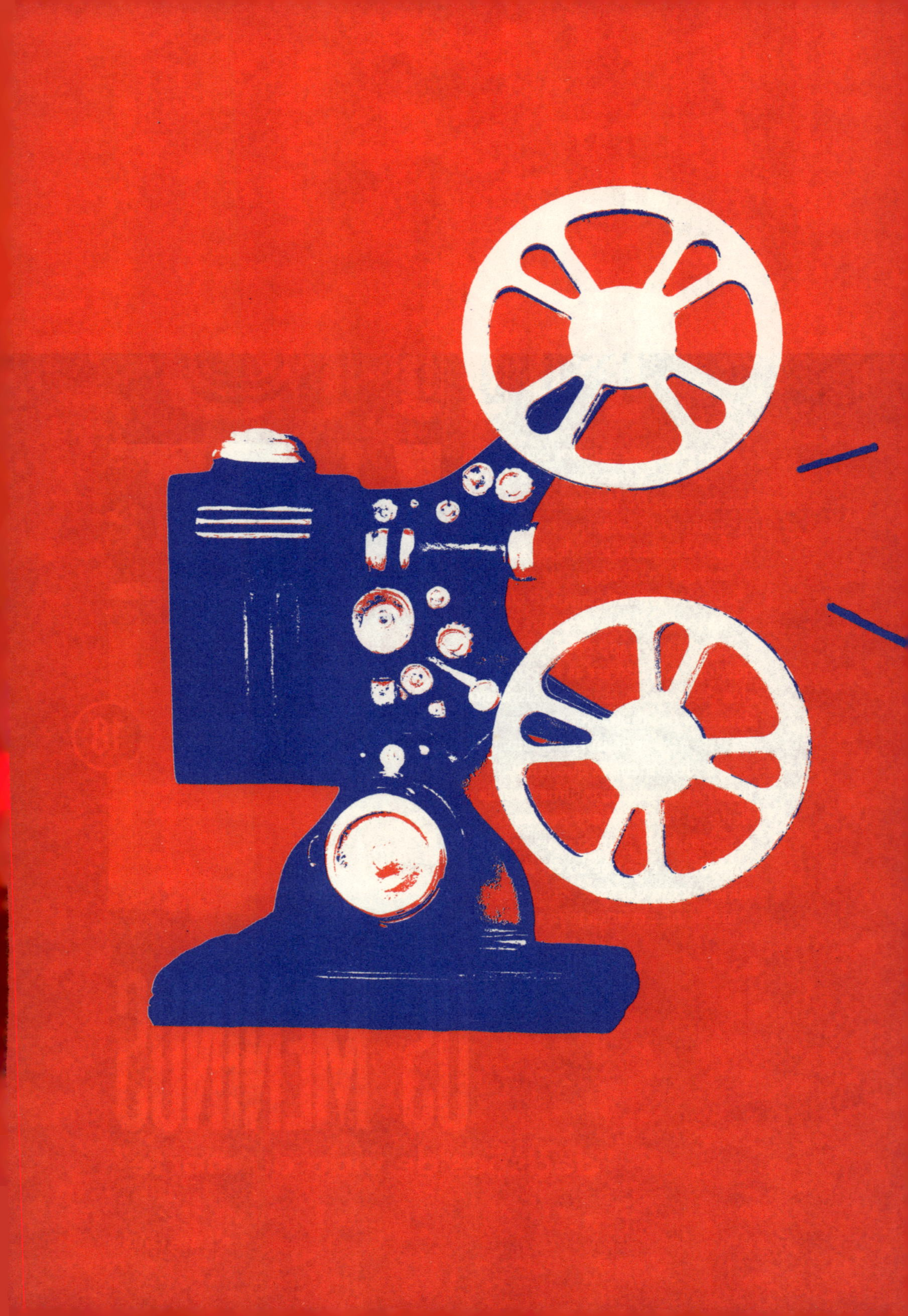

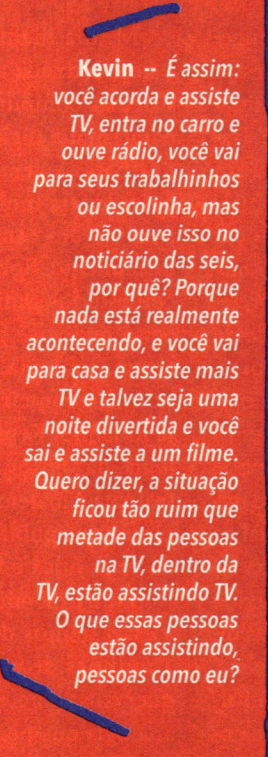

Kevin -- *É assim: você acorda e assiste TV, entra no carro e ouve rádio, você vai para seus trabalhinhos ou escolinha, mas não ouve isso no noticiário das seis, por quê? Porque nada está realmente acontecendo, e você vai para casa e assiste mais TV e talvez seja uma noite divertida e você sai e assiste a um filme. Quero dizer, a situação ficou tão ruim que metade das pessoas na TV, dentro da TV, estão assistindo TV. O que essas pessoas estão assistindo, pessoas como eu?*

PRECISAMOS FALAR SOBRE O KEVIN (2011)

AGRADECIMENTOS

Como alguém com formação em engenharia e computação pode se interessar pelos meandros da psicologia criminal e, pior, escrever um livro a respeito? Trazendo para o mundo da literatura um assunto tão pouco falado, desconhecido e complexo como é o de crianças que matam? *Eu não entendo. #Chocado*

Não se sinta sozinho, caro leitor, tenho ouvido esses questionamentos desde 1914 quando Francisco Ferdinando foi assassinado e eu resolvi escrever uma opinião a respeito e publicar no jornal do curso de sociologia. Como alguém pode querer escrever sobre a dinâmica de um crime e seu possível impacto social se passa os dias estudando integrais na faculdade de engenharia? É uma dúvida válida, e eu responderia esta pergunta dizendo que não há nada de estranho nisso.

A sociedade moderna vem moldando as pessoas para uma vida de conhecimento técnico unidimensional onde o sistema afirma que o indivíduo precisa consumir conteúdos em apenas uma área específica do conhecimento, de forma a aplicar o aprendizado adquirido em uma necessidade empregatícia. Quando crianças, estudamos matemática, física, línguas, ciências, artes, ecologia e vários outros assuntos e isso nunca foi um problema. Mas quando crescemos achamos estranho alguém que vai de um lado ao outro.

Minha mente sempre se recusou a ficar bitolada a máquinas, softwares, sistemas computacionais e a toda essa parafernália digital. Pode soar assustador para as gerações de hoje, mas no passado, era muito comum estudiosos irem de um extremo ao outro no conhecimento. Robert Hooke fez e publicou estudos geniais em tudo quanto é coisa que você possa imaginar: arquitetura, geologia, paleontologia, astronomia, geometria, microbiologia etc. Já Johannes Kepler foi da música à teologia, da filosofia à cosmologia, da astrologia à matemática. E da Vinci? Um pintor que publicou obras de engenharia civil, ótica e hidrodinâmica?

Longe de mim querer me comparar a esses gênios da humanidade (estou a milhões de anos luz de fazer qualquer coisa parecida), mas é apenas uma analogia que pensei no momento para explicar meu peculiar gosto pela psicologia criminal. E não é só ela. Meus interesses vão da astronomia às artes, da ufologia à música (bem, digo que sou um guitarrista fracassado e hoje me contento em escutar os que realmente sabem tocar o negócio. Minha Les Paul paraguaia hoje é apenas figura de decoração).

Tendo uma mente curiosa que consumia de tudo, um belo dia me veio a ideia de compartilhar com as pessoas histórias dos meus assuntos prediletos, então criei um blog o qual eu chamei de *O Aprendiz Verde* (eu sei que é um nome esquisito, mas agora que pegou não dá pra mudar mais — e quem diria que uma década depois isso renderia um livro!).

No início, eu publicava textos sobre astronomia, mistérios, música e cinema. "O Universo de 10 Dimensões" é um de meus preferidos dessa época, baseado na incrível teoria das cordas, popularizada nos livros do Brian Greene (dele indico *O Universo Elegante*). Um belo dia eu pensei: "Por que não escrever sobre crimes? Eu gosto desse assunto, principalmente sobre o mais enigmático e assustador assassino de todos: o assassino em série!". Então eu escrevi dois textos (que juntando os dois não dava dez míseras linhas) sobre dois psicopatas franceses: Guy Georges e Patrice Alègre. Dez míseras linhas! Dez sementinhas que foram plantadas e que viraram uma verdadeira floresta! Isso porque cada vez mais fiquei obcecado em pesquisar sobre esses assassinos, mergulhando num assustador mundo de depravação e sangue, mas ao mesmo tempo extremamente instigante, complexo e desafiador. Havia encontrado minha cara metade!

Percebendo o quão mecânico e raso era o que existia na internet sobre o tema, eu simplesmente me fiz a pergunta: "Se eu quisesse ler a história, por exemplo, de Jack, o Estripador, de que forma eu, Daniel, gostaria que ela fosse contada?". Então eu acabei adquirindo uma forma muito particular de contar essas histórias, que agradou bastante o público que procurava por elas, e isso veio de certa forma rápido, com um texto sobre o Canibal de Milwaukee Jeffrey Dahmer em fevereiro de 2011. Tempos depois, eu reescrevi completamente a história do Dahmer, um texto que é praticamente um livro sobre o caso, disponibilizando pela primeira vez aos meus leitores detalhes e informações até então desconhecidas do público brasileiro, e foi a partir daí que *O Aprendiz Verde* começou a ganhar a reputação que tem hoje. Até os dias de hoje recebo comentários sobre como o Canibal de Milwaukee foi o texto que "me abriu a mente", que "me fez apaixonar pelo tema", que "me fez seguir o Aprendiz Verde", que "me fez escolher psicologia para cursar na faculdade", que "me fez criar o meu próprio blog" ou "canal do YouTube". Uns anos depois com o Estripador da Floresta, um dos mais impressionantes casos de assassinatos em série da história, o *Aprendiz Verde* cimentou de vez sua posição nesse nicho literário. Esse texto é definitivamente um dos meus maiores orgulhos como escritor (apesar de que se fosse hoje eu mudaria algumas coisas).

Mas parem tudo! Antes de o Estripador da Floresta aconteceu algo muito importante e que anos depois renderia o grande fruto da minha carreira literária!

Em 2012, faltando pouco mais de um mês para o Dia das Crianças, eu estava na banheira olhando para o teto e do nada gritei: *Eureka!* Certo, não exatamente. Na verdade, eu não me lembro exatamente o que eu estava fazendo, mas simplesmente tive a ideia de homenagear as criancinhas com um texto sobre crianças com o instinto psicopata. Horripilante, não? Eu provavelmente fui inspirado por um texto que eu havia lido na revista *Superinteressante* anos antes, aquilo devia estar no meu inconsciente e quando foi chegando o Dia das Crianças, alguma faísca elétrica fez brotar essa ideia no meu cérebro. E como tudo que eu me proponho a fazer no *Aprendiz Verde*, aquele texto foi diferenciado. Pela primeira vez na internet brasileira foi compilado casos de crianças assassinas e de assassinos que começaram na infância abusando e matando animais. Foi um grande sucesso, se tornou o mais compartilhado da história do *Aprendiz Verde* e atualmente é o segundo mais lido com mais de 500 mil visualizações.

Exatamente vinte dias depois da publicação do texto sobre "crianças psicopatas", uma *certa* editora era fundada no Rio de Janeiro. Ela ficou nas sombras por vários meses até decidir se apresentar me enviando o incrível livro *Serial Killers: Anatomia do Mal*, de um escritor norte-americano chamado Harold Schechter. Harold é um dos mestres da literatura sobre assassinos em série com obras sobre Jesse Pomeroy, Carl Panzram, Albert Fish, Ed Gein e diversas outras. Eu nem gostei do presente, certo? A questão é que com esse movimento, essa editora nada mais estava fazendo do que me convidando a adentrar no fumegante calabouço acinzentado e cheio de teias de aranhas-armadeiras do universo dark. E todos sabemos que uma vez dentro, não há mais como sair. Eu aceitei de bom grado e transmiti a minha aceitação assinando meu nome em uma madeira valaquiana do século XV.

A editora, claro, era a DarkSide Books. Desde então, a nossa parceria só cresceu e realizamos trabalhamos incríveis juntos. Coordenei as traduções dos livros *Manson: A Biografia* (2014) e *Lady Killers: Assassinas em Série* (2019). Além das traduções e colaborações, entrevistei autores, escrevi textos comerciais de quarta capa, participei de consultas... Mas o melhor ainda estava por vir, quando a DarkSide me procurou para colaborar na construção de um projeto sobre crianças que matam.

Esse assunto tão delicado demandava alguns cuidados e olhares, e nos aventuramos nessa temática com muita atenção. Ideias trabalhadas em posts viraram longos trechos e capítulos importantes no livro, como o da crueldade contra animais e "psicopatia" infantil. É um assunto sério, complexo e, como vocês bem leram, muitas vezes está diretamente ligado a assassinatos cometido por crianças. Portanto, não podia deixar de fora, mas, obviamente, e sabendo das minhas limitações, foi inserido com um caráter mais informativo.

O processo de escrita foi como um vulcão em erupção que parecia nunca deixar de expelir lava. Quanto mais eu escrevia, mais histórias eu ia descobrindo, e mais ideias eu ia tendo, ao mesmo tempo em que trabalhava como engenheiro de sistemas. Tive contatos e conversas com profissionais que poderiam me ajudar, e então veio a pandemia, e eu tive que gerenciar isso tudo, até porque eu tinha um prazo de entrega. No fim, quando tudo estava pronto, olhei e fiquei muito feliz com o resultado pois vi que havia feito algo único e diferenciado, uma obra de interesse que poderá inspirar muitas pessoas a estudar o tema e os vários assuntos que derivam dele.

Algumas histórias me marcaram como a de Nathan Faris. É tão triste pensar que o menino, por não conseguir lidar com a maldade dos colegas de classe, tenha agido daquela maneira, perdido o controle e num segundo de cegueira emocional executado toda aquela tragédia. Pesquisando sobre o caso, lendo e vendo fotos publicadas em jornais da época dos corpos sendo colocados em ambulâncias, aquilo me pegou. Quantas vezes não tive vontade de entrar numa máquina do tempo e voltar ao passado para me encontrar com ele e dizer: "Olá, eu sou o Daniel, você pode não me conhecer, mas sou seu amigo, vamos conversar, eu pago o milkshake, e quero dez minutos do seu tempo pra te falar algo importante". Acredito que se Faris tivesse tido a orientação de um adulto que soubesse o que se passava com ele, o menino e sua vítima estariam conosco até os dias de hoje. Nathan Faris foi uma infelicidade.

William Allnutt foi outro cuja história e destino me fez mergulhar nas sombrias águas do coração humano. E não falo do coração do Allnutt. Ele era uma criança toda complicada, doente, que viveu em um ambiente social não muito propício, teve um pai desequilibrado e violento, e morou numa casa de fanáticos religiosos. Ele parecia ser todo errado. Seu ato foi terrível, é verdade. Outras pessoas da família não morreram envenenados por sorte, talvez. Mas ele era uma criança cujo mundo, pelo que sabemos, era distorcido. Ainda assim ele guardava dentro de si uma criança muito amorosa e sensível, pelo que é revelado em suas cartas, o que me faz acreditar que o seu ato foi impensado e impulsivo, e que sentiu verdadeiro remorso. O juiz agiu como um inquisidor, condenando-o (apesar do esmagador testemunho de psiquiatras a seu favor) e enviando a pobre alma tuberculosa para a prisão. Não bastasse, ele foi jogado num navio e transportado durante meses para morrer distante de casa, sozinho e cercado de miséria. Triste.

Há vários outros casos que me marcaram e eu poderia comentar sobre cada um deles, mas acredito que, de crianças assassinas, você já leu o suficiente! (Ou não? Poderíamos elaborar um segundo volume?)

Esse projeto não teria existido sem a ajuda de algumas pessoas especiais ao longo de minha trajetória. A eles, dedico um espaço nesta obra.

Agradecimentos especiais a Marcus Santana que há anos vem sendo um leal parceiro de projeto. Obrigado também à minha velha amiga Elena Kopyonkina que desde a época do Estripador da Floresta vem me ajudando com traduções de fontes russas. Agradecimentos superespeciais ao casal Marcelo & Marcela. Ela, Marcela Monteiro, psicóloga especialista na psique de assassinos em série, intermediou uma reunião entre seu marido, o psiquiatra Marcelo Crespo, e eu. Obrigado Marcela e obrigado Marcelo, pela disponibilidade de seu tempo e seus esclarecimentos, dicas e sugestões a respeito do tema. Aproveito também para agradecer a psicólogas e psiquiatras que conversaram comigo, mas que optaram por não terem os seus nomes mencionados.

Obrigado a Marcella Fiori por ter compartilhado a história do peixe presente no livro *Meu Amigo Dahmer*. Longe da minha biblioteca obscura, eu sabia da história do Jeffrey Dahmer trucidando um peixe na frente de um colega de escola, mas não lembrava detalhes. Então a Marcella me enviou fotos das páginas do quadrinho em que Derf Backderf conta essa história, e pude incluí-la no livro.

Gostaria também de deixar um superabraço a Tatá Xavier, Fábio Pereira, Kátia De Bastiani e Rosane Maldonado, meus colegas de podcast, sem vocês não conseguiria levar o projeto de podcasts adiante. Obrigado!

Durante esses anos, mantive contatos com vários darksiders e quero agradecer ao Rodrigo, Bruno, Mike, Cesar, Christiano, Nilsen e Lielson pela parceria e por me ajudarem a colocar o livro no mapa. Abraços apertados para a Raquel, que durante muito tempo fez a ponte entre a DarkSide e *O Aprendiz Verde* e ajudou a editar *Anjos Cruéis* da forma como você o vê hoje.

Para finalizar, este livro não teria sido possível sem o apoio da minha família. A educação que tive foi fundamental para eu ter me tornado o homem que tornei, simples, correto, honesto e leal (ok, sou suspeito pra falar, mas espero que acreditem em mim), alguém que sempre buscou um sentido para a vida e para o que nos cerca, indo atrás do conhecimento e compartilhando-o. Obrigado à minha mãe Luci e ao meu pai Fausto por terem me incutido valores humanos, à minha irmã Daniela, aos meus dois sobrinhos queridos Ana Clara e Gabriel, cujas existências alegram o mundo da família e nos dão um combustível a mais. Obrigado ao meu cunhado Robson por cuidar bem deles (e também por ter cuidado dos meus brinquedos motorizados enquanto eu estive fora!).

À toda família do *true crime* que vem acompanhando o *OAV* nesses anos, meu muito obrigado. Este livro não teria sido possível sem vocês.

ICONOGRAFIA E CRÉDITOS DE IMAGENS: Uga. ©Dreamstime, ©Adobe Stock, ©Retina78, ©Internet Archive Book Images, ©Universal Picyures, Columbia Pictures, Getty Image, ©M. Benjamin, ©Nelly Spoor, ©Lydia E. Pinkham, ©William Adolphe Bouguereau, J.S. Fry & Sons, ©Willie / T.W.Rowntree, Fredk. King & Co., Piccadilly Hall, London, ©H.C. Ulrich, ©Lodewijk Schelfhout and Dieperink and Co, Thomas Henry Huxley , ©Lichtenberger.1549, The Butterick Publishing Co, ©Carl Kunze, ©Alice Hunt ©Freepic, ©Otto Fischer, J.F. Goodridge , Whitman Publishing Co. Alamy Stock Photo, AP Photo, Creative Commons, Dreamstime, Library of Congress, Shutterstock, King's College London, Washington State Archives, The New York Public Library, Wellcome Images, Digital Collections/Vintage Images.

DANIEL CRUZ é escritor, tradutor e autor do site *OAV*. Escreveu mais de mil casos criminais para o site, pioneiro de *true crime* na internet brasileira. Seus textos foram publicados em revistas especializadas e usados como fontes de pesquisa e estudos na academia e em filmes e séries de TV, como *Dupla Identidade*, da Rede Globo. Além de *Anjos Cruéis*, primeira publicação pela DarkSide®, Daniel Cruz é autor de *Jeff: Na Trilha da Loucura*, sobre o Canibal de Milwakee, Jeffrey Dahmer. Ele traduziu livros e participou da organização de projetos especiais com a DarkSide® ao longo dos anos. Saiba mais em oavcrime.com.br

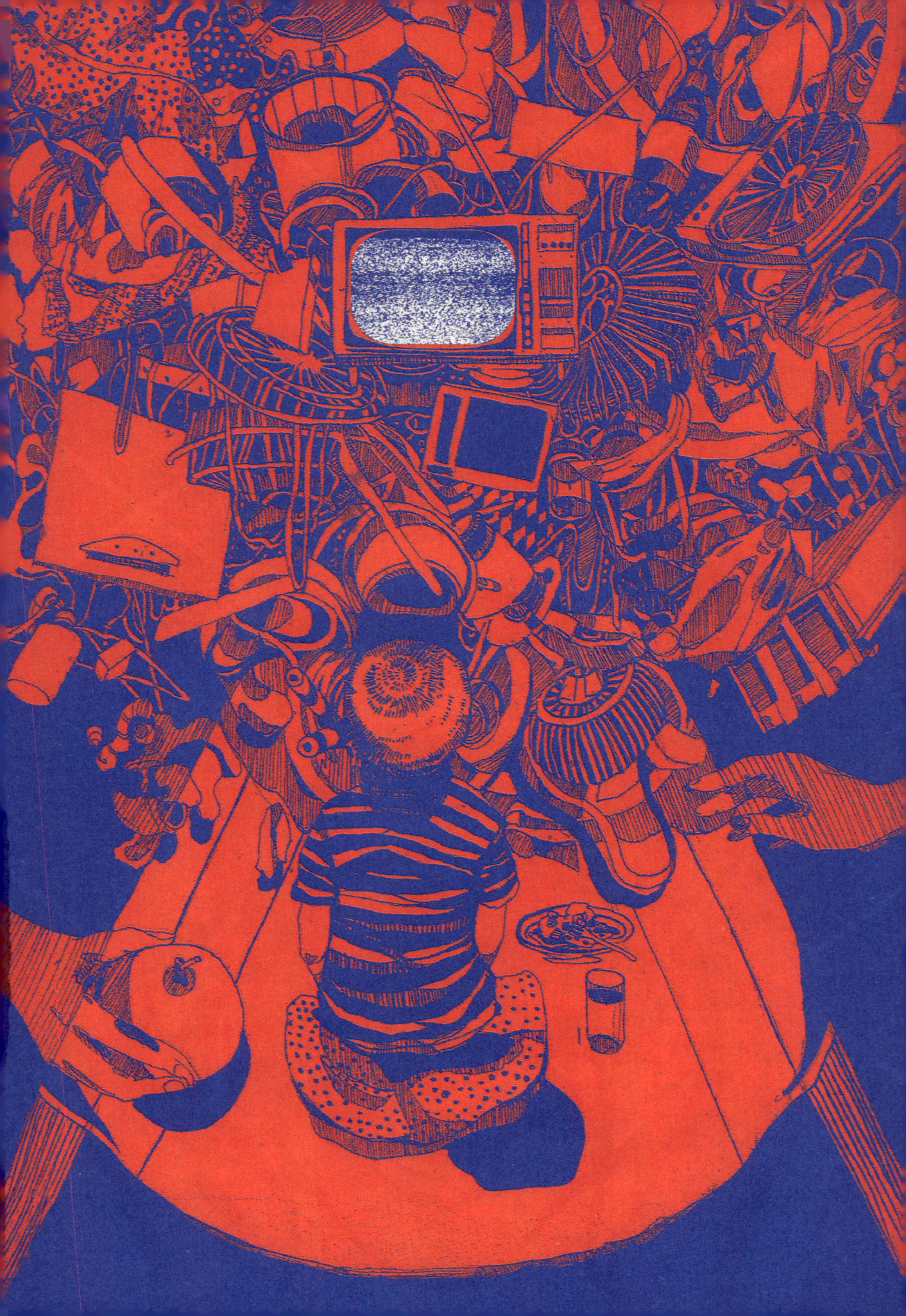

The End

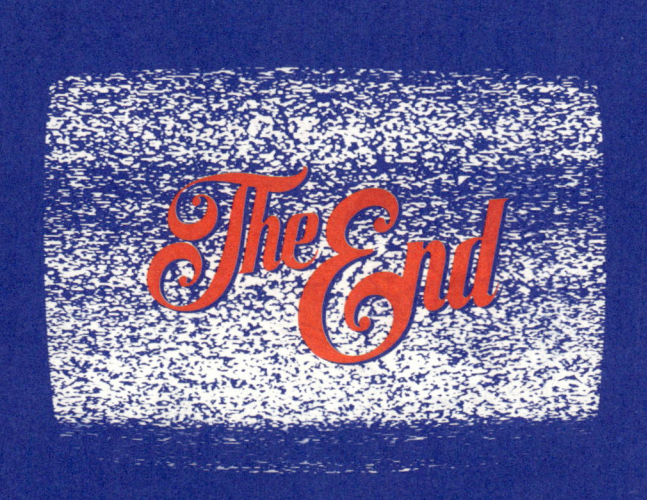

ESTE LIVRO
PERTENCE A

....
....
....
....

CRIME SCENE
DARKSIDE

*Meat-eating orchids forgive no one just yet
Cut myself on angel hair and baby's breath
Broken hymen of Your Highness, I'm left black
Throw down your umbilical noose so I can climb right back*
HEART-SHAPED BOX, Kurt Cobain

DARKSIDEBOOKS.COM

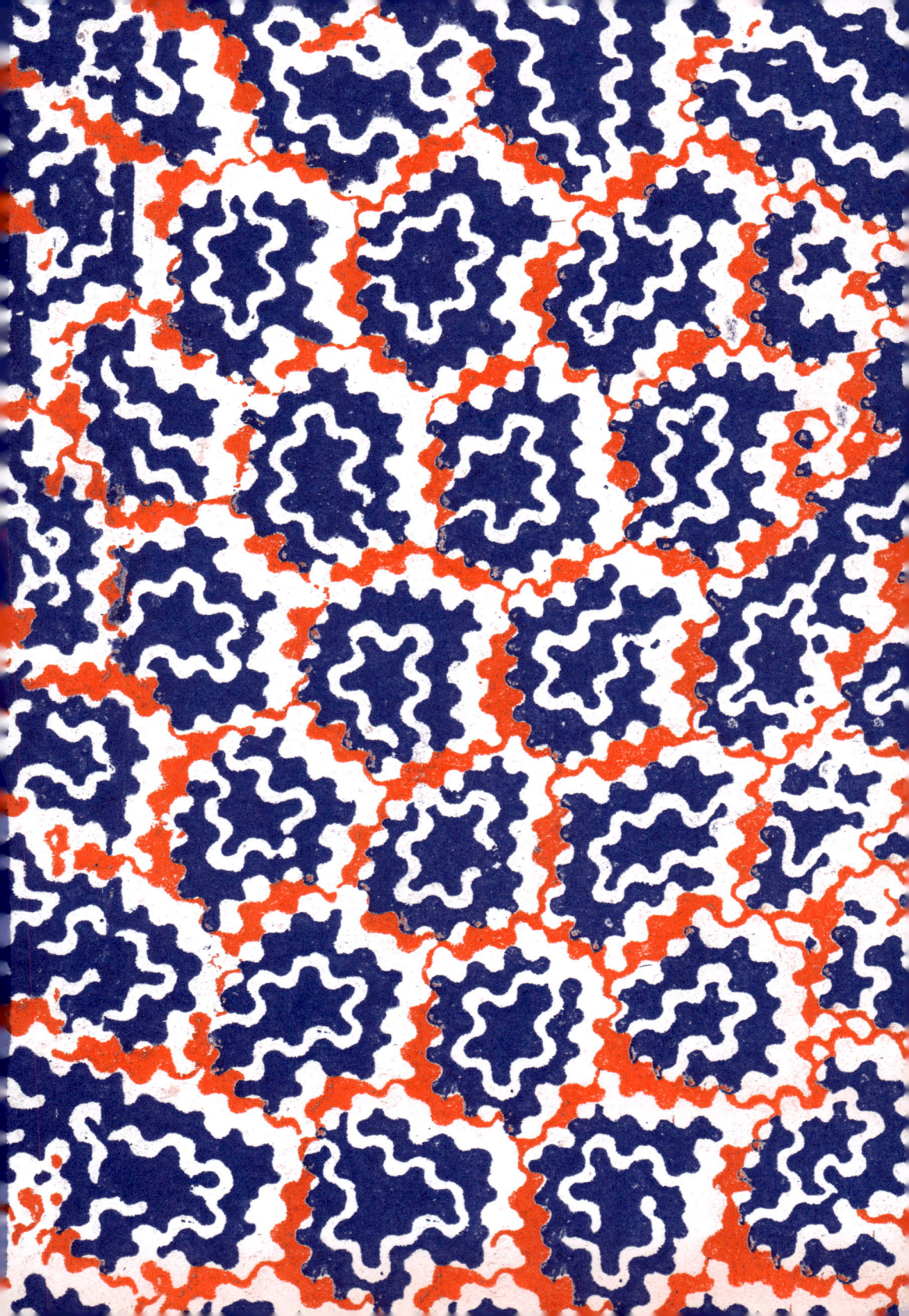